Anton Ochsenkühn

macOS High Sierra

Das Standardwerk zu Apples Betriebssystem

W0046503

amac
BUCH VERLAG

Anton Ochsenkühn

macOS High Sierra
Das Standardwerk zu Apples Betriebssystem

Copyright © 2017 by amac-buch Verlag

ISBN 978-3-95431-057-9

Hergestellt in Deutschland

Trotz sorgfältigen Lektorats schleichen sich manchmal Fehler ein. Autoren und Verlag sind Ihnen dankbar für Anregungen und Hinweise!

amac-buch Verlag
Erlenweg 6
86573 Obergriesbach
E-Mail: info@amac-buch.de
http://www.amac-buch.de
Telefon 0 82 51 /82 71 37
Telefax 0 82 51 /82 71 38

Inhaltsverzeichnis

Inhaltsverzeichnis

Inhaltsverzeichnis

Kapitel 6 – Von Dateien und Ordnern   283

Kapitel 7 – Clevere Funktionen in macOS — 337

Kapitel 8 – Dateien erstellen und ablegen — 401

Kapitel 9 – Nützliche Programme   433

Inhaltsverzeichnis

Kapitel 11 – Systemeinstellungen 597

Kapitel 12 – Kontakt mit Netzwerkressourcen 637

Kapitel 13 – Troubleshooting und Fitnesstraining   669

Anhang   695

Index   705

Vorwort

Stellen Sie sich Folgendes vor: Sie bringen Ihr 150-PS-Auto in eine Werkstatt. Einen Tag später holen Sie das Fahrzeug wieder ab. Der Werkstattleiter teilt Ihnen mit, dass Ihr PKW nun über 200 PS verfügt. Sie werden staunen, sich freuen und fröhlich von dannen ziehen.

Genauso müssen Sie sich High Sierra vorstellen: Gegenüber der Vorgängerversion namens Sierra hat Apple vor allem unter der Haube gearbeitet. Hierbei hat Apple einiges auf den Kopf gestellt, sodass sich Ihre „Maschine" deutlich flotter anfühlt – eben so, als hätten Sie durch das Software-Update auf High Sierra gleichsam noch einige PS mehr mit auf den Weg bekommen.

Apple umschreibt es so: „Neue Technologien im Herzen des Systems machen deinen Mac zuverlässiger, leistungsfähiger und reaktionsschneller – und bilden das Fundament für zukünftige Innovationen." (© Apple – www.apple.com)

An erster Stelle ist hierbei APFS (Apple File System) zu nennen. Es löst das sogenannte Mac OS Extended-Dateisystem ab und ist für die Flash-Laufwerke der modernen Computer optimiert. APFS ist ein Dateisystem der Zukunft mit integrierten Schutzmechanismen, sodass Sie keinesfalls wertvolle Dateien, wie E-Mails, Fotos, Texte etc., verlieren werden. APFS ist also zuverlässig und darüber hinaus ziemlich flott. Hatten Sie bisher schon einen Mac, dann werden Sie von APFS begeistert sein. Und als neuer Mac-User starten Sie sogleich mit dem Besten, was derzeit verfügbar ist.

Doch damit nicht genug: Mit Metal 2 wird die Grafikleistung Ihres Macs noch einmal deutlich gesteigert. Kombiniert mit HECV (dem neuen Videostandard und der damit verbundenen optimierten Komprimierung) werden Grafiken, Animationen, Bilder oder Videos noch flotter auf Ihrem Bildschirm erscheinen.

Mit all diesem „Technikschnickschnack" müssen Sie sich als Anwender aber gar nicht befassen: Apple hat alle Innovationen geschickt unter die Motorhaube gepackt, sodass für Ihre Wünsche während der Arbeit am Computer stets ausreichend Kraft zur Verfügung steht.

Ich habe dieses Buch verfasst, damit Ihre Einarbeitungszeit am Mac auf ein Minimum reduziert wird. Als Experte kenne ich jedes Detail von macOS, und durch meine Arbeit als Pädagoge weiß ich, wie man diese Themen strukturiert erklären kann.

Durch Computertrainings mit unzähligen Teilnehmern und Teilnehmerinnen, die ich seit 25 Jahren durchführe, kenne ich die Bedürfnisse der Anwender und nenne die Herausforderungen beim Namen, die es in der Praxis zu meistern gilt. Deshalb beschreibe ich im vorliegenden Buch die Themen aus der Sichtweise eines Anwenders, der die Funktionen praxisnah einsetzen möchte. Dabei mache ich auch vor Schwierigkeiten und Hindernissen grundsätzlich keinen Halt und zeige funktionierende Lösungswege auf.

Einen Mac-Computer zu bedienen ist an sich ganz einfach. Doch die enorme Bandbreite aller Möglichkeiten zu entdecken und einzusetzen, das benötigt oftmals viel Zeit. Aber ich verspreche Ihnen: Sie werden staunen, was alles möglich ist und wie zeitsparend viele Funktionen sind.

Sie können das Buch gerne von vorne nach hinten durchlesen. Dann sind Sie sattelfest in allen Themen. Alles ist so dargestellt, dass Sie es kinderleicht nachvollziehen werden. Natürlich können Sie auch bei sporadisch auftretenden Fragen über das Inhaltsverzeichnis oder den Index die entsprechenden Buchseiten finden. Möchten Sie das Buch zusätzlich als digitale Version (E-Book) erwerben, so können Sie es z. B. unter www.amac-buch.de laden, um es bequem auf dem iPad oder einem anderen E-Book-Reader zu lesen.

Aber nun genug der Vorrede – ich wünsche Ihnen viel Freude beim Lesen und Ausprobieren und freue mich jederzeit über ein Feedback (*ochsenkuehn@mac.com*).

Anton Ochsenkühn, im Oktober 2017

Kapitel 1

Installation von macOS High Sierra

Voraussetzungen für High Sierra

Bei dem Betriebssystem macOS sind eine Reihe etwas älterer Apple-Rechner von dem Update ausgenommen. Folgende Liste zeigt Ihnen, ob High Sierra auch auf Ihrer Hardware installiert werden kann:

- MacBook (Ende 2009 oder neuer)
- MacBook Pro (Mitte 2010 oder neuer)
- MacBook Air (Ende 2010 oder neuer)
- Mac mini (Mitte 2010 oder neuer)
- iMac (Ende 2009 oder neuer)
- Mac Pro (Mitte 2010 oder neuer)

Sofern die Hardwarevoraussetzungen erfüllt sind, können Sie grundsätzlich High Sierra auf Ihren Rechner übernehmen. Sinnvoll ist es zudem, mindestens 2 Gigabyte Arbeitsspeicher zu haben. Während des Installationsprozesses sollten etwa 9 Gigabyte auf der Festplatte frei sein, damit die Installation problemlos durchgeführt werden kann.

Wenn Sie sich nun an die Installation machen, gibt es grundsätzlich zwei Möglichkeiten: Entweder Sie installieren das Betriebssystem High Sierra komplett neu, oder Sie führen ein Update von einem älteren System durch. Derzeit updatefähige Systeme sind Lion (ab 10.7.5), Mountain Lion (10.8), Mavericks (10.9), Yosemite (10.10), El Capitan (10.11) und Sierra (10.12).

Wann kann eine Neuinstallation sinnvoll sein? Nun, es kann sein, dass Sie einen neuen Rechner erworben haben und diesen komplett neu installieren möchten. In diesem Fall ist High Sierra als Betriebssystem bereits vorinstalliert und Sie müssen lediglich die letzten Konfigurationsschritte erledigen, die ich Ihnen gleich zeigen werde (Systemassistent). Wie Sie einen Rechner komplett neu aufsetzen und installieren möchten, dann finden Sie die Anleitung hierfür im Anhang des Buches ab Seite 696.

Update eines bestehenden Betriebssystem auf macOS High Sierra

Haben Sie auf Ihrem Rechner Lion (ab 10.7.5), Mountain Lion, Mavericks, Yosemite, El Capitan oder Sierra, ist die Aktualisierung sehr einfach.

 Obwohl die Installationsroutinen von Apple sehr zuverlässig arbeiten, ist es durchaus zu empfehlen, vor dem Update eine Sicherungskopie zu machen. Im einfachsten Fall verwenden Sie hierzu **Time Machine**.

APFS – Apple File System

Das hat Apple clever gelöst: Auf allen Apple-Geräten – und nach der Installation von High Sierra auch auf Ihrem Mac, sofern er ein SSD-Laufwerk hat – wird nunmehr APFS als Dateisystem eingesetzt. Apple hat dieses Filesystem erst 2016 vorgestellt und bereits mit iOS 10.3 alle iPads und iPhones erfolgreich auf APFS konvertieren lassen. Was ist nun ein Dateisystem? Ganz einfach: Es ist die Basis für alle Dinge, die auf einem IT-Gerät laufen wie das OS, wie die Apps, wie die abgelegten Daten etc. Das Dateisystem ist das Fundament, so dass alles so läuft, wie es läuft. Etwa 20 Jahre lang wurde HFS verwendet (Hierarchical File System). Apple bezeichnet HFS auch als Mac OS Extended.

Durch moderne Speichermedien wie SSD-Laufwerke und die enorme Anzahl von Daten auf einem Datenträger, war die Einführung eines modernen Dateisystems eigentlich überfällig. Mit High Sierra nun bekommen Sie dieses Dateisystem! Die Umstellung ist enorm – aber nur unter der Haube. Sie werden später beim Arbeiten am Mac wohl kaum etwas merken, außer dass viele Dinge, vor allem im Finder, nun deutlich schneller vonstatten gehen. Dennoch ist der Wechsel des Dateisystems so, als würden Sie bei einem Haus den Keller auswechseln.

 Sie müssen also unbedingt ein Backup Ihres Computers erzeugen, bevor Sie von älteren Systemen und HFS nun auf High Sierra und APFS wechseln!

Wie schon erwähnt, ist APFS optimiert für Flash-Speicher wie es auch SSDs sind. Doch auch festplattenbasierte Computer werden davon unterstützt. Zudem können APFS-formatierte Datenträger dynamisch in deren Größe verändert werden. Durch Schnappschüsse können effizient Datensicherungen

Ihres Rechners erzeugt werden, auf die man im Problemfall wieder zurückgreifen kann. Zudem ist die Verschlüsselung sogar auf Dateiebene möglich.

Fakt ist aber auch, dass High Sierra (September 2017) aktuell noch einige Defizite in der Nutzung von APFS aufweist, die Sie unbedingt gleich jetzt kennenlernen sollten:

- Time Machine Datenträger werden aktuell von High Sierra nur dann verwendet, wenn diese noch mit HFS (Mac OS Extended) formatiert sind.
- Externe Datenträger können nicht APFS-formatiert sein und Ihren Rechner fremd booten. Hier müssen Sie ebenfalls auf HFS zurückgreifen. Oder anders formuliert: Wenn Sie High Sierra auf einem externen Laufwerk installieren, erfolgt keine Konvertierung in APFS.
- Ist ein Datenträger von HFS auf APFS konvertiert worden, gibt es erstmal kein Zurück. Soll der Datenträger von APFS auf HFS umgewandelt werden, muss er dazu gelöscht werden und verliert alle Daten. Wohingegen bei der Konvertierung von HFS auf APFS alle Daten erhalten bleiben!

Das Festplattendienstprogramm bietet die Funktion „In APFS konvertieren" an.

- APFS-formatierte Datenträger können nur von 10.12.6 (Sierra) und von 10.13 (High Sierra) gelesen und beschrieben werden. Haben Sie Mac-Rechner mit älteren Systemversionen, dann haben Sie keinen Zugriff auf z. B. externe Datenträger im APFS-Format. Verwenden Sie hierbei also weiterhin HFS.

Wenn Sie also nun High Sierra auf einem Mac mit SSD installieren, wird automatisch Ihre Macintosh HD in APFS konvertiert und das aktuellste System namens macOS 10.13 aufgespielt. Bei Mac-Computern mit Festplatten bzw. Fusion Drive-Macs wird aktuell (Oktober 2017) noch HFS verwendet, was sich vermutlich bei einem Update ändern wird.

Wie schon erwähnt, werden Sie wohl gar nichts merken, außer dass viele Aktionen wie z. B. Kopiervorgänge etc. deutlich flotter ablaufen werden.

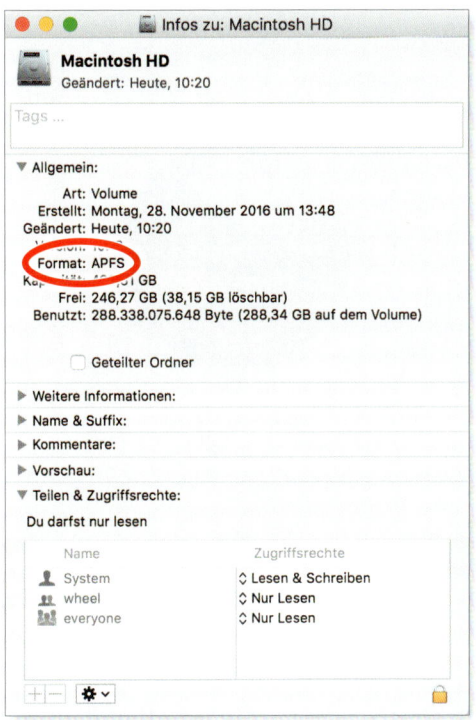

Auf Apple-Rechnern mit SSD-Laufwerken wird automatisch zu APFS konvertiert. Macs mit Festplatten nutzen HFS.

Also: keine Angst vor APFS! Apple hat das über ein Jahr lang getestet und hunderte Millionen iOS-Geräte funktionieren ebenfalls tadellos damit.

Download vom App Store

Holen Sie über den *App Store* das Installationsprogramm für macOS High Sierra und führen Sie über einen Doppelklick die Installationsroutine aus, die sich nach Abschluss des Downloads im *Programme-*Ordner befindet. Ähnlich wie bei der frischen Installation müssen Sie natürlich die Lizenzbedingungen akzeptieren. Und als *Datenträger* wählen Sie selbstverständlich Ihre interne *Macintosh HD* aus.

Laden Sie macOS High Sierra kostenfrei aus dem App Store herunter und starten dann die Installation.

Und sogleich beginnt über den Button *Installieren* der Installationsvorgang. Dabei bleiben alle Ihre Daten auf Ihrer Macintosh HD erhalten, lediglich das Betriebssystem wird ausgetauscht.

 Sollte sich inkompatible Software auf Ihrem Rechner befinden, werden Sie nach Abschluß der Installation darauf hingewiesen. Zusätzlich werden diese Softwarelemente in den Ordner **Macintosh HD –> Inkompatible Software** verschoben. Damit diese Programme wieder funktionieren, müssen Sie sich kompatible Updates besorgen.

Ist das Update erfolgreich abgeschlossen, erfolgt ein Neustart. Nach dem Bootprozess können Sie anschließend Ihre Apple-ID sowie die iCloud konfigurieren. Zudem lässt sich die Zwei-Faktor-Authentifizierung nutzen und auch Siri gleich aktivieren. Näheres dazu finden Sie auf Seite 25.

Sobald das Update durchgeführt wurde, könnten Sie einige vertraute Einstellungen überprüfen und gegebenenfalls korrigieren. Die nachfolgenden Informationen sind vor allen Dingen für Aufsteiger von Snow Leopard von Interesse.

1. *Scrollrichtung*: Seit OS X Lion hat Apple die Scrollrichtung der Maus bzw. des Trackpads an die Bedienweise von iPad und iPhone angeglichen. Um die vorherige Scrollrichtung einzustellen, gehen Sie in den *Systemeinstellungen* zu *Maus* bzw. *Trackpad*.

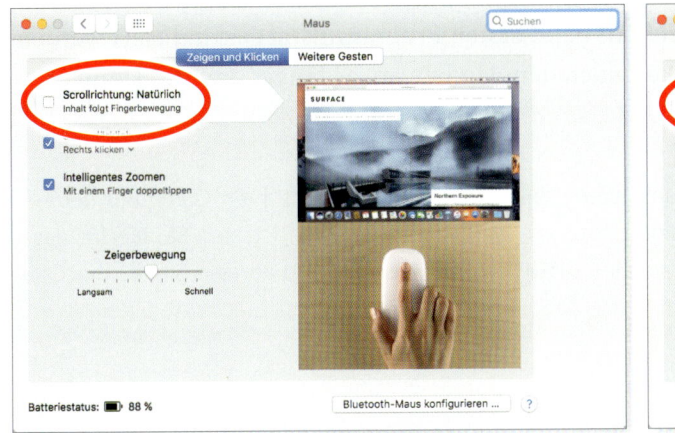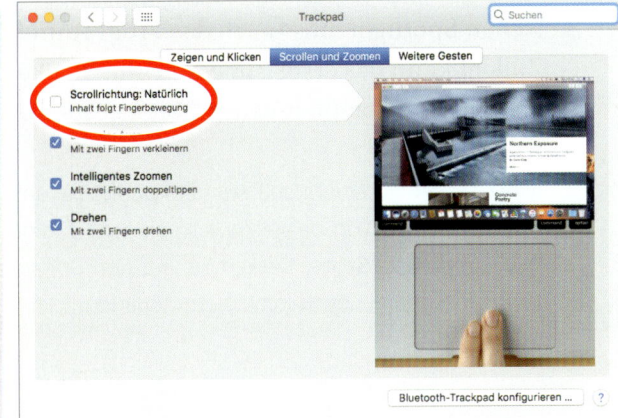

Scrollrichtung von Maus und Trackpad kann nun geändert werden.

Ebenfalls könnten Sie dort die Gesten für die neuen Funktionen wie Mission Control, Launchpad, Mitteilungszentrale etc. einsehen und Ihren Bedürfnissen entsprechend anpassen.

2. Seit Lion werden die Rollbalken nur bei Bedarf eingeblendet. Ändern Sie dies in den *Systemeinstellungen –> Allgemein*.

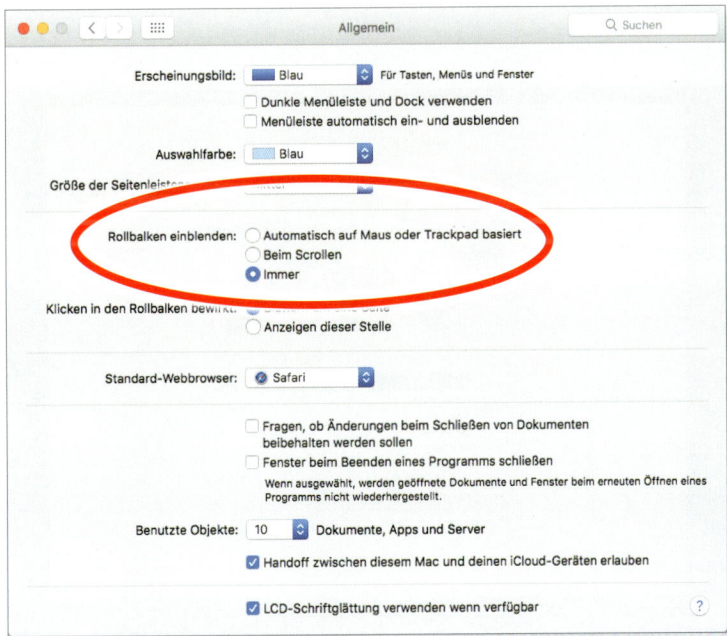

Verhalten der Rollbalken in macOS High Sierra.

3. Neben Spotlight muss auch das Programm Mail beim ersten Programmstart aktualisiert werden. Zudem kann das erste Time Machine Backup nach dem Update etwas länger dauern. Denn Sie haben ja ein komplett neues OS eingespielt.

 Möchten Sie zu einem späteren Zeitpunkt das Installationsprogramm nochmals auf Ihren Computer herunterladen, um davon beispielsweise ein bootfähiges externes Laufwerk zu erstellen, starten Sie hierfür das Programm **App Store**. Klicken Sie auf den Button **Gekaufte Artikel**. Anschließend können Sie die macOS-Installationsdatei noch einmal herunterladen.

Neuer Rechner: Systemassistent

Haben Sie einen neuen Rechner erworben bzw. das Betriebssystem komplett neu installiert, begrüßt Sie nach dem ersten Neustart der *Systemassistent*, der Sie in wenigen Schritten zur Grundkonfiguration Ihres Rechners führt.

Das Apple-Betriebssystem heißt Sie willkommen.

Wählen Sie im zweiten Schritt das entsprechende Tastaturlayout aus, um mit Ihrem Rechner kommunizieren zu können.

Die Auswahl der Tastaturbelegung.

Übrigens: Möchten Sie weitere Tastaturlayouts sehen, klicken Sie einfach auf *Alle einblenden*. Über *Fortfahren* geht es zum nächsten Schritt. Hier können Sie nun Ihr WLAN-Netzwerk auswählen bzw. über *Andere Netzwerkoptionen –> Lokales Netzwerk (Ethernet)* verwenden oder die Eigenschaft *Mein Computer ist nicht mit dem Internet verbunden*.

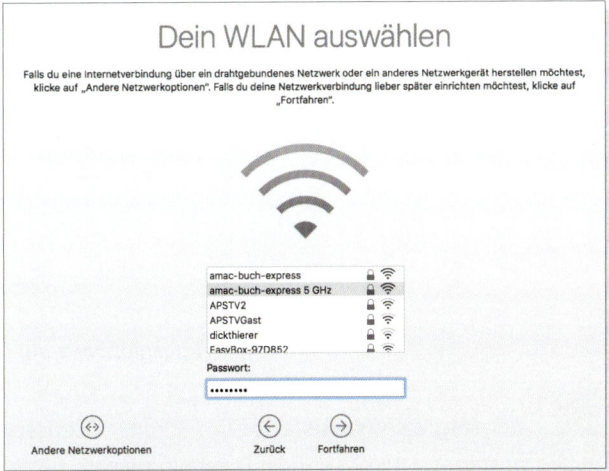

Die Auswahl der Netzwerkkonfiguration.

Es ist an der Stelle sehr nützlich, wenn Ihr Rechner eine aktive Internetverbindung, entweder per WLAN oder per Ethernet, verfügbar hat. Denn nur dann kann die Installation in vollem Umfang stattfinden.

 Sofern Sie keine Internetverbindung haben, wird noch der Computeraccount angelegt und damit ist Ihr Rechner fertig konfiguriert. Sie sehen diese Schritte gleich im weiteren Ablauf. Haben Sie aber Ihr Netzwerk bereits konfiguriert, kommt eine Reihe weiterer sinnvoller Konfigurationsschritte auf Sie zu.

Migrationsassistent

Sie sehen im unteren Teil des Fensters zwei Möglichkeiten, wie Sie die Daten auf Ihren neuen Mac übertragen können: Entweder haben Sie bereits einen Mac, ein Time-Machine-Backup oder einen anderen Datenträger, der Daten enthält, oder Sie möchten Daten von einem Windows-PC übertragen. Möchten Sie jetzt keine Daten übertragen, verwenden Sie die Eigenschaft *Jetzt keine Information übertragen*.

Informationen auf diesen Mac übertragen.

 Der **Migrationsassistent** ist im Ordner **Dienstprogramme** untergebracht und kann jederzeit nachträglich gestartet werden, um die Daten von einem bestehenden System auf das neue System zu übernehmen. Alle weiteren Informationen zum Migrationsassistenten finden Sie im Anhang ab Seite 698.

Ortungsdienste

Der nächste Installationsschritt betrifft die Ortunsdienste Ihres Macs. Einige Apps (Karten, Erinnerungen etc.) können den aktuellen Standort Ihres Rechners verwenden, um z. B. eine Fahrroute zu einem bestimmen Ort zu berechnen. Dafür müssen Sie dem System die Erlaubnis geben, Ihren aktuellen Standort zu ermitteln. Dafür sind die Ortungsdienste zuständig. Sie können sie gleich bei der Installation aktivieren, oder aber auch später bei den *Systemeinstellungn –> Sicherheit.*

Apple-ID und iCloud

Als Nächstes können Sie die *Apple-ID* eintragen. Die Apple-ID ist, wie Sie auch später noch sehen werden, eine sehr mächtige Eigenschaft. Wenn Sie bereits ein iPhone oder ein iPad besitzen, haben Sie wohl schon eine Apple-ID, um in den jeweiligen App Stores nach Apps zu suchen und Apps auf Ihr Gerät zu übertragen. Sie können an dieser Stelle die gleiche Apple-ID eingeben, um am Computer mit den gleichen Zahlmethoden später im iTunes Store, im App Store etc. zu bezahlen. Sie können sich aber auch eine neue Apple-ID für Ihren Rechner besorgen.

macOS arbeitet an vielen Stellen mit einer Apple-ID.

 Ich empfehle Ihnen eine einheitliche **Apple-ID** sowohl für Ihre mobilen iOS-Geräte als auch für Ihre stationären macOS-Geräte zu verwenden. Weitere Informationen erhalten Sie in Kapitel 9.

Zwei-Faktor-Authentifizierung

Die Apple-ID ist der wichtigste Pass für die Nutzung des Macs, der Stores und der iCloud-Dienste. Dementsprechend sollte sie auch ganz besonders gesichert werden. Die Apple-ID ist normalerweise durch ein Kennwort geschützt. Das Kennwort selbst muss zwingend mindestens eine Ziffer und einen Großbuchstaben enthalten. Dadurch wird es schon ziemlich sicher. Allerdings kann es doch passieren, dass böse Menschen Ihr Kennwort herausfinden und dann damit uneingeschränkt Zugang zu Ihrem iCloud-Account haben und sogar in den diversen Stores einkaufen können.

Apple stellt aus diesem Grund eine Zwei-Faktor-Authentifizierung, kurz 2FA, für die Apple-ID zur Verfügung. Diese ist aber standardmäßig ausgeschaltet und kann von Ihnen noch konfiguriert werden.

Wenn Sie die 2FA einrichten, registrieren Sie ein oder mehrere vertrauenswürdige Geräte. Ein vertrauenswürdiges Gerät ist ein von Ihnen verwendetes Gerät, das vierstellige Bestätigungscodes über den Dienst *Mein iPhone suchen* oder per SMS empfangen kann. Allerdings muss mindestens eine SMS-fähige Rufnummer angegeben werden.

Mit der „Zwei-Faktor-Authentifizierun" wird Ihre Apple-ID zusätzlich geschützt.

Sie können das Einrichten der 2FA auch überspringen und zu einem späteren Zeitpunkt vornehmen. Dazu müssen Sie in den *Systemeinstellung* bei *iCloud* die *Accountdetails* öffnen. Dort können Sie dann bei *Sicherheit* die Zwei-Faktor-Authentifizierung einschalten. Näheres zur Zwei-Faktor-Authentifierung können Sie in dem kostenlosen E-Book „Apple-ID 2FA" vom amac-buch Verlag nachlesen: *www.amac-buch.de/2fa-pdf* oder *www.amac-buch.de/2fa-epub*.

Systemassistenten fortsetzen

Im nächsten Fenster müssen Sie die Lizenzbedingungen akzeptieren, bevor es weiter geht. Anschließend wird ein erster Computeraccount (lokaler Benutzer) auf Ihrem System angelegt. Geben Sie sowohl bei *Vollständiger Name* als auch bei *Accountname* die gewünschten Informationen ein und vergeben Sie ein Passwort. Sie können auch gleich ein Symbol für den Benutzer auswählen. Dazu klicken Sie rechts oben auf das angezeigte Bild und wählen ein anderes aus.

Der Admin-Account wird eingerichtet.

!
Der erste Benutzer, den Sie am Betriebssystem anlegen, ist ein **Administrator**. Der Administrator hat weitreichende Eigenschaften und Funktionen. Deswegen sollte man sich hier sehr genau überlegen, wie dieser Administratoraccount definiert werden soll. Sie können jederzeit nachträglich über die **Systemeinstellungen –> Benutzer** gewisse Eigenschaften des Administratoraccounts, wie das Passwort etc., ändern. Auch der vollständige Name ist nachträglich editierbar, der Accountname jedoch ist nicht einfach änderbar.

Jetzt erfolgt die Expresskonfiguartion, mit deren Hilfe Sie automatisch Siri, die Ortungsdienste und die Übertragung von Daten zur Produktverbesserung einrichten können. Wenn Sie diese Einstellungen lieber manuell durchführen wollen, dann klicken Sie auf *Einstellungen anpassen*. Anschließend werden Sie einzeln danach gefragt, ob die jeweiligen Dienste aktiviert werden sollen.

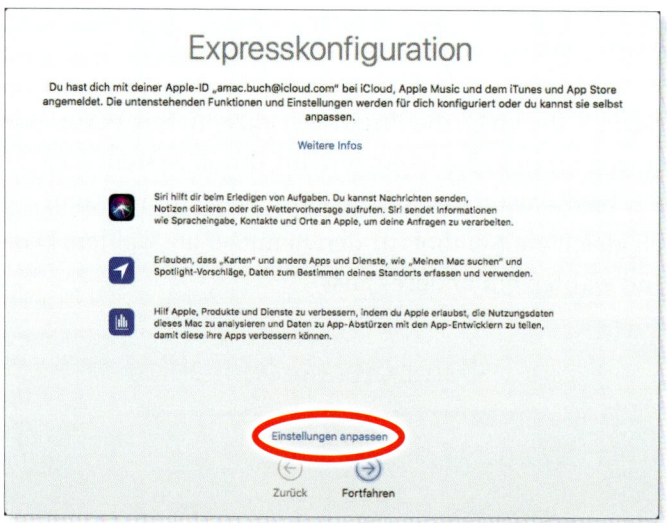

Die „Expresskonfiguration" kann die Einstellungen für Siri, Ortungdienste und Nutzungsdaten automatisch einstellen.

Im nächsten Schritt werden Sie eventuell nach Ihrem iCloud-Schlüsselbund gefragt. Je nachdem, ob Sie sich mit Ihrer Apple-ID angemeldet haben, lässt sich nun noch der iCloud-Schlüsselbund einrichten. Sie können den Vorgang aber auch auf später verschieben. Das gleiche gilt für den nächsten Schritt, die Auswahl der *iCloud-Fotomediathek* und von *iCloud Drive*. Auch diese beiden Einstellungen lassen sich zu einem späteren Zeitpunkt vornehmen bzw. ändern.

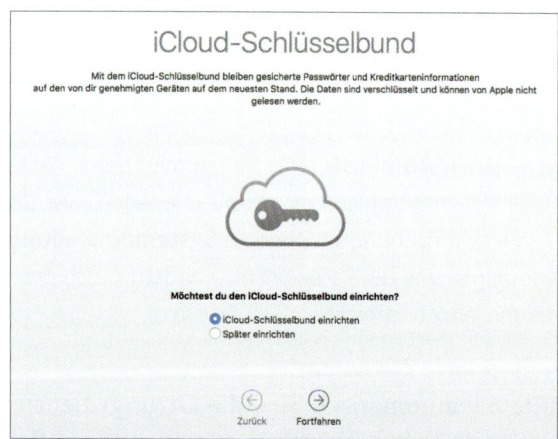 

Der „iCloud-Schlüsselbund" und die Einstellungen für die „iCloud-Fotomediathek" und „iCloud Drive" erscheinen beim Einrichten nur, wenn Sie mir Ihrer Apple-ID den iCloud-Dienst verwenden.

Jetzt haben Sie es gleich geschafft! Der nächste Schritt beinhaltet die Konfiguration der Zeitzone. Die Zeitzone wird vor allen Dingen für das korrekte Datum und die Uhrzeit benötigt. Nach der Zeitzone werden Sie gefragt, ob Sie *Diagnose & Nutzungsdaten* an Apple senden wollen. Damit würden Sie Apple bei der Weiterentwicklung des Systems behilflich sein. Als Letztes müssen Sie noch entscheiden, ob Sie der Sprachassistent *Siri* aktiviert werden soll (siehe Kapitel 5 ab Seite 267). Das können Sie aber auch später in den *Systemeinstellungen –> Siri* erledigen. Damit sind alle wichtigen Einstellungen erledigt und es kann losgehen.

Die „Zeitzone" und „Siri" müssen noch eingestellt werden.

Ein neuer Benutzer

Durch die Konfiguration haben Sie nun einen ersten neuen Benutzer – den Computeraccount bzw. Admin-Account – erstellt. Dieser hat sehr weitreichende Befugnisse und deshalb ist es ratsam, einen zweiten Benutzer anzulegen, mit dem Sie normalerweise arbeiten.

In den *Systemeinstellungen –> Benutzer & Gruppen* finden Sie hierzu die passenden Funktionen. Sie finden die Systemeinstellungen entweder im Apfel-Menü oder im Dock am unteren Bildschirmrand.

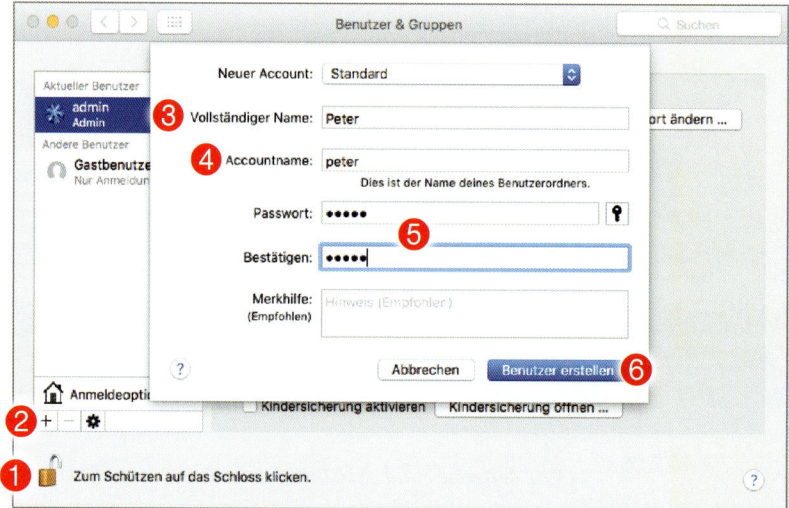

Ein neuer Benutzer wird angelegt.

Klicken Sie zunächst auf das Schloss links unten ❶ und geben Sie Ihre Admindaten ein. Dann kann nach Klicken auf das Plus ❷ ein neuer Benutzer mit all seinen Daten spezifiziert werden. Neben dem Namen ❸ geben Sie hierzu den *Accountnamen* ❹ und das *Passwort* zweimal ein ❺.

 Der **Vollständige Name** kann Sonderzeichen sowie Vor- und Zuname enthalten. Der **Accountname** hingegen erlaubt keine Sonderzeichen. Des Weiteren kann der vollständige Name nachträglich jederzeit geändert werden. Der **Accountname** hingegen nicht.

Sind alle Daten eingetragen, wird via *Benutzer erstellen* ❻ der neue User angelegt. Gehen Sie nun in das Apfel-Menü und loggen Sie sich über den Eintrag am unteren Ende des Menüs als Admin-User aus (*admin abmelden*). Dann erscheint das Anmeldefenster, damit Sie sich als neuer User einloggen können.

Kapitel 2

Der erste Eindruck

Der Sierra-Bildschirm

Sobald Sie sich als User an Ihrem Mac eingeloggt haben, erscheint die Benutzeroberfläche des macOS-Betriebssystems. Dabei erkennen Sie auf den ersten Blick eine ganze Reihe von wichtigen Elementen.

So zeigt sich macOS nach dem ersten Einloggen.

Den meisten Platz auf dem Bildschirm nimmt natürlich der *Desktop* oder Schreibtisch ein ❶. Im unteren Bereich des Bildschirms finden Sie das *Dock* ❷. Das Dock dient im Wesentlichen dazu, Programme auf dem Computer zu starten und die Übersicht über die gestarteten Programme zu behalten. Doch dazu später mehr. Am oberen Rand des Bildschirms sehen Sie die *Menüleiste* ❸ und am linken Rand der Menüleiste finden Sie das Apfel-Symbol, welches das *Apfel-Menü* repräsentiert ❹. Des Weiteren sehen Sie rechts vom Apfel-Menü den Begriff *Finder* ❺. Dies sagt Ihnen, dass Sie derzeit mit dem Finder arbeiten. Werden andere Applikationen gestartet, ändert sich das Aussehen der Menüleiste.

Bleiben wir bei der Menüleiste und schauen wir uns die Icons im rechten Bereich an. Bei ❻ sehen Sie die *Menulets*. Diese geben Ihnen Auskunft über bestimmte Zustände im Betriebssystem, zum Beispiel über die Funktionalität von Bluetooth, WLAN, den Batterieladezustand bei tragbaren Macs etc. Auch das aktuelle Datum und die Uhrzeit sowie den Wochentag können Sie einblenden lassen ❼. Und auch die Suchlupe der Funktion *Spotlight* ❽. Damit haben Sie eine sehr ausgeklügelte und raffinierte Suchfunktion über alle Dateien, Programme und Informationen auf Ihrem Rechner. Auch Siri ❾, der intelligente Sprachassistent, ist in der Menüleiste vorhanden. Zu guter Letzt ❿ finden Sie ganz rechts die *Mitteilungszentrale*.

Doch lassen Sie uns nun die Elemente noch etwas detaillierter betrachten und die eine oder andere gewünschte Einstellung vornehmen.

Das Dock

Wie erwähnt, dient das Dock unter anderem dazu, Programme zu starten. Eine Reihe von Programmsymbolen finden Sie bereits unten im Dock.

Das Dock, wie es sich standardmäßig präsentiert.

Wollen Sie beispielsweise ein Programm starten, um Internetseiten anzusehen, ist dafür das mitinstallierte Programm *Safari* Ⓐ zuständig. Voraussetzung ist natürlich, dass Sie den Internetzugang vorher eingerichtet haben. Aber dazu mehr im nächsten Kapitel. Möchten Sie auch E-Mails senden und empfangen, hat Apple auch hierzu das notwendige Programm bereits auf Ihrem Rechner installiert. Bei Ⓑ sehen Sie das Programm namens *Mail*. *Siri* erkennen Sie an dem Icon mit der Wellendarstellung Ⓓ. Möchten Sie über das Internet via Bildtelefon mit Freunden oder Bekannten sprechen, ist dafür das Programm *FaceTime* Ⓔ bereits auf Ihrem Rechner vorbereitet und muss lediglich gestartet und Ihren Bedürfnissen entsprechend konfiguriert werden.

Ist keines der erwähnten Programme gestartet, läuft auf jeden Fall der *Finder* Ⓒ. Der Finder repräsentiert das Betriebssystem und ist dafür verantwortlich, dass Sie an Ihrem Rechner mit Maus und Tastatur etc. arbeiten können. Ist also keine andere Applikation im Vordergrund, ist der Finder stets für Sie verfügbar und stellt seine Funktionen bereit.

Sicherlich haben Sie am rechten Rand des Docks bereits den *Papierkorb* Ⓖ entdeckt. Wie bei anderen Computersystemen auch dient der Papierkorb dazu, nicht mehr benötigte Dateien und Ordner zu löschen.

Möchten Sie das Dock Ihren Bedürfnissen entsprechend anpassen, finden Sie eine dünne Trennlinie Ⓗ innerhalb des Docks. Wenn Sie dort mit der Maus draufzeigen, erscheint ein weißer Doppelpfeil, mit dem Sie bei gedrückter Maustaste durch einfaches Ziehen nach oben oder unten die Größe des Docks verändern können. Überhaupt teilt diese Trennlinie das Dock in zwei Bereiche: Der linke Bereich dient der Ablage von Programmsymbolen, wohingegen der rechte Bereich für Dateien, Ordner oder auch minimierte Fenster Verwendung findet. Aber auch dazu später mehr.

Wenn Sie nun zum Beispiel das Programm *Safari* Ⓐ starten, werden Sie erkennen, dass das Programmicon einige Male hüpft und das Programmfenster anschließend auf dem Bildschirm erscheint. Schön wäre es nun, wenn Sie über das Dock auch eine Rückmeldung bekämen, dass dieses Programm bereits gestartet ist. In früheren Versionen des Apple-Betriebssystems war diese Funktion standardmäßig so konfiguriert, dass jedes gestartete Programm ein kleines Symbol unterhalb des Programmicons erhielt. Und dies können Sie auch in macOS einstellen. Verwenden Sie hierfür im Dock das Icon mit der Nummer Ⓕ, die *Systemeinstellungen*. Die Systemeinstellungen dienen dazu, Eigenschaften des Betriebssystems rasch zu modifizieren. Klicken Sie einmal auf das Symbol namens *Systemeinstellungen* und das dazugehörige Fenster mit einer Reihe von weiteren Symbolen erscheint.

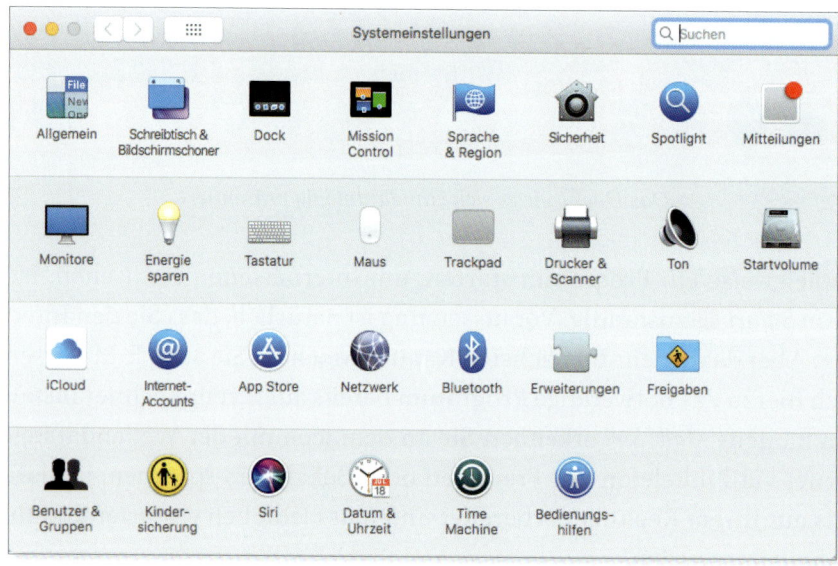

Die Systemeinstellungen im Überblick.

Wählen Sie dort das Symbol *Dock* (erste Zeile, drittes Symbol) aus. Sofort wechselt der Fensterinhalt der Systemeinstellungen und zeigt Ihnen die Einstellungsmöglichkeiten für das Dock. Klicken Sie nun am unteren Rand dieses Fensters auf die Option *Anzeige für geöffnete Programme einblenden*, und sogleich erhalten Sie unterhalb gestarteter Programme einen kleinen Punkt. So sollten Sie nun unterhalb des Symbols *Systemeinstellungen* im Dock bereits ein Pünktchen sehen, das Ihnen signalisiert, dass die Applikation Systemeinstellungen gestartet ist.

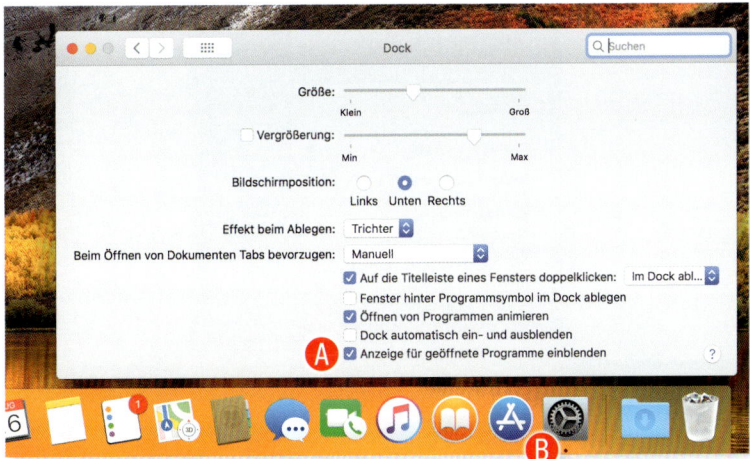

Die Anzeige für geöffnete Programme einblenden.

Haben Sie an der Position **A** das Häkchen angebracht, erscheint also im Dock **B** der Punkt, um Ihnen zu signalisieren, dass die entsprechende Applikation gestartet ist. Sie können nun in den *Systemeinstellungen* bei *Dock* noch weitere Konfigurationen vornehmen, wir werden diese aber im Laufe eines weiteren Kapitels noch im Detail besprechen.

Nachdem Sie die ersten wichtigen Einstellungen getätigt haben, verlassen Sie das Fenster, indem Sie mit der Maus auf den roten Knopf in der linken oberen Ecke fahren und dann klicken, um die Systemeinstellungen zu beenden.

Der Schreibtisch

Wie bereits eingangs erwähnt, nimmt der Schreibtisch (*Desktop*) den größten Teil Ihres Mac-Bildschirms ein. Der Schreibtisch hat dabei ein voreingestelltes Hintergrundbild. Dieses Hintergrundbild kann aber jederzeit ausgewechselt werden. Hierzu bemühen Sie erneut die *Systemeinstellungen*. Doch wir wollen an dieser Stelle die Systemeinstellungen über einen anderen Weg aufrufen. Klicken Sie auf das *Apfel-Symbol* links oben in der *Menüleiste*: Damit öffnen Sie das *Apfel-Menü*. Im Apfel-Menü finden Sie ebenfalls den Eintrag *Systemeinstellungen*.

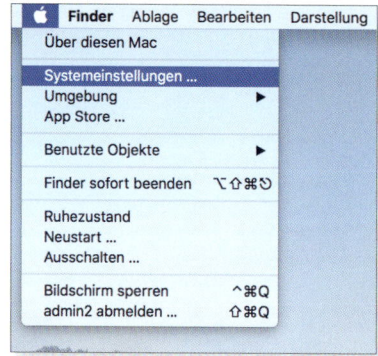

Die Systemeinstellungen können über das Apfel-Menü geöffnet werden.

Es gibt also auch beim Apple-Betriebssystem, ähnlich wie bei Windows oder anderen Systemen, meist mehrere Wege, um eine Funktion auszulösen. Sie erhalten erneut das Fenster mit den Systemeinstellungen; wählen Sie dort den Bereich *Schreibtisch & Bildschirmschoner* (erste Zeile, zweites Symbol) aus und Sie gelangen zur Definition des Hintergrundbilds. Sie sehen, standardmäßig ist das Bild namens *Sierra* von Apple als Bildschirmhintergrund vorgesehen. Im linken Bereich finden Sie unterhalb des Begriffs *Apple* verschiedene Ordner, die weitere Hintergrundbilder für Sie bereithalten.

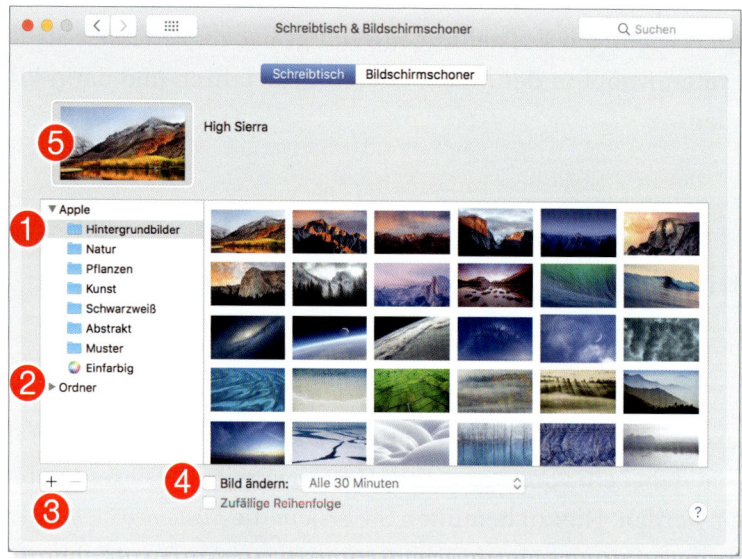

Das Schreibtischhintergrundbild kann geändert werden.

Wählen Sie also nun bei den Apple-Bildern ❶ ein anderes Schreibtischhintergrundbild aus. Alternativ können Sie auch unter ❷ bei *Ordner* einen neuen Ordner hinzufügen, in dem sich auf Ihrem Rechner

Bilder befinden, die Sie verwenden möchten. Um weitere Ordner in die Liste aufzunehmen, klicken Sie auf das Plus ❸. Sofort erscheint ein Dialog, in dem Sie einen beliebigen Ordner auf Ihrer Festplatte auswählen können. Standardmäßig wird das Hintergrundbild bildschirmfüllend verwendet. Sie können auch mit einem Haken bei ❹ ein Zeitintervall vorgeben, wie oft sich die verschiedenen Bilder in einem Ordner als Hintergrundbild abwechseln sollen.

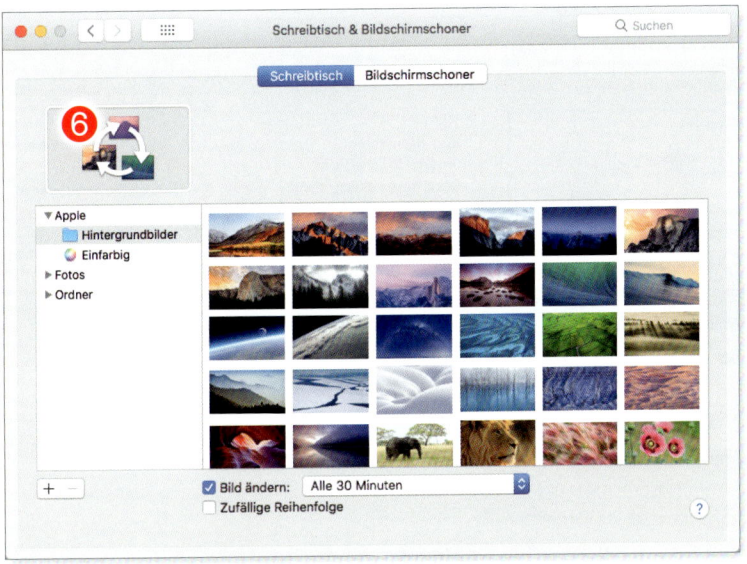

Schreibtischhintergrundbild wechseln.

Wählen Sie dazu einen Ordner aus, in dem sich mehrere Hintergrundbilder befinden, und geben Sie an, nach welcher Zeitspanne das Schreibtischhintergrundbild gewechselt werden soll.

 Es ist wenig sinnvoll, die Schreibtischhintergrundbilder in sehr kurzen Intervallen wie alle fünf Sekunden, jede Minute oder alle fünf Minuten wechseln zu lassen, denn das wirkt doch sehr unruhig. Besser ist es, längere Zyklen zu verwenden, wie etwa stündlich, täglich bzw. beim Anmelden oder beim Beenden des Ruhezustands.

Beim Wechseln der Schreibtischhintergrundbilder wird Ihnen links oben auch in einem Symbol angezeigt, dass Sie diese Funktion ausgewählt haben ❻.

 Übrigens könnten Sie ein Bild auch dadurch zum Schreibtischhintergrundbild machen, indem Sie eine Datei einfach per Drag & Drop auf das Feld ❺ ziehen.

Transparenz und dunkle Oberfläche

Wer bereits mit anderen Versionen von macOS gearbeitet hat, der vermisst vielleicht die Funktion *Transparente Menüleiste*, die bisher in den Einstellungen des Schreibtischs zu finden war. In macOS ist diese Funktion zu den *Bedienungshilfen* (vierte Zeile, sechstes Symbol) in den *Systeineinstellungen* verschoben worden. Dort finden Sie in der Kategorie *Sehen –> Anzeige* nun die Funktion *Transparenz reduzieren*.

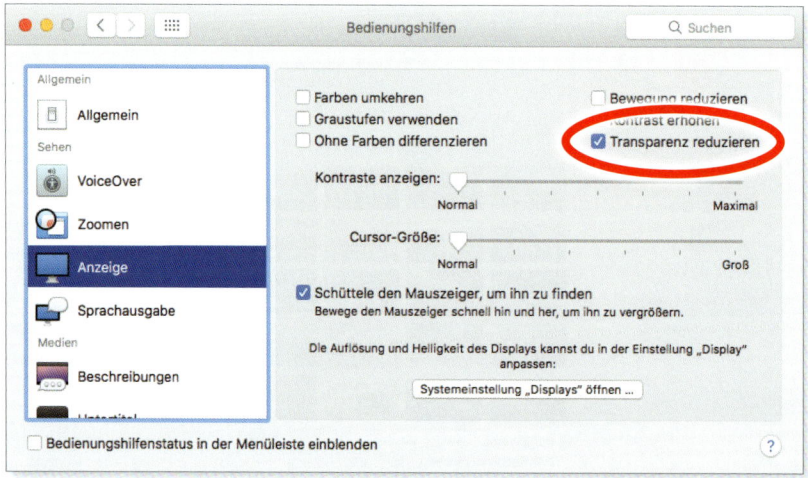

Die Transparenz der Benutzeroberfläche wird in den „Bedienungshilfen" eingestellt.

Wenn Sie diese Funktion einschalten, dann verliert nicht nur die Menüleiste ihre Deckkraft, sondern auch die Seitenleiste der Finder-Fenster.

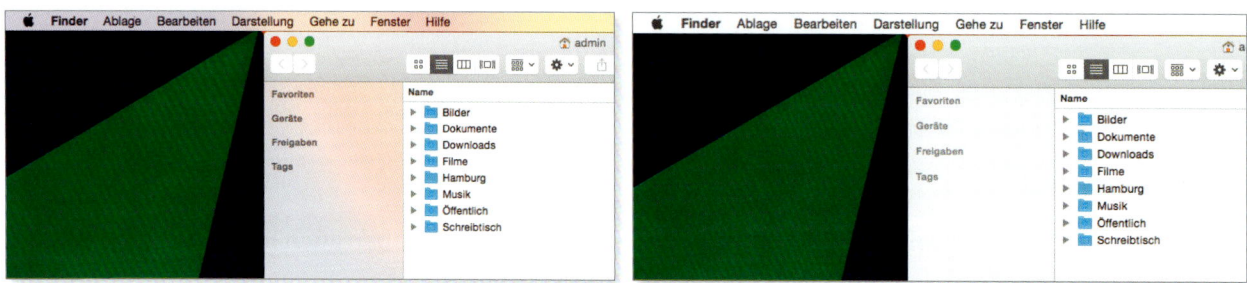

Im linken Bild ist die Transparenz eingeschaltet, im rechten Bild ist sie ausgeschaltet.

Neben der Transparenz kann auch noch die Farbe der Menüleiste und des Docks geändert werden. Standardmäßig haben die Menüleiste und das Dock eine helle Farbe. Diese kann in macOS durch eine dunkle Farbe ersetzt werden. In den *Systemeinstellungen* bei *Allgemein* (erste Zeile, erstes Symbol) finden

Sie dafür die Funktion *Dunkle Menüleiste und Dock verwenden* ❶. Sobald Sie diese Funktion eingeschaltet haben, wird die Menüleiste schwarz und das Dock dunkelgrau.

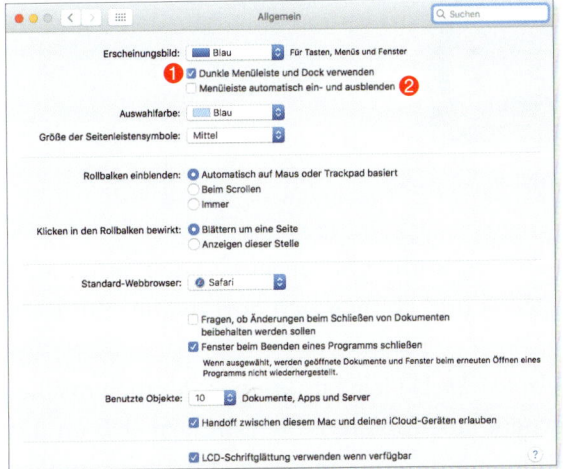

Bei „Systemeinstellungen —> Allgemein" kann die dunkle Benutzeroberfläche eingeschaltet werden.

> **!** Um etwas Platz auf dem Bildschirm zu schaffen, können Sie die Menüleiste ausblenden. Mit der Funktion **Menüleiste automatisch ein- und ausblenden** ❷ verschwindet die Leiste. Sie wird erst dann wieder sichtbar, wenn Sie den Mauscursor an die obere Bildschirmkante bewegen. Besonders Besitzer von Geräten mit kleinem Display profitieren von dieser Funktion.

Kontextmenü bzw. rechte Maustaste (ctrl-Taste)

Wie bei Windows- oder Unix-Systemen gibt es auch beim Apple-Betriebssystem ein Kontextmenü, dass mit der rechten Maustaste geöffnet wird. Beim Apple-Betriebssystem wird diese *Sekundärklick* genannt. Es ist also durchaus sinnvoll, Funktionen, die man häufig benötigt, schnell und effizient über den *Sekundärklick* aufzurufen. Zunächst einmal ist der Sekundärklick auf der Maus und dem Trackpad gut versteckt. Es gibt aber einen einfachen Weg, ihn dennoch aufzurufen. Wenn Sie die *ctrl*-Taste gedrückt halten und mit der Maus zum Beispiel auf den Schreibtisch klicken, erscheint das dazugehörige *Kontextmenü*.

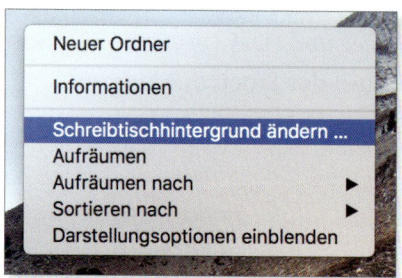

Das Kontextmenü beim Schreibtischhintergrund.

Wählen Sie dort den Menüpunkt *Schreibtischhintergrund ändern*, werden Sie erneut zu den Systemeinstellungen in den Bereich *Schreibtisch & Bildschirmschoner* gelotst und können sich dort in aller Ruhe ein neues Schreibtischhintergrundbild aussuchen.

Sie haben also erkannt, dass über die rechte Maustaste (*Sekundärklick*) viele Funktionen deutlich rascher im Zugriff sind. Wir wollen das an einer anderen Stelle erneut ausprobieren: Sie erinnern sich an das *Dock*. Im Dock befindet sich relativ weit rechts die Trennlinie, mit der Sie die Größe des Docks ändern können. Wenn Sie nun die rechte Maustaste auf der Trennlinie im Dock anwenden, erscheint auch hier ein Kontextmenü, in dem einige wichtige Funktionen verfügbar sind.

Das Kontextmenü des Docks.

Verwenden Sie beispielsweise den Eintrag *Position auf dem Bildschirm* und wählen Sie dort statt *Unten* die Option *Links* oder *Rechts* aus, können Sie bequem die Position des Docks auf dem Bildschirm verändern.

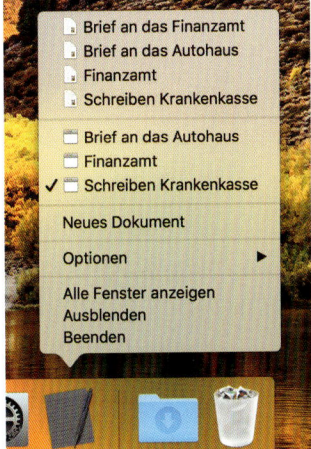

Das Dock am linken Monitorrand (links) und das Kontextmenü für die Systemeinstellungen (Mitte) und TextEdit (rechts).

Über die rechte Maustaste sind die Einstellungen, die sich allesamt unter den Systemeinstellungen zusammengefunden haben, gut zu erreichen. Auch hier genügt es, mit der *ctrl*-Taste und der Maustaste das Kontextmenü über den *Systemeinstellungen* aufzurufen und schon erscheinen alle Einstellmöglichkeiten in einem Menü zum schnellen Zugriff.

 Bei Programmen im Dock wie zum Beispiel bei TextEdit erreicht man über das Kontextmenü ebenso eine Liste von zuletzt mit diesem Programm bearbeiteten bzw. aktuell geöffneten Dateien.

Wenn Sie bisher mit Windows-Systemen gearbeitet haben, kennen Sie die Funktion der rechten Maustaste und der Kontextmenüs bereits. Scheuen Sie sich nicht, dies auch beim Apple-Betriebssystem an verschiedenen Stellen auszuprobieren. Sie werden staunen, wo sich das Kontextmenü überall zeitsparend verwenden lässt.

Die Menüleiste

Wie bereits angedeutet, ändert die Menüleiste je nach verwendetem Programm ihr Erscheinungsbild.

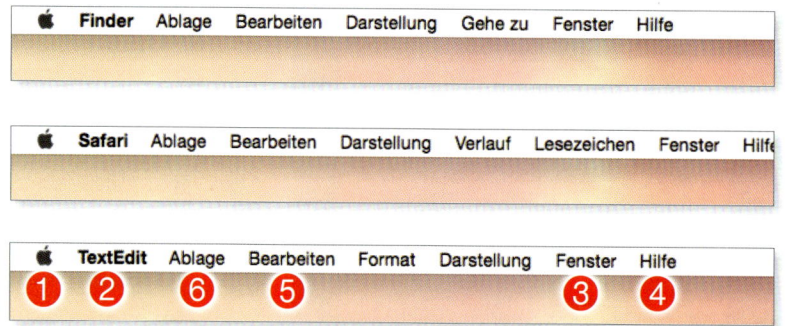

Die Menüleiste bei der Verwendung von verschiedenen Programmen.

Wenn Sie diese drei Bildschirmfotos vergleichen, erkennen Sie, dass die Menüleiste je nach verwendetem Programm unterschiedliche Einträge aufweist. Wenn Sie genauer hinsehen, bemerken Sie, dass eine Reihe von Funktionen bei nahezu allen Programmen immer wieder vorkommt: Das *Apfel-Menü* ❶ ganz links in der *Menüleiste* ist immer zu sehen, unabhängig davon, mit welchem Programm Sie arbeiten. Bei ❷ lesen Sie den Namen des Programms – abhängig davon, ob Sie im Finder, in Kontakte, in Keynote, Numbers, Word, Excel etc. arbeiten, wird oben links der Name des gerade aktiven Programms eingeblendet. Dies hilft Ihnen als neuem, etwas unerfahrenem Anwender zu erkennen, in welcher Applikation Sie aktuell unterwegs sind. In dem Menü des Programmnamens finden Sie auch immer die Funktion, das dazugehörige Programm wieder zu beenden. Es ist stets der letzte Eintrag, der den Namen des Programms trägt und zusätzlich die Funktion *beenden*.

> **!** Dabei sehen Sie, dass eine Reihe von Funktionen mit zeitsparenden Tastenabkürzungen aufgerufen werden kann. So steht beispielsweise hinter **Safari beenden** das Tastenkürzel **cmd + Q**. Wir werden im Buch immer wieder, wenn es notwendig und sinnvoll erscheint, eine Funktion auch über Tastenkürzel (Tastenkombinationen, Shortcuts) aufrufen. Unsere Schreibweise wird dabei die folgende sein: Wenn Sie die Taste **cmd** und die Taste **Q** gleichzeitig bedienen müssen, verwenden wir als Schreibweise **cmd + Q**.

Der *Finder* hingegen kann nicht beendet werden. Denn das Programm *Finder* muss ständig aktiv sein, damit Sie mit Ihrem Apple-Computer arbeiten können.

Aber wieder zurück zu den Funktionen der Menüleiste. Ähnlich verhält es sich auch bei den anderen Menüs, die in nahezu allen Programmen verfügbar sind. Zum Beispiel finden Sie rechts sehr oft bei Applikationen die Begriffe *Fenster* ❸ und *Hilfe* ❹. Letzterer dient dazu, die programminterne Hilfefunktion aufzurufen. Diese ist, abhängig vom jeweiligen Programm, manchmal im Internet hinterlegt oder bei der Installation des Programms auf die Festplatte des Rechners übertragen worden. Ist die Hilfe ausschließlich im Internet verfügbar, muss natürlich ein Internetanschluss gewährleistet sein. Über *Fenster* ❸ erhalten Sie Funktionen, die den Umgang mit mehreren Fenstern erleichtern. Des Weiteren finden Sie in nahezu allen Programmen auf einem Apple-System den Menüpunkt *Ablage* ❻. Unter *Ablage* verbirgt sich eine Reihe sinnvoller Funktionen im Zusammenhang mit der jeweiligen Applikation.

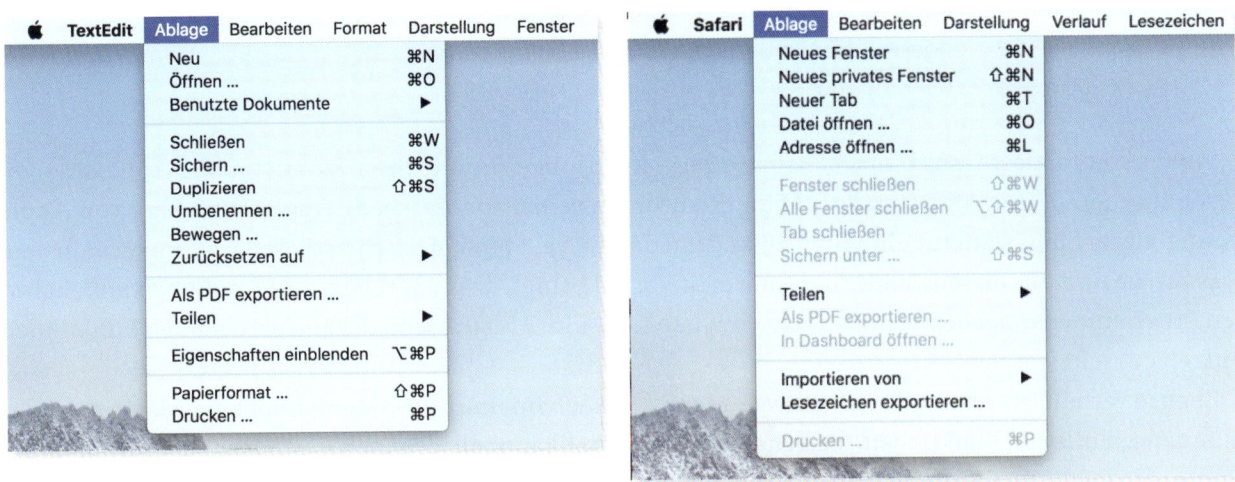

Das „Ablage"-Menü der Programme TextEdit (links) und Safari (rechts).

Wie Sie anhand des Bildschirmfotos sehen, finden Sie in dem Programm Safari die Funktionen ebenso vor. Und so verhält es sich nicht nur mit den Programmen TextEdit oder Safari, sondern sehr viele Applikationen im Apple-System verwenden die gleichen Menüeinträge.

Hier sehen Sie eine Reihe von sinnvollen Funktionen, die bei der Arbeit mit dem Programm *TextEdit* im *Ablage*-Menü erscheinen. TextEdit ist eine kleine Anwendung, mit der Sie sehr rasch Texte verfassen können. Selbst das Erstellen von Tabellen oder das Abspeichern als Internetseite ist hierbei möglich. Wir werden das Programm TextEdit an anderer Stelle noch einmal genauer betrachten. Aber zurück zu den Funktionen, die sich im *Ablage*-Menü ❻ von TextEdit verbergen. Denn dort finden Sie eine Reihe von Befehlen, die in sehr vielen Programmen identisch verwendet werden.

Funktion	Beschreibung	Shortcut
Neu	Erstellt ein neues Dokument bzw. öffnet ein neues Fenster in der dazugehörigen Applikation.	cmd + N
Öffnen	Öffnet ein mit dem Programm erstelltes Dokument bzw. Fenster.	cmd + O
Sichern	Speichert ein Dokument mit einem Dateinamen an einem Ablageort auf einem Datenträger ab.	cmd + S
Schließen	Schließt das aktuelle Fenster eines Programms, ohne dabei das Programm zu beenden.	cmd + W
Drucken	Überträgt das aktuelle Dokument an einen angeschlossenen und korrekt installierten Drucker.	cmd + P

Woher kommt das? Ganz einfach! Apple erlässt Richtlinien für alle Programmierer, die Applikationen (Programme) für den Mac erstellen. Diese Richtlinien sehen vor, dass jede Applikation eine von Apple vordefinierte Menüstruktur einhalten muss. Und das *Ablage*-Menü muss eben diese Funktionen auflisten, was für Sie und uns als Anwender den enormen Vorteil bringt, dass wir relativ zügig mit noch unbekannten Programmen umgehen können, weil wir wissen, dass im *Ablage*-Menü die entsprechenden Funktionen aufgelistet sein werden.

Ebenso verhält es sich mit dem *Bearbeiten*-Menü ❺. Auch im *Bearbeiten*-Menü findet der Mac-Anwender eine ganze Fülle von Funktionen, die in nahezu allen Applikationen identisch sind. Deshalb auch an dieser Stelle eine kurze Beschreibung dieser Features.

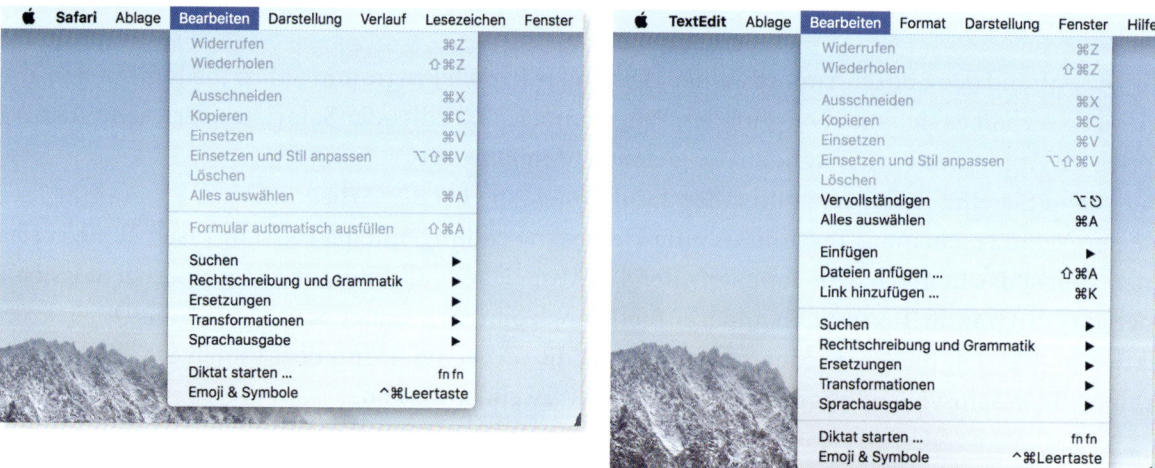

Das „Bearbeiten"-Menü am Beispiel von Safari bzw. TextEdit.

Funktion	Beschreibung	Shortcut
Widerrufen bzw. Eingabe widerrufen	Die in dem Programm zuletzt ausgeführte Aktion kann hiermit rückgängig gemacht werden.	cmd + Z
Wiederholen	Die zuletzt im Programm ausgewählte Funktion kann erneut angewendet werden.	cmd + Shift + Z
Ausschneiden	Ein markierter Texts oder eine Grafik innerhalb eines Dokuments wird über Ausschneiden entfernt und in die Zwischenablage verschoben.	cmd + X
Kopieren	Die Markierung innerhalb eines Dokuments wird über die Funktion Kopieren in die Zwischenablage kopiert.	cmd + C
Einsetzen	Der Inhalt der Zwischenablage wird an der aktuellen Cursorposition eingefügt.	cmd + V
Alles auswählen	Alle Elemente, die sich im aktuellen Dokument befinden, werden damit markiert, also ausgewählt.	cmd + A
Löschen	Löschen des ausgewählten Textes oder Bildes bzw. nach links buchstabenweise löschen	Backspace
Entfernen	Buchstabenweise nach rechts löschen	fn + Backspace bzw. Entf.-Taste

Menulets

Im rechten Bereich der Menüleiste können Sie eine ganze Reihe von Hilfsmitteln einklinken, die Ihnen raschen Zugriff auf häufig verwendete Funktionen ermöglichen. Diese Hilfsmittel nennt man *Menulets*. Wie aber kommen die Menulets in die Menüleiste? Und was kann man mit diesen Menulets alles anstellen? Beim Start Ihres Rechners finden Sie bereits – je nach verwendeter Hardware – eine Reihe von Menulets in der Menüleiste vor.

Die Standardmenulets bei einem tragbaren Mac.

Verfügt Ihr Rechner über eine drahtlose Verbindung zum Internet (WLAN), erhalten Sie das dazugehörige Icon ❶ oben als Menulet in der Menüleiste. Dieses Menulet zeigt Ihnen in diesem Fall die Stärke des Funksignals Ihrer WLAN-Verbindung an. Möchten Sie einen anderen Hotspot oder eine andere WLAN-Station auswählen, klicken Sie einfach auf das dazugehörige Icon, daraufhin erscheinen darunter weitere WLAN-Hotspots (sofern sich welche in Ihrer Nähe befinden).

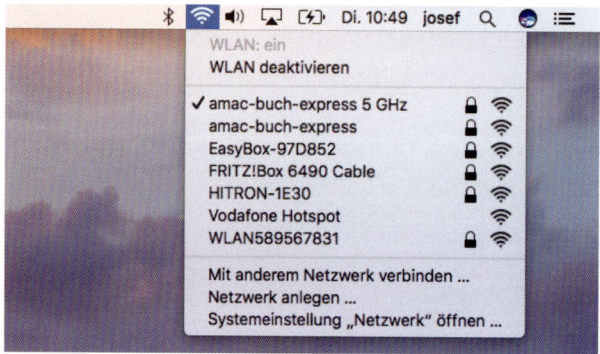

Die Liste aller aktuell verfügbaren WLAN-Hotspots.

Sie erkennen dabei auch, ob diese WLAN-Hotspots verschlüsselt sind (an dem Schlosssymbol) und mit welcher Intensität Sie das Funksignal dieses Hotspots empfangen. Je mehr Linien die Icons aufweisen, umso besser ist die Verbindung und desto schneller ist auch die Datenübertragung zu diesen WLAN-Hotspots. Darüber hinaus erhalten Sie je nach Menulet noch zusätzliche Informationen, an dieser Stelle zum Beispiel die Funktion zum Deaktivieren von WLAN.

> ! Besonders interessant ist bei manchen Menulets die Möglichkeit, über die **alt-**Taste zusätzliche bzw. ergänzende Funktionen zu erhalten. Drücken Sie dazu auf Ihrer Tastatur die **alt-**Taste und klicken Sie dabei auf das entsprechende Menulet. Sogleich ändert sich – je nach Menulet – möglicherweise die Darstellung.

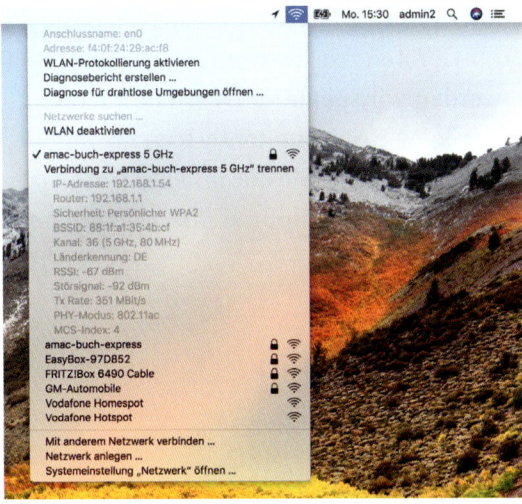

Das WLAN-Menulet mit aktivierter alt-Taste.

Sie sehen auf dem Bildschirmfoto eine Reihe von technischen Daten, die zu Ihrem Hotspot zusätzlich eingeblendet werden, aber auch komplett neue Funktionen. Besonders nützlich in diesem Zusammenhang ist die *Diagnose für drahtlose Umgebungen öffnen*, mit der Sie Ihre Drahtlosverbindung überprüfen können.

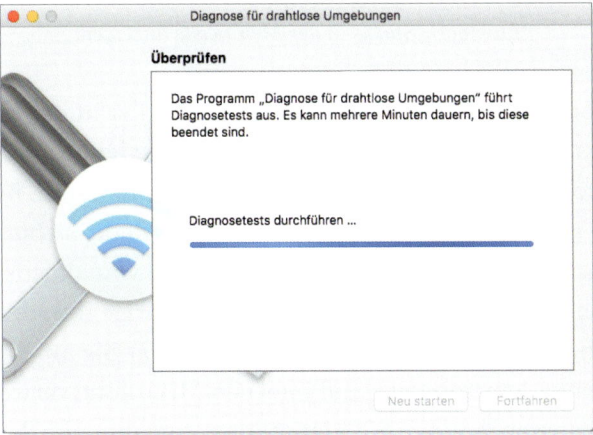

Das Prüfen der Geschwindigkeit der Drahtlosübertragung (System –> Library –> CoreServices –> Applications –> Diagnose für drahtlose Umgebungen).

Diese WLAN-Diagnose kann unter Umständen für Sie sehr wertvolle Informationen bieten, wenn Sie in Ihrem Büro oder auch zu Hause einen WLAN-Hotspot aufstellen möchten. Sie können damit den optimalen Standort für den geplanten Hotspot herausfinden.

Kommen wir zurück zur Menüleiste. Neben dem WLAN-Icon haben Sie sicherlich auch schon das *Bluetooth-Symbol* ❷ in Ihrer Menüleiste entdeckt. Klare Sache: Über die Bluetooth-Funktionalität können Sie drahtlos Kontakt zu Bluetooth-Geräten wie Tastaturen, Mäusen, Headsets etc. aufnehmen. Wie Sie dabei exakt vorzugehen haben, werden wir später im Detail betrachten.

An dieser Stelle wollen wir erklären, wie das Bluetooth-Icon als Menulet in die Menüleiste gekommen ist. Hierbei ist die Antwort sehr einfach: Starten Sie die *Systemeinstellungen*, die Sie über das *Dock* oder das *Apfel*-Menü finden, und navigieren Sie zum Menüpunkt *Bluetooth* (dritte Zeile, sechstes Symbol).

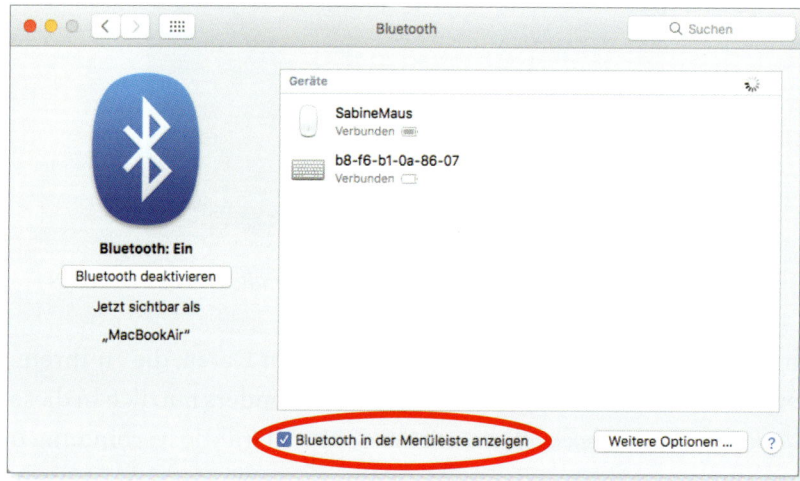

Bluetooth-Status in der Menüleiste anzeigen.

Sie sehen: Durch das Anbringen des Häkchens wird das Menulet in der Menüleiste Ihres Computers verankert. Entfernen Sie das Häkchen, verschwindet das Icon wieder aus der Menüleiste.

Zurück zu den weiteren Icons, die Sie in der Menüleiste vorzufinden sind. Bei ❸ finden Sie das Icon für die *Lautstärke*, das Sie in den *Systemeinstellungen* bei *Ton* (zweite Zeile, siebtes Symbol) sichtbar machen können. Klicken Sie das dazugehörige Icon an, um die Ausgabe von akustischen Meldungen an Ihrem Rechner zu justieren. Auch hier der Tipp: Wenn Sie das dazugehörige Icon mit gedrückter *alt*-Taste anklicken, können Sie definieren, welches Ausgabe- und Eingabegerät Sie an Ihrem Mac verwenden. Standardmäßig werden die internen Lautsprecher und internen Mikrofone verwendet. Haben Sie zusätzlich weiteres Equipment angeschlossen, können Sie hier weitere Eingabe- und Ausgabegeräte auswählen.

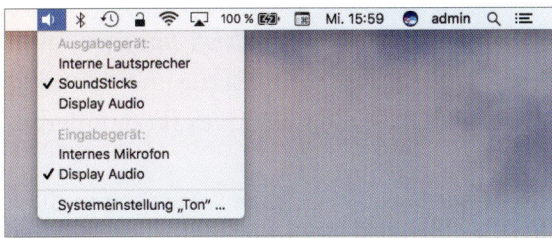

alt-Taste auf Lautsprechericon.

Aber damit nicht genug. Außerdem sehen Sie – sofern Sie einen tragbaren Mac besitzen – auch ein Icon, das den Akkuladezustand Ihres Rechners repräsentiert ❹. Sie können übrigens die Darstellung des Batteriezustands über die Eigenschaft *Prozent anzeigen* die Anzeige auf den Prozentwert des Ladezustands setzen.

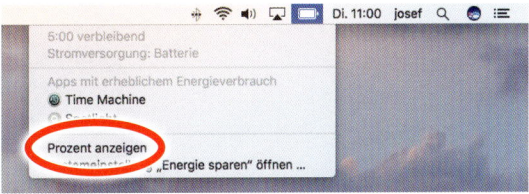

Die Akkulaufzeit im Blick.

Auch die Anzeige der Uhrzeit ❺ kann Ihren Bedürfnissen entsprechend angepasst werden. Sie können statt der analogen auch die digitale Anzeige verwenden. Des Weiteren können Sie die Darstellung anpassen, wenn Sie via *Datum & Uhrzeit öffnen* in die dazugehörige Systemeinstellung gehen und dort den Bereich *Uhr* auswählen.

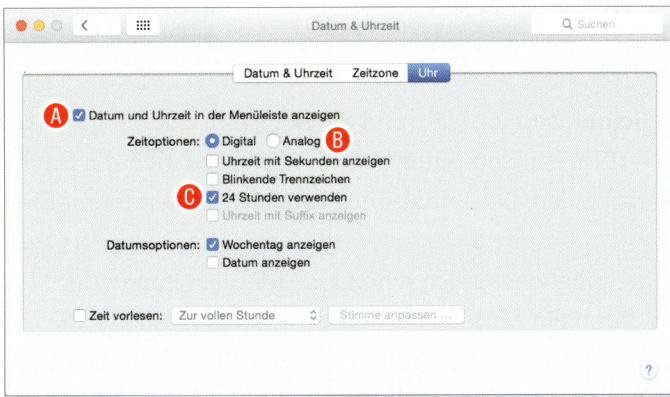

Das Menulet „Datum & Uhrzeit" kann den eigenen Bedürfnissen angepasst werden.

Definieren Sie bei **Ⓐ** *Datum und Uhrzeit in der Menüleiste anzeigen*, ob das Menulet überhaupt in der Menüleiste erscheinen soll. Über **Ⓑ** geben Sie an, ob Sie die analoge oder die digitale Anzeige der Uhrzeit bevorzugen. Und schlussendlich können Sie über **Ⓒ** exakt definieren, welche Informationen in der Menüleiste dargestellt werden sollen.

Des Weiteren haben Sie sicher in der Menüleiste ganz rechts schon die *Spotlight-Suchfunktion* mit dem Lupenicon erkannt. Die Spotlight-Suchfunktion ist ein sehr gewaltiges Werkzeug und dient dazu, alle Daten, die sich auf Ihrem Rechner befinden, in Sekundenbruchteilen ausfindig zu machen. Klicken Sie hierzu einfach das Lupenicon in der Menüleiste an **❻** und geben Sie den gewünschten Suchbegriff ein. Sie werden erleben, dass unmittelbar Ergebnisse angezeigt werden.

Eine Suche auf dem eigenen Rechner nach dem Begriff „apple".

Die Suchergebnisse erscheinen bereits, während Sie noch den Suchbegriff eintippen. Je nachdem, welche Arten von Daten sich auf Ihrem Computer befinden, werden sich die Suchergebnisse natürlich von den hier abgebildeten unterscheiden. Die Funktion *Spotlight* wird an anderer Stelle noch einmal im Detail beschrieben.

Und auch Ihr Name könnte möglicherweise schon als Menulet oben in der Menüleiste stehen **❼**. Nachdem macOS ein Unix- und damit ein Multi-User-Betriebssystem ist, sehen Sie jetzt, wer aktuell an diesem Rechner angemeldet ist und den Computer bedient; in unserem Fall ist es der Benutzer *josef*. Sie werden später noch erfahren, wie Sie neue Benutzer einrichten und auch die Darstellung des Benutzernamens den eigenen Bedürfnissen anpassen können.

Das farbige Icon  startet Siri, den intelligenten Sprachassitenten von macOS. Siri kann ihnen eine Menge Arbeit abnehmen, indem Sie nur die gewünschte Tätigkeit aussprechen, wie z. B. „Sende eine neue Nachricht an XYZ". Alles Wissenswerte rund um das Thema Siri wird im Kapitel 5 ab Seite 267 beschrieben.

Und in der Ecke befindet sich noch das Icon für die Mitteilungszentrale ❽, in der von verschiedenen Programmen Mitteilungen eingeblendet werden können. Dazu gibt es auch später noch detaillierte Informationen.

> **!** Die Reihenfolge der Menulets können Sie übrigens ändern. Halten Sie dazu die **cmd**-Taste gedrückt und ziehen Sie innerhalb der Menüleiste die Einträge an die gewünschte Position. Aber Achtung: Sie sollten den Eintrag nicht nach unten herausziehen, sonst wird das Icon entfernt und erscheint fortan nicht mehr in der Menüleiste.

Icon aus der Menüleiste entfernt.

> **!** Es gibt übrigens eine ganze Reihe von weiteren Menulets. Standardmäßig bringt das Betriebssystem bereits eine ganze Fülle an Menulets mit, die an den verschiedensten Stellen aktiviert werden können. Wenn Sie als Power-User eine Übersicht aller Menulets erhalten möchten, folgen Sie dem folgenden Pfad: **System –> Library –> CoreServices –> Menu Extras**. Dort finden Sie die in macOS installierten Menulets. Des Weiteren gibt es aber auch eine Reihe von Programmen, die ebenfalls Menulets installieren, wie zum Beispiel die Facebook-Anwendung für den Mac. Wenn Sie eine FritzBox Ihr Eigen nennen, können Sie in der Menüleiste ein FritzBox-Menulet anbringen, um Ihre FritzBox bequem im Blick zu haben. Vergessen Sie nicht, dass Sie die Reihenfolge und möglicherweise mit der **alt**-Taste auch die Funktionen Ihrer Menulets Ihren Bedürfnissen entsprechend anpassen können.

Fensterbedienung

Sie haben es sicher schon bemerkt: Immer, wenn Sie ein Programm starten oder eine Funktion aufrufen, erscheint ein Fenster, in dem die dazugehörigen Aufgaben und Einstellungen vorgenommen werden können. Ein Fenster ist stets dazu da, um innerhalb eines Programms entsprechende Funktionen aufzurufen.

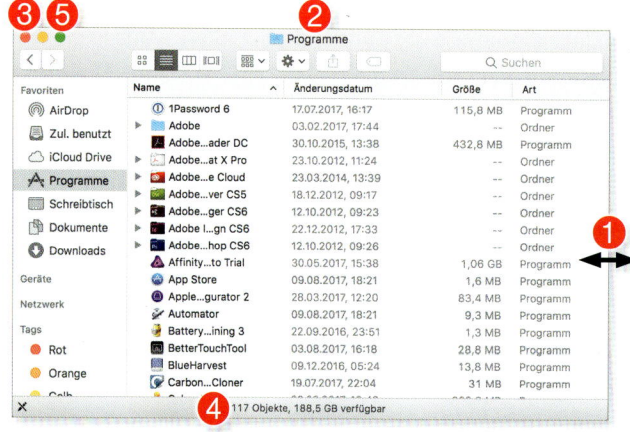

Das Aussehen eines Fensters.

Wie Sie anhand des Bildschirmfotos sehen, verfügt ein Fenster über eine ganze Reihe von Funktionen. Beginnen wir zunächst mit der *Titelleiste* ➋. Die Titelleiste enthält – wie der Name schon sagt – in der Mitte den Namen des Fensters bzw. Dokuments. Und wenn Sie das Fenster an der Titelleiste anklicken, können Sie es bei gedrückter Maustaste beliebig verschieben. Scheint Ihnen das Fenster von der Größe her nicht passend, fahren Sie an einen beliebigen Rand des Fensters – der Mauszeiger verwandelt sich daraufhin in einen schwarzen Doppelpfeil ➊ – und Sie können die Größe anpassen.

 Besonders elegant gelingt die Größenanpassung, wenn Sie eine Ecke des Fensters ansteuern. Denn dort können Sie Höhe und Breite gleichzeitig verändern. Anwender, die bereits mit früheren Versionen von macOS gearbeitet haben, werden feststellen, dass nun die Größenänderung eines Fensters an jeder Kante und Ecke erfolgen kann. Hält man zudem die **Shift**-Taste gedrückt, wird das Fenster proportional vergrößert bzw. verkleinert.

Soll ein Fenster geschlossen werden, können Sie zum Beispiel den roten Knopf in der linken oberen Ecke des Fensters ➌ anklicken. Sie können ein Fenster auch über den gelben Knopf (dieser befindet sich neben dem Schließen-Knopf) minimieren, um es für kurze Zeit beiseitezulegen. Tippen Sie dazu einmal auf den

Minimieren-Button und sogleich verschwindet das Fenster im Dock. Und zwar legt sich das Fenster auf der rechten Seite des Docks zwischen Trennlinie und Papierkorb ab. Ein erneutes Antklicken mit der Maus bringt das Fenster wieder aus dem Dock heraus nach oben und Sie können damit weiterarbeiten.

 Wenn Sie die Funktion **Schließen** über die Tastatur ausführen möchten, verwenden Sie die bereits bekannte Tastenkombination **cmd + W**. Das Minimieren wird in sehr vielen Programmen über die Tastenkombination **cmd + M** ausgelöst.

Neben dem roten und dem gelben Knopf finden Sie als dritten im Bunde noch einen grünen Button ❺. Der grüne Button hat zwei Funktionen: das Fenster auf eine optimale Größe einzustellen und den Vollbildmodus zu aktivieren. Klicken Sie auf den Button, wird der Vollbildmodus aktiviert.

Der Vollbildmodus ist eine absolut geniale Funktion, denn Sie können damit das Fenster mit einem Klick an die Größe Ihres Monitors anpassen. Und das Schöne ist, dass außer diesem einen Fenster alle anderen Informationen auf Ihrem Bildschirm verschwinden. Denn dieses Vollbildfenster verdrängt alle weiteren Informationen, die andere Programme Ihnen möglicherweise auf dem Monitor anzeigen möchten. Der Vollbildmodus ist somit eine sehr effiziente und nützliche Technik.

Safari im Vollbildmodus.

Wie aber verlässt man den Vollbildmodus wieder? Dazu gibt es zwei ganz einfache Möglichkeiten: Drücken Sie die *esc*-Taste auf Ihrer Tastatur oder fahren Sie mit der Maus an das obere Ende des Bildschirms – sogleich wird die Menüleiste eingeblendet und Sie können erneut den grünen Knopf links oben anklicken.

Die zweite Funktion des grünen Knopfs ist das Optimieren der Fenstergröße. Wenn Sie den grünen Knopf mit gedrückter *alt*-Taste anklicken, wird die Fenstergröße soweit verändert, damit Sie so wenig wie möglich im Fenster scrollen müssen. Klicken Sie danach erneut mit der *alt*-Taste auf den grünen Button, springt das Fenster zurück zur vorherigen Größe. Das heißt: Sie wechseln zwischen Ihrer individuell eingestellten Größe und einer optimierten Fenstergröße hin und her. Alternativ zum Klicken mit der *alt*-Taste können Sie auch die Funktion *Zoomen* aus dem Menü *Fenster* verwenden.

Es kann aber auch sein, dass – obwohl das Fenster optimal eingestellt ist – nicht alle Inhalte sichtbar sind. Ist dies der Fall, erhalten Sie waagrechte und senkrechte Rollbalken in Ihrem Fenster. Damit gibt Ihnen das Betriebssystem die visuelle Rückmeldung, dass derzeit nicht alle Elemente angezeigt werden können ❹. Sie können nun mit der Maus die weiteren Inhalte des Fensters zum Vorschein bringen. Verwenden Sie zum Beispiel an einem tragbaren Apple-Computer das eingebaute Trackpad oder an einem stationären Mac Pro, iMac oder Mac mini die Magic Mouse bzw. das Magic Trackpad, um weitere Elemente über die Rollbalken sichtbar zu machen.

> **!** Stellen Sie sich dabei vor, dass sich ein großes Blatt Papier hinter einem Rahmen befindet. Sie verschieben nun das Blatt Papier, um weitere Elemente zum Vorschein zu bringen. Das heißt, der Rahmen bleibt fix und nur der Hintergrund wird bewegt. Was will ich Ihnen damit sagen? Sind Sie am oberen Rand eines Fensters, müssen Sie das Blatt nach oben schieben, um Elemente, die darunter sind, zu sehen. Sind Sie am unteren Ende des Blattes angekommen, müssen Sie das Blatt nach unten bewegen, damit weitere Elemente, erscheinen. Ebenso verhält es sich, wenn Sie Inhalte auf der rechten Seite sehen wollen. Dann müssen Sie nach rechts scrollen, um Elemente weiter rechts zu Gesicht zu bekommen.

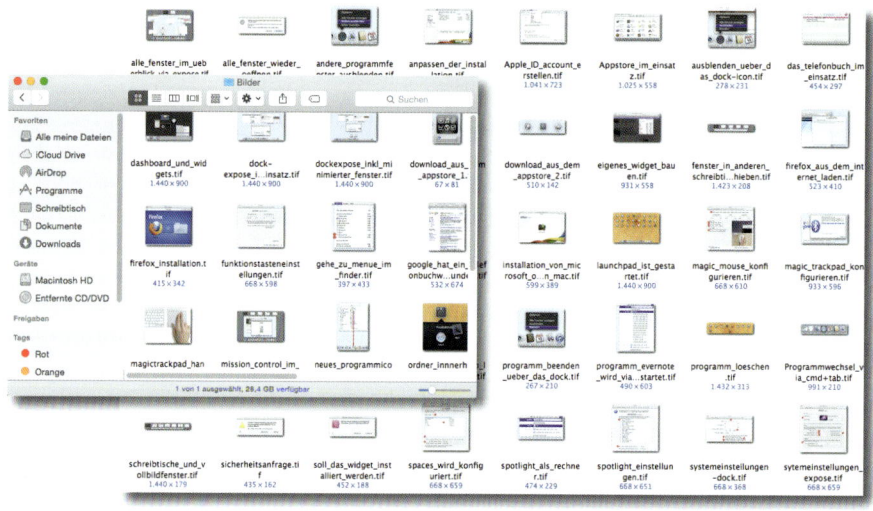

Ein Fenster kann auch nur einen Teil des Ordnerinhalts anzeigen.

Etwas gewöhnungsbedürftig ist, dass diese Roll- oder Scrollbalken immer nur bei Bedarf erscheinen. Wenn Sie an einem tragbaren Rechner das Trackpad nutzen, verwenden Sie zum Scrollen zwei Finger. Sobald Sie mit zwei Fingern auf das Fenster tippen, werden bei Bedarf diese Rollbalken eingeblendet. Ebenso verhält es sich, wenn Sie ein Magic Trackpad benutzen. Verwenden Sie hingegen die Magic Mouse, erscheinen die Rollbalken, sobald Sie beginnen, im Dokument zu scrollen. Sie werden dann dynamisch eingeblendet und verschwinden nach kurzer Zeit wieder.

 Wer die Rollbalken ständig sehen und verwenden möchte, kann in den **Systemeinstellungen** bei **Allgemein** (erste Zeile, erstes Symbol) die Eigenschaft **Rollbalken einblenden** auf **Immer** umstellen.

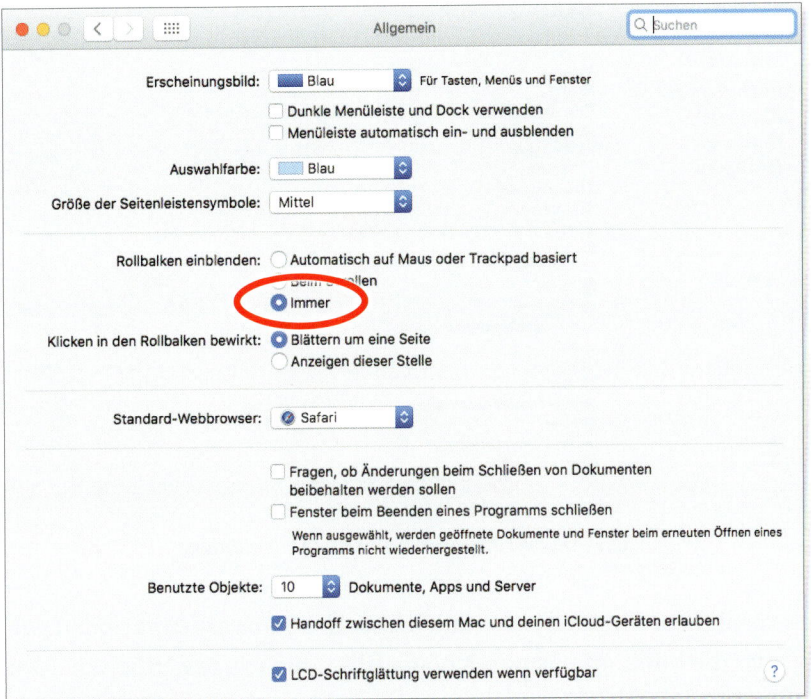

Rollbalken werden in jedem Fenster immer dargestellt.

Die Bewegungsrichtung wurde bei macOS der Verwendung von iPad und iPhone angepasst. Auch dort führen Sie die Fingergesten so aus, wie Sie es jetzt bei Ihrem Apple-Betriebssystem tun. Anwender, die bereits mit früheren Versionen des Mac-Betriebssystems gearbeitet haben, müssen sich nun kurzfristig umstellen.

Finder-Fenster

Aber kommen wir noch einmal zurück zur Darstellung von Fenstern. Das Finder-Fenster entspricht in fast allen Eigenschaften einem Fenster, wie Sie es in anderen Programmen vorfinden. Öffnen Sie nun ein Finder-Fenster. Dazu klicken Sie auf das *Finder*-Symbol links im Dock. Daraufhin erscheint ein neues Fenster – das *Finder-Fenster*.

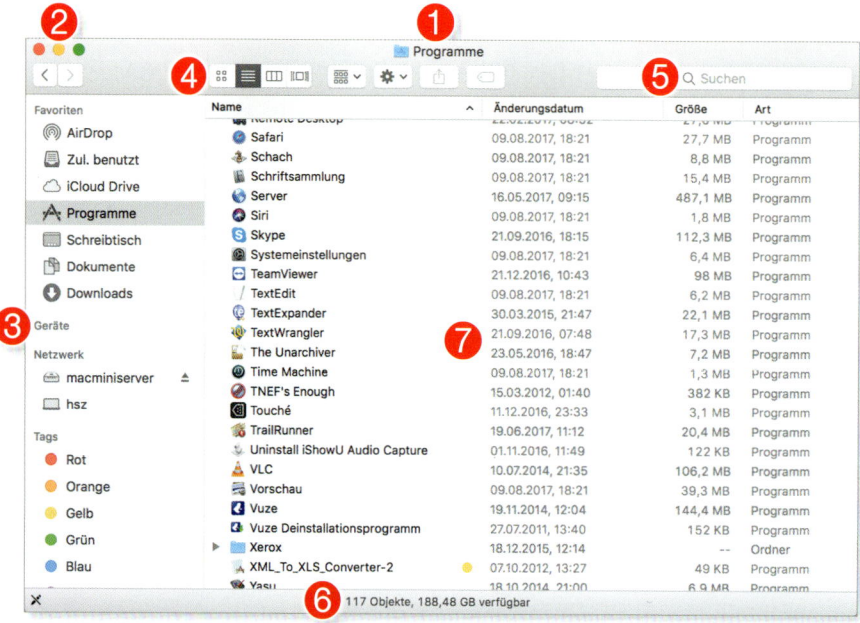

Ein Finder-Fenster mit all seinen Elementen.

Selbstverständlich verfügt das Finder-Fenster auch über die Standardfunktionen zur Fensterbedienung, wie die *Titelleiste* ❶ oder die bonbonfarbenen Knöpfe links oben zum Schließen, Minimieren oder Optimieren bzw. den Vollbildmodus (als Tastenkombination *cmd + ctrl + F*) ❷. Darüber hinaus aber bietet das Finder-Fenster einige Spezialitäten. Zum Beispiel finden Sie an der linken Seite eines Finder-Fensters die *Seitenleiste* mit verschiedenen Gruppierungen wie *Favoriten*, *Geräte* oder *Tags* ❸. Die Funktionalität der Seitenleiste ist für die tägliche Arbeit sehr nützlich und wird an anderer Stelle noch im Detail besprochen.

Des Weiteren sehen Sie unterhalb der Titelleiste, die hier den Namen *Programme* enthält, einige Icons. Das ist die *Symbolleiste* ❹. In die Symbolleiste kann eine Reihe von weiteren nützlichen Funktionen eingebracht werden. Ebenso finden Sie in der Symbolleiste die *Suchfunktion* ❺. Das ist nichts anderes als eine Spotlight-Suche, die in diesem Fall über Dateien, Ordner und deren Inhalte ausgeführt wird. Auch die

Spotlight-Suchfunktion innerhalb des Finders wird ebenso wie die Symbolleiste und die Konfiguration der Seitenleiste noch im Detail betrachtet.

Am unteren Rand des Fensters finden Sie die *Statusleiste* ❻ (Menü *Darstellung –> Statusleiste einblenden*). Die Statusleiste liefert einige grundsätzliche Daten über die dargestellten Informationen. An dieser Stelle können Sie erkennen, dass das Finder Fenster namens *Programme* 55 Objekte enthält und insgesamt auf diesem Datenträger derzeit gut 71 Gigabyte verfügbar sind. Um die Statusleiste ein- bzw. auszublenden, verwenden Sie den Menüpunkt *Darstellung*.

Die Programmliste selbst erscheint als Inhalt des Fensters ❼. Fenster anderer Programme können ebenfalls verschiedenste Elemente aufweisen. Wir werden, sobald wir uns einige Programme genauer ansehen, auch deren Elemente und Funktionsweisen diskutieren.

Zwei Tipps sollen an dieser Stelle nicht unerwähnt bleiben:

> **!** Das Minimieren eines Fensters über den gelben Knopf in der Titelleiste haben Sie bereits kennengelernt. Wenn Sie nun zusätzlich zum Minimieren die **Shift**-Taste gedrückt halten, wird das Fenster im Zeitlupentempo in das Dock befördert. Ebenso verhält es sich, wenn Sie mit gedrückter **Shift**-Taste das Fenster wieder aus dem Dock hervorzaubern. Keine Frage – das ist keine sonderlich sinnvolle Funktion, aber es macht einfach Spaß zu sehen, wie das Fenster sich verschlankt und in das Dock gleitet.

Langsames Minimieren eines Fensters.

Die *Shift*-Taste ist übrigens die Taste, mit der Sie auf der Tastatur einen Großbuchstaben schreiben, und heißt auch Umschalttaste.

> Wenn Sie ein Finder-Fenster geöffnet haben, finden Sie in der Seitenleiste den Eintrag **Geräte**. Dort werden alle derzeit mit Ihrem Computer verbundenen Geräte aufgelistet. Viele Mac-Anwender haben es gern, dass die Geräte, mit denen der Rechner in Kontakt steht, nicht nur in der Seitenleiste, sondern auch direkt auf dem Schreibtisch angezeigt werden. Diese Einstellung ist nur wenige Klicks weit entfernt. Wechseln Sie hierzu in das Programm **Finder** und es erscheint der Eintrag **Finder** rechts neben dem Apfel-Menü. Wählen Sie diesen Menüpunkt aus und navigieren Sie zu den **Einstellungen** (oder verwenden Sie die Tastenkombination **cmd + ,** (Komma). Nun sollten Sie im Reiter **Allgemein** die Häkchen bei **Festplatten**, **Externe Festplatten**, **CDs, DVDs und iPods** anbringen. Wenn Sie viel im Netzwerk arbeiten, könnte auch das Häkchen bei **Verbundene Server** nicht schaden.

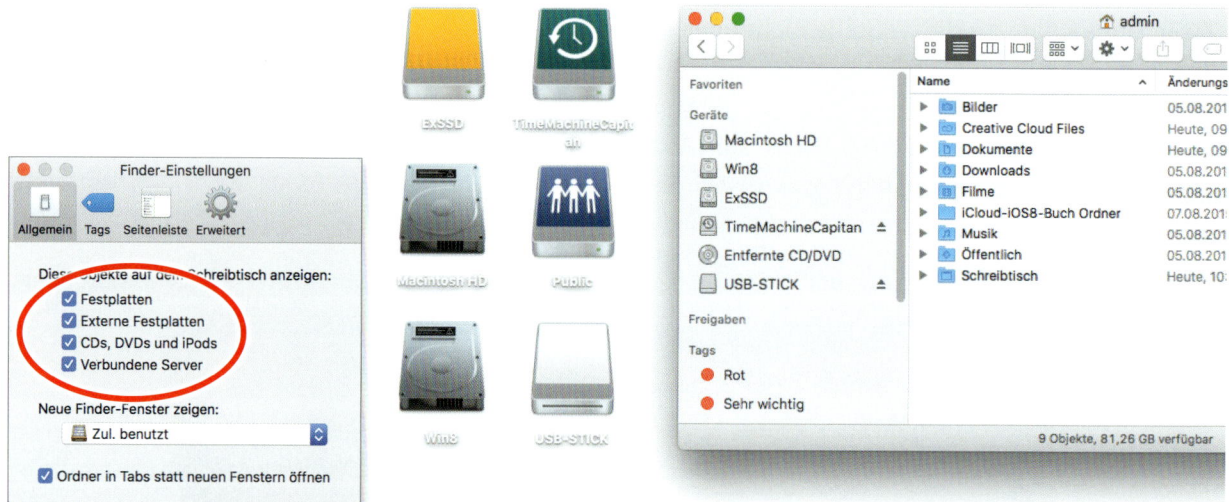

Über die Finder-Einstellungen erscheinen die Laufwerke direkt auf dem Schreibtisch.

Damit haben Sie eine sehr nützliche Funktion aktiviert, die den Zugriff auf Datenträger deutlich beschleunigt, da Sie nun nicht stets ein Finder-Fenster öffnen müssen, um darauf zugreifen zu können, sondern die Datenträger direkt auf dem Schreibtisch vorfinden.

Einschalten, Ausschalten oder Ruhezustand?

Haben Sie lange genug an Ihrem Computer gearbeitet, könnte es sein, dass Sie eine Pause einlegen wollen.

 Sofern Sie über einen tragbaren Mac verfügen, klappen Sie diesen einfach zu. Nur wenige Sekunden später wird damit der Ruhezustand ausgelöst. Beendet wird dieser, sobald Sie den Rechner wieder aufklappen. Wenige Sekunden später ist Ihr Computer wieder an der Stelle einsatzbereit, an der sie ihn zuletzt verlassen haben.

Einen stationären Rechner bringen Sie während einer Arbeitspause am Besten in den *Ruhezustand*. Den Ruhezustand sowie die Funktion *Ausschalten* finden Sie im *Apfel*-Menü.

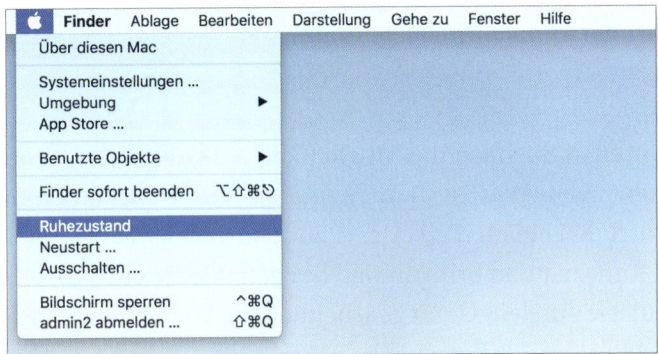

Über das Apfel-Menü erreichen Sie die Funktionen „Ruhezustand", „Neustart" und „Ausschalten".

Mit der Funktion *Ruhezustand* bringen Sie Ihren Rechner in einen energiesparenden Ruhemodus. Im Fall von tragbaren Rechnern kann der Computer, sofern er vorher voll aufgeladen war, über eine bis manchmal zwei Wochen in diesem Ruhezustand verharren. Ihr stationärer Rechner, wie beispielsweise ein iMac, Mac Pro oder Mac mini, wird während des Ruhezustands eine sehr geringe Leistungsaufnahme aufweisen. Der Bildschirm wird wie die Festplatte und alle anderen Funktionen deaktiviert. Das Drücken einer beliebigen Taste weckt den Rechner aus dem Ruhezustand auf und macht ihn sofort wieder einsatzbereit. Der Vorteil des Ruhezustands ist also, dass Sie die Arbeit genau an der Stelle fortsetzen können, an der Sie den Rechner verlassen haben. Ich empfehle Ihnen also den Ruhezustand für kürzere Pausen.

Bei Arbeitsende ist es sinnvoll, den Rechner auszuschalten. Im Fall eines tragbaren Computers haben Sie damit natürlich auch eine sehr effiziente Möglichkeit, Energie zu sparen. Ein ausgeschaltetes Notebook verbraucht kaum mehr Energie und kann sogar einige Wochen später wieder eingeschaltet und aktiviert werden, ohne dass es vorher an die Steckdose muss. Ein ausgeschalteter stationärer Rechner nimmt quasi keine Leistung mehr aus dem Stromnetz auf. Wählen Sie also die Funktion *Ausschalten* über das Apfel-Menü. Sie erhalten sogleich einen Hinweis.

Hinweis beim Ausschalten des Computers.

Resume

Neben einem Countdown sehen Sie noch die Möglichkeit, ein Häkchen bei *Beim nächsten Anmelden alle Fenster wieder öffnen* anzubringen. Was ist damit gemeint? Vielleicht haben Sie schon einmal ein iPad oder auch ein iPhone genutzt. Bei einem iPad oder iPhone verhält es sich so: Wenn Sie über den Standby-Schalter das Gerät in den Ruhezustand bringen und danach wieder aufwecken, wird es sich an der Stelle präsentieren, an der Sie zuletzt mit dem Gerät gearbeitet haben. Und genau die gleiche Funktion verbirgt sich hinter *Beim nächsten Anmelden alle Fenster wieder öffnen*. Das Mac-Betriebssystem namens Sierra versucht, alle geöffneten Programme und Dateien beim nächsten Einschalten des Rechners wieder für Sie zu öffnen. Das ist eine sehr komfortable Funktionalität, denn sie bringt Sie, ähnlich wie der Ruhezustand, wieder auf den letzten Stand der Dinge, bevor Sie den Rechner ausgeschaltet haben.

 Leider unterstützen derzeit noch nicht alle Programme diese Funktionalität. Die meisten Apple-Programme sind in der Lage, sich nach einem Neustart wieder in dem Zustand zu präsentieren, den sie vor dem Ausschalten hatten. Leider müssen andere Softwareanbieter diese Funktionalität erst in ihre Applikationen integrieren.

Trotzdem sollten Sie die Funktion in jedem Fall verwenden, sobald Sie Ihren Rechner ausschalten möchten. Sicher haben Sie auch die Funktion *Neustart* im Apfel-Menü schon gesehen. Ein Neustart ist ein sofortiges Durchstarten Ihres Computers. Wann kann ein Neustart notwendig oder sinnvoll sein? Nun, im Regelfall ist ein Neustart erforderlich, wenn sich an der Konfiguration Ihres Rechners nach einer Installation etwas geändert hat. Meistens haben diese Installationsprogramme als letzten Schritt den Neustart bereits integriert. Deshalb werden Sie auf die Funktion *Neustart* im Regelfall eher selten zugreifen müssen.

Wenn Sie einen stationären Rechner verwenden, kann die automatische Zuschaltung des Ruhezustands eine durchaus sinnvolle Funktion sein. Dazu finden Sie in den *Systemeinstellungen* den Eintrag *Energie sparen* (zweite Zeile, zweites Symbol). Hier können Sie die Zeitdauer einstellen, ab wann sich sowohl der Monitor als auch Ihr kompletter Computer in den Ruhezustand begibt. Auch für tragbare Rechner ist diese Funktion verfügbar und kann getrennt für Batterie- oder Netzteilbetrieb konfiguriert werden.

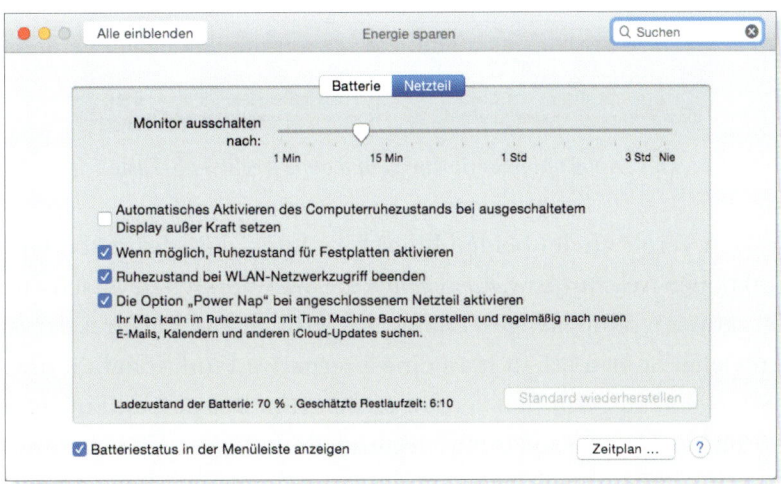

Energie sparen bringt den automatischen Ruhezustand.

Dabei erkennen Sie zudem, dass der Ruhezustand nicht nur durch den Benutzer beendet werden kann, indem er eine Taste auf der Tastatur betätigt, sondern auch durch Netzwerkzugriffe (*Ruhezustand bei WLAN-Netzwerkzugriff beenden*).

Auch an dieser Stelle möchte ich Ihnen zwei Tipps mit auf den Weg geben, wie Sie mit diesen Funktionen noch effizienter umgehen.

Tipp 1:

Sicher haben Sie schon bemerkt, dass hinter den Begriffen *Neustart* bzw. *Ausschalten* im Apfel-Menü jeweils drei Pünktchen stehen. Diese drei Pünktchen finden Sie an diversen Stellen innerhalb von Menüpunkten der Menüleiste. Sie geben Ihnen die Information, dass nach Anklicken dieses Menüeintrags ein weiteres Fenster erscheinen wird, in dem Sie zusätzliche Eingaben machen können. Wenn Sie den Rechner ausschalten möchten, kann es aber sein, dass Sie dieses Zwischenfenster nicht zu Gesicht bekommen möchten, sondern Ihren Rechner schnell und ohne weiteren Dialog ausschalten wollen.

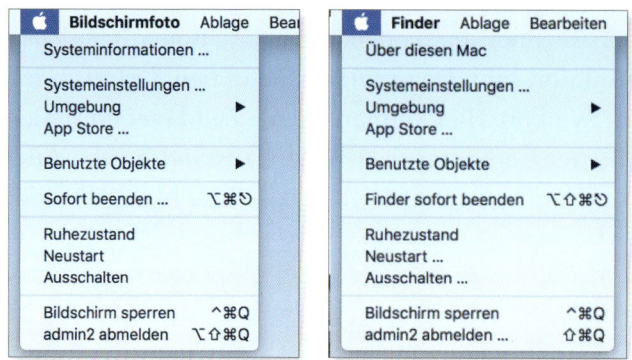

Das „Apfel"-Menü mit (links) und ohne (rechts) alt-Taste.

Sie sehen beim direkten Vergleich der beiden Bildschirmfotos, dass durch das Gedrückthalten der *alt*-Taste nun bei den Funktionen *Neustart* bzw. *Ausschalten* die drei Pünktchen verschwunden sind. Das heißt: Nun werden diese Funktionen ohne lästigen Dialog ausgeführt. Die Idee mit der *alt*-Taste hat übrigens System bei Apple. An vielen Stellen erhält man eine alternative Funktionalität unter Einbeziehung der *alt*-Taste. Probieren Sie es mal aus: Ähnlich verhält es sich zum Beispiel im Finder, wenn Sie das *Ablage*-Menü öffnen. Öffnen Sie das Menü also einmal mit und einmal ohne Verwendung der *alt*-Taste, um zu sehen, wie eine Reihe von Befehlen so eine alternative Darstellung und damit Funktionsweise bekommt.

„Ablage"-Menü mit alt-Taste (links) und ohne (rechts).

Ähnlich verhält es sich an vielen weiteren Stellen. Das Dock, die Seitenleiste oder auch andere verwendete Software nutzt oftmals die *alt*-Taste, um weitere Funktionen zugänglich zu machen.

Tipp 2:

Wenn Sie die Funktionen *Neustart*, *Ausschalten*, *Ruhezustand* noch schneller aufrufen möchten, so empfiehlt sich der Einsatz von Shortcuts.

Ausschalten, Neustart oder Ruhezustand? Verwenden Sie „r" (restart) für einen Neustart, „s" (sleep) für den Ruhezustand oder die „Enter"-Taste fürs Ausschalten. Mit „esc" wird der Dialog abgebrochen bzw. geschlossen..

Funktion	Tastenkombination
Ausschalt-Dialog aufrufen	ctrl + Auswurftaste ⏏ bzw. ctrl + Ein/Aus-Taste ⏻
Alle Programme beenden und dann neu starten	cmd + ctrl + Auswurftaste ⏏ bzw. cmd + ctrl + Ein/Aus-Taste ⏻
Ruhezustand aufrufen	cmd + alt + Auswurftaste ⏏ bzw. kurz auf die Ein/Aus-Taste ⏻ drücken
Abmelden	cmd + Shift + Q
Abmelden ohne Rückfrage	cmd + Shift + alt + Q
Bildschirm sperren	cmd + ctrl + Q

Die *cmd-*, *ctrl-* und *alt*-Taste genauso wie die *Shift*-Taste finden Sie links von der *Leertaste*, wohingegen sich die *Auswurftaste* bzw. *Ein/Aus-Taste* (bei den tragbaren Macs) ganz rechts oben auf bzw. neben Ihrer Tastatur befindet, oder ganz rechts in der Touch Bar zu finden ist.. Diese Auswurftaste dient eigentlich dem Auswerfen von externen Datenträgern, kann aber mit allerlei weiteren Funktionen versehen werden.

Beachten Sie bitte, dass durch zu langes Gedrückhalten (ca. fünf Sekunden) der Ein/Aus-Taste der Rechner sofort ausgeschaltet wird. Dabei gehen alle nicht gesicherten Dokumente verloren. Diese Zwangsmaßnahme verwendet man nur, wenn der Rechner „eingefroren" ist und nicht mehr reagiert.

Kapitel 3

Mit dem Mac
ins Internet

Mit dem Mac ins Internet

Keine Frage, wenn Sie einen Apple-Rechner besitzen, müssen Sie mit dem Internet Kontakt aufnehmen. Auf den folgenden Seiten gebe ich Ihnen wichtige Tipps und Informationen, wie diese Kontaktaufnahme möglichst problemfrei stattfinden kann. Dabei ist es unerheblich, ob Sie einen stationären Mac oder einen mobilen Mac Ihr Eigen nennen. Für beide Arten von Computern werden hier die wichtigsten Features aufgelistet.

Zugang zum Internet

 Die Netzwerkeinstellungen, also auch die Internetzugangseinstellungen, sind nur von Anwendern vorzunehmen, die administrative Berechtigungen am Computer haben. Deswegen sollten Sie sich für die nachfolgenden Einstellungen als Admin an Ihrem Mac einloggen.

Bevor Sie nun beginnen, die verschiedenen Möglichkeiten, ins Internet zu gelangen, zu konfigurieren, ist es ratsam, für jede Art des Internetzugangs eine eigene *Umgebung* zu definieren. Somit können Sie rasch zwischen verschiedenen Umgebungen wechseln und damit die Art ändern, wie Sie auf das Internet zugreifen möchten. Wichtig ist dies besonders für Anwender, die einen mobilen Mac ihr Eigen nennen, denn diese wollen an verschiedenen Orten und über unterschiedliche Wege mit dem Internet in Verbindung treten.

Gehen Sie dazu in den *Systemeinstellungen* zu *Netzwerk* (dritte Zeile, fünftes Symbol) und klappen Sie neben dem Begriff *Umgebung* das Pull-down-Menü auf. Wählen Sie dort den Eintrag ganz unten, der da heißt *Umgebungen bearbeiten*. Nun können Sie neue Umgebungen definieren, bestehende Umgebungen umbenennen oder auch nicht mehr benötigte Umgebungen aus der Liste entfernen.

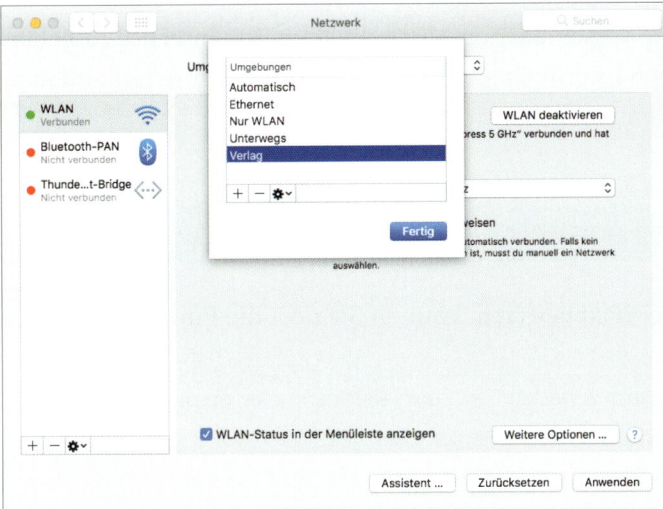

Die Umgebungen können nachträglich bearbeitet werden.

Alle Umgebungen, die Sie so erstellt haben, erscheinen hernach im *Apfel*-Menü unter *Umgebung*. Damit haben Sie einen sehr schnellen Zugriff auf die definierten Internetzugänge.

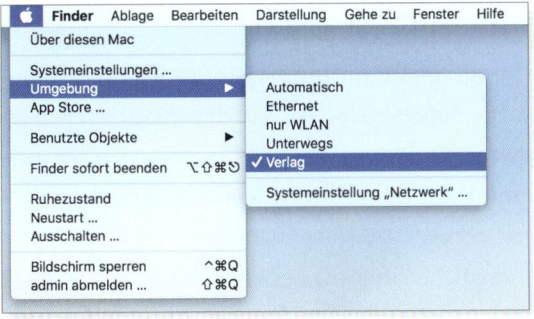

Jede Umgebung charakterisiert eine Möglichkeit, ins Internet zu gelangen.

> ! Der Zugang zum Internet gelingt nur, wenn Ihr Computer über eine IP-Adresse verfügt. Nachdem Sie an verschiedenen Orten ins Internet gelangen möchten, werden Sie mit unterschiedlichen IP-Adressen versorgt. Durch den Wechsel einer Umgebung wechseln Sie also zu einer anderen IP-Adresse, zu einer anderen physikalischen Möglichkeit, drahtgebunden oder drahtlos ins Internet zu kommen. Sie sollten dabei berücksichtigen, dass das Apple-Betriebssystem clever ist. Das heißt, Sie können im laufenden Betrieb, auch bei vielen gestarteten Programmen (wie zum Beispiel Safari, Mail etc.) die Umgebung und damit den Internetzugang wechseln. Und sobald das Umschalten erfolgreich war, werden alle Programme wieder ihre Arbeit aufnehmen und mit dem Internet verbunden sein.

Bevor ich Ihnen nun die verschiedenen Möglichkeiten, ins Internet zu gelangen, aufzeige, sollten Sie für jeden für Sie geeigneten Internetzugang eine Umgebung definieren und in jeder Umgebung die dafür notwendigen Einstellungen vornehmen.

iPhone bzw. iPad und persönlicher Hotspot

Sofern Sie ein iPhone oder iPad besitzen, können Sie dort die Funktion *Persönlicher Hotspot* aktivieren.

 Informieren Sie sich jedoch zunächst bei Ihrem Telefonanbieter, ob dies vertraglich gestattet ist oder ob eventuell Zusatzkosten auf Sie zukommen.

Mit der Version iOS 4 der iPhone-Software hielt diese Funktion Einzug in das Leistungsverzeichnis des iPhones. Das Zauberwort lautet *Persönlicher Hotspot*. Damit wird eine Verbindung zwischen Ihrem Computer und dem iPhone hergestellt. Dies kann beispielsweise über WLAN oder auch über Bluetooth geschehen. Ist die Verbindung hergestellt, können Sie am Computer den Browser starten oder das E-Mail-Programm Ihrer Wahl öffnen, und über das iPhone werden die Daten aus dem Internet auf Ihren Rechner übertragen. Sie beenden die Internetverbindung über das iPhone, indem Sie entweder

1. die WLAN-Verbindung trennen oder
2. bei einem der beiden (iPhone oder Computer) Bluetooth deaktivieren oder
3. am iPhone die Funktion *Persönlicher Hotspot* wieder deaktivieren oder
4. das USB-Kabel abziehen,

abhängig davon, wie der Computer mit dem iPhone kommuniziert.

 Wenn Sie einen iPhone-Vertrag haben, der ein bestimmtes Datenvolumen vorsieht, werden natürlich die Daten, die Sie so über den Computer absurfen, dem Datenvolumen Ihres Mobilfunkvertrags hinzugerechnet und schmälern damit das Transfervolumen, das für die mobile Nutzung des Internets auf dem iPhone zur Verfügung steht. Sprechen Sie also mit Ihrem Provider, der Ihnen sicherlich ein attraktives Angebot machen wird.

Der Zugang zum Internet über das iPhone ist natürlich besonders geeignet für Benutzer, die einen mobilen Mac besitzen. Die Funktion *Persönlicher Hotspot* finden Sie am iPhone oder iPad im Bereich *Einstellungen*.

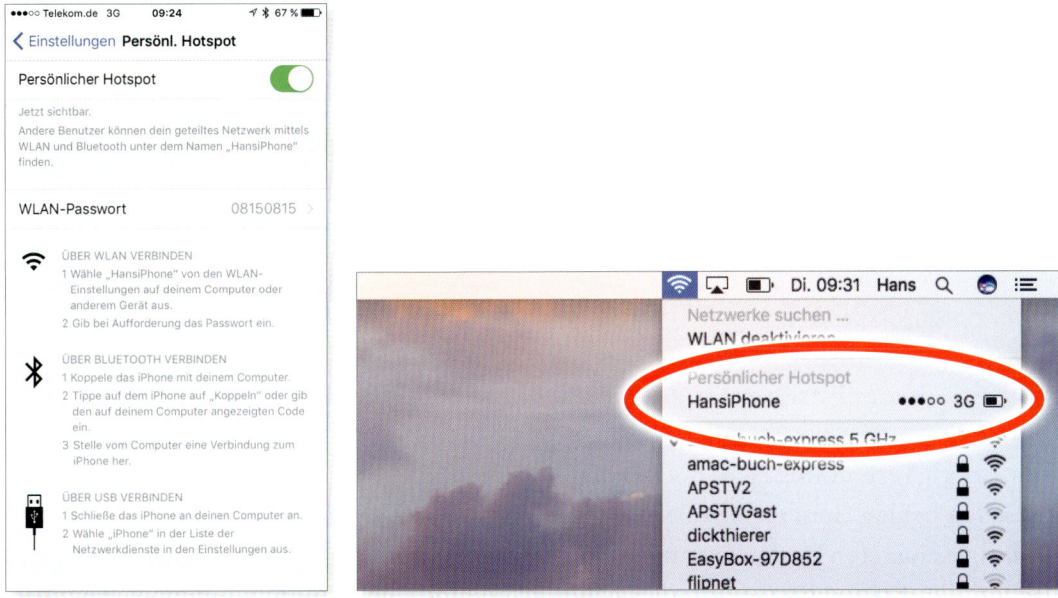

„Persönlicher Hotspot" in den iPhone-Einstellungen (links). Das iPhone bietet sich als Hotspot an (rechts).

Aktivieren Sie also die Funktionalität *Persönlicher Hotspot*, indem Sie im oberen Teil den Schieberegler nach rechts schieben. Darunter sehen Sie die Möglichkeit, wie nun Ihr Computer mit dem iPhone in Kontakt treten kann. Sie können entweder über Bluetooth, WLAN oder USB-Kabel die Verbindung zwischen dem iPhone und Ihrem Mac herstellen. Um die Verbindung über WLAN aufzubauen, wählen Sie an Ihrem Mac das Menulet für WLAN und sogleich sollte in der Liste der verfügbaren Hotspots auch Ihr iPhone erscheinen. Wählen Sie also nun das Gerät *iPhone* aus und geben Sie das Passwort ein, das vorher auf dem iPhone-Bildschirm vorgegeben wurde.

Soll die Verbindung statt über WLAN über Bluetooth erfolgen, sollten Sie darauf achten, dass an beiden Geräten Bluetooth eingeschaltet ist. Um Bluetooth auf dem iPhone zu aktivieren, gehen Sie erneut in die Einstellungen, unter *Allgemein* finden Sie dort den Eintrag *Bluetooth*. Über den Schieberegler kann Bluetooth nun am iPhone aktiviert werden.

Um vom Mac aus in Kontakt mit dem iPhone zu treten, sind die *Systemeinstellungen* aufzurufen und dort der Bereich *Bluetooth* (dritte Zeile, sechstes Symbol). Nachdem im iPhone Bluetooth aktiv ist, erscheint das Gerät sogleich im Fenster und via *Verbinden* können Sie die Kontaktaufnahme starten.

Bluetooth-Assistent am Mac (links) und Kopplungsanfrage ans iPhone (rechts).

Für die Bluetooth-Verbindung ist es notwendig, dass einmal über die Eingabe eines Codes die Authorisierung zwischen beiden Geräten eingeleitet wird. Wäre diese Eingabe nicht notwendig, könnte ja jeder über Ihren freigeschalteten Internetzugang auf dem iPhone kostenlos, das heißt, auf Ihre Rechnung, im Internet surfen. Die Codeabfrage stellt also sicher, dass ausschließlich Ihr Computer mit diesem Gerät ins Internet gelangt.

 Die Bluetooth-Funktionalität hat im Vergleich zu WLAN den Nachteil, dass die beiden Geräte weniger weit voneinander entfernt sein dürfen. Das heißt, die Entfernung darf bei WLAN 10, manchmal sogar bis zu 15 Meter betragen. Bluetooth ist dagegen nur für einen Bereich von 1 bis 3 Metern geeignet und im Regelfall ist auch die Geschwindigkeit langsamer.

Entscheiden Sie sich also für eine der beiden drahtlosen Möglichkeiten – Bluetooth oder WLAN –, um Ihr iPhone für den Internetzugang an Ihrem Rechner zu verwenden.

 Nicht nur Apples Geräte können eine Internetverbindung zur Verfügung stellen; auch Android-Mobiltelefone sind in der Lage, meist durch Zusatzsoftware, einen Hotspot bereitzustellen und somit einen Internetzugang für den Rechner verfügbar zu machen.

Wenn Sie die Verbindung kabelgebunden über ein USB-Kabel herstellen möchten, funktioniert das durch einfaches Anschließen an den Rechner. Sollten Sie das iPhone zum ersten Mal an den Rechner anschließen, müssen Sie noch die Sicherheitsabfrage auf dem iPhone bestätigen. Tippen Sie einfach auf *Vertrauen*. Der Rest passiert nun vollautomatisch. Das iPhone wird als legitimer Netzanschluss erkannt und in den Netzwerkeinstellungen aufgenommen. Dort sollte nun in der linken Spalte ein grüner Punkt vor *iPhone-USB* stehen, das Kennzeichen für eine erfolgreiche Koppelung.

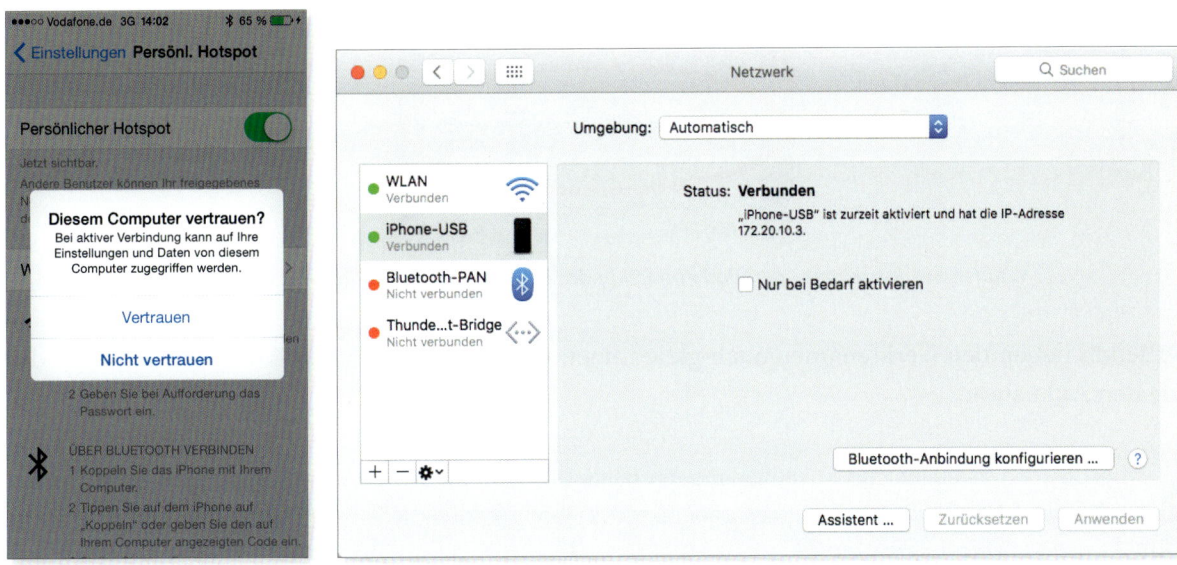

Wenn Sie dem Computer vertrauen, wird das iPhone als neuer Anschluss in den Netzwerkeinstellungen auftauchen.

Starten Sie nun an Ihrem Mac eine Internetanwendung, zum Beispiel Safari oder Mail. Sobald das Programm gestartet wird und eine Anfrage an das Internet sendet, wird auf dem iPhone die Internetverbindung aktiviert. Sie erkennen dies an einem blauen Band im oberen Bereich des iPhone-Bildschirms.

Der persönliche Hotspot ist eingerichtet.

Instant Hotspot

Seit iOS 8 in Verbindung mit macOS gibt es die Funktion, dass der Mac automatisch darauf zugreifen kann, wenn Sie im WLAN-Menü das iPhone oder iPad auswählen. Dann können Sie ganz automatisch die Datenverbindung des iPhones/iPads für Ihren Mac nutzen. Sie müssen das Gerät dazu nicht in die Hand nehmen und auch kein Passwort eingeben.

Wählen Sie das iPhone oder iPad einfach in der Liste aus, und Handoff macht den Rest.

Sie sehen neben den Gerätenamen auch gleich noch ein paar Daten zum Gerät: Netzstärke und -Art sowie den Akkustand.

 macOS kann darüberhinaus in Verbindung mit mindestens iOS 8 noch SMS-Texte über die Nachrichten-App versenden bzw. Telefonate annehmen oder über das iPhone starten (siehe Seite 208 und Seite 200).

Die drahtlose Verbindung ins Internet über WLAN

Drahtlos ins Internet zu gelangen, macht sehr viel Spaß, denn Sie müssen nicht an einem bestimmten Rechner sitzen, um kabelgebunden Kontakt mit dem Internet aufzunehmen. Sie bewegen sich in Ihrer Firma, in Ihrem Haus und haben überall Zugriff auf das drahtlose Internet. Wie wird der Internetzugang hergestellt? Sie verbinden sich via WLAN mit einem WLAN-Router oder einem WLAN-Modem. WLAN bzw. Wi-Fi ist die Abkürzung für drahtloses Netzwerk. Die Firma Apple bietet hierfür die AirPort-Basisstation an. Sie können aber auch von jedem anderen Anbieter Geräte kaufen, die Ihnen diese Funktionalität zur Verfügung stellen. Bekannt sind hierbei die Speedport Router der Telekom sowie die Fritzbox-Geräte der Firma AVM aus Berlin. Dabei sind zwei Dinge zu erledigen: Zum einen ist das Gerät zu konfigurieren, damit es in das Internet kommt, zum anderen ist Ihr Rechner zu konfigurieren, damit er mit diesem Gerät drahtlos in Kontakt treten kann.

Haben Sie Ihren Router korrekt konfiguriert und WLAN aktiviert, dann können Sie an den Rechner gehen und über das WLAN-Menü in der Menüleiste auf die Basisstation zugreifen.

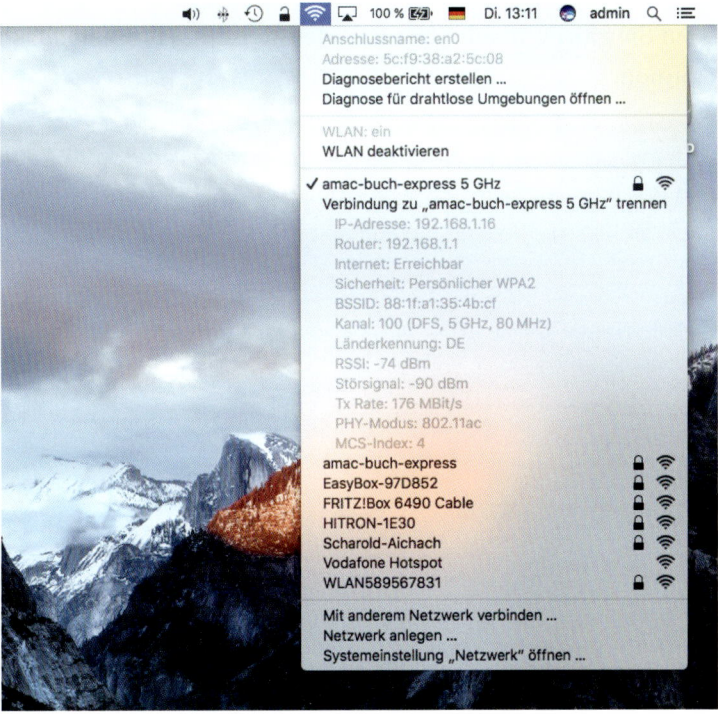

Das WLAN „amac-buch-express" meldet sich und kann verwendet werden. Wenn Sie die „alt"-Taste gedrückt halten, während Sie das WLAN-Menü aufklappen, dann erhalten Sie Zusatzinformationen zum WLAN.

Arbeiten Sie mit der Methode *Passwort,* erscheint hinter der Basisstation ein Schlosssymbol. Das heißt: Will jemand mit dieser Basisstation arbeiten, muss er über das korrekte Passwort verfügen. Geben Sie also das Passwort ein und fügen Sie es im Normalfall wieder zum *Schlüsselbund* hinzu. Dann merkt sich Ihr Computer das Passwort für die Drahtlosverbindung und Sie brauchen in Zukunft nie mehr das Passwort einzugeben, wenn Sie mit diesem Rechner im Internet arbeiten wollen.

Zugang zum Internet über Hotspots

Wie Sie sicher wissen, gibt es an vielen Stellen Internetzugänge. Sie finden sie an Bahnhöfen, an Flughäfen, auf öffentlichen Plätzen, an Schulen, an Universitäten etc. Was müssen Sie an Ihrem Rechner einstellen, um über einen derartigen Hotspot ins Internet zu gelangen?

Im Regelfall genügt es, eine Umgebung an Ihrem Rechner zu erstellen, bei der Sie WLAN als Netzwerkkomponente aktivieren – die anderen können Sie dabei deaktivieren –, und zudem die Eigenschaft *DHCP* einzuschalten. Praktisch ist es außerdem, sich in der Menüleiste den WLAN-Status anzeigen zu lassen. Denn dann können Sie ganz einfach über das Menüleistensymbol nachschauen, ob Sie Drahtlosnetzwerke empfangen können.

> Sobald Sie in den Systemeinstellungen bei **Netzwerk** für **WLAN** die Funktion **Auf neue Netzwerke hinweisen** einschalten, wird wie beim iPhone sofort eine Liste von WLAN-Hotspots auf dem Bildschirm erscheinen und Sie können mit einem Klick die Verbindung aufnehmen.

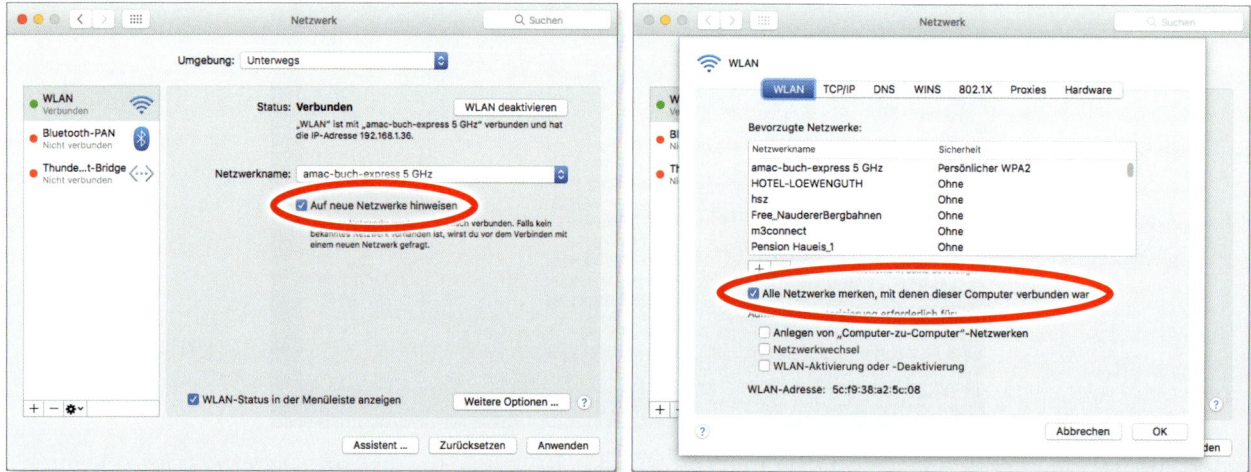

Über „Weitere Optionen" können Sie unter „WLAN" einige Dinge einstellen. Bei „Bevorzugte Netzwerke" sollten Sie ab und an alle Netzwerke entfernen, die Sie schon länger nicht mehr benötigt haben.

Zudem sollten Sie via *Weitere Optionen* unter *WLAN* prüfen, ob die Funktion *Alle Netzwerke merken, mit denen dieser Comuter verbunden war* aktiv ist. Sollten Sie viel unterwegs sein und häufig Hotspots nutzen, kann es sinnvoll sein, diese Funktion zu deaktivieren. Alternativ können Sie auch die Liste *Bevorzugte Netzwerke* ab und an mal bereinigen, indem Sie nicht mehr benötigte Einträge entfernen.

Und noch ein Detail: Bei manchen Drahtlosnetzwerken wird die Eigenschaft *unsichtbar* verwendet. Um mit diesen Netzwerken Kontakt aufzunehmen, wählen Sie neben *Netzwerkname* den Eintrag *Mit anderem Netzwerk verbinden* und geben dann die Daten ein.

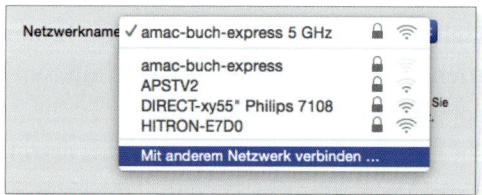

Verbindungsaufnahme mit einem unsichtbaren WLAN-Netzwerk

Die öffentlichen Drahtlosnetzwerke haben meist kein Passwort, das heißt, Sie können die Verbindung mit diesen Netzwerken aufbauen. Wenn Sie dann aber eine Internetseite ansteuern, wird häufig vom Provider eine Seite vorgeschaltet, auf der Sie Zugangsdaten eingeben müssen. Sofern Sie dies erfolgreich erledigt haben, wird die Internetverbindung aufgebaut. Im Regelfall wird der Preis minutenweise abgerechnet. Am Ende Ihrer Sitzung sollten Sie wieder das erste Browserfenster hervorholen, um die Internetverbindung mit dem Provider zu trennen.

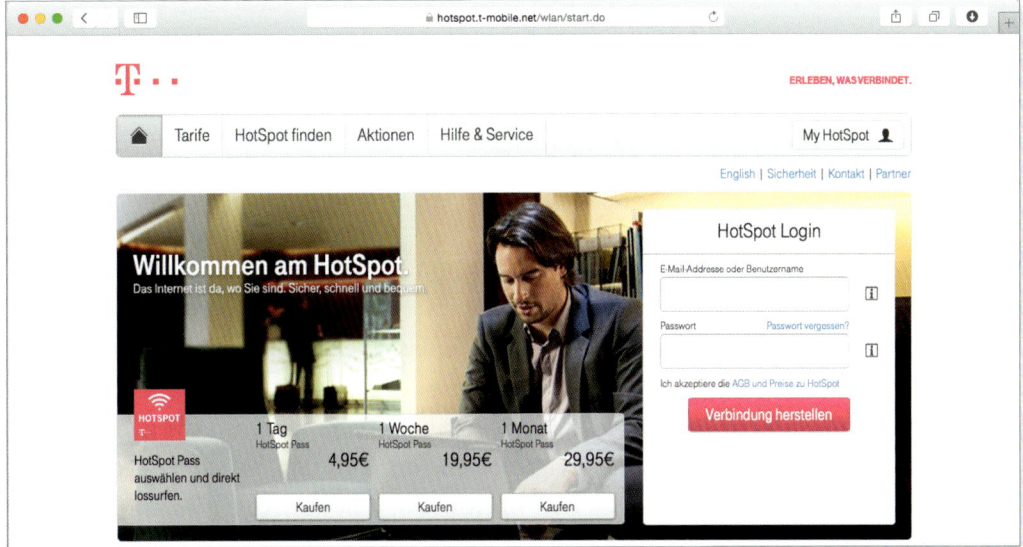

Die Einwahlseite eines Telekom-Hotspots.

Netzwerkdiagnose

Was aber ist zu tun, wenn Sie nun alle Interneteinstellungen nach bestem Wissen und Gewissen vorgenommen haben und dennoch der Kontakt mit dem Internet nicht klappen will?

Safari kann keine Verbindung zum Internet herstellen.

Sollte dieses Problem bestehen, hat Apple standardmäßig ein Programm mitgeliefert, mit dem Sie die Netzwerkprobleme lokalisieren können. Navigieren Sie dazu zu den *Systemeinstellungen –> Netzwerk* (dritte Zeile, fünftes Symbol) und klicken Sie den Button *Assistent* an. Anschließend wählen Sie dann den Eintrag *Diagnose* aus.

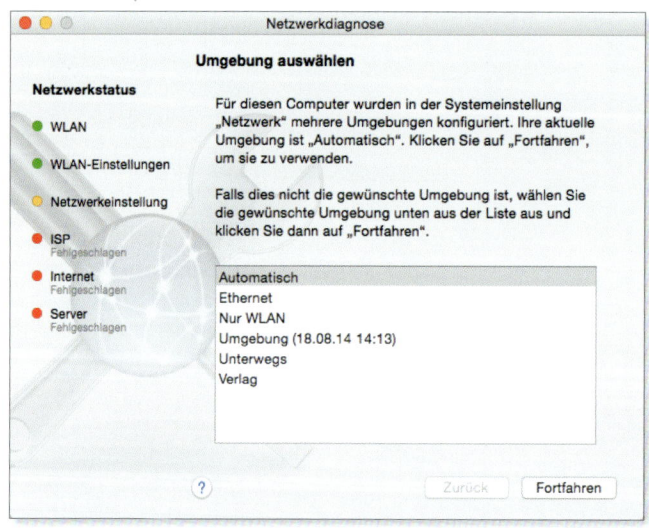

Netzwerkdiagnose in Aktion.

Sie sehen auf der linken Seite im Bereich *Netzwerkstatus*, welche Funktionen vom Programm *Netzwerkdiagnose* bereits erfolgreich getestet wurden. Grüne Signallämpchen zeigen Ihnen an, dass an dieser Stelle alles in Ordnung ist. Das Problem liegt dort, wo rote Signallämpchen aufleuchten. Wenn Sie das Bildschirmfoto betrachten, sehen Sie, dass in unserem Beispiel die Verbindung zum WLAN-Hotspot erfolgreich hergestellt wurde, aber der Bereich *Internet* respektive *Server* nicht funktioniert. Dies ist oftmals ein Kennzeichen dafür, dass die Verbindung von Ihrem Rechner zum WLAN-Router erfolgreich hergestellt wurde, aber der WLAN-Router die Verbindung zum Internet nicht herstellen kann. Das kann möglicherweise daran liegen, dass die Zugangsdaten nicht korrekt eingegeben wurden oder aber – und das kommt nicht selten vor – der Internetanbieter derzeit Probleme mit der Leitung hat. Das heißt, Ihre Zugangsdaten und Ihre Routereinstellungen sind absolut korrekt, nur der Provider hat aktuell technische Probleme und kann Ihnen die Internetverbindung nicht zur Verfügung stellen.

> **!** Ein guter Rat an dieser Stelle ist es, Ihren Router und/oder Ihr DSL-Modem kurz vom Stromnetz zu trennen und dann wieder einzustecken. Dabei wird im Regelfall eine neue Initialisierung stattfinden und erneut versucht, die Internetverbindung aufzubauen. War auch diese Vorgehensweise nicht erfolgreich, ist mit einem Netzausfall auf seiten Ihres Internetproviders zu rechnen. Erkundigen Sie sich per Telefon, ob dort ein Fehler vorliegt und wann er behoben werden kann.

Sicherheit im Internet

Wie Sie vielleicht wissen, ist Ihr Rechner in dem Augenblick, in dem Sie mit dem Internet verbunden sind, selbst auch Bestandteil des Internets. Das bedeutet, dass es umgekehrt auch möglich ist, dass andere unter Umständen auf Ihren Rechner schauen, um dort mit Ihnen Kontakt aufzunehmen. Das Apple-Betriebssystem liefert deshalb eine integrierte *Firewall* mit, um ungeschützten Blicken einen Riegel vorzuschieben.

Rufen Sie dazu in den *Systemeinstellungen* den Punkt *Sicherheit* (erste Zeile, sechstes Symbol) auf. Sie finden diesen im Bereich *Firewall*. Sofern noch nicht geschehen, klicken Sie links unten das Schloss an und entsperren es mit Ihrem Administratorkennwort. Nun klicken Sie auf *Starten*, um die Firewall einzuschalten. Damit haben Sie schon einmal einen sehr guten Schutzmechanismus aktiviert, der Sie vor böswilligen Angriffen schützt.

Die Firewall ist aktiviert.

Sollten Sie im IT-Bereich versierter sein, können Sie die Firewall Ihren eigenen Bedürfnissen anpassen. Springen Sie hierzu über *Firewall-Optionen* in den Bereich, in dem die Firewall-Regeln exakt spezifiziert werden können.

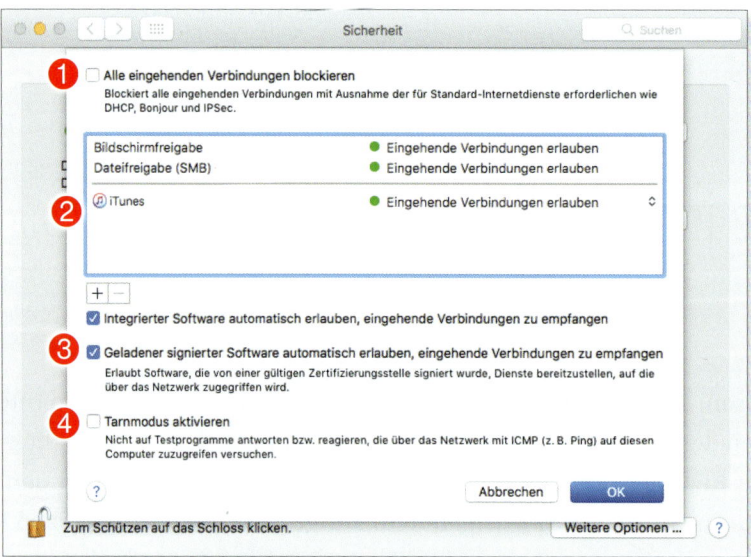

Firewall exakt spezifizieren.

Möchten Sie nun generell, dass von außen kein anderer Rechner auf Ihren Computer zugreifen kann, bringen Sie das Häkchen bei *Alle eingehenden Verbindungen blockieren* ❶ an. Somit wird Ihr Rechner für Zugriffe von außerhalb komplett blockiert. Das heißt aber natürlich auch, dass bestimmte Netzwerkdienste ebenfalls nicht mehr auf Ihren Computer zugreifen können. Deshalb ist es empfehlenswerter, im darunter liegenden Bereich ❷ exakt zu definieren, welche Programme und Dienste auf Ihren Rechner zugreifen dürfen oder eben nicht. Um den Zugriff zu gewähren, wählen Sie die Funktion *Eingehende Verbindungen erlauben*. Um dagegen den Zugriff für einen Dienst oder ein Programm abzuwehren, verwenden Sie statt dessen *Eingehende Verbindungen blockieren*. Sie sehen unterhalb der Liste ein +- und ein –-Symbol, mit denen Sie Dienste und Programme zur Liste hinzufügen oder daraus entfernen können.

Es gibt Services im Internet, die ein *Zertifikat* ausstellen. Dieses Zertifikat können Sie auf Ihren Rechner herunterladen. Sofern Sie mit derartigen Diensten arbeiten, müssen Sie das Häkchen bei *Geladener signierter Software automatisch erlauben, eingehende Verbindungen zu empfangen* ❸ aktivieren. Vorher aber ist es notwendig, die Zertifikate auf Ihren Rechner herunterzuladen und dem Programm *Schlüsselbundverwaltung* zu übergeben.

Nicht zuletzt bietet das Apple-Betriebssystem als integralen Bestandteil der Firewall den *Tarnmodus* ❹ an. Der Name dieser Funktion ist eine Ableitung der *Stealth-Technologie* (deutsch: *Tarnkappentechnologie*), die vom Militär verwendet wird, um mit Flugzeugen Gebiete zu passieren, ohne dabei von fremden Radaranlagen aufgespürt zu werden. Sobald Sie den Tarnmodus an Ihrem Mac einschalten, verhält sich Ihr Rechner im Internet ähnlich: Ihre Anwesenheit wird ab sofort ausschließlich denjenigen fremden Computern und Diensten gemeldet, mit denen Sie zuerst Kontakt aufgenommen haben. Für alle anderen sieht es so aus, als wären Sie gar nicht online oder Ihr Rechner wäre ausgeschaltet. Mit dem *Tarnmodus* haben Sie also einen sehr guten und ausreichenden Schutz, wenn Sie im Internet unterwegs sind.

An einer weiteren Stelle sollten Sie Einstellungen vornehmen, wenn Sie auf hohe Sicherheit im Internet Wert legen. Diese finden Sie im Bereich *Privatsphäre* rechts neben dem Eintrag *Firewall*.

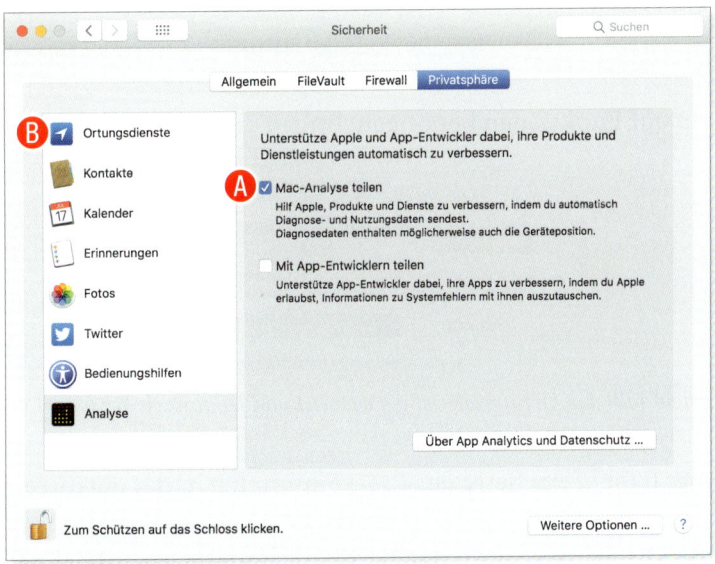

Systemeinstellungen –> Sicherheit –> Privatsphäre.

Sofern Sie die Eigenschaft *Mac-Analyse teilen*  aktiviert lassen, werden, wie im Beschreibungstext zu lesen ist, ab und an Daten von Ihrem Rechner an Apple gesendet. Scheinbar anonymisiert und mit dem Hintergrund, dass die Firma Apple ihre Produkte verbessen kann. Sollten Sie an dieser Sache zweifeln, ist es durchaus sinnvoll, dieses Häkchen zu entfernen.

Bei hingegen werden Programme gelistet, die die *Ortungsdienste* des Betriebssystems verwenden. Wie Sie vielleicht wissen, verfügen das iPhone und das iPad über einen Ortungsdienst, und zwar sowohl über die integrierten GPS-Module als auch über das Telefonnetz und über öffentliche WLAN-Hotspots. Über all diese Verbindungen kann ein Rechner mehr oder weniger exakt geortet werden. Nachdem Ihr Computer ja auch über WLAN ins Internet kann, besteht die Möglichkeit, Ihren Rechner über bereits bekannte öffentliche WLAN-Verbindungen zu orten.

Wenn Sie zum Beispiel im Hotel Adlon in Berlin einchecken und sich mit Ihrem tragbaren Mac ins Funknetz *Hotel Adlon* einwählen, ist es ein Leichtes für jeden, der diese Funknetz-ID kennt, auch Ihre Position zu bestimmen, da ja die Adresse des Hotels öffentlich im Telefonbuch steht und für jedermann einsehbar ist.

> **!** Ein Ortungsdienst kann bisweilen gute Dienste leisten. Beispielsweise können Sie ein iPad oder iPhone, das Sie verloren haben, über die Ortungsdienste sperren, mit einem Zugriffscode versehen und fernlöschen – oder vielleicht sogar wiederfinden. Ortungsdienste haben also durchaus ihre Berechtigung, aber Sie geben damit auch preis, wo sich Ihr Rechner momentan befindet.

> **!** Falls Sie einen iCloud-Account besitzen, kann der Ortungsdienst auch auf Ihren Mac zugreifen und zum Beispiel an den Rechner eine Nachricht senden oder diesen sogar sperren.

Programme, die Zugriff auf Funktionen benötigen, fragen an und müssen genehmigt werden.

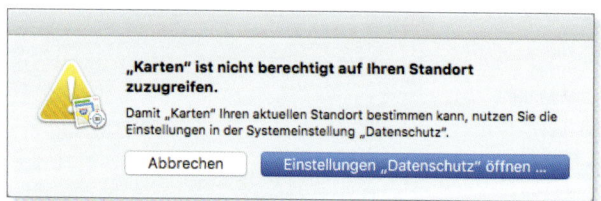

Die App „Karten" will den Ortungsdienst verwenden und fragt nach der Genehmigung dafür.

Sobald Sie es genehmigt haben, erscheint der Programmname in der entsprechenden Rubrik.

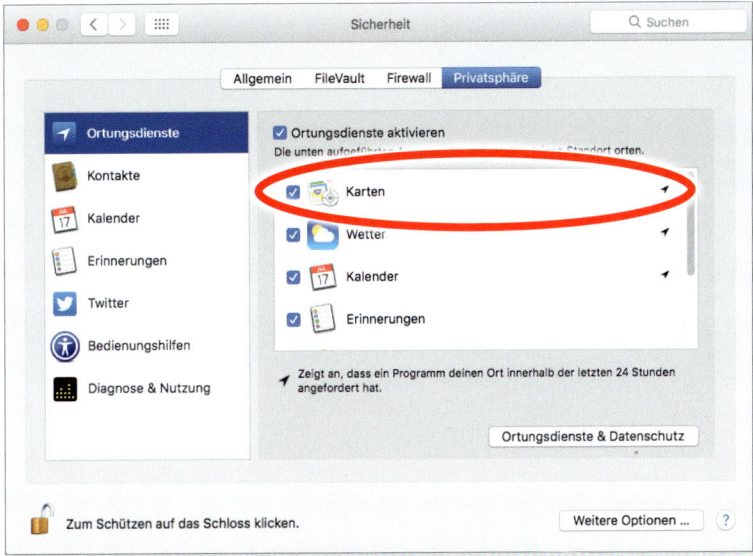

Karten trägt sich in die Ortungsdienste ein.

Entfernen Sie das Häkchen, wenn Sie die Zugrifferlaubnis wieder zurücknehmen wollen.

Kapitel 3 Mit dem Mac ins Internet

Kapitel 4

Safari, Mail, FaceTime & Co.

Safari, Mail, FaceTime & Co.

Nachdem nun der Internetzugang erfolgreich eingerichtet wurde, bietet das Apple-Betriebssystem eine Reihe von Standardfunktionen an, um mit dem und im Internet arbeiten zu können. Die erste und vordringlichste ist natürlich das *Surfen* im Internet unter Verwendung eines Browsers. Dieser Browser ist bereits in Ihrem Betriebssystem installiert und hört auf den Namen *Safari*. Wer ein iPhone oder ein iPad sein Eigen nennt, wird diesen Browser bereits von den mobilen Geräten kennen. Die Version, die auf macOS läuft, hat jedoch eine Menge weiterer sehr nützlicher Funktionen zu bieten.

Safari

Safari ist der von Apple vorinstallierte Browser. Aktuell in der Versions 10 und wird von Apple sukzessive aktualisiert und im Funktionsumfang erweitert. Die Aktualisierungen und Erweiterungen spielt Ihnen dabei das Apple-Betriebssystem bequem über die Softwareaktualisierung ein.

Lassen Sie mich zunächst einige wichtige Bedienungskommandos auflisten:

cmd + L

Mit dieser Tastenkombination gelangen Sie zur Eingabezeile, also in das Feld, in dem die URL steht ❶. Damit können Sie auch ohne Verwendung von Maus oder Trackpad in die Adressleiste springen und die dort stehende Adresse mit der neuen Zieladresse überschreiben bzw. eine Internet-Suche auslösen. Das geht im Regelfall deutlich schneller, als es mit der Maus zu erledigen ist. Bedenken Sie dabei auch, dass die meisten Internetseiten gar kein vorangestelltes *www* mehr benötigen. Möchten Sie also beispielsweise die Website *www.spiegel.de* ansurfen, genügt im Regelfall die Eingabe von *spiegel.de*.

Safari hat viele Funktionen.

Im Gegensatz zu älteren Safari-Versionen, kann das aktuelle Safari unter macOS auch die komplette Internetadresse in der Eingabezeile anzeigen. Normalerweise ist dort nur der wichtigste Teil der Adresse sichtbar. In den *Einstellungen (cmd + Komma)* bei *Erweitert* brauchen Sie nur die Funktion *Vollständige Websiteadresse anzeigen* aktivieren, und schon wird die komplette Internetadresse sichtbar.

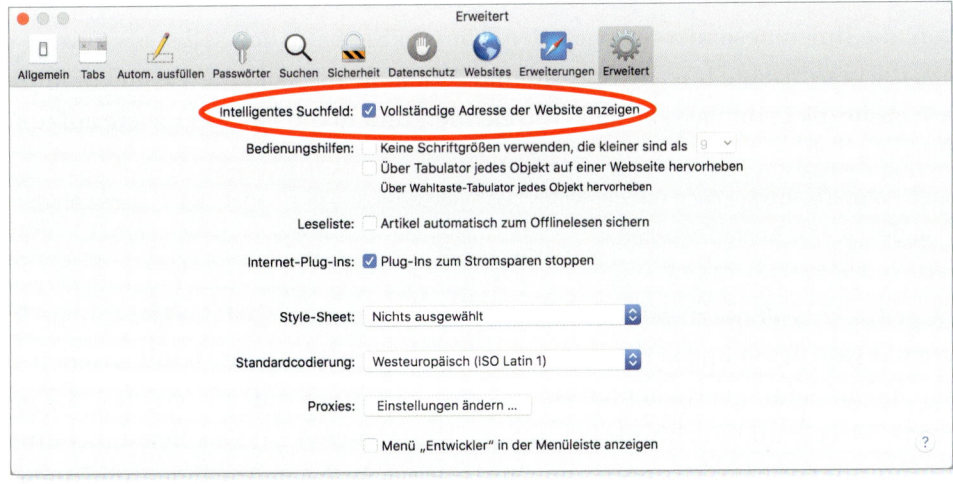

Mit dieser Option wird im Adressfeld die ganze Internetadresse angezeigt.

cmd + F

Wenn Sie die Tastenkombination *cmd + F* drücken, wird unterhalb der Adressleiste ein Suchfeld eingeblendet ❷. Dieses Suchfeld dient dazu, auf der aktuell besuchten Internetseite eine Suche nach Textinhalten auszuführen. Wie Sie sehen, werden die Anzahl der Treffer angezeigt sowie zwei Pfeile, mit denen Sie zwischen diesen Treffern navigieren können, um diese gezielt anzusteuern. Klicken Sie neben der Suchlupe auf den Pfeil nach unten, um Ihre Suchanfragen weiter zu verfeinern.

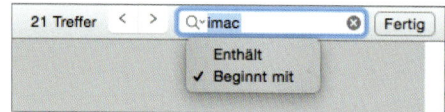

Die Suchfunktion auf einer Webseite mit Safari.

Favoritenleiste

Die *Favoritenleiste* ❸ finden Sie normalerweise direkt unter der Adressleiste. Sollte sie nicht sichtbar sein, dann blenden Sie sie mit der Menüfunktion *Darstellung –> Favoritenliste einblenden* (*cmd + Shift + B*) ein. Dort ist bereits eine Reihe von Begriffen wie Apple, Yahoo, Twitter etc. eingebracht worden. Besonders schick ist, dass Sie diese vorgefertigten Favoriten ganz simpel mit Tastenkombinationen ansteuern können. Um z. B. den zweiten Eintrag zu öffnen, drücken Sie die Kombination *cmd + alt + 2*. So können Sie also relativ einfach mit den Tasten *cmd + alt + 1* bis *cmd + alt + 9* wichtige Internetseiten in der Favoritenleiste rasch aufrufen.

Internetseiten, die Ihnen besonders gut gefallen, können Sie natürlich selbst als Favorit übernehmen. Surfen Sie dazu die gewünschte Internetseite an und geben Sie hernach die Tastenkombination *cmd + D* ein, um diese Website als Lieblingsseite zu kennzeichnen und in die Favoritenleiste aufzunehmen.

> **!** Sie können natürlich auch einfach mit der Maus das Website-Icon links neben der Adresse an die gewünschte Position in der Lesezeichenleiste ziehen.

Um in die *Favoriten-Verwaltung* zu gelangen, aktivieren Sie das Icon ❹. Dort können Sie Ihre Favoriten bzw. Lesezeichen organisieren und verwalten, was wir uns auch gleich im Detail ansehen werden.

Wenn Sie bereits mit Safari gearbeitet haben, ist Ihnen sicherlich aufgefallen, dass die bisherige Trennung von Internetadresse und Suchfunktion in Safari aufgehoben ist. Das heißt, das Eingabefeld, das Ihnen jetzt vorliegt, können Sie verwenden, um eine Internet-Suche auszuführen oder um dort eine Internetadresse einzugeben.

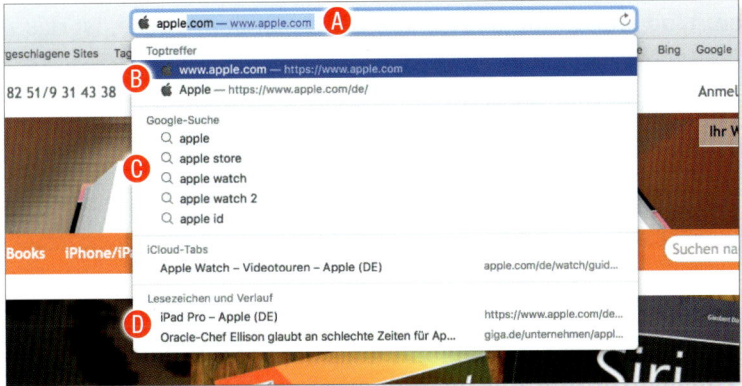

Texteingabe in URL-Leiste

Wenn Sie nun beginnen, hier etwas einzutragen **A**, wird *Safari* sofort ein Fenster öffnen und Ihnen diverse Funktionen zur Verfügung stellen. So schlägt Safari im Bereich *Google-Suche* **C** verschiedene Begriffe vor, die zu dem eingetippten Begriff in Beziehung stehen, um eine Suchmaschinensuche ausführen zu können. Oder Sie verwenden die *Toptreffer* **B**, das sind Internetseiten, die Sie bereits einmal aufgerufen haben und die eine Verbindung zu dem Text aufweisen, den Sie aktuell eingeben. Ähnlich verhält es sich bei *Lesezeichen* und dem *Verlauf* **D**. Auch hier erkennt Ihr Computer, welche Internetseiten Sie bereits aufgerufen hatten (*Verlauf*) oder sich als wichtige Internetseiten gemerkt haben (*Lesezeichen*), und zeigt Ihnen hier die entsprechende Liste.

 Möchten Sie die Suchmaschine ändern, mit der Safari zusammenarbeitet, verwenden Sie den Menüpunkt **Safari –> Einstellungen (cmd + Komma)** und wählen dort den Reiter **Suchen** aus. Bei **Suchmaschine** können Sie sich zwischen Google, Yahoo, Bing und DuckDuckGo entscheiden.

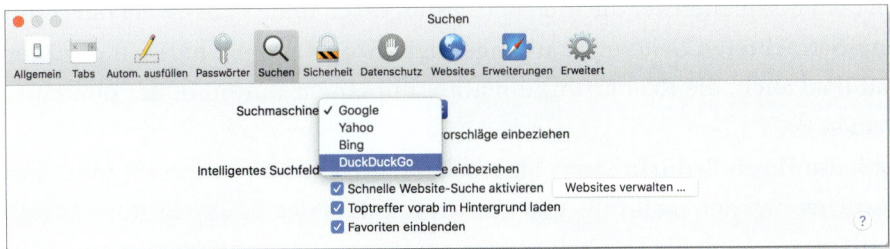

Die Suchmaschinenauswahl in den Einstellungen von Safari.

Sofern Sie schon einmal eine Internetseite aufgerufen haben, haben Sie sicherlich auch bemerkt, dass der *Ladebalken*, der erscheint, während die Internetseite geladen wird, nun anders animiert ist als in früheren Systemversionen. Und sobald die Seite erfolgreich geladen wurde, ist das Aussehen der Adresse neu formatiert. Sie sehen den *Domainnamen* in kräftiger Schrift, wohingegen die Adresse der aktuellen Unterseite in grauem Farbton dargestellt wird.

Reader

Die Readerfunktion ist eine sehr elegante Möglichkeit, Texte auf Internetseiten ballastfrei studieren zu können. Dabei werden Werbeanzeigen, Bilder etc. ausgeblendet und Sie können sich als Leser auf den Inhalt des Textes konzentrieren.

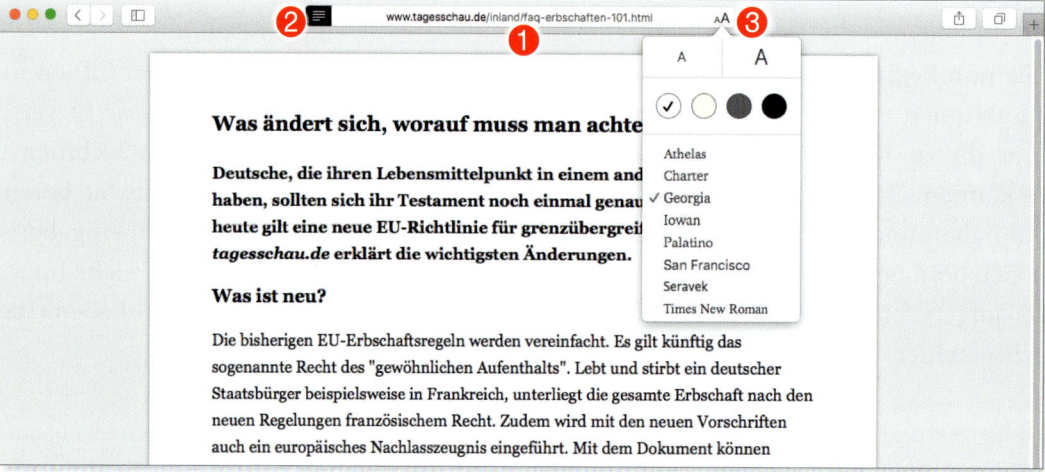

Die Readerfunktionalität in Safari.

So sehen Sie in dem Beispielfenster die Internetseite tagesschau.de in Schwarz dargestellt, während der Name der aktuell betrachteten Seite in Grau angezeigt wird ❶. Apple hat sich dafür entschieden, wie beim iPhone und iPad auch, die Readerfunktionalität mit einem Button in der oberen Leiste des Safari-Fensters einzubauen ❷.

Die Textgröße kann Ihren Bedürfnissen entsprechend angepasst werden ❸. Internetseiten, die diese Funktion unterstützen, werden dadurch gekennzeichnet, dass der *Reader*-Button ☰ sichtbar ist. Durch einmaliges Anklicken wechselt die Darstellung der Internetseite zur Readerfunktionalität.

 Mit der **esc**-Taste können Sie die Readerfunktionalität wieder verlassen.

Bilder im Browser

Wenn Sie im Browserfenster ein Bild sehen, können Sie mit dem Kontextmenü eine Fülle an Funktionen aufrufen, wie zum Beispiel das Verwenden des Bildes in Fotos oder als Schreibtischhintergrundbild.

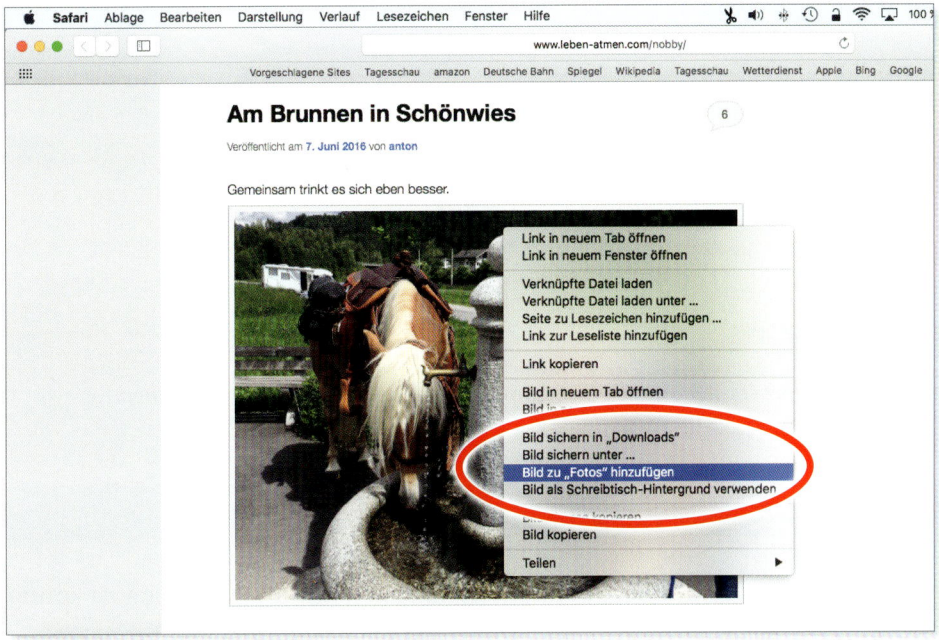

Kontextmenü eines Bildes in Safari.

Oder aber Sie ziehen das Bild einfach per Drag & Drop auf den Schreibtisch, um es anschließend weiterzuverwenden.

Mitteilungen

Es gibt Internetseiten, die Ihnen anbieten können, Sie über das aktuelle Geschehen via Mitteilungen zu informieren. Anhand des Bildschirmfotos sehen Sie, wie das funktioniert:

1. Öffnen Sie die Internetseite, dessen Mitteilungen Sie erhalten wollen. Nach einigen Sekunden erscheint die Anfrage zur Erlaubnis von Mitteilungen.
2. Bestätigen Sie die Nachfrage mit *Erlauben*.
3. Über *Safari –> Einstellungen –> Websites* können Sie es nochmals prüfen, bzw. den Eintrag wieder entfernen.

4. Dieser Eintrag wird sich dann ebenso in die *Systemsteinstellungen –> Mitteilungen* einklinken. Dort können Sie das Erscheinungsbild der Mitteilungen noch definieren.

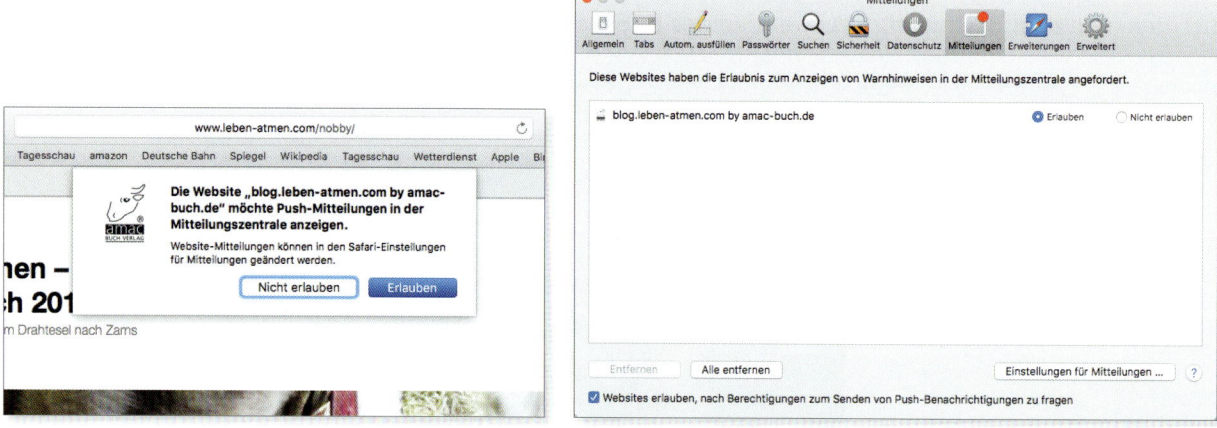

Internetseiten können Sie via Mitteilungen auf dem Laufenden halten.

PDF-Dateien anzeigen

Safari hat eine Menge Zusatzfunktionen, um mit PDF-Dateien optimal umgehen zu können.

Eine PDF-Datei wird mit Safari betrachtet.

Wenn Sie mit dem Mauszeiger an den unteren Rand der PDF-Datei fahren, werden vier Icons mit den Zusatzfunktionen *Vergrößern* Ⓐ, *Verkleinern* Ⓑ, *PDF in Vorschau öffnen* Ⓒ, *PDF im Downloads-Ordner sichern* Ⓓ eingeblendet.

Ebenso ist die Verwendung der rechten Maustaste auf der PDF-Datei möglich, um das Kontextmenü aufzurufen. Dort erhalten Sie weitere sehr nützliche Features.

Das Kontextmenü einer PDF-Datei in Safari.

Topsites oder Favoriten

Über den Button ⑤ ▦ (siehe Seite 85) gelangen Sie entweder zu den Favoriten oder zur *Top Site*-Darstellung. In den Top Sites finden Sie – grafisch sehr interessant dargestellt – die zuletzt besuchten Internetseiten mit einer großen Vorschau. Über die Pinnnadel können Sie Internetseiten als permanente Top Sites hinzufügen, wohingegen über das kleine *x* Seiten aus den Top Sites verschwinden. Ebenso können Sie per Drag & Drop die Reihenfolge der Seiten in dieser Darstellung verändern.

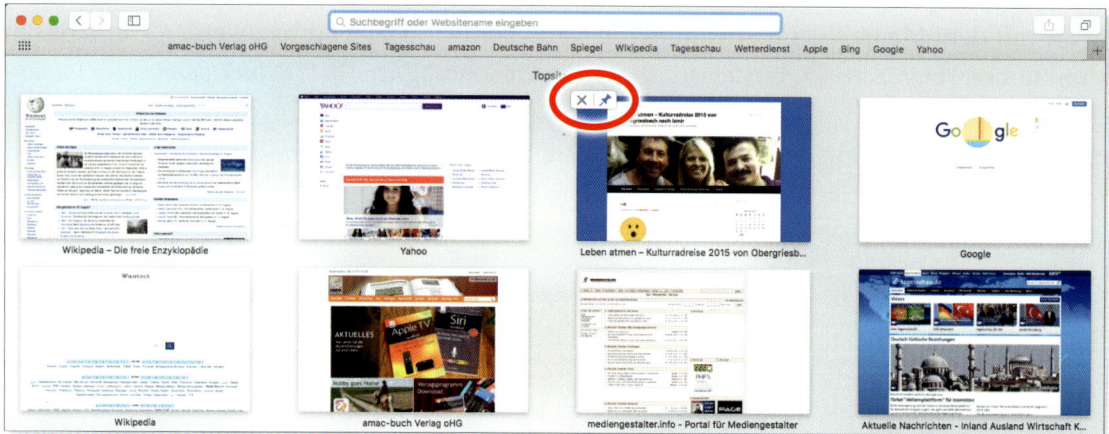

Bearbeitung der Topsites.

Vielleicht wundern Sie sich, dass beim Anklicken des Symbol nur die Favoriten erscheinen. Wenn Sie die Topsites haben wollen, müssen Sie zuerst in den *Einstellungen –> Allgemein* die Optionen *Neues Fenster öffnen* mit bzw. *Neue Tabs öffnen mit* auf *Topsites* umschalten. Erst dann erhalten Sie beim Anklicken des Symbols die Topsites. Außerdem können Sie dann bei *Topsites-Anzeige* wählen, ob 24, 12 oder lediglich 6 Internetseiten als Topsites dargestellt werden sollen.

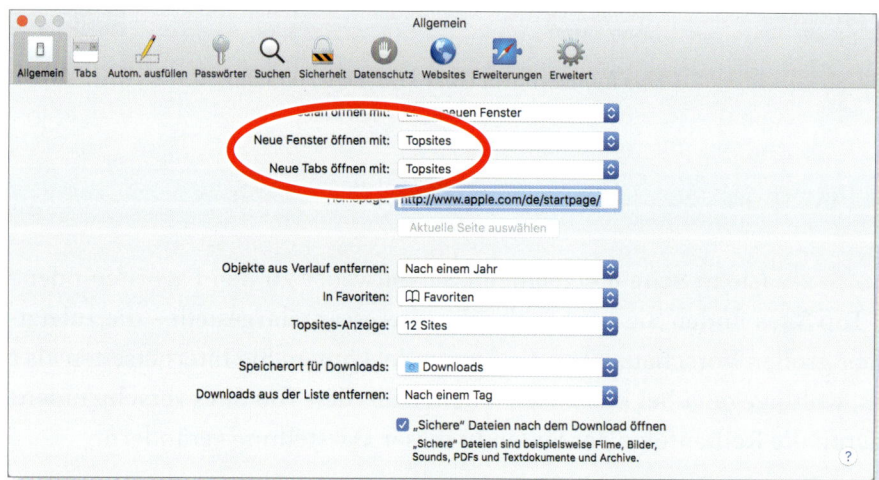

Bevor Sie die „Topsites" nutzen können, müssen Sie die Einstellungen ändern.

Um eine neue Top Site hinzuzufügen, klappen Sie einfach links daneben Ihre Lesezeichen über die Seitenleiste auf 📖 und ziehen per Drag & Drop den gewünschten Eintrag von der linken Spalte nach rechts in den Hauptbereich.

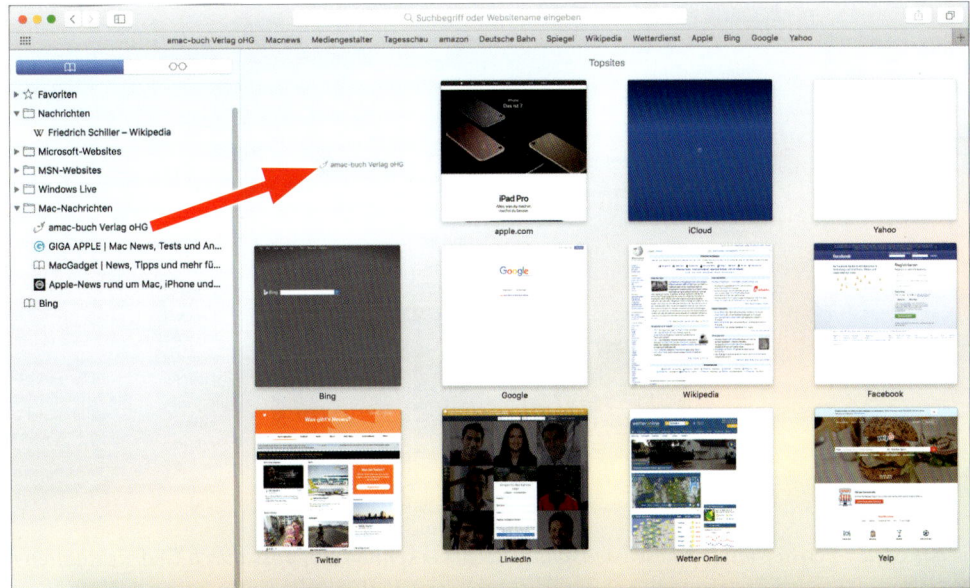

Eine Internetseite wird zu den Topsites hinzugefügt.

Leseliste

Über die Funktion *Leseliste* hat Apple in das Programm Safari eine sehr intuitiv bedienbare Funktion integriert, um interessante Webseiten für späteres Lesen ganz einfach in einer Liste zusammenzufassen.

 Das Tolle daran ist, dass ab der Version iOS 5 Safari auf dem iPad und iPhone diese Funktion ebenso beherrscht. So können beispielsweise unterwegs mit dem iPhone Einträge in der Leseliste erzeugt werden, die dann über den Abgleich via iCloud sofort auf dem Mac und dem iPad verfügbar sind.

Um unter Safari am Mac eine Seite in die Leseliste aufzunehmen, genügt es, die Leselistenspalte ❶ einzublenden und auf *Lesezeichen –> Zur Leseliste hinzufügen* ❷ zu klicken bzw. im Safari-Fenster einen Link mit der *Shift*-Taste anzuklicken. Alternativ dazu können Sie auf das Plus-Icon ✚ neben der URL klicken.

Links sehen Sie das Safari-Fenster mit der Leselistenspalte. Rechts erkennen Sie, dass durch Gedrückthalten des Plus-Icons weitere Optionen zum Vorschein kommen.

Sofort reiht sich die Seite in die Leseliste  ein. Über das Kontextmenü (Rechtsklick) können Sie einen Eintrag aus der Liste wieder entfernen.

> **!** Die Artikel der Leseliste werden dabei aus dem Internet heruntergeladen und stehen somit offline zur Verfügung. Scrollen Sie ganz nach oben, um die Suchfunktion verwenden zu können. Dabei können Sie nach jedem Wort innerhalb der Leselistentexte suchen lassen.

Das ist sehr praktisch: So können Sie am Computer interessante Seiten der Leseliste hinzufügen und dann unterwegs zum Beispiel auf dem Rechner oder auf dem iPhone bzw. iPad in aller Ruhe lesen – eben auch offline! Wichtig ist, dass das iPhone/iPad über die iCloud die Leseliste aktualisiert bekommt, bevor Sie unterwegs ohne Internet sein werden.

> **!** Besonders nützlich ist die Funktion, die Artikel der Leseliste komplett durchscrollen zu können. Klicken Sie beispielsweise den ersten Artikel an, wird dieser rechts daneben erscheinen. Sobald Sie unten angekommen sind, sehen Sie schon den Hinweis auf den nächsten Artikel. Scrollen Sie einfach weiter, um diesen Artikel nun lesen zu können.

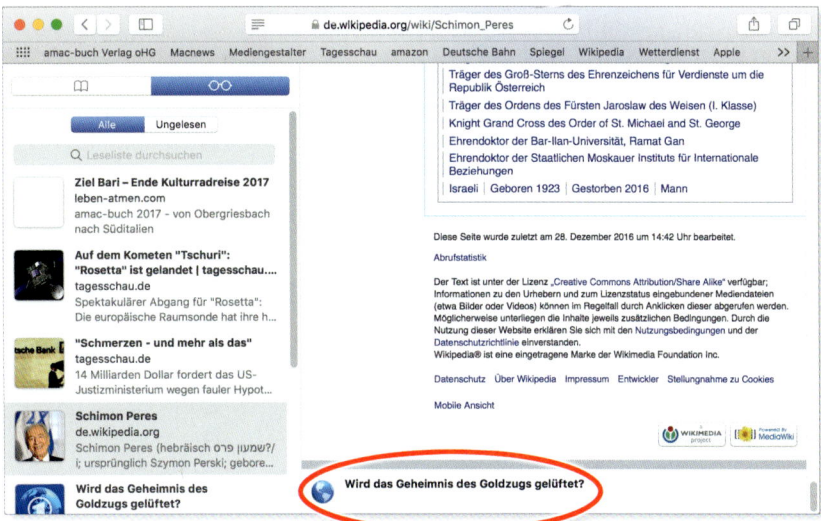

Durch die Artikel der Leseliste kann fortwährend gescrollt werden.

Anzeige der Lesezeichenleiste bzw. Dauer des Verlaufs

Über die Safari-Einstellungen können Sie das Erscheinungsbild und die Funktionsweise von Safari ändern. Benutzen Sie dazu die Tastenkombination *cmd + ,* (Komma) bzw. den Menüpunkt *Safari –> Einstellungen* und die dort aufgelisteten Funktionen. Im Bereich *Allgemein* finden Sie den Eintrag *Objekte aus Verlauf entfernen*. Standardmäßig ist dort *Nach einem Monat* ausgewählt. Das heißt, nach einem Monat beginnt Safari automatisch, die ältesten Internetseiten zu löschen. Sie können aber auch einen anderen Zeitraum definieren; von einem Tag bis hin zu einem Jahr haben Sie alle Möglichkeiten. Wählen Sie *Manuell*, um den Verlauf individuell Ihren Bedürfnissen anzupassen.

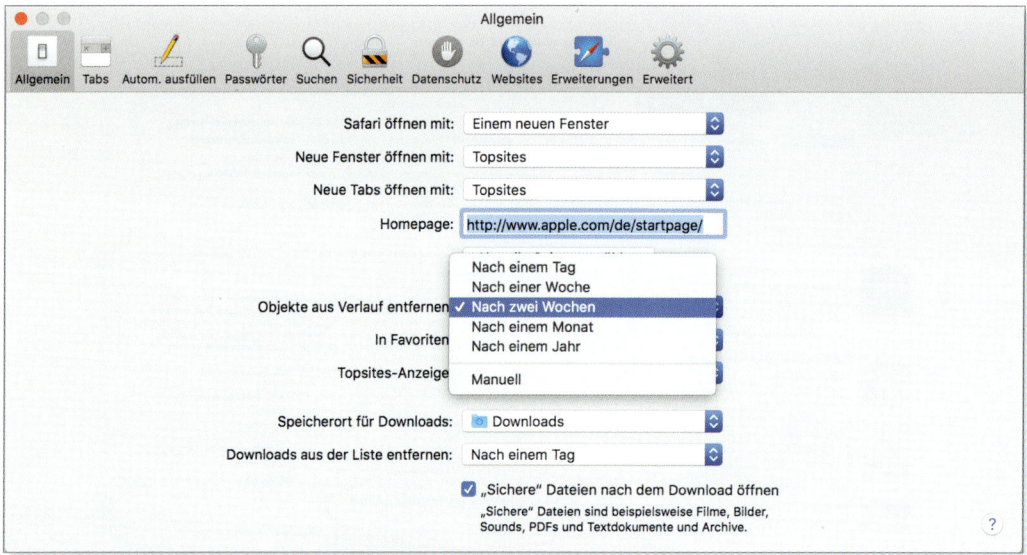

Einstellungen für den Verlauf in Safari.

Größe der dargestellten Internetseiten und schnelles Navigieren

Bisweilen kann es vorkommen, dass die Text- und Bilddarstellung einer Internetseite arg klein ausgefallen ist und Sie sich schwertun, die Informationen zu entziffern. Verwenden Sie dann die Tastenkombination *cmd + +* (Plustaste), um die Darstellung zu vergrößern. *cmd + −* (Minustaste) verkleinert die Darstellung. Möchten Sie auf einer Webseite schnell navigieren, so vewenden Sie *cmd + Pfeil nach unten* bzw. *Pfeil nach oben*, um rasch an das Ende oder den Anfang einer Webseite zu gelangen.

Tabbed Browsing

Safari unterstützt bereits seit der Version 2 das *Tabbed Browsing*; das bedeutet, dass Sie in einem einzigen Browserfenster mehrere Internetseiten gleichzeitig ansehen können. Der Vorteil ist das rasche Hin- und Herwechseln zwischen den *Tabs*. Im Normalfall wird es ja so sein, dass Sie eine Internetseite aufrufen und von dort zu einer zweiten und dritten Seite weitersurfen. Über die *Vor-* und *Zurück*-Buttons können Sie rasch in Ihrem Verlauf hin- und herblättern.

Wenn Sie über ein Trackpad oder ein Magic Trackpad verfügen, ist das Vor- und Zurückblättern noch deutlich einfacher: Verwenden Sie dazu zwei Finger und wischen Sie nach links bzw. nach rechts. :-)

Wenn Sie hingegen einen neuen Tab aufrufen, bleibt die alte Information erhalten und im neuen Tab werden die neuen Informationen dargestellt. Um einen neuen Tab zu erstellen, benutzen Sie einfach die Tastenkombination *cmd + T*. Damit erhalten Sie im selben Fenster einen zusätzlichen Reiter, in dem Sie eine neue Adresse eingeben können. Sie können in einem einzigen Browserfenster beliebig viele Tabs öffnen.

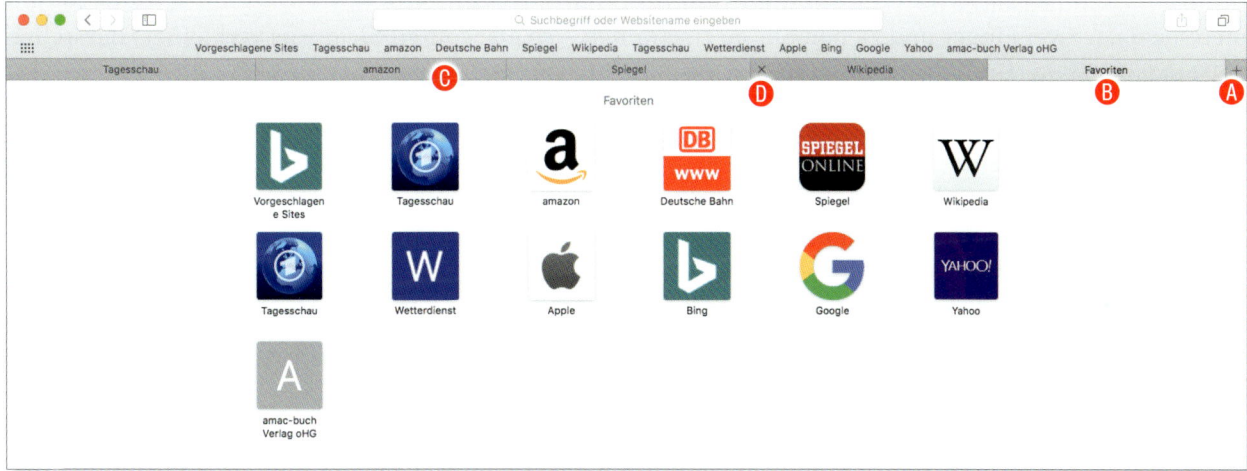

Tabs in einem Browserfenster.

Statt der Tastenkombination können Sie auch das kleine +-Zeichen in der Tableiste **Ⓐ** verwenden, um einen neuen Tab hervorzubringen. Wird ein neuer Tab erstellt, werden standardmäßig die Favoriten dargestellt **Ⓑ**. Links davon sehen Sie die derzeit geöffneten Tabs **Ⓒ**. Sie können natürlich die Tabs beliebig in der Reihenfolge verschieben. Außerdem können Sie einen Tab zu einem eigenständigen Browserfenster machen, indem Sie ihn aus dieser Tabreihenfolge herausziehen. Um einen Tab zu schließen, klicken Sie ihn an und dann das links im Tab erscheinende kleine *x* **Ⓓ**.

 Es gibt auch eine Tastenkombination, um alle Tabs mit einem Klick zu schließen. Drücken Sie einfach die **alt**-Taste, wenn Sie auf ein x zum Schließen eines Tabs klicken.

 Möchten Sie einen Link in einer Website nicht direkt aufrufen, sondern in einem neuen Tab bereitstellen, halten Sie beim Anklicken des Links einfach die **cmd**-Taste gedrückt. So wird die Internetseite in einem neuen Tab bereitgestellt. Übrigens können Sie mit **Shift + Klick** einen Link direkt in die Leseliste bringen, wohingegen **alt + Klick** einen Download unmittelbar startet.

Auch das Vor- und Zurückblättern auf Internetseiten können Sie sich über die Tastatur erleichtern, indem Sie die Tastenkombination *cmd + Pfeiltaste links* bzw. *cmd + Pfeiltaste rechts* verwenden.

Um bei vielen geöffneten Tabs nicht die Übersicht zu verlieren, gibt es eine besondere Darstellung. Nehmen Sie dazu zwei Finger und ziehen Sie sie zusammen – so als wollten Sie etwas verkleinert darstellen –, Sie gelangen zur Tab-View-Darstellung. Alternativ klicken Sie rechts oben im Safari-Fensters auf das dazugehörige Icon ❶.

Sie erhalten nun eine grafische Übersicht über alle geöffneten Tab, ähnlich wie bei den Top-Sites. Dabei werden Tabs der gleichen Internetseite gestapelt in einer Gruppe zusammengefasst. Das fördert die Übersichtlichkeit. Man kann auf einem Blick erkennen, welche Seiten zusammengehören.

Wenn Sie eine der Miniaturen anklicken, wird dieser Tab in den Vordergrund geholt. Sie können auch einen weiteren Tab hinzufügen, wenn Sie auf das große Pluszeichen klicken. Zum Schließen eines Tabs zeigen Sie mit der Maus auf die Miniatur und links oben wird das Schließen-Symbol ❷ (ein kleines x) eingeblendet. Damit können Sie den Tab und damit die Miniatur entfernen.

Die Tabs in Safari werden übersichtlich dargestellt.

Tabs fixieren (Website-Pins)

Beim Einsatz von Tabs in Safari passiert es sehr oft, dass man den Überblick über die geöffneten Tabs verliert, besonders wenn bereits sehr viele offen sind. Nun hat Safari eine Funktion, mit deren Hilfe die Tabs übersichtlicher angezeigt werden. Durch das Fixieren von Tabs, als sogenannte Website-Pins, werden diese als kleine Symbole am linken Fensterrand abgelegt.

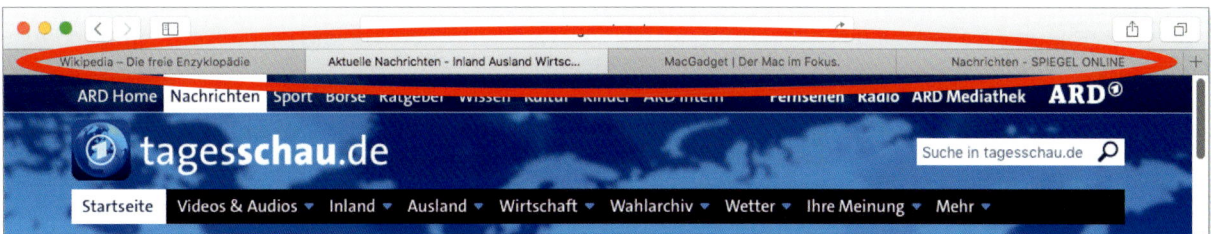

Das Arbeiten mit mehreren Tabs kann manchmal sehr unübersichtlich sein.

Um einen Tab zu fixieren können, Sie entweder das Menü *Fenster* öffnen und dort die Funktion *Tab fixieren* wählen, oder Sie machen einen Rechtsklick auf den Tab und wählen dann im Kontextmenü die Funktion aus. Diesen Arbeitsschritt müssen Sie für jeden Tab einzeln durchführen.

Die Tabs sind nun auf Symbole reduziert und am linken Rand abgelegt.

Um die Fixierung eines Tabs wieder zu lösen, verwenden Sie die Funktion *Tab loslösen* aus dem Menü *Fenster* oder aus dem Kontextmenü (Rechtsklick).

 Die fixierten Tabs bleiben beim Beenden von Safari erhalten. Wenn Sie also Safari das nächste Mal starten, sind die fixierten Tabs noch vorhanden. Möchten Sie diese Website-Pins noch schneller aufrufen, so verwenden Sie **cmd + 1** für den ersten Tab, **cmd + 2** für den zweiten Tab und so weiter.

Vollbildansicht

Safari unterstützt die Vollbildansicht von macOS. Dazu finden Sie in der linken oberen Ecke den grünen Knopf, um das Browserfenster in die Vollbildansicht umzuschalten. Mit der *esc*-Taste können Sie diese Vollbildansicht wieder verlassen. Dabei werden Sie feststellen, dass Sie trotz des Vollbildmodus zwischen den Tabs hin- und herwechseln können.

 Wenn Sie über die Tastatur durch Tabs blättern wollen, verwenden Sie zum Vorwärtsblättern **ctrl + Tab** und zum Rückwärtsblättern **ctrl + Shift + Tab**. Diese Tastenkombinationen sind nicht nur im Vollbildmodus verfügbar.

Downloads

Wenn Sie von einer Internetseite aus einen Download starten, so erscheint ein neues Icon rechts in der Symbolleiste.

Das Icon zeigt einen stattfindenden Download an.

Sofern Sie auf dieses kleine Symbol klicken, erscheint das Fenster *Downloads*, in dem alle aktuellen Downloadvorgänge aufgelistet werden.

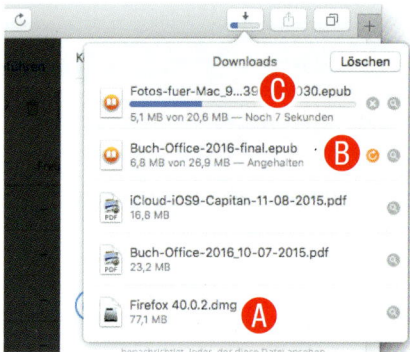

Das Downloadfenster mit einem aktiven Download.

Während ein Download stattfindet, sehen Sie den Status Ihres Downloads mit der Verbindungsgeschwindigkeit und der verbleibenden Zeitdauer **C**. Auf der rechten Seite können Sie durch das Anklicken des kleinen *x*-Symbols einen Download abbrechen. Abgebrochene Downloads sehen aus wie bei **B** gezeigt. Über den weißen Pfeil auf orangefarbenem Grund können Sie den Download jederzeit fortsetzen bzw. neu starten. Abgeschlossene Downloads erscheinen wie bei **A**. Sie sehen rechts daneben das kleine Lupensymbol, mit dem Sie den Ablageort eines jeden Downloads direkt erreichen können. Standardmäßig ist in Safari der *Downloads*-Ordner eingestellt, in dem alle Downloads landen. Einträge des *Download*-Fensters können direkt per Drag & Drop auf den Desktop oder in ein E-Mail-Fenster bewegt werden.

   Sie können den *Downloads*-Ordner unter *Safari –> Einstellungen* bei *Allgemein* auswählen. Bei *Speicherort für Downloads* sollte der Ordner *Downloads* ausgewählt sein. Diesen Ordner *Downloads* finden Sie übrigens auch unten in Ihrem *Dock*. Über diesen Ordner haben Sie also sehr schnell Zugriff auf die aus dem Internet heruntergeladenen Dateien.

> **!** Auch die Programme **Mail** und **Nachrichten** verwenden standardmäßig diesen **Downloads**-Ordner. Deshalb ist es eine gute Idee, den Ordner im Dock des Betriebssystems zu belassen, um rasch auf die darin enthaltenen Dateien zugreifen zu können.

Der „Downloads"-Ordner im Dock.

Erweiterungen und Websites-Einstellungen

Der Funktionsumfang von Safari kann mit Plug-Ins bzw. Erweiterungen aufgewertet werden. Via *Safari –> Safari-Erweiterungen* gelangen Sie auf eine Internetseite, um dort neue Funktionen zu erhalten. Fehlende Plug-Ins werden meist direkt auf der Internetseite aufgezeigt und können von dort aus im Regelfall geladen werden. Eine äusserst sinnvolle Erweiterung ist *AdBlock*, mit der Sie quasi werbebannerfrei durchs Internet surfen können. Mit dem *Flash Player* Plug-In von Adobe hingegen werden viele Bewegtinformationen auf Internetseiten erst sichtbar. Kommen Sie von einer vorherigen OS-X-Version, dann wird das Plug-In erstmal deaktiviert. Sie sollten es einschalten, wenn Sie es nutzen möchten.

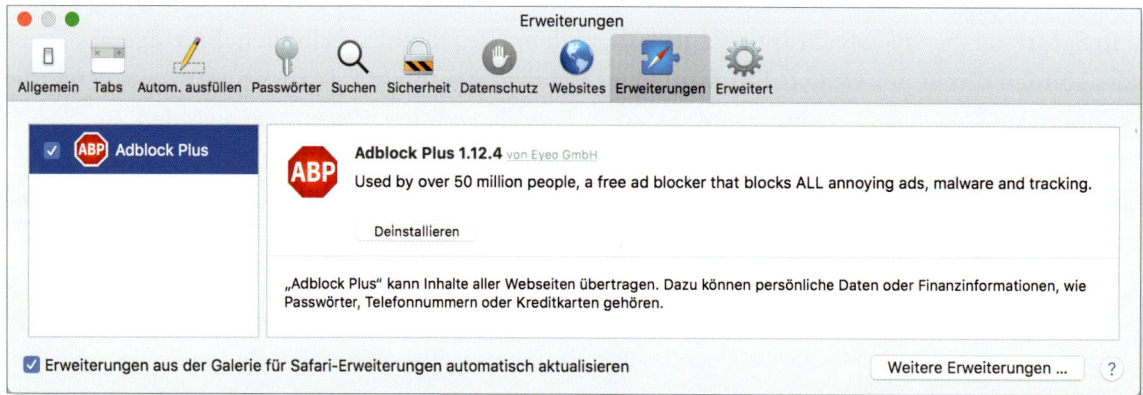

Unter „Safari –> Einstellungen –> Erweiterungen" sehen Sie alle derzeit installierten Erweiterungen, und wenn Sie bei der Option am unteren Rand das Häkchen anbringen, werde diese auch automatisch aktualisiert.

Via *Safari –> Einstellungen –> Website* unter *Plug-Ins* definieren Sie, welches Plug-In auf welchen Internetseiten wie agieren darf.

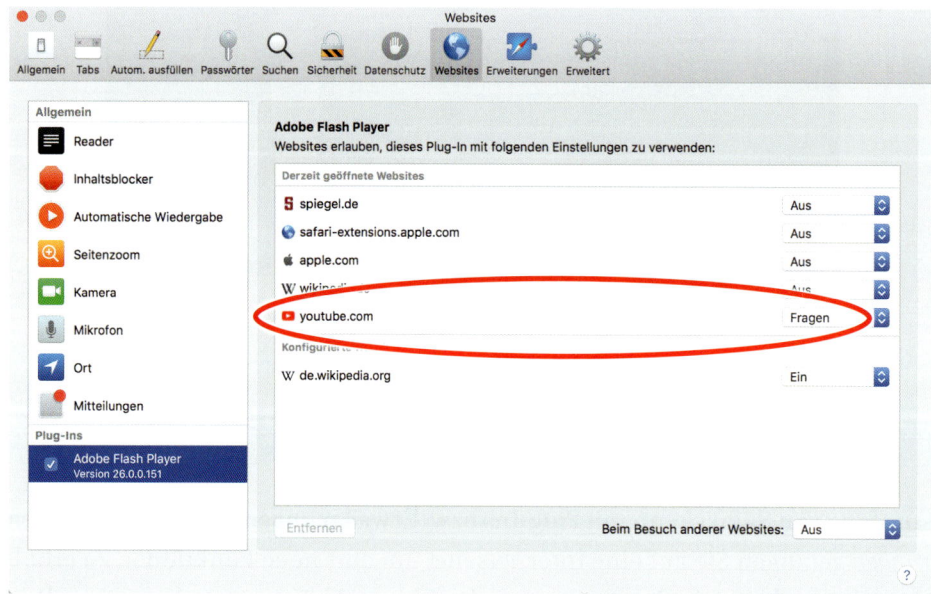

Für die Webseite Youtube.com wurde das Adobe Flash Player Plug-In in den Modus Fragen geschaltet.

Damit können Sie als Anwender bewusst entscheiden, ob Sie das Plug-In nun auf dieser Seite nutzen möchten oder eben nicht. Die Einstellung kann also für jede Webseite individuell vorgenommen werden.

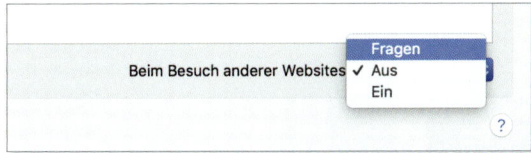

Im Regelfall ist „Fragen" für jedes Plug-In standardmäßig aktiviert.

Möchten Sie das Plug-In gar nicht mehr verwenden, so deaktivieren Sie das Häkchen in der linken Spalte.

Aktivieren Sie zudem unter **Erweitert** in den **Safari-Einstellungen** die Funktion **Plug-Ins zum Stromsparen stoppen**, um gerade auf tragbaren Macs Akkulaufzeit zu gewinnen. Plug-Ins für Safari finden Sie übrigens auf der **Macintosh HD/Library/Internet Plug-Ins** oder im Home-Verzeichnis ebenfalls innerhalb des Library-Ordners.

Aber nochmals zurück in den Reiter *Websites*: Dort finden Sie im oberen Bereich viele Einstellfunktionen (*Reader*, *Automatische Wiedergabe*, *Mikrofon*, etc.), die Sie je Webseite individuell vornehmen können.

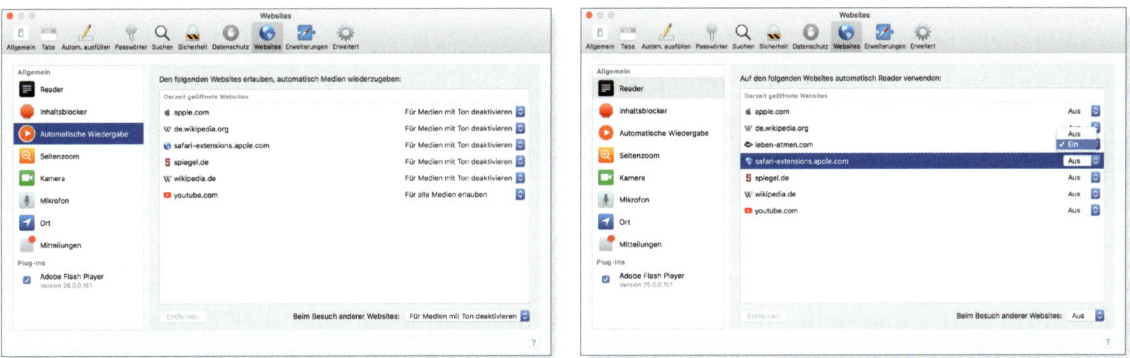

So ist beispielsweise die automatische Wiedergabe von Medien mit Ton standardmässig deaktiviert.

Definieren Sie hier beispielsweise, dass bestimmte Internetseiten sogleich immer im Reader-Modus geöffnet werden.

Diese Funktionen sind übrigens zudem über die URL-Leiste im Browserfenster zugänglich. Öffnen Sie also eine Webseite und holen über die *ctrl*-Taste das Kontextmenü hervor und wählen dort *Einstellungen für diese Webseite*. Schon sehen Sie die eingestellten Parameter, wovon einige sogleich hier angepasst werden können.

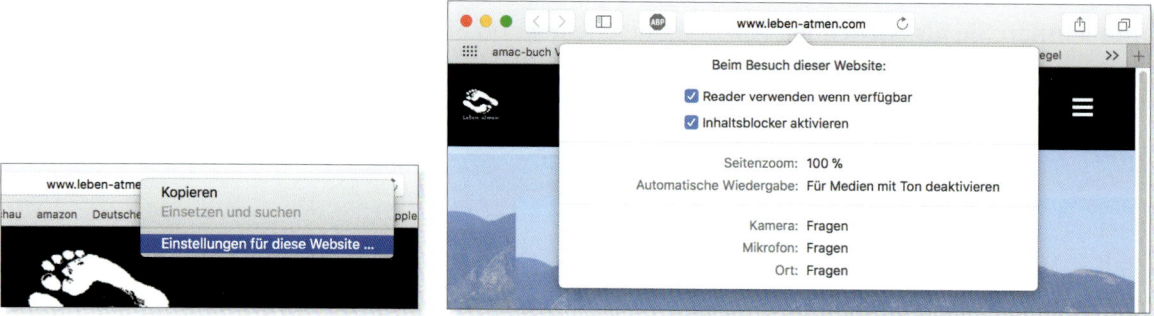

Über das Kontextmenü können viele Website-Einstellungen vorgenommen werden.

Stummschaltung

Viele Leute hören während der Arbeit am Rechner oder beim Surfen im Internet Musik. Sehr oft werden dafür Webradio oder Streamingdienste wie Spotify verwendet. Wenn man nun im Hintergrund in einem eigenen Safari-Tab die Musik abspielen lässt und in einem anderen Tab im Internet surft, kann es schon mal vorkommen, dass man vorübergehend die Musik stummschalten will – zum Beispiel, wenn man einen Film über YouTube ansehen will. Bisher musste man erst den Tab ausfindig machen, in dem die Musik läuft, und diesen dann eventuell schließen. Mit der neuen Stummschalten-Funktion von Safari ist dies nicht mehr nötig.

Sobald Sie einen Tab bzw. eine Seite öffnen, auf der etwas abgespielt wird, sehen Sie im Tab und in der Adresszeile ein Lautsprechersymbol. Ein Mausklick auf dieses Symbol schaltet den jeweiligen Tab stumm. Das Lautsprechersymbol in der Adresszeile hingegen schaltet den ganzen Safari stumm, was sehr nützlich ist, wenn Sie z. B. zwischendrin einen Telefonanruf erhalten. Weitere Feineinstellungen für die Webseite können Sie über *Einstellungen –> Websites* vornehmen.

Durch einen Rechtsklick auf das Lautsprechersymbol wird das Kontextmenü geöffnet, das noch weitere Funktionen zur Verfügung stellt. Sie können dort u. a. das Stummschalten aller Tabs wieder aufheben.

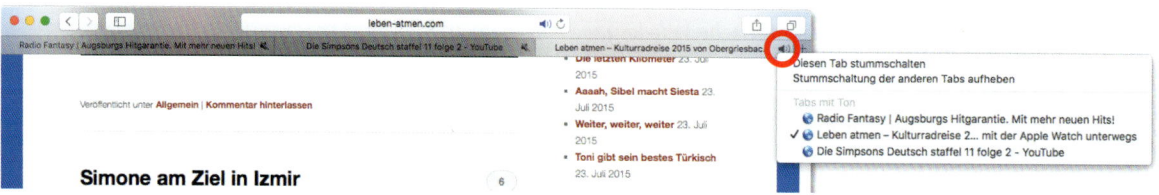

Die Tabs in Safari können nun auf stumm geschaltet werden.

Weitere Features in Safari

Wenn Sie den lieben langen Tag mit Safari arbeiten und Internetseiten ansteuern, sammeln sich eine Menge Daten an. Via *Safari –> Verlauf löschen* können Sie mit einem Vorgang reichlich Ballast abwerfen. Dabei können Sie noch entscheiden, aus welchem Zeitraum die Daten gelöscht werden sollen.

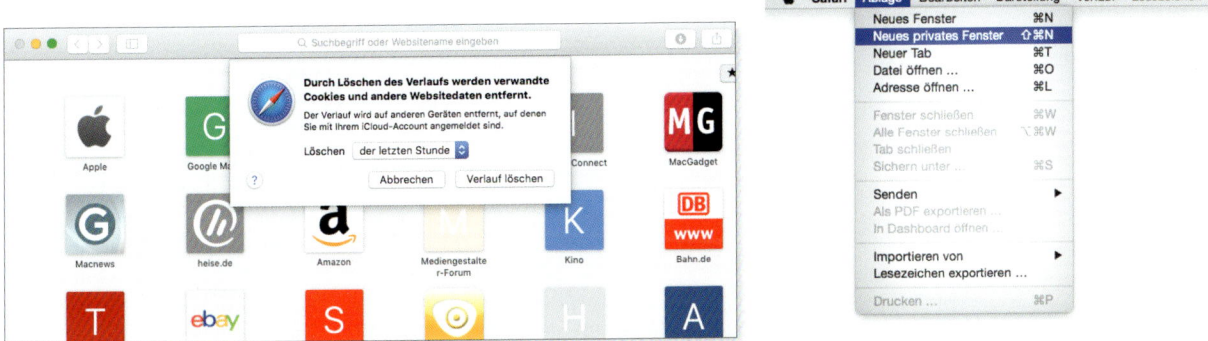

Im Menüpunkt „Safari" finden Sie nützliche Funktionen.

 Wenn Sie den Menüpunkt mit gedrückter **alt**-Taste aufrufen, dann erscheint die Option **Verlauf löschen und Websitedaten behalten**. Damit wird zwar auch der Verlauf entfernt, aber alle sonstigen Daten wie z. B. Cookies bleiben erhalten.

Privates Surfen

Safari hat noch eine weitere sehr interessante Funktion, das private Surfen. Dieses Feature können Sie nutzen, wenn Sie im Menü *Ablage* die Funktion *Neues privates Fenster (cmd + Shift + N)* auswählen. Das Private Surfen findet dadurch in einem eigenen Fenster statt.

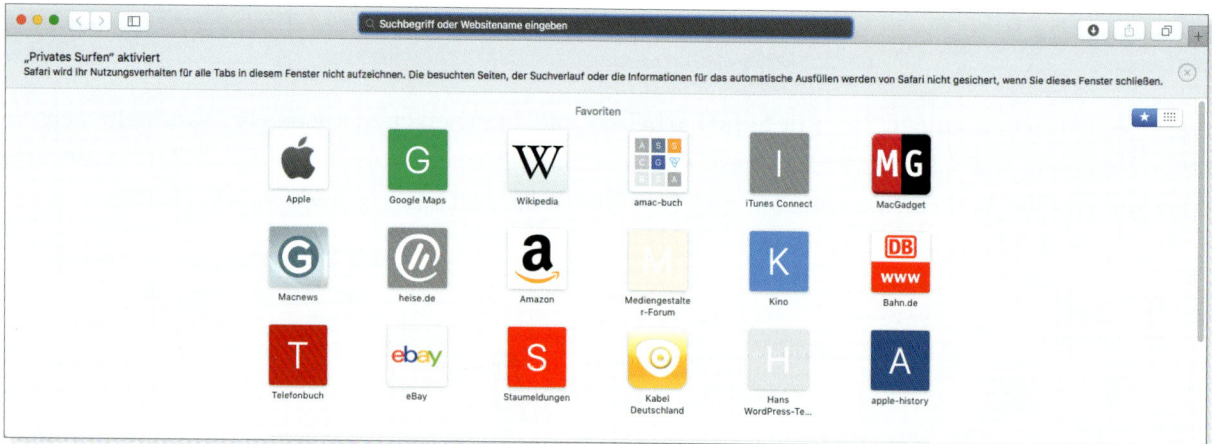

Privates Surfen.

Wie Sie dem Hilfetext entnehmen können, hinterlassen Sie nun beim Surfen im Internet keinerlei Spuren. Das heißt, im Verlauf wird nicht mitprotokolliert, welche Internetseiten Sie angesteuert haben. Diese Funktion ist dann äußerst nützlich, wenn Sie beispielsweise an einem fremden Rechner einfach nur mal kurz mit Safari einige Informationen aus dem Internet abrufen wollen. Schalten Sie auf **Privates Surfen** um, damit der Besitzer des Rechners nicht erkennen kann, welche Internetseite Sie in der Zwischenzeit aufgerufen haben.

Webseiten ablegen und weitergeben

Vielleicht kennen Sie auch folgendes Problem: Sie sind auf einer Internetseite und sehen sehr interessante Informationen. Nachdem aber Internetseiten einem kurzen Aktualisierungszyklus unterliegen, kann es notwendig werden, die aktuell dargestellten Informationen zu archivieren. Verwenden Sie hierzu den Befehl *Ablage –> Sichern unter,* um die Internetseite als Webarchiv auf Ihrem Rechner in Sicherheit zu bringen. Damit wird eine Datei erstellt. Diese Datei können Sie jederzeit durch einen Doppelklick mit dem Programm Safari öffnen und sehen dann den Zustand der Internetseite zum damaligen Zeitpunkt. Vorteil: Die Funktion ist sehr einfach ausführbar. Nachteil: Lediglich Safari ist in der Lage, dieses Archiv wieder zu öffnen.

Wollen Sie ein eher neutrales Dateiformat verwenden, um diese Information zu archivieren, empfehle ich an dieser Stelle die Ausgabe als PDF über *Ablage –>Als PDF sichern*. Die PDF-Datei hat gegenüber dem Safari-Webarchiv einen entscheidenden Nachteil: Animationen, die sich auf einer Internetseite befinden, werden in diesem Fall nicht mitgespeichert. Aber es könnte ja sein, dass Sie das sogar als Vorteil empfinden.

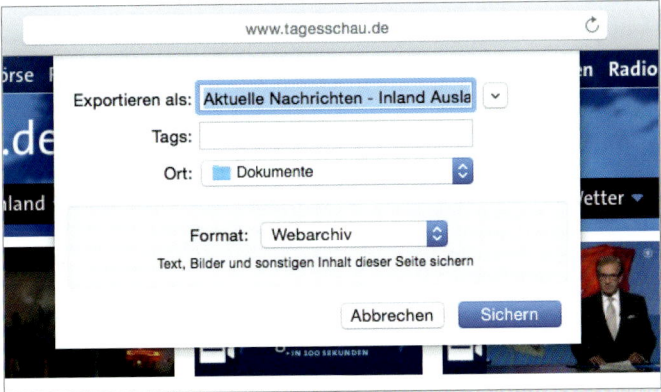

Speichern als Webarchiv.

> Via **Ablage –> Teilen** oder ⬆-Feld können die Informationen der Webseite weitergegeben werden. Wird **Diese Seite mailen** verwendet, wird die komplette Internetseite via Mail an den Empfänger geleitet. Bei Nachrichten bzw. Twitter ist es lediglich die URL. Über **cmd + Shift + I** wird übrigens aus **Diese Seiten mailen** der Eintrag **URL dieser Seite mailen**.

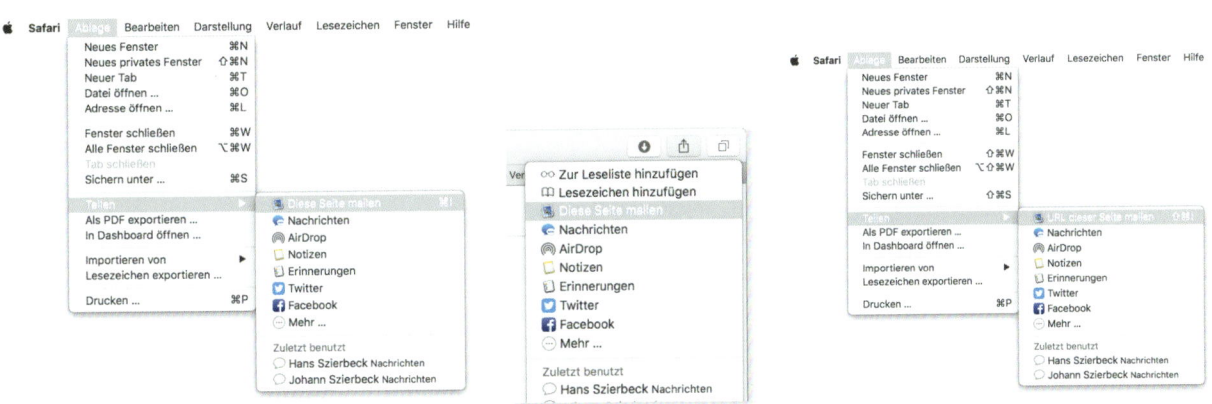

Seite als E-Mail versenden.

> Sie können sich nachträglich in Mail nochmals umentscheiden und statt der URL (**Nur Link)** die komplette Seite oder eine PDF-Version davon versenden.

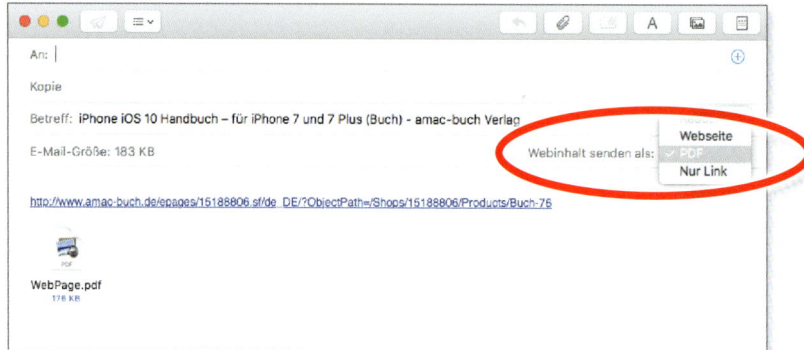

Mail und Safari arbeiten Hand in Hand.

Lesezeichen verwalten

Um Ihre Lesezeichen vernünftig zu strukturieren können Sie aus dem Menü Lesezeichen die Funktion *Lesezeichen bearbeiten*. Dabei wird zu einer anderen Darstellung gewechselt, wo Sie rechts oben die Funktion *Neuer Ordner* finden. Damit können Sie nun beliebig Ordner erstellen und durch einfaches Verschieben die Lesezeichen in den jeweiligen Ordner legen. Lesezeichen bzw. Lesezeichenordner können ganz einfach umbenannt werden. Klicken Sie den gewünschten Eintrag an und warten ca. 3 Sekunden damit der alte Name markiert wird und geben dann den neuen Namen ein.

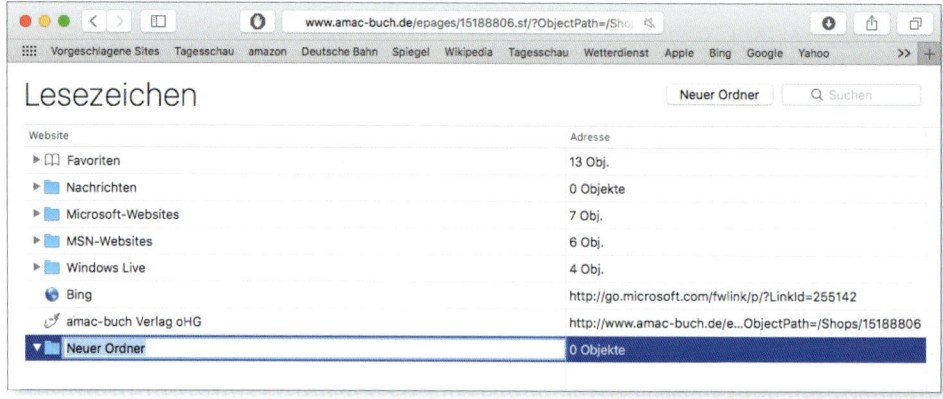

In diesem Fenster werden die Lesezeichen organisiert.

Um stets schnellen Zugriff auf die Fülle von Lesezeichen zu haben, die sich mit der Zeit ansammeln, sollten Sie sich eine Tastenkombination merken: *cmd + alt + B (Lesezeichen –> Lesezeichen bearbeiten)*. Mit dieser Tastenkombination schalten Sie von einem Browserfenster hinüber zu dem Lesezeichenfenster;

dort wählen Sie aus dem jeweiligen Ordner das Lesezeichen aus. Klicken Sie es doppelt an und schon wechselt Safari wieder in die Browserdarstellung und holt Ihnen die Internetseite, die Sie aufgerufen haben. An der Stelle noch einmal die Erinnerung an die ersten neun Einträge der Favoritenleiste, die über *cmd + alt + 1*, *cmd + alt + 2* etc. sehr rasch aufgerufen werden können. Hinterlegen Sie also die neun wichtigsten Internetseiten in Ihrer *Favoritenleiste (cmd + Shift + B)*, und zwar von oben nach unten.

> **!** Besonders cool ist die Funktion, mehrere Tabs gemeinsam als Lesezeichen abzulegen und hernach wieder gemeinsam aufrufen zu können. Dazu laden Sie in die verschiedenen Tabs die gewünschten Internetseiten und wählen dann den Menüpunkt **Lesezeichen –> Lesezeichen für diese x Tabs hinzufügen** aus. Fertig! Des Weiteren können Sie mehrere Safari-Fenster über **Fenster –> Alle Fenster zusammenführen** in ein Fenster mit mehreren Tabs zusammenführen. Und einzelne Tabs können aus dem Verbund wieder herausgezogen werden, um als eigenständige Fenster zu erscheinen.

Dann finden Sie im Lesezeichenfenster einen Ordner – diesen können Sie mit der rechten Maustaste anklicken und dort den Eintrag *In neuen Tabs öffnen* anwählen. Sogleich erscheinen alle Tabs wieder im Browser!

Mehrere Tabs gemeinsam als Lesezeichen.

Statt der Verwendung von Lesezeichen haben Sie an einem Apple-Computer noch eine andere Möglichkeit, Ihre Lieblingsinternetseiten abzulegen.

Internetadressdatei erzeugen.

Dazu ziehen Sie einfach, wie im Bild zu sehen, die Internetadresse aus Safari beispielsweise auf den Schreibtisch. Dort wird dann eine Datei mit einem Icon erzeugt, eine *Internetadressdatei*. Diese Internetadressdatei beinhaltet die URL. Klicken Sie auf diese Internetadressdatei doppelt, wird die dazugehörige Seite aufgerufen. Das könnten Sie beispielsweise dazu nutzen, diese Datei jemandem per E-Mail zukommen zu lassen. Der öffnet dann die Internetadressdatei und bekommt die Internetseite zu Gesicht. Etwas aufpassen sollten Sie allerdings, wenn Sie diese Datei mit anderen Browsern verwenden wollen.

Safari und Formulare

Und sicher kennen Sie die Situation auch: Sie haben übers Internet etwas eingekauft und müssen nun Ihre Daten zum Abschluss des Bestellvorgangs eintragen. Hier unterstützt Sie Safari ebenfalls. Geben Sie in den *Einstellungen –> Autom. ausfüllen* Ihre Kontaktdaten an, damit Safari die Daten in Zukunft automatisch in Formulare eintragen kann.

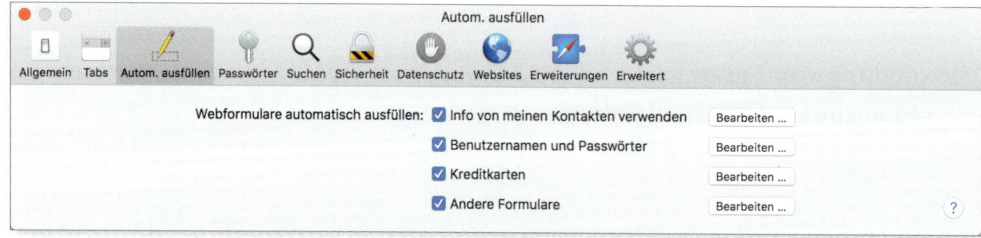

Einstellungen für das Ausfüllen von Formularen in Safari.

Sind die Einstellungen korrekt vorgenommen worden, können Sie in Zukunft via *Bearbeiten –> Formular automatisch ausfüllen* (*cmd + Shift + A*) rasch Ihre Kontaktdaten verwenden.

Kennwörter und iCloud

Internetseiten-Kennwörter können direkt in Safari gespeichert werden. Wenn Sie zum Beispiel in Safari am Computer eine Internetseite ansteuern und dort Ihre Benutzerkennung hinterlassen, fragt Safari sofort an, ob Sie das zugehörige Passwort speichern möchten.

Safari fragt, ob das Passwort gespeichert werden soll.

Sofern Sie hier mit *Passwort sichern* antworten, merkt sich Safari die Internetseite und die dazugehörigen Zugangsdaten und listet diese auch in den *Einstellungen* auf.

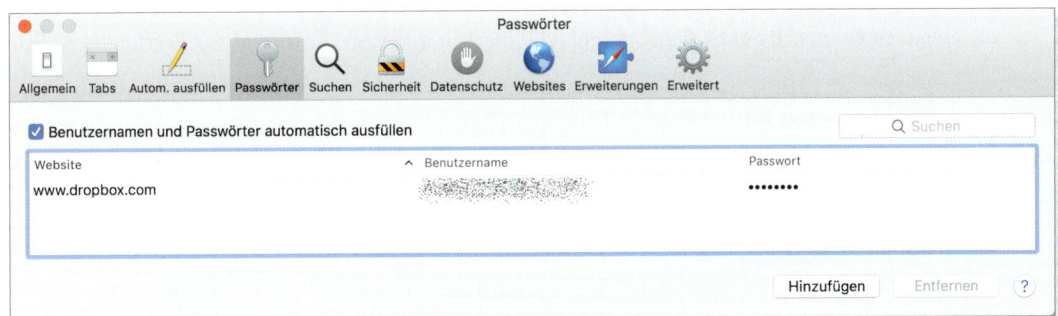

Safari –> Einstellungen –> Passwörter.

Damit hat Safari am Mac die gleiche Funktionalität wie seit iOS 4 bereits auf den mobilen Apple-Geräten. Über einen Klick auf *Entfernen* können Sie die Einträge wieder aus der Liste löschen. Besonders elegant ist die Funktion *Passwörter für ausgewählte Websites einblenden*, mit der Sie Ihre hinterlegten Kennwörter einsehen können, falls Sie einmal eines vergessen haben. Notwendig hierzu ist aber, dass Sie Ihr

Benutzerkennwort für den Rechner eingeben. Sonst gibt Safari Ihre Kennwörter nicht preis, um einen Zugriff durch Dritte zu verhindern.

Schlüsselbund in der iCloud

Noch deutlich praktischer ist der *Schlüsselbund* in Apples iCloud. Sie als Anwender haben dabei zwei Vorteile:

1. Die Kennwörter und Kreditkartendaten (ohne Sicherheitscode) von macOS können so verschlüsselt und für jedermann uneinsehbar zu Ihren iOS-Geräten übertragen werden.

Passworteingaben kann sich Safari (macOS und iOS) merken und über die iCloud zur Verfügung stellen.

2. Beispielsweise kann sich Safari nun autark um Ihre Kennwörter kümmern. Bei notwendiger Passwortanfrage einer Internetseite erzeugt das Programm selbstständig ein Passwort, merkt sich dieses Passwort und hält es für die iOS-Geräte bereit.

Safari erzeugt von sich aus ein sicheres Passwort und speichert es in den iCloud-Schlüsselbund. Falls Sie ein anderes Passwort haben wollen, klicken Sie auf das Schlüsselsymbol.

Ein iCloud-Schlüsselbund kann unter macOS oder unter iOS erzeugt werden.

Wie man den iCloud-Schlüsselbund einrichtet, nutzt und verwaltet wird ausführlich im Buch „Apple-ID & iCloud" (ISBN: 978-395431-034-0) vom amac-buch Verlag erläutert.

iCloud-Tabs

Ein weiteres Feature von Safari sind die *iCloud-Tabs*. Hierüber können Sie die aktuell auf Ihrem Computer geöffneten Tabs via iCloud mit Ihren iOS- oder macOS-Geräten synchronisieren und haben damit auf den anderen Geräten die gleichen Tabs geöffnet wie an Ihrem Computer (*Systemeinstellungen –> iCloud –> Safari*). Also eine äußerst nützliche Funktion. Diese Funktion ist allerdings etwas versteckt. Sie müssen zuerst das Symbol für die iCloud-Tabs einblenden, bevor Sie Zugriff darauf haben. Im Menü *Darstellung* finden Sie dafür die Funktion *Symbolleiste anpassen*. Ziehen Sie dort das Wolken-Symbol einfach in die Fensterleiste von Safari und klicken anschließend auf *Fertig*. Wenn Sie nun das Wolken-Symbol anwählen, klappt ein Menü auf, in dem die geöffneten Seiten Ihrer iOS-Geräte aufgelistet sind.

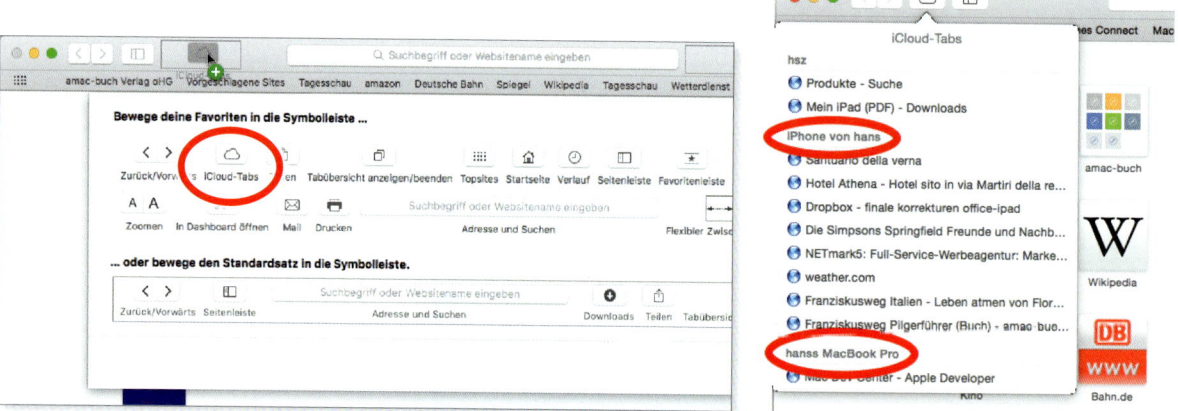

Geöffnete Tabs aller Geräte, die die gleiche Apple-ID haben, werden angezeigt.

Alternativ dazu können Sie auch die Tabübersicht (*cmd + Shift + 7*) verwenden. Dort finden Sie im unteren Bereich des Fenster die geöffneten Tabs Ihrere anderen Geräte.

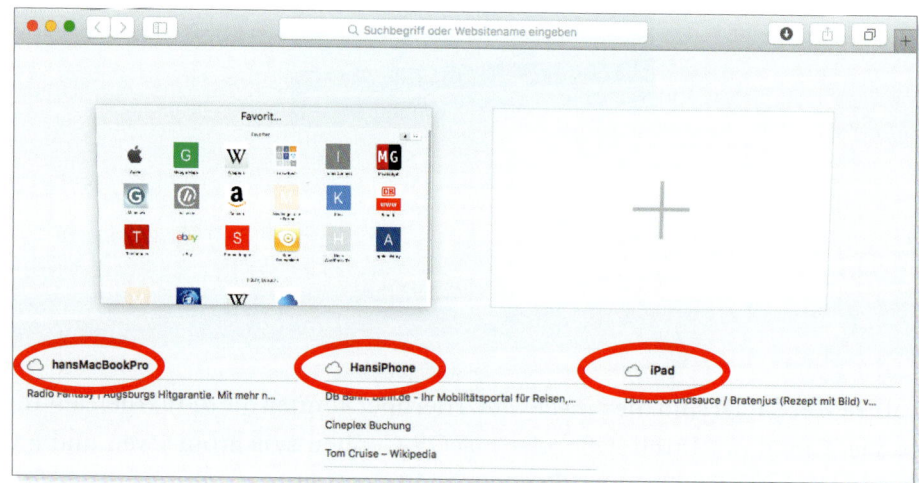

Die iCloud-Tabs in der Tabübersicht.

Funktion „Teilen"

Und zu guter Letzt finden Sie rechts neben der *Eingabeleiste* auch noch den Button zum *Teilen*, mit dem Sie besuchte Internetseiten über verschiedene Kanäle an Ihre Freunde und Bekannten weiterreichen können.

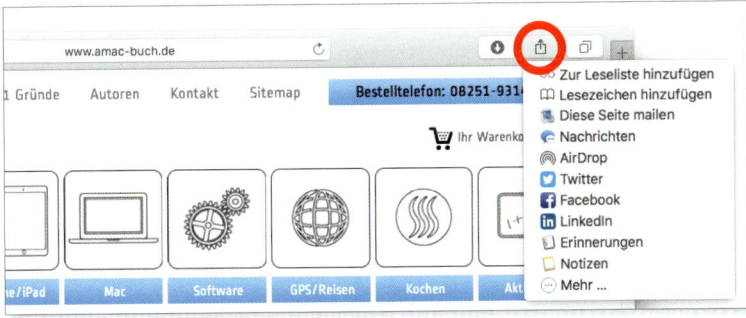

Teilen-Feld in Safari.

Folgende Funktionen sind für das *Teilen* in Safari zugänglich:

- *Zur Leseliste hinzufügen:* Die Leseliste wird ebenso über iCloud mit den iOS-Geräten und anderen Mac-Rechnern abgeglichen. Hinterlegen Sie also dort Internetseiten, die Sie für interessant erachten, aber aktuell noch nicht lesen möchten oder können, um sie dann zum Beispiel unterwegs auf Ihrem iPad zu studieren. Dabei werden die Internetseiten heruntergeladen, damit diese auch offline gelesen werden können.
- *Lesezeichen hinzufügen:* Damit wird die aktuelle URL in Ihren Lesezeichen abgelegt.
- *Diese Seite mailen:* Damit wird die Interntseite per E-Mail verschickt. In Mail können Sie dann festlegen, ob nur die URL, die ganze Webseite, die Seite als PDF oder als Readeransicht versendet wird (siehe Seite 107).
- *Nachrichten:* Über die Eigenschaft *Nachrichten* wird die URL der Internetseite als Direktnachricht über das Programm *Nachrichten* als *iMessage* an andere Anwender gesendet.

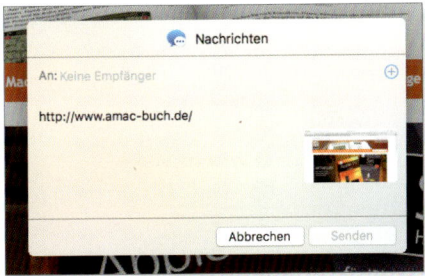

Internetadresse als Nachricht versenden.

- *AirDrop:* Ein anderer Mac im Netzwerk kann via AirDrop die Internetseite ebenfalls empfangen.
- *Twitter* bzw. *Facebook:* Damit haben Sie eine sehr elegante Möglichkeit, die aktuelle Internetseite als Tweet bzw. Post an Ihre Bekannten zu senden. Natürlich können Sie auch hier wieder Ihre aktuelle Position hinzufügen. Klicken Sie hierzu auf den entsprechenden Eintrag am linken unteren Eck des sich öffnenden Twitter- bzw. Facebook-Fensters.

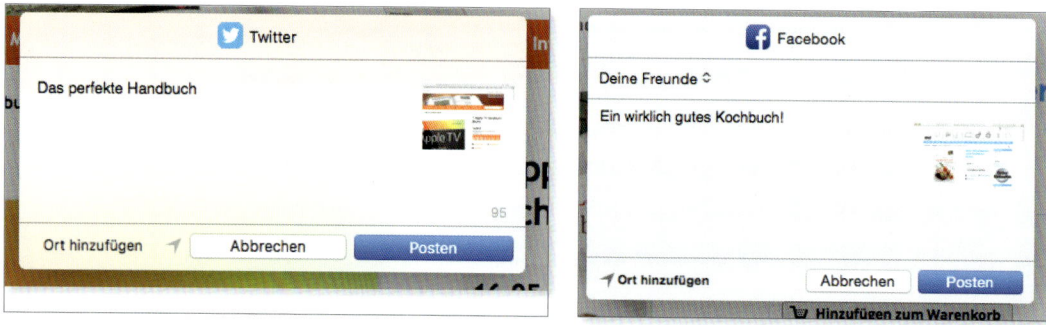

Safari-Infos über Twitter (oben) oder Facebook (unten) verteilen.

- *Erinnerungen* und *Notizen*: Damit können Sie direkt aus Safari heraus Internetadressen zu den Apps *Notizen* und *Erinnerungen* übertragen, anstatt sie umständlich mit kopieren und einfügen in diese Programme zu übernehmen.
- *Mehr*: Damit können Sie weitere Funktionen in das Menü aufnehmen, wie z. B. LinkedIn oder Flickr. Dazu werden Sie zu den *Systemeinstellung –> Erweiterungen* weitergeleitet. Dort wählen Sie dann aus, welche Dienste im Menü erscheinen sollen.

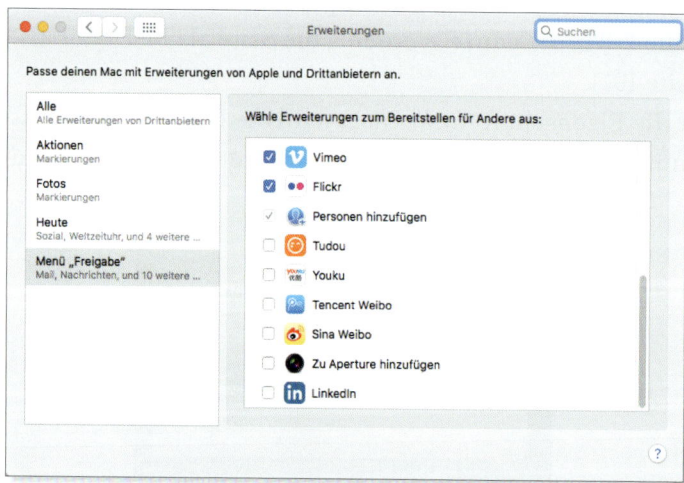

Das Teilen- bzw. Freigabe-Menü kann erweitert und den eigenen Bedürfnissen entsprechend angepasst werden.

Bild-in-Bild-Videos

Eine Neuerung, die Safari mit macOS Sierra erhalten hat, ist die Möglichkeit, Videos in einem eigenen kleinen Fenster abzuspielen, während man im Hintergrund bequem weiterarbeitet. Auf diese Weise können Sie z. B. eine Nachrichtensendung verfolgen, während Sie gleichzeitig Ihre E-Mails checken.

Die Funktion „Bild-in-Bild" ist sehr leicht aufzurufen. Wenn Sie auf einer Internetseite ein Video geöffnet haben, finden Sie in der Abspielleiste ein eigenes Symbol ❶ für das Bild-in-Bild-Video. Wenn Sie es anklicken, wird das Video in einem kleinen Fenster in der Bildschirmecke abgespielt. Sie können das Videofenster anschließend in jede Ecke des Displays verschieben und größer bzw. kleiner ziehen. Auch können Sie zu einem anderen Programm wechseln – das Videofenster wird immer im Vordergrund erscheinen. Um es zu schließen, können Sie entweder links oben auf das X-Symbol klicken ❷ oder das Symbol ❸ verwenden.

> **!** Die Funktion „Bild-in-Bild" gibt es auch in iTunes. Dort können Sie ebenfalls einen Film in einem eigenen Fenster abspielen lassen.

Videos in Safari und iTunes ...

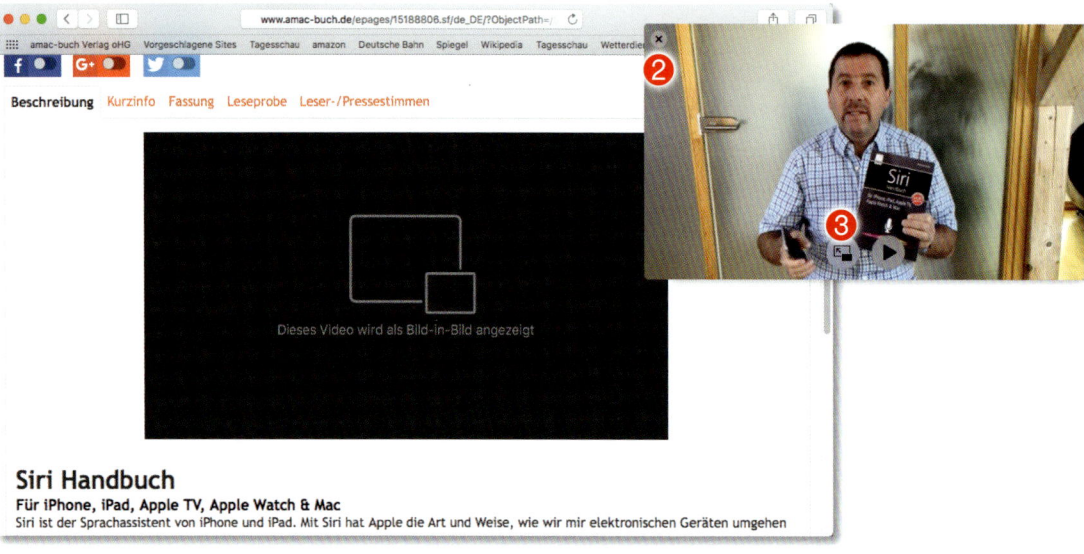

... können in einem eigenen Fenster abgespielt werden.

Datenschutz

Sie haben sicher schon bemerkt, dass Safari beim Eintragen eines Suchbegriffs in der Adressleiste sofort darunter potenzielle Suchoptionen anbietet. Wollen Sie das unterbinden, sollten Sie in den *Einstellungen* bei *Suchen* die entsprechende Funktion deaktivieren.

Die Einstellungen für die Internetsuche.

Ebenso kann das Website-Tracking abgelehnt werden, was eine sehr empfehlenswerte Einstellung ist, um weniger Spuren im Internet zu hinterlassen. Diese Option finden Sie bei *Datenschutz*.

Im Bereich „Datenschutz" finden sich sehr interessante Grundeinstellungen für Safari.

Tastenkombinationen

Um in Safari schnell und effektiv zu arbeiten, ist der Einsatz von Tastenkombinationen unerlässlich. Hier nun eine kleine Übersicht über die wichtigsten Tastenkombinationen von Safari.

Funktion	Tastenkombination
Den Focus auf die Eingabeleiste für die Internetadresse legen	cmd + L
Text vergrößern bzw. verkleinern	cmd + Plustaste bzw. cmd + Minustaste
Eine neue Seite im Privatmodus öffnen	cmd + Shift + N
Eine Bildschirmseite nach oben bzw. unten springen	Bild-auf- bzw. Bild-ab-Taste
Ins nächste Eingabefeld springen	Tab-Taste
Liste mit zuletzt geöffneten Seiten öffnen	Auf den „Zurück"-Pfeil klicken und Maustaste halten
Alle Tabs schließen	alt + Klick auf Schließenbutton eines Tabs
Zum Anfang einer Internetseite springen	cmd + Pfeil nach oben
Zum Ende einer Internetseite springen	cmd + Pfeil nach unten
Datei herunterladen und nicht automatisch im Browser öffnen lassen	alt + Klick auf Downloadlink
Hyperlink in neuem Tab öffnen	cmd + Klick
Aktuelle Seite als Lesezeichen sichern	cmd + D
Eine Seite zurückblättern	cmd + Pfeil nach links
Eine Seite vorwärtsblättern	cmd + Pfeil nach rechts

Internetaccounts verwalten

Wer bereits ein iPhone oder ein iPad sein Eigen nennt, kennt die Funktionalität: Auch macOs kann natürlich mit E-Mails umgehen. Und ähnlich wie beim iPhone oder iPad kann dabei eine ganze Reihe von E-Mail-Accounts definiert werden und es gibt eine zentrale Applikation namens *Mail*, die sich um den E-Mail-Verkehr kümmert. Doch zunächst müssen die Zugangsdaten eingetragen werden, damit der Kontakt mit den E-Mail-Servern auch reibungslos klappt.

> **!** macOS ist sehr clever. Sobald Sie zum Beispiel via Safari Ihren Google-Mail-Account ansteuern, erkennt das System dies und fragt sofort nach, ob dieser Account in die Systemeinstellungen übernommen werden soll.

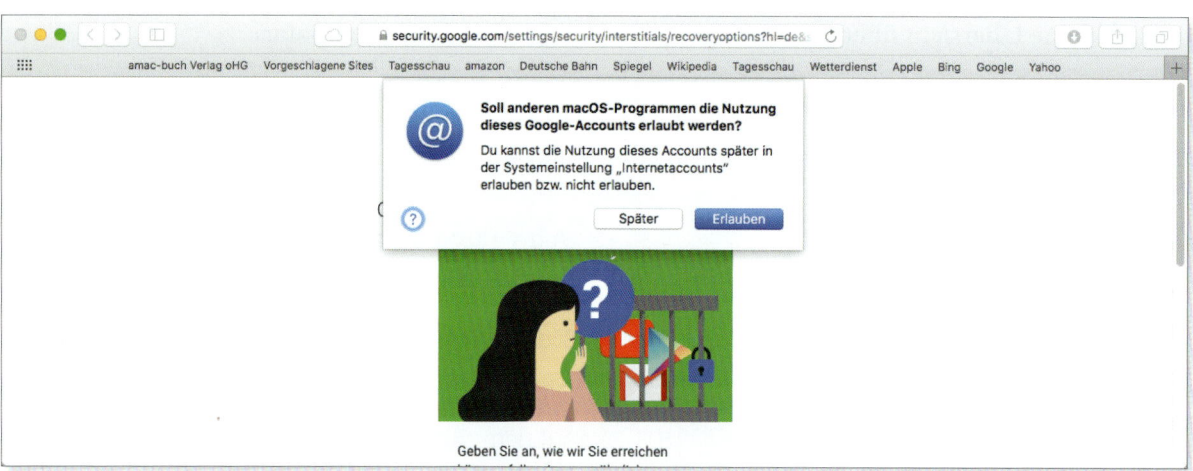

Google-Account wurde erkannt und kann in die Systemeinstellungen übernommen werden.

Systemeinstellungen „Internetaccounts"

In den *Systemeinstellungen* findet sich dazu ein sehr nützliches Tool, und zwar der Button *Internetaccounts* (dritte Zeile, drittes Symbol). Diese zentrale Funktion ist dazu gedacht, Accounts zu spezifizieren, die auch im Rahmen des Programms *Mail* zur Verwendung kommen.

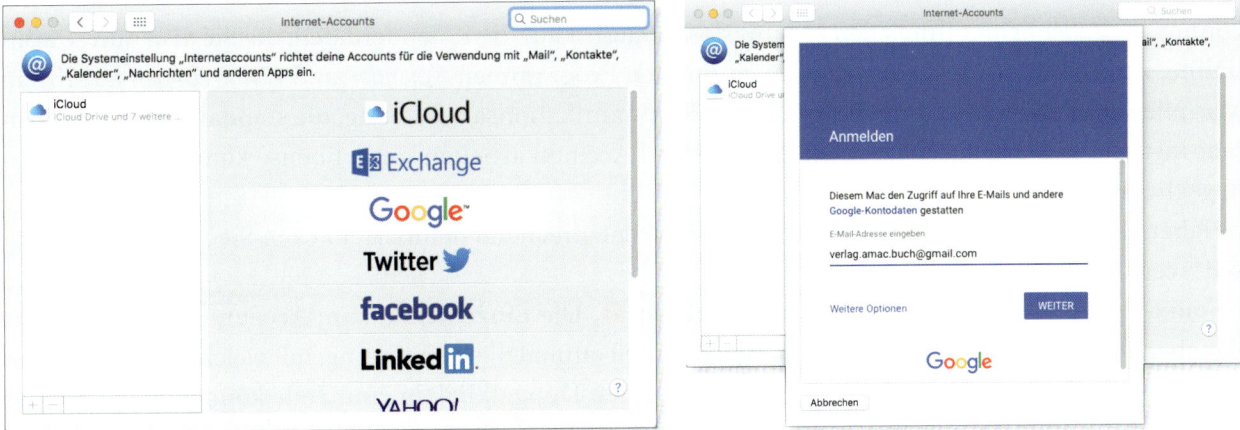

Einen neuen Account erstellen.

Wie Sie anhand des Bildschirmfotos sehen, habe ich mich für einen Google-Account entschieden und die entsprechenden Daten, meinen Namen, die E-Mail-Adresse und das Passwort, eingetragen. Der Account wird nach der Eingabe überprüft. Waren alle Daten korrekt, bietet Ihnen der nachfolgende Bildschirm die Möglichkeit, diesen Account für die Programme *Mail*, *Kalender & Erinnerungen* und auch *Nachrichten* zu verwenden.

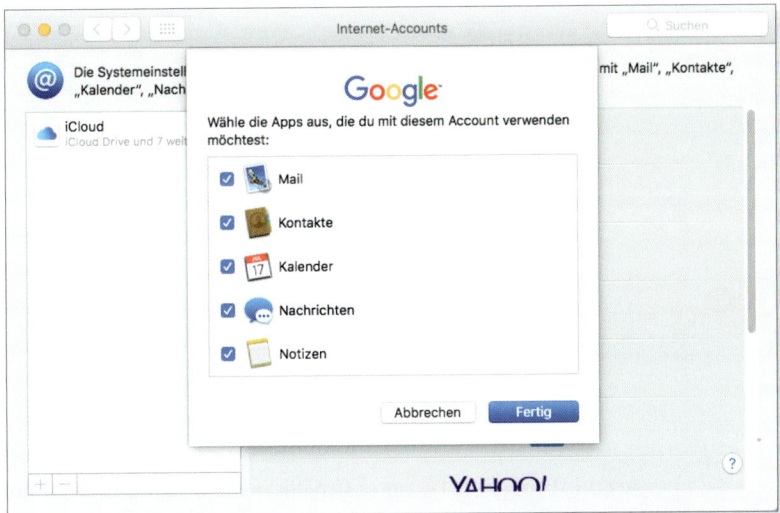

Google-Account erfolgreich erstellt.

Entscheiden Sie über das Anbringen von Häkchen, für welche Programme dieser Account verfügbar sein soll. In jedem Fall sollten Sie die Option *Mail* verwenden, um damit auf Ihre E-Mails zugreifen zu können. *Kalender* bringt Ihnen den reibungslosen Zugriff auf die Kalenderdaten, die Sie also nun sowohl online, zum Beispiel über Google, als auch mit den Programmen *Kalender* und *Erinnerungen* auf Ihrem Mac pflegen können. Und *Nachrichten* ist eine Kommunikationsanwendung, die standardmäßig auf dem Mac installiert ist und auch mit einem Google-Mail-Account arbeiten kann. Ebenso können noch *Notizen* abgeglichen werden.

Haben Sie die Einstellungen Ihren Bedürfnissen entsprechend definiert, klicken Sie auf *Fertig*, um diesen Account in die Liste aufzunehmen.

Somit wurde bereits ein erster Account angelegt ❶. Die Einzelheiten zum Account sehen Sie rechts daneben bei *Details* ❷. Darunter bekommen Sie noch einmal die Bestätigung, mit welchen Programmen dieser Account zusammenarbeiten soll ❸. Über einen Doppelklick in eine Zeile können Sie direkt zur jeweiligen Applikation, also Mail, Kalender und Nachrichten, gelangen, um dort noch Feineinstellungen für den Account vorzunehmen.

Soll ein weiterer Account angelegt werden, klicken Sie auf das + ❹. Und auch das Folgende kann zuweilen notwendig werden: nämlich das Löschen eines Accounts ❺.

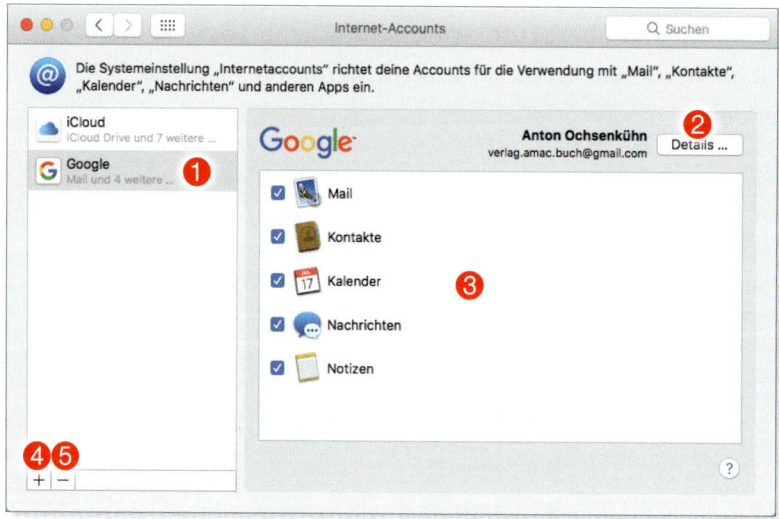

Die Systemeinstellung „Internetaccounts".

 Bitte beachten Sie, dass bei **Account löschen** ❺ unter Umständen nicht in allen relevanten Programmen die Daten gelöscht werden. Wenn Sie zum Beispiel an das Programm Mail denken, mit dem Sie E-Mails empfangen oder gesendet haben, bedeutet **Account löschen** lediglich, dass dieser Account nicht mehr in Mail angelegt ist, aber der bisherige E-Mail-Verkehr natürlich im Programm erhalten bleibt.

Wir wollen nun einen zweiten Account definieren. Wenn Sie dazu auf das +-Symbol klicken, erscheint wieder die Liste der Accounttypen. Dabei sind folgende E-Mail-Anbieter gelistet:

- iCloud,
- Microsoft Exchange,
- Google,
- Twitter,

- Facebook,
- Linkedin,
- Yahoo,
- AOL,

- vimeo und
- flickr.

Verfügen Sie also über einen Zugang bei einem dieser Anbieter, ist die Definition eines neuen Accounts von Apple bereits hinterlegt und damit rasch erledigt. Wenn Sie aber einen E-Mail-Account bei einem anderen Provider haben, sollten Sie den Button *Andere* anklicken.

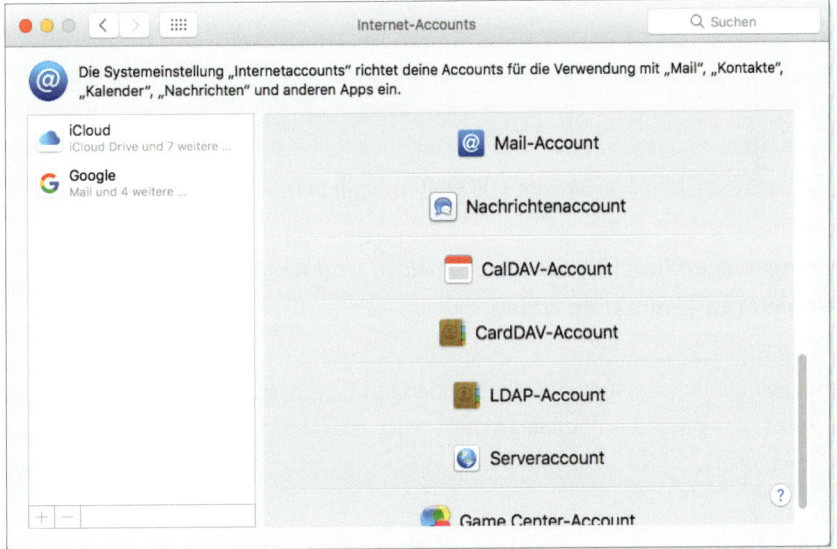

Weitere Accounttypen auswählen.

Wie Sie anhand der dazugehörigen Icons erkennen, sind diese Accounts speziellen Applikationen zugeordnet. Zum Beispiel ist ein *LDAP-Account* für die Definition von Adress- und Kontaktdaten zuständig; das dazugehörige Programm auf dem Mac, das hierbei mit Informationen gefüttert wird, ist *Kontakte*. Sie sehen also in der Liste der Accounttypen, dass entweder das Programm Mail, Nachrichten, Kalender oder das Programm Kontakte von der Erstellung eines Accounts beeinflusst wird.

Wir möchten nun einen weiteren *Mail-Account* definieren, wählen dazu die entsprechende Option aus und geben im nächsten Fenster die dazugehörigen Daten ein.

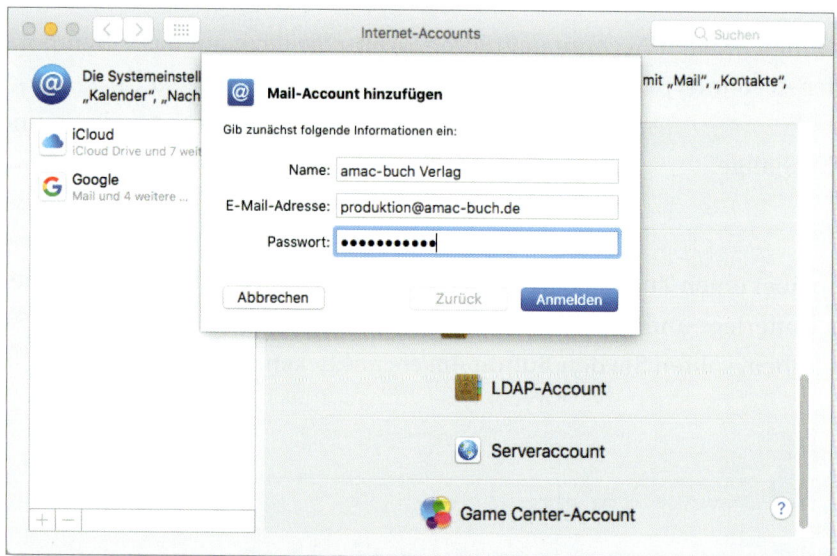

Weiteren E-Mail-Account anlegen.

Sind alle Daten eingetragen, klicken Sie auf *Anmelden* und das Programm versucht, über das Internet mit dem E-Mail-Anbieter in Kontakt zu treten.

Sie sollten also beim Erstellen neuer Accounts unbedingt darauf achten, dass eine aktive Internetverbindung besteht. Nur so ist gewährleistet, dass die Einstellungen über das Internet verifiziert werden und der Account später auch funktioniert.

Sofern Sie eine E-Mail-Adresse bei einem nicht gelisteten Provider haben, werden entsprechenden Serverdaten nicht automatisch eingetragen. Das Apple-Betriebssystem ist also nicht in der Lage, für Ihren Provider die entsprechenden Daten zu liefern. Geben Sie also die Serverdaten manuell ein, die Sie von Ihrem Provider erhalten haben. Sofern es sich um einen E-Mail-Account handelt, wird über *Anmelden* das Programm *Mail* gestartet und Sie müssen die Erstellung des Accounts noch abschließen.

Bevor Sie einen Account definieren, sollten Sie alle dazu notwendigen Daten zusammentragen. Im Fall eines E-Mail-Accounts sind das Daten wie Name, E-Mail-Adresse, Passwort, aber auch die Serverdaten: Ist es ein IMAP- oder ein POP-Server? Wie heißt die Serveradresse für ausgehende, wie heißt die Adresse für eingehende E-Mails? Fragen Sie bei Ihrem Provider nach, um die entsprechenden Informationen zu bekommen und an dieser Stelle erfolgreich eintragen zu können.

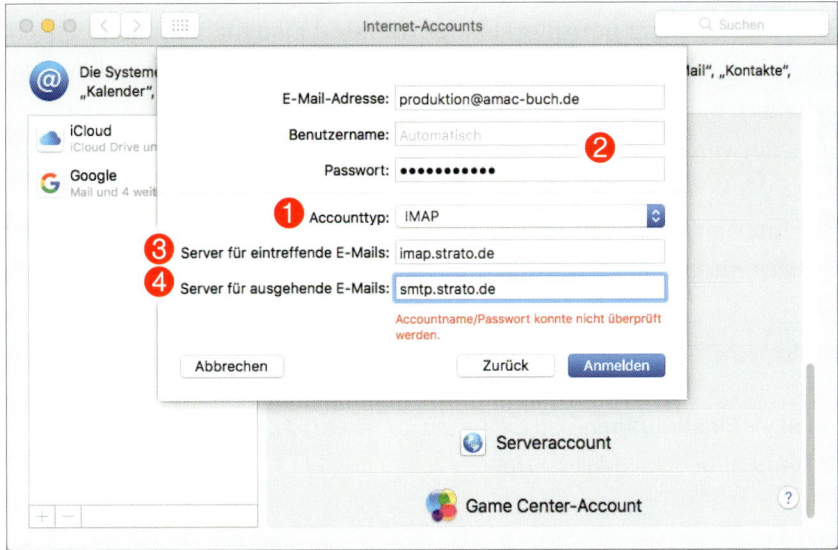

E-Mail-Account in Mail erzeugen.

Zunächst einmal ist es wichtig, dass Sie wissen, mit welcher Art von Server Sie kommunizieren ❶. Sie haben dort die Wahl zwischen

- POP und
- IMAP.

Der *Benutzername* und das *Passwort* ❷ sind Ihre Zugangsdaten, mit denen Sie sich beispielsweise auch auf der Website des E-Mail-Anbieters einloggen würden, um Ihre E-Mails im Browser zu lesen. Wichtig wird es dann bei dem korrekten Eintrag im Feld *Server für eintreffende E-Mails* ❸. Das ist also der Computer, auf dem im Internet Ihre E-Mails zur Verfügung stehen – der Server, mit dem das Programm Mail kommunizieren muss, um Ihre E-Mails abzurufen.

Wann immer es geht, sollten Sie beim Servertyp *IMAP* bzw. *Exchange* verwenden. Der Hintergrund ist ein ganz einfacher: Haben Sie nämlich zusätzliche Geräte wie ein iPad oder ein iPhone, möchten Sie ja auch dort Ihre E-Mails empfangen und betrachten. Sowohl IMAP als auch Exchange haben die Eigenschaft, dass die E-Mails eigentlich im Internet liegen und auch dort verwaltet werden. Das heißt: Wenn Sie auf Ihrem iPad oder iPhone eine E-Mail gelesen haben, wird sie als gelesen markiert und wird genauso im Programm Mail dargestellt. Haben Sie bereits auf eine E-Mail geantwortet, wird auch diese gesendete E-Mail auf allen weiteren Geräten zur Verfügung stehen. Anders hingegen verhält sich ein *POP-Account.* Beim POP-Account werden alle E-Mails auf das abrufende Gerät heruntergeladen. Das heißt: Wenn Sie also auf einem Computer mit dem Programm Mail Ihre E-Mails empfangen und damit gearbeitet haben (Mails in verschiedene Ordner verschoben, gelesen und beantwortet etc.) und Sie dann anschließend mit einem mobilen Gerät wie einem iPhone oder iPad die E-Mails erneut abrufen, werden diese E-Mails auf Ihr zweites Gerät heruntergeladen. Sie sind also nicht auf dem gleichen Stand, den Sie auf Ihrem Rechner vorher erzeugt haben. Deshalb sind IMAP und Exchange heute erste Wahl, um mit E-Mail-Daten zu arbeiten.

Anschließend ist es notwendig, dass Sie den zweiten Server definieren, mit dem Sie arbeiten müssen: *Server für ausgehende E-Mails* ❹. Wichtig ist hier wieder der korrekte Eintrag eines *SMTP*-Servers. Das ist also der Rechner im Internet, über den Ihre E-Mails versendet werden. Sind alle Einstellungen korrekt, klicken Sie auf *Anmelden* und sogleich werden die Daten überprüft.

 Sollten Sie nachträglich eine Änderung in den Accountinformationen vornehmen wollen, können Sie das nun – sofern es sich um einen E-Mail-Account handelt – bequem im Programm Mail tun. Gehen Sie dort über den Menüpunkt **Mail –> Einstellungen** und Sie finden im Bereich **Accounts** die hinterlegten Zugangsdaten bei **Servereinstellungen** für den E-Mail-Zugang.

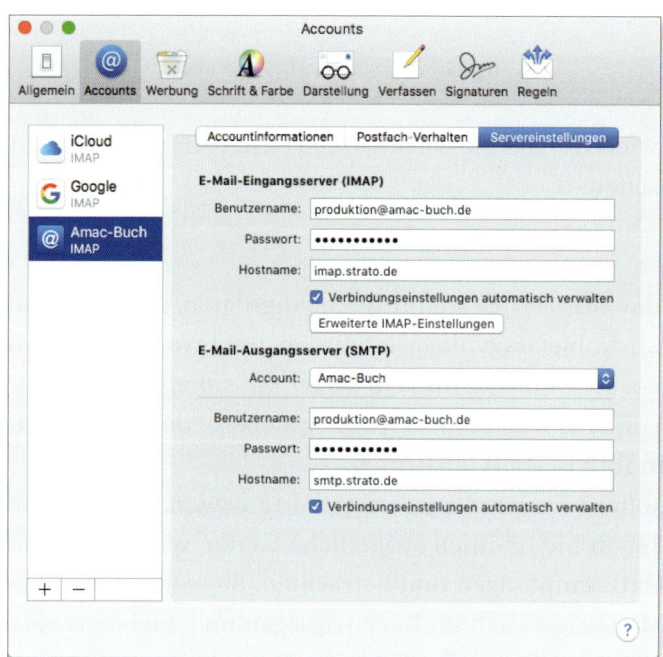

Accountinformationen im Programm Mail.

Haben Sie statt eines E-Mail-Accounts einen Account für Kalender, für Kontakte oder für Nachrichten hinterlegt, sind auch dort diese Einstellungen nachträglich einsehbar und natürlich korrigierbar. Das nachfolgende Bildschirmfoto zeigt Ihnen beispielhaft das Programm Kalender, bei dem im Reiter *Accounts* der Google-Account zu sehen ist.

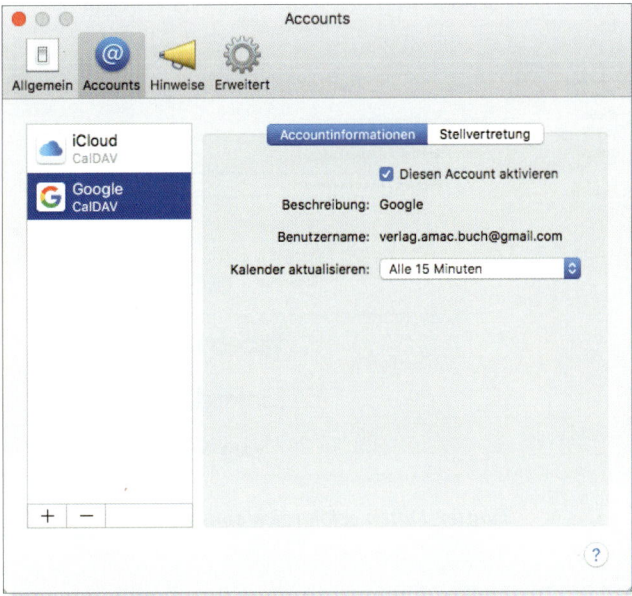

Google-Account im Programm Kalender.

> **!** In allen Apple-Programmen wie Mail, Kalender, Kontakte etc. kommen Sie immer sehr rasch in die Einstellungen, indem Sie die Tastenkombination **cmd + ,** (Komma) verwenden.

Kommen wir nun noch einmal zurück zu den Systemeinstellungen *Internetaccounts*. Sie können hier noch eine beliebige Anzahl von Accounts anlegen, um die Programme Mail, Kontakte, Nachrichten und Kalender mit Informationen zu versorgen.

Twitter- bzw. Facebook-Account

Es sind neben dem Erstellen von E-Mail-Konten bei Google Mail, Yahoo!, Microsoft Exchange oder auch iCloud die Einträge Twitter, Facebook, Linkedin, Flickr und Vimeo aufgelistet.

Wollen Sie beispielsweise systemweit einen Twitter-Account definieren, um aus verschiedenen Applikationen heraus Tweets absetzen zu können, klicken Sie auf den Eintrag *Twitter* und geben dort Ihre Daten ein.

Twitter-Daten erfolgreich eingetragen.

Ist dies geschehen, erscheint ein Hinweisfenster, in dem Sie darüber informiert werden, dass Twitter mit anderen Programmen zusammenarbeiten kann.

Der Twitter-Account kann mit weiteren Programmen interagieren.

Nahezu identisch verhält sich die Facebook-Integration in macOS. Zentral in den *Systemeinstellungen* –> *Internetaccounts* werden die Facebook-Daten hinterlegt und über das *Teilen*-Feld kann dann an verschiedensten Stellen direkt zu Facebook übertragen werden.

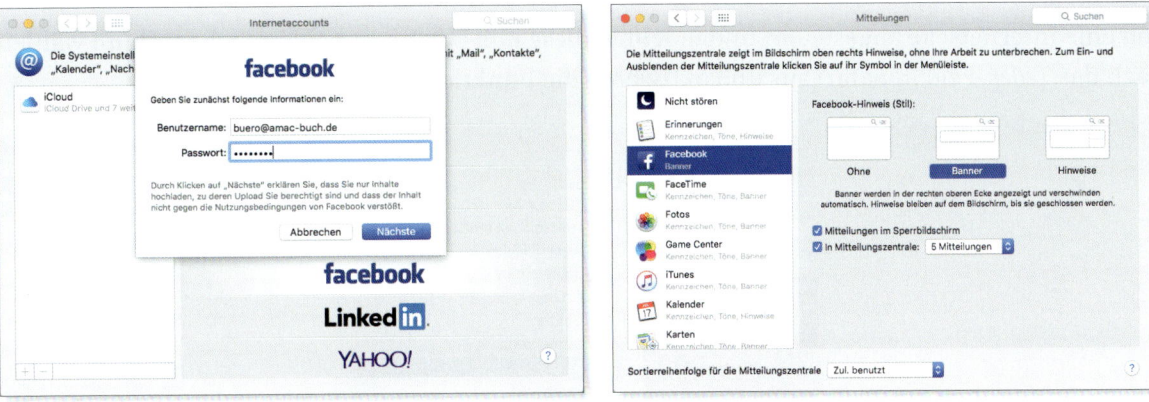

Facebook erscheint dann in den „Systemeinstellungen –> Internetaccounts" sowie in den Mitteilungen.

Sobald der Facebook-Eintrag erfolgt ist, können die Programme Kontakte und Kalender darüber informiert werden. Wenig später wird in der Kontakte-App eine neue Gruppe erscheinen, in der alle Facebook-Kontakte enthalten sind. Im Programm Kalender können dann die Geburtstage der Facebook-Kontakte eingeblendet werden.

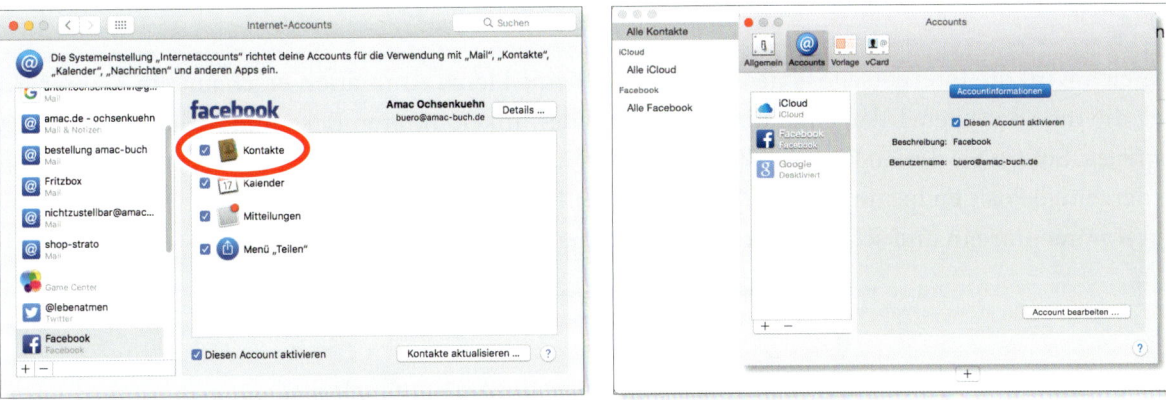

Alle Facebook-Freunde werden optional im Kontakte-Programm gelistet.

Teilen

Haben Sie Ihren Twitter-, Facebook-, LinkedIn-, Flickr- und/oder Vimeo-Account erfolgreich in den *Systemeinstellungen –> Internetaccounts* eingetragen, können Sie diese nun in diversen Applikationen verwenden. Lassen Sie uns das anhand des *Teilen*-Feldes des Programms *Safari* genauer ansehen. Angenommen, Sie haben eine Internetseite angesteuert und möchten diese nun per Tweet bekanntgeben. Dann wählen Sie einfach das *Teilen*-Feld in Safari aus und aktivieren die Funktion *Twitter*.

„Teilen"-Feld in Safari über die Symbolleiste aufrufen.

> **!** Stets ganz unten finden Sie bei **Zuletzt benutzt** die Kontakte, mit denen Sie vor kurzem bereits Inhalte geteilt haben.

   Sogleich wird die Internetseite abgedunkelt, durch eine kleine Animation erscheint ein Twitter-Notizzettel, die Internetseite wird als Bild hinzugefügt. In der linken unteren Ecke finden Sie den Eintrag *Ort hinzufügen*. Sofern Sie diesen Eintrag aktivieren, wird über die Ortungsdienste und das WLAN-Netzwerk Ihre derzeitige Position bestimmt und diese auch per Tweet kommuniziert. Geben Sie noch den notwendigen Kommentar ein und schicken Sie den Tweet über *Posten* ab.

Tweet erfolgreich erstellt.

   Auch im *Finder* kann relativ zügig ein Tweet erstellt werden. Haben Sie dort beispielsweise eine Bilddatei, können Sie diese markieren und über die Symbolleiste das *Teilen*-Feld aufrufen, um dieses Foto per Tweet zu versenden.

Wenn Sie mehr als ein Foto markiert haben, verschwindet der Eintrag **Twitter** aus dem **Teilen**-Feld.

Im Gegensatz dazu versteht sich Flickr zum Beispiel hervorragend im Umgang mit vielen Bildern. Markieren Sie also im Finder an irgendeiner Stelle mehrere Bilddateien und wählen Sie über *Teilen* die Eigenschaft *Flickr* aus, um die Bilddateien in Ihre Flickr-Bibliothek zu übertragen.

Und auch das ist möglich: Sie können natürlich mit der rechten Maustaste das Kontextmenü einer Datei hervorholen, um dort via *Teilen* die Twitter-Funktionalität aufzurufen. Selbst Übersicht bietet die Weitergabe von Daten via Twitter, Facebook, E-Mail, Nachrichten, Flickr oder AirDrop an.

 Die Einträge im **Teilen**-Feld hängen zum einen davon ab, welche Informationen in dem Programm dargestellt werden, und zum anderen, welche Accounts in den **Internetaccounts** spezifiziert wurden. Zudem können diese Einstellungen von anderen Programmen wie zum Beispiel Fotos ebenfalls verwendet werden.

Das Programm Mail

Import von E-Mails im Programm Mail

Aber nun zum Programm Mail und dessen Accounts. Haben Sie bereits vorher mit einem anderen Computer oder einem anderen Programm Ihre E-Mails verwaltet, bietet Ihnen das Programm Mail auch die Funktion, diese Daten von nun an mit Mail weiterzuverwenden. Zuständig hierfür ist der Menüpunkt *Ablage –> Postfächer importieren*.

 Sie sehen im Menüpunkt **Ablage** auch den Eintrag **Account hinzufügen**, was nichts anderes bedeutet, als einen neuen Account über die Systemeinstellungen anzulegen.

Sobald Sie diesen Eintrag aufrufen, zeigt Ihnen das Programm Mail, aus welchen anderen Applikationen E-Mail-Informationen geladen werden können.

Importieren von Postfächern für Mail.

Sie sehen also, neben Apple Mail-Daten auch das mbox-Format einlesen kann.

Je nach Auswahl des Importformats unterscheidet sich die weitere Vorgehensweise. Im Regelfall haben Sie binnen weniger Minuten Ihren bestehenden E-Mail-Verkehr erfolgreich in das Programm *Mail* übertragen und können damit weiterarbeiten.

Mail-Fenster

Haben Sie nun das Programm *Mail* gestartet und erfolgreich Accounts angelegt, präsentiert sich Ihnen das Programm möglicherweise in der folgenden Darstellung:

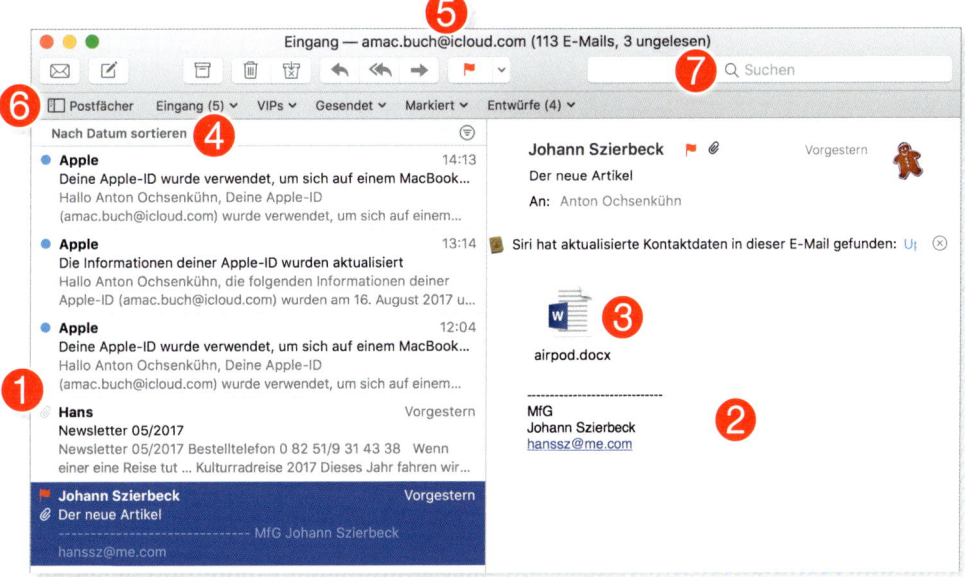

Überblick Mail-Fenster.

Sie sehen zunächst auf der linken Seite Ihren Posteingang ❶ und dort alle E-Mails, die vom Server erfolgreich übermittelt wurden. Klicken Sie eine E-Mail in der Spalte an, so erscheint rechts daneben ❷ der Inhalt und Sie können die Mail lesen. Tippt oder klickt man auf eine E-Mail doppelt, wird ihr Inhalt in einem eigenen Fenster dargestellt.

Des Weiteren sehen Sie anhand des Bildschirmfotos bei ❸, dass diese E-Mail einen Dateianhang enthält. Nachdem sich ja nun eine ganze Reihe von E-Mails in Ihrem Posteingang befinden kann, gibt es die Möglichkeit, die E-Mails zu sortieren. Standardmäßig wird nach Datum sortiert, und zwar erscheint die neueste E-Mail ganz oben. Klicken Sie auf *Nach Datum sortieren* ❹, so erscheint sogleich eine ganze Reihe von Optionen und damit die Möglichkeit, weitere Sortierkriterien zu verwenden.

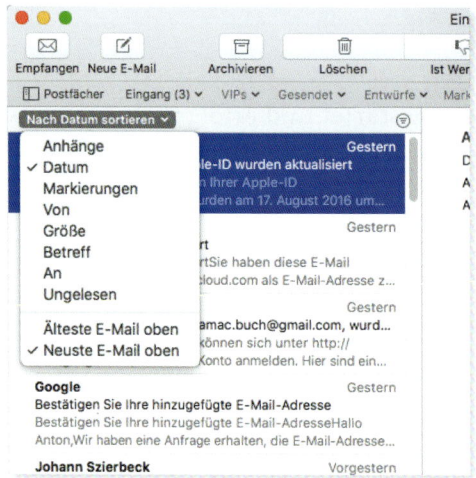

Reihenfolge der E-Mails.

Sie sehen also: Sie können Ihre Mails nach Absender, Größe, Betreff, Empfänger etc. sortieren lassen.

 Klicken Sie rechts neben dem Sortierkriterium, scrollt Mail sofort an den oberen Anfang der Postfachliste.

Aber wieder zurück zum Mail-Fenster. Wir haben ja vorhin mehrere E-Mail-Accounts angelegt. Wie Sie sehen, erscheint oben im Titel ❺ der Eintrag, in welchem E-Mail-Account und in welchem Ordner des jeweiligen Accounts Sie gerade arbeiten. Sie erkennen in unserem Beispiel, dass wir derzeit im Account namens *amac.buch@icloud.com* den *Eingang* einsehen, und wir finden dort 21 E-Mails. Nun haben wir aber mehrere Accounts angelegt und möchten auch eine Übersicht über diese bekommen. Klicken Sie hierzu im Mail-Fenster bei ❻ auf den Button *Postfächer*.

 Die Funktion **Postfächer** ist übrigens in der Favoritenleiste untergebracht. Diese kann über das Menü **Darstellung** auch ausgeblendet werden. Doch ist sie überaus nützlich, weil man damit raschen Zugriff auf wichtige Elemente hat. Klicken Sie hierzu jeweils auf das kleine Dreieck nach unten, um weitere Einträge auflisten zu lassen.

Favoritenleiste erlaubt raschen Zugriff auf wichtige Dinge.

Sie können des Weiteren auch eigene Ordner oder Postfächer in die Favoritenleiste ziehen. Dazu sollten Sie die Übersicht der Postfächer einblenden und dann per Drag & Drop das gewünschte Element in die Favoritenleiste ziehen. Auch die Reihenfolge der Favoritenleistenelemente kann angepasst werden. Um Einträge aus der Leiste zu entfernen, ziehen Sie sie nach unten aus der Leiste heraus. Wie ein Dock-Icon verpufft dann der Eintrag. Außerdem können Sie E-Mails oder Konversationen auf einen Eintrag der Favoritenleiste ziehen, um das Element dorthin zu bewegen.

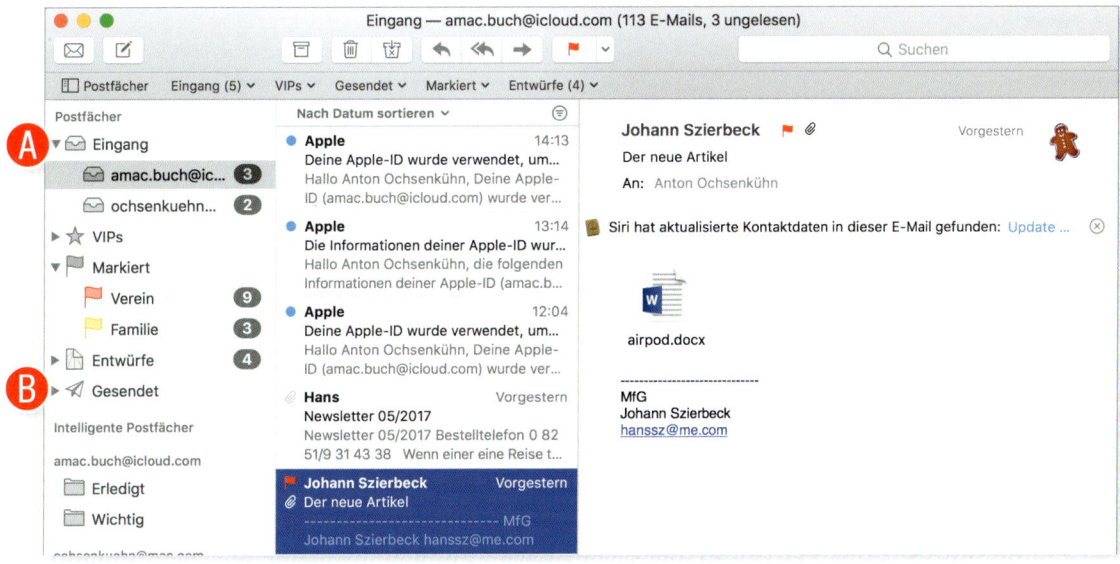

Dreispaltige Darstellung in Mail.

Sie sehen in einer neuen Spalte ganz links im Bereich *Postfächer*, dass wir derzeit zwei E-Mail-Accounts aktiviert haben, nämlich einen Google-Account und einen namens *amac-buch Verlag*. Und Sie können über diese dritte Spalte in die verschiedenen E-Mail-Accounts gelangen und dort die E-Mails begutachten. Besonders interessant ist natürlich der Bereich *Eingang* Ⓐ, denn dieser sammelt Ihnen die E-Mails aller Accounts in einer Darstellung zusammen. Ebenso verhält es sich übrigens bei *Gesendet* Ⓑ. Klicken Sie den Begriff *Gesendet* an, erhalten Sie eine Auflistung aller von Ihnen versandten E-Mails, unabhängig davon, über welchen Account die Nachrichten gesendet wurden. Klicken Sie unterhalb von *Gesendet* den jeweiligen Account an, können Sie die von dort versendeten E-Mails einzeln begutachten.

Ein Element im Mail-Fenster fehlt noch, nämlich die oberste Zeile, die *Symbolleiste*. In der Symbolleiste finden Sie eine Reihe von wichtigen Funktionen, wie das Erstellen neuer E-Mails, das Antworten etc. Im rechten Teil der Symbolleiste finden Sie die Suchfunktion ❼, die Ihnen über Spotlight das Durchsuchen Ihrer E-Mails ermöglicht. Und ganz links in der Ecke finden Sie wieder den grünen Knopf für den Vollbildmodus, um das Programm Mail ohne die zusätzlichen Symbolleisten betreiben zu können.

Eine neue E-Mail erstellen

Soll nun mit dem Programm Mail eine neue E-Mail verfasst werden, verwenden Sie den dazugehörigen Button in der Symbolleiste links oder führen Sie die Aktion durch die Tastenkombination *cmd + N* aus. Daraufhin erhalten Sie ein neues E-Mail-Fenster.

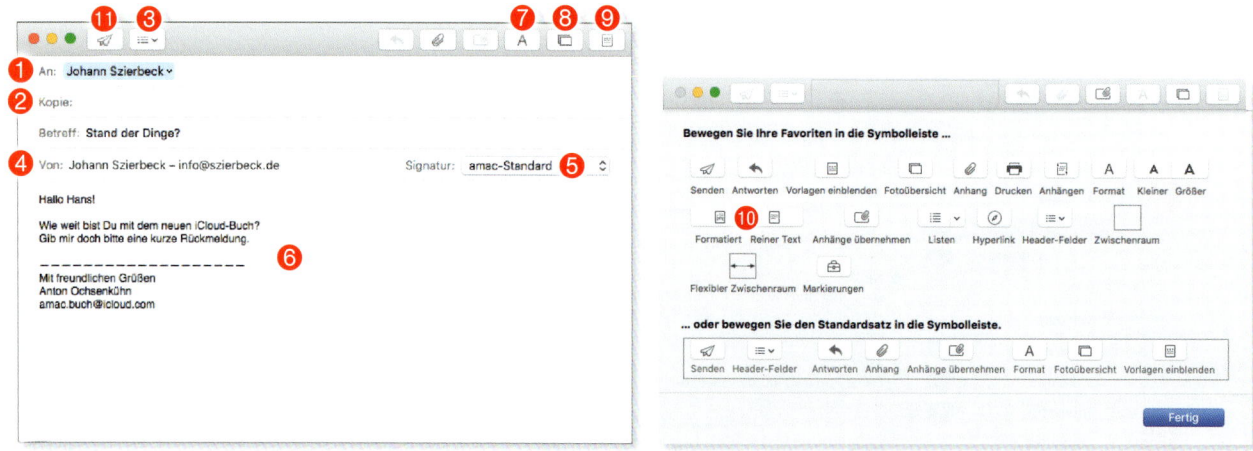

Neue E-Mail (links) und weitere Symbole über „Darstellung –> Symbolleiste" anpassen.

In diesem Fenster sehen Sie eine Reihe von Funktionen. Zunächst einmal müssen Sie angeben, an wen die E-Mail adressiert werden soll. Geben Sie diese Daten bei *An* ❶ ein. Bei *Kopie* ❷ können Sie weitere Empfänger, die eine Kopie dieser E-Mail erhalten sollen, eintragen.

> Möchten Sie mehrere Personen als **An**-Empfänger oder auch als **Kopie**-Empfänger einfügen, sind diese jeweils durch ein Komma voneinander zu trennen.

Wenn Sie an einem Mac eine E-Mail schreiben, werden Sie das @-Zeichen benötigen. Für die Anwender, die bisher mit Windows-Systemen gearbeitet haben, sei verraten, dass Sie das @-Zeichen über die Tastenkombination *alt + L* erreichen können. Überhaupt unterscheidet sich die Apple-Tastatur ein wenig von einer Windows-Tastatur, deshalb nachfolgend einige wichtige Shortcuts für häufig genutzte Sonderzeichen:

Tastenkombination	Zeichen
alt + L	@
alt + E	€
alt + Shift + E	‰ (Promille)

Tastenkombination	Zeichen
alt + Ü	• (Aufzählungspunkt)
alt + G	©
alt + R	®
alt + Shift + 7	\ (Backslash)
alt + 7	| (Pipe)

! Weitere Zeichen bzw. Emojis erhalten Sie, wenn Sie via **cmd + ctrl + Leertaste** die **Zeichenübersicht** zum Vorschein bringen.

! Möchten Sie sich beim Schreiben Ihrer E-Mail mit der Tastatur durch den Text bewegen, verwenden Sie die **cmd**-Taste zusammen mit der **Pfeiltaste nach links** oder **rechts**, um an den Zeilenanfang bzw. das Zeilenende zu gelangen. Mit **cmd + Pfeiltaste nach oben** oder **unten** gelangen Sie an das obere oder untere Ende Ihrer E-Mail.

Wie Sie sicher wissen, gibt es drei Arten von E-Mail-Empfängern: Der *An*-Empfänger ist der direkte Empfänger der E-Mail, wohingegen der oder die Empfänger im Bereich *Kopie* ein Duplikat der E-Mail erhalten. Darüber hinaus gibt es noch die *Blindkopie*-Empfänger. Standardmäßig stellt das Programm *Mail* die Blindkopie-Empfänger nicht dar. Klicken Sie hierzu auf den Button ❸, um weitere Informationen einzublenden, unter anderem auch die Zeile für die *Blindkopie*-Empfänger.

Blindkopie-Feld einfügen.

Des Weiteren haben Sie möglicherweise, wie hier beschrieben, mehrere E-Mail-Accounts auf Ihrem Rechner hinterlegt. Bei *Von* wählen Sie im aufklappbaren Menü ❹ aus, von welcher E-Mail-Adresse aus Sie die Daten versenden möchten. Sie können über das Pull-down-Menü bei *Von* bei jeder E-Mail erneut auswählen, welche Absenderadresse Sie verwenden möchten. Wollen Sie hingegen standardmäßig Ihre Mails immer von einem bestimmten Account aus versenden, sollten Sie dies im Programm fest hinterlegen. Gehen Sie im Menüpunkt *Mail* in die *Einstellungen (cmd + Komma)* und dort in den Bereich *Verfassen*. Sie finden unterhalb des Begriffs *Adressen* den Eintrag *Neue E-Mails senden von*. Dort ist standardmäßig *Account des ausgewählten Postfachs* ausgewählt. Hier können Sie auf den Account umschalten, den Sie standardmäßig zum Versenden benutzen möchten.

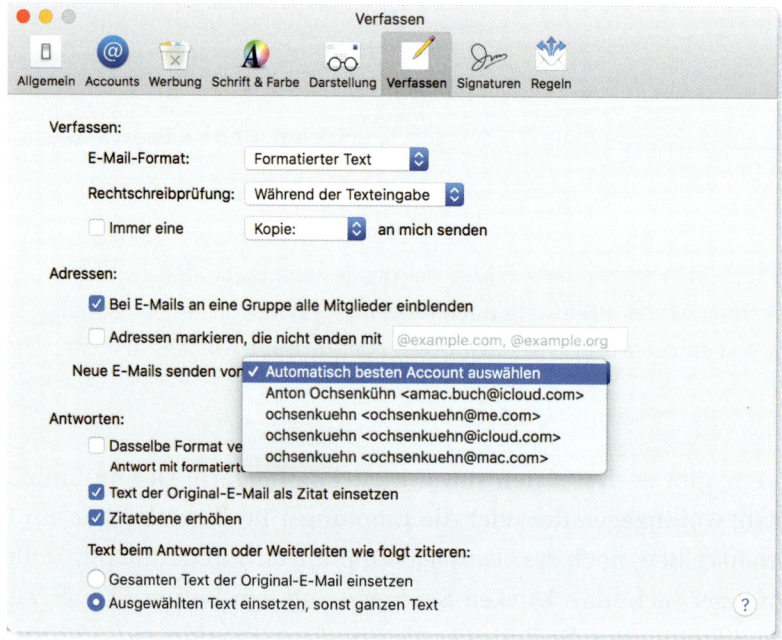

Die Versandadresse für neue E-Mails.

Außerdem ist es üblich, einer E-Mail eine *Signatur* mit auf den Weg zu geben. In der Signatur versendet man im Regelfall seine postalischen Informationen oder zusätzliche Informationen bzw. eine rechtliche Belehrung über die in der E-Mail gesendeten Inhalte. Die *Signatur* finden Sie ebenfalls im Mail-Fenster bei ❺. Damit diese jedoch erscheint, muss zunächst eine Signatur angelegt werden. Hierzu verwenden Sie den Menüpunkt *Mail –> Einstellungen* bzw. die Tastenkombination *cmd + ,* (Komma) und navigieren zum Button *Signaturen*, um dort für die verschiedenen E-Mail-Accounts die Signaturen zur Verfügung zu stellen.

Sind also im Kopfbereich alle Informationen erfolgreich eingetragen, können Sie nach dem *Betreff* den E-Mail-Text verfassen ❻. Beim Text gibt es zwei Optionen. Sie können die E-Mail entweder als reinen Text ohne Formatierungen verfassen, oder Sie können den Text formatieren. Verwenden Sie die Tastenkombination *cmd + Shift + T* oder die betreffenden Schaltflächen ❿, um zwischen formatiertem und reinem Text zu wechseln.

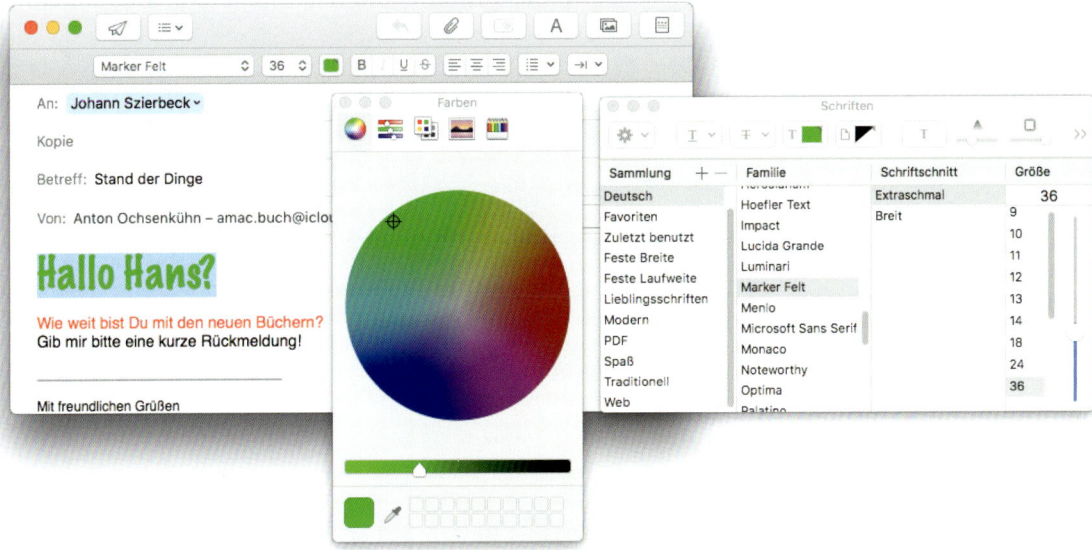

Eine formatierte E-Mail.

Haben Sie in den Modus *Reiner Text* gewechselt und dann zum Beispiel über den Button ❼ das *Textformatierungsleiste* hervorgeholt und versuchen nun, Ihre E-Mail zu formatieren, werden Sie einen Hinweis sehen. Eine reine Text-E-Mail kann also weder Schriftformatierungen noch andere Elemente oder verschiedene Farben enthalten. Dies ist nur möglich, wenn Sie eine formatierte E-Mail erstellen.

> **!** Warum ist es notwendig, zwischen formatierten und nichtformatierten E-Mails zu unterscheiden? Nun, formatierte E-Mails sind zwar an sehr vielen Empfangsgeräten lesbar, aber eben nicht an allen. Denken Sie an die vielen Möglichkeiten, über mobile Geräte ins Internet zu gelangen und E-Mails abzurufen. Einigen dieser Geräte ist es noch nicht möglich, formatierte E-Mails entsprechend darzustellen. Das heißt: Wenn Sie eine reine Text-E-Mail versenden, können Sie davon ausgehen, dass jeder Empfänger weltweit – egal, mit welchem Gerät er die E-Mail abruft – diese auch lesen kann.

Möchten Sie eine E-Mail noch deutlich aufwendiger gestalten, so bietet Ihnen das Programm Mail hierzu zwei sehr schöne Funktionen. Über den Button ❽ können Sie direkt auf Ihre *Fotos*-Bibliothek zugreifen und Bilder per Drag & Drop in Ihre E-Mail aufnehmen. Noch eleganter ist die Verwendung von *E-Mail-Vorlagen*. Sie finden diese unter ❾. Sogleich klappt zwischen dem Kopf und dem E-Mail-Text ein weiterer Bereich auf, in dem Sie aus *Favoriten*, *Ankündigungen*, *Fotos*, *Vorlagen* und *Stimmungen* entsprechende Vorlagen aussuchen können. Diese Vorlagen enthalten bereits Beispielbilder und -texte, die Sie natürlich mit Ihren Informationen überschreiben können.

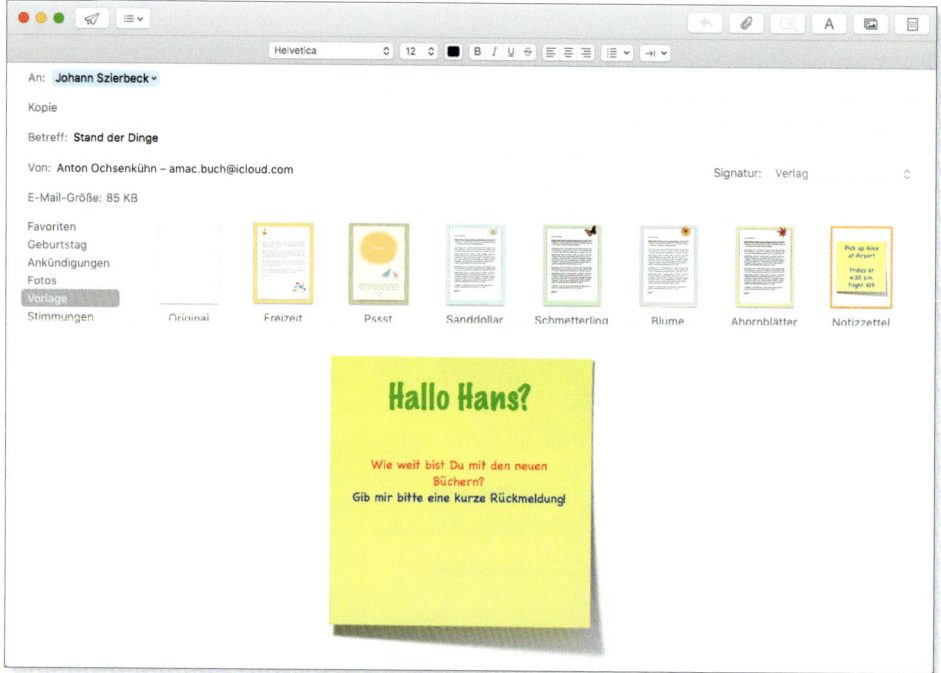

E-Mail-Vorlage im Einsatz.

> **!** Wie bereits vorhin erwähnt, sind die E-Mail-Vorlagen sehr aufwendig gestaltet, was dazu führen kann, dass nicht jedes E-Mail-Empfangsgerät dazu in der Lage ist, solche E-Mails korrekt darzustellen.

Ist die E-Mail nun fertig erstellt, ist sie noch zu versenden. Verwenden Sie den *Senden*-Button, den Sie in der Symbolleiste ganz links **⑪** sehen, um die E-Mail zu Ihrem Provider zu übertragen und von dort aus zum Empfänger zu übermitteln.

> **!** Wenn Sie sehen möchten, was das Programm Mail gerade tut, zum Beispiel eine E-Mail versenden oder Ihren Posteingang auf neue Mails überprüfen, ist es ein guter Rat, über den Menüpunkt **Fenster** die **Aktivität** nach vorn zu holen.

Aktivitätsfenster in Mail.

Dort erhalten Sie in verschiedenen Balken dargestellt, welche Aktionen das Programm gerade ausführt. Über den Menüpunkt *Fenster* haben Sie weitere nützliche Funktionen im Zugriff: Um das *Hauptfenster* hervorzuholen, benutzen Sie die Tastenkombination *cmd + 0*.

Wenn Sie überprüfen möchten, ob alle E-Mail-Accounts auch mit den dazugehörigen Servern problemlos kommunizieren, wählen Sie im Menüpunkt *Fenster* den Eintrag *Verbindung prüfen*.

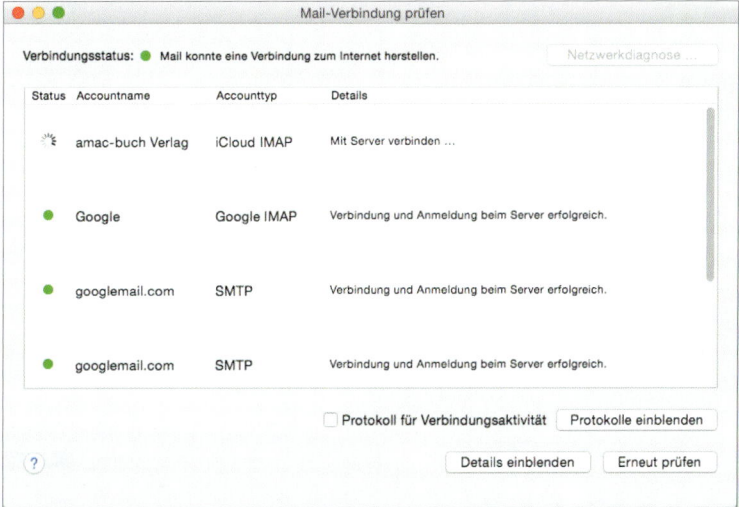

Verbindung prüfen in Mail.

Mail Drop

Das Versenden von großen Dateianhängen ist meistens eine Zitterpartie, da Sie nicht wissen, wie groß das Postfach des Empfängers ist und ob dieses die E-Mail mit dem großen Anhang aufnehmen kann. Mit der Funktion *Mail Drop* ist dies nun kein Problem mehr. Das Programm Mail nutzt beim Versenden von großen Dateianhängen Ihren iCloud-Account, um dort die Anhänge zwischen zu speichern. Apple nennt diese Funktion Mail Drop. Der Anhang ist also nicht komplett in die E-Mail integriert, sondern wird gesondert übertragen und erst bei Bedarf heruntergeladen. Damit wird das Postfach des Empfängers nicht belastet und der Versand von großen Dateien ist damit problemfrei. Ihnen bleibt der Umweg über FTP-Server, Dropbox, OwnCloud oder andere Cloud-Speicher erspart.

 Da der iCloud-Account zum Zwischenspeichern der E-Mail-Anhänge genutzt wird, beschränkt dessen Größe auch die Größe der E-Mail-Anhänge. Ein normaler iCloud-Account hat 5 GByte kostenlosen Speicher.

Was muss man für Mail Drop einstellen? Eigentlich gar nichts! Es funktioniert alles automatisch. Sie schreiben wie gewöhnlich eine E-Mail mit Anhang und versenden Sie. Den Rest erledigt Apple.

> Mail Drop funktioniert nur mit Ihrer E-Mail-Adresse, die Sie für iCloud verwenden. Im Regelfall ist dies Ihre Apple-ID. E-Mail-Adressen, die bei anderen Provider (GMX, Telekom, etc.) registriert sind, können Mail Drop nicht verwenden.

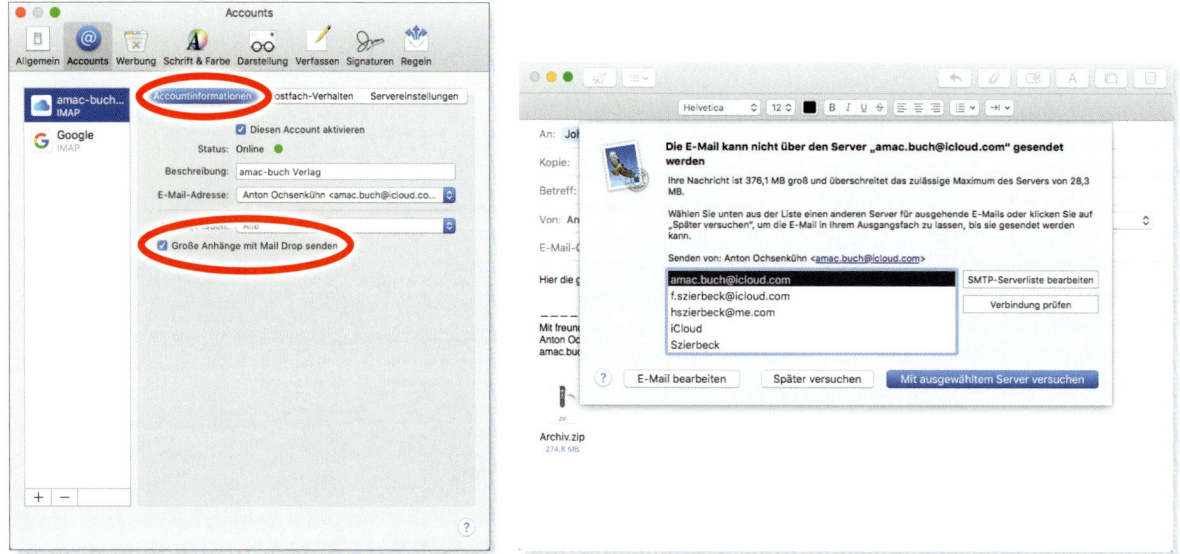

Mail Drop kann auch ausgeschaltet werden (links), was aber zu Problemen beim Versenden führen kann (rechts).

Mail Drop ist standardmäßig für die iCloud-Adresse eingeschaltet. Sie können es aber auch deaktivieren, um Dateianhänge wie gewöhnlich in der E-Mail integriert zu verschicken. In den *Einstellungen* bei *Accounts* finden Sie im Bereich *Accountinformationen* die Funktion *Große Anhänge mit Mail Drop senden*, die Sie bei Bedarf ausschalten können.

Was muss der Empfänger tun? Eigentlich nur ganz wenig. Wenn der Empfänger auch mit dem Programm Mail arbeitet, wird der Anhang ganz normal im Hintergrund heruntergeladen. Er merkt eigentlich nichts davon, dass der Anhang bei iCloud gespeichert ist.

Wenn der Empfänger allerdings mit einer älteren Version von Mail arbeitet, oder ein anderes E-Mail-Programm im Einsatz hat, steht in der E-Mail eine Aufforderung zum Herunterladen der Daten, die zeitlich beschränkt ist. Wenn diese Aufforderung angeklickt wird, startet der Internetbrowser und der Anhang wird über den Browser auf die Festplatte geladen. Er liegt dann normalerweise im *Download*-Ordner des Rechners.

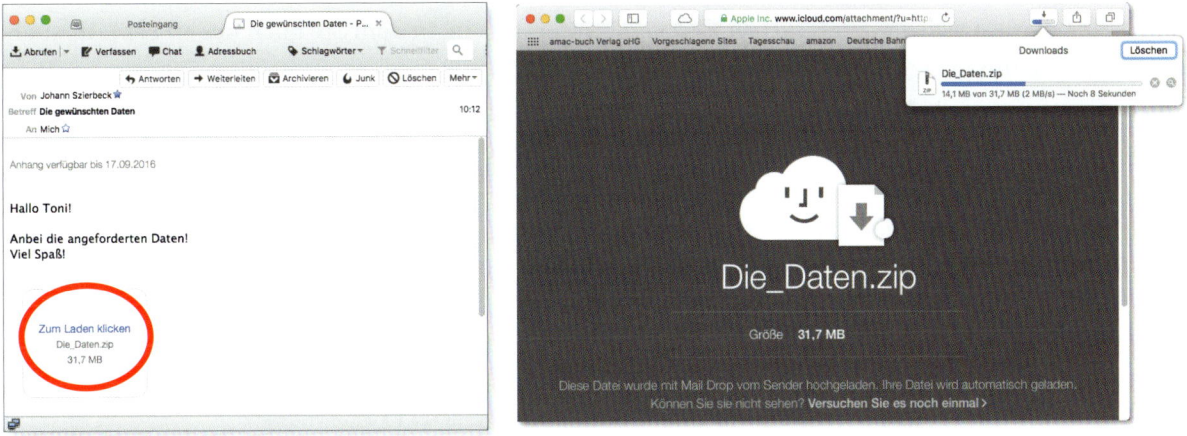

Auf älteren oder anderen Mail-Programmen muss der Anhang über den Internetbrowser geladen werden.

E-Mails empfangen und verwalten

Das Programm Mail ist standardmäßig so eingerichtet, dass es alle fünf Minuten neue E-Mails aus dem Internet abholt und in Ihren Posteingang einsortiert. Selbstverständlich kann dieses Zeitintervall konfiguriert werden. Wählen Sie dazu im Menüpunkt *Mail* wieder die *Einstellungen*. Über den Bereich *Allgemein* gelangen Sie in die Grundeinstellungen.

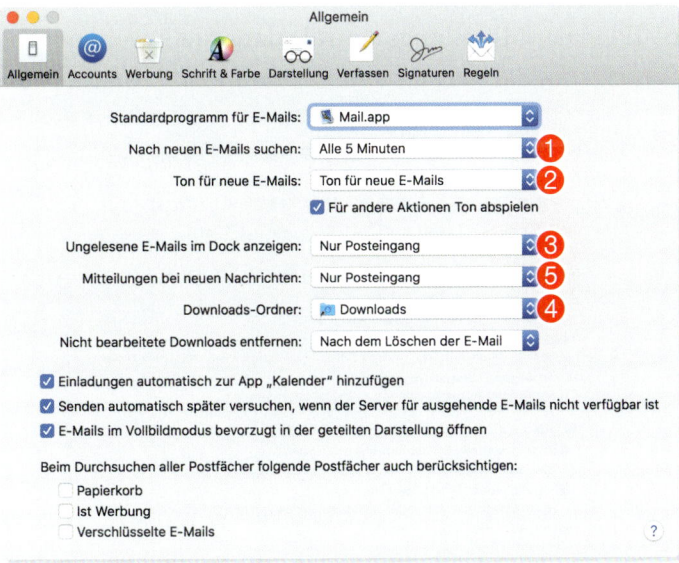

Allgemeine Einstellungen des Programms Mail.

Geben Sie bei *Nach neuen E-Mails suchen* ❶ das Zeitintervall ein, in dem Sie nach neuen E-Mails suchen möchten. Dort können Sie ein Intervall auswählen oder die Eigenschaft *Manuell* verwenden, um selbst zu definieren, wann neue E-Mails geladen werden sollen. Darunter können Sie bei *Ton für neue E-Mails* ❷ einen Klang auswählen, der abgespielt wird, sobald eine neue E-Mail Ihren Rechner erreicht.

Sicher haben Sie schon bemerkt, dass das Mail-Icon im Dock die Anzahl der noch nicht gelesenen E-Mails darstellt. Diese Eigenschaft ist standardmäßig eingeschaltet und zu finden bei ❸ *Ungelesene E-Mails im Dock anzeigen*. Dort könnten Sie definieren, welchen Ordner Mail auslesen und als Information im Dock-Icon darstellen soll. Die Option *Nur Posteingang* ist hier eine sehr gute Wahl.

Anzeige ungelesener E-Mails im Dock-Icon.

Und natürlich erscheinen neue E-Mails ebenso in den Benachrichtigungen. Die Feineinstellungen hierzu finden Sie unter *Systemeinstellungen –> Mitteilungen*. Vergessen Sie an dieser Stelle nicht, in den Einstellungen bei ❹ als Downloadordner den Ordner *Downloads* beizubehalten. Das heißt, wenn Sie E-Mail-Anhänge erhalten, werden diese nach dem Herunterladen in den *Downloads*-Ordner übertragen. Sie erinnern sich: Dieser Ordner ist auch im Dock hinterlegt. Dadurch haben Sie schnellen Zugriff auf alle Anhänge, die Ihnen per E-Mail übermittelt wurden.

Mail arbeitet natürlich mit der Mitteilungszentrale zusammen. Stellen Sie ein, welche neuen Nachrichten ❺ (zum Beispiel nur VIP) in der Mitteilungszentrale dargestellt werden sollen.

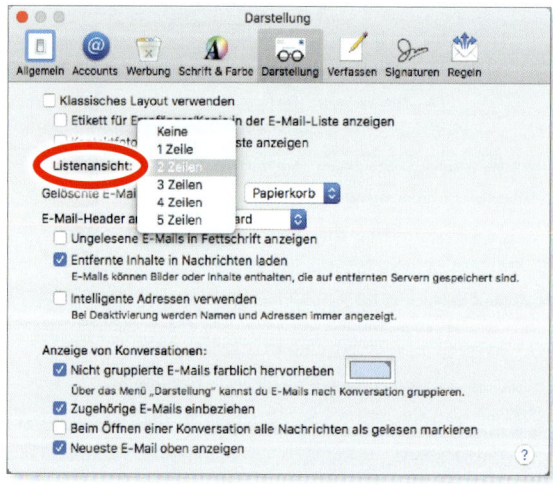

Definition der Listenansicht.

Außerdem können Sie in den Einstellungen bei *Darstellung* die *Listenansicht* justieren. Wenn Sie *Keine* auswählen, wird in der Liste der E-Mails nach der E-Mail-Adresse nur noch der Betreff angezeigt und eben keine weitere Zeile mit dem Inhalt der E-Mails. Je mehr Zeilen Sie anzeigen lassen, desto weniger E-Mails passen auf Ihren Bildschirm.

Haben Sie vorhin in den *Einstellungen* den Empfang von E-Mails auf *Manuell* umgestellt, müssen Sie als Anwender ab und an die E-Mails auch von Ihren Servern abrufen. Hierzu finden Sie im Menü *Postfach* die notwendigen Einträge.

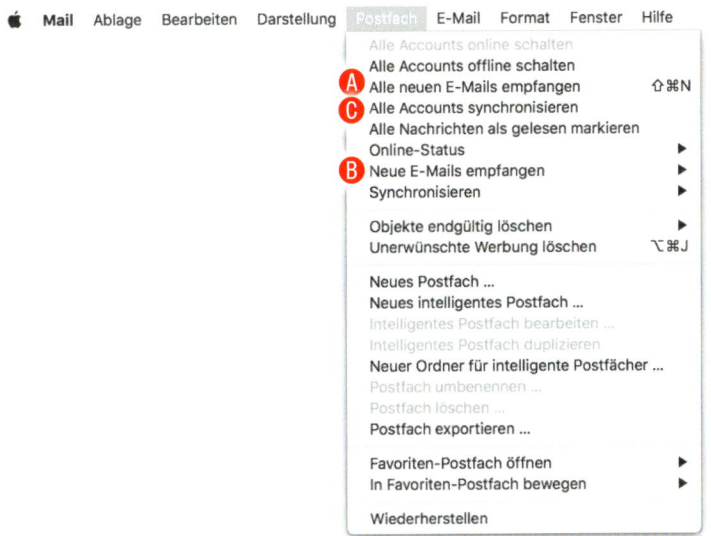

Neue E-Mails abrufen.

Verwenden Sie den Menüeintrag *Alle neuen E-Mails empfangen* bzw. die Tastenkombination *cmd + Shift + N* Ⓐ, um die Abfrage für alle Accounts zu starten. Wollen Sie nur einen bestimmten Account auf neue E-Mails prüfen, verwenden Sie den Menüpunkt *Neue E-Mails empfangen* und wählen dann den dazugehörigen Account aus Ⓑ.

> **!** Sofern Sie Ihre E-Mail-Postfächer mit verschiedenen Geräten abrufen, also beispielsweise mit einem iPad, iPhone oder einem weiteren Computer, so ist es durchaus sinnvoll, ab und an den Menüpunkt **Alle Accounts synchronisieren** Ⓒ auszuführen. Damit geben Sie dem Programm Mail Bescheid, dass es nicht nur die Posteingänge, sondern auch Unterordner bzw. den Ordner **Gesendet**, der ja ebenfalls im Internet existiert, mit Ihrem lokalen Ordner synchronisieren und damit abgleichen soll. Haben Sie lediglich einen iCloud-E-Mail-Account, so heisst der Menüpunkt **„iCloud" synchronisieren** statt **Alle Accounts synchronisieren**. Sie gewährleisten so, dass die E-Mails im Internet absolut identisch mit der lokalen Version auf Ihrem Rechner sind.

Sicher haben Sie schon bemerkt, dass Sie unterhalb der Symbolleiste über die Begriffe *Ausblenden*, *Eingang*, *Gesendet* etc. raschen Zugriff auf Ihre E-Mails erhalten. Noch interessanter ist – Sie sehen es am Begriff *Eingang*, aber auch bei *Gesendet* –, dass Sie durch das Anklicken des kleines Pfeils daneben nicht nur in den kompletten Posteingang hineinsehen, sondern, sofern Sie mehrere Accounts definiert haben, sich alle Posteingänge einzeln anzeigen lassen können.

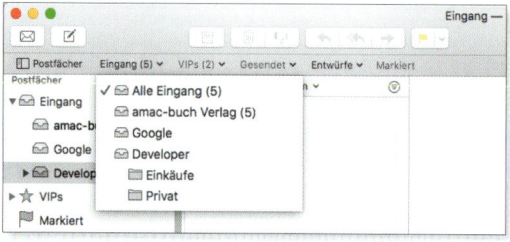

Posteingang mit Unterordnern.

Konversationen

Wenn Sie in einen Posteingang hineinsehen, werden Sie häufig E-Mails vorfinden, die mit einer blauen Nummer mit Pfeil versehen sind. Dies bedeutet: Mail hat hier eine *Konversation* gekennzeichnet. Was aber ist eine Konversation? Ganz einfach: Wenn Sie einer Person eine E-Mail senden, wird diese Person im Regelfall auf Ihre E-Mail antworten. Beim Antworten bleibt der Betreff der E-Mail erhalten. Und genau damit arbeitet das Programm Mail: Es erstellt die Konversation aufgrund einer Analyse der Betreffzeilen. Die antwortende Person stellt im Regelfall vor den Betreff, den Sie übermittelt haben, ein *Re:* oder ein *Aw:* für *Reply*, zu Deutsch *Antwort*. Und daraufhin kann das Programm Mail diese E-Mails zu einer Konversation zusammenführen.

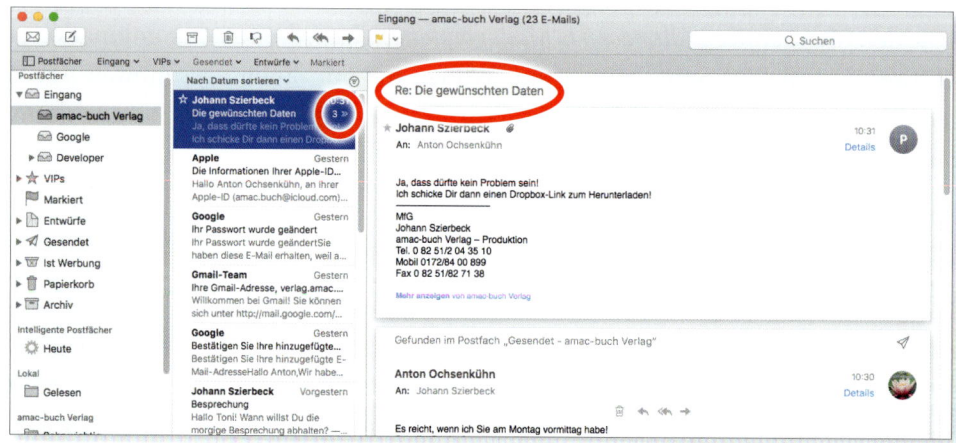

E-Mail-Konversation.

Das Programm Mail fasst also die Antworten auf Ihre Mails zu Konversationen zusammen. Interessant wäre es nun, zusätzlich zu den Antworten noch die Nachrichten zu sehen, die Sie der jeweiligen Person während der Konversation übermittelt haben. Und auch diese Informationen können eingeblendet werden. Am einfachsten gelingt dies, indem Sie das zugehörige Icon in die Symbolleiste aufnehmen. Um die Symbolleiste zu modifizieren, wählen Sie den Menüpunkt *Darstellung –> Symbolleiste anpassen*.

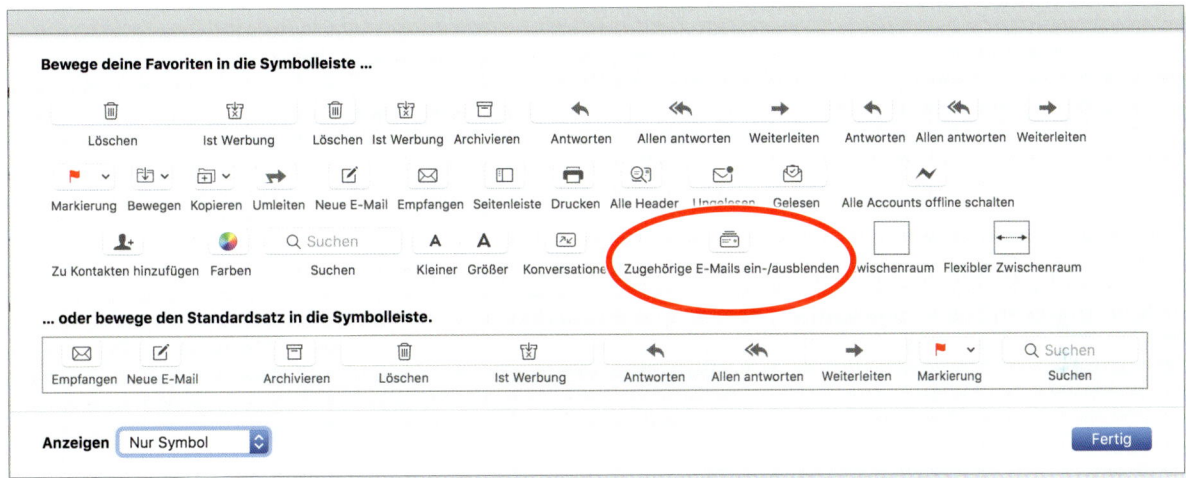

Symbolleiste in Mail anpassen.

Nehmen Sie nun das Symbol *Zugehörige E-Mails ein-/ausblenden* und ziehen Sie es an einen Platz innerhalb Ihrer Symbolleiste, um rasch auf diese Funktionen zugreifen zu können. Sie sehen eine Reihe weiterer sehr nützlicher Funktionen, die ebenfalls in die Symbolleiste aufgenommen werden können, wie zum Beispiel die *Drucken*-Funktion oder das Umschalten von *Gelesen* zu *Ungelesen*.

 Bauen Sie also die Symbolleiste nach Ihren Wünschen um, indem Sie die entsprechenden Funktionen einfügen. Falls Sie die Symbolleiste wieder in die Ursprungsversion zurückbringen möchten, bewegen Sie einfach die **Standardsymbolleiste** am unteren Rand per Drag & Drop nach oben, und schon haben Sie die manuellen Änderungen rückgängig gemacht.

Mit *Fertig* quittieren Sie die Modifikation der Symbolleiste und finden nun oben das neue Icon. Klicken Sie das Icon *Zugehörige E-Mails* an, um auch die E-Mails dargestellt zu bekommen, die Sie dem Empfänger zwischendurch übermittelt haben.

Zugehörige E-Mails ein-/ausblenden.

Klicken Sie erneut auf das Icon, werden die von Ihnen in der Konversation erstellten E-Mails wieder ausgeblendet. Wollen Sie die E-Mails nicht nach Konversation sortieren lassen, verwenden Sie den Menüpunkt *Darstellung* und entfernen das Häkchen bei *Nach Konversationen ordnen*.

Aber noch einmal zurück zur Darstellung der Konversation. Sobald Sie auf die Ziffer ❶ klicken, wird im Eingang die Konversation eingeblendet. Klicken Sie erneut, um die Liste zuzuklappen. Über das Menü *Darstellung* können Sie via *Alle Konversationen reduzieren* das in einem Arbeitsschritt tun. *Alle Konversationen erweitern* hingegen zeigt im gesamten Eingang alle Einträge an.

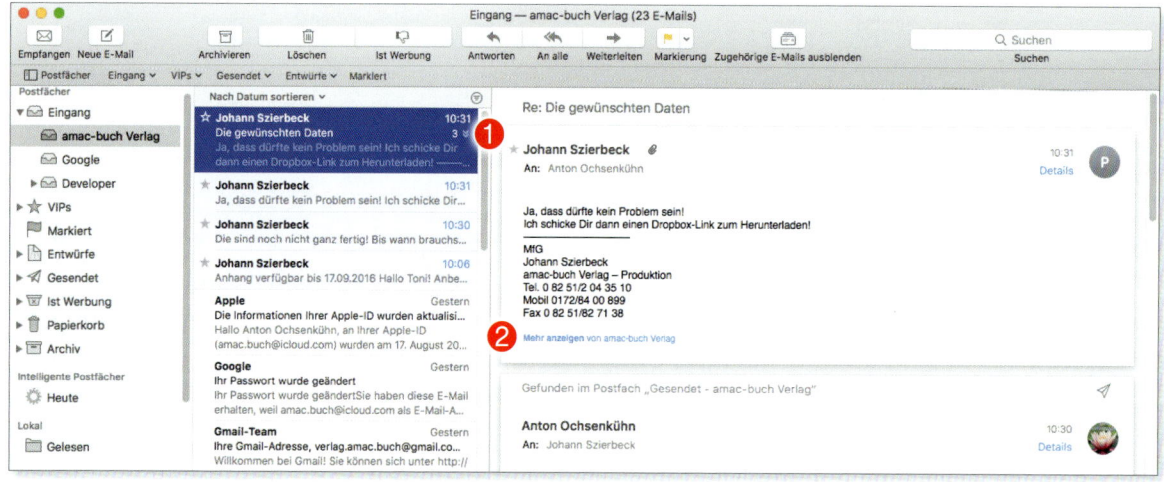

Arbeiten mit Konversationen.

Des Weiteren sehen Sie in der rechten Spalte des Fensters den Begriff *Mehr anzeigen von xyx* ❷. Damit wird innerhalb der Konversation der zitierte Text zusätzlich dargestellt. Standardmäßig ist in vielen Mailprogrammen eingestellt, dass bei einer Antwort der Originaltext als Zitat zusätzlich mitgeliefert wird. Auch Mail kennt diese Einstellung (*Einstellungen –> Verfassen*).

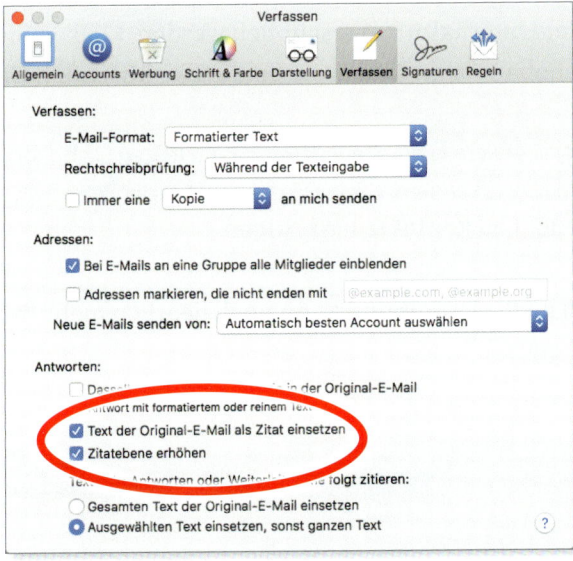

Zitieren beim Beantworten einer E-Mail.

Sie finden im Bereich *Antworten* die dazugehörigen Einstellungen. Aber nochmals zu den Konversationen. Sie können eine komplette Konversation auch als Gesamtes in andere Ordner oder Postfächer verschieben. Ziehen Sie die Zeile dazu per Drag & Drop in der Spalte *Eingang* einfach in ein anderes Postfach.

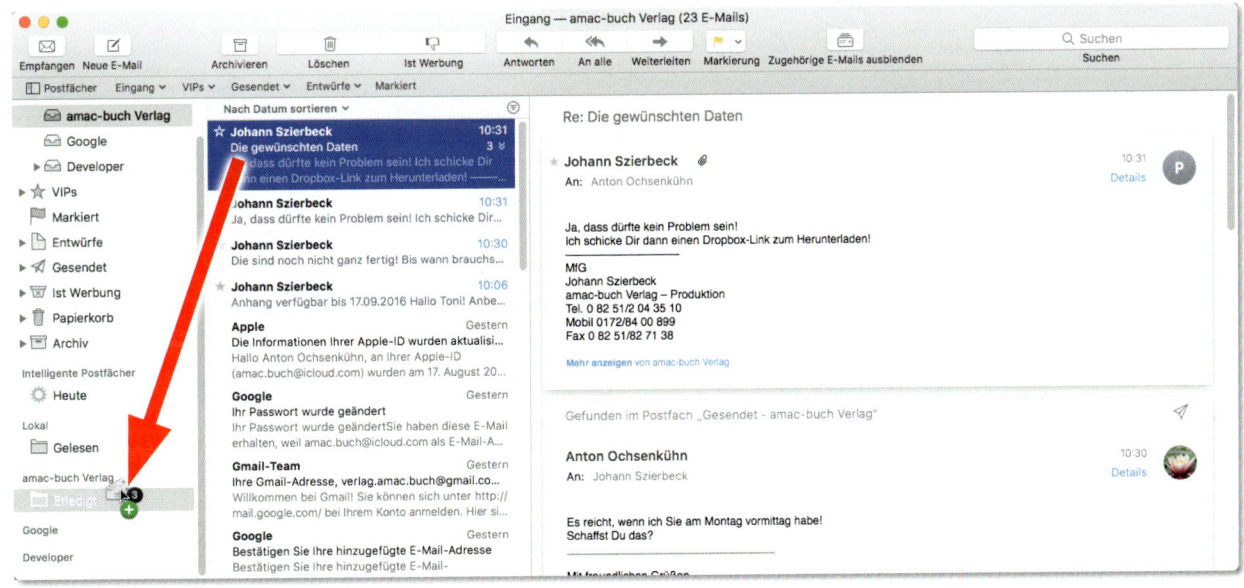

Gesamte Konversation verschieben.

Soll lediglich eine E-Mail der Unterhaltung verschoben werden, klicken Sie die E-Mail an – sie wird mit blauer Umrandung hervorgehoben – und ziehen sie an die gewünschte Position.

 Haben Sie eine E-Mail von einer Person erhalten, deren Kontaktdaten Sie bislang noch nicht hatten, können Sie das über das Programm Mail rasch ändern. Klicken Sie die E-Mail der Person an und wählen Sie im Menüpunkt **E-Mail** den Eintrag **Absender zu Kontakte hinzufügen**.

Aber das Programm Mail ist noch cleverer und kann noch deutlich mehr Informationen aus einer E-Mail an andere Programme weitergeben.

Data Detector

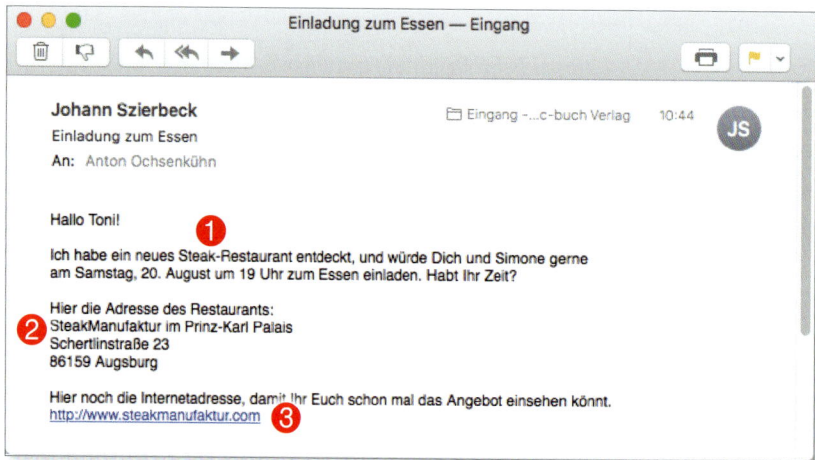

Data Detector.

Wenn Sie sich die oben stehende E-Mail genauer ansehen, sehen Sie dort eine ganze Reihe von Informationen. Zum Beispiel sehen Sie in der E-Mail die Angabe eines Termins ❶. Wenn Sie mit der Maus auf diesen Termin zeigen, wird Ihnen ein kleines Symbol eingeblendet, mit dem Sie nun weitere Funktionen aufrufen können.

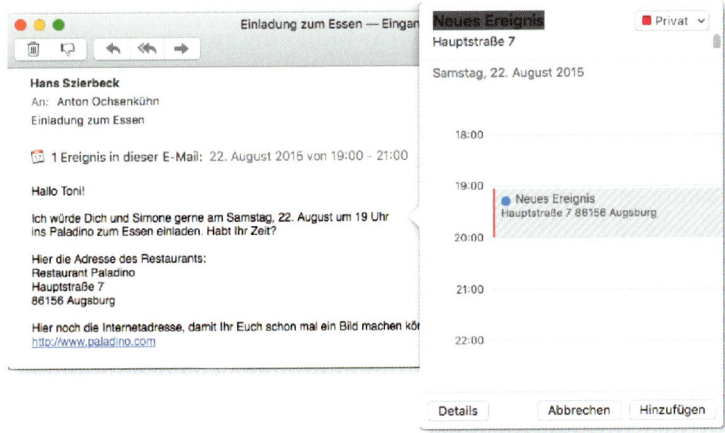

Aufruf der Data-Detector-Funktion.

Diesen weißen Pfeil im grauen Quadrat werden Sie an verschiedenen Stellen finden, wenn Sie über die E-Mail fahren: bei den Adressinformationen, bei den Telefoninformationen etc. Ähnlich wie beim iPhone und auch beim iPad erkennt also auch das Apple-Betriebssystem, dass es sich hierbei um Daten handelt, die in anderen Programmen relevant sein könnten. Bei Angabe eines Termins ist es durchaus sinnvoll, diesen an das Programm *Kalender* weiterzureichen. Daher bietet Mail Ihnen diese Möglichkeit an dieser Stelle an.

Wenn Sie über eine Adressinformation streichen ❷, wird Ihnen Mail anbieten, aus diesen Daten einen neuen Kontakt zu erstellen, also einen neuen Kontakteintrag, bzw. diese Daten einem bereits bestehenden Kontakteintrag hinzuzufügen. Außerdem versucht das Karten-Programm, den Ort grafisch darzustellen.

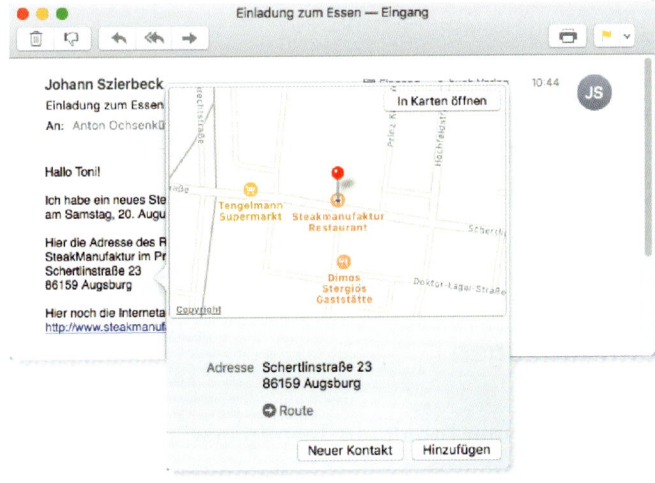

Mail zeigt den Ort als Mini-App des Programms Karten an.

Oder: Jemand übersendet Ihnen innerhalb einer E-Mail eine Internetadresse ❸. Auch hierfür können Sie mit der Maus auf die entsprechende Information fahren und dann die *URL-Vorschau* aufrufen. Eine Vorschau der hinterlegten Webadresse erscheint nun ganz ohne Verwendung des Browsers Safari in einem extra Fenster. Möchten Sie die Internetseite tatsächlich in Safari öffnen, klicken Sie rechts oben den Button *Öffnen mit Safari* an.

Die Internetseitenansicht in Mail.

Intelligente Empfehlungen

Eine sehr gute Funktion in Mail sind die intelligenten Empfehlungen. Wenn Sie eine E-Mail erhalten, in deren Text z. B. die Rede von einem Termin ist, so bietet Mail Ihnen an, den Termin automatisch in den Kalender zu übertragen. Das Gleiche gibt es auch für Adressdaten in einer E-Mail, die bereits bei Ihren Kontakten gespeichert sind. Diese können nun sehr einfach und schnell aktualisiert werden.

Termine zum Kalender hinzufügen

Haben Sie eine E-Mail erhalten, in deren Inhalt ein Termin erwähnt wird, wird im oberen Bereich automatisch die Möglichkeit eingeblendet, den Termin oder das Ereignis in den Kalender aufzunehmen. Dazu müssen Sie auf *Hinzufügen* klicken.

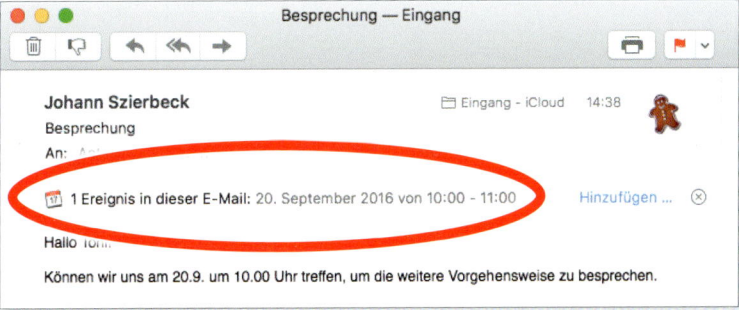

Mail hat den Termin bzw. das Ereignis in der E-Mail erkannt.

Nun wird ein kleines Fenster geöffnet, in dem Sie den Termin bzw. das Ereignis noch benennen und ändern können. Neben dem Namen ❶ und dem Ort ❷ können Sie auch festlegen, zu welchem Kalender das Ereignis hinzugefügt werden soll ❸.

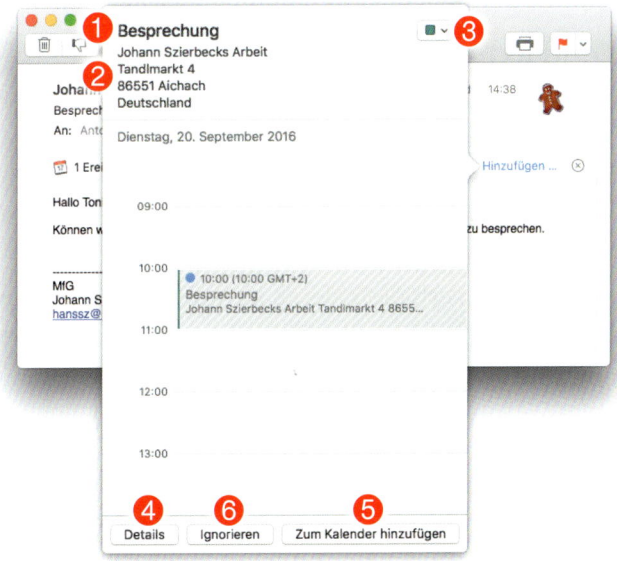

Ein neuer Termin wird erstellt.

Um noch weitere Eigenschaften, wie z. B. die Dauer zu ändern, müssen Sie auf *Details* ❹ klicken. Damit werden alle Einstellungen für den Termin geöffnet, und Sie können nun u. a. die Dauer oder die Teilnehmer ändern bzw. eintragen. Ein Mausklick auf *Zum Kalender hinzufügen* ❺ trägt den Termin dann endgültig in Ihren Kalender ein. Mit *Ignorieren* ❻ können Sie das Fenster schließen, ohne den Termin eintragen zu lassen.

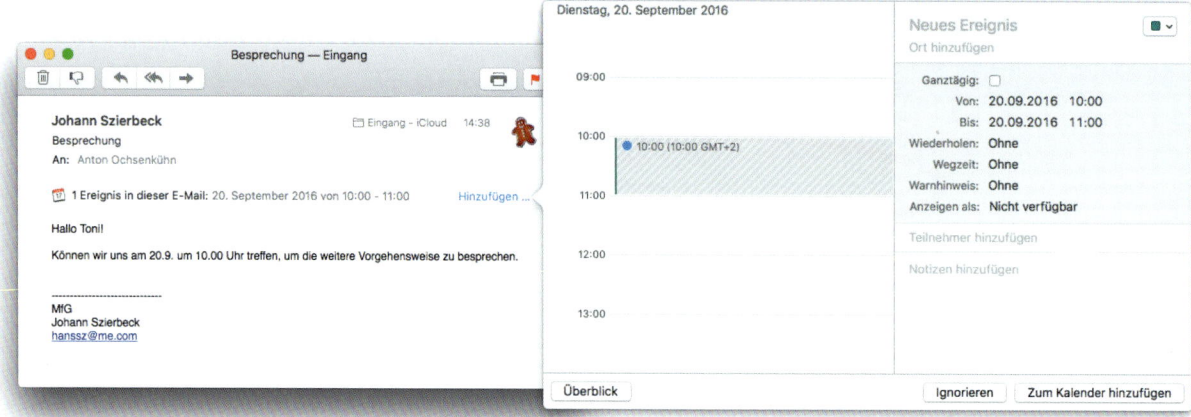

In den eingeblendeten Details können Sie noch weitere Eigenschaften für den Termin ändern.

Adressen neu anlegen und aktualisieren

Neben neuen Terminen kann Mail nun auch Kontaktdaten anhand einer E-Mail aktualisieren bzw. neu anlegen. Wenn Sie z. B. in Ihren Kontakten nur den Namen und die E-Mail-Adresse einer Person gespeichert haben, haben Sie nun die Möglichkeit, automatisch die Adresse oder Telefonnummer hinzuzufügen. Voraussetzung dafür ist das Vorhandensein dieser Daten in einer E-Mail.

Wenn Sie eine E-Mail von einer Person erhalten, deren Kontaktdaten noch unvollständig sind, so haben Sie im oberen Bereich von Mail die Möglichkeit, das Kontaktprofil zu vervollständigen. Dazu klicken Sie auf *Update*.

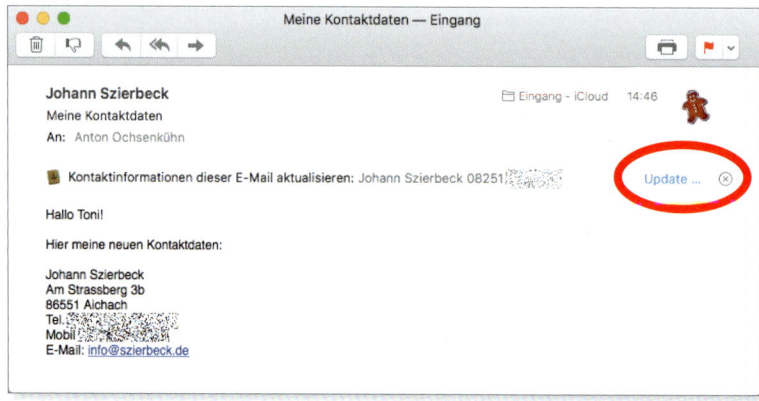

Mail hat für diesen Absender noch unvollständige Kontaktdaten registriert und schlägt nun vor, diese zu aktualisieren.

Nun öffnet sich ein Fenster, in dem Sie die bisherigen Einträge für den Kontakt sehen. In unserem Beispiel sind nur der Name und die E-Mail-Adresse vorhanden. Ein Klick auf *Kontakt aktualisieren* überträgt die Adress- und Telefondaten aus der E-Mail.

 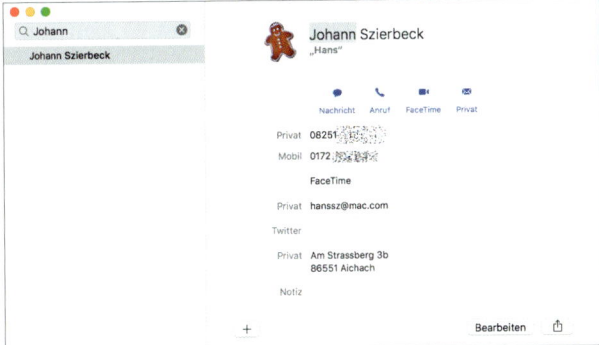

Der Kontakt enthält bisher nur die E-Mail-Adresse und hat nach der Aktualisierung auch die Telefonnummern und die Adresse.

> **!** Mit dieser Funktion können Sie ebenfalls direkt neue Kontakte erstellen. Oder aber Sie verwenden die Data Detector-Funktion (siehe Seite 150). Dazu müssen Sie mit der Maus nur auf die Adressdaten in der E-Mail zeigen, bis eine gestrichelte Umrandung mit einem Pfeil eingeblendet wird. Wenn Sie diesen Pfeil anklicken, öffnet sich ein Fenster, in dem Sie nun die Person als neuen Kontakt hinzufügen können.

E-Mails mit Dateianhängen

Wenn Sie E-Mails mit Dateianhängen erhalten, können Sie via Mail einige sehr nützliche Dinge damit anstellen. Die nachfolgende Funktionsleiste erhalten Sie, wenn Sie mit der Maus auf die Trennlinie zwischen Kopf und Inhalt zeigen.

Eine E-Mail mit Dateianhang (Attachment).

Sie erkennen anhand der Büroklammer ❶, dass eine oder mehrere Dateien angehängt sind.

 Wie Sie anhand des Bildschirmfotos sehen, können Sie ❷ hier auch gleich auf **Antworten**, **Allen Antworten** ❸, **Weiterleiten** ❹ oder auf **Löschen der E-Mail** ❺ klicken. Alternativ verwenden Sie **cmd + R** für Antworten oder den Menüpunkt **E-Mail** mit einer Reihe weiterer nützlicher Features.

Aber zurück zum Dateianhang. Via Ⓐ können Sie ein Vorschaufenster für den Dateianhang aufrufen. Das ist enorm nützlich, um schon mal einen Blick auf den Dateianhang werfen zu können. Von dort aus kann die Datei dann an ein anderes Programm übergeben werden. Diese Funktion heißt *Übersicht* und wir werden sie noch detaillierter betrachten.

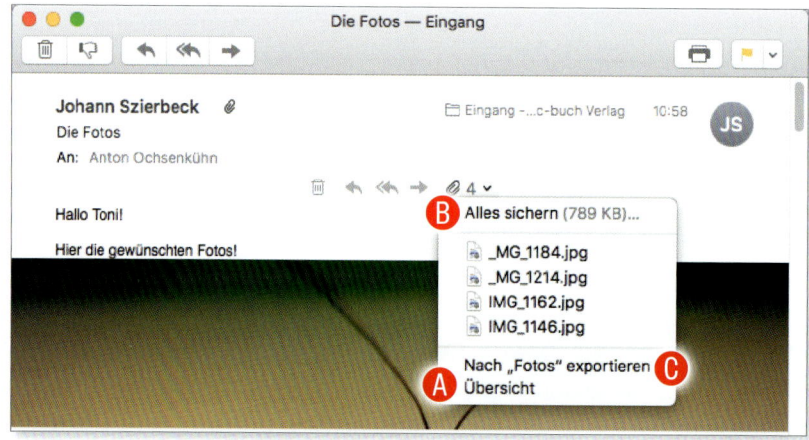

Ablegen von Dateianhängen.

Via *Sichern* bzw. *Alles sichern* Ⓑ kann der Dateianhang auf der Festplatte in einen beliebigen Ordner verschoben werden.

 Der Dateianhang kann sich aber auch als Icon innerhalb der E-Mail befinden. Ziehen Sie dieses Icon zum Beispiel per Drag & Drop auf den Schreibtisch. Damit umgehen Sie die Sichern-Funktion.

Wurden Bilddateien angehängt, können diese mit einem Klick an Fotos weitergereicht werden Ⓒ. Wollen Sie selbst per E-Mail Dateianhänge versenden, haben Sie dazu drei verschiedene Möglichkeiten:

1. Öffnen Sie in Mail per *cmd + N* ein neues E-Mail-Fenster.

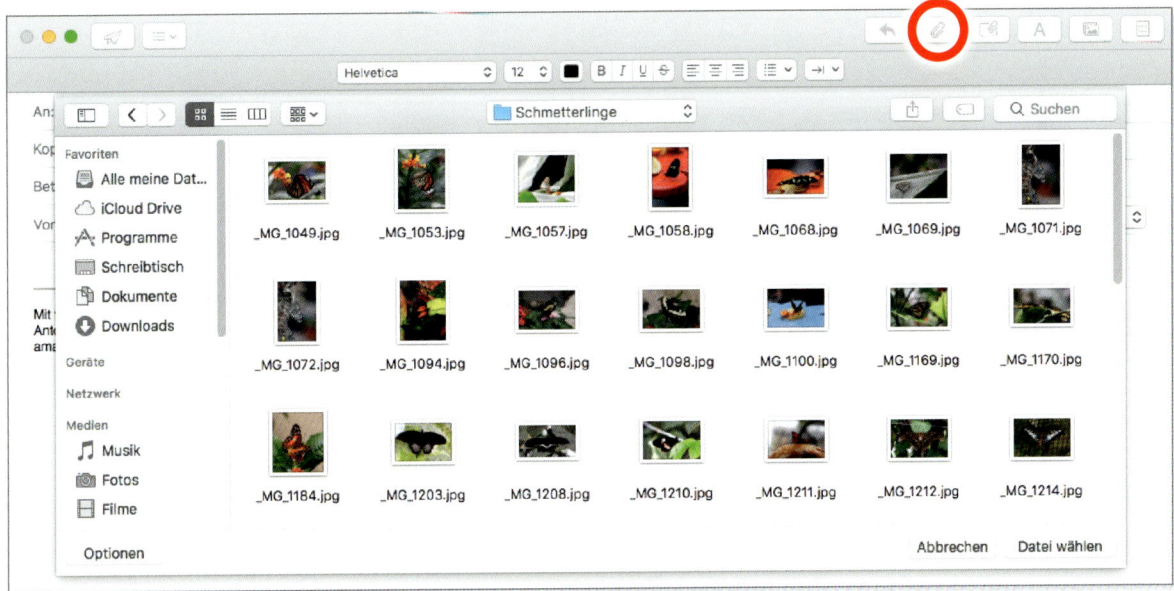

Mehrere Dateianhänge auswählen.

Klicken Sie in der Symbolleiste die Büroklammer an und wählen Sie die Dateien aus. Wenn Sie die *cmd*-Taste gedrückt halten, können Sie mehrere Dateien gemeinsam markieren. Alternativ dazu können Sie per Drag & Drop Dateien aus dem Finder in das geöffnete E-Mail-Fenster ziehen.

 Damit die Empfänger des Anhangs keine Probleme beim Öffnen haben, sollten Sie unbedingt die Option **Anhänge immer Windows-kompatibel senden** aus dem Menü **Bearbeiten** bei **Anhänge** einschalten. Damit ist sichergestellt, dass auch Empfänger, die unter Windows arbeiten, die Anhänge ohne Probleme weiterverarbeiten können.

2. Apropos Finder: Sie können dort ebenfalls eine oder mehrere Dateien markieren und via Kontextmenü als E-Mail-Anhang versenden ❶.

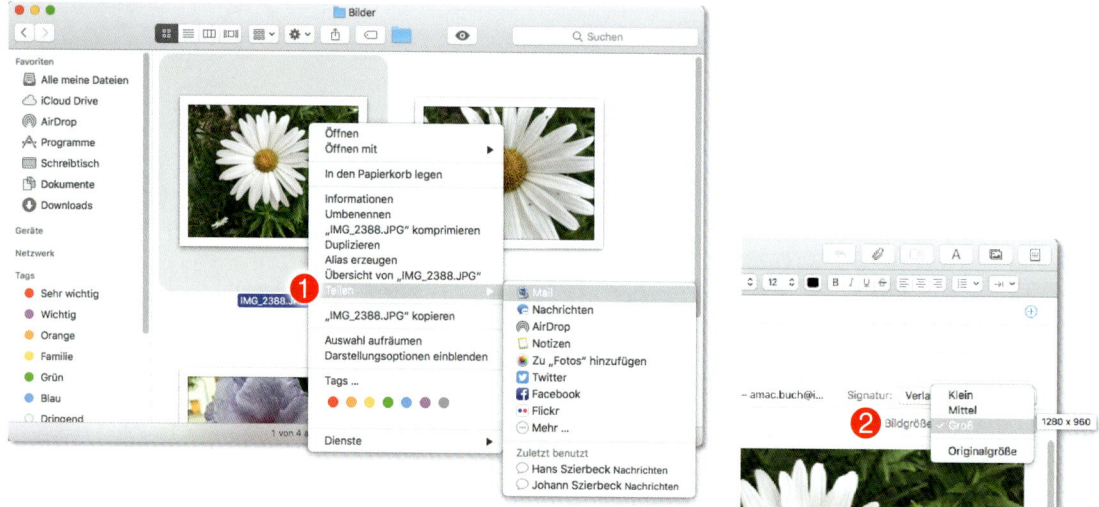

E-Mail-Anhang per Kontextmenü.

Daraufhin wird ein neues E-Mail-Fenster erscheinen, das die Dateianhänge enthält. Geben Sie noch den oder die Empfänger an, tragen Sie den Betreff und zusätzlichen Text ein und versenden Sie die E-Mail. Falls es Bilddateien sind, können Sie bei ❷ die Größe und damit die Qualität der Bilder einstellen.

3. Viele Programme bieten direkt den Versand der geöffneten Datei per E-Mail an. Entsprechende Einträge finden sich meist im Menüpunkt *Ablage* bzw. *Datei* und bei Apple-Programmen wie Pages unter *Bereitstellen*.

E-Mail-Anhänge direkt im Programm erzeugen.

Durch Auswahl der betreffenden Funktionen wird die Datei an Mail übergeben und in einem neuen E-Mail-Fenster dargestellt.

Ich habe gerne folgende Einstellung in Mail konfiguriert: **Bearbeiten –> Anhänge –> Anhänge immer am Ende der Mail einfügen**. Damit werden die Dateien unterhalb des von mir eingetippten Textes in die E-Mail eingebaut, was ich als sehr nützlich empfinde.

E-Mails in Postfächern verwalten

Sie haben bereits bei den *Konversationen* gesehen, dass Apple eingebaute Technologien nutzt, um den E-Mail-Verkehr zu ordnen. Sie können aber als Anwender weitere Funktionen verwenden, um E-Mails nach bestimmten Kriterien zu sortieren.

Im Menü *Postfach* befindet sich die Funktion *Neues Postfach*. Über dieses können Sie zusätzliche Postfächer/Ordner erstellen, um damit Ihre E-Mails komfortabel zu verwalten. Wählen Sie also diese Funktion aus und geben Sie dem neuen Postfach einen Namen.

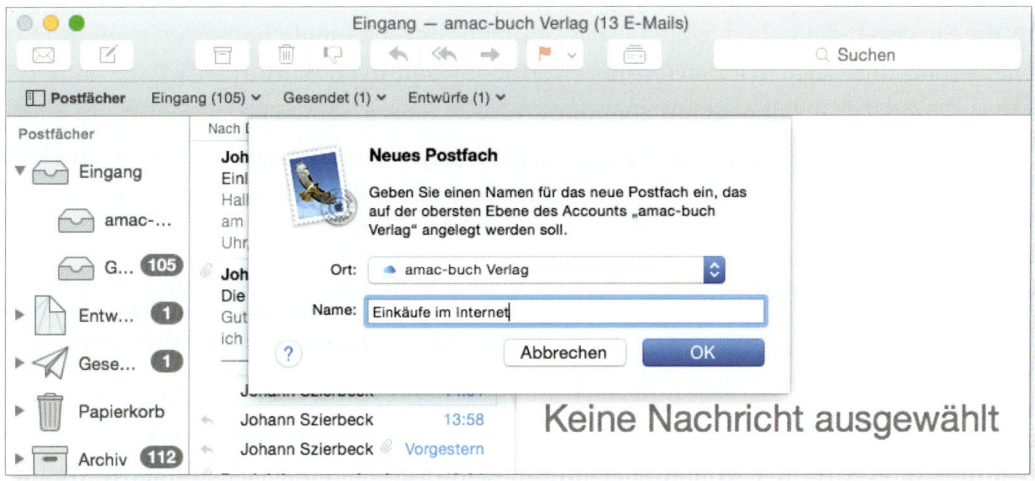

Neues Postfach erstellen.

Sie können hier eine Ordnerablage erstellen, in der Ihre E-Mails nach verschiedenen Themen abgelegt werden. Wie kommen nun die E-Mails in ein solches Postfach? Nun, ganz einfach: Ihre E-Mails landen normalerweise zuerst im *Posteingang*. Per Drag & Drop verschieben Sie nun eine E-Mail vom *Posteingang* in das neue Postfach, das Sie soeben angelegt haben. Damit wird die E-Mail aus dem Posteingang genommen und in das neue Postfach übertragen. Möchten Sie eine E-Mail an beiden Stellen haben, müssen Sie während des Verschiebens die *alt*-Taste gedrückt halten, um ein Duplikat zu erstellen.

> ! Wenn Sie häufig mit Mail arbeiten, wird es Sie sicher freuen, dass Sie über Shortcuts sehr schnell in bestimmte Postfächer gelangen können. Sie finden die Shortcuts im Menüpunkt **Postfach** bei **Favoriten-Postfach öffnen**. Dort sehen Sie folgende fünf Tastenkombinationen:
>
> Eingang: **cmd + 1**
> VIP: **cmd + 2**
> Gesendet: **cmd + 3**
> Markiert: **cmd + 4**
> Entwürfe: **cmd + 5**

Das Erstellen von Postfächern ist eine sehr gängige und von vielen Anwendern häufig benutzte Funktion, um eine vernünftige Struktur in die E-Mails zu bringen. Ich empfehle Ihnen jedoch, andere Techniken zu verwenden, denn das Verteilen von E-Mails auf verschiedene Ordner hat im Regelfall den Nachteil, dass eine E-Mail, die verschiedene Themen und Aufgaben beinhaltet, nie im einzig richtigen Ordner abgelegt werden kann. Stellen Sie sich also vor, Sie arbeiten in einer Firma und es kommt die Antwort auf eine Bestellung, die Sie versendet haben. Und diese E-Mail müsste jetzt möglicherweise in einen *To-do*-Ordner eingebracht werden, aber auch in einen Ordner für Ihre Bestellungen. Mithilfe der Postfächer könnten Sie die E-Mail zwar duplizieren, haben dann aber das Problem, dass die E-Mail als Duplikat in verschiedenen Ordnern liegt. Deutlich besser ist es, mit *intelligenten Postfächern* zu arbeiten, die es ermöglichen, dass ein und dieselbe E-Mail an mehreren Stellen gleichzeitig erscheint. Aber dazu gleich mehr.

Anmerkungen und Markierungen im Mail-Anhang

In Mail haben Sie die Möglichkeit, bei E-Mail-Anhängen direkt Anmerkungen und Markierungen vorzunehmen. Dies war bisher der App Vorschau vorbehalten. In der Vergangenheit musste man den Anhang in Vorschau öffnen, dort seine Kommentare hinzufügen und das Ganze wieder per E-Mail zurückschicken. Dieser Vorgang entfällt, da Sie Anmerkungen, Kommentare und Markierungen direkt in Mail vornehmen können. Dies funktioniert mit Anhängen in den Formaten PDF, JPEG, PNG, TIFF und sogar mit Photoshop-Bildern.

Die Vorgehensweise ist dabei denkbar einfach. Wenn Sie eine E-Mail mit Anhang erhalten haben und darauf antworten, müssen Sie den Anhang an die Antwort dranhängen. Normalerweise werden Antwort-E-Mails ohne den empfangenen Anhang verschickt. Damit dieser nun dabei ist, klicken Sie auf das Symbol ❶. Damit wird der ursprüngliche Anhang in der Antwort-E-Mail aufgenommen. Wenn Sie nun danach mit der Maus auf den Anhang zeigen, erscheint rechts oben ein kleiner Pfeil ❷ mit dem Sie das Menü zum Markieren öffnen können.

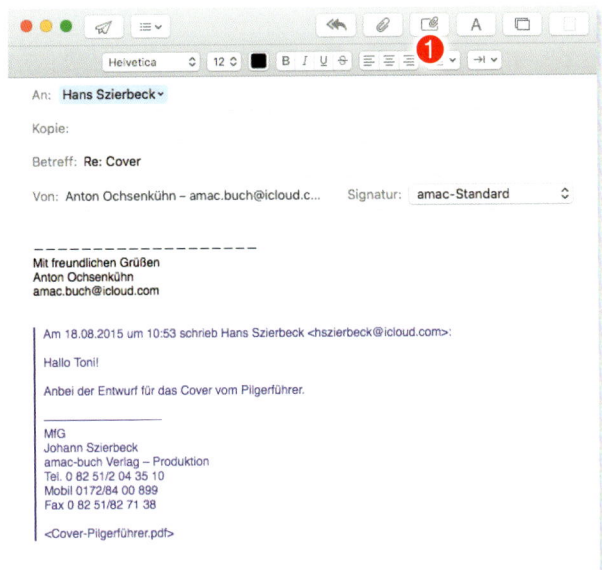

In der Antwort-E-Mail ist der Anhang noch nicht dabei (links). Sobald dieser hinzugefügt ist, steht das Menü mit den „Markierungen" zur Verfügung (rechts).

Wenn Sie die Funktion *Markierungen* aus dem Menü auswählen, wird der Anhang in einem eigenen Fenster geöffnet und erhält eine eigene Werkzeugleiste mit unterschiedlichen Markierungsfunktionen. Mit den Werkzeugen können Sie nun direkt im Anhang Ihre Kommentare bzw. Markierungen hinzufügen.

 Falls es sich bei dem Anhang um ein PDF-Formular handelt, können Sie das Formular direkt ausfüllen und verschicken. Dazu müssen Sie ebenso den Markierungsmodus verwenden.

 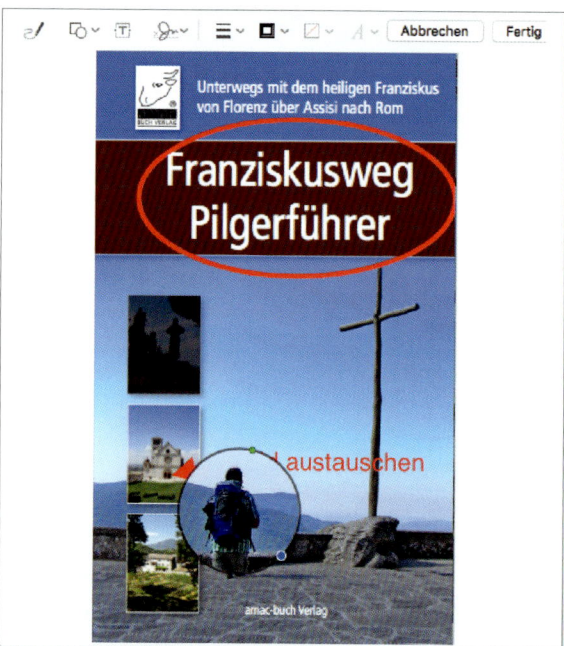

Ein E-Mail-Anhang wird kommentiert (links). Mit der Lupe kann man Bereiche auch vergrößert anzeigen lassen (rechts).

❶ Mit diesem Werkzeug können Sie Bereiche kennzeichnen, als hätten Sie einen Stift in der Hand. Nach dem Kennzeichnen werden krumme Linien automatisch begradigt.

❷ In dieser Werkzeuggruppe finden Sie geometrische Formen zum Markieren. Dort ist auch ein Linien- und Pfeilwerkzeug enthalten. Desweiteren finden Sie hier auch eine Lupe, mit deren Hilfe Sie einzelne Bereiche vergrößert darstellen können.

❸ Um Textanmerkungen hinzuzufügen, verwenden Sie dieses Werkzeug.

❹ Mit diesen Werkzeugen können Sie den Anhang unterschreiben. Dazu können Sie entweder das Trackpad oder die Kamera Ihres Macs verwenden. Für die Kamera müssen Sie Ihre Unterschrift zuerst auf ein Blatt Papier schreiben und dieses anschließend in die Kamera halten.

❺ In dieser Werkzeuggruppe finden Sie unterschiedliche Linienstärken und -arten. Es enthält auch noch verschiedene Pfeilarten.

❻ Mit diesen beiden Werkzeugen können Sie die Farbe für die Linien bzw. Flächen einstellen.

❼ Dieses Menü enthält die Einstellungen für die Textkommentare. Dort können Sie Schriftart, Schriftgröße, Schriftfarbe, Schriftstil und Ausrichtung festlegen.

Insgesamt gesehen sind die Markierungen in Mail eine sehr angenehme und nützliche Sache. Besonders Personen, die sehr viel mit Korrekturen zu tun haben, wie z. B. in der Grafikbranche, aber auch im Office-Bereich, werden diese Funktionen begrüßen.

 Noch zwei Tipps zum Schluss: Sie können den Anhang auch beschneiden. Wenn Sie mit der Maus an den Rand zeigen, erscheinen acht Anfasser, mit denen Sie den Anhang beschneiden können. Und wenn Sie die Ansicht vergrößern wollen, verwenden Sie die Tastenkombination **cmd + +** und zum verkleinern **cmd + −**.

E-Mails löschen

E-Mails können bekanntlich auch gelöscht werden. Klicken Sie dazu auf die betreffende E-Mail und verwenden Sie die *Rückschritt*-(*Backspace*-)Taste. Die Mail wird dann sofort in den Papierkorb gelegt. Natürlich können Sie via *cmd*-Taste mehrere E-Mails gemeinsam markieren. Zusammenhängende E-Mails in der Liste können über die *Shift*-Taste ausgewählt werden. Klicken Sie also die erste Mail in der Liste an, halten Sie die *Shift*-Taste gedrückt und klicken Sie dann die letzte gewünschte E-Mail an. Sofort werden alle E-Mails dazwischen ebenfalls markiert.

 Natürlich können die E-Mails ebenso per Drag & Drop in den Papierkorb gezogen werden.

Des Weiteren können Sie über das Menü *E-Mail –> Bewegen in* diese Mails ebenfalls in den Papierkorb befördern. Besonders elegant ist die Arbeit mit Konversationen: Mit einem Arbeitsschritt kann so eine komplette Konversation in den Papierkorb gezogen werden.

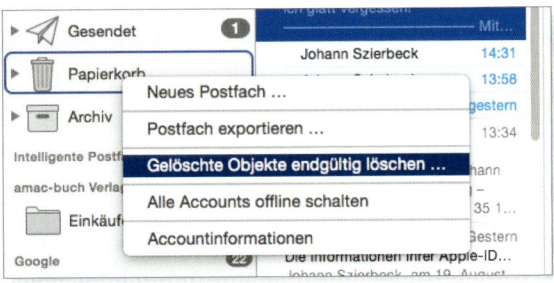

Hiermit wird der Papierkorb geleert.

Bedenken Sie, dass die Elemente im Papierkorb anschließend noch gelöscht werden müssen, um sie endgültig vom Rechner zu verbannen. Holen Sie dazu mit der *ctrl*-Taste das Kontextmenü des Papierkorbs hervor und wählen Sie *Gelöschte Objekte endgültig löschen* aus.

 Über Time Machine, das ein Backup aller Daten Ihres Rechners erstellt hat, könnten Sie versehentlich gelöschte E-Mails wiederherstellen.

Wischgesten

Eine Funktion, die es auf den iOS-Geräten bereits seit einiger Zeit gibt, finden Sie nun auch bei Mail auf dem Mac: das Löschen und Markieren von E-Mails per Wischgeste. Wenn Sie auf Ihrem Trackpad mit zwei Fingern nach links wischen, können Sie eine ausgewählte E-Mail direkt löschen. Mit einem Wisch nach rechts kann die E-Mail als ungelesen bzw. gelesen gekennzeichnet werden, ganz genau so wie auf dem iPhone oder iPad.

 Die Wischgesten können Sie ebenfalls mit einem Finger auf der Apple Magic Mouse ausführen und diese funktionieren genauso wie beim Trackpad.

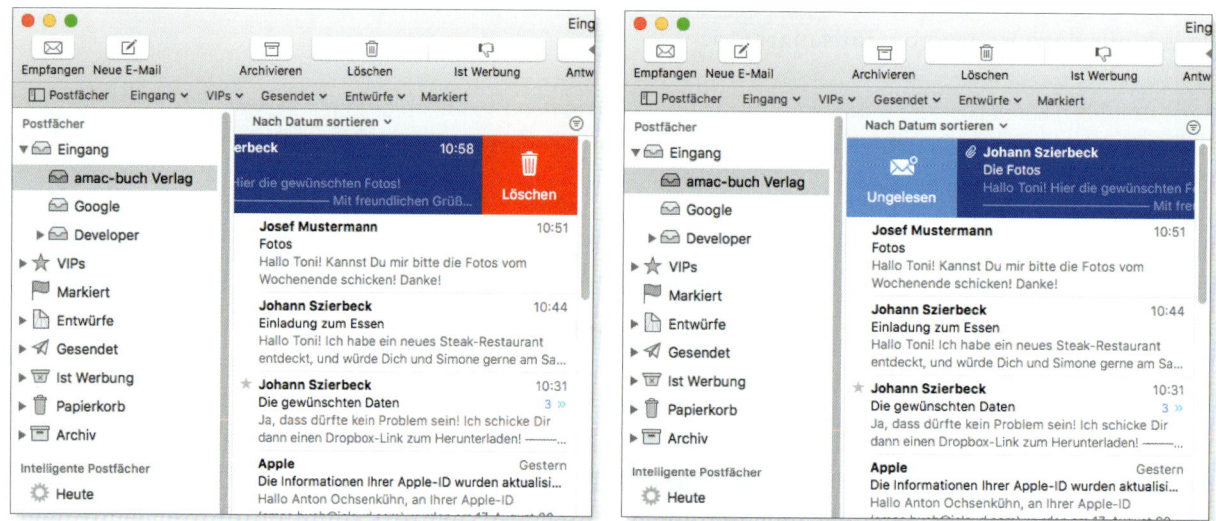

E-Mails können mit einer Wischgeste gelöscht oder als ungelesen markiert werden.

Regeln

Deutlich komfortabler als das manuelle Verschieben von E-Mails in bestimmte Postfächer ist die Anwendung von *Regeln*. Die Regeln erstellen Sie über die *Mail*-Einstellungen und dort im Bereich *Regeln*. Klicken Sie auf den Button *Regel hinzufügen*, um eine neue Regel zu erstellen.

Regel erstellen.

Eine Regel sollte in jedem Fall eine *Beschreibung* ❶ erhalten. Darunter definieren Sie die *Bedingungen*. Sie können so viele Bedingungen wie nötig miteinander verknüpfen. Ich habe in diesem Fall eine Bedingung definiert ❷, nämlich: Ich möchte alle E-Mails, die von der Adresse simone@amac-buch.de kommen, mit einer bestimmten Aktion versehen ❸. In diesem Fall sollen die E-Mails in ein dafür bestimmtes Postfach bewegt werden, und zwar automatisch. Regeln können Ihnen so sehr viel Arbeit abnehmen und sie sind mannigfaltige Werkzeuge, denn es gibt eine ganze Fülle von Kriterien, die Sie im Rahmen der Erstellung von Regeln verwenden können.

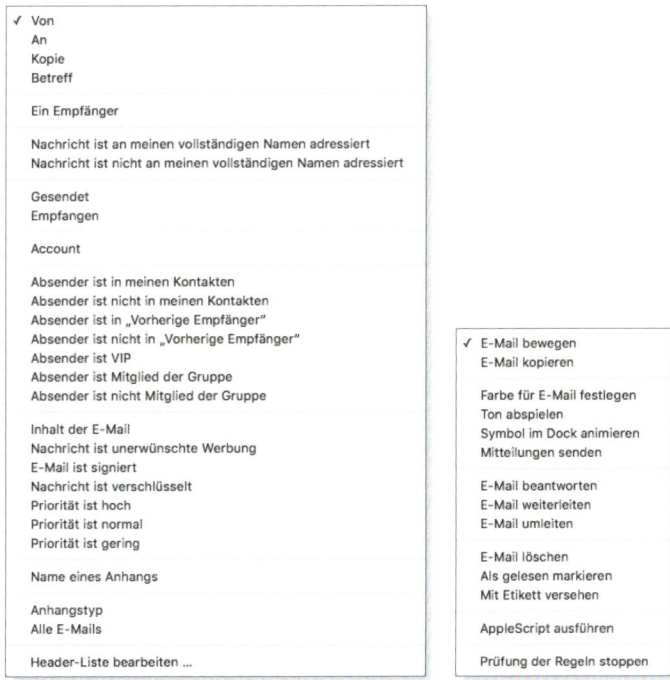

Kriterien für Regeln (links) und Aktionen für Regeln (rechts).

Und ebenso mannigfaltig gestalten sich die *Aktionen*, die daraufhin ausgelöst werden können.

> **!** Genauso wie Sie mehrere **Bedingungen** definieren können, können Sie auch verschiedene **Aktionen** gleich-zeitig ausführen lassen. Klicken Sie dazu auf das **+** im Bereich **Aktionen** ❹ und hängen Sie eine weitere Ak-tion an die bestehende an, zum Beispiel, dass die E-Mail in einen anderen Ordner bewegt und gleichzeitig mit einem **Etikett** versehen werden soll. Definieren Sie also einfach einen zweiten Eintrag, damit zwei Aktionen in Folge ausgelöst werden.

Aber nichtsdestotrotz hat eine Regel nach wie vor den Nachteil, das, wenn Sie beispielsweise eine E-Mail in ein anderes Postfach bewegen, diese dann aus dem *Eingang* verschwindet. Deshalb ist die Verwendung der nun zu besprechenden *intelligenten Postfächer* noch eine Idee cleverer.

Doch bevor wir ein erstes *intelligentes Postfach* definieren, wollen wir uns noch einige Funktionen anse-hen, die im Rahmen der Erstellung eines intelligenten Postfachs zum Einsatz kommen.

Suchfunktion innerhalb von Mail

Selbstverständlich ist die im Betriebssystem integrierte *Spotlight*-Suche auch im Programm Mail vorhan-den. Sie sehen die Sucheingabe im rechten oberen Eck des Hauptfensters von Mail. Verwenden Sie die Tastenkombination *cmd + alt + F*, um ohne Verwendung der Maus oder des Trackpads in das Suchfeld zu gelangen. Geben Sie dort einen Text ein. Dies kann entweder ein Absender oder Empfänger, eine E-Mail-Adresse oder ein Teil des Betreffs sein oder eben auch ein beliebiger Text, der im Rahmen einer E-Mail vorkommt.

Suchfunktion mit dem Begriff „app".

Sie sehen sofort, dass nach Eingabe des Suchtextes das Programm Mail darunter eine Reihe von weiteren Optionen einblendet. Das heißt: Der Begriff *app* kann also entweder im Absender, im Empfänger, im Betreff oder schlicht und ergreifend im E-Mail-Text vorkommen. Nachdem es aber mehrere Personen gibt, möchte das Programm Mail nun wissen, ob ich die Suche auf eine bestimmte Person beschränken möchten. Außerdem hat das Programm Mail erkannt, dass es bereits einen Anhang gibt, in dem der Begriff *app* vorkommt. Sie sehen also, die Suchfunktion ist schnell ausgeführt und äußerst leistungsfähig.

> **!** Selbstverständlich können Sie durch weitere Suchbegriffe Ihre Fundstellenliste einschränken. Übrigens: In der Liste aller Fundstellen werden besonders relevante Treffer direkt als Toptreffer hervorgehoben.

Die besten Fundstellen finden Sie direkt unter „Toptreffer".

Natürlich können Sie innerhalb einer E-Mail die Suche nutzen. Verwenden Sie *cmd + F* und tippen Sie den Suchbegriff ein. Sogleich werden darunter die Fundstellen aufgelistet.

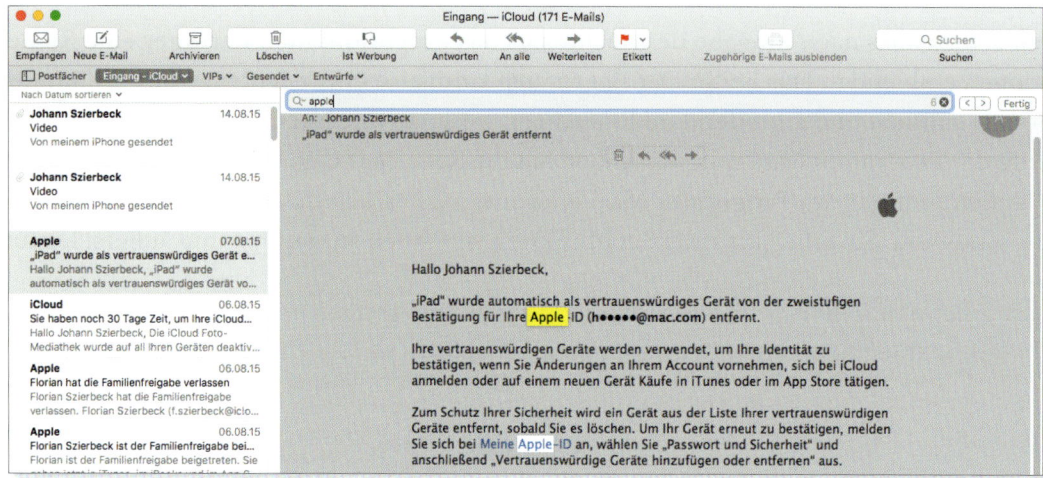

Die Suchfunktion steht ebenfalls für den Inhalt von E-Mails zur Verfügung.

Filter

Eine etwas direktere Art bestimmte E-Mails anzuzeigen, ist die Filterfunktion. Wenn Sie den Filter einschalten, werden z. B. nur die ungelesenen E-Mails eingeblendet. Der Filter kann um einige Optionen erweitert werden. So können Sie mit dem Filter automatisch nur die E-Mails einblenden, die den Status *Ungelesen* und einen Dateianhang haben, ähnlich wie bei einem intelligentem Postfach.

Die Filterfunktion finden Sie rechts oben in der E-Mail-Spalte. Ein Mausklick auf das Symbol aktiviert bzw. deaktiviert den Filter. Anschließend können Sie die Optionen festlegen, wenn Sie den aktuellen, blauen Filter anklicken.

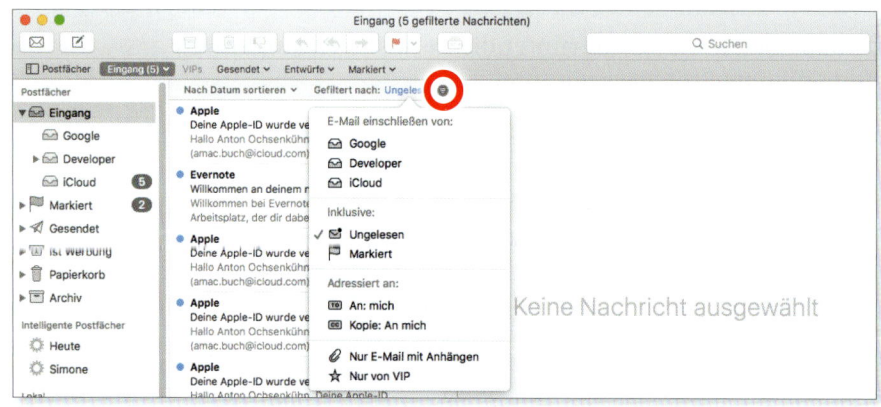

Die Anzeige der E-Mails kann auch gefiltert werden.

E-Mails markieren bzw. etikettieren

Für die Verwendung eines intelligenten Postfachs könnte es auch notwendig und sinnvoll sein, E-Mails zu sammeln, die ein bestimmtes Charakteristikum aufweisen. Das Programm Mail kennt dabei drei wichtige Kriterien, um eine E-Mail zu charakterisieren. Sie finden diese Einträge im Menüpunkt *E-Mail* bei *Markieren*.

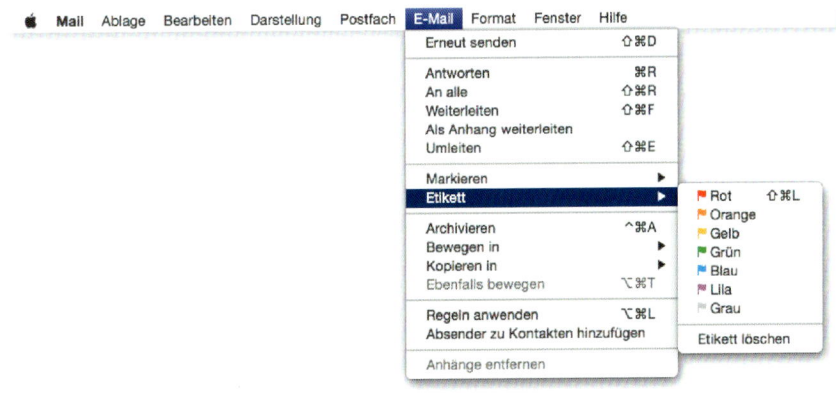

E-Mail mit Etikett versehen.

Eine sehr einfache und doch leistungsfähige Funktion bietet die *Markierung*. Sie können dabei jede E-Mail – egal, ob im Posteingang oder im *Gesendet*-Ordner oder in einem beliebigen Postfach – mit einer farbigen Markierung versehen. Außerdem kann jede E-Mail im *Posteingang* die Eigenschaft bereits *gelesen* oder noch *ungelesen* aufweisen. Über den Menüpunkt *E-Mail –> Als ungelesen markieren* bzw. *Als gelesen markieren* oder die Tastenkombination *cmd + Shift + U* können Sie zwischen diesen beiden Zuständen hin- und herschalten.

 Übrigens: Die Namen der Markierungen können über das Kontextmenü Ihren Bedürfnissen angepasst werden.

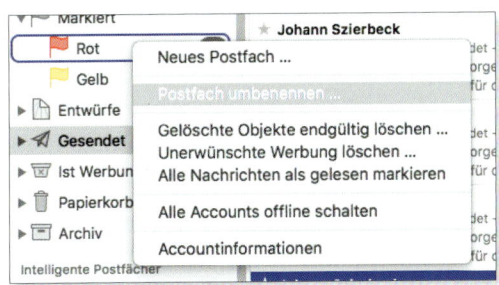

Die Bezeichnungen der Etiketten können geändert werden.

Und schlussendlich kann eine E-Mail vom Programm Mail über den *Junk-Filter* auch als Werbung erkannt werden. Aber Sie als Anwender können natürlich definieren, ob es sich tatsächlich um Werbung handelt oder eben nicht. Der Eintrag hierzu findet sich unter *E-Mail –> In „Werbung" bewegen* bzw. *In Eingang bewegen*. Verwenden Sie auch hier zeitsparend die Tastenkombination *cmd + Shift + J*, um zwischen diesen beiden Optionen zu wechseln.

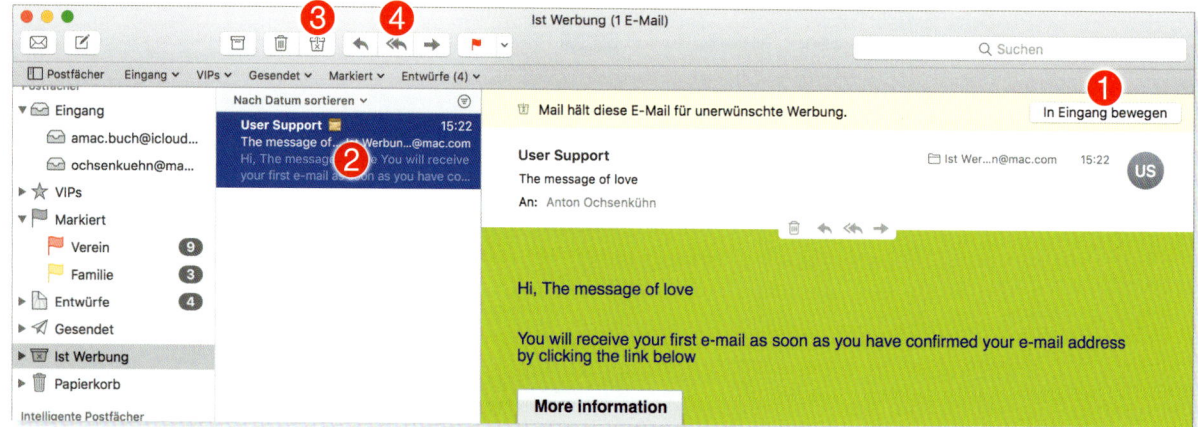

E-Mail wurde als Werbung klassifiziert.

Wenn Sie eine E-Mail erhalten, die das Programm Mail aufgrund des eingebauten Werbefilters als Werbung erkannt hat, wird dies an mehreren Stellen dargestellt. Sie sehen in der E-Mail selbst im Kopfbereich ❶ den Button *In Eingang bewegen*. Das heiß, die E-Mail wurde als Werbung erkannt. Zusätzlich erscheint ein kleines Icon neben dem Betreff der E-Mail in der *Posteingang*-Liste ❷. Wenn Sie nun die E-Mail als *keine Werbung* klassifizieren möchten, tippen Sie also entweder auf den Button ❶ oder Sie verwenden die entsprechende Funktion in der Symbolleiste ❸.

> **!** Sie haben sicher schon bemerkt, dass die klassischen Funktionen wie **Antworten**, **Allen antworten** oder **Weiterleiten** in der Symbolleiste ❹ verfügbar sind, aber auch erscheinen, wenn Sie mit dem Mauszeiger auf der E-Mail in der rechten Spalte des Fensters stehen bleiben. Dann werden die gleichen Funktionen ❺ direkt an dieser Stelle eingeblendet.

> **!** Sie können natürlich den Filter für Junk-Mail Ihren Bedürfnissen entsprechend anpassen. Alle dazu notwendigen Einstellungen finden Sie unter **Mail –> Einstellungen –> Werbung**.

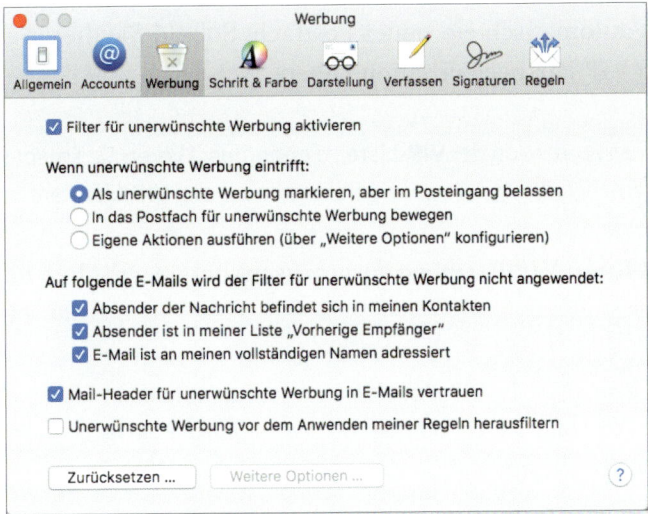

Die Filter für Werbung anpassen.

VIP

Besonders nützlich ist die *VIP-Funktion*. Damit können E-Mail-Kontakte als *VIPs* klassifiziert werden. Mail erzeugt automatisch ein neues Postfach und sortiert darin die VIP-E-Mails noch einmal an einem prominenten Ort ein. Wie erstellt man einen VIP-Kontakt?

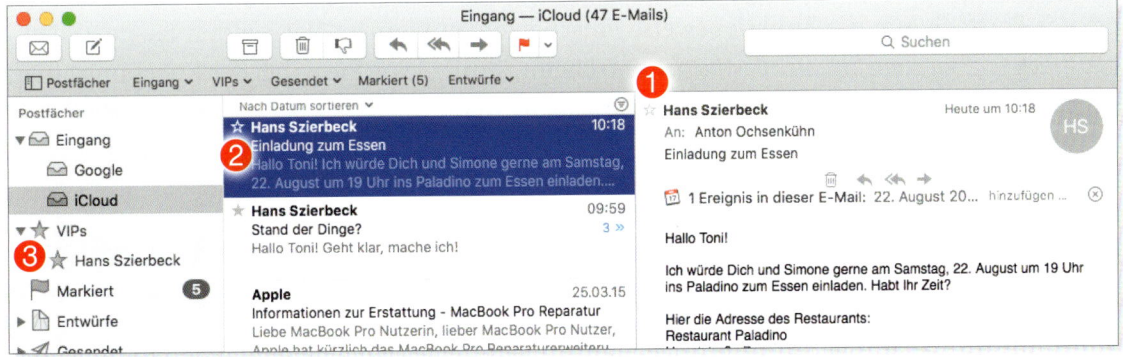

E-Mail-Kontakt zur VIP-Liste hinzufügen.

Suchen Sie sich eine E-Mail, die von der Person abgesendet wurde, die nun ein VIP-Partner werden soll. Klicken Sie dann neben der E-Mail-Adresse der Person das Sternchen an ❶. Dadurch wird der Name der Person in die *VIP-Liste* aufgenommen ❸. Sie können grundsätzlich beliebig viele Kontakte als VIP-Partner einstufen. Damit entsteht automatisch ein neues Postfach. Sobald Sie dieses anklicken, erscheinen alle E-Mails, die Sie von Ihren VIP-Partnern erhalten haben.

 Um einen E-Mail-Partner wieder von der **VIP-Liste** zu entfernen, klicken Sie erneut in der rechten Spalte neben dem Absender das Sternchen ❶ an und der Kontakt wird aus der **VIP-Liste** entfernt.

Alle E-Mails, die Sie mit Ihren VIP-Partnern ausgetauscht haben, erhalten nun auch in der *Posteingang*-Liste das *Sternchen*-Icon ❷.

 Um sehr schnell und elegant in Ihr **VIP-Postfach** zu gelangen, können Sie ab nun die Tastenkombination **cmd + 2** verwenden. Alternativ gehen Sie über den Menüpunkt **Postfach –> Favoriten-Postfach öffnen** und wählen dort **VIPs** aus.

Die VIP-Funktion ist damit eigentlich eine clevere Anwendung des intelligenten Postfachs.

Intelligentes Postfach erstellen

Damit ist genug Vorarbeit geleistet und wir können uns dem eigentlichen Ziel zuwenden, nämlich der Erstellung eines *intelligenten Postfachs*. Ein intelligentes Postfach ist eigentlich nicht viel mehr als eine Suche, die ständig und ganz rasch ausgeführt wird. Aber am besten erstellen wir nun ein derartiges intelligentes Postfach, um die Funktionsweise einschätzen zu können. Verwenden Sie dazu den Menüpunkt *Postfach –> Neues intelligentes Postfach*. Es erscheint, ähnlich wie Sie es bei der Erstellung einer Regel gesehen haben, ein Fenster, das verschiedene Eingaben erlaubt.

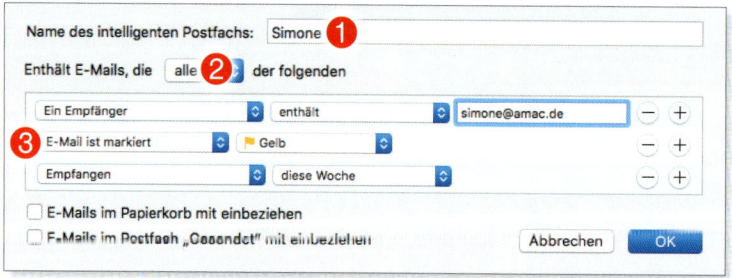

Intelligentes Postfach mit mehreren Kriterien.

Geben Sie also bei ❶ dem intelligenten Postfach einen Namen. Genauso wie bei den *Regeln* können Sie nun mehrere *Eigenschaften* definieren. Geben Sie an, ob alle Eigenschaften gleichzeitig oder nur eine dieser

Eigenschaften erfüllt werden sollen ❷. Sie sehen, ich habe an dieser Stelle drei Eigenschaften definiert, die alle zugleich zutreffen sollen ❸. Ich suche aus meinem E-Mail-Verkehr alle E-Mails heraus, die ich von simone@amac.de erhalten habe. Aber: Es werden nur die E-Mails berücksichtigt, die die Markierung mit der Farbe *Gelb* besitzen. Und der Zeitraum ist begrenzt: Nur die E-Mails dieser Woche werden nun gesammelt. Sobald ich auf *OK* klicke, wird diese Suchanfrage von Mail beantwortet und in der linken Spalte erscheint ein neuer Eintrag namens *Intelligente Postfächer*. Er enthält das gerade definierte intelligente Postfach namens *Simone*, das alle E-Mails auflistet, die diesen drei Kriterien entsprechen.

 Wollen Sie zu einem späteren Zeitpunkt das intelligente Postfach bearbeiten, tun Sie das, indem Sie das **Kontextmenü** aufrufen. Im einfachsten Fall drücken Sie die **ctrl**-Taste und tippen mit der Maustaste auf das intelligente Postfach, um die Eigenschaft **Intelligentes Postfach bearbeiten** aufrufen zu können.

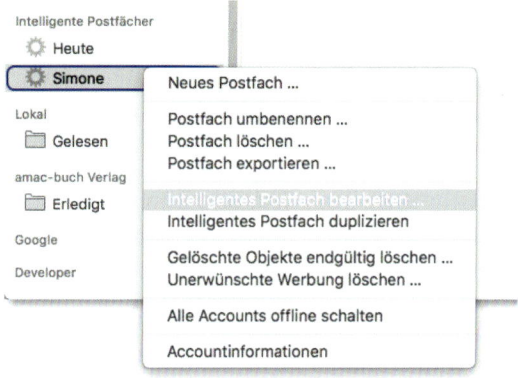

Intelligentes Postfach bearbeiten.

Was ist nun der große Vorteil des *intelligenten Postfachs*? Nun, die E-Mails werden in dem intelligenten Postfach dargestellt, befinden sich aber im Original an irgendeiner Stelle – möglicherweise im Posteingang oder in einem selbst angelegten Postfach. Das heißt, die E-Mails mussten zur Darstellung in dem intelligenten Postfach in keiner Weise bewegt werden. Deshalb bietet sich diese clevere Methode an, um weitere intelligente Postfächer zu erstellen. Angenommen, ich möchte den kompletten E-Mail-Verkehr mit Simone im Überblick haben – unabhängig davon, ob sie gelb gekennzeichnet sind oder von dieser Woche stammen. Also erzeuge ich schlicht und ergreifend ein zweites intelligentes Postfach, in dem ich nur ein Kriterium spezifiziere, nämlich die Empfängeradresse von Simone (simone@amac.de). Außerdem könnte es auch sein, dass alle E-Mails, die ein gelbes Etikett haben, einem bestimmten Projekt zugeordnet sind. Ich erzeuge so ein neues intelligentes Postfach und lasse mir als Kriterium die Suche nach dem gelben Etikett ausgeben. Somit können nun E-Mails, die bestimmten Kriterien entsprechen, in mehreren intelligenten Postfächern zugleich erscheinen. Die E-Mail an sich existiert aber lediglich ein einziges Mal.

Sie sollten mit dieser Funktion ausführlich experimentieren und arbeiten, dann werden Sie erkennen, dass es eine ungeheuer effiziente Möglichkeit ist, um Ihre Fülle an E-Mails zu strukturieren.

Accountinformationen und Archivierung

Viele Postfächer sind, was die Größe anbelangt, leider reglementiert. Deshalb ist es eine gute Idee, ab und an zu überprüfen, ob die Grenzen bald erreicht werden. Das Programm Mail bietet eine sehr einfache Möglichkeit, die Postfachinformationen (Accountinformationen) einzusehen. Wählen Sie dazu in den *Postfächern* das Postfach an, das Sie überprüfen möchten, und holen Sie über das Kontextmenü (rechte Maustaste) die *Accountinformationen* hervor.

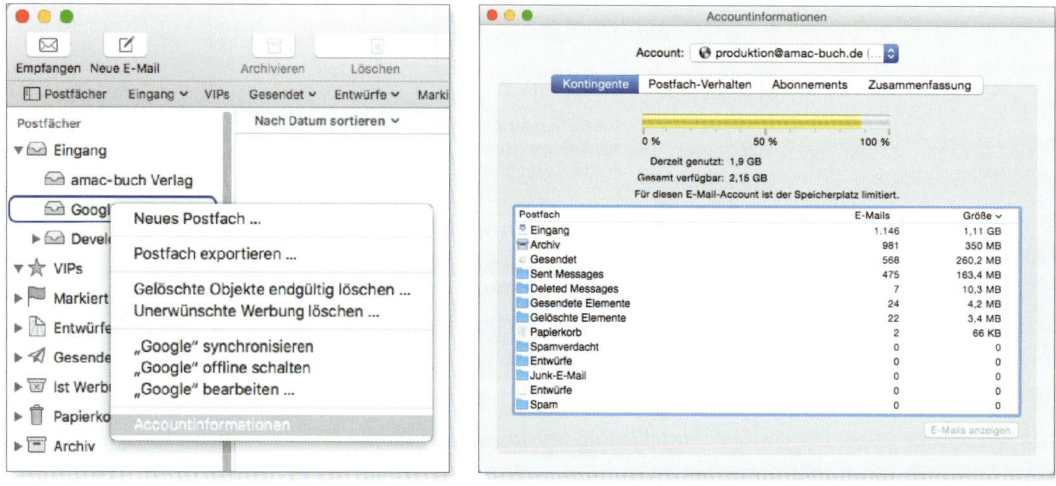

Accountinformationen einsehen.

Wie Sie anhand des Bildschirmfotos sehen, ist es in der Tat so, dass das über 2 Gigabyte große Postfach derzeit bereits zu fast 90 Prozent ausgelastet ist. Es ist daher eine gute Idee, E-Mail-Informationen des Postfachs zu archivieren und sie danach aus dem Programm Mail zu löschen, um den ungenutzten Bereich des Postfachs zu vergrößern. Wie aber sind die E-Mails zu archivieren? Auch das erledigt das Programm Mail sehr einfach. Um ein Postfach zu archivieren, klicken Sie das betreffende Postfach mit der rechten Maustaste an und wählen im Kontextmenü den Eintrag *Postfach exportieren*. Wählen Sie nun noch den Ablageort des zu exportierenden Postfachs aus und sogleich überträgt das Programm Mail die in dem Postfach befindlichen E-Mails in einer Exportdatei auf Ihre Festplatte. Ist der Export erfolgreich abgeschlossen, können Sie die E-Mails aus dem Programm Mail löschen, um damit Ihrem Server wieder etwas Luft zu verschaffen.

Exportierte Postfächer.

> **!** Die exportierten Postfächer werden als **.mbox-Dateien** exportiert. Sollten Sie später Ihre alten E-Mails wieder einlesen wollen, führt der Weg über den Menüpunkt **Ablage –> Postfächer importieren**, um dort den Eintrag **Dateien im .mbox-Format** auszuwählen. So können zuvor exportierte Daten erneut in das Programm Mail eingelesen werden.

Vollbildmodus

Der Vollbildmodus in Mail hält besonder Funktion parat. So ist es nun möglich, beim Schreiben einer neuen E-Mail oder beim Lesen das E-Mail-Fenster am unteren Bildschirmrand abzulegen, um das Hauptfenster einzusehen. Besitzer eines iPhone oder iPad kennen diese Funktion vielleicht schon von ihren Geräten. Wie im Finder müssen Sie bei Mail im Vollbildmodus nur auf den gelben Minimierenknopf links oben klicken, um das Fenster an den unteren Rand zu legen. Ein Mausklick auf das abgelegte Fenster vergrößert es wieder.

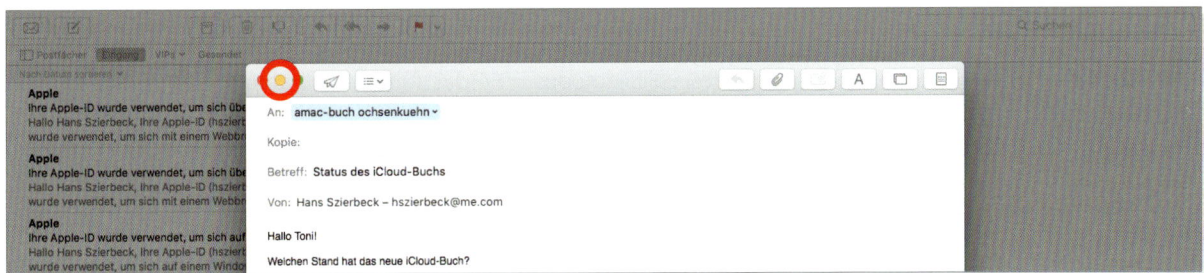

Ein Mausklick auf den gelben Minimierenknopf ...

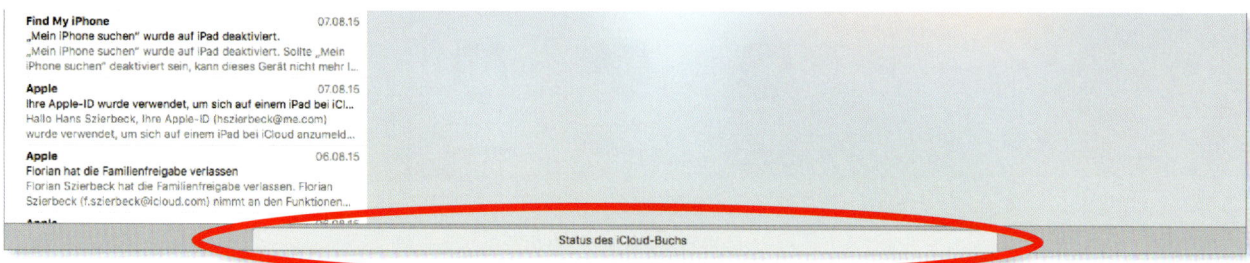

... legt das E-Mail-Fenster an den unteren Bildschirmrand.

Zusätzlich zum Ablegen des Fensters können Sie in Mail nun auch mit Tabs arbeiten, um so mehrere E-Mails gleichzeitig in einem Fenster zu haben. Wenn Sie z. B. eine neue E-Mail schreiben, können Sie einen Tab öffnen, indem Sie die Tastenkombination *cmd + N* verwenden. Mit dieser Tastenkombination können Sie weitere Tabs öffnen und gleichzeitig mehrere E-Mails im Vollbildmodus bearbeiten.

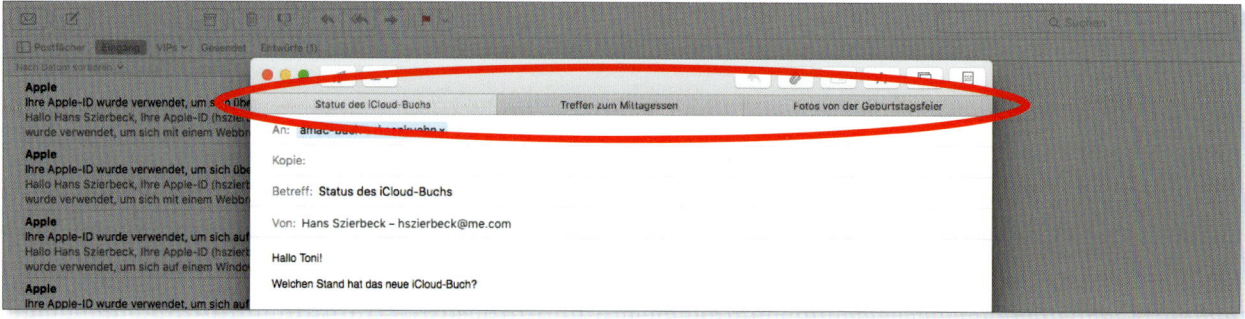

Mail unterstützt im Vollbildmodus nun auch das Arbeiten mit Tabs.

 Die Tabs funktionieren auch außerhalb des Vollbildmodus. Wie das funktioniert können Sie in Kapitel 9 ab Seite 434 nachlesen.

Notizen

Die *Notizen* waren bis zum Betriebssystem Lion im Programm *Mail* einsortiert. Apple hat sich entschlossen, daraus ein eigenes Programm mit dem Namen *Notizen* zu machen. Ebenso wie die *Erinnerungen* und der *Kalender* werden alle *Notizen*-Einträge über iCloud nahtlos zu Ihren mobilen Geräten durchgereicht. Das heißt: Egal, ob Sie eine Notiz am iPhone, am iPad oder einem Ihrer Mac-Rechner (iMac oder MacBook) erstellen, sind Sie an allen Geräten sofort auf dem gleichen Informationsstand.

 Wer bisher das Programm **Notizzettel** verwendet hat, findet dies nach wie vor im **Programme**-Ordner. Der Nachteil des Programms Notizzettel ist allerdings der fehlende Datenabgleich über die iCloud zu den iOS-Geräten.

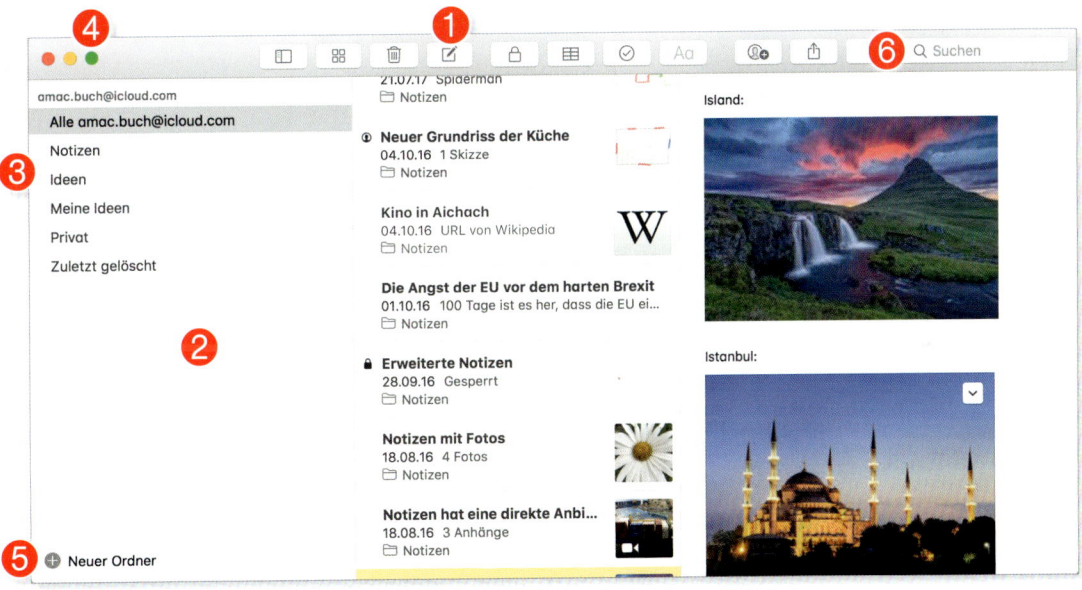

Notizen werden ebenfalls über die iCloud mit den iOS-Geräten abgeglichen. Möchten Sie die Notizen hingegen lokal auf dem Mac ablegen, dann aktivieren Sie den Account „Auf meinem Mac" in den „Einstellungen".

Wie Sie anhand des Bildschirmfotos erkennen, ist das Notizen-Programm sehr einfach zu bedienen. Über eine Taste im oberen Bereich ❶ können Sie eine neue Notiz erstellen. Es können sogar Formatierungen zum Einsatz kommen. Im Menüpunkt *Format* können Sie die Schriftart, die Schriftfarbe etc. Ihren Bedürfnissen entsprechend modifizieren. Auch Funktionen wie *Listen* (also Aufzählungszeichen) sind möglich.

Aber damit nicht genug. Selbst Bilder können in die Notizen aufgenommen werden. Ziehen Sie diese einfach per Drag & Drop in den Notizzettel hinein. Ebenso können Textinformationen auch Hyperlinks enthalten.

Das Programm Notizen kann übrigens wie viele andere Mac-Programme auch im *Vollbildmodus* dargestellt werden. Wählen Sie hierfür links oben den grünen Knopf ❹.

> Mit der **esc**-Taste können Sie vom Vollbildmodus wieder zur Fensterdarstellung umschalten.

Um eine Notiz zu löschen, müssen Sie sie in der Liste auswählen und anschließend die *Backspace*-Taste drücken. Alternativ dazu können Sie auch die Funktion *Löschen* aus dem Menü *Bearbeiten* nehmen. Und das *Teilen*-Feld gibt Ihnen die Möglichkeit, Ihre Notizen per E-Mail oder per Nachrichten zu versenden. Über das *Ablage*-Menü kann die Notizenseite zudem als PDF exportiert werden.

Teilen-Feld in der Notizen-App.

Und nun, bevor wir wie versprochen die Notizen an iCloud übertragen, ist es durchaus sinnvoll, die *Ordnerliste* einzublenden ❷ (*Darstellung –> Ordner einblenden*). Sogleich erscheint links eine zusätzliche Spalte, in der Sie die verschiedenen Dienste sehen, die in der Lage sind, Notizen abzugleichen ❸. Jedes Mal, wenn Sie nun eine Notiz erstellen, sollten Sie sich überlegen, an welchen Dienst und in welchen Ordner innerhalb dieses Dienstes diese Notiz übertragen werden soll.

> Um innerhalb des Dienstes einen neuen Ordner für die Notizen anzulegen, wählen Sie entweder den Menüpunkt **Ablage –> Neuer Ordner** oder die Funktion **Neuer Ordner** ❺ links unten im Fenster.

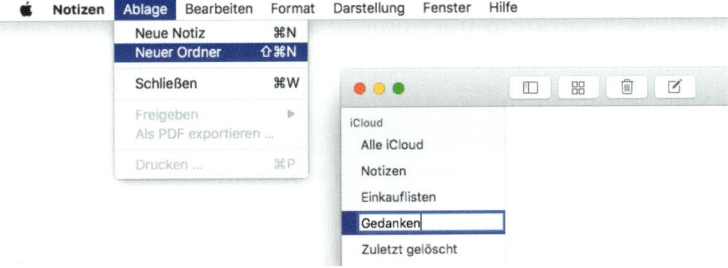

Neuen Ordner für Notizen erstellen.

Und da über die iCloud alle Daten synchron gehalten werden, werden Ihr neuer Ordner und dessen Notizen sofort auf Ihre mobilen Geräte übertragen.

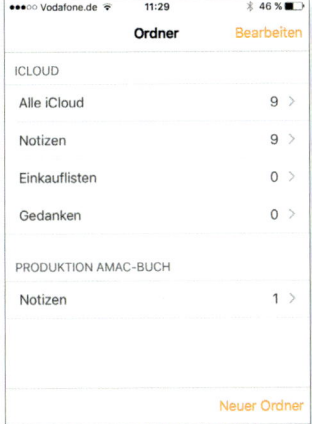

Notizen-Ordner am iPhone.

Sollten Sie nun aus Versehen eine Notiz in den falschen Ordner oder im falschen Dienst abgelegt haben, können Sie einfach per Drag & Drop die Notiz an die richtige Stelle ziehen, um sie dorthin zu verschieben.

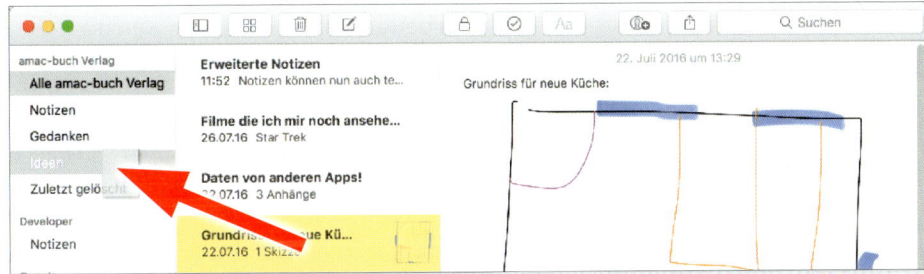

Notiz verschieben.

Natürlich auch das Notizen-Programm über eine *Suchfunktion* ❻. Geben Sie dort einen beliebigen Begriff ein, der sich innerhalb einer Notiz befindet, und sogleich werden in der Liste darunter alle Notizen angezeigt, die den Suchbegriff enthalten. Und auch diese Funktion hat Apple vom Programm Erinnerungen in das Programm Notizen weitergetragen: Durch einen Doppelklick auf eine Notiz erscheint diese in einem separaten Fenster.

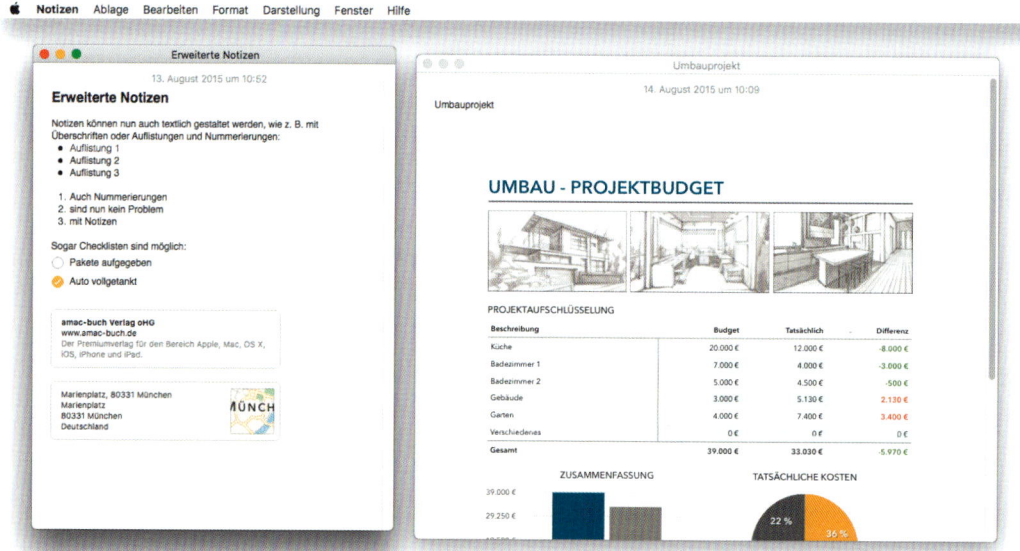

Notizen in separaten Fenstern.

So können Sie die Notizen auf Ihrem Bildschirm anordnen und verteilen.

> **!** Wenn Sie wieder das Hauptfenster mit der Übersicht aller Notizen sehen möchten, verwenden Sie den Menüpunkt **Fenster –> Notizen** oder aktivieren Sie die normale Ansicht mit der Tastenkombination **cmd + 0.** Um Notizen oder Ordner wieder zu löschen, verwenden Sie einfach das Kontextmenü und klicken auf den jeweiligen Eintrag. Die **Löschen-Funktion** ist zudem via **Bearbeiten** zugänglich. Dabei wird die Notiz in den Ordner **Zuletzt gelöscht** verschoben und weitere 30 Tage aufbewahrt. Von dort kann die gelöschte Notiz auch wieder herausgezogen werden. Nach 30 Tagen hingegen wird die Notiz für endgültig gelöscht.

Erweiterte Notizen

Der App Notizen wurden einige Funktionen spendiert. Sie können in Notizen sehr einfach Checklisten mit einem Mausklick erstellen und mit weiteren Daten anreichern. Damit der Abgleich mit iPad und iPhone auch gelingt, ist es notwendig dort mindestens iOS 9 einzusetzen und die Aktualisierung, die beim ersten Start der App Notizen erscheint, auch vorzunehmen.

Es geht aber noch weiter: Die App hat eine direkte Verbindung zu anderen Programmen. Das Einfügen einer Internetadresse oder eines Standorts ist sehr einfach. Und damit Sie nicht den Überblick über die angehängten Fotos, Internetadressen, Standorte und Dokumente verlieren, gibt es nun einen eigenen Bereich für die Anhänge.

Text gestalten

Den Text einer Notiz können Sie jederzeit formatieren, um die Notiz übersichtlicher zu machen. Dabei können Sie die Texte manuell selbst formatieren oder auf voreingestellte Textformatierungen zurückgreifen. Die Textformate befinden sich in der Symbolleiste. Dort finden Sie drei unterschiedliche Textformate sowie die Listenformate mit Aufzählungszeichen und Nummerierung.

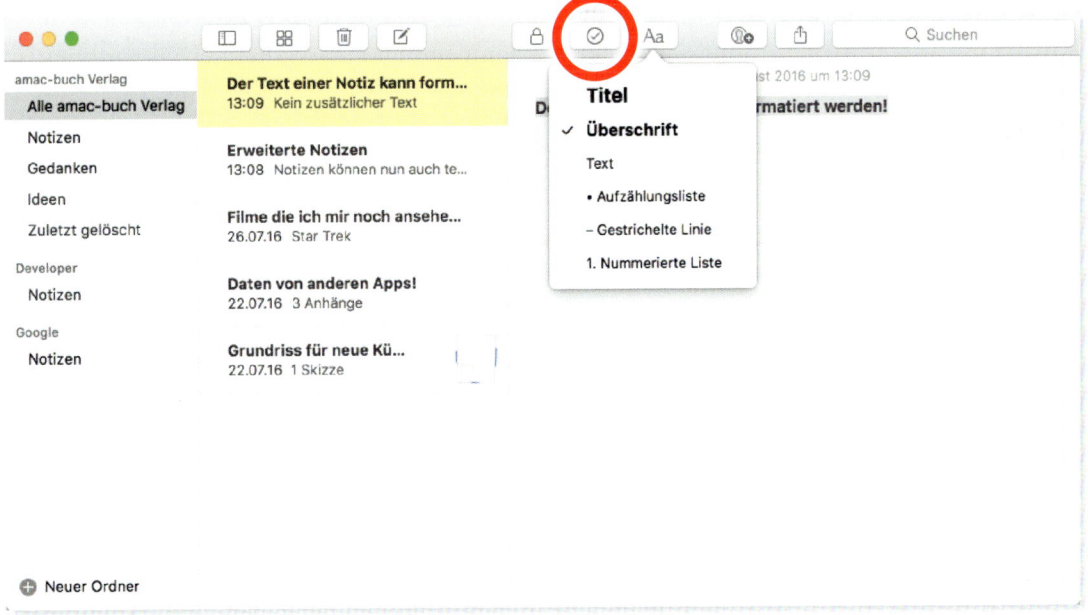

Die vorhandenen Formate für Text und Listen.

Wenn Sie Ihre Notiz individueller gestalten wollen, können Sie auf die manuelle Formatierung zurückgreifen. Die nötigen Optionen dafür finden Sie im Menü *Format*. Unter dem Punkt *Schrift* kann nicht nur die Schriftgröße und der Schriftstil geändert werden, sondern auch die Farbe und die Schriftart. Für die Ausrichtung ist der Punkt *Text* zuständig und für die Einzüge der Punkt *Einrückung*.

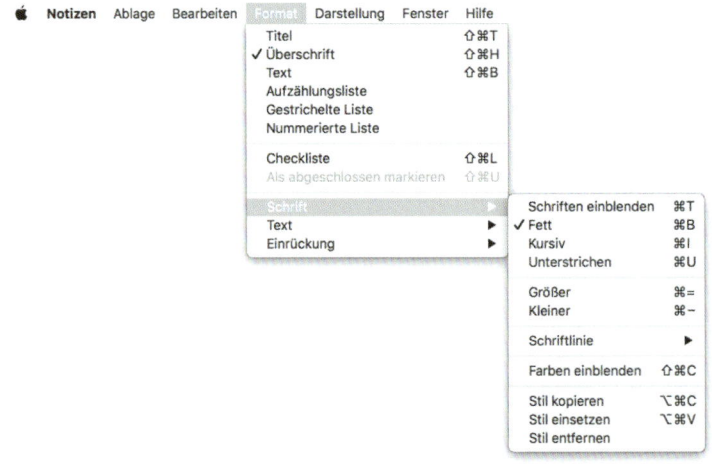

Der Text einer Notiz lässt sich beliebig formatieren.

Eine Notiz kann auch Checklisten enthlaten, die Sie dann direkt in einer Notiz abhaken können. Wenn Sie die Funktion *Checkliste (cmd + Shift + L)* aus dem Menü *Format* einschalten, erhält automatisch jeder markierte bzw. neue Absatz eine Checkbox am Zeilenanfang.

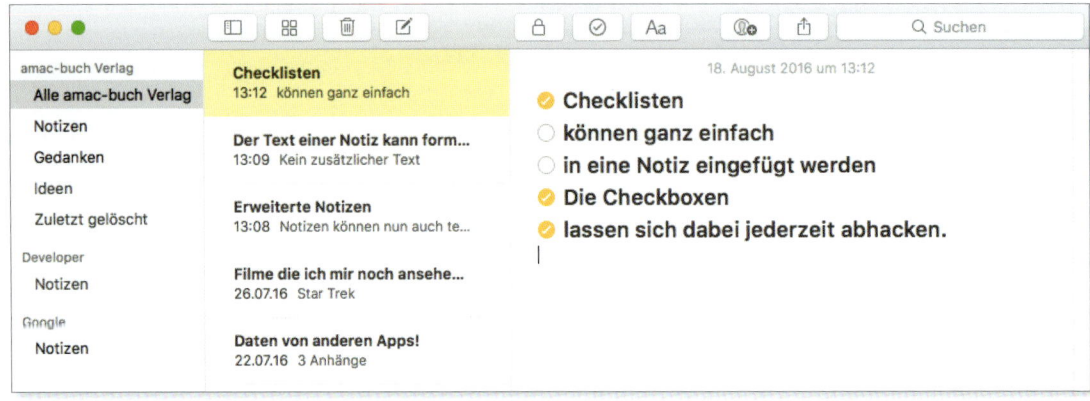

Eine Notiz mit einer Checkliste

Anhänge hinzufügen

In älteren Versionen konnte man einer Notiz nur Fotos hinzufügen. Dokumente, Internetadressen oder Videos ließen sich gar nicht bzw. nur sehr umständlich in eine Notiz einfügen. Das ist inzwischen keinProblem mehr. Die App Notizen hat eine direkte Anbindung an andere Programme, z. B. Safari, Fotos oder Karten. Damit ist es nun erheblich leichter, einer Notiz Anhänge hinzuzufügen.

Folgende Elemente können zu einer Notiz hinzugefügt werden:

- Internetadressen
- Bilder und Videos
- Audiodateien, z. B. Sprachmemos vom iPhone
- Standortangaben von Karten
- Visitenkarten aus Kontakte
- Skizzen vom iPhone und iPad
- Dokumente von TextEdit, Vorschau, Numbers, Pages, Keynote

Wenn Sie z. B. eine Internetadresse in eine Notiz übernehmen wollen, dann rufen Sie in Safari die gewünschte Adresse auf, klicken anschließend auf die Schaltfläche *Teilen* in der Symbolleiste und wählen *Notizen* aus.

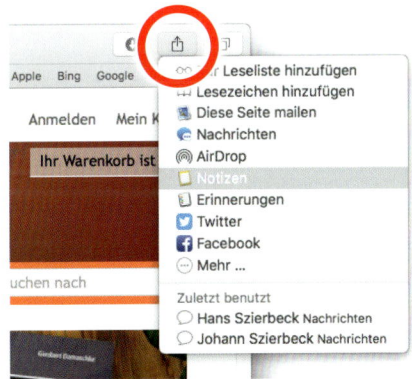 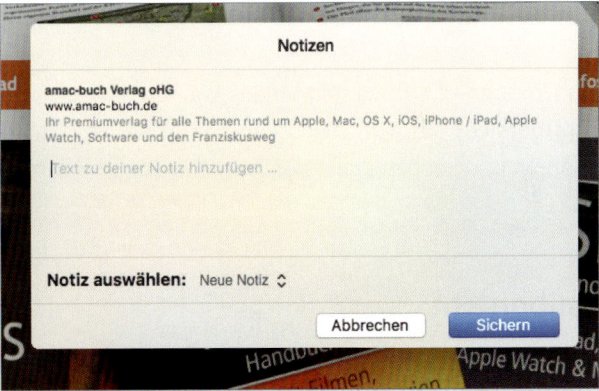

Eine Internetadresse wird einer Notiz hinzugefügt (links). Legen Sie fest, zu welcher Notiz die Internetadresse hinzugefügt werden soll (rechts).

Daraufhin wird ein Fenster geöffnet, in dessen unterem Teil Sie noch auswählen müssen, zu welcher Notiz die Internetadresse hinzugefügt werden soll. Sie können aber auch direkt eine neue Notiz erstellen lassen.

In der Notiz wird die Internetadresse als eigener Bereich dargestellt. Wenn Sie auf sie doppelklicken, wird die entsprechende Seite in Safari geöffnet. Auf die gleiche Weise können Sie andere Elemente in eine

Notiz einfügen, z. B. einen Standort aus der App Karten oder Fotos, und sogar Videos können verwendet werden.

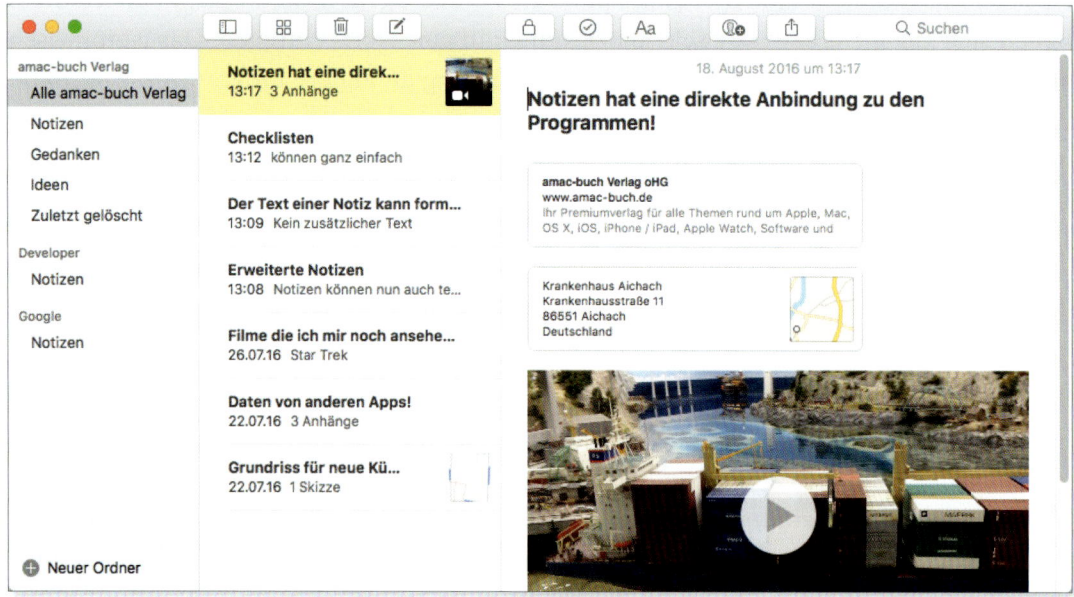

In der Notiz sind nun eine Internetadresse, ein Standort und ein Video enthalten.

> **!** Zum Einfügen von Fotos und Videos können Sie entweder die App **Fotos** verwenden, oder Sie öffnen die **Fotoübersicht** aus dem Menü **Fenster**. In der Fotoübersicht werden alle Bilder und Videos der App Fotos angezeigt und können direkt per Drag-and-Drop hinzugefügt werden.

Anhangsübersicht

Damit Sie nicht den Überblick über alle eingefügten Bilder, Videos, Standorte und Internetadressen verlieren, gibt es auch eine Übersicht über alle Anhänge. Die *Anhangsübersicht (cmd + 1)* finden Sie im Menü *Darstellung*. Alternativ dazu können Sie auch auf die entsprechende Schaltfläche in der Symbolleiste klicken.

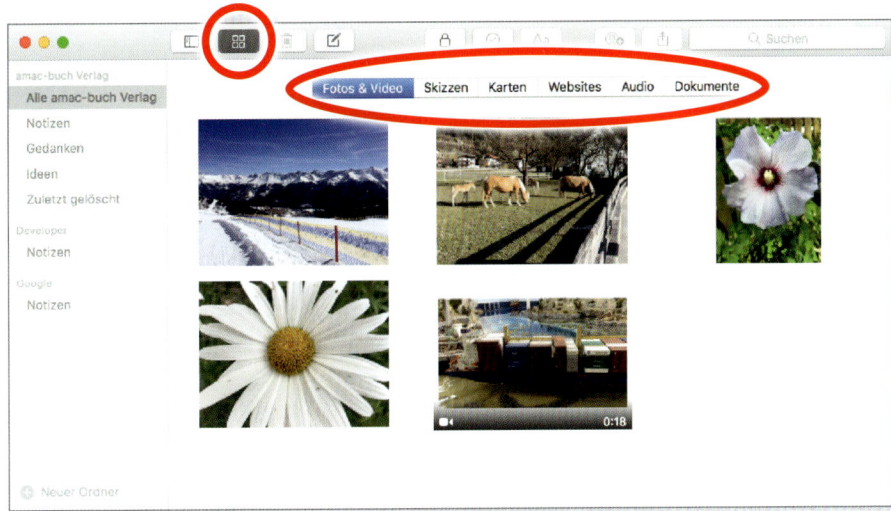

In der Anhangsübersicht werden alle eingefügten Elemente nach Kategorien sortiert aufgelistet.

Die Anhangsübersicht ist in die Kategorien *Fotos & Videos*, *Skizzen*, *Karten*, *Websites*, *Audio* und *Dokumente* unterteilt. In der jeweiligen Kategorie können Sie dann die Anhänge einsehen und direkt weiterverwenden, öffnen, abspielen oder die Notiz öffnen lassen, in der der Anhang enthalten ist. Das Kontextmenü (Rechtsklick) hält dafür alle Funktionen parat.

Im Kontextmenü finden Sie die Funktionen für die Anhänge.

> **!** Wenn Sie ein iPhone oder iPad besitzen, das mindestens mit iOS 9 arbeitet, haben Sie auch dort vollen Zugriff auf die neuen Möglichkeiten der App **Notizen**. Zusätzlich zu den Funktionen, die Ihnen die Mac-Version bietet, können Sie auf dem iPhone und iPad noch Skizzen zeichnen und hinzufügen, die dann auf dem Mac angezeigt und ausgedruckt werden können.

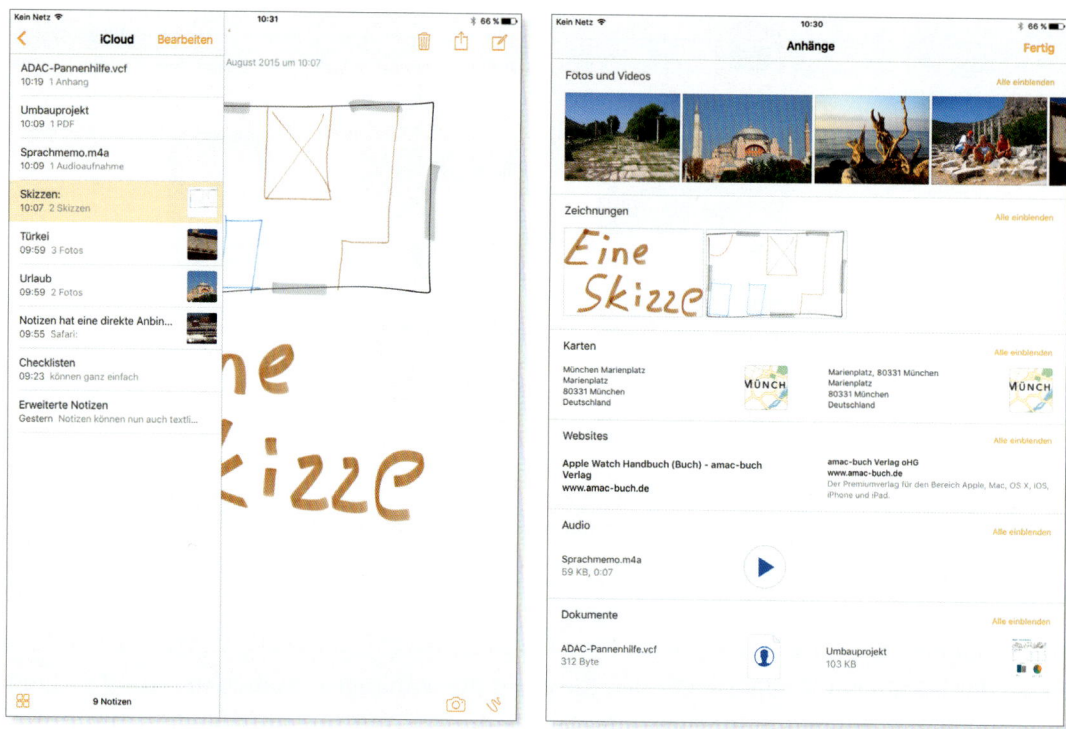

Die App „Notizen" auf dem iPhone und iPad hat den gleichen Funktionsumfang wie die Mac-Version.

Tabellen innerhalb von Notizen

Mit dem Tabellenwerkzeug können Sie im Handumdrehen Tabellen einbauen. Tippen Sie anschließend den gewünschten Text ein. Verwenden Sie die *Tabulatortaste*, um eine Zelle weiter zu springen. Mit *Shift + Tabulator* springen Sie wieder retour. Haben Sie die letzte Zelle erreicht, wird mit der *Tabulatortaste* sogleich eine neue Leerzeile angefügt. Natürlich können Sie die Zeilen- oder Spaltenreihenfolge jederzeit ändern. Tippen Sie dazu auf die Anfasser links bzw. oberhalb. Wenn Sie die drei Pünktchen anfassen, gelingt das Verschieben. Durch das kleine Dreieck können Sie weitere Zeilen oder Spalten hinzufügen bzw. wieder löschen.

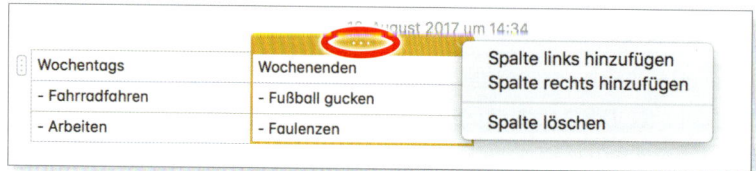

Tabellen in der Notizen-App sind sowohl praktisch als auch einfach bearbeitbar.

Notizen teilen

Eine weitere Funktion, die ich Ihnen nicht vorenthalten will, ist das Teilen von Notizen mit anderen Personen. Das bedeutet, Sie können eine Notiz für die Bearbeitung durch andere Personen freigeben. Voraussetzung dafür ist nur, dass alle Personen mindestens iOS 10 und macOS Sierra besitzen.

Eine Notiz ist schnell verteilt: Klicken Sie das Symbol für die Freigabe Ⓐ in der Symbolleiste an und wählen Sie eine Methode aus, wie die Einladung verschickt werden soll. Anschließend geben Sie den Empfänger an Ⓑ, das können auch mehrere Personen sein.

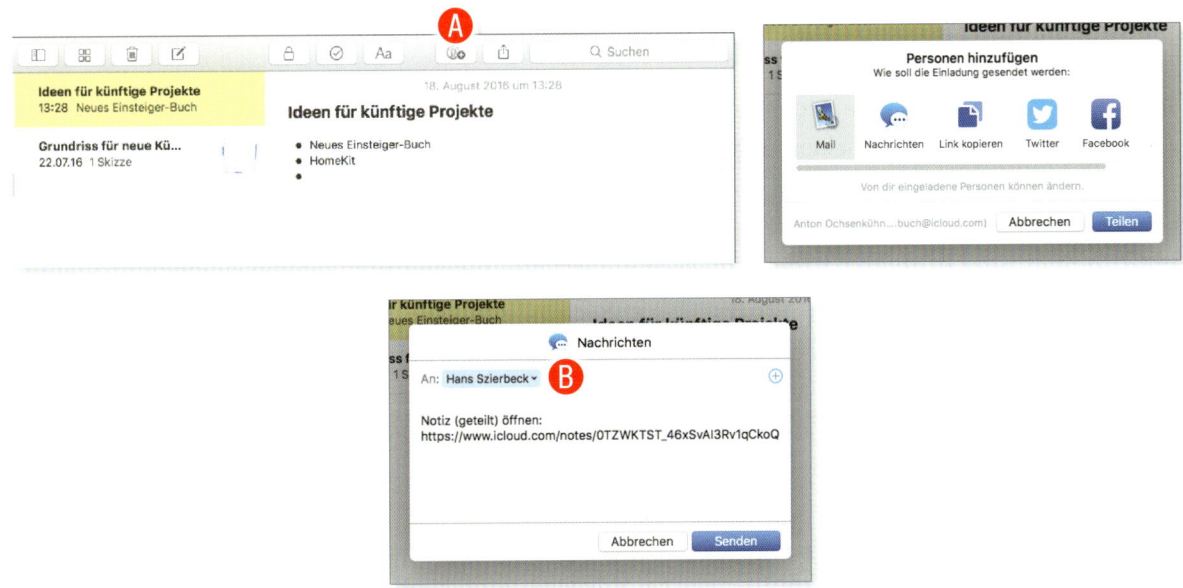

Eine Einladung für das Teilen einer Notiz wird verschickt.

Wenn der Empfänger die Einladung zum Teilen der Notiz akzeptiert hat, wird neben der Notiz ein kleines Symbol angezeigt Ⓒ. Dies ist ein Hinweis darauf, dass diese Notiz freigegeben ist. Beide Seiten, also Sie und die eingeladenen Personen, können die Notiz nun beliebig bearbeiten. Eine Änderung wird sofort an alle Personen weitergeleitet.

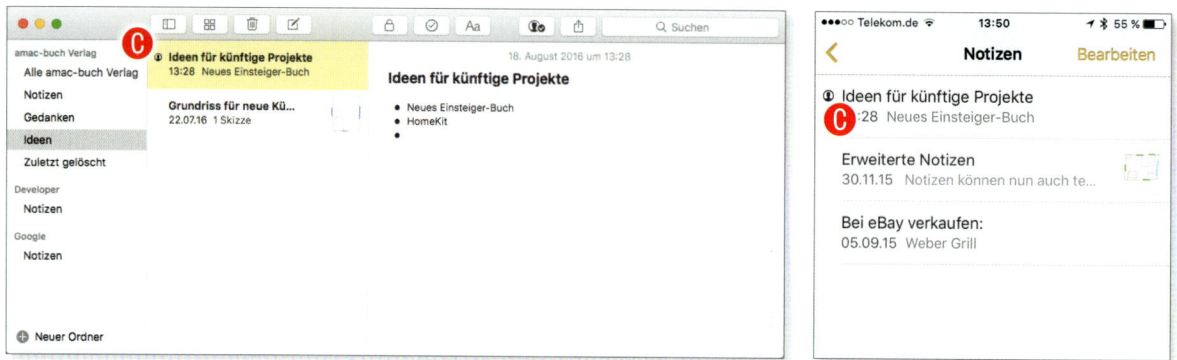

Eine geteilte Notiz erhält ein spezielles Symbol, das bei Ihnen (links) und beim Empfänger (rechts) angezeigt wird.

Die Freigabe einer Notiz kann jederzeit erweitert oder aufgehoben werden. Dazu müssen Sie nur wieder auf das Freigabesymbol klicken. Sofort erhalten Sie eine Liste mit allen Personen, welche die Notiz mit Ihnen teilen. Sie können nun entweder neue *Personen hinzufügen* **D** oder mit *Teilen beenden* **E** die gemeinsame Nutzung der Notiz aufheben.

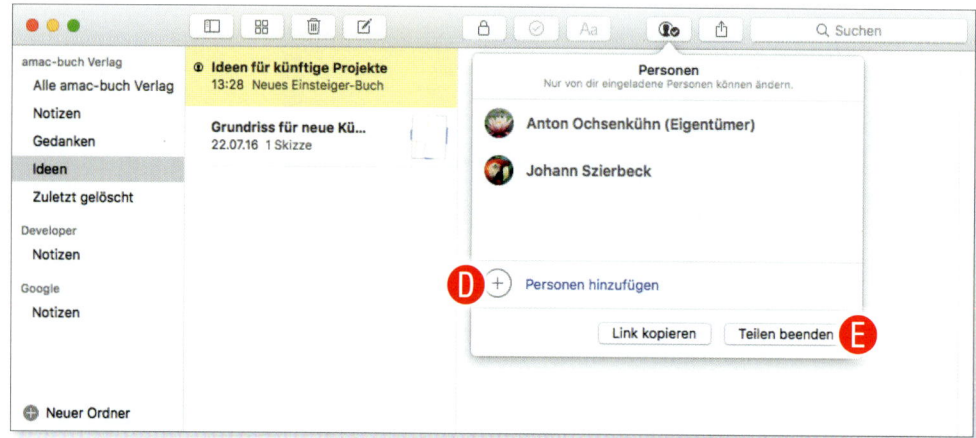

Die Freigabe der Notiz kann erweitert und beendet werden.

Notizen sperren

Das Programm Notizen hält noch ein weiteres Feature bereit, nämlich die Möglichkeit, einzelne Notizen mit Passwort zu sperren. Wenn Sie also z. B. eine Notiz haben, die Ihre Zugangsdaten für diverse Internetportale oder Geräte enthält, können Sie diese mit einem eigenen Passwort sperren. Nur wer das Passwort hat, kann dann den Inhalt der Notiz einsehen und bearbeiten.

Die Sperrfunktion finden Sie in der Symbolleiste. Wenn Sie eine Notiz markiert haben und dann auf das Symbol klicken, wählen Sie die Funktion *Diese Notiz sperren* ❶ aus. Anschließend definieren Sie ein Passwort zum Schutz der Notiz.

> **!** Das Passwort, das Sie definieren, wird für alle gesperrten Notizen verwendet. Sie können keine individuellen Passwörter für die einzelnen Notizen festlegen. Wenn Sie iCloud als Standardaccount verwenden, dann können Sie unter Verwendung Ihres iCloud-Kennwortes das Passwort zurücksetzen, ohne das vorherige zu kennen. Über **Passwort ändern** geben Sie zunächst das bisherige Kennwort ein, um anschließend ein neues zu definieren.

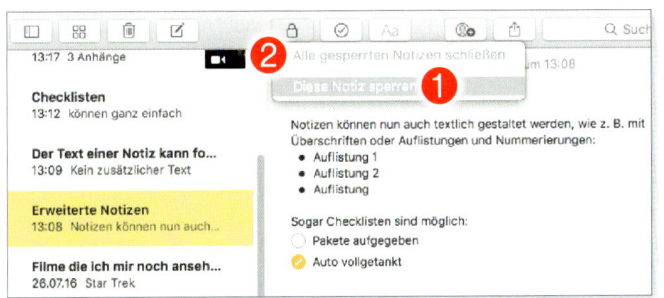
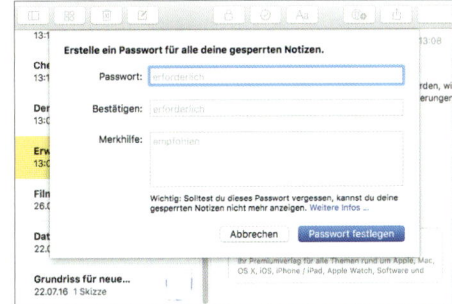
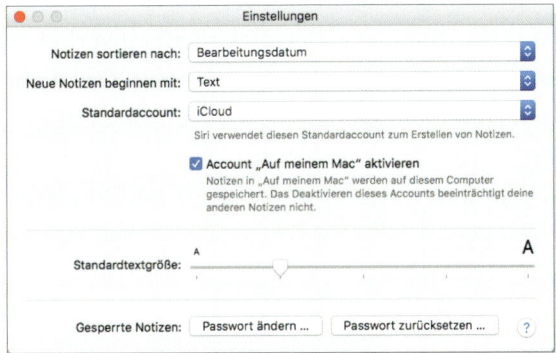

Für das Sperren von Notizen muss ein Passwort definiert werden. Via „Notizen -> Einstellungen" können Sie es jederzeit ändern.

Nachdem Sie das Passwort festgelegt haben, können Sie die Notiz endgültig zusperren. Dazu müssen Sie das Symbol für die Sperrfunktion wieder anklicken und anschließend *Alle gesperrten Notizen schließen* ❷ auswählen. Die gesperrten Notizen werden damit verschlossen und zeigen nun ein Eingabefeld für das Passwort an, um die Notiz wieder zu entsperren.

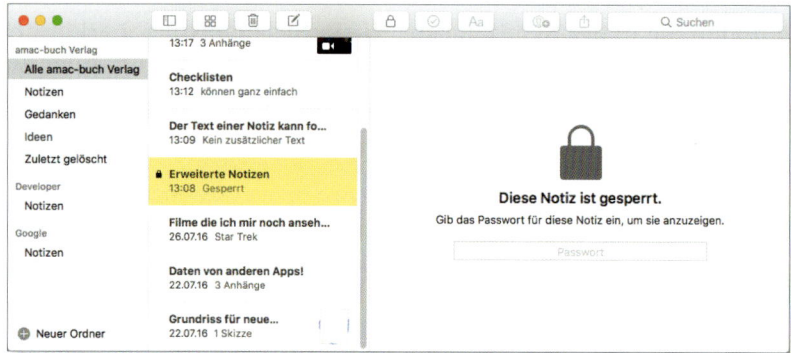

Die Notiz ist nun gesperrt und kann nur mit dem richtigen Passwort wieder geöffnet werden.

! Die Sperrung kann auch wieder entfernt werden. Dazu klicken Sie erneut auf das Symbol für die Sperrfunktion und wählen die Option **Schutz aufheben** aus.

Notizen anheften

Um bei einer großen Anzahl von Notizen den Überblick nicht zu verlieren, sollten Sie wichtige Notizen anheften. Damit bleiben diese in der Notizenliste stets ganz oben. Das Anheften können Sie ganz einfach mit der Maus oder dem Trackpad erreichen: Ziehen Sie die Notiz in der Liste von links nach rechts, um das Anheften zu aktivieren. Führen Sie die Geste erneut aus, um es wieder abzuschalten. Wenn Sie übrigens von rechts nach links wischen, können Notizen ganz einfach gelöscht oder gesperrt werden.

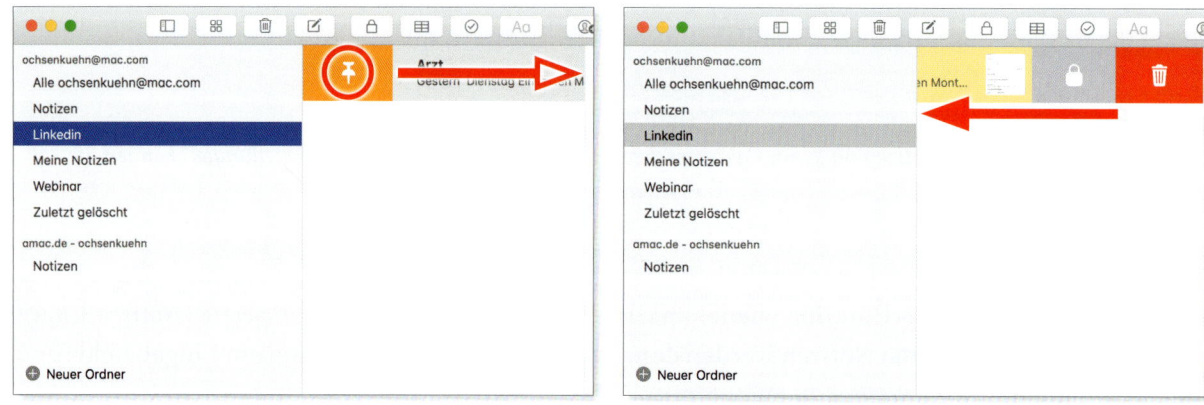

Über das Wischen nach rechts oder links werden pfiffige Zusatzfunktionen eingeblendet.

Nachrichten

Auch das Programm *Nachrichten* ist über das iPhone und das iPad auf den Mac gekommen. Es dient schlicht und ergreifend dazu, zwischen iOS-Geräten und macOS-Geräten *iMessages* auszutauschen und SMS-Nachrichten zu senden bzw. zu empfangen. iMessages sind quasi SMS-Nachrichten, die Apple kostenlos verteilt. Diese Nachrichten können im Gegensatz zu einer SMS deutlich mehr Text enthalten und zudem auch Bilder und Videoinformationen übertragen. Notwendig ist eine Apple-ID. Deshalb ist der erste Weg, um mit dem Programm Nachrichten zu arbeiten, das Eintragen einer Apple-ID, sofern dies nicht schon bei der Installation geschehen ist.

 Wurde ein Rechner neu installiert und dabei bereits die **Apple-ID** hinterlegt, ist diese in allen relevanten Programmen eingetragen, also auch im Programm Nachrichten. Ebenso verhält es sich, wenn ein neuer Benutzer unter macOS auf dem Rechner aktiviert wird. Auch dort kann sofort eine Apple-ID eingetragen werden, die dann im Programm Nachrichten zur Verfügung steht.

Kommen wir noch einmal auf die tragbaren iOS-Geräte zurück. Das iPhone beispielsweise verfügt über eine eindeutige Telefonnummer. Das heißt, hier können die Nachrichten auch vom Telefon versendet werden, ohne dass eine Apple-ID eingetragen ist. Es kann aber zudem eine Apple-ID eingetragen werden, sodass auch unter dieser ID die Nachrichten auf dem iPhone ankommen.

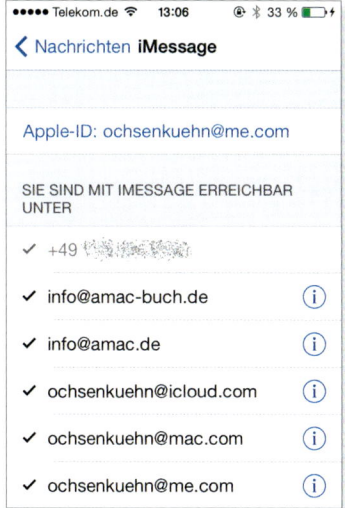

Die iMessage-Einstellungen am iPhone.

Das iPad hingegen verfügt, auch wenn es eine SIM-Karte enthält, nicht über eine eigene Telefonnummer. Beim iPad ist also im Bereich *Nachrichten* eine Apple-ID zu hinterlegen, damit der Nachrichtenaustausch funktionieren kann.

Ist nun am Computer im Programm Nachrichten die gleiche Apple-ID eingetragen wie am iPhone oder iPad, werden sämtliche Nachrichten automatisch synchronisiert. Das heißt, eine einmal begonnene Konversation auf dem Rechner kann anschließend lückenlos auf dem iPhone oder iPad weiterverwendet werden.

> **!** Die Übertragung der **iMessages** wird übrigens von Apple verschlüsselt, und ist zur Zeit (Stand: September 2017) sogar für Geheim- und Polizeidienste nicht zu knacken.

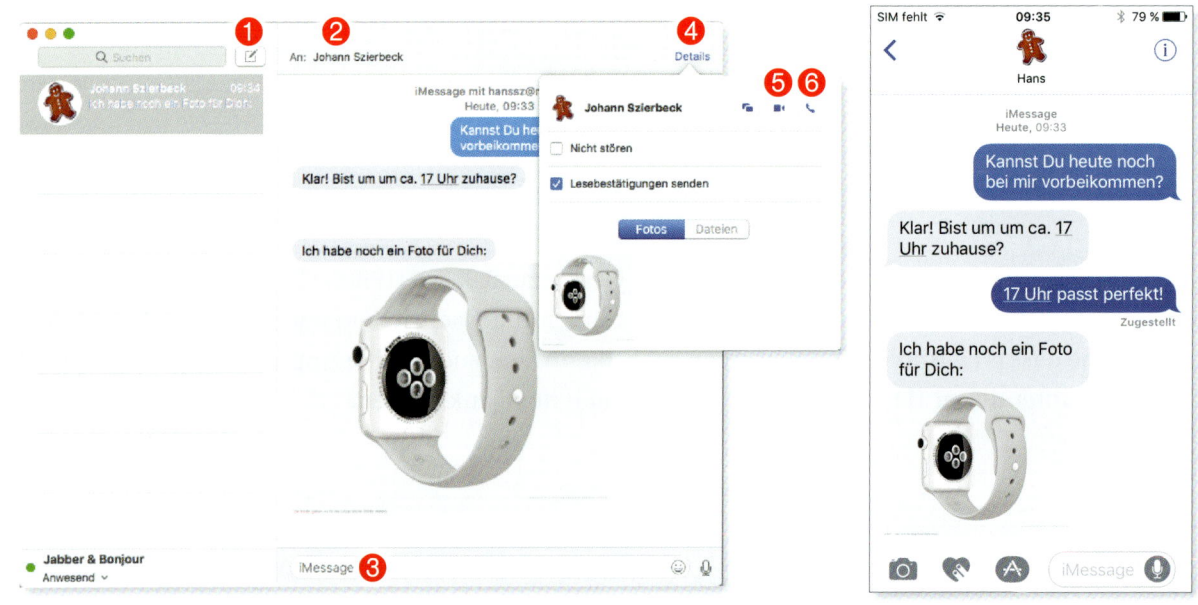

Konversation im Programm Nachrichten auf dem Mac (links) und auf dem iPhone (rechts).

Wenn Sie mit einer neuen Person in direkten Kontakt treten möchten, klicken Sie auf das Icon ❶, um eine neue Nachricht zu erstellen und eine neue Konversation aufzubauen. Geben Sie daneben im Feld *An* ❷ entweder die Apple-ID des Empfängers oder, sofern Sie wissen, dass er über ein iPhone verfügt und dort auch die entsprechende Funktion aktiviert hat, die Mobiltelefonnummer des Ansprechpartners ein. Am unteren Rand des Nachrichtenfensters ❸ tragen Sie nun die Nachricht ein. Um an die neue Nachricht neben der Textinformation ein Bild anzuhängen, ziehen Sie das betreffende Bild einfach per Drag & Drop in das Eingabefeld. Und wenn Sie möchten, verwenden Sie noch ein Smiley, um Ihrer Nachricht eine persönliche Note zu verleihen.

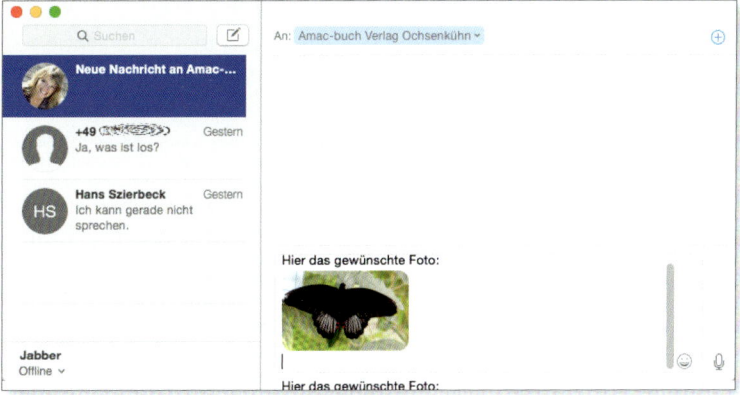

Eine neue Nachricht mit Bilddatei.

Falls Ihnen das eintippen zu mühsam ist, dann klicken Sie auf das Mikrofonsymbol und sprechen eine Nachricht. Klicken Sie anschließend auf *Senden*, wird die Sprachnachricht verschickt.

> ! Sprachnachrichten funktionieren prima ab iOS 8 bzw. OS X Yosemite. Anwender mit älteren Betriebssystemen könnten Probleme beim Empfang haben.

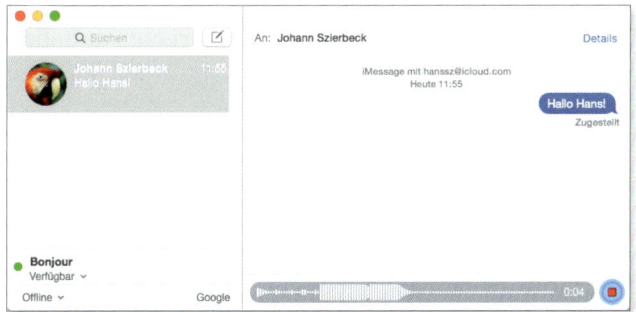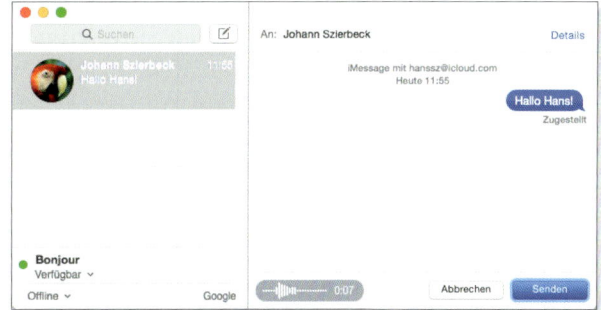

Mit der App „Nachrichten" können auch Sprachnachrichten verschickt werden.

Damit Sie zu einem späteren Zeitpunkt noch nachvollziehen können, welche Sprachnachrichten Sie verschickt haben, sollten Sie nach dem Versand auf die Option *Behalten* klicken. Tun Sie dies nicht, wird die Sprachnachrit nach ca. zwei Minuten aus der Konversation entfernt.

Sprachnachrichten werden aus der Konversation entfernt, wenn man nicht die Option „Behalten" benutzt.

 Selbst Videodateien in HD-Qualität können via iMessage (Nachrichten) verschickt werden. Öffen Sie dazu die **Details** ❹ und klicken auf das Kamerasymbol ❺, damit startet eine FaceTime-Videokonferenz. Via ❻ können Sie ein Telefonat führen (FaceTime-Audio).

Sobald Sie nun mit der *Returntaste* die Nachricht absenden, wird versucht, die Nachricht zuzustellen. Und nachdem der iMessages-Dienst nur auf Apple-Geräten funktioniert, erhalten Sie auch gleich eine Rückmeldung, ob die Nachricht gesendet werden konnte.

Nachricht konnte nicht gesendet werden.

Ja, auch das ist möglich: Sie können sich eine Bestätigung zusenden lassen. Dazu muss aber Ihr Gegenüber diese Funktion aktiviert haben. Die diesbezügliche Funktion finden Sie in den *Nachrichten –> Einstellungen* im Reiter *Accounts*. Tippen Sie dazu noch Ihre Apple-ID ein und quittieren Sie rechts daneben *Lesebestätigung senden*.

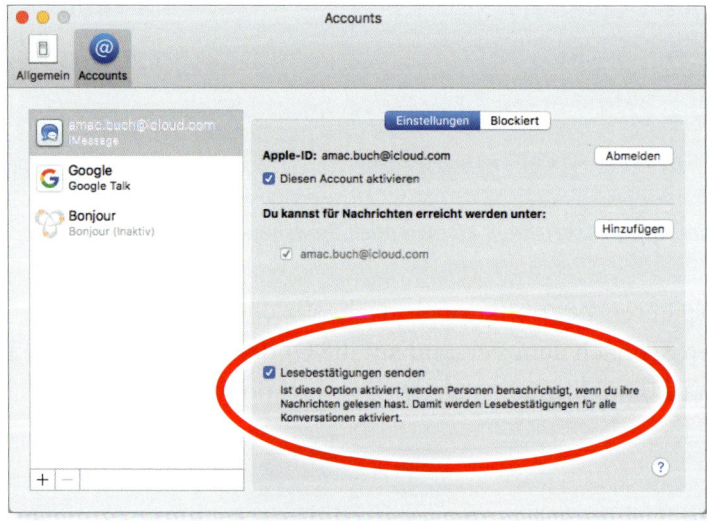

Lesebestätigung senden.

In den *Einstellungen* finden Sie zudem die Eigenschaft, neben Ihrer Apple-ID noch eine weitere E-Mail-Adresse zuzuordnen, unter der Sie dann ebenfalls für Nachrichten (iMessage) erreichbar sind. Jede E-Mail-Adresse muss jedoch mit Ihrer Apple-ID bestätigt werden. Das heißt, nachdem Sie eine neue Adresse eingegeben haben, wird eine Bestätigungs-E-Mail an diese E-Mail-Adresse gesendet, mit der Sie dann wiederum zurück auf eine Internetseite gehen und dort noch einmal Ihre Apple-ID-Daten eingeben, um diese neue E-Mail-Adresse zu verifizieren.

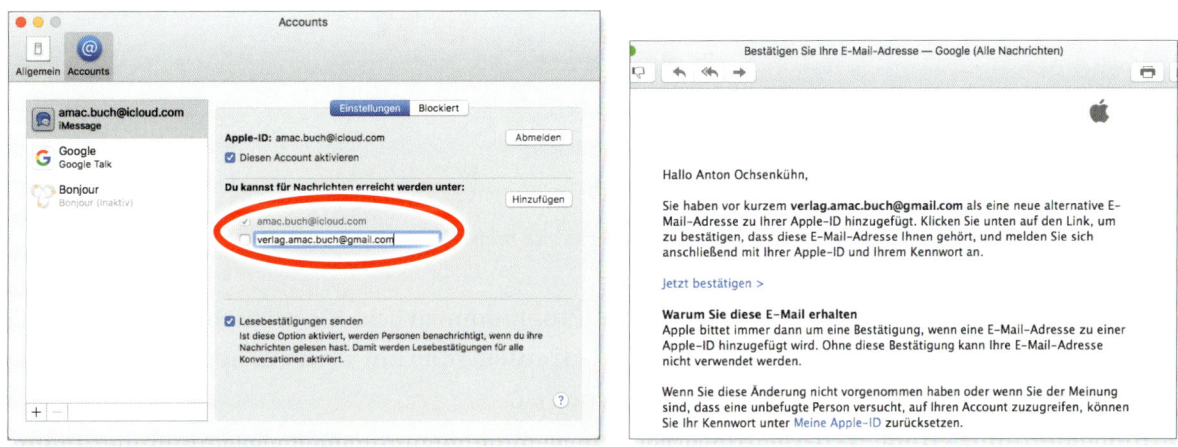

Eine neue E-Mail-Adresse die hinzugefügt wird (links), muss noch bestätigt werden (rechts).

Klicken Sie in der Mail auf *Jetzt überprüfen* und Sie werden auf eine Internetseite weitergeleitet, auf der Sie über Ihre Apple-ID-Daten die neue zusätzliche E-Mail-Adresse bestätigen lassen können.

 Der Überprüfungsprozess muss nur einmal stattfinden. Das heißt: Wenn Sie ihn beispielsweise in macOS ausgeführt haben, können Sie die weiteren E-Mail-Adressen auch am iPhone und iPad eintragen. Und je mehr E-Mail-Adressen Sie hier zuordnen, desto größer ist auch die Wahrscheinlichkeit, dass Menschen, die mit Ihnen in Kontakt treten möchten, auch die korrekte E-Mail-Adresse verwenden.

Vielleicht haben Sie in der rechten oberen Ecke des Nachrichtenfensters bereits die Buttons mit einem Kamera- und Telefonsymbol **A** gesehen. Wenn Sie diese Funktionen verwenden, wechseln Sie vom Programm Nachrichten zum Programm *FaceTime*. Das Programm FaceTime stellt dann die Möglichkeit zur Verfügung, per Audio oder Video mit Ihrem Gegenüber zu kommunizieren. Und Sie haben völlig richtig erkannt: Auch das Programm FaceTime muss dazu eine Apple-ID hinterlegt haben, und zwar im Regelfall die gleiche, die Sie bei Nachrichten eingestellt haben. Und auch Ihr Gegenüber benötigt FaceTime. Dazu gibt es gleich weitere Informationen.

Zusätzlich zur Kontaktaufnahme per FaceTime können Sie auch noch eine Aufforderung zur Bildschirm-freigabe senden. Dabei übernehmen entweder Sie die Steuerung des fremden Rechners oder umgekehrt jemand anderes übernimmt die Steuerung von Ihrem Rechner. Näheres zur Bildschirmfreigabe finden Sie im Kapitel 12 ab Seite 645.

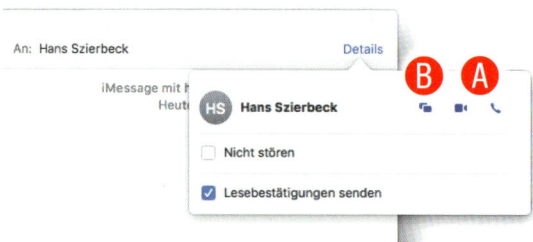

Weitergabe zu FaceTime bzw. zur Bildschirmfreigabe.

Aber kommen wir noch einmal zum Nachrichten-Programm zurück. Möchten Sie sich auf eine Konversation konzentrieren, führen Sie einen Doppelklick aus. Daraufhin wird ein neues Fenster geöffnet, in dem ausschließlich diese eine Konversation zu sehen ist.

> ! Alternativ dazu können Sie durch Gedrückthalten der **cmd-** und der **Tab-Taste** durch die Konversation scrollen. Übrigens können Sie eine Konversation beenden, indem Sie mit **cmd + W** das Fenster schließen.

Um eine Konversation zu löschen, wählen Sie in der dazugehörigen Zeile das kleine *x* und bestätigen die Rückfrage des Programms Nachrichten.

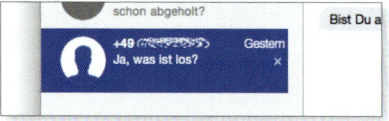

Konversation löschen.

Mit Nachrichten lassen sich nicht nur einfache Textnachrichten oder Bilder empfangen. Wenn Ihnen jemand einen YouTube-Link oder den Link zu einer Webseite per Nachricht schickt, dann können Sie das Video direkt abspielen bzw. erhalten eine Vorschau der Internetseite, ohne das Programm verlassen zu müssen.

Wenn Sie eine Nachricht mit YouTube- oder Internetseiten-Link erhalten, müssen Sie nur auf die Nach-richt klicken: Sie erhalten umgehend eine Vorschau. Das YouTube-Video kann dann direkt in der Nachricht abgespielt werden, während der Internetlink durch einen zweiten Mausklick in Safari geöffnet werden kann.

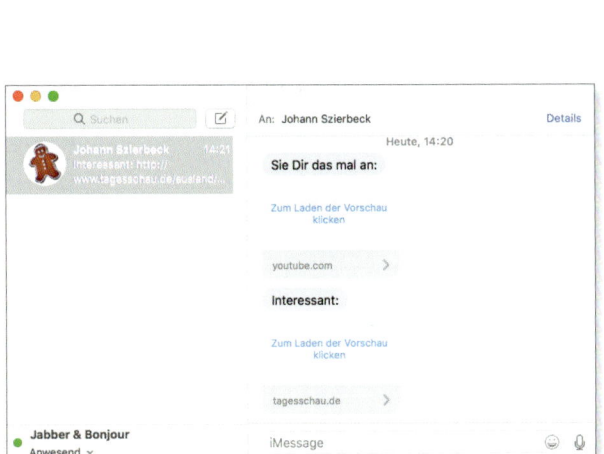
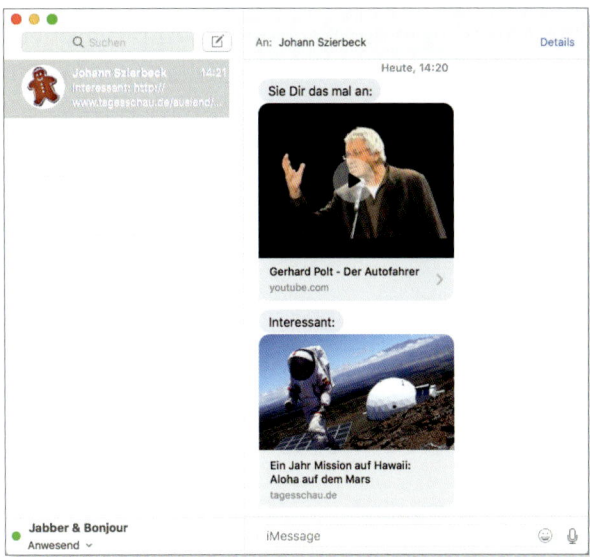

Wenn Sie eine Nachricht mit einem Link zu einem YouTube-Video oder einer Internetseite erhalten (links), können Sie jeweils die entsprechende Vorschau einblenden.

Und natürlich können Sie alle Nachrichteneffekte betrachten, die ein iOS-Anwender an Sie versendet hat. Das kann ein Herzschlag, ein handschriftliches Scribble oder etwas anderes sein. Selbst das Versenden von Tapbacks ist mit macOS kein Problem.

Klicken Sie etwa zwei Sekunden auf einen Nachrichteintrag, um die sogenannte Tapbacks auswählen und versenden zu können.

Die Funktionen der Nachrichten-App zwischen iOS und macOS sind unterschiedlich. Damit Sie den Überblick behalten, anbei die tabellarische Kurzübersicht:

Funktionen	macOS		iOS 10 und neuer	
	senden	empfangen	senden	empfangen
Textnachrichten	✔	✔	✔	✔
Audionachrichten	✔	✔	✔	✔
Bilder und Videos	✔	✔	✔	✔
Standort (via Karten-App)	✔	✔	✔	✔
URLs	✔	✔	✔	✔
Tapbacks	✔	✔	✔	✔
Animierte Hintergründe	✘	✘	✔	✔
Animierte Sprechblasen	✘	✘	✔	✔
Animierte Sticker	✘	✔	✔	✔
Scribble und handschriftliche Notizen	✘	✔	✔	✔

Gruppennachrichten

Wenn Sie mit mehreren Personen gleichzeitig kommunzieren wollen, dann tippen Sie im Feld *An* einfach weitere Empfängeradressen ein. Die Nachrichten werden dann an alle Personen gleichzeitig verschickt. Die Antworten sind nicht nur für jede Person der Gruppe sichtbar, sondern es wird auch angezeigt, wer geantwortet hat **A**.

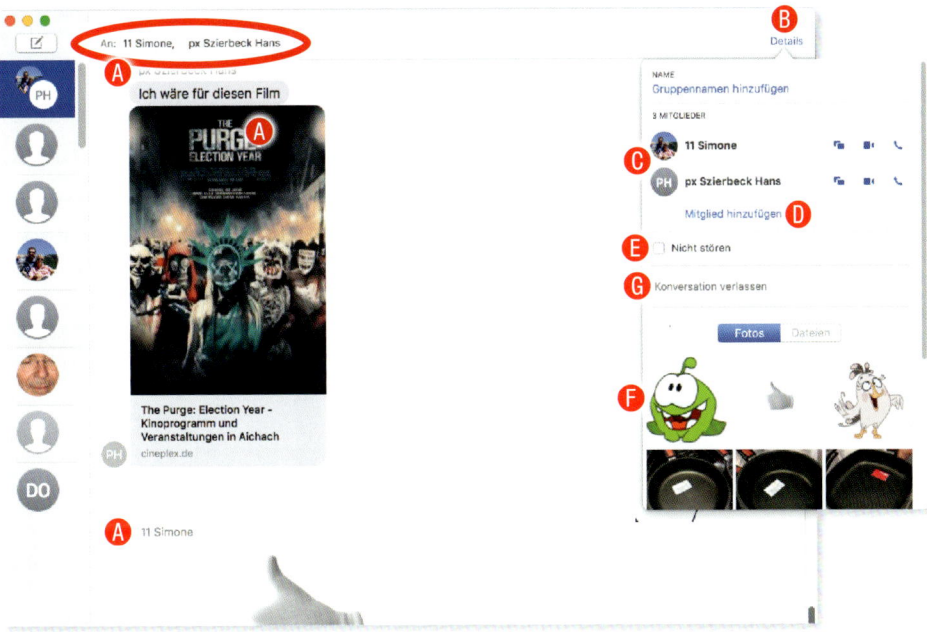

Eine Konversation innerhalb einer Gruppe von Personen.

> **!** Auf dem iPhone oder iPad können die Personen in der Konversation sogar Ihren Standort senden, der dann als kleiner Kartenausschnitt in den Nachrichten erscheint. Am Mac kann man leider noch nicht den eigenen Standort als Nachricht versenden.

In den Details **B** verbergen sich noch einige Funktionen für die Gruppenkonversation. Dort können Sie alle Teilnehmer einsehen **C** und auch weitere Personen einladen **D**. Wenn Sie die Funktion *Nicht stören* **E** aktiveren, erhalten Sie keinen Signalton mehr, wenn jemand eine Nachricht geschrieben hat. Im unteren Bereich bei **F** sehen Sie alle Anhänge, die innerhalb der Gruppenkonversation verschickt wurden. Sie können die Anhänge per Doppelklick öffnen oder einfach auf den Schreibtisch bzw. in einen Ordner ziehen, um sie zu speichern. Als letzte Option haben Sie noch die Möglichkeit die Konversation zu verlassen bzw. zu beenden **G**.

Nachrichten – SMS-Empfang und -Versand

Ab der iOS-Version 8 (iPhone) können Sie mit dem Mac und der App Nachrichten auf dem Computer auch „normale" SMS- bzw. MMS-Nachrichten versenden und empfangen. Nötig hierfür ist die einmalige Verbindungsherstellung zwischen dem Computer und dem iPhone sowie die gleiche Apple-ID für iCloud. Auf dem iPhone wechseln Sie zu *Einstellungen –> Nachrichten –> SMS-Weiterleitung* und aktivieren das Gerät, das die SMS-Nachrichten empfangen und senden soll.

Nach der Eingabe des Codes ist die Verbindung hergestellt.

Nun können Sie am Mac an beliebige Mobilfunknummern SMS-Nachrichten versenden. Dabei werden diese über das iPhone versendet.

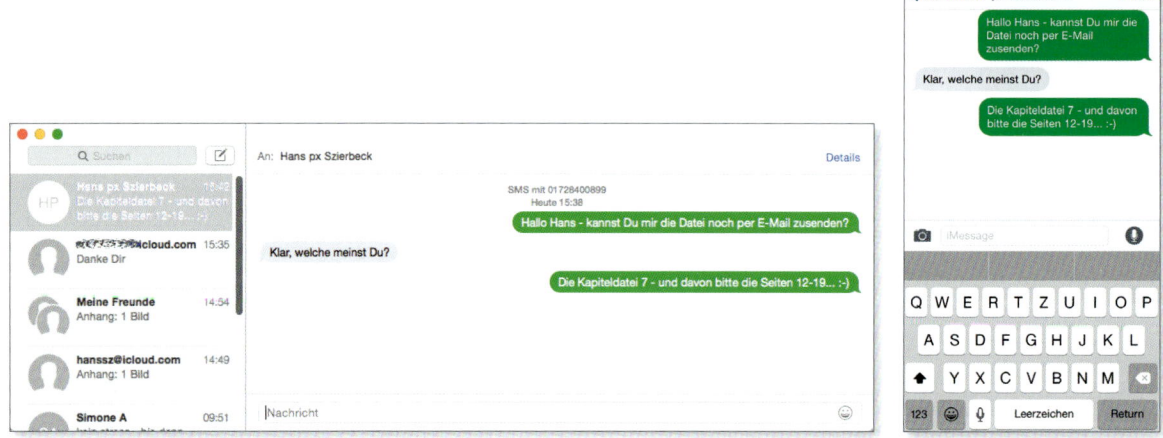

Die Nachrichten-App kann SMS- und MMS-Nachrichten senden und empfangen.

Möchten Sie zu einem späteren Zeitpunkt die Kopplung iPhone-Computer wieder aufheben, so sollten Sie am iPhone in den *Einstellungen* den Eintrag *Nachrichten* aufrufen. Tippen Sie dort auf *SMS-Weiterleitung* und deaktivieren Sie den entsprechenden Computer.

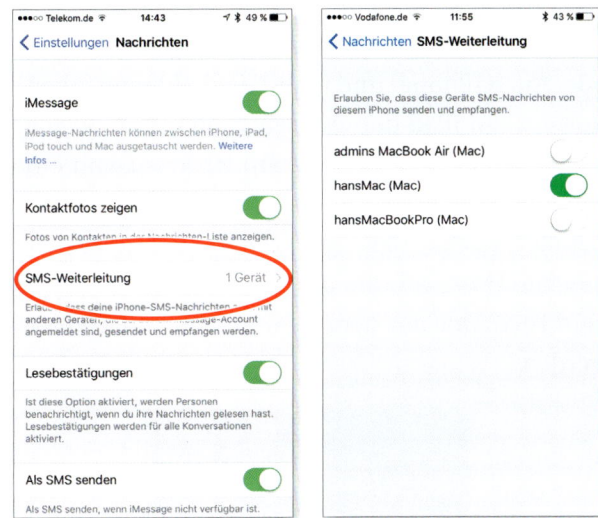

Am iPhone kann die Verbindung zum Computer wieder unterbrochen werden.

FaceTime

FaceTime ist eine sehr elegante Möglichkeit, via Bildtelefon mit anderen Mac-Rechnern in Kontakt zu treten. Aber damit nicht genug: Auch iPhone- und iPad-Geräte können über FaceTime angerufen werden. Notwendig hierfür ist mindestens ein iPad der zweiten Generation oder neuer bzw. ein iPhone 4 oder neuer. Die Geräte verfügen über zwei Kameras: eine an der Front und eine an der Rückseite. Darüber hinaus muss das iPhone 4 bzw. ein iPad 2 mit einem WLAN-Netzwerk verbunden sein, um über die mobile Telefonnummer per FaceTime erreichbar zu sein. Die neueren Modelle können FaceTime zusätzlich über das mobile Funknetz nutzen. Das iPad und auch der Computer werden über eine E-Mail-Adresse angerufen. Wenn wir also nun FaceTime auf dem Rechner starten und konfigurieren, muss dabei eine E-Mail-Adresse hinterlegt werden.

Apple-ID eintragen.

Wenn FaceTime gestartet wird, können Sie dort Ihre Apple-ID hinterlegen.

 Sie erinnern sich: Die Apple-ID beinhaltet die Zugangsdaten, die Sie auch im Rahmen von iTunes verwenden. Sofern Sie ein iPad oder ein iPhone besitzen, haben Sie ebenfalls bereits eine Apple-ID, die Sie nun hier eintragen können.

 Es ist notwendig, dass es eine zentrale Stelle gibt auf die alle Anwender zugreifen, die über FaceTime verfügen. Jede Apple-ID bzw. Mobilfunknummer, die auf einem iPhone 4 oder neuer läuft und auch in FaceTime aktiviert ist, meldet sich zentral bei einem Apple-Server an. Darüber wird dann die Kommunikation eingerichtet.

Nachdem Sie neben Ihrer Apple-ID möglicherweise auch weitere E-Mail-Adressen haben, können Sie zusätzliche E-Mail-Adressen definieren, unter denen Sie ebenfalls per FaceTime erreichbar sein möchten. Wählen Sie dazu den Eintrag *FaceTime –> Einstellungen*.

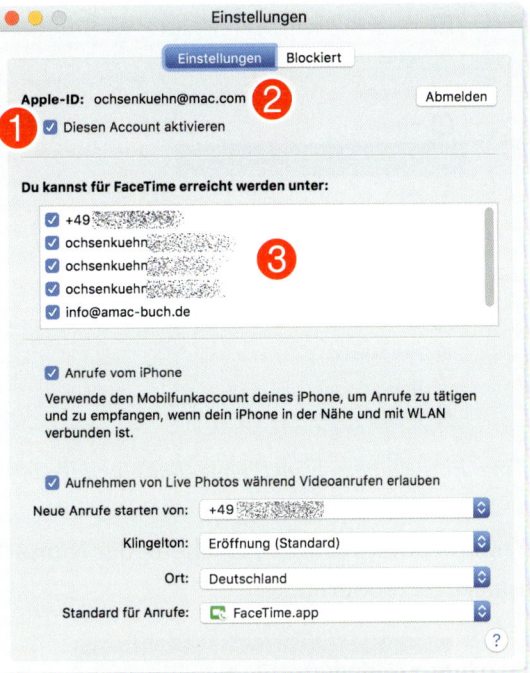

Einstellungen in FaceTime.

Sie sehen in den *Einstellungen*, dass an diesem Arbeitsplatz derzeit FaceTime aktiv ist ❶. Darüber sehen Sie die Apple-ID ❷. Aber: Sie können auch weitere E-Mail-Adressen hinzufügen ❸, unter denen Sie ebenfalls für FaceTime-Anrufe zur Verfügung stehen (*Systemeinstellungen –> iCloud –> Accountdetails –> Kontakt*). Wenn Sie eine weitere E-Mail-Adresse eintragen, wird Apple Ihnen wenig später eine E-Mail senden und Sie auffordern, die zusätzlich eingetragene Adresse zu überprüfen. Sobald Sie in der E-Mail auf den Button *Jetzt bestätigen* klicken, gelangen Sie auf eine Internetseite von Apple, auf der Sie Ihre Apple-ID noch einmal eintragen müssen. Haben Sie dort alle Daten korrekt spezifiziert, gehen Sie über *Adresse bestätigen*, um diese zusätzliche E-Mail-Adresse an FaceTime zu koppeln. Sogleich wird Ihnen Apple dies bestätigen.

Damit haben Sie alle Grundeinstellungen am Mac erledigt, um für zukünftige FaceTime-Anrufe gewappnet zu sein. Am iPhone bzw. iPad finden Sie die Konfiguration von FaceTime in den *Einstellungen*.

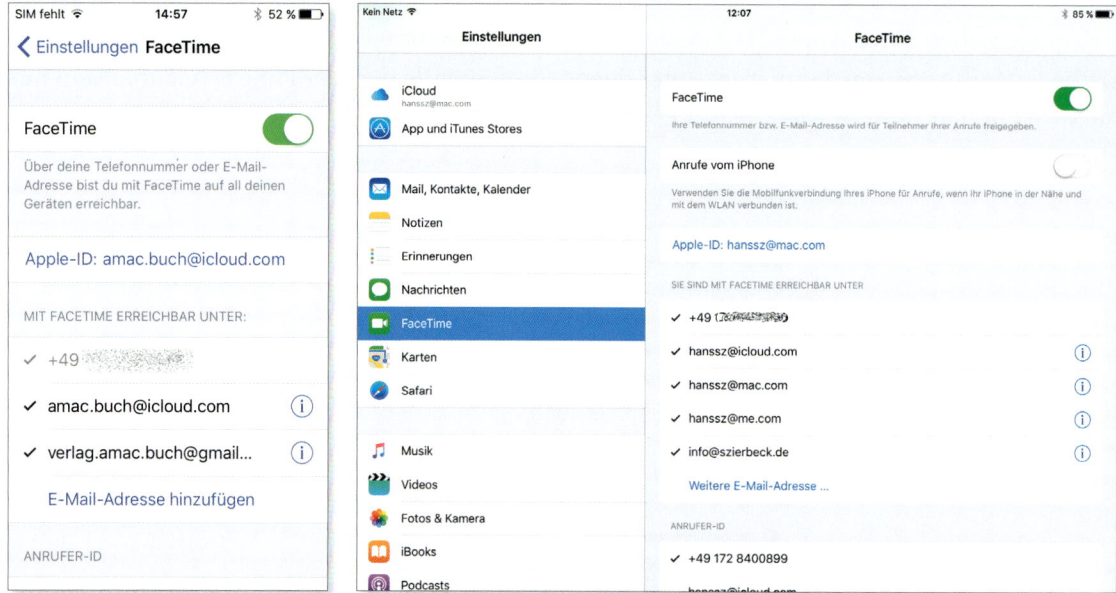

FaceTime-Einstellungen beim iPhone (links) und iPad (rechts).

Versucht jemand, mit Ihnen Kontakt aufzunehmen, erscheint der Name der anrufenden Person im Titel. Sie können den Anruf mit *Annehmen* akzeptieren.

Anruf über FaceTime.

Sobald der Anruf durchgestellt ist, sehen Sie das Livebild Ihres Gegenübers. Sie haben nun in dem erscheinenden Fenster einige sehr interessante Funktionen.

So sieht FaceTime während eines Videochats aus.

Sie sehen zum einen das Bild Ihres Gegenübers und Ihr eigenes Bild. Sie können Ihr eigenes miniaturisiertes Bild an eine beliebige Stelle innerhalb des Fensters ziehen ❶. Möchten Sie den FaceTime-Call bildschirmfüllend sehen, klicken Sie auf den Button ❷, um in den Vollbildmodus zu gelangen. Um kurzfristig das Mikrofon stumm zu schalten, verwenden Sie den entsprechenden Button ❸. Und ist das Gespräch zu Ende, können Sie via *Beenden* ❹ auflegen. Für ein Live Photo können Sie auf ❺ klicken.

Da sowohl iPhones als auch iPads auf der Rückseite der Geräte Kameras besitzen, kann Sie, sofern Sie mit derartigen Geräten verbunden sind, Ihr Gegenüber auf die rückwärtige Kamera umschalten. Sie sehen dann, was der Anwender auf der anderen Seite vor sich hat. Besonders nett ist, dass FaceTime auch erkennt, ob das iPhone bzw. das iPad im Hoch- oder im Querformat gehalten wird.

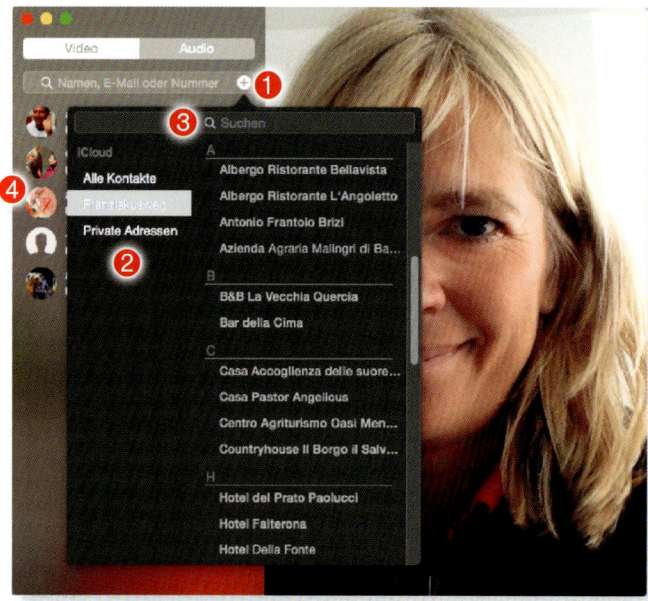

FaceTime zeigt die Kontaktliste des Kontakts.

Möchten Sie selbst einen FaceTime-Call starten, bietet Ihnen FaceTime im linken Teil des Fensters die Kontaktliste mit allen bereits getätigten Gesprächen an ❹. Um das Adressbuch bzw. die Kontakte aufzurufen, klicken auf das Pluszeichen ❶. Die Adressliste wird selbstverständlich aus Ihren Kontakten ausgelesen. Deshalb sind auch die Gruppen ❷ verfügbar, die Sie im Programm Kontakte definiert haben. Natürlich können Sie sehr einfach über die Suchfunktion ❸ aus Ihrer umfangreichen Kontaktliste Personen ausfindig machen. Sobald Sie einen Kontakt in Ihrer Liste anklicken, sehen Sie dessen Details. Und dort sind möglicherweise E-Mail-Adresse und Telefonnummer hinterlegt. Ist die E-Mail eine Apple-ID und hat der andere das Programm FaceTime geöffnet, können Sie auf die E-Mail-Adresse klicken und sofort wird ein Anruf zu dieser Person aufgebaut.

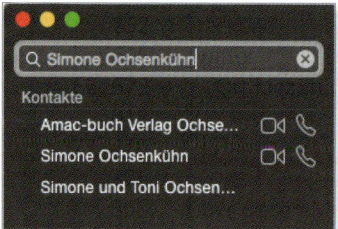

Sie können noch detaillierter steuern, wie Sie den Anrufer kontaktieren möchten – nämlich entweder per Videoanruf (*FaceTime*) oder per *FaceTime Audio* – also quasi per „Telefon". Sie müssen nur auf das entsprechende Symbol klicken.

Sollte der ausgewählte Kontakt nicht über FaceTime verfügen, dann sind die beiden Symbole für Video und Audio nicht sichtbar, und Sie können keinen FaceTime-Anruf tätigen.

Sie sehen also, dass die Videotelefonie über FaceTime sowohl über E-Mail-Adressen als auch über Telefonnummern möglich ist. Einmal eingerichtet, funktioniert sie wirklich ganz hervorragend. Sofern Sie ein iPhone 4 oder neuer besitzen, sollten Sie nicht vergessen, FaceTime auch zu aktivieren. Sie finden diese Funktion in den *Einstellungen* bei *FaceTime*. Bringen Sie den Schieberegler auf die rechte Position und nach wenigen Sekunden ist die Aktivierung abgeschlossen und Ihr iPhone ist nun für FaceTime-Anrufe verfügbar. Anwender wählen dazu Ihre Mobiltelefonnummer.

Und das Gleiche gilt natürlich auch für FaceTime auf dem iPad. Gehen Sie dort ebenfalls in die *Einstellungen* und bringen Sie den Schieberegler auf die dafür vorgesehene Position. Vergessen Sie beim iPad nicht, ebenfalls Ihre Apple-ID einzutragen. Und das iPad verhält sich genauso wie FaceTime am Computer: Sie können weitere E-Mail-Adressen eintragen, unter denen Sie FaceTime-Calls empfangen möchten.

Kontakte sperren bzw. blockieren

Vielleicht haben Sie sowohl in FaceTime als auch in der App Nachrichten in den Einstellungen (*cmd + ,*) den Begriff *Blockiert* schon gesehen. Damit können Sie Personen, die sich in der Kontakte-App befinden, davon abhalten, Ihnen Nachrichten zu senden oder per FaceTime-Video oder -Audio mit Ihnen in Kontakt zu treten.

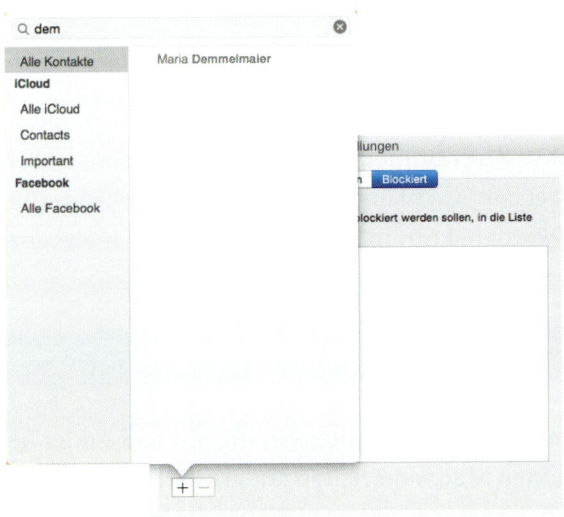

Blockierte Kontakte können weder per Nachrichten noch per FaceTime mit Ihnen in Verbindung treten.

Sofern Sie über einen aktiven iCloud-Account verfügen, wird diese Liste von blockierten Kontakten zwischen macOS und iOS abgeglichen. Wenn Sie also ein iPhone mit iOS 7 oder neuer besitzen, finden Sie die blockierten Kontakte innerhalb der App *Einstellungen* und dort entweder bei *Nachrichten*, *FaceTime* oder auch bei *Telefon* jeweils innerhalb von *Blockiert*.

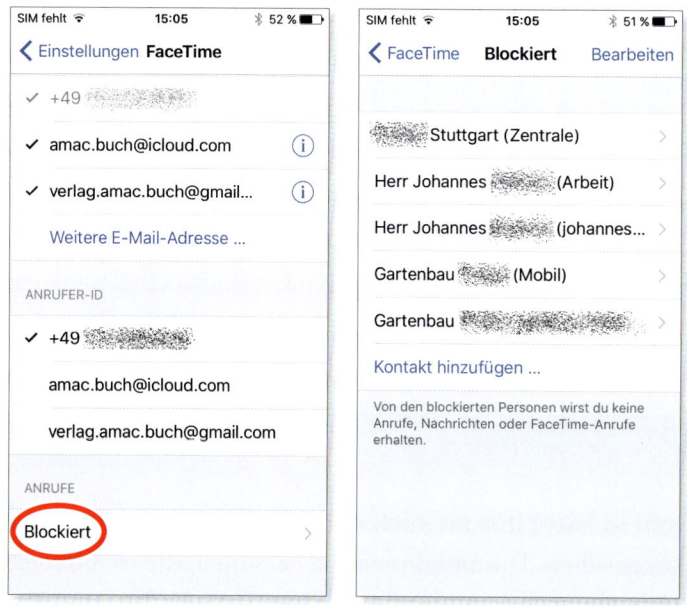

Blockierte bzw. gesperrte Kontakte werden via iCloud zwischen macOS und iOS abgeglichen.

Sie können also beispielsweise am Telefon unliebsame Personen auf die Liste setzen. Haben Sie von der Person neben dessen Apple-ID auch seine Telefonnummer (egal, ob Festnetz oder Mobilnummer), so werden sowohl *FaceTime* und *Nachrichten* als auch die App *Telefon* nicht mehr auf dessen Anrufe reagieren. Sofern Sie eine Mailbox für Ihre Rufnummer haben, wird diese den Anrufer in Empfang nehmen. Ihre Anrufliste der Telefon-App listet den Anruf erst gar nicht auf :-). Auch empfangene SMS-Nachrichten von diesen gesperrten Kontakten werden dann in Ihrem iPhone nicht mehr gezeigt.

Telefonieren mit dem iPhone am Mac

Eine angenehme Funktion von macOS im Zusammenhang mit iOS 8 oder neuer ist die Möglichkeit, Anrufe vom iPhone per WLAN an einen Mac weiterleiten zu lassen. Das ist dann sinnvoll, wenn das iPhone zu Hause beispielsweise am Strom hängt und Sie das Klingeln oder Vibrieren daher nicht hören.

Sitzen Sie dann am Rechner, so können Sie den Anruf sogar an diesen Geräten annehmen. Das iPhone brauchen Sie dazu nicht. Am Mac sieht das dann so aus:

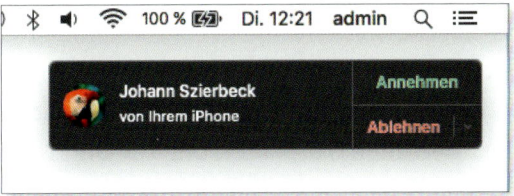

Mit macOS kann ein Anruf direkt am Computer entgegengenommen und auch von dort aus initiiert werden.

> **!** Um diese Funktion nutzen zu können, müssen Sie am iPhone in den **Einstellungen** –> **Telefon** –> **Auf anderen Geräten** die Option **Anrufe auf anderen Geräten** einschalten und am Mac in FaceTime bei **Einstellung** die Option **Anufe vom iPhone** aktivieren. Außerdem müssen alle Geräte mit demselben iCloud-Account ange-meldet sein, sich im selben WLAN befinden und Bluetooth muss an allen Geräten aktiviert sein. Desweiteren müssen alle Geräte mit Bluetooth LE ausgestattet sein, was an älteren Macs nicht der Fall ist. Und Sie können über diese Funktion auch Anrufe an iPad und Mac starten, indem Sie eine Rufnummer auswählen. Das kann über die Kontakte-App erfolgen oder auch über eine Telefonnumer, die sich auf einer Internetseite befindet.

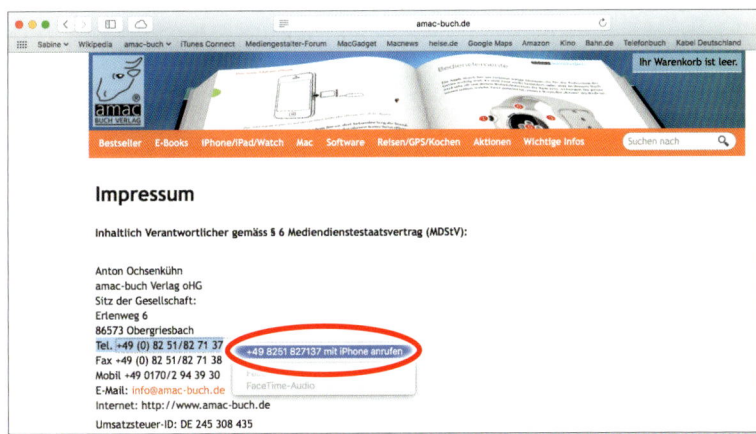

Ist die Verbindung von Mac und iPhone etabliert, so kann über das Kontextmenü praktisch von überall her ein Anruf gestartet werden, wie z. B. aus einer E-Mail heraus (links) oder in Safari (rechts).

Hilfe von außen – Teamviewer

Mit TeamViewer erhalten Sie ein kostenloses und absolut geniales Programm. Und TeamViewer arbeitet ähnlich wie Skype hervorragend plattformübergreifend. Laden Sie sich die kostenfreie Version von der Internetseite *www.teamviewer.com* herunter. Voraussetzung für die Arbeit mit TeamViewer ist, dass auf beiden beteiligten Rechnern die Applikation gestartet ist.

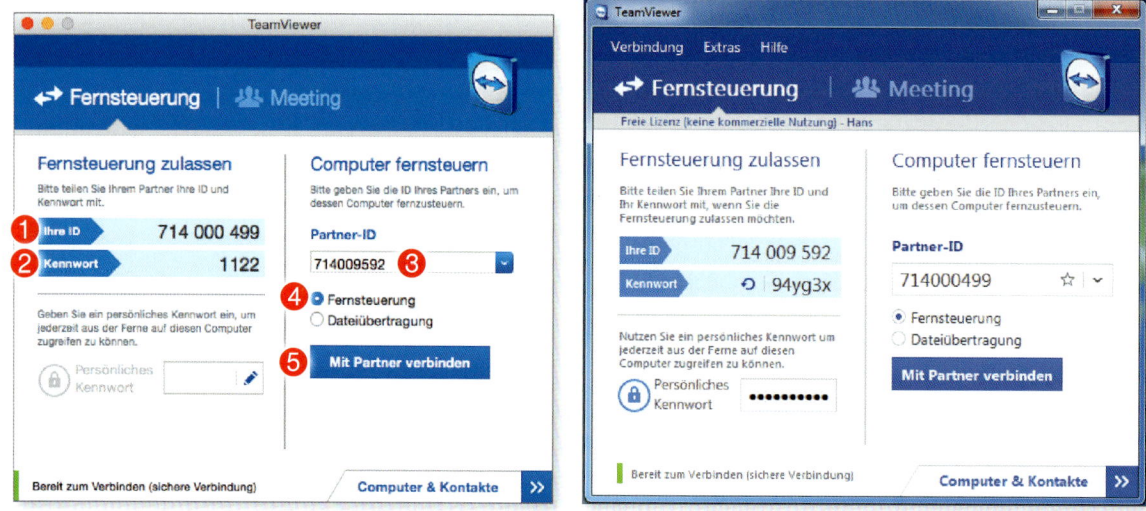

TeamViewer ist sowohl auf dem Mac (links) als auch auf dem Windows-Rechner (rechts) gestartet.

Wenn Sie auf den Bildschirmfotos die jeweils linke Seite betrachten, sehen Sie dort die Meldung *Fernsteuerung zulassen*. Und darunter sehen Sie den Eintrag mit der ID ❶. Wie Sie sehen, hat der Mac eine ganz andere ID als der Windows-Rechner. In dem Augenblick, in dem TeamViewer gestartet wird, bekommt der ausführende Rechner eine weltweit eindeutige ID. Darunter zeigen beide Rechner ein Kennwort ❷.

 Während die ID für Ihren Rechner gilt, wird das Kennwort bei jedem Start neu festgelegt. Das ist ein Schutzmechanismus, damit nicht jemand, dem Sie bereits einmal Ihr Kennwort übertragen haben, ohne Ihr Wissen auf Ihren Rechner zugreifen kann. Bei jedem Beenden und Starten also eine Änderung im Bereich **Kennwort**.

Auf der rechten Seite sehen Sie den Bereich *Computer fernsteuern*. Sie können dort zwischen verschiedenen Möglichkeiten wählen, wie die Verbindung aussehen soll ❹ (Fernwartung oder Dateiübertragung). Im Regelfall werden Sie die *Fernwartung* verwenden, um den Bildschirm eines anderen Rechners fernsteuern zu können. Geben Sie bei *Partner-ID* die Kennung des anderen Rechners ein ❸. Sie sehen hier, dass der Mac mit dem Windows-Rechner in Kontakt treten will und deshalb dessen ID eingetragen wird. Sobald auf *Mit Partner verbinden* ❺ geklickt wird, folgt die Kennwortabfrage. Wird auch diese korrekt beantwortet, sieht der Mac den Windows-Bildschirm.

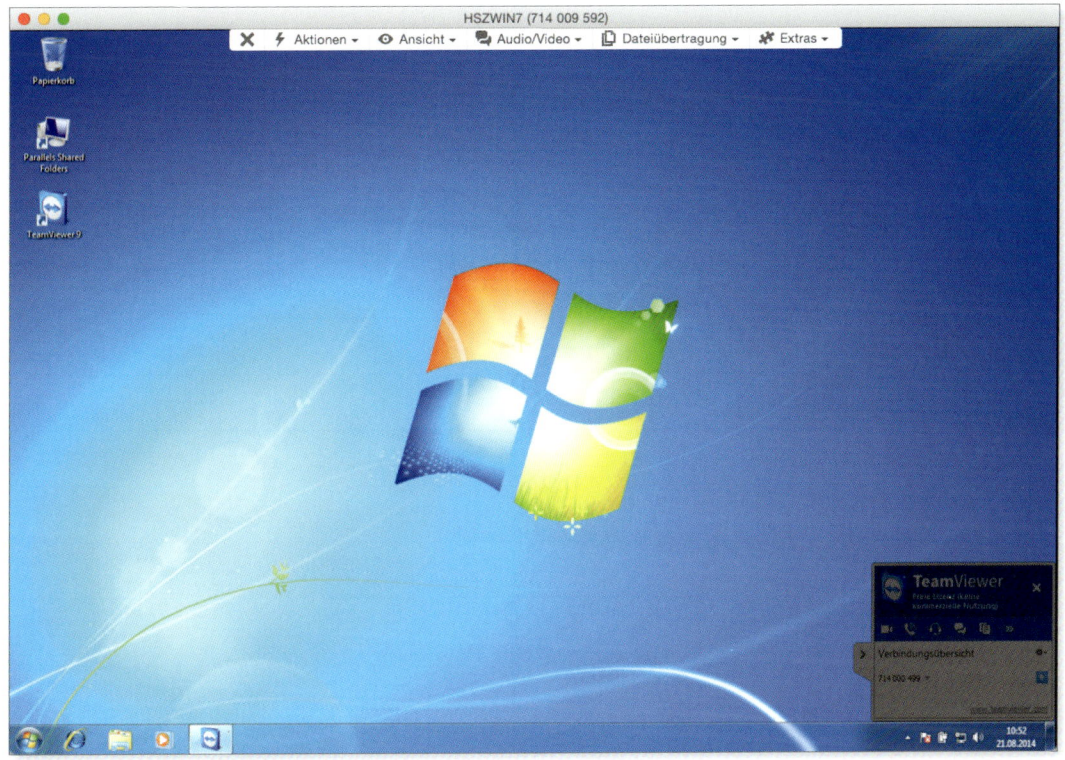

TeamViewer (Mac) hat Kontakt mit einem Windows-Rechner aufgenommen.

Und Sie sehen nun, dass der Windows-Bildschirm auf den Mac übertragen wird. Bedenken Sie bitte, dass dies über das Internet erfolgt und absolut kostenfrei ist. Wenn Sie die Menüleiste betrachten, erkennen Sie, dass neben der Fernsteuerung auch eine Dateiübertragung oder weitere Aktionen möglich sind. Mit dem TeamViewer erhalten Sie also ein hervorragendes Werkzeug, um auf andere Rechner aus der Ferne zugreifen zu können. TeamViewer ist eine hervorragende Applikation für den Bereich Helpdesk oder Support. Um die Verbindung zu trennen, verwenden beide Partner das große *X* im Fenster.

 Gerade für einen Mac-Neuling kann das Programm TeamViewer sehr interessant sein, um aus der Ferne Hilfe zu bekommen, wenn es einmal irgendwo klemmen sollte.

Kapitel 5

Mit Programmen arbeiten

Der Klassiker – das Dock

Wie bereits erwähnt, finden Sie das *Dock* am unteren Rand Ihrer Mac-Oberfläche. Apple hat bereits standardmäßig eine ganze Reihe von Programmicons in das Dock eingebracht, sodass Sie sofort loslegen können. Denn der Sinn des Docks ist unter anderem das komfortable Starten von Programmen, die als Symbole im Dock abgelegt werden. Klicken Sie mit der Maus oder dem Trackpad auf ein entsprechendes Icon, um die dazugehörige Applikation zu starten. Möchten Sie das gestartete Programm wieder beenden, genügt es, wenn Sie etwa zwei Sekunden lang auf das Programmsymbol im Dock klicken und die Funktion *Beenden* auswählen.

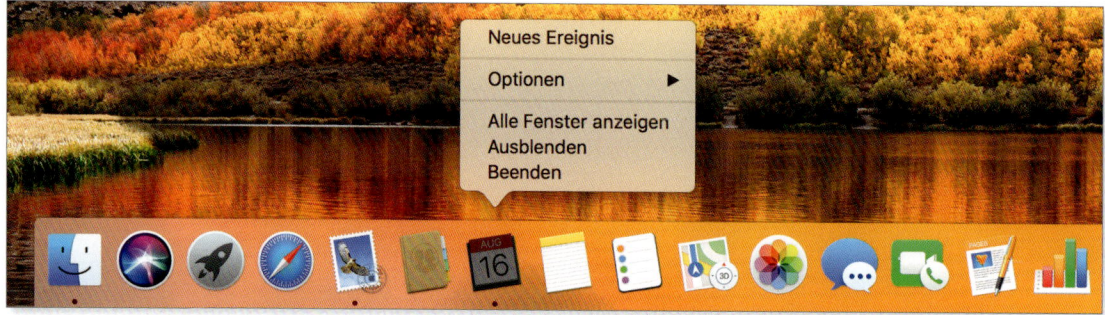

Programm beenden über das Dock.

Wollen Sie die „Wartezeit" nicht in Kauf nehmen, verwenden Sie die *ctrl*-Taste und klicken mit der Maus das Symbol im Dock an, um ohne Zeitverzögerung das Menü erscheinen zu lassen. Aber damit nicht genug: In diesem *Dock-Menü* gibt es weitere sehr sinnvolle Funktionen. Haben Sie bereits die *Optionen* entdeckt? Dort finden sich drei weitere sehr nützliche Unterpunkte:

Weitere Optionen für ein Programmicon im Dock.

Im Dock behalten

Wenn Sie diese Funktion aktiviert haben, bleibt das Icon im Dock immer an derselben Position. Dies ist besonders sinnvoll, wenn Sie ein Programm nicht über das Dock, sondern über ein Finder-Fenster oder über Spotlight gestartet haben. Durch diese Eigenschaft bleibt das Programmsymbol im Dock platziert.

Bei der Anmeldung öffnen

Möchten Sie, dass ein Programm nach dem Einloggen immer sofort gestartet wird, so verwenden Sie die Eigenschaft *Bei der Anmeldung öffnen*. Achtung: Programme, die bereits vollständig kompatibel zu macOS sind, benötigen diese Funktion nicht mehr. Denn Sie erinnern sich: Beim Abmelden oder Ausschalten können Sie die Funktion *Beim nächsten Anmelden alle Fenster wieder öffnen* aktivieren. Dies führt ebenso dazu, dass alle zu diesem Zeitpunkt geöffneten Programme wieder gestartet werden.

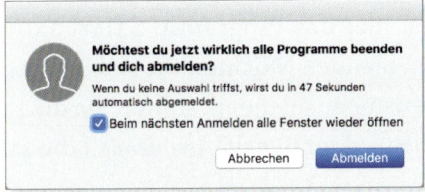

Sollen die Programme beim nächsten Einschalten wieder gestartet werden?

Wie jedoch bereits erwähnt, funktioniert dies nur bei zu 100 Prozent kompatiblen Programmen. Sollte also Ihre gewünschte Applikation nach dem Einloggen nicht automatisch starten, wäre das Häkchen bei *Bei der Anmeldung öffnen* ratsam.

Im Finder anzeigen

Wenn Sie diese Funktion anwählen, erhalten Sie ein Finder-Fenster und das Programmsymbol wird innerhalb des *Programme*-Ordners markiert und somit der Ablageort der Applikation gezeigt.

 Die Funktion **Im Finder anzeigen** können Sie zudem beschleunigen, indem Sie mit gedrückter **cmd**-Taste auf ein Symbol im Dock klicken. Daraufhin wird ein Finder-Fenster erscheinen, das den Ablageort des Programms aufzeigt und das Programm markiert.

Sofern Sie also über das Dock eine Reihe von Programmen gestartet haben, kann es bisweilen sehr unübersichtlich werden. Das hat auch die Firma Apple erkannt und hat deswegen einige weitere sehr pfiffige Funktionen in das Dock eingebaut. Haben Sie nun verschiedene Programme gestartet und eine Reihe von Fenstern auf Ihrem Bildschirm geöffnet, kann die Funktion *Ausblenden*, die Sie über das Dock-Icon erreichen, besonders interessant sein.

Ausblenden über das Dock-Icon.

Wie im Bildschirmfoto gezeigt, ist hier das Programm Safari aktiv und über *Ausblenden* werden alle Safari-Fenster vom Bildschirm ausgeblendet. Möchten Sie sich hingegen nur auf die Arbeit in Safari konzentrieren und dazu alle anderen Fenster ausblenden, sollten Sie die Funktion mit gleichzeitig gedrückter *alt*-Taste anklicken, und sofort wird aus dem Begriff *Ausblenden* die Funktion *Andere ausblenden*.

Andere Programmfenster ausblenden.

Klicken Sie zum Beispiel das Safari-Icon an, fahren Sie mit der Maus auf den Begriff *Ausblenden* und drücken Sie nun die *alt*-Taste, um zur Funktion *Andere ausblenden* zu gelangen.

> **!** Sie sehen auch, dass aus dem Begriff **Beenden** die Funktion **Sofort beenden** geworden ist. Damit haben Sie eine sehr effiziente Möglichkeit, ein Programm, das auf keine Eingaben mehr reagiert, aus dem Arbeitsspeicher zu entfernen, um es danach erneut zu starten.

Ausblenden und Andere ausblenden

Möchten Sie die *Ausblenden*-Funktion über einen Shortcut ausführen, funktioniert in den meisten Programmen die Tastenkombination *cmd + H* (vom englischen Begriff hide für ausblenden). Wollen Sie die Funktion *Andere ausblenden* über eine Tastenkombination erreichen, genügt die Tastenkombination *cmd + alt + H*.

Bevor wir uns weitere Tricks ansehen, wie Sie mit vielen Programmen und Fenstern effizient umgehen können, noch zu den grundsätzlichen Fragen: Wie gelangen eigentlich diese Icons in das Dock, kann dort auch die Reihenfolge geändert werden und können Icons auch aus dem Dock entfernt werden? Selbstverständlich – all diese Funktionen sind möglich.

Dock den eigenen Bedürfnissen anpassen

Um ein Icon aus dem Dock zu entfernen, ziehen Sie es einfach nach oben aus dem Dock heraus, bis über dem Icon die Bezeichnung *Entfernen* erscheint. Es wird dann verpuffen und aus dem Dock entfernt.

> **!** Das Entfernen eines Programmicons aus dem Dock funktioniert allerdings nur dann, wenn das Programm nicht gestartet ist. Woran erkennen Sie ein gestartetes Programm? Sofern Sie Kapitel 2 studiert haben, wissen Sie, dass jedem gestarteten Programm ein Punkt zugewiesen wird. Diese Einstellung finden Sie in den **Systemeinstellungen –> Dock**.

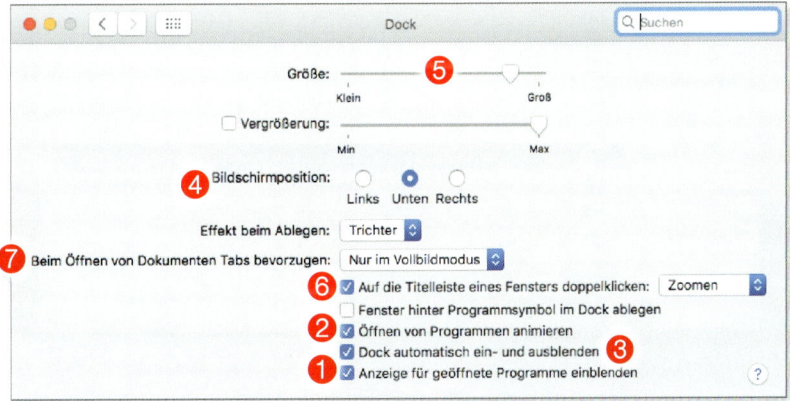

Systemeinstellungen –> Dock.

Wenn Sie die Eigenschaft *Anzeige für geöffnete Programme einblenden* **❶** mit einem Häkchen versehen, werden die dunklen Punkte unterhalb gestarteter Programme dargestellt. Möchten Sie auch, dass beim

Starten der Programme die Symbole lustig auf und ab hüpfen, bringen Sie das Häkchen bei *Öffnen von Programmen animieren* ❷ an.

Keine Frage, das Dock nimmt Ihnen am unteren Rand des Bildschirms – insbesondere, wenn Sie über einen tragbaren Rechner verfügen – relativ viel Platz weg. Über *Dock automatisch ein- und ausblenden* ❸ können Sie das Dock immer dann verschwinden lassen, wenn Sie es gerade nicht benötigen. Es erscheint wieder, wenn Sie mit dem Mauszeiger den unteren Bildschirmrand berühren oder das Dock über die Kombination *cmd + alt + D* einblenden.

Ziemlich clever ist zudem die Funktion *Auf die Titelleiste eines Fenster doppelklicken* ❻. Damit kann jedes Fenster entweder rasch ins Dock befördert oder zwischen der optimalen und individuellen Fenstergröße hin- und hergeschaltet (*Zoomen*) werden. Die Erklärung der Funktion ❼ finden Sie ab Seite 434.

Wie Sie sich erinnern, können Sie auch die Position des Docks auf dem Bildschirm ändern ❹. Des Weiteren kann die Größe eingestellt werden ❺.

Aber wieder zurück zum Entfernen bzw. Verschieben der Programmicons im Dock: Möchten Sie neue Programmicons in das Dock einbringen, ist ein sehr guter Anlaufpunkt Ihr *Programme*-Ordner. Im *Programme*-Ordner finden Sie alle auf dem Rechner installierten Programme. Verwenden Sie hierzu den Menüpunkt *Gehe zu* im Finder und wählen Sie dort den Eintrag *Programme* aus. Alternativ verwenden Sie im Finder die Tastenkombination *cmd + Shift + A*. Nehmen Sie nun das Programm Ihrer Wahl und ziehen Sie es per Drag & Drop aus dem *Programme*-Ordner hinunter in das Dock.

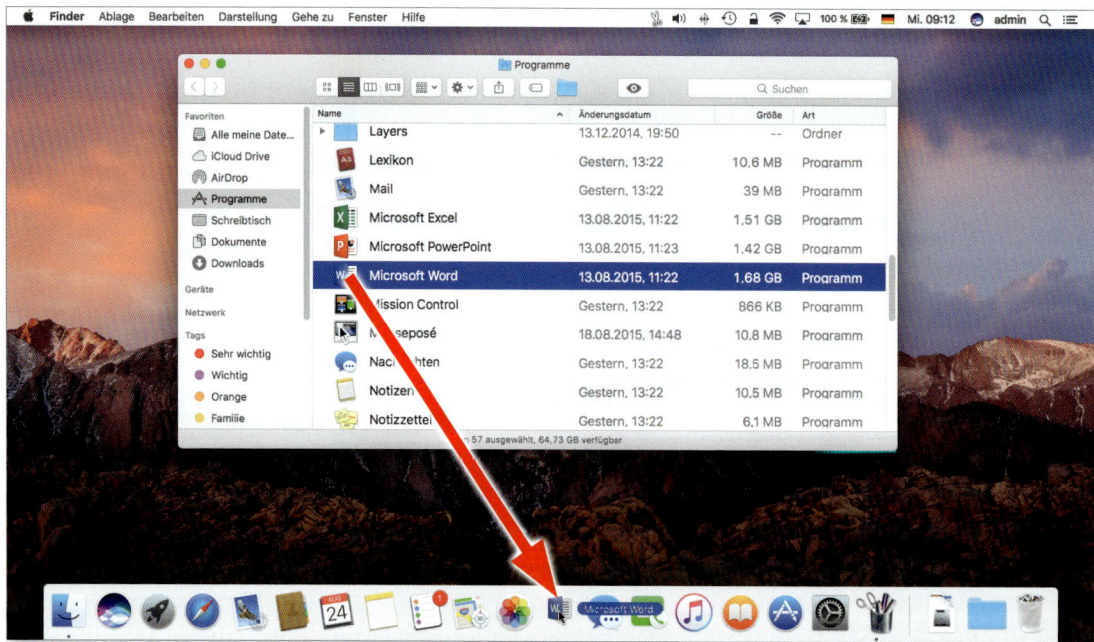

Neues Programmicon für das Dock.

Selbstverständlich können Sie die Reihenfolge der Programmicons im Dock nach Belieben modifizieren. Nehmen Sie dabei das Programmicon mit der Maustaste und ziehen Sie es per Drag & Drop an die gewünschte Position. Bauen Sie sich so ein Dock zusammen, in dem Sie rasch alle Elemente finden, die Sie bei der täglichen Arbeit benötigen.

Sollen App-Icons wieder aus dem Dock verschwinden, ziehen Sie diese nach oben, bis an dem Icon das Wort *Entfernen* erscheint. Nun können Sie getrost loslassen.

Programmwechsel

Wozu kann man das Dock noch gebrauchen? Da das Dock zum Starten der Lieblingsprogramme dient und die gestarteten Programme durch einen Punkt gekennzeichnet sind, erhalten Sie auch einen Überblick darüber, welche Programme aktuell auf Ihrem Rechner gestartet sind. Die Icons im Dock können deshalb auch dazu verwendet werden, rasch zwischen den einzelnen Programmen zu wechseln. Wenn Sie sich also beispielsweise in Safari befinden und zu Mail wechseln wollen, klicken Sie einfach das *Mail*-Icon im Dock an, um das Programm Mail nach vorn zu holen und damit natürlich auch alle Fenster, die von Mail momentan zur Verfügung gestellt werden.

 Alternativ zum Wechsel der Programme über das Dock-Icon können Sie auch ein Fenster des entsprechenden Programms anklicken. Wenn Sie sich aktuell in Safari befinden und zu Mail wechseln wollen und Sie sehen irgendwo am noch ein Stück eines Mail-Fensters, klicken Sie dieses einfach an, um zum dazugehörigen Programm zu wechseln.

Wenn Sie statt der Verwendung des Docks zum Wechseln von Programmen eine Tastenkombination nutzen möchten, drücken Sie die *cmd*-Taste und tippen kurz auf die *Tab*-Taste. Achten Sie darauf, die *cmd*-Taste gedrückt zu halten. Mit jedem kurzen Antippen der *Tab*-Taste wird ein anderes Icon in der Liste der gestarteten Programme aktiviert.

Safari

Programmwechsel via cmd + Tab.

! Wenn Sie zusätzlich zur **cmd**-Taste noch die **Shift**-Taste verwenden, dreht sich die Reihenfolge um, in der Sie durch die Programme wechseln können. Alternativ können Sie aber, nachdem Sie zum ersten Mal per **cmd + Tab** den Wechseldialog hervorgebracht haben, die **cmd**-Taste weiter gedrückt halten und mit den Pfeiltasten bzw. dem Trackpad zwischen den Programmen wechseln. Besonders elegant ist der rasche Programmwechsel via **cmd + Tab**, ohne dass das Zwischenfenster erscheint. Welche Idee steckt dahinter? Sie arbeiten aktuell in Safari und möchten nun zu Mail wechseln. Über **cmd + Tab** wird dieser Wechsel stattfinden. Das Apple-Betriebssystem hat sich nun gemerkt, dass der letzte Wechsel von Safari zu Mail stattgefunden hat. Wenn Sie nun sehr rasch **cmd + Tab** drücken, wird der Wechsel ohne Zwischendialog sofort wieder zurück zu Safari stattfinden. Und wenn Sie erneut ganz flink **cmd + Tab** verwenden, wird wieder zu Mail gewechselt. Das heißt, Sie haben ein Programmpärchen gebildet, zwischen dem Sie durch rasches Anwenden von **cmd + Tab** hin- und herwechseln können. Sie können natürlich jederzeit ein neues Programmpärchen bilden, um zwischen diesen beiden zu wechseln.

Übersicht behalten: Programmfenster

Aber kommen wir noch einmal direkt zum Dock zurück. Denn dort verbirgt sich noch eine weitere sehr nützliche Funktion: Wieder angenommen, Sie surfen mit dem Programm Safari im Internet und haben über *cmd + N* mehrere Fenster geöffnet, um in diesen jeweils unterschiedliche Informationen abzurufen. Auch dabei kann es bisweilen unübersichtlich werden. Apple hat hier vorgesorgt und eine Funktion namens *Programmfenster* eingebaut. Sie rufen die Funktion ganz einfach dadurch auf, dass Sie wieder etwa zwei Sekunden auf das Dock-Icon von Safari klicken und danach den Eintrag *Alle Fenster anzeigen* verwenden. Sofort werden auf dem Bildschirm alle derzeit geöffneten Fenster des Programms Safari verkleinert und übersichtlich auf dem Bildschirm dargestellt.

Safari: Programmfenster im Einsatz.

Bei an macOS angepassten Programmen kann zudem eine Liste der zuletzt mit diesem Programm bearbeiteten Dateien in der Programmfenster-Darstellung erscheinen.

Pages zeigt in der Programmfenster-Darstellung unten die Liste der zuletzt mit dem Programm verwendeten Dokumente.

Sie können nun mit dem Mauszeiger über diese Miniaturfenster streichen. Dort, wo sich Ihr Cursor aktuell befindet, wird die Vorschau mit einem blauen Rahmen versehen. Möchten Sie ein Fenster tatsächlich nach vorn holen, klicken Sie es einfach an, und es wird wieder normal dargestellt.

> **!** Sollten Sie in Safari mehrere Fenster minimiert haben, werden auch diese minimierten Fenster in der Programmfenster-Darstellung angezeigt.

Programmfenster inklusive minimierter Fenster.

Sie sehen zwei unterschiedlich Bereiche: Im oberen Teil befindet sich das geöffnete Fenster und darunter sehen Sie drei verkleinert dargestellte, minimierte Fenster, die sich lediglich als Icon im Dock befinden.

> **!** Wenn Sie gerade in der Programmfenster-Darstellung sind und ein anderes Icon im Dock anklicken, bleiben Sie in der Programmfenster-Darstellung, wechseln einfach zu einem anderen Programm und sehen dann dessen Fenster in der Übersicht.

Wollen Sie die Programmfenster-Darstellung wieder verlassen, ohne ein anderes Fenster oder Programm zu öffnen, drücken Sie die *esc*-Taste auf der Tastatur. Damit wird die Programmfenster-Darstellung beendet.

Mitteilungen

Was sind Mitteilungen? Dabei handelt es sich nicht um SMS-Nachrichten oder iMessages, sondern vielmehr um Benachrichtigungen von einzelnen Apps, z. B. von der App FaceTime, dass Sie einen Anruf verpasst haben. Die Mitteilungen lenken Ihre Aufmerksamkeit also durch kleine Nachrichten auf die diversen Apps, bei denen gerade etwas passiert ist. Die Mitteilungszentrale wiederum sammelt alle diese Nachrichten der Apps. Dort können Sie dann jederzeit die Mitteilungen in Ruhe durchsehen und natürlich auch entfernen. Die Einstellungen dafür finden Sie in den *Systemeinstellungen* bei *Mitteilungen* (erste Zeile, letztes Symbol).

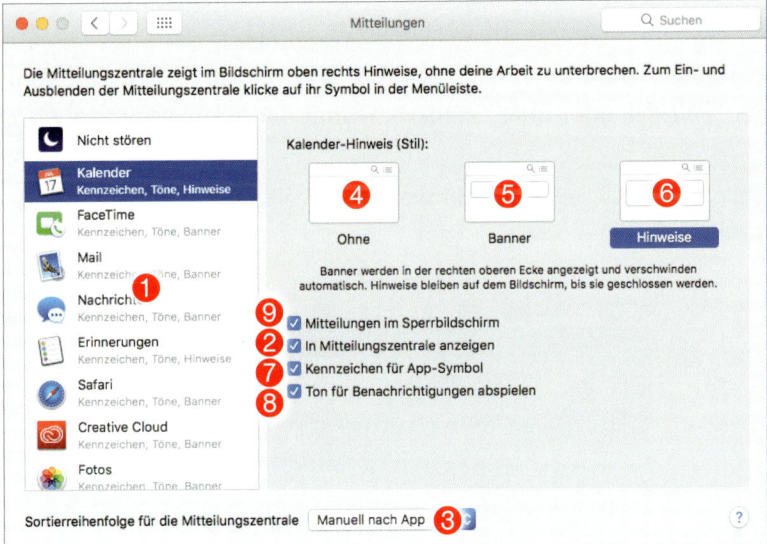

Systemeinstellungen –> Mitteilungen.

Wollen wir uns nun die Einstellungen für die Mitteilungen etwas genauer ansehen. Zunächst einmal sehen Sie in der linken Spalte ❶ die Programme, die sich eingenistet haben. Das sind im Regelfall Programme, die Apple standardmäßig mitliefert. Aber auch Drittanbieter können Programme schreiben, die sich in die Mitteilungszentrale einklinken. Wenn Sie nun eines dieser Programme nicht in der Mitteilungszentrale vertreten haben möchten, klicken Sie den betreffenden Eintrag an, wählen rechts daneben *In Mitteilungszentrale* ❷ und deaktivieren das entsprechende Häkchen. Die Nachrichten der Mitteilungszentrale können Sie entweder nach Zeit (*Neue zuerst* bzw. *Neue zuerst nach App*) oder manuell ❸ sortieren. Bei der Einstellung *Manuell nach App* können Sie in der linken Spalte die Einträge an die gewünschte Position stellen. Wenn Sie zum Beispiel Kalender- und Erinnerungseinträge als sehr wichtig erachten, ziehen Sie die beiden in den oberen Bereich des Fensters. Bei *Neue zuerst* werden die Mitteilungen nach Uhrzeit sortiert, wohingegen bei *Neue zuerst nach App* die Mitteilungen appweise gruppiert werden.

Haben Sie nun entschieden, welche Einstellungen in der Mitteilungszentrale dargestellt werden sollen, sollten Sie als Nächstes für jeden Eintrag der Mitteilungszentrale festlegen, wie er denn präsentiert wird. Sie können zwischen *Ohne* ❹, *Banner* ❺ und *Hinweise* ❻ wählen.

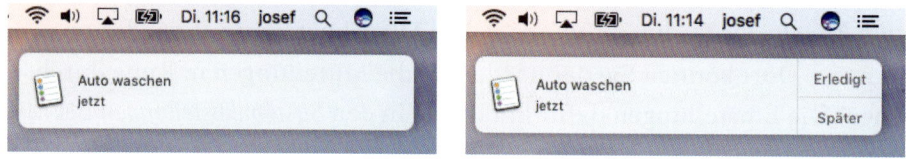

Mitteilungen können als Banner (links) oder Warnhinweis (rechts) ausgegeben werden.

Wie Sie anhand des Bildschirmfotos sehen, muss ein Hinweis auf jeden Fall vom Anwender bestätigt werden, entweder über *Schließen* oder über *Erinnern*, womit der Hinweis erneut vorgelegt wird.

 Besonders elegant ist die Darstellungsform **Hinweis** für E-Mails oder Nachrichten, denn dann können Sie die Antwort gleich direkt eintragen.

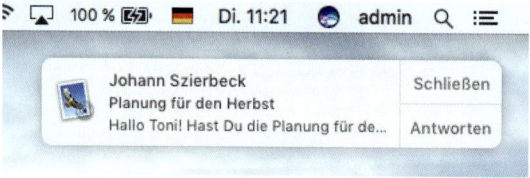

Via „Antworten" können Sie schnell reagieren.

Haben Sie hingegen die Eigenschaft *Banner* gewählt, erscheint die Meldung und bleibt einige Sekunden auf Ihrem Monitor stehen, um dann nach rechts zu verschwinden. Der Warnhinweis geht dabei natürlich nicht verloren, er befindet sich nach wie vor in den *Mitteilungen*. Die Benachrichtigungen können Sie ganz einfach aufrufen, indem Sie rechts oben in der Ecke das dazugehörige Icon anklicken und zur Rubrik *Mitteilungen* wechseln.

Mitteilungsansicht auf dem Schreibtisch.

> Sofern Sie an einem tragbaren Rechner sitzen oder ein Trackpad haben, können Sie diese Benachrichtigungsspalte einblenden, indem Sie mit zwei Fingern vom rechten Rand aus in Richtung Mitte ziehen. Von der Mitte aus mit zwei Fingern nach rechts zu wischen, bewirkt, dass die Spalte wieder ausgeblendet wird. Die Spalte wird übrigens auch eingeblendet, wenn Programme wie Safari, Mail, Fotos etc. im Vollbildmodus dargestellt werden.

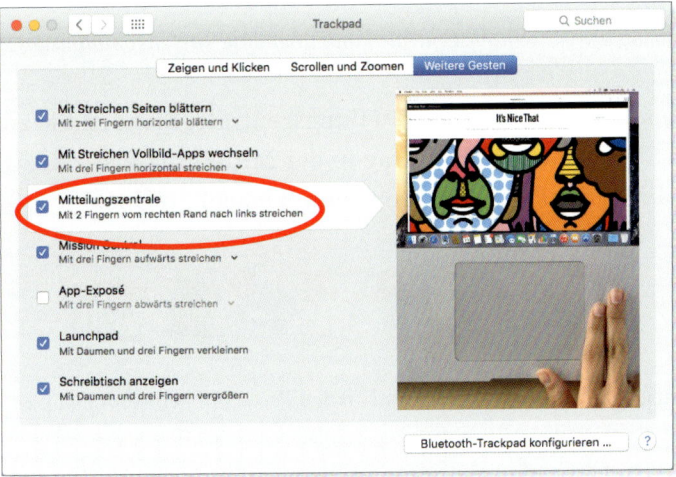

In den „Systemeinstellungen –> Trackpad" (zweite Zeile, fünftes Symbol) kann im Bereich „Weitere Gesten" diese Funktion aktiviert werden.

Wenn Sie an einem Rechner ohne Trackpad sitzen, können Sie zum Beispiel **Aktive Ecken** im Bereich **Mission Control** verwenden und mit der Maus in eine Monitorecke fahren, um so die Mitteilungszentrale aufzurufen.

Ebenso können Sie die Mitteilungszentrale über eine zu definierende Tastenkombination aufrufen. Gehen Sie dazu über die *Systemeinstellungen* zu *Tastatur* (zweite Zeile, drittes Symbol) und rufen Sie die *Kurzbefehle* und dort die Rubrik *Mission Control* auf. Geben Sie rechts neben *Mitteilungszentrale einblenden* eine Tastenkombination an.

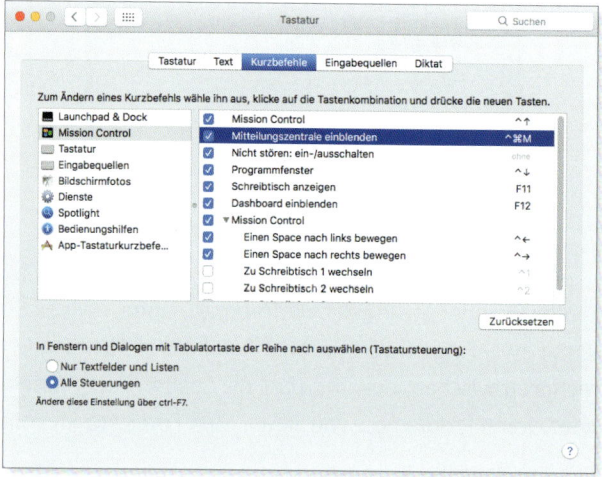

Das Starten der Mitteilungszentrale kann über eine Tastenkombination erfolgen.

Aber zurück zu den Einstellungen für die Mitteilungszentrale. Blenden Sie zusätzlich das *Kennzeichen-Symbol* ❼ ein, erhalten Sie neben einem Eintrag in der Mitteilungszentrale, wie vom iPhone und iPad bekannt, eine Nummer direkt am Programmicon, zum Beispiel im Dock.

Kennzeichen für App-Symbole sind an den Programmicons im Dock zu sehen.

Und soll schlussendlich bei eingehenden Mitteilungen auch noch ein Ton abgespielt werden, so aktivieren Sie die entsprechende Option ❽.

Vom iPhone und iPad kennen Sie möglicherweise die Einstellung, Mitteilungen im Sperrbildschirm erscheinen zu lassen. Die gleiche Funktion bietet Ihnen auch macOS an. Für jede App können Sie entscheiden ❾, ob sie Meldungen an das gesperrte Display senden darf. Bevor das funktioniert, müssen Sie die Anzeige generell in den *Systemeinstellungen –> Sicherheit* (erste Zeile, sechstes Symbol) bei *Allgemein* aktiviert haben.

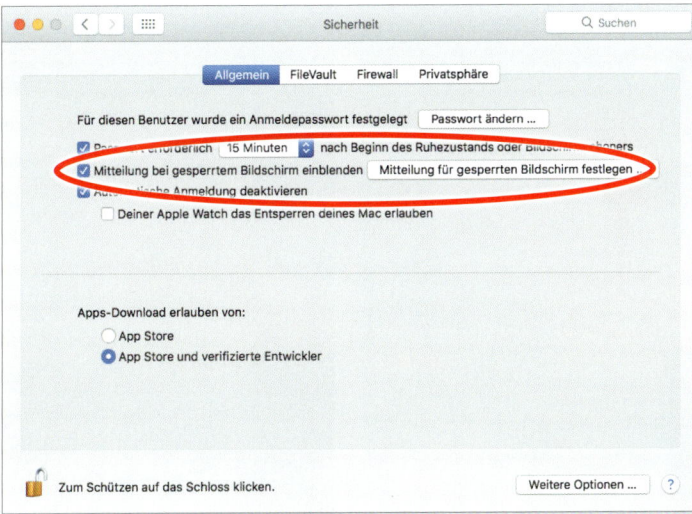

Mitteilungen können auch während des Bildschirmschoners auf dem Monitor auftauchen.

> **!** Selbstverständlich müssen die Applikationen nicht gestartet sein, um Mitteilungen zu senden. Wenn Sie beispielsweise eine Erinnerung terminabhängig definiert haben, wird diese auch erscheinen, wenn das Programm **Erinnerungen** gar nicht gestartet ist. Ähnlich verhält es sich mit anderen Programmen. Klicken Sie hingegen auf eine Mitteilung, wird gleich das entsprechende Programm gestartet und der dazugehörige Eintrag hervorgeholt.

Mitteilungszentrale anpassen

Die Mitteilungszentrale am Mac ist in zwei Bereiche aufgeteilt: die Bereiche *Heute* und *Mitteilungen*. Den Bereich *Mitteilungen* haben wir bereits weiter vorne behandelt. Nun geht es um die Anzeige *Heute*.

In diesem Anzeigebereich erhalten Sie vielfältige Informationen über den jetzigen Tag. Es wird nicht nur das Datum und das aktuelle Wetter angezeigt, sondern auch eventuelle Termineinträge vom Kalender, Erinnerungen und Aktienkurse. Damit entspricht die Mitteilungszentrale in weiten Dingen der Mitteilungszentrale vom iPhone bzw. iPad. Und wie auf den iOS-Geräten, können Sie die Mitteilungszentrale Ihren eigenen Bedürfnissen anpassen.

So können Sie u. a. die Reihenfolge der Einträge verändern. Wenn Sie z. B. lieber die aktuellen Aktienkurse an erster Stelle haben wollen, dann nehmen Sie Kategorie *Aktien* am Namen und ziehen Sie auf eine andere Position. Auf diese Weise können Sie alle Kategorien neu anordnen.

Die einzelnen Kategorien können durch einfaches Verschieben neu sortiert werden.

Die Mitteilungszentrale hat noch eine weitere Möglichkeit, um angepasst zu werden. Am unteren Ende befindet sich die Schaltfläche *Bearbeiten*. Wenn Sie auf die Schaltfläche klicken, können Sie in einer weiteren Spalte auswählen, welche Einträge in der Mitteilungszentrale sichtbar sein sollen. So können Sie z. B. mit einem Mausklick auf das grüne Plussymbol ❶ den Taschenrechner in die Mitteilungszentrale einbringen. Umgekehrt können Sie mit einem Klick auf das rote Minussymbol ❷ einzelne Kategorien wieder entfernen.

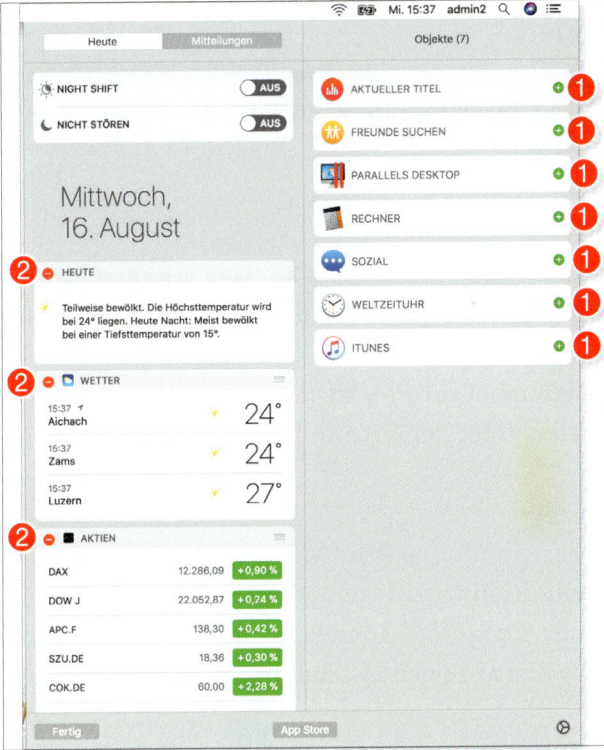

Die Kategorien in der Mitteilungszentrale können entfernt und wieder hinzugefügt werden.

Tipps zur Mitteilungszentrale

Es gibt noch einige versteckte Funktionen bei den jeweiligen Kategorien in der Mitteilungszentrale, die für jeden Anwender interessant sind.

Aktien

- Mit jeweils einem Mausklick können Sie die Anzeige der Gewinne bzw. Verluste ändern. Sie haben die Möglichkeit zwischen Prozent-, Gewinn- und Marktwertanzeige umzuschalten.
- Wenn Sie auf das i-Symbol klicken, das ganz rechts neben dem Namen erscheint, können Sie die Reihenfolge der Aktien ändern, Aktien entfernen und auch neue hinzufügen.

Kalender und Erinnerungen

- Um einen Eintrag im Programm Kalender bzw. Erinnerungen zu öffnen, müssen Sie den jeweiligen Eintrag nur anklicken. Das Programm wird damit gestartet und der Eintrag zum Bearbeiten geöffnet.

Wetter

- Wenn Sie auf das aktuelle Wetter eines Ortes klicken, erhalten Sie detaillierte Informationen über das Tageswetter und eine Vorschau für die nächsten fünf Stunden und die kommenden fünf Tagen.
- Ein Mausklick auf das i-Symbol ganz rechts neben dem Namen startet den Bearbeitungsmodus. Dort können Sie die Reihenfolge der Orte ändern, oder neue Orte hinzufügen bzw. alte Orte entfernen.

Weltzeituhr

- Um eine weitere Weltzeituhr hinzuzufügen oder zu entfernen, klicken Sie auf das i-Symbol ganz rechts neben dem Namen. Daraufhin können Sie mit der Schaltfläche *Hinzufügen* einen neuen Ort und dessen aktuelle Zeit anzeigen lassen. Ein Mausklick auf das rote Minussymbol entfernt die jeweilige Uhr.

Soziale Netzwerke

- Wie schon bei den anderen Kategorien können Sie mit einem Mausklick auf das i-Symbol festlegen, welche sozialen Netzwerke in der Mitteilungszentrale angezeigt werden sollen. Sogar die Reihenfolge kann geändert werden.

Siri

- Wenn Sie Suchanfragen mit Siri erstellt haben, können Sie diese bequem in die Mitteilungen integrieren. Wie das geht, lesen Sie ab Seite 267.

Mitteilungen – „Nicht stören"

Ebenfalls vom iPhone/iPad hat Apple die Funktion übernommen, *Nicht stören* zeitlich zu steuern ❷. Sie können aber FaceTime-Anrufe oder Anrufe diese Barriere überwinden lassen ❸. Sie können bei *FaceTime* noch den Teilnehmerkreis einschränken, wenn Sie dort in den *Einstellungen* bei *Blockiert* die Adressen angeben, für die Sie nicht erreichbar sein sollen.

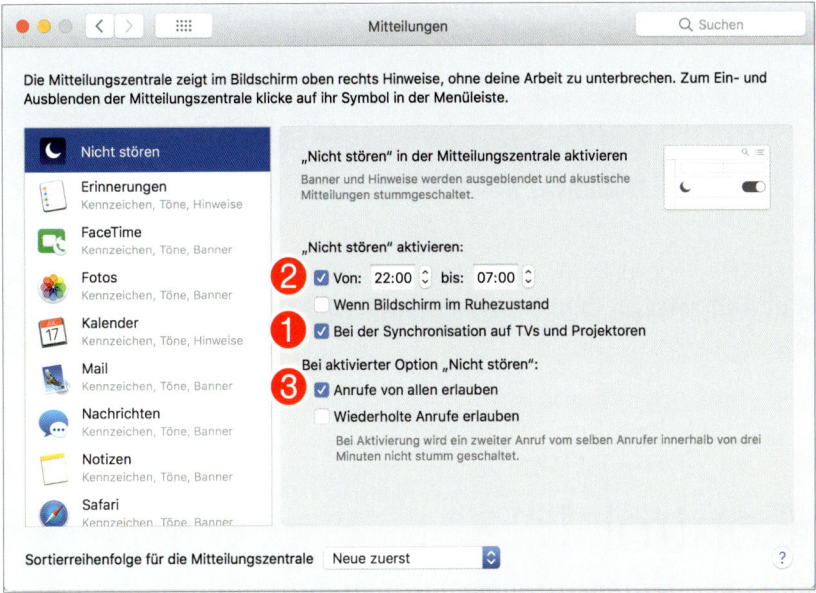

Die Mitteilungen können zeitlich ausgesetzt werden.

Sie werden bereits nach kurzer Zeit erfahren, dass Sie ohne die Mitteilungszentrale an Ihrem Rechner nicht mehr leben möchten. Denn sie ist eine äußerst nützliche Funktion, die Apple vom iPhone und iPad auf das Computerbetriebssystem übertragen hat. Allerdings kann die Mitteilungszentrale bisweilen auch unter der Last der Mitteilungen sozusagen zusammenbrechen und Sie als Anwender zu sehr von der Arbeit ablenken. Deswegen gibt es eine sehr einfache Möglichkeit, die Mitteilungszentrale stumm zu schalten. Klicken Sie dafür mit gedrückter *alt*-Taste auf das *Mitteilungszentrale*-Icon ☰ in der rechten oberen Ecke der *Menüleiste*. Dann erscheint ein hellgraues Mitteilungssymbol, das Ihnen signalisiert, dass die Mitteilungszentrale bis auf Weiteres schweigen wird.

Die Mitteilungszentrale stumm geschaltet.

Es gibt noch eine weitere Möglichkeit, die Mitteilungszentrale stumm zu schalten. Klicken Sie dazu das entsprechende Symbol in der *Menüleiste* an und ziehen Sie den obersten Eintrag ein Stück weit nach unten. Daraufhin erscheint die Meldung *Nicht stören*; schieben Sie hier den Regler nach rechts.

Zweite Möglichkeit, die Mitteilungszentrale stumm zu schalten.

 Apple hat auch an ein anderes Detail gedacht: Wird Ihr Rechner an einen Beamer angeschlossen, wird die Mitteilungszentrale automatisch stumm geschaltet, damit Ihre Präsentation nicht ständig durch Mitteilungen gestört wird ❶. ;-)

Mission Control 1

Programmfenster hat einen großen Bruder. Der große Bruder heißt *Mission Control*. Und Mission Control hat im Vergleich zu Programmfenster programmübergreifend weitere sehr sinnvolle Funktionen.

Bevor Sie das erste Mal Mission Control verwenden, sollten Sie in den *Systemeinstellungen* die Voreinstellungen Ihren Wünschen entsprechend konfigurieren. Starten Sie dazu die *Systemeinstellungen* und wählen Sie *Mission Control* aus.

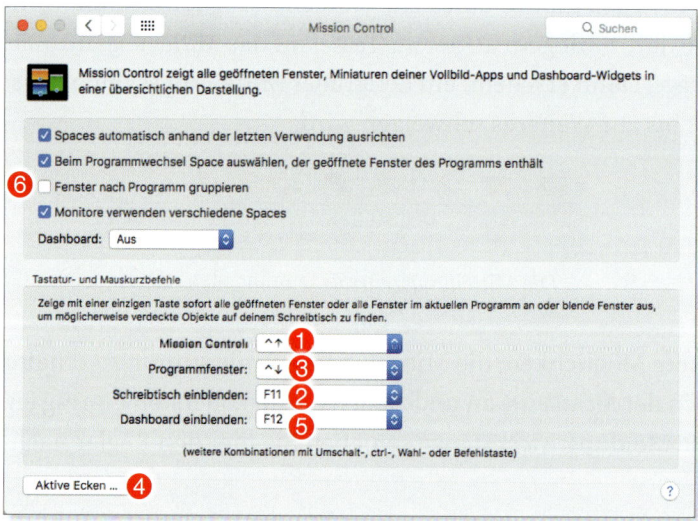

Systemeinstellungen –> Mission Control.

Wenn Sie das Fenster geöffnet haben, wird es zunächst nicht so aussehen, wie hier in unserem Bildschirmfoto. Aber Sie werden gleich sehen, dass Sie selbst vernünftige Einstellungen in kürzester Zeit vornehmen können. Wollen wir uns zunächst dem unteren Teil des Fensters zuwenden, der mit *Tastatur- und Mauskurzbefehle* überschrieben ist.

Sie sehen dort im linken Teil drei Begriffe untereinander: *Mission Control*, *Programmfenster* und *Schreibtisch einblenden*. Und Sie sehen, dass die Funktion *Mission Control* mit der Tastenkombination *ctrl + Pfeil nach oben* belegt ist ❶. Das heißt: Wenn Sie nun *ctrl + Pfeil nach oben* drücken, werden Sie eine Übersicht aller Fenster bekommen, die Sie aktuell auf Ihrem Mac geöffnet haben. Und das Schöne ist: Es sind alle Fenster, unabhängig davon, in welchem Programm sie geöffnet wurden.

Alle Fenster im Überblick via Mission Control.

Das besonders Tolle an dieser übersichtlichen Darstellung ist nicht nur, dass Sie erkennen, welche Programme aktuell geöffnet sind und welche Fenster innerhalb dieser Programme dargestellt werden – nein, Sie können auch mit dem Mauszeiger über die Fenster streifen. Dadurch wird das aktuelle Fenster, auf das Ihr Mauszeiger gerade zeigt, blau hinterlegt und mit einem Tipp auf die *Leertaste* (*Übersicht*) können Sie ganz einfach einen kurzen Blick in das Fenster werfen. Wollen Sie dann tatsächlich zu dem entsprechenden Fenster bzw. Programm wechseln, klicken Sie das blau umrahmte Fenster an und holen es in den Vordergrund. Gleichzeitig sind Sie damit zum entsprechenden Programm gewechselt.

Damit die Mission-Control-Darstellung übersichtlich ist, sollten Sie die Eigenschaften *Fenster nach Programm gruppieren* ❻ aktiviert lassen. So sammeln sich dann alle Safari-Fenster, alle Kontakte-Fenster etc. und bilden eben jeweils eine Gruppe.

Sie beginnen zu verstehen, dass die Funktion Mission Control eine hervorragende Möglichkeit ist, den Überblick auf Ihrem Rechner zu behalten. Wir werden wenig später noch einmal darauf zurückkommen und uns die Funktionalität noch etwas genauer ansehen.

Das genaue Gegenteil von Mission Control ist die Funktion *Schreibtisch einblenden* ❷. Standardmäßig liegt diese auf der Funktionstaste *F11*, die Sie aber – wie viele andere Dinge in den Systemeinstellungen – Ihren Bedürfnissen entsprechend anpassen können. Sofern Sie also nun die Funktionstaste *F11* drücken, wird der Schreibtisch dargestellt und alle vorher eingeblendeten Fenster werden an den Bildschirmrand bewegt, sodass Sie freien Zugriff auf alles haben, was sich auf Ihrem Schreibtisch befindet.

> **!** Sollte es bei Ihnen mit den Funktionstasten nicht funktionieren, sollten Sie noch einmal einen Blick in die **Systemeinstellungen –> Tastatur** riskieren, ob die Funktionstasten als solche verwendet werden oder für eine alternative Funktionalität wie die Lautstärkeregelung im Einsatz sind. Stellen Sie also dort die entsprechenden Vorgaben ein. Das heißt: Wenn Sie die Funktionstasten als Standardfunktionstasten verwenden, können Sie ganz entspannt **F11** betätigen. Wenn Sie an dieser Stelle das Häkchen aber entfernt haben, müssen Sie zusätzlich auf der Tastatur die Taste **fn** drücken.

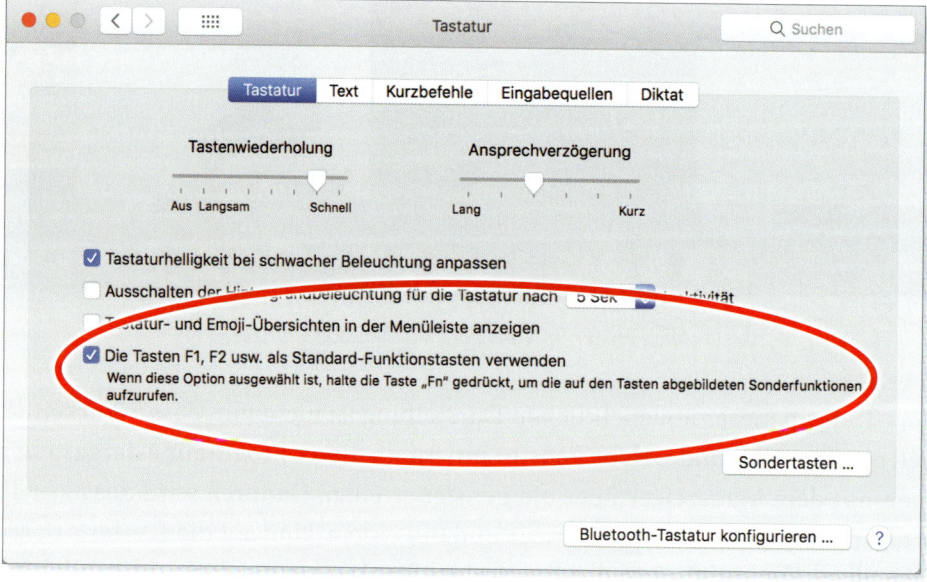

Einstellung für die Funktionstasten.

Kommen wir wieder zurück zu den *Mission Control*-Einstellungen. Die Einstellung *Programmfenster* haben wir bereits kennengelernt ❸. Das heißt, wenn Sie *ctrl + Pfeil nach unten* verwenden, dann verhält es sich ebenso wie bei Programmfenster: Es werden alle Fenster des jeweiligen Programms auf dem Monitor dargestellt.

Möchten Sie es noch ein wenig bequemer haben? Dann sind möglicherweise die *aktiven Ecken* perfekt für Sie. Sie finden den Button *Aktive Ecken* ❹ im linken unteren Teil des Fensters. Völlig klar: Ihr Monitor hat vier Ecken. Wenn Sie nun den Mauszeiger in eine der Ecken manövrieren, können Sie dabei eine Funktion auslösen. Die Funktion können Sie jeweils in dem Pull-down-Menü an einer der vier Ecken einstellen. Dann haben Sie ebenfalls einen sehr schnellen Zugriff auf wichtige Mission-Control-Funktionen, nur diesmal ohne Verwendung von Shortcuts.

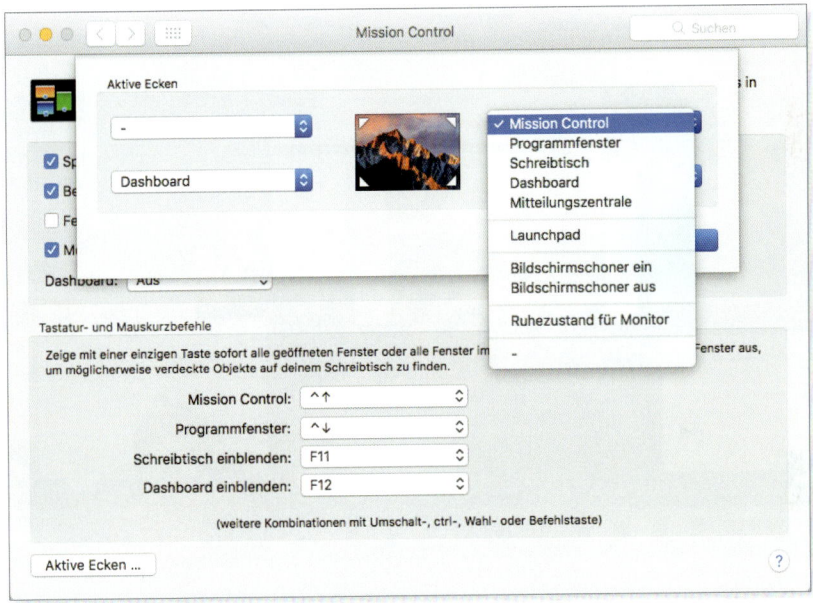

Aktive Ecken.

Ein letzter kurzer Blick in das Fenster *Mission Control*: Dort sehen Sie etwas, das sich *Dashboard* ❺ nennt und mit der Funktionstaste *F12* aufgerufen wird. Über diese Funktion werden wir etwas später noch genauer sprechen. Erst einmal möchten wir uns der Funktion *Spaces* widmen, bevor wir uns dem Dashboard zuwenden.

Spaces oder Schreibtisch

Wollen Sie es noch etwas übersichtlicher, klarer und geordneter auf Ihrem Bildschirm haben? Dann ist *Spaces* genau die richtige Funktion für Sie. Über Mission Control haben Sie bereits sehr gute Werkzeuge an der Hand, um dem Fensterchaos auf dem Bildschirm Einhalt zu gebieten. Noch deutlich cleverer geht *Spaces* bzw. *Schreibtisch* an diese Aufgabe heran.

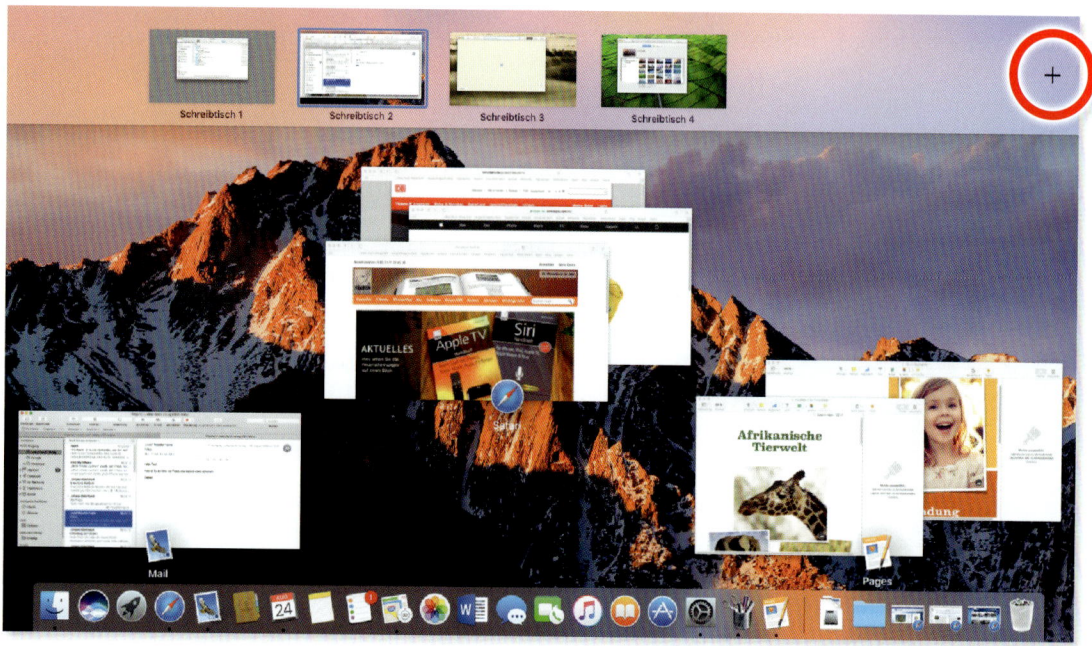

Spaces wird konfiguriert.

Definieren Sie zuallererst, wie viele Schreibtische Sie haben möchten. Dazu starten Sie die Mission-Control-Ansicht und bewegen den Mauszeiger nach rechts oben an den Bildschirmrand. Ein +-Zeichen erscheint. Sie können bis zu 16 Schreibtische definieren. Aber was ist denn nun eigentlich ein Schreibtisch? Nun, stellen Sie es sich einfach so vor, als würden Sie sich zusätzliche Monitore kaufen. Standardmäßig arbeiten Sie an einem Monitor, also an einem *Schreibtisch*. Wenn Sie die Anzahl auf vier erhöhen, arbeiten Sie nun auf vier virtuellen Monitoren gleichzeitig. Nun können Sie auf diese vier Monitore diejenigen Programme verteilen, die Sie am häufigsten im Einsatz haben. Klicken Sie dazu den Schreibtisch Ihrer Wahl an und starten Sie anschließend über das Dock ein Programm. Dieses wird nun mit seinen Fenstern und Funktionen auf diesem Schreibtisch dargestellt.

Sie können natürlich auch mehrere Programme auf einen Schreibtisch legen. In meinem Fall verwende ich die Programme Mail und Safari auf ein und demselben Schreibtisch. Das liegt einfach daran, dass ich die beiden Programme sehr häufig gemeinsam verwende und es deshalb als sinnvoll erachte, beide Applikationen auf demselben Schreibtisch laufen zu lassen.

Sie sehen also, dass Sie durch eine vernünftige Konfiguration der Schreibtische sehr effizient mit vielen Programmen an Ihrem Rechner umgehen können.

Klicken Sie nun in einem der Schreibtische im Dock auf ein Programmicon. Dadurch wird zu dem Schreibtisch gewechselt, in dem sich die dazugehörigen Fenster befinden. Die Zuordnung der Programme zu einem Schreibtisch ist lediglich temporär. Wird das Programm in einem Schreibtisch beendet, zu einem anderen gewechselt und dort erneut geöffnet, so ist es nunmehr diesem Schreibtisch zugeordnet. Um nach wie vor die Übersicht zu behalten, könnten Sie natürlich erneut mit der Taste *ctrl + Pfeil nach oben* Mission Control aufrufen, und sogleich erkennen Sie am oberen Bildschirmrand, dass Sie nun mehrere Schreibtische nutzen. Darüber hinaus verfügen Sie auch noch über einen eigenen Schreibtisch, der sich *Dashboard* nennt.

Um von einem Schreibtisch zu einem anderen zu wechseln, gibt es mehrere Vorgehensweisen:

a) Sie verwenden die *ctrl*-Taste und die *Pfeiltaste nach links* oder *rechts*, um durch Ihre Schreibtische zu navigieren.

b) Sie klicken im Dock (das übrigens in jedem Schreibtisch verfügbar ist) auf das entsprechende Programmsymbol, um den dazugehörigen Schreibtisch aufzurufen.

c) Sie rufen mit *ctrl + Pfeil nach oben* Mission Control auf und sehen am oberen Rand die verschiedenen Schreibtische. Sie klicken einfach den Schreibtisch Ihrer Wahl an, um diesen nach vorn zu bringen, und klicken dann darunter auf ein Fenster, um es aktiv werden zu lassen.

 Sie haben sicher schon bemerkt, dass sowohl das Dock als auch der Desktop mit den dort abgelegten Daten in jedem Schreibtisch erscheint.

Angenommen, Sie haben mit den Programmzuweisungen eine ordentliche Struktur aufgebaut, aber nun erfordert es die aktuelle Situation, dass tatsächlich ein Fenster von einem Schreibtisch zu einem anderen bewegt werden muss. Keine Sorge, auch das ist möglich. Rufen Sie einfach mit *ctrl + Pfeil nach oben* die Mission-Control-Darstellung auf und navigieren Sie zu dem Schreibtisch, auf dem sich das zu bewegende Fenster befindet. Packen Sie nun das Fenster an und ziehen Sie es auf den Schreibtisch, auf dem Sie es benötigen. Und sogleich wird dieses Fenster in diesen Schreibtisch bewegt und steht dort zur Verfügung.

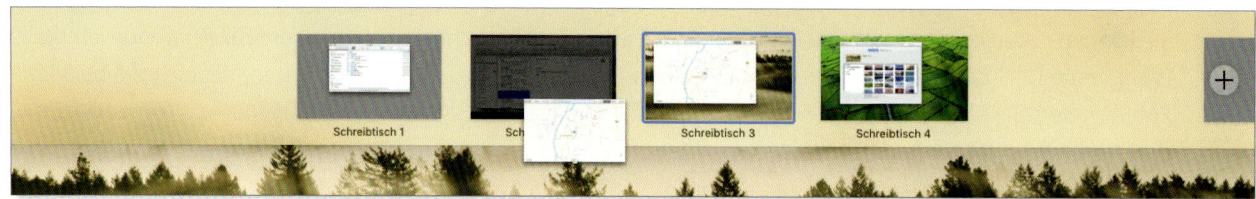

Fenster können zwischen den Schreibtischen verschoben werden.

> **!** Natürlich können Schreibtische auch wieder gelöscht werden. Gehen Sie dazu erneut in die Ansicht von Mission Control und fahren Sie mit dem Mauszeiger auf das miniaturisierte Schreibtischbild. Sogleich erscheint ein **x** und damit wird der Schreibtisch gelöscht. Bis auf Schreibtisch 1 können alle vernichtet werden. Die darauf befindlichen Fenster werden automatisch zum aktiven Schreibtisch übertragen. Und sofern Sie die **alt**-Taste gedrückt halten, können Sie in einem Arbeitsschritt mehrere Schreibtische rasch hintereinander löschen oder über das Plus-Icon am rechten oberen Bildschirmrand neue Schreibtische hinzufügen.

Sie können auch einen neuen Schreibtisch erzeugen, indem Sie ein Fenster des aktuellen Schreibtischs auf das Plus-Symbol am rechten oberen Bildschirmrand ziehen. Alternativ ziehen Sie ein beliebiges Fenster vom Desktop an den oberen Bildschirmrand in Richtung Menüleiste, um einen neuen Schreibtisch anzulegen.

Neuer Schreibtisch mit einem Fenster.

Sollte der Rechner beim Anklicken eines Programmicons im Dock nicht zum korrekten Schreibtisch wechseln, so müssen Sie prüfen, ob Sie in den *Systemeinstellungen* bei *Mission Control* die Funktion *Beim Programmwechsel Space auswählen, der geöffnete Fenster des Programms enthält* aktiviert haben.

Noch drei interessante Dinge im Zusammenhang mit mehreren Schreibtischen:

1. Jeder Schreibtisch kann seinen eigenen Schreibtischhintergrund haben.

Jeder Schreibtisch kann seinen eigenen Schreibtischhintergrund haben.

2. Sobald mehrere Schreibtische angelegt worden sind, können Sie über das Dock-Programmicon bestimmen, auf welchem Schreibtisch es angezeigt werden soll.

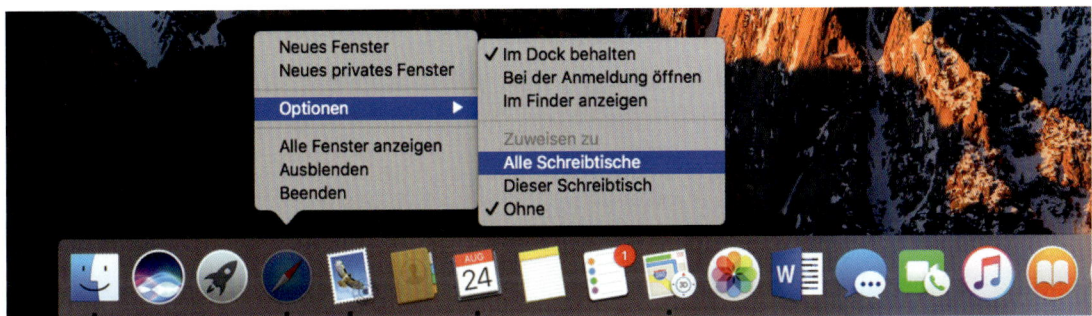

Programm kann über das Dock einem oder allen Schreibtisch zugewiesen werden.

Wenn Sie den Eintrag *Alle Schreibtische* verwenden, verhält sich das Programm wie die Dateien auf dem Desktop oder das Dock: Es wird schlichtweg auf jedem Schreibtisch mit all seinen Fenstern dargestellt.

3. Haben Sie mehrere Monitore an Ihrem Mac angeschlossen, können Sie auf dem Zweit- oder Drittmonitor ebenfalls mit Spaces arbeiten und zwischen den Monitoren die Fenster hin und her schieben. Damit das funktioniert, sollte die Funktion *Monitore verwenden verschiedene Spaces* in den *Systemeinstellungen –> Mission Control* aktiviert sein.

Dashboard

Dashboard ist eine sehr effiziente Möglichkeit, um schnell über das Internet an Informationen zu gelangen. Es ist ein wenig vergleichbar mit den Widgets auf dem iPhone oder iPad. Jede einzelne App stellt einige wenige nützliche Funktionen zur Verfügung – und genauso verhält es sich mit den *Widgets*, die sich im Dashboard befinden. Das Dashboard ist zu Beginn nicht aktiv, und muss erst über den Ordner *Programme* gestartet oder in den *Systemeinstellungen –> Mission Control* aktiviert werden. Danach kann es mit der Taste *F12* oder mit *ctrl + Pfeil nach links* aufgerufen werden. Standardmäßig sind vier Widgets gestartet, nämlich der Taschenrechner, der Kalender, die Uhr und die Wetteranzeige (abhängig davon, welchen Ort Sie in den Zeiteinstellungen definiert haben, könnten das die Wetterdaten für Berlin sein). Über eine Internetverbindung wird nun für den Ort Berlin die Wettervorhersage für die nächsten Tage dargestellt, ähnlich wie Sie das auf dem iPhone vom Programm *Wetter* kennen.

   Das Tolle an diesem Dashboard ist nun, dass Sie – ähnlich wie bei einem mobilen Gerät – weitere Anwendungen (Widgets) auf dieses Dashboard laden können, um rasch Informationen zu erhalten. Klicken Sie dazu auf die +-Taste im linken unteren Eck des Dashboard-Fensters. Und sofort erscheint eine ganze Anzahl von vorinstallierten Widgets. Um ein Widget zu starten, genügt es, das entsprechende Widget anzuklicken.

 Viele Widgets können sogar mehrmals gestartet werden, wie zum Beispiel das Wetter-Widget. Somit können Sie sich beispielsweise die Temperatur und Wetteraussichten für mehrere Städte auf der ganzen Welt gleichzeitig anzeigen lassen.

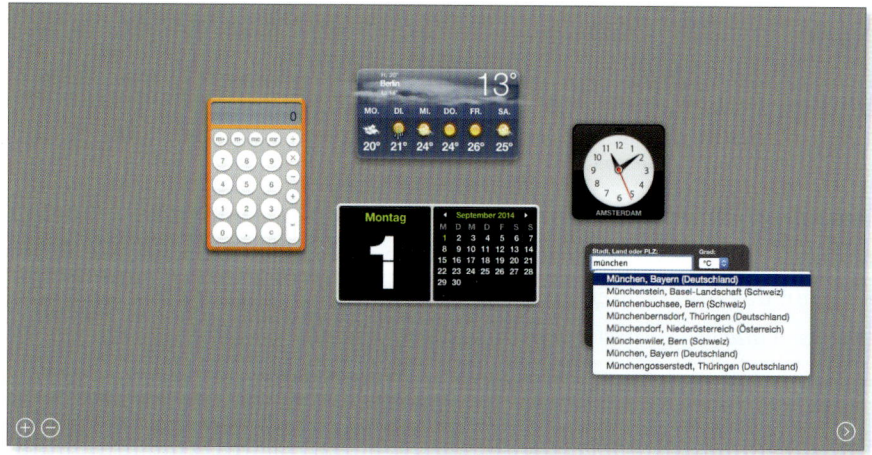

Dashboard und Widgets.

Das Wetter-Widget verfügt am rechten unteren Eck, wenn Sie mit dem Mauszeiger darüberstreichen, über ein kleines *i*. Dadurch wird beim Anklicken das Widget gedreht und Sie können einen anderen Ort eintragen, von dem Sie das Wetter sehen möchten. Ähnlich verhalten sich auch andere Widgets.

Neben den von Apple vorinstallierten Widgets finden Sie eine Unmenge weiterer kostenfreier Widgets über das Internet. Lassen Sie uns an einem Beispiel aufzeigen, wie Sie weitere Widgets über das Internet aufstöbern und dem Dashboard hinzufügen. Zu diesem Zweck sollten Sie Safari starten und in der Eingabezeile beispielsweise den Begriff *Telefonbuch Widget* eintragen. Sogleich wird Google reagieren und Ihnen beliebte Vorschläge diesbezüglich anbieten. Sie finden dort zum Beispiel den Eintrag *Telefonbuch Widget für Mac* oder *Telefonbuch Widget Apple*.

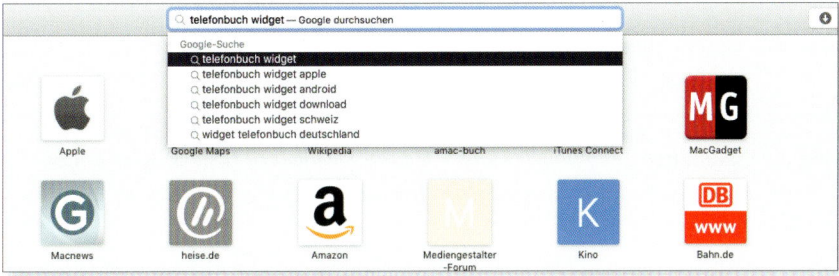

Telefonbuch-Widget-Suche in Safari.

Ich entscheide mich an dieser Stelle für das *Telefonbuch Widget Apple* und gelange auf die zugehörige Seite. Dort finde ich als Eintrag *Das Telefonbuch Widget (Mac) - Download* als ersten Sucheintrag.

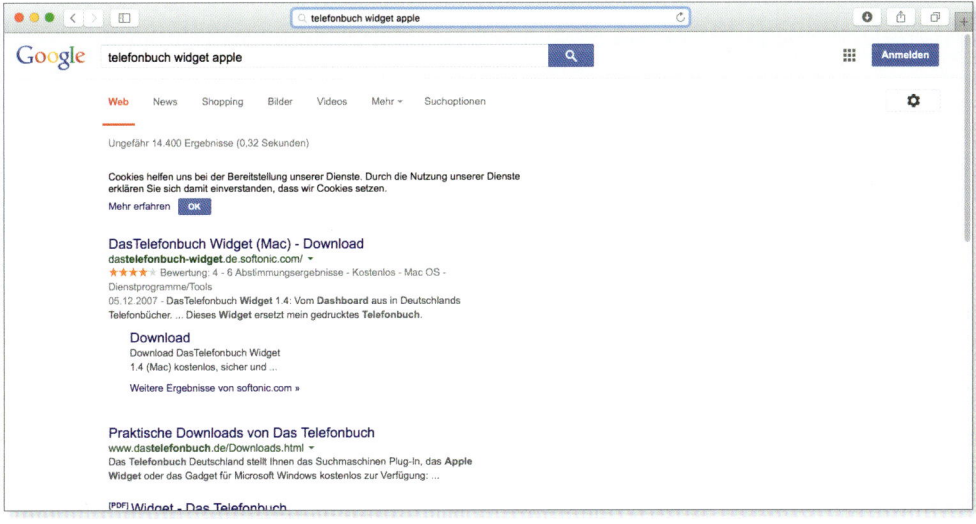

Google hat ein Telefonbuch-Widget für den Mac gefunden.

Ich klicke also den Link an, werde sofort zur Downloadseite geleitet und lade das Widget herunter. Die Widgets für das Dashboard haben allesamt die Eigenschaft, dass sie sehr kleine und nützliche Helfer sind. Das heißt, in wenigen Augenblicken sind diese Hilfsprogramme auf den Rechner heruntergeladen und auch installiert. Sobald der Download erfolgreich abgeschlossen ist, meldet sich Ihr Computer und fragt, ob er dieses Widget nun installieren und zu diesem Zweck das Dashboard öffnen soll.

Gatekeeper verhindert die Installation des Widgets (links). Halten Sie die ctrl-Taste gedrückt, dann lässt es sich dennoch öffnen (rechts).

> **!** Um die Widgets installieren zu können, müssen Sie eventuell in den **Systemeinstellungen –> Sicherheit** bei **Allgemein** die Einstellung ändern oder aber mit gedrückt gehaltener **ctrl**-Taste und der nachfolgenden Administratorkennung diese öffnen und installieren.

Klicken Sie dann auf *Installieren* und Sie werden zum Dashboard weitergeleitet. In wenigen Sekunden haben Sie also einen weiteren nützlichen Helfer auf Ihren Mac gebracht. Und das Telefonbuch-Widget hat schlicht und ergreifend eine Funktion, nämlich das Ausfindigmachen von Telefonnummern.

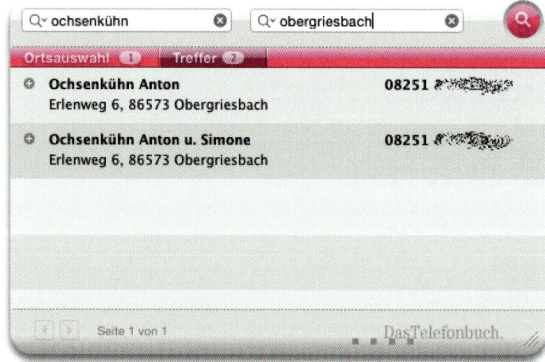

Das Telefonbuch-Widget im Einsatz.

Sie haben sicherlich schon bemerkt, dass es in der Dashboard-Ansicht beim Verwalten der Widgets ganz oben eine Suchlupe gibt, um nach Widgets zu fahnden, falls sehr viele installiert sind und sie sich auf mehrere Bildschirme verteilen.

Und ebenso wie beim iPhone oder iPad kann man Widgets zu Ordnern zusammenfassen. Dazu zieht man ein Widget auf ein anderes und schon entsteht ein Ordner, der auch benannt werden kann. Den Ordner löst man dadurch wieder auf, dass man alle Widgets wieder herauszieht, solange eben, bis der Ordner leer ist.

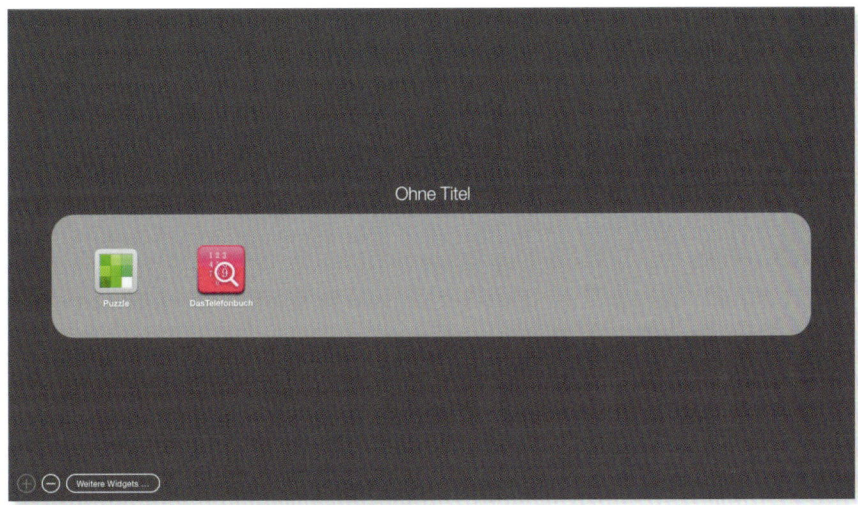

Widgets verwalten.

Wollen Sie Widgets mal wieder loswerden, geht das analog zu den iOS-Geräten: Sie bleiben ca. zwei Sekunden auf der Maustaste, sogleich fangen die Ions zu wackeln an. Bei von Ihnen installierten Widgets sehen Sie ein kleines *x*, um das Widget wieder zu entfernen. Die Standardwidgets hingegen können nicht gelöscht werden.

Anstatt über eine Google-Suche zu gehen, können Sie auch in der Dashboard-Ansicht zunächst das Plus-Icon und dann den Eintrag *Weitere Widgets* anklicken. Sofort gelangen Sie auf eine Seite von Apple mit der Option, Widgets dort ausfindig zu machen und herunterzuladen.

„Weitere Widgets" bringt Sie auf eine Internetseite von Apple.

Noch drei abschließende Tipps zum Umgang mit den Widgets und Dashboard:

1. Bisweilen verhalten sich einige Widgets etwas störrisch, sodass sie sich nicht mehr aktualisieren lassen und keine neuen Informationen über das Internet abrufen. Verwenden Sie die Tastenkombination *cmd + R*, um den *Reload* zu erzwingen und damit alle neuen Informationen zu laden.

2. Möchten Sie das eine oder andere Widget auf dem Dashboard nicht mehr haben, können Sie es auch schließen. Dazu klicken Sie links unten auf das Minussymbol und es sollte jeweils ein kleines *x* in einem Kreis erscheinen. Erscheint es nicht, halten Sie die *alt*-Taste gedrückt, dann erscheint das Symbol in jedem Fall. Darüber kann das Widget geschlossen werden.

3. In macOS kann Dashboard auch als Überlagerung auf dem Schreibtisch liegen. Dazu müssen Sie in den *Systemeinstellungen* bei *Mission Control* die Option *Dashboard* auf *Als Überlagerung* verwenden.

Gesten mit dem Trackpad bzw. Magic Trackpad

Bevor wir uns diese Funktionen genauer ansehen, gilt es, einige wesentliche Grundeinstellungen zu überprüfen und vorzunehmen, damit die Gesten auch umgesetzt werden. In den *Systemeinstellungen* bei *Trackpad* sollten die Spezifikationen für die *Gesten* exakt definiert werden.

> **!** Sollten Sie einen tragbaren Apple-Rechner haben, verfügen Sie ja bereits über ein eingebautes Trackpad, das alle nachfolgend dargestellten Funktionen abbilden kann. Arbeiten Sie mit einem stationären Mac-Rechner, haben Sie im Normalfall lediglich die Magic Mouse zur Verfügung, auf der nur bedingt Gesten ausgeführt werden können. Deshalb ist es an einem stationären Mac durchaus interessant, sich das **Magic Trackpad** zuzulegen, um auch dort Gesten nutzen zu können.

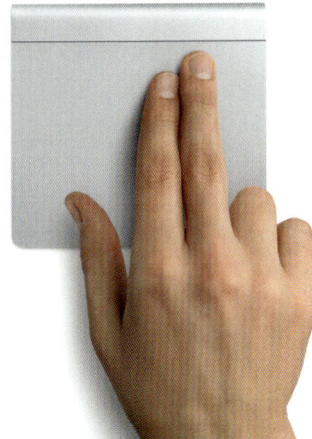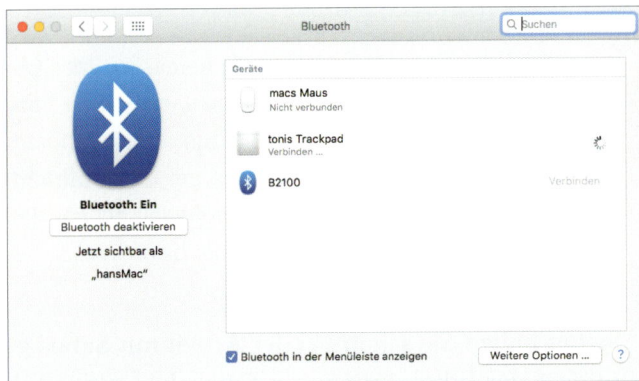

Magic Trackpad konfigurieren.

Sollten Sie sich nun entschlossen haben, ein Magic Trackpad zu erwerben, muss dieses noch via Bluetooth zur Zusammenarbeit mit dem Computer gebracht werden. Starten Sie dafür in den *Systemeinstellungen* die Konfiguration für *Bluetooth*. Nun sollten Sie das Magic Trackpad einschalten und sogleich wird dieses Trackpad von Ihrem Computer über Bluetooth gefunden. Klicken Sie auf *Verbinden* und stellen Sie so die Verbindung her. Sie werden nun in den *Systemeinstellungen* neben dem Eintrag *Tastatur* bzw. *Maus* auch den Eintrag *Trackpad* finden, wo Sie die nachfolgend beschriebenen Gesten einrichten können.

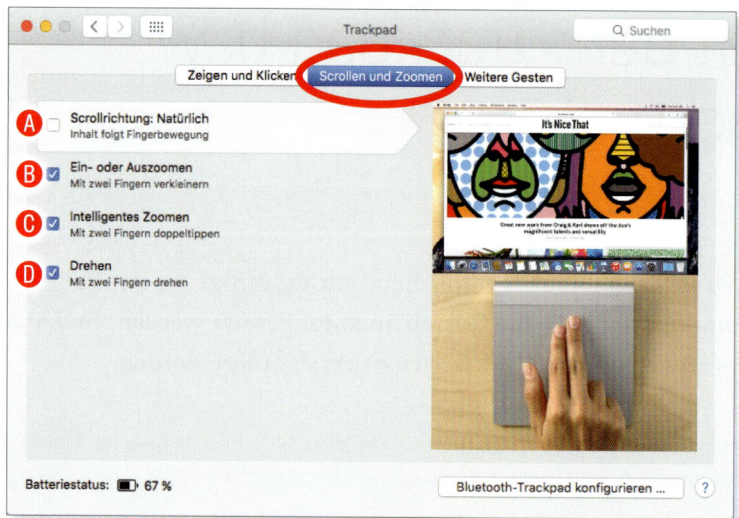

Trackpad-Einstellungen.

Sofern Sie nun ein Magic Trackpad angeschlossen haben oder über einen tragbaren Mac verfügen, finden Sie in den *Systemeinstellungen* die Konfiguration des *Trackpads*. Dort sind einige sehr wesentliche Einstellungen vorzunehmen.

> **!** Denjenigen Mac-Anwendern, die bereits mit Mac OS X 10.6 **Snow Leopard** und 10.5 **Leopard**, also älteren Versionen des Mac-Betriebssystems, gearbeitet haben, ist bei der Umstellung bereits aufgefallen, dass die Scrollrichtung genau umgekehrt zum bisherigen Verhalten ist. Wollen Sie die gewohnte Scrollrichtung beibehalten, so sollten Sie das Häkchen bei **Ⓐ Scrollrichtung: Natürlich** deaktivieren. Ist das Häkchen hingegen angebracht, stimmt die Scrollrichtung mit der von iPhone oder iPad überein. Das heißt, der Inhalt bewegt sich in die Richtung, in die Sie die Finger beim Scrollen bewegen.

Sicher haben Sie schon bei der Arbeit mit Safari gemerkt, dass Sie mit zwei Fingern scrollen können und dass der Inhalt immer ein Stückchen weit nachlaufen wird. Dies ist bei *Weitere Gesten* unter *Mit Streichen Seiten blättern* eingestellt. Ebenso interessant ist aber das *Ein- oder Auszoomen* mit zwei Fingern **Ⓑ**. Damit können Sie wie beim iPad oder iPhone die Darstellungsgröße ganz einfach mit zwei Fingern festlegen. Verwenden Sie beispielsweise Daumen und Zeigefinger und ziehen Sie sie auseinander, um zu vergrößern. Ist zudem *Intelligentes Zoomen* **Ⓒ** aktiviert, können Sie – wie bei den mobilen Geräten von Apple – mit einem Doppeltipp mit zwei Fingern zum Beispiel den Inhalt eines Safari-Fensters auf die Fensterbreite vergrößern. Ein erneuter Doppeltipp mit zwei Fingern bringt Sie wieder zur vorherigen Darstellungsgröße zurück. Und einige Programme, wie zum Beispiel Vorschau, unterstützen auch das *Drehen* **Ⓓ** mit zwei Fingern.

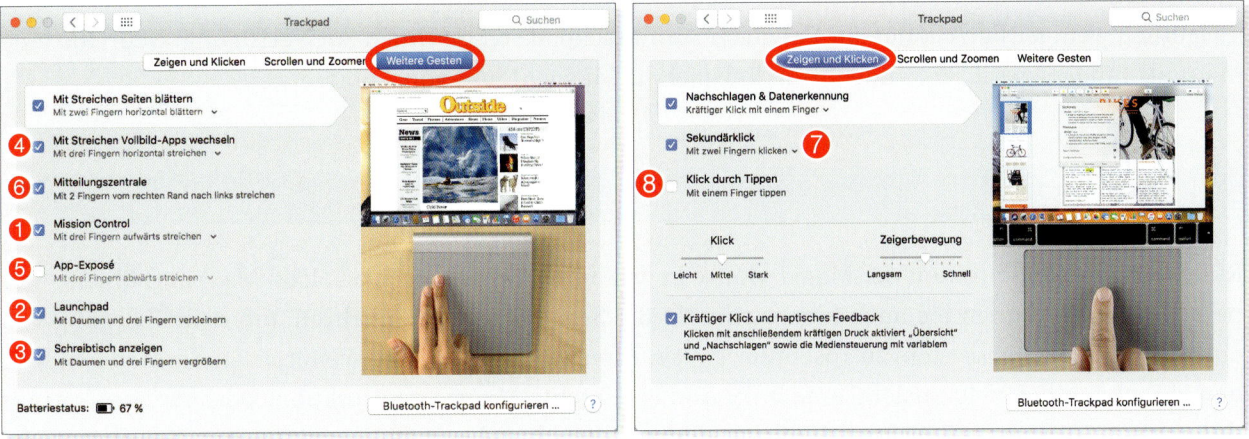

Das Trackpad kann durch Gesten eine Menge Zusatzfunktionen zur Verfügung stellen.

In der Abteilung *Weitere Gesten* können Sie nun noch weitere coole Einstellungen vornehmen. So erkennen Sie, daß Sie nunmehr *Mission Control* ❶ auch dadurch aufrufen können, dass Sie mit drei Fingern gemeinsam auf dem Trackpad nach oben wischen. *Launchpad* ❷ wird gestartet, wenn Sie vier Finger auf dem Trackpad zusammenziehen. Beim Auseinanderziehen wird wieder der Schreibtisch ❸ angezeigt.

Auch klasse ist die Einstellung *Mit Streichen Vollbild-Apps wechseln* ❹. Damit können Sie ganz einfach mit drei Fingern zu anderen Schreibtischen oder Vollbild-Apps weiterblättern. Wischen Sie dazu nach links oder rechts auf dem Trackpad. Via *Programmfenster (App-Exposé)* ❺ sparen Sie sich das Klicken auf das Icon im Dock, um von einem Programm die Fenster übersichtlich dargestellt zu bekommen. Verwenden Sie die Geste oder, wie bereits in den *Systemeinstellungen* bei *Mission Control* eingestellt, die *F10*-Taste.

Und zu guter Letzt können Sie noch die Geste zum Aufrufen der Mitteilungszentrale ändern ❻. Standardmäßig ist eingestellt, dass Sie von rechts nach links streichen, um am rechten Monitorrand die Benachrichtigungen einsehen zu können. Eine eigentlich sehr intuitive Geste, die Sie so belassen sollten.

> **!**
> Auch der Mac verfügt über eine rechte Maustaste. Die rechte Maustaste wird beim Apple-Betriebssystem mit **Sekundärklick** ❼ beschrieben. Wenn Sie auf die Einstellungen zeigen und klicken, sehen Sie, dass Sie den Sekundärklick entweder mit einem Finger ausführen können und dann die Position angeben, wo das stattfinden soll (zum Beispiel rechts oder links unten), oder auch durch die Verwendung von zwei Fingern. Alternativ dazu bietet es sich an, die **ctrl**-Taste zu verwenden, um mit einem Finger auf das Trackpad zu tippen. Dabei wird ebenfalls ein Sekundärklick, also die Funktion der rechten Maustaste, ausgeführt.

Des Weiteren können Sie bei *Zeigen und Klicken* noch einstellen, dass Sie überall auf das Trackpad tippen können, um damit einen Klick auszuführen (*Klick durch Tippen* ❽). Und die Funktion *Nachschlagen & Datenerkennung* ruft das integrierte Wörterbuch auf.

Deutlich weniger Funktionen im Vergleich zum Trackpad stehen Ihnen zur Verfügung, wenn Sie eine Maus als Eingabegerät verwenden, zum Beispiel die Magic Mouse von Apple.

Magic Mouse

Rufen Sie zur Konfiguration der Magic Mouse in den *Systemeinstellungen* das Icon *Maus* auf. Ebenso wie beim Trackpad können Sie auch hier wieder ❶ die Scrollrichtung umkehren, um den Übergang von einem älteren Betriebssystem zu Yosemite etwas sanfter zu gestalten. Des Weiteren hat die Magic Mouse, obwohl man es ihr nicht ansieht, eine linke und eine rechte Maustastenfunktion. Deshalb ist es ratsam, den *Sekundärklick* auf den rechten Bereich der Magic Mouse zu legen ❷. Für einige Anwender kann die Funktion *Intelligentes Zoomen* ❸ durchaus interessant sein, um mit einem Doppeltipp so den Inhalt eines Safarifensters zu vergrößern, zum Beispiel wie beim iPhone oder iPad.

Magic Mouse konfigurieren.

> **!** Wenn Sie die **ctrl**-Taste gedrückt halten und mit der Maus nach oben scrollen, wird der Bildschirm vergrößert. Das Scrollen in entgegengesetzter Richtung verkleinert das Bild wieder.

Und schlussendlich gibt es auch bei der Maus Gesten, die mit zwei Fingern ausgeführt werden können. Sie können also hier durch die Schreibtische ❹ wechseln bzw. die Funktion *Mission Control* ❺ aufrufen. Wollen Sie in Safari das Vor- und Zurückblättern vereinfachen, aktivieren Sie die Funktion *Mit Streichen Seiten blättern* ❻.

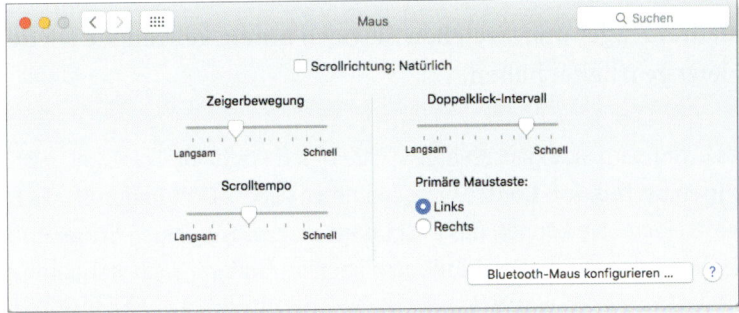

Mäuse anderer Hersteller bieten im Regelfall andere Funktionen, sofern kein spezieller Treiber installiert ist.

Mission Control 2

Mission Control kombiniert alle positiven Eigenschaften der Funktionen *Programmfenster* und *Spaces* und verbindet diese mit den *Gesten*, die Sie sehr einfach auf einem Trackpad oder Magic Trackpad und teilweise auch auf einer Magic Mouse ausüben können. Wie bereits bei den Trackpad-Einstellungen gesehen, rufen Sie die *Mission Control*-Übersicht auf, indem Sie mit drei Fingern nach oben streichen. Damit erhalten Sie eine Darstellung aller Schreibtische mit ihren dazugehörigen Programmen und Fenstern.

Mission Control im Einsatz.

Verwenden Sie erneut drei Finger und streichen Sie nach unten, kehren Sie wieder zu dem Schreibtisch zurück, an dem Sie zuletzt gearbeitet haben.

> **!** Sie sehen, dass das Dashboard als eigenständiger Schreibtisch erscheint. Das ist eine Einstellung, die wir in den **Systemeinstellungen** bei **Mission Control** vorgenommen haben. Dort finden Sie die Eigenschaft **Dashboard**, die umgestellt werden kann. Sie können das Dashboard als eigenständigen Schreibtisch darstellen oder als Überlagerung über den Schreibtisch. Das Dashboard kann im Übrigen auch standardmäßig über die Taste **F12** erreicht werden. Oder Sie können eine beliebige Maus- oder Trackpad-Funktion zuordnen, auch aktive Ecken können das Dashboard anzeigen.

Wenn Sie die Übersicht über alle Schreibtische aufgerufen haben, können Sie mit drei Fingern durch Streichen auf dem Trackpad durch Ihre Schreibtische navigieren. Wenn Sie an dem Schreibtisch angelangt sind, an dem Sie weiterarbeiten möchten, nehmen Sie erneut drei Finger, um nach unten zu streichen. Und schon finden Sie sich auf einem neuen Schreibtisch mit den dazugehörigen Applikationen wieder.

Möchten Sie jetzt ohne die Übersicht zwischen den verschiedenen Schreibtischen (*Spaces*) wechseln, tun Sie das mit drei Fingern, indem Sie nach rechts oder nach links streichen.

Sie sehen: Die Gestensteuerung ist enorm intuitiv und beschleunigt die Arbeitsweise an einem Rechner doch erheblich. Angelehnt ist die Funktionsweise natürlich an die Touchgeräte wie das iPhone oder das iPad. Diese Funktionalität ist jetzt quasi auf den Mac gekommen und erleichtert das Arbeiten an modernen Computern.

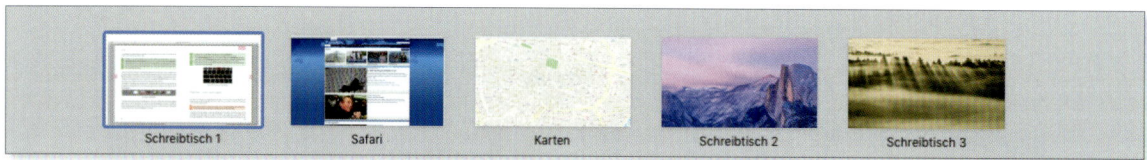

Schreibtische und Vollbildfenster.

Wir haben schon erfahren, dass viele Applikationen bereits den Vollbildmodus unterstützen, beispielsweise Safari, Kalender, Fotos, Pages usw. Wenn Sie in diesen Programmen ein Fenster im Vollbild darstellen, werden sie zu einem eigenen Schreibtisch. Das heißt, neben Dashboard und den Schreibtischen wird jedes Vollbildfenster auch ein Eintrag in der Mission-Control-Übersichtsdarstellung und Sie können mit drei Fingern auch durch diese Vollbildfenster navigieren.

Um Mission Control zu starten, haben Sie also eine ganze Reihe von Möglichkeiten:

1. Verwenden Sie die Gestensteuerung mit drei Fingern, um zu Mission Control zu gelangen.
2. In den **Systemeinstellungen** bei Mission Control haben Sie hierzu **ctrl + Pfeil nach oben** als Shortcut definiert. Zudem kann über **Aktive Ecken** oder über die Maus Mission Control ebenfalls aufgerufen werden.
3. Mission Control kann als Icon ins Dock eingebracht werden. Ein Klick genügt, um es zu starten.
4. Oder verwenden Sie die Funktionstaste **F3**, die ebenfalls Mission Control aufrufen kann. Übrigens: **F4** ist für das Starten von Launchpad zuständig.

F3 startet Mission Control und F4 Launchpad.

MacBook Pro mit Touch Bar und Touch ID

Touch Bar – generelle Funktionalität

Die Touch Bar ist eine Multitouch-Leiste, die sich oberhalb der Tastatur befindet und die herkömmlichen Funktionstasten ersetzt. Sie besteht aus einem Display mit 2170×60 Pixeln, das aufgrund der verwendeten OLED-Technologie auch farbige Informationen darstellen kann. Auf der rechten Seite wird die Touch Bar durch die Touch ID (den Fingerabdrucksensor) ergänzt.

 Die Anzeige der Touch Bar wird nach 60 Sekunden automatisch gedimmt und nach weiteren 15 Sekunden komplett abgeschaltet. Tippen Sie auf das Trackpad, auf eine Taste der Tastatur oder auf die Touch Bar, um sie zu reaktivieren.

Die Touch Bar zeigt je nach verwendeter App kontextabhängige Funktionen an. Verantwortlich für die korrekte Anzeige ist der sogenannte T1-Chip, der beim neuen MacBook Pro in den 13- bzw. 15-Zoll-Modellen verbaut ist. Dieser Chip reagiert extrem schnell: Wenn Sie über das Launchpad oder via *cmd + Tab* zu einer anderen App wechseln, wird die Touch Bar zeitgleich aktualisiert. Damit stehen Ihnen also stets wichtige Funktionen des verwendeten Programms sofort wieder zur Verfügung.

Die Touch Bar besteht eigentlich aus drei Bereichen: Ganz rechts finden Sie die Kontrollleiste, im mittleren Bereich die App-Steuerungen (hier die App „Kalender") und ganz links Systemfunktionen. Dort ist im Regelfall auch die „esc"-Taste zu finden.

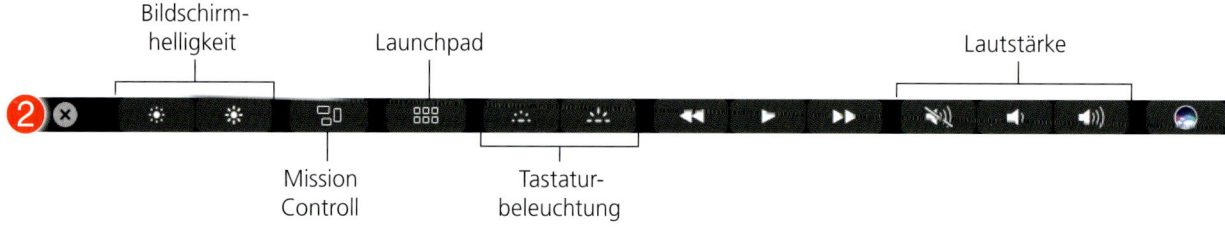

Die Kontrollleiste können Sie durch Antippen ❶ aufklappen und so auf weitere Details zu greifen. Über ❷ werden die Details wieder zugeklappt.

Übrigens: Sie können natürlich jederzeit – also in jeder App und auch im Finder – durch Drücken der *fn*-Taste die Funktionstasten zum Vorschein bringen.

Durch Betätigen der „fn"-Taste erscheinen jederzeit die altbekannten und nützlichen Funktionstasten.

 Möchten Sie in bestimmten Apps die Funktionstasten permanent sehen, dann können Sie dies natürlich einstellen: **Systemeinstellungen –> Tastatur –> Kurzbefehle**. Wählen Sie dort **Funktionstasten** aus. Über die Plus-Taste darunter wählen Sie die Apps aus, die lediglich Funktionstasten in der Touch-Bar-Leiste anzeigen sollen.

Außerdem können Sie im Bereich *Tastatur* sowohl die Touch Bar als auch die fn-Taste noch feinjustieren. Entscheiden Sie sich bei *Touch Bar zeigt* ❶ zwischen diesen drei Alternativen:

d) *App-Steuerungen mit Kontrollleiste:* Das ist die Standardeinstellung. Sie erzeugt die vorhin erwähnte Dreiteilung der Touch Bar.

e) *Erweiterte Kontrollleiste:* Damit bekommen Sie lediglich alle Kontrollleisten-Funktionen (inkl. *esc*-Taste) und keine App-Funktionen zu Gesicht.

f) *App-Steuerungen:* Hiermit wird die Kontrollleiste einfach ausgeblendet.

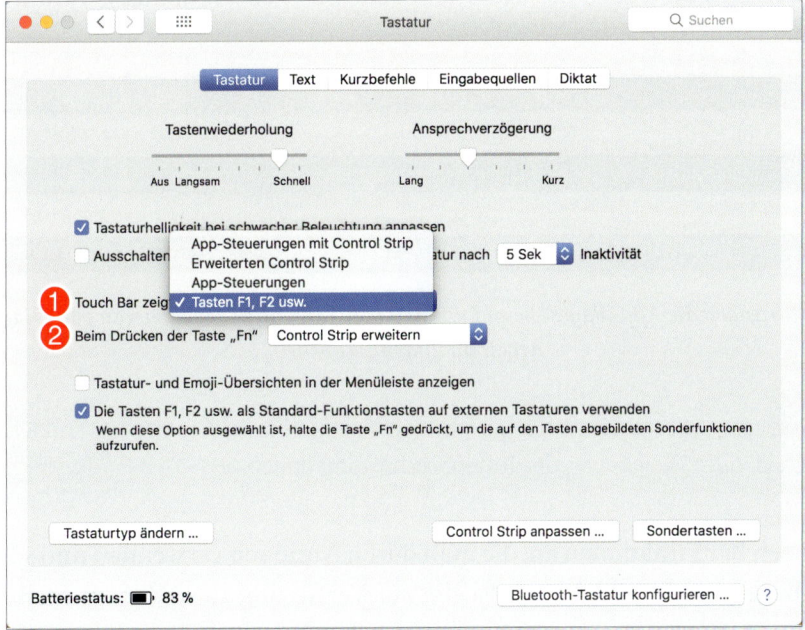

Unter „Systemeinstellungen –> Tastatur" gibt es einige Feineinstellungen.

Zusätzlich können Sie unter *Beim Drücken der Taste „Fn"* ❷ noch zwischen den Funktionstasten und der Kontrollleiste wählen. Natürlich müssen die Apps, die Sie auf dem Mac nutzen, mit der Touch-Bar-Funktionalität ausgestattet sein, damit Sie die *App-Steuerungen* auch verwenden können.

Apps, die die Touch Bar nicht unterstützen, zeigen im mittleren Bereich schlichtweg keine Funktionen an.

Hier ist eine kleine, unvollständige Liste von Apps, die bereits für die Verwendung der Touch Bar optimiert sind:

- Finder, Mail, Safari, Vorschau
- Kalender, Erinnerungen, Kontakte, Notizen, Karten, Rechner
- Nachrichten, FaceTime
- Fotos, iTunes, Vorschau
- iMovie, QuickTime Player, GarageBand, Final Cut Pro
- Keynote, Pages, Numbers
- 1Password, Sketch, Day One

Und natürlich ändert sich die Touch Bar innerhalb der Apps – eben abhängig davon, welche Funktionen Sie dort verwenden.

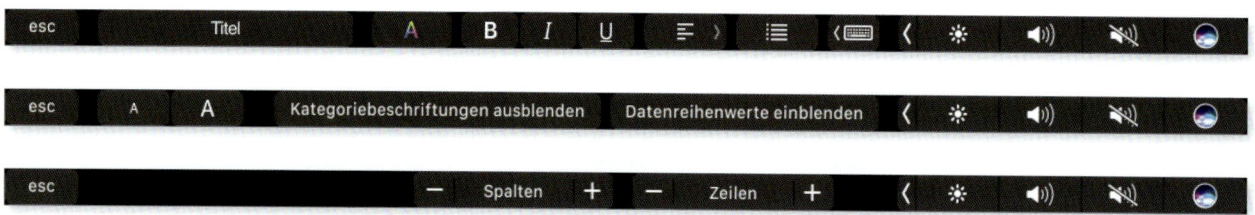

Die drei Bildschirmfotos zeigen die App „Pages" beim Editieren von Text, beim Modifizieren von Diagrammen und bei der Arbeit an und mit Tabellen.

> **!** Da die **esc**-Taste nicht wie gewohnt bündig mit dem Tastaturblock darunter ist, können Sie die Taste auch dadurch erreichen, dass Sie links von der Tastenbeschriftung tippen.

Dabei zeigt die Touch Bar Funktionen an, die man durch Antippen verwenden und somit einsetzen kann. Die Touch Bar ist aber ebenfalls in der Lage, Regler zur Verfügung zu stellen, um z. B. die Lautstärke, die Bildschirmhelligkeit, die Farbe etc. einfach durch Streichen mit dem Finger auszuwählen.

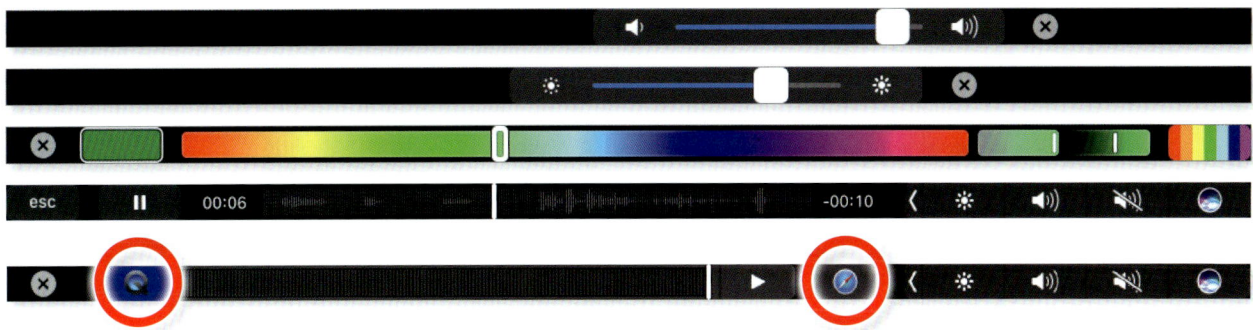

Besonders elegant und zeitsparend ist die Verwendung von Reglern über die Touch Bar.

Tippen Sie beispielsweise auf den Button „Bildschirmhelligkeit", und halten Sie ihn gedrückt, um sofort über die Regler die Helligkeit zu justieren. Auch die Video- und Audiowiedergabe ist mit der Reglerfunktion einfach steuerbar. Haben Sie mehrere offene Videodateien, dann können Sie mit der Touch Bar wählen, welches Video Sie steuern möchten.

Die Touch-Bar-Funktionen können Sie im Bereich *Kontrollleiste* anpassen. Dazu navigieren Sie zu den *Systemeinstellungen –> Tastatur –> Kontrollleiste anpassen*.

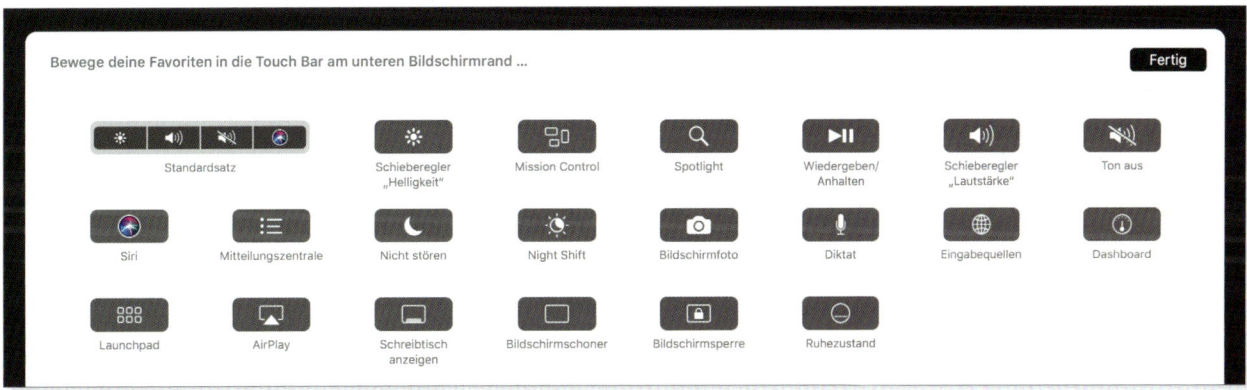

Bewegen Sie einfach die gewünschte Funktion nach unten in die Touch Bar. Über den „Standardsatz" kommen Sie wieder zur ursprünglichen Einstellung zurück.

Sie haben maximal vier Funktionen zur Verfügung. Wählen Sie nun aus, welche vier Buttons in der *Kontrollleiste* erscheinen sollen. Wie auch beim Launchpad erkennen Sie am Wackelmodus, dass nun die Änderungen vorgenommen werden können. Sie können natürlich auch Icons entnehmen, um weniger als vier Funktionen dort erscheinen zu lassen.

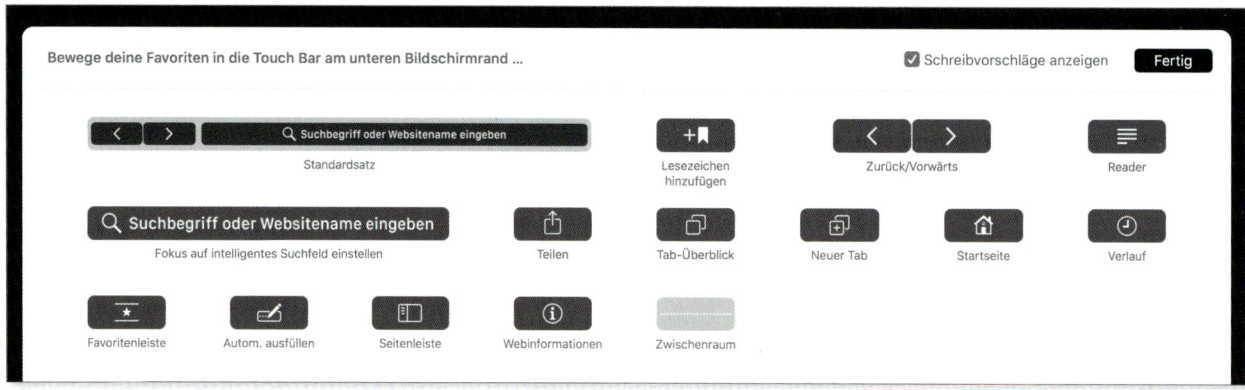

Auch die Funktionen der Touch Bar bei der Verwendung von Apps (hier Safari) können individualisiert werden.

> **!** Haben Sie die App-Steuerungen aufgerufen und entsprechend konfiguriert, dann können Sie auch ganz einfach die Kontrollleistenfunktionen in der Touch Bar antippen, um auch diese gleich Ihren Bedürfnissen anzupassen. Tippen Sie wieder auf den App-Bereich, um zum Ausgangspunkt zurückzukehren.

Da die Touch-Bar-Funktionen hardwaregesteuert sind, können sie auch dann zum Einsatz kommen, wenn Sie mithilfe des Boot Camp-Assistenten eine Partition für Windows auf Ihrem Mac erstellt und eben Windows installiert haben. Über die Touch Bar können Sie nun ebenfalls die Lautstärke, die Bildschirmhelligkeit etc. regeln, während Sie beispielsweise gerade Windows 10 auf Ihrem Mac verwenden.

Möchten Sie ein Bildschirmfoto von der Touch Bar schießen (ab macOS 10.12.2), so nutzen Sie dazu die App *Bildschirmfoto* und verwenden im Menüpunkt *Fotos* den Eintrag *Touch Bar mit Selbstauslöser*. Alternativ können Sie auch die Tastenkombination *cmd + Shift + 6* verwenden bzw. *cmd + Shift + ctrl + 6*, um das Foto direkt in die Zwischenablage zu bringen. Diese Shortcuts können Sie natürlich nach Belieben ändern, wenn Sie in den *Systemeinstellungen –> Tastatur –> Kurzbefehle –> Bildschirmfotos* ansteuern.

Touch ID

Die Funktionalität von Touch ID ist Ihnen ja von den aktuellen iPhone- und iPad-Modellen hinlänglich bekannt. Über den Fingerabdrucksensor kann man sich authentifizieren und so die Passworteingabe ersparen. Nach einem Neustart des Computers muss einmalig das Passwort eingetippt werden. Darauf werden Sie aber auch hingewiesen.

Genauso funktioniert es auch am Mac unter macOS mit den neuen MacBook-Pro-Modellen. Wollen Sie beispielsweise eine neue App installieren, fragt der Finder Ihr Admin-Kennwort ab. Legen Sie nun einfach den Finger auf die Touch ID, anstatt das dafür notwendige Kennwort einzugeben.

Zusätzlich kann jeder Benutzer des Macs seinen eigenen Fingerabdruck hinterlegen und so direkt zu seinem Benutzeraccount wechseln, indem er seinen Finger auf den Sensor legt. Das funktioniert nicht nur im Anmeldefenster, sondern auch, wenn Benutzer A eingeloggt ist und nun Benutzer B die Touch ID verwendet. Sofort wird dann der Benutzerwechsel vollzogen.

Aber auch Apps wie z. B. *1Password* nutzen die Touch ID als alternative Methode der Zugangskontrolle. Während der Installation von macOS werden Sie bereits auf die Touch ID hingewiesen und können dort direkt Ihren Fingerabdruck einscannen. Falls Sie den Scan jedoch bei der Installation übersprungen haben, können Sie ihn jederzeit über *Systemeinstellungen –> Touch ID* nachholen und auch ändern. Wird ein neuer Benutzer (*Systemeinstellungen –> Benutzer*) definiert, so kann ebenfalls beim ersten Einloggen des neuen Anwenders direkt der Fingerabdruck für die Touch ID erstellt werden.

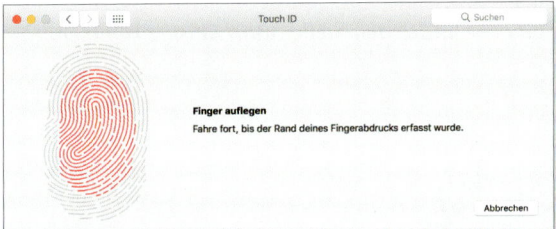 

Pro Benutzeraccount können Sie bis zu drei Fingerabdrücke hinterlegen. Zudem können Sie angeben, wofür die Touch ID zum Einsatz kommen soll. Damit die Touch ID beim Einloggen funktioniert, muss die automatische Anmeldung (Systemeinstellungen –> Benutzer oder Sicherheit –> Allgemein) deaktiviert sind.

 In der Summe können Sie pro Computer maximal fünf Fingerabdrücke für alle Benutzeraccounts erzeugen.

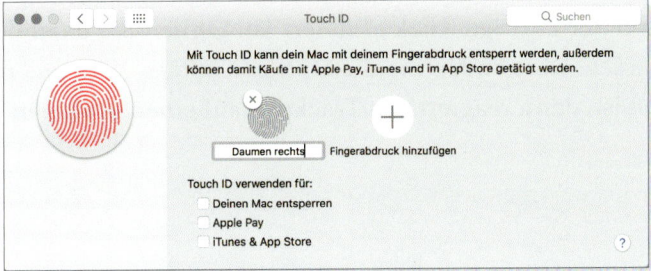

Sie können nach dem erfolgreichen Einlesen Ihres Fingerabdrucks diesen auch benamen. Klicken Sie dazu auf „Finger 1" etc. und führen die Beschriftung durch. Ein Fingerabdruck kann auch wieder gelöscht werden: Bewegen Sie den Mauszeiger auf den den Fingerabdruck und entfernen diesen über das x.

Ist der Fingerabdruck erfolgreich eingelesen worden, dann können Sie ihn in Zukunft als Passwortersatz nutzen.

Ihr Fingerabdruck kann ab sofort als Passwortersatz an verschiedensten Stellen zum Einsatz kommen.

Force Touch (kräftiger Klick)

Die MacBooks und MacBooks Pro mit Retina-Display ab dem Jahr 2015 haben ein ganz spezielles Trackpad. Dieses Trackpad reagiert auf die Stärke eines Klicks. Ein kräftiger Klick auf das Trackpad löst andere Funktionen aus, als ein normaler Klick. Viele Programme unterstützen den kräftigen Klick, wie z. B. Mail, Safari, iMovie, GarageBand oder Kalender und Karten.

Wenn Sie im Besitz eines MacBooks bzw. MacBook Pros mit diesem speziellen Trackpad sind, sollten Sie zuerst kontrollieren, ob der kräftige Klick aktiviert ist. Öffnen Sie dazu die *Systemeinstellungen* bei *Trackpad –> Zeigen und Klicken*. Dort finden Sie die Option *Kräftiger Klick und haptisches Feedback*. Wenn diese Option eingeschaltet ist, dann reagiert das Trackpad auf einen kräftigen Klick.

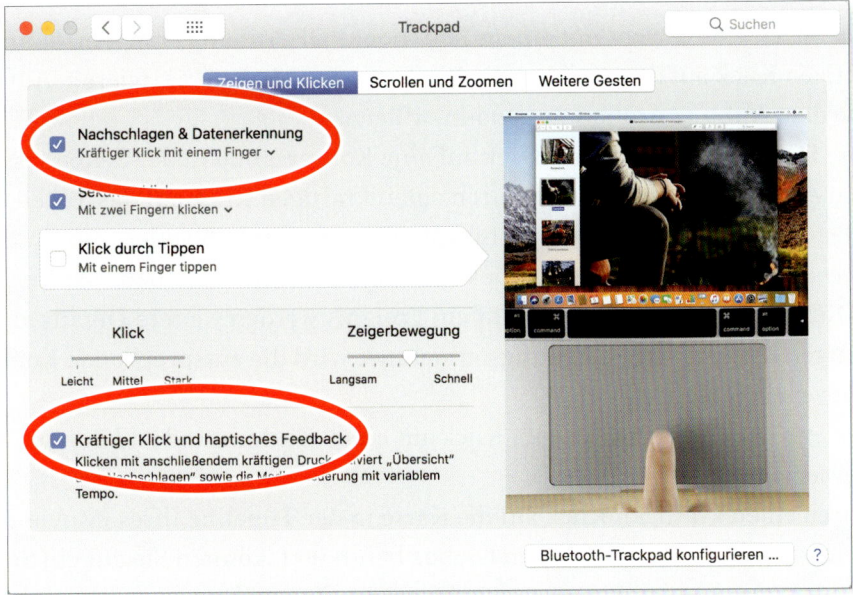

In den „Systemeinstellungen" kann die Funktion für den kräftigen Klick eingestellt oder auch komplett deaktiviert werden.

Hier einige Beispiele, wofür Sie einen kräftigen Klick nutzen können:

- *Nachschlagen:* Wenn Sie kräftig auf Text in einer Webseite oder E-Mail klicken, erscheint ein Popover mit Suchergebnissen für diesen Text. Die Informationen stammen aus Quellen wie dem Lexikon, Wikipedia usw.
- *Adressen:* Durch einen kräftigen Klick auf eine Adresse erscheint eine Kartenvorschau dieses Orts.
- *Veranstaltungen:* Durch einen kräftigen Klick auf Termine und Veranstaltungen fügen Sie diese dem Kalender hinzu.
- *Link-Vorschau:* Durch einen kräftigen Klick auf einen Link in Safari oder Mail wird eine integrierte Vorschau der Webseite angezeigt.
- *Sendungsverfolgungsnummern:* Durch einen kräftigen Klick auf eine Sendungsverfolgungsnummer in Safari oder Mail werden Versanddetails in einem Popover eingeblendet.
- *Dateisymbole:* Durch einen kräftigen Klick auf ein Dateisymbol wird eine Schnellvorschau des Dateiinhalts angezeigt.
- *Dateinamen:* Durch einen kräftigen Klick auf einen Dateinamen im Finder oder auf dem Schreibtisch können Sie den Dateinamen bearbeiten.
- *Dock:* Durch einen kräftigen Klick auf ein App-Symbol im Dock können Sie auf Programmfenster zugreifen. Damit werden alle geöffneten Fenster dieser App angezeigt.

- *Mail:* Wenn Sie eine Nachricht mit einem Bild- oder PDF-Anhang erstellen, können Sie durch einen kräftigen Klick auf den Anhang die Funktion „Anmerken" aktivieren. Auf diese Weise können Sie dem Anhang Anmerkungen hinzufügen.

- *Nachrichten:* Durch einen kräftigen Klick auf eine Konversation in der Seitenleiste werden Details und Anhänge angezeigt, und durch einen kräftigen Klick auf das Token eines Kontakts im Chat-Header wird die Kontaktkarte in einem Popover eingeblendet.

- *Erinnerungen:* Durch einen kräftigen Klick auf eine Erinnerung werden weitere Details angezeigt.

- *Kalender:* Durch einen kräftigen Klick auf ein Ereignis werden weitere Details angezeigt. Durch einen kräftigen Klick auf einen Tagungsteilnehmer wird die entsprechende Kontaktkarte in einem Popover eingeblendet.

- *Kartenstandorte:* Durch einen kräftigen Klick auf einen Kartenstandort können Sie dort eine Stecknadel setzen.

- *iMovie:* Durch einen kräftigen Klick auf die Karte in der Timeline Ihres iMovie-Projekts, das eine animierte Karte oder einen animierten Globus beinhaltet, können Sie auf ein Stil-Menü zugreifen. Auf diese Weise können Sie aus verschiedenen Stilen wählen.

- *QuickTime und iMovie:* Sie können mehr oder weniger kräftig auf die Tasten für schnellen Vor- oder Rücklauf drücken. Auf diese Weise lässt sich die Geschwindigkeit erhöhen, mit der Sie vor- oder zurückspulen.

- *iMovie:* Wenn Sie einen Videoclip auf seine maximale Länge ziehen, erhalten Sie eine Rückmeldung darüber, dass Sie das Ende des Clips erreicht haben. Wenn Sie einen Titel hinzufügen, erhalten Sie eine Rückmeldung, wenn der Titel am Anfang oder Ende eines Clips positioniert wird. Eine diskrete Rückmeldung wird außerdem mit den Ausrichthilfen gegeben, die beim Beschneiden eines Clips im Viewer angezeigt werden.

- *Kartenvergrößerung/-verkleinerung:* Drücken Sie fester auf eine Zoom-Taste, um die Geschwindigkeit beim Vergrößern und Verkleinern einer Karte zu erhöhen.

- *Fotos mit Pfeiltasten durchblättern:* Wenn Sie Ihre Fotos in einem Album oder Moment mit den Pfeiltasten durchblättern, können Sie etwas fester drücken, um die Geschwindigkeit zu erhöhen.

- *Fotos drehen:* Wenn Sie in Fotos die Funktion „Beschneiden" auswählen und ein Foto dann drehen, fühlen Sie ein Einrasten, wenn die Drehung des Fotos null Grad beträgt.

iOS-like – das Launchpad

Das Dock ist der Klassiker, um Applikationen auf dem Mac zu starten. Dazu ist es notwendig, dass die Programme auch in das Dock eingebracht werden. Aber bei einer zu hohen Anzahl von Programmen wird es reichlich unübersichtlich.

> ! Selbstverständlich werden beim Installieren die Programme im zentralen **Programme**-Ordner abgelegt. Wir werden uns nachfolgend die Installation von Applikationen unter macOS genauer ansehen.

Deshalb hat sich Apple gedacht, es wäre eine tolle Idee, das User-Interface, das die Benutzer vom iPad und iPhone kennen, auf den Mac zu übertragen. Das Ergebnis ist das Programm *Launchpad* ❶. Launchpad selbst ist ein eigenes Programm, das Sie im *Programme*-Ordner finden. Launchpad finden Sie aber auch standardmäßig im *Dock*. Die einfachste Art, Launchpad zu starten, besteht darin, den Daumen und drei weitere Finger auf das Trackpad zu legen und zusammenzuziehen. Die entgegengesetzte Bewegung hingegen bringt Sie zurück zum Schreibtisch. Sobald das Programm Launchpad gestartet ist, ändert sich die Darstellung auf Ihrem Monitor.

Launchpad ist gestartet.

Launchpad tut nichts anderes, als alle installierten Programme und Dienstprogramme geordnet als Icons auf einer neuen Oberfläche anzuzeigen ❷, wobei Launchpad selbst natürlich nicht noch einmal angezeigt wird. Nachdem Sie auf Ihrem Rechner eine große Anzahl von Programmen installiert haben könnten, gibt es genauso wie beim dem iPad oder iPhone mehrere Bildschirme, auf die sich die Programmicons verteilen. In meinem Beispiel sehen Sie die drei hellen Pünktchen oberhalb des Docks ❸, auf die sich die derzeit installierten Programme verteilen. Über die Suche im Titelbereich ❹ können Sie ganz einfach nach Programmen suchen – egal auf welchem Bildschirm sich diese befinden.

Die erste und wichtigste Funktion des Launchpads ist es, Programme zu *launchen*, also zu starten. Klicken Sie beispielsweise auf das Icon *Safari*, wird die Darstellung gewechselt; Safari kommt nach vorn und zeigt seine Inhalte.

Um ein weiteres Programm zu starten, klicken Sie einfach erneut auf das Icon *Launchpad* im Dock oder verwenden die Fingergesten. Um zu den anderen Bildschirmen zu wechseln, die auch mit Programmicons versehen sind, klicken Sie entweder mit der Maus auf die kleinen weißen Pünktchen oder Sie verwenden wieder Gesten. Verwenden Sie zwei Finger, um nach links oder rechts zu streichen und die anderen Bildschirme hervorzubringen. Die Analogie zu iPad oder iPhone hört an dieser Stelle noch nicht auf: Wollen Sie Programme zu einem Ordner zusammenführen, ist auch das im Launchpad möglich.

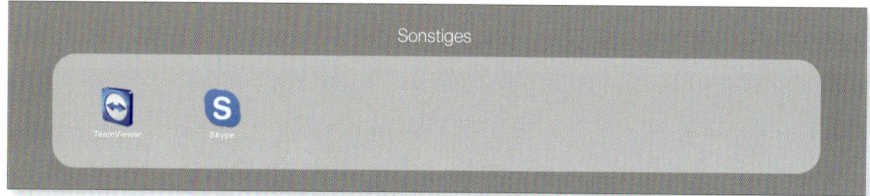

Ordner innerhalb von Launchpad erstellen.

Dazu ziehen Sie – wie vom iPhone oder iPad gewohnt – ein Icon einfach auf ein anderes und es wird daraus ein Ordner erstellt. Sie können nun jederzeit beliebige weitere Applikationen auf das Ordnericon ziehen. Sobald Sie das Ordnericon anklicken, ändert sich die Darstellung des Launchpads, alle anderen Symbole werden ausgeblendet und es erscheint ein Bereich, in dem alle im Ordner befindlichen Programme dargestellt sind. Jeder Ordner kann bis zu 32 Programme aufnehmen.

Selbstverständlich können Sie den Ordner nach Ihren Wünschen betiteln. Launchpad verwendet stets Standardbegriffe, wenn es aufgrund der kombinierten Programme einen Zusammenhang erkennt. Klicken Sie einfach auf den Namen, um ihn zu ändern. Natürlich können Sie auch einzelne Programme aus dem Ordnerverbund wieder herauslösen. Klicken Sie hierzu wieder den Ordner an und ziehen Sie per Drag & Drop das gewünschte Symbol auf den Hintergrund und lassen Sie es dort fallen. Somit wird das Programm wieder aus dem Verbund gelöst. Sobald ein Ordner nur noch eine einzige Applikation enthält, wird der Ordner automatisch aufgelöst und die Applikation erscheint wieder mit ihrem Icon im Launchpad.

> ! Wenn Sie Programme installieren, werden diese im **Programme**-Ordner auf Ihrer Festplatte abgelegt. Einige Programme legen dort bei der Installation Ordner an, wie zum Beispiel Microsoft Office oder auch iWork. Die Ordner, die sich im **Programme**-Ordner finden, werden nicht auf dem Launchpad dargestellt. Und andersherum werden Launchpad-Ordner nicht im **Programme**-Ordner angezeigt. Wenn Sie also innerhalb von Launchpad Ordner erstellen, bedeutet dies nicht, dass Sie innerhalb Ihres **Programme**-Ordners Änderungen vornehmen.

Launchpad und der Wackelmodus.

Und auch diese Funktion ist auf dem Mac eingekehrt: Wie Sie bereits vom iPhone oder iPad wissen, können Sie durch längeres Antippen eines Icons auf dem Trackpad oder Drücken der *alt*-Taste den *Wackelmodus* aufrufen. Der Wackelmodus dient zwei Zwecken: Zum einen können Sie die Anordnung der Symbole auf dem Bildschirm ändern. So kann zum Beispiel ein Programm auf den zweiten oder dritten Bildschirm des Launchpads verschoben werden. Des Weiteren erhalten alle Programme, die Sie über den Mac App Store installiert haben und die nicht Teil des Betriebssystems sind, ähnlich wie beim iPhone und iPad, ein kleines *x* an der linken oberen Ecke. Das heißt, Sie können aus dem Launchpad heraus diese Programme von Ihrem Rechner entfernen. Klicken Sie dazu im Wackelmodus das weiße *x* im Kreis an. Das System wird noch einmal nachfragen, ob Sie das Programm tatsächlich löschen möchten.

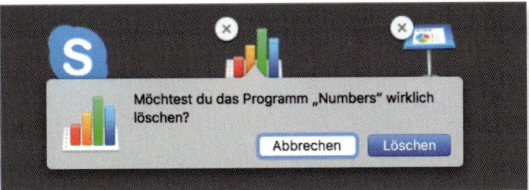

Programm wird gelöscht.

Geben Sie danach das Administratorpasswort ein und das Programm ist verschwunden. Und nachdem Sie sich nun als Administrator authentifiziert haben, ist tatsächlich auch innerhalb des *Programme*-Ordners dieses Programm gelöscht worden.

Sie sehen also: Mit Launchpad haben Sie eine sehr intuitive Möglichkeit, um so wie auf dem iPhone oder iPad mit den auf Ihrem Rechner installierten Programmen zu arbeiten und diese in Ordner und auf verschiedene Bildschirme aufzuteilen.

 Launchpad arbeitet auch sehr gut mit dem Dock zusammen. Ziehen Sie einfach bei gestartetem Launchpad ein Icon ins Dock, um es dort zu platzieren.

Und noch ein nützlicher Tipp in Zusammenhang mit Launchpad: Launchpad kann über das Icon im Dock oder über Gesten gestartet werden. Ebenso nützlich kann auch sein, es über einen Shortcut hervorzuholen. Navigieren Sie hierfür in den *Systemeinstellungen* zu *Tastatur* und dort zu *Kurzbefehle*. Wählen Sie in der linken Spalte den Eintrag *Launchpad & Dock* aus und geben rechts daneben für Launchpad einen Shortcut ein.

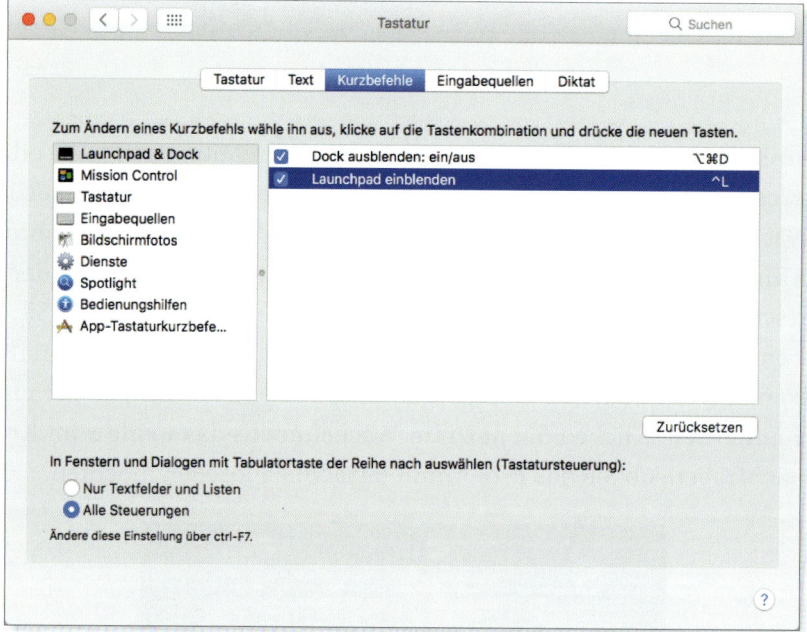

Launchpad mit einem Shortcut versehen.

Programme per Spotlight starten

Keine Frage – *Spotlight* kann deutlich mehr, als nur Programme starten. Aber: Neben dem Dock und dem Launchpad bietet es eine sehr elegante Möglichkeit, um Programme sehr rasch zu öffnen. Der Weg ist sehr einfach: Klicken Sie in der Menüleiste rechts oben das *Spotlight*-Feld an und geben Sie den Teil eines Programmnamens an. Im Regelfall genügen die ersten zwei bis vier Buchstaben und Spotlight wird Ihnen das Programm als *Top-Treffer* vorschlagen. Mit einem Druck auf die *Returntaste* wird das entsprechende Programm direkt gestartet.

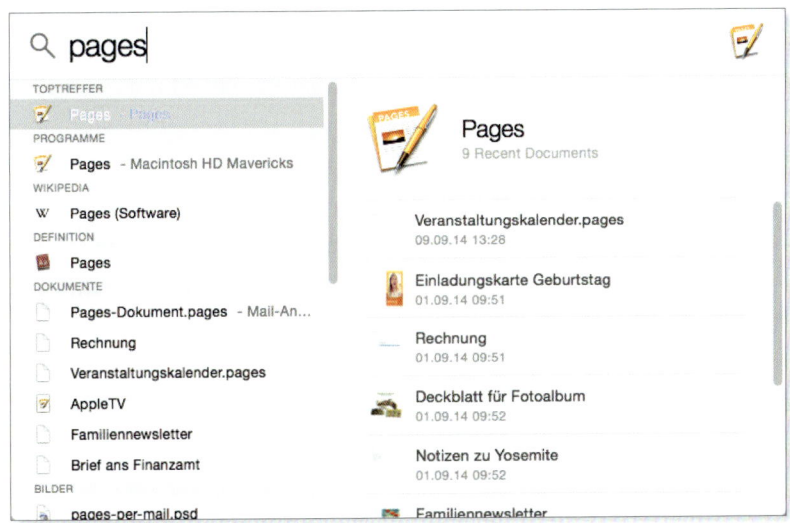

Pages wird über Spotlight gefunden und zeigt rechts eine Liste mit den zuletzt verwendeten Dokumente an, die direkt mit einem Mausklick geöffnet werden können.

Dabei ist Spotlight clever: Haben beim ersten Programmstart die ersten drei bis vier Buchstaben nicht ausgereicht, um das Programm eindeutig zu identifizieren, und mussten Sie es manuell in der Liste auswählen, wird es bei der nächsten Suche nach demselben Begriff bereits höher bewertet und zum Top-Treffer aufsteigen, damit es bequem gestartet werden kann.

Noch schneller und einfacher geht es, wenn Sie die Vorgehensweise komplett über die Tastatur erledigen. In den *Systemeinstellungen* finden Sie in der ersten Zeile das *Spotlight*-Symbol. Und im unteren Teil des dazugehörigen Fensters sind die *Tastaturkurzbefehle* des Spotlight-Suchfelds zu finden. Spotlight verwendet die Tastenkombi *cmd + Leertaste*.

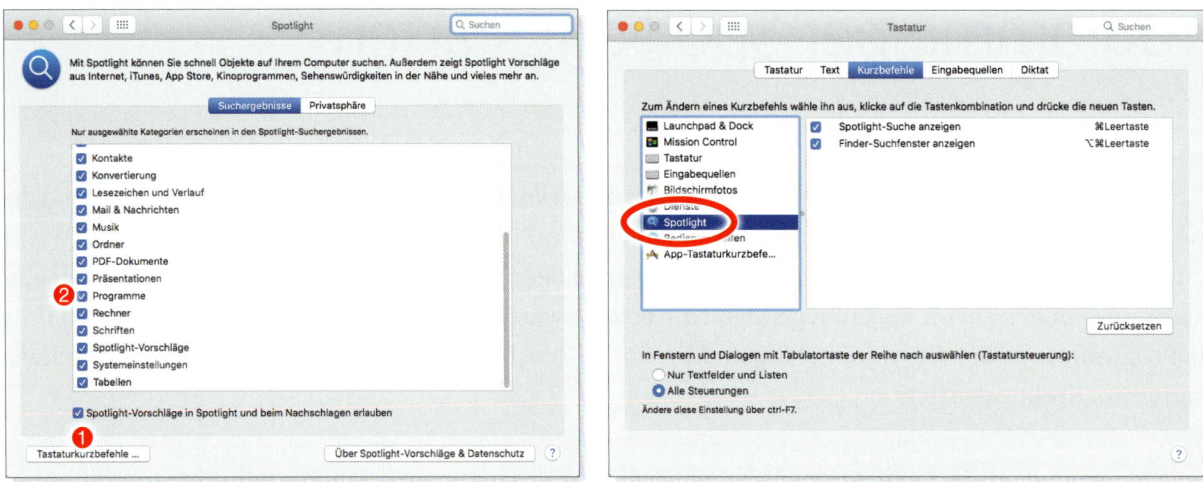

Spotlight-Einstellungen (links) und die dazugehörigen Tastaturkurzbefehle (rechts).

Achten Sie darauf, dass dieser Tastaturkurzbefehl auch aktiv ist ❶. Bei Bedarf können Sie an dieser Stelle auch einen eigenen Shortcut definieren. Außerdem ist es notwendig, dass bei der Reihenfolge der Suchergebnisse das Häkchen bei *Programme* ❷ angebracht ist. Dazu noch ein wichtiger Tipp:

Möchten Sie über Spotlight nicht das dazugehörige Programm starten, sondern zum Ablageort des Programms wechseln, gehen Sie wie folgt vor: Sie rufen eine Spotlight-Suche auf, geben einen Teil des Programmnamens ein und verwenden nun die Tastenkombination *cmd + Returntaste*. Nun wird nicht das Programm aufgerufen, sondern ein Finder-Fenster erscheint und zeigt den Ablageort des Programms an.

Siri

Die Spracherkennung Siri hat mit macOS Sierra auch Einzug auf dem Mac gehalten. Besitzern eines iPhones, iPads oder von Apple TV ist Siri bereits als hilfreicher Assistent zur automatischen Durchführung von vielen Funktionen bestens bekannt. Ich will Ihnen nun erläutern, wie Sie Siri auf dem Mac einsetzen können, um damit z. B. den Einsatz von Tastenkombinationen überflüssig zu machen.

Zuerst muss Siri natürlich eingeschaltet sein, was bereits bei der Installation von macOS gemacht werden kann. Nachträglich kann es auch in den *Systemeinstellungen* bei dem Punkt *Siri* aktiviert werden. Dort lässt sich zusätzlich eine Tastenkombination zum Aufrufen von Siri festlegen. Ansonsten müssen Sie Siri nämlich rechts oben über das Menulet-Symbol, über Lauchpad oder über das Dock starten.

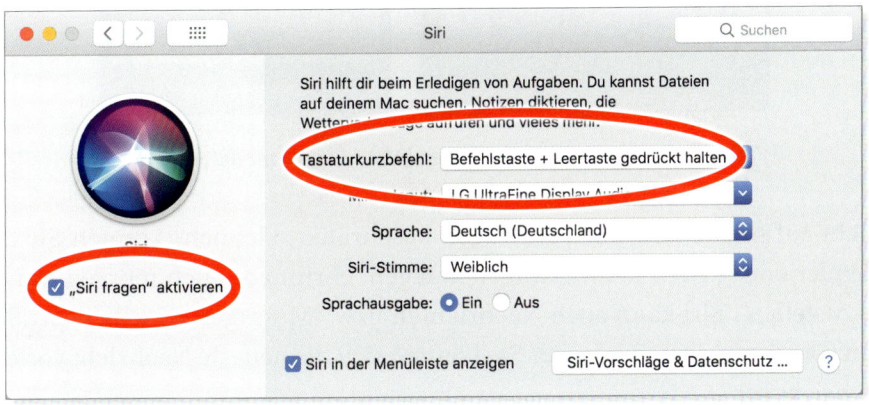

Für das Starten von Siri können Sie eine Tastenkombination definieren.

Öffnen Sie das Menü bei der Option *Tastaturkurzbefehl* und wählen Sie den Punkt *Anpassen*. Nun drücken Sie die gewünschte Tastenkombination zum Aufrufen von Siri. Voreingestellt ist *Befehlstaste + Leertaste gedrückt halten*.

Was kann Siri nun am Mac für Sie tun? Eine ganze Menge verschiedener Dinge!

Sie können z. B. Siri nach dem aktuellen Wetter in einer bestimmten Stadt fragen: „Wie wird das Wetter morgen in Würzburg?". Oder Sie wollen eine Auskunft vom Aktienmarkt: „Wie steht der DAX?".

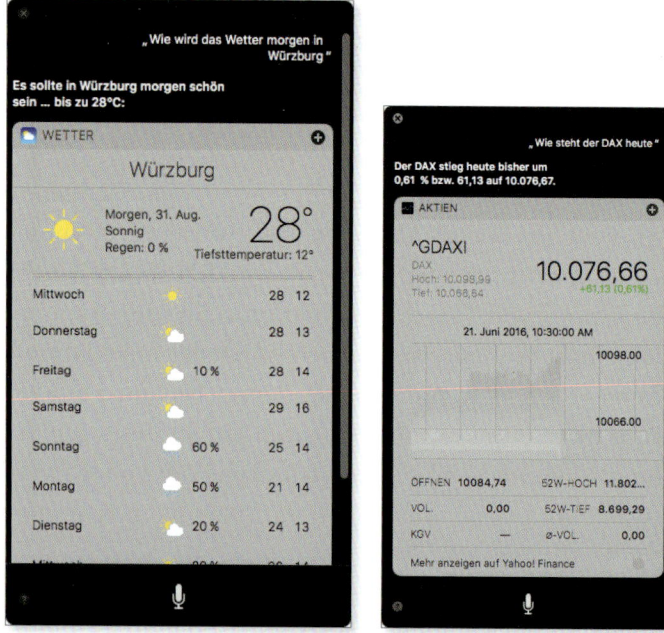

Wie wird das Wetter? Wie steht der DAX? Siri kennt die Antworten!

Siri ist aber nicht auf solche einfachen Anfragen beschränkt, vielmehr können Sie damit auch neue Einträge im Kalender oder in den Erinnerungen anlegen: „Erinnere mich morgen um 8 Uhr daran die Mülltonnen rauszustellen". Siri kann auch Nachrichten bzw. iMessages verschicken: „Sage Josef Müller ich werde morgen vormittag eintreffen", oder Sie können sich die neueste Nachricht vorlesen lassen: „Lies mir die neue Nachricht vor".

Siri kann auch Nachrichten erstellen oder vorlesen.

Mit Siri lassen sich auch Programme öffnen: „Starte die App Vorschau" oder „Öffne das Programm Pages". Und Siri kann natürlich auch eine Suche auf dem Mac oder im Internet durchführen: „Zeige mir alle E-Mails von heute" oder „Zeige mir alle E-Mails von Anton von gestern" oder „Was war der 30-jährige Krieg?".

Eine Suche gestaltet sich mit Siri recht einfach.

Siri greift nicht nur auf die Funktionen von macOS zu, sondern auch auf fast alle Programme. Damit wird Siri zu einem wirklich sehr hilfreichen Assistenten und erleichtert das Arbeiten am Mac unglaublich. Und Siri hilft auch bei der Verwaltung von Dateien und Dokumenten: Sie können sich z. B. mit „Zeige mir die Dokumente, die ich heute geöffnet habe" eine Liste aller Dateien zeigen lassen, die diesen Kriterien entsprechen. Die Suche kann man weiter einschränken, etwa auf „Nur die Pages-Dokumente". Weiteres Beispiel: „Zeige mir alle Bilder in meinem Download-Ordner". Auch Systemabfragen lassen sich durchführen, zum Beispiel: „Wie viel Speicherplatz habe ich auf meinem Mac noch frei?". Besonders praktisch ist der Zugriff auf Systemfunktionen: So ermöglicht Siri unter anderem die Aktivierung des Ruhezustands oder des Bildschirmschoners.

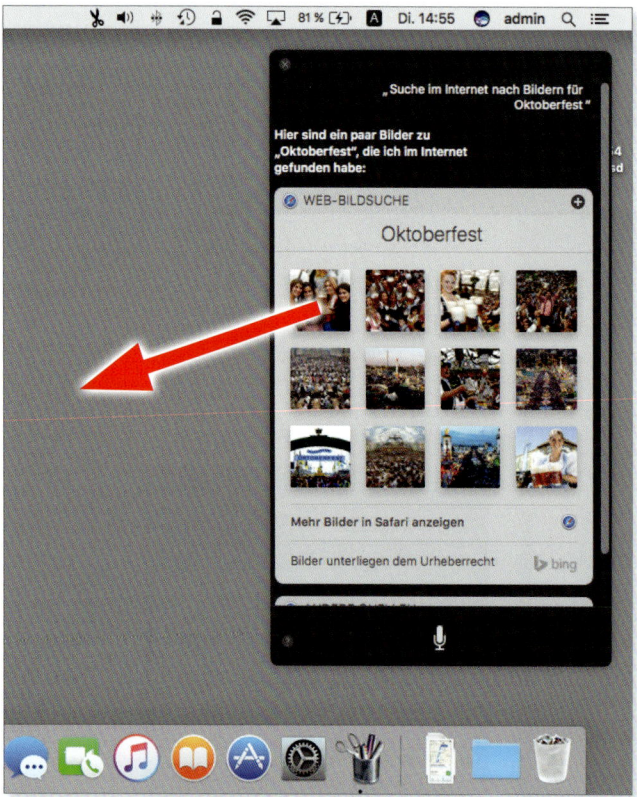

Während Ihrer Internetsuche nach Bildern können Sie Fotos sofort per Drag-and-Drop auf dem Rechner ablegen oder per Kontextmenü in die Zwischenablage legen. Achten Sie dabei immer auf die Urheberrechte!

! Übrigens können Sie jede Art von Suche, die Sie mit Siri durchgeführt haben, in der Mitteilungszentrale sichern. Das funktioniert nicht nur mit einer Suche im Internet, sondern natürlich auch bei einer Suche auf der Festplatte. Wollen Sie beispielsweise den Aktienkurs von Apple in der Mitteilungszentrale haben, dann holen Sie über Siri die Information nach vorne und bringen sie mit dem Plus-Symbol in die Mitteilungen. Und stets, wenn Sie Mitteilungen öffnen, wird hier die aktuelle Information dargestellt.

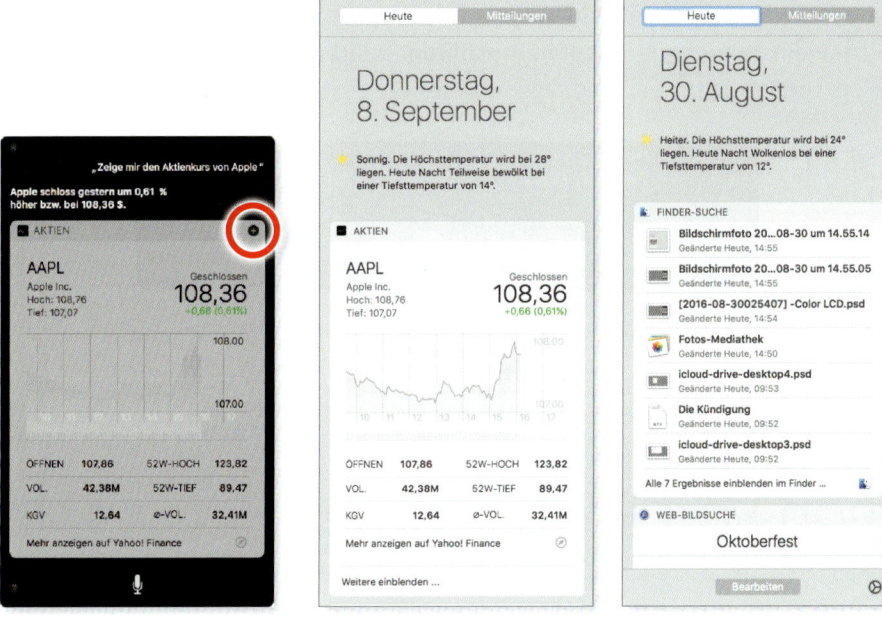

Suchanfragen an Siri (links) können in der Mitteilungszentrale abgelegt werden (Mitte und rechts).

Wollen Sie noch mehr über Siri wissen, auch wie man Siri auf dem iPhone, iPad, der Apple Watch und dem Apple TV anwendet, dann empfehle ich Ihnen das „Siri Handbuch" vom amac-buch Verlag.

Das „Siri Handbuch" (ISBN 978-3-95431-050-0) vom amac-buch Verlag zeigt Ihnen den kompletten Funktionsumfang von Siri auf.

 Statt mit Siri zu sprechen, können Sie Ihre Fragen auch eintippen. Um diese Funktion nutzen zu können, gehen Sie in die **Systemeinstellungen –> Bedienungshilfen –> Siri** und bringen das Häkchen bei „**Siri schreiben**" **aktivieren** an. Fortan können Sie Sirianfragen schlichtweg eintippen.

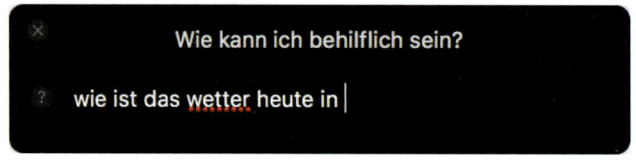

Via „Siri schreiben" können Sie alle Fragen schriftlich eintippen.

Installation von Programmen

Wie bereits mehrfach angedeutet, können die Funktionen *Launchpad*, *Dock* oder *Spotlight* auch auf die installierten Programme Ihres Macs zugreifen. Alle Programme, die sich auf Ihrem Rechner befinden, finden Sie im Ordner *Programme*. Verwenden Sie zum Beispiel den Finder über den Menüpunkt *Gehe zu –> Programme*, um eine Liste aller installierten Programme aufzurufen.

Der *Programme*-Ordner enthält überdies einen Unterordner namens *Dienstprogramme*, in dem weitere, aber nicht für alle Anwender sinnvolle, Programme untergebracht sind.

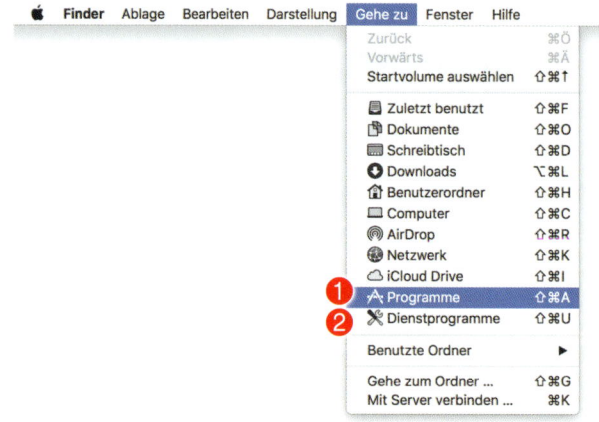

„Gehe zu"-Menüpunkt im Finder.

Alternativ zum *Gehe zu*-Menü können Sie auch Zeit sparen und eine der folgenden Tastenkombinationen verwenden: Um in den *Programme*-Ordner zu gelangen , drücken Sie *cmd + Shift + A* und für den *Dienstprogramme*-Ordner  *cmd + Shift + U*.

Wie aber gelangen Programme in diesen Programme-Ordner? Sie müssen natürlich installiert werden. Hierbei gibt es drei mögliche Vorgehensweisen.

> **!** Bevor Sie Programme auf Ihrem Mac installieren, sollten Sie die Gatekeeper-Einstellungen Ihren Bedürfnissen entsprechend anpassen. Lesen Sie dazu die Informationen auf Seite 599.

Der umständliche Weg

Es gibt einige Softwarehersteller, die für die Installation von Programmen eine CD oder DVD ausliefern. Wenn Sie einen optischen Datenträger bekommen, ist auf diesem meist eine Installationsroutine aufgebracht. Legen Sie also den Datenträger ein und starten Sie dann das auf dem Datenträger abgelegte Installationsprogramm.

Bei der Installation von einem optischen Datenträger bekommt der Anwender oftmals die Möglichkeit, die Installation seinen Bedürfnissen entsprechend anzupassen, das heißt, bestimmte Programmpakete aus der Installation auszuschließen.

> **!** Bitte bedenken Sie, dass ein innerhalb des Ordners **Programme** erscheinender Ordner nicht automatisch in das Programm **Launchpad** übertragen wird. Das heißt: Innerhalb von Launchpad werden Programme jeweils einzeln aufgelistet und können dort natürlich erneut zu einem eigenen Ordner gruppiert werden.

Installation über Disk Images (DMG)

Viele Programme sind über das Internet erhältlich. Prominente Vertreter sind zum Beispiel der Browser Firefox oder auch das Programm Skype. Und die meisten dieser Programme werden nach dem Download als *Disk Image*-Dateien auf Ihrem Rechner liegen und können von dort aus im Regelfall per Drag & Drop installiert werden. Doch lassen Sie uns dies anhand der Installation von Firefox noch einmal genauer unter die Lupe nehmen.

Starten Sie hierzu das Programm Safari und geben Sie in der Google-Suche die Begriffe *Firefox Download Mac* ein. Sofort erscheint eine Reihe von Suchergebnissen, die Ihnen den Download von Firefox anbieten.

Firefox aus dem Internet laden.

Wie Sie anhand des Bildschirmfotos erkennen, wird die Version 48 (Stand: September 2016) von Firefox als *DMG-Datei*, also als *Disk Image*, aus dem Internet heruntergeladen. Sofern Sie in Safari nichts geändert haben, wird diese Datei in den *Downloads*-Ordner eingebracht. Diesen haben Sie ja standardmäßig in Ihrem Dock. Ist das Herunterladen aus dem Internet abgeschlossen, wird das Disk Image im Normalfall sofort geöffnet. Falls dies nicht geschieht, machen Sie einen Doppelklick auf die DMG-Datei, und es erscheint folgendes Fenster:

Firefox-Installation.

Nun erfolgt der letzte Schritt der Installation: Ziehen Sie einfach das Firefox-Symbol nach rechts auf den *Programme*-Ordner, geben Sie Ihr Administratorpasswort ein und schon wird das Programm Firefox erfolgreich auf Ihrem Rechner installiert.

Im Gegensatz zu Installationsroutinen, wie sie andere Programme mitliefern, wird für die Installation von Firefox lediglich ein Icon in den *Programme*-Ordner verschoben. Damit ist auch die Deinstallation eines solchen Programms sehr simpel: Ziehen Sie einfach das Firefox-Icon aus dem *Programme*-Ordner in den *Papierkorb*, um das Programm von Ihrem Rechner zu entfernen.

 Haben Sie Programme über optische Datenträger installiert, ist im Regelfall das Ausführen einer Deinstallationsroutine notwendig. Diese finden Sie normalerweise in dem Programmpaket, das Sie installiert haben. Oder Sie legen erneut die Installations-CD ein und suchen dort nach einer Deinstallationsroutine.

Sicherheitsabfrage.

Programme, die Sie aus dem Internet herunterladen, könnten möglicherweise schadhafte Elemente enthalten. Darauf weist Sie die Firma Apple auch hin. Wenn Sie zum Beispiel zum ersten Mal das zuvor heruntergeladene Programm Firefox starten, fragt macOS nach, ob Sie diese Aktion tatsächlich ausführen möchten. Das heißt, Sie handeln hier auf eigenes Risiko. Um Ihre Ängste zu minimieren: Es gibt kaum schädliche Software für den Mac, die Sie aus dem Internet herunterladen können. Von daher können Sie im Regelfall bedenkenlos via *Öffnen* das Programm starten.

 Die Installation von Firefox und anderen Programmen, die über das Internet heruntergeladen wurden, durchläuft als Zwischenstufe die **DMG-Datei** im **Downloads**-Ordner. Nachdem das Programm erfolgreich installiert wurde, können Sie in den **Downloads**-Ordner gehen und die dort noch vorhandene DMG-Datei bedenkenlos in den Papierkorb werfen.

 Firefox und viele andere Programme für den Mac können deswegen per Drag & Drop installiert werden, weil sie als **Pakete** geliefert werden. Es gibt auch Programme zum Herunterladen, die direkt als Pakete angeboten werden und durch einen Doppelklick zu installieren sind. Aber was ist so ein Paket genau?

Ein Paket enthält alle notwendigen Daten, damit ein Programm arbeiten kann. Und diese Dateien verbergen sich alle hinter einem einzigen Icon, in unserem Beispiel hinter dem Icon des Programms *Firefox*. Wenn Sie mit der rechten Maustaste das Firefox-Icon anklicken, erscheint auch der Menüpunkt *Paketinhalt zeigen*.

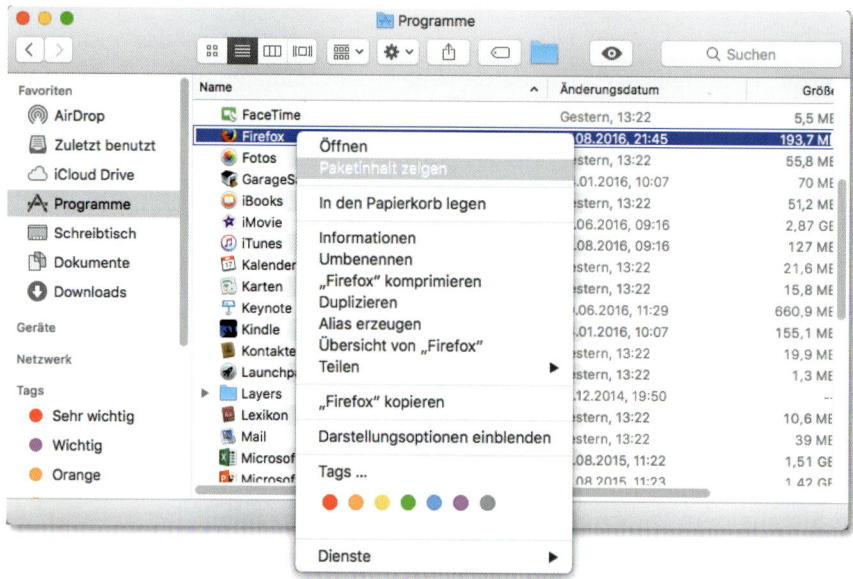

Paketinhalt zeigen.

Wenn Sie diesen auswählen, erhalten Sie Einblick in das Paket und sehen den Ordner *Contents,* der wiederum eine Reihe von Unterordnern enthält. Dort liegen alle Dateien, die notwendig sind, um das Programm Firefox auszuführen.

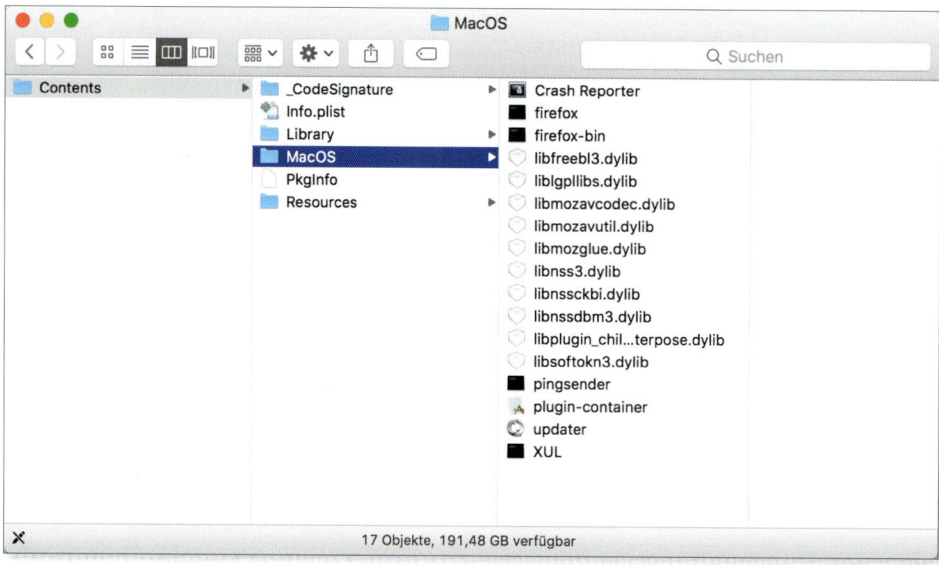

Aufbau des Firefox-Pakets.

Soll nun das Paket upgedatet werden, lädt man einfach die neueste Version von Firefox aus dem Internet, schiebt dieses komplette Paket in den *Programme*-Ordner und ersetzt damit die vorherige Version des Programms.

Der einfache Weg: App Store

Die Firma Apple hat im Jahr 2008 über den *App Store* für das iPhone eine unglaubliche Welle losgetreten. Wenige Jahre später finden sich im App Store für das iPhone bereits mehrere Millionen Applikationen, Tendenz stark steigend. Auch das iPad kann über den App Store auf iPad-konforme Apps zugreifen. Auch hier tummeln sich schon Hunderttausende für den Einsatz auf dem iPad optimierte und programmierte Applikationen. Dieses Erfolgsmodell hat Apple auch auf den Mac übernommen. Das Icon zum App Store finden Sie im Dock, im *Apfel*-Menü oder im *Programme*-Ordner.

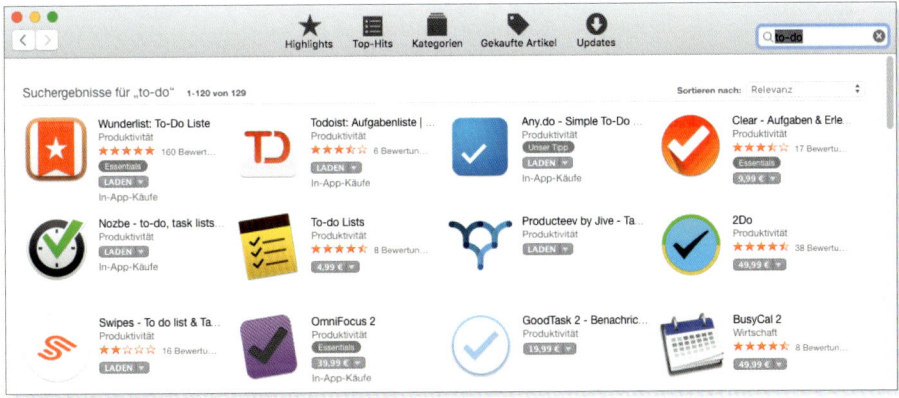

App Store im Einsatz.

Natürlich können Sie im App Store schmökern, indem Sie im Bereich *Top Hits* oder *Kategorien* nach Programmen suchen, die Sie in Ihrer Arbeit unterstützen könnten. Der schnellste und einfachste Weg, um an Programme heranzukommen, ist allerdings die Suchfunktion. Wie im vorherigen Bildschirmfoto zu sehen, habe ich im App Store nach *To-do*-Applikationen gesucht und bekomme nun eine ganze Reihe von Vorschlägen, was es alles an Programmen zu diesem Thema gibt.

Wird einer der Vorschläge angeklickt, erscheint eine zweite Infoseite, auf der mehr Informationen über diese Applikation angezeigt werden, wie der Hersteller, der Preis, einige Screenshots usw. Um von dieser Darstellung wieder zurückzublättern, navigieren Sie – ähnlich wie im Browser – über die Vor- und Zurückpfeile, die Sie links oben im Fenster sehen.

Damit Sie im App Store etwas einkaufen können, benötigen Sie einen Account. Über den Menüpunkt *Store* können Sie Ihren Account anlegen. Wenn Sie ein iPhone oder iPad besitzen, haben Sie bereits einen *iTunes Account* bzw. eine *Apple-ID*. Bei diesen Accounts handelt es sich um Accounts, die Sie auch für den App Store verwenden können.

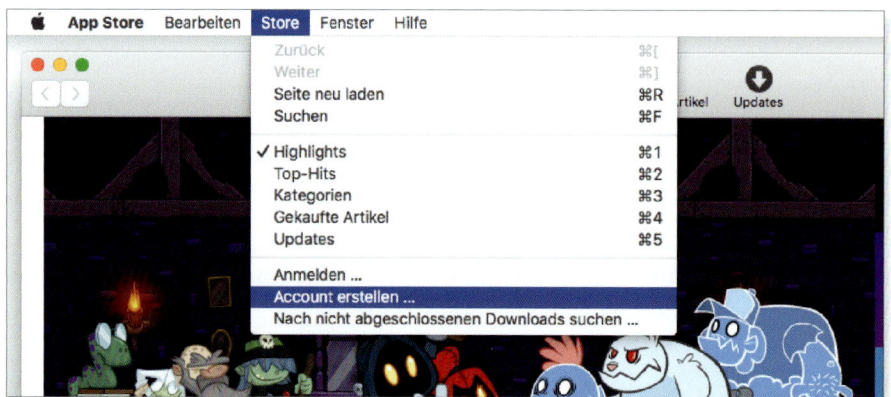

Damit wird ein Account erstellt.

Haben Sie bisher noch keinen Zugang zum iTunes oder App Store, können Sie über den Menüpunkt *Store –> Account erstellen* einen Zugang konfigurieren.

> Haben Sie bisher an einem Windows-Rechner gearbeitet und dort auch das Programm **iTunes** verwendet, um Musik oder Filme zu kaufen, haben Sie bereits eine Apple-ID. Diese können Sie ebenfalls für den Mac App Store verwenden und damit einkaufen gehen.

Haben Sie beispielsweise einen tragbaren und einen stationären Mac, können Sie die im App Store gekauften Programme natürlich ohne Zusatzkosten auf beiden Rechnern installieren. Es muss dazu an beiden Rechnern der gleiche Account (Menü *Store*) hinterlegt sein. Sie finden unter *Gekaufte Artikel* im App-Store-Fenster alle bisher gekauften Programme. Laden Sie diese einfach auch auf den zweiten und dritten und vierten Mac herunter. Sobald Sie Ihre Accountdaten erfolgreich hinterlegt haben, können Sie im Mac App Store einkaufen gehen.

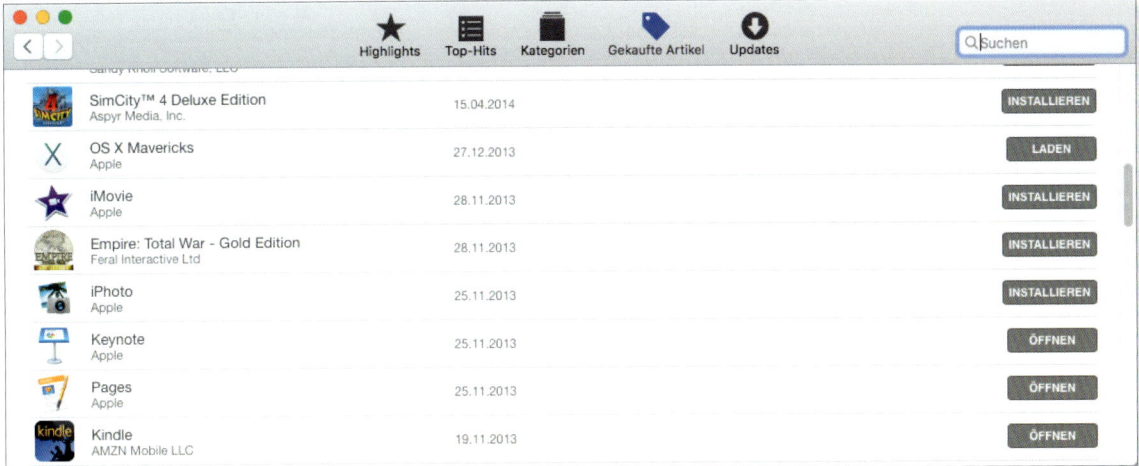

Die Einkäufe im App Store.

Launchpad zeigt den Download aus dem App Store (links) und neue bzw. aktualisierte Apps erkennen Sie an dem blauen Punkt vor dem Appnamen (rechts).

Sobald Sie begonnen haben, aus dem Mac App Store Applikationen herunterzuladen, werden Sie sehen, dass sich das *Launchpad*-Icon im Dock verändert. Unterhalb des Symbols erscheint ein Balken, der den Downloadstatus anzeigt. Und genauso wie beim iPhone bzw. iPad zeigt das App Store-Icon im Dock die Verfügbarkeit von Updates an. Wenn Sie den App Store starten, können Sie im Bereich *Updates* die Aktualisierungen herunterladen.

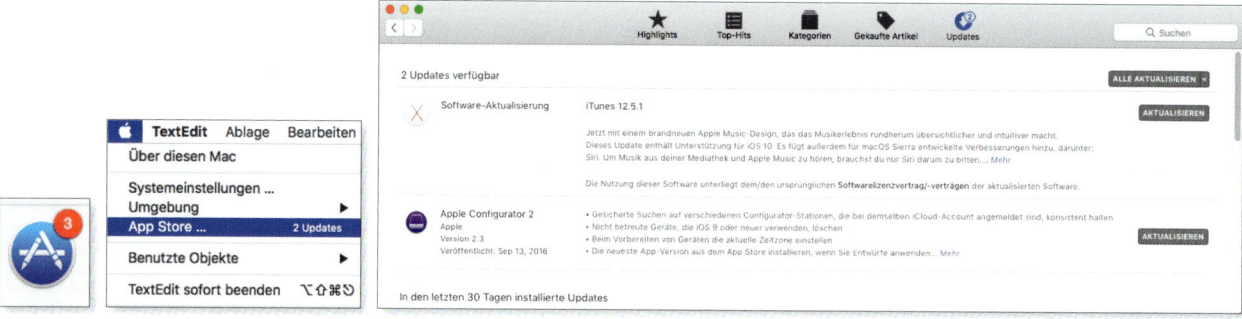

Das „App Store"-Icon im Dock (links) bzw. der App Store-Eintrag im Apfelmenü (Mitte) zeigt die Anzahl der verfügbaren Aktualisierungen an (rechts).

Stehen Updates an, können Sie den Download auf einen späteren Zeitpunkt verschieben.

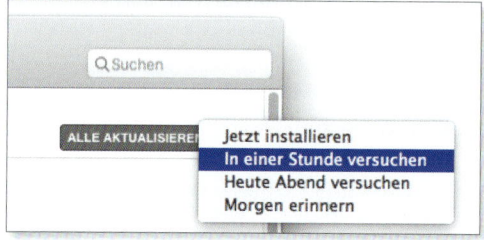

Updates können auch auf einen späteren Zeitpunkt verschoben werden.

 Besitzen Sie mehrere Macs, können Programme auf verschiedenen Geräten automatisch installiert werden. Weitere Informationen dazu finden Sie auf Seite 307 und auf Seite 613.

Gutscheine einlösen

Im App Store können Sie auch Gutscheine einlösen, die Sie etwa geschenkt bekommen oder in diversen Geschäften (Saturn, Media Markt etc.) gekauft haben. Klicken Sie bei *Highlights* auf der rechten Seite im Bereich *Alles auf einen Klick* auf die Funktion *Einlösen*. Anschließend geben Sie den Gutscheincode ein, und Ihrem Account wird der Wert des Gutscheins gutgeschrieben. Ab sofort wird beim Einkauf zuerst das Guthaben aufgebraucht, bevor wieder die Kreditkarte belastet wird.

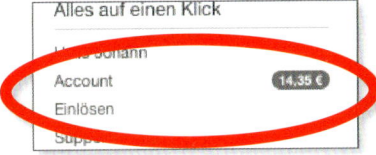

Im App Store können Sie auch Gutscheine einlösen, die dann Ihrem Account gutgeschrieben werden.

App-Käufe aus- und erneut einblenden

Im Reiter *Gekaufte Artikel* kann sich nun eine ganze Menge an Apps ansammeln. Wollen Sie es hier übersichtlicher gestalten, können Einträge dort ausgeblendet werden. Klicken Sie dazu mit der rechten Maustaste (Kontextmenü) auf ein App-Icon und wählen Sie *Einkauf ausblenden* aus.

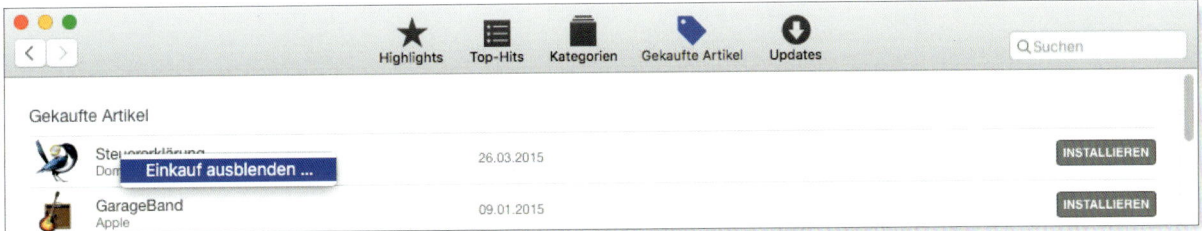

App-Käufe können ausgeblendet werden.

Um diese Einkäufe zu einem späteren Zeitpunkt erneut zum Vorschein zu bringen, gehen Sie über *Store –> Meinen Account (xy) anzeigen*. Geben Sie das Passwort Ihrer Apple-ID ein. Nun klicken Sie auf *Verwalten* im Bereich *Ausgeblendete Artikel* und dann erhalten Sie ein Fenster mit allen derzeit ausgeblendeten Apps.

Einmal gekaufte Artikel können jederzeit wieder eingeblendet werden.

App-Updates automatisch installieren und Passwort-Einstellungen

Über die *Systemeinstellungen –> App Store* können Sie das automatische Herunterladen und Installieren von Updates aktivieren. Sofern Sie das Häkchen *App-Update installieren* ❶ setzen, werden die Updates geladen und ohne weiteres Zutun Ihrerseits installiert.

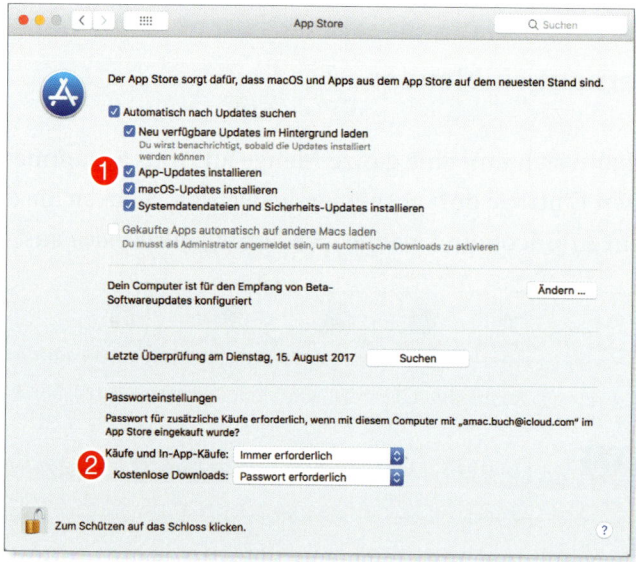

Updates können automatisch heruntergeladen und installiert werden.

 Auch iOS kann wie macOS App-Updates automatisch herunterladen und ohne Rückfrage installieren. Dazu gehen Sie beim iPhone/iPad über die **Einstellungen** zu **iTunes & App Store** und aktivieren **Updates**.

Im Bereich *Passworteinstellungen* ❷ definieren Sie noch, ob bei kostenfreien Downloads die Passworteingabe notwendig sein soll. Wechseln Sie hier zu *Passwort sichern*, um bei Gratis-Apps kein Passwort eingeben zu müssen. Oberhalb sollten Sie die Eigenschaft *Nach 15 Minuten erforderlich* wählen, damit Sie nicht bei jedem Kauf innerhalb dieser Zeitspanne erneut Ihr Kennwort eintippen müssen.

Updates ausblenden

Und auch das ist möglich: Sie können Updates auch ausblenden (*Rechtsklick* bzw. *ctrl + Mausklick*), sofern diese aktuell nicht eingespielt werden sollen. Damit wird diese Version übersprungen. Aber Sie erhalten natürlich wieder eine Meldung, sobald die nächsthöhere Aktualisierung ansteht.

Kapitel 6

Von Dateien und Ordnern

Das Gehe-zu-Menü

Wie bei jedem anderen Computer auch, liegen auf der Festplatte Ihres Macs Dateien und Ordner. Natürlich können Sie selbst Dateien und Ordner erstellen, was wir uns auch noch ansehen werden. Aber auch das Betriebssystem, die installierten Programme usw. müssen an einem bestimmten Platz auf Ihrer internen Festplatte abgelegt werden. Einen sehr effektiven Zugriff auf die Festplatte Ihres Computers finden Sie im *Finder* über das *Gehe zu*-Menü.

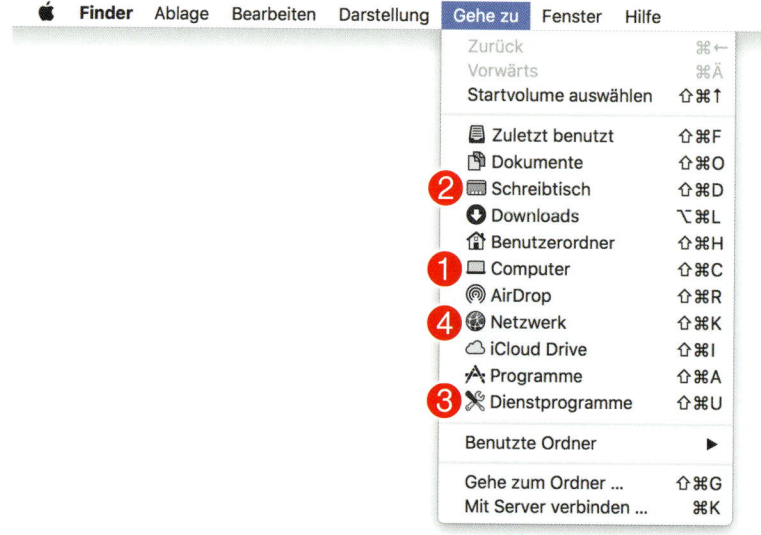

„Gehe zu"-Menü des Finders.

Dort finden Sie eine Reihe von Einträgen, die Sie ebenfalls über Tastenkombinationen aufrufen können. Im Wesentlichen sind es vier Arten von Sprungzielen, die Sie damit erreichen können. Wenn Sie den Eintrag *Computer* ❶ anklicken oder die dazugehörige Tastenkombination *cmd + Shift + C* verwenden, gelangen Sie sozusagen auf die höchste Ebene Ihres Ablagesystems und Sie sehen alle Datenträger, die zurzeit mit Ihrem Computer verbunden sind.

Geräte in der Computerdarstellung.

Wenn Sie das Bildschirmfoto betrachten, sehen Sie, dass derzeit eine Reihe von Laufwerken mit dem Computer verbunden ist. Jeder Mac benötigt die *Macintosh HD* **A**, auf der das Betriebssystem, die Programme und alle Ihre Dateien abgelegt sind. In meinem Fall ist noch eine externe Festplatte angeschlossen **B**, die sich mit dem Symbol einer USB-Festplatte und dem Begriff *ExterneHD* darstellt. Außerdem wurde noch ein USB-Stick angesteckt **C** und eine CD/DVD eingelegt **D**. Darüber hinaus sehen Sie, dass die Geräteliste ebenfalls links daneben in der *Seitenleiste* erscheint. Also auch hierüber haben Sie Zugriff auf die Geräte.

Aber wieder zurück zum *Gehe zu*-Menü. Im Bereich **2** sehen Sie die Sprungzeile, sodass Sie rasch zu Ihren Dateien und Ordnern kommen können. Die Objekte *Dokumente*, *Schreibtisch*, *Downloads* und auch der *Benutzerordner* sind Ablageorte, an denen Sie als Anwender mithilfe von Programmen Dateien erstellen können. Möchten Sie hingegen in den *Programme*- oder *Dienstprogramme*-Ordner gelangen, verwenden Sie die dazugehörigen Einträge im Bereich **3**. Beachten Sie dabei, dass der Ordner *Dienstprogramme* eigentlich ein Unterordner des Ordners *Programme* ist.

Und schlussendlich finden Sie mit *AirDrop*, *Netzwerk* und *iCloud Drive* **4** noch Sprungziele, die sich nicht auf Ihrem Rechner befinden, sondern über das Netzwerk und über das Internet zu erreichen sind.

Angenommen, Sie wollen in den *Programme*-Ordner navigieren. Sie verwenden hierzu den Menüpunkt *Gehe zu* –> *Programme* oder den korrespondierenden Shortcut *cmd + Shift + A*. Suchen Sie dann innerhalb des *Programme*-Ordners den Ordner *Dienstprogramme*. Sobald Sie diesen gefunden haben, können Sie ihn durch einen Doppelklick öffnen und sehen vor sich all die Programme, die in diesem Unterordner untergebracht sind. Der Ordner *Dienstprogramme* ist also Bestandteil des *Programme*-Ordners. Der *Programme*-Ordner seinerseits ist Bestandteil Ihrer internen Festplatte namens *Macintosh HD*. Gibt es auch eine Möglichkeit, dies zu überprüfen? Ja, Sie können an zwei Stellen nachprüfen, ob der Ordner *Dienstprogramme* tatsächlich im *Programme*-Ordner eingebracht ist. Zum einen können Sie das *Proxy-Icon* im Titel des Fensters verwenden. Klicken Sie dazu mit gedrückt gehaltener *cmd*-Taste auf das Symbol in der Titelleiste links neben *Dienstprogramme*. Daraufhin erscheint eine kleine Liste, in der Sie den Pfad nachverfolgen können.

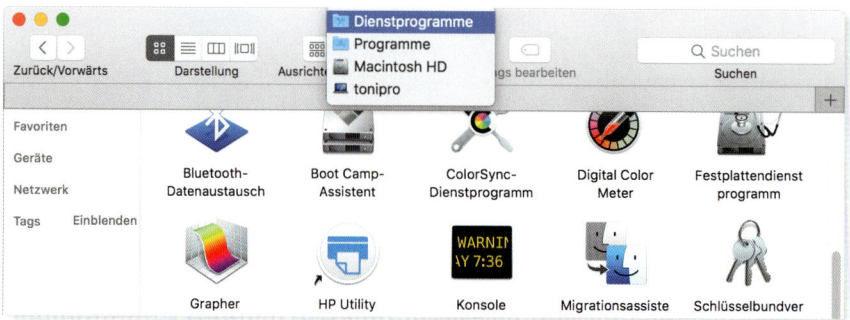

Proxy-Icon bei den Dienstprogrammen.

Diese Darstellung dient nicht nur zur Erkennung der Ablagestruktur, sondern Sie können darin auch navigieren. Wenn Sie nun zwei Ebenen nach oben navigieren möchten, also zur Festplatte *Macintosh HD*, klicken Sie einfach in dieser Auflistung das entsprechende Symbol an.

 Das **Proxy-Icon** wird übrigens nicht nur bei Ordnern dargestellt, sondern auch, wenn Sie mit Dateien innerhalb von Programmen arbeiten.

Proxy-Icon bei Pages.

Sie sehen, ich habe in diesem Fall mit Pages von Apple eine Datei geöffnet. Und auch hier ist im Titel links neben dem Dateinamen ein Icon zu finden. Wieder mit der *cmd*-Taste erscheint also der Pfad, an dem dieses Dokument abgelegt wurde. Und wie bereits vorhin bei den Dienstprogrammen gezeigt, kann nun sehr schnell zum Beispiel über das Anklicken des *Dokumente*-Icons innerhalb der Liste zum Finder zu dem dazugehörigen Ablageort gewechselt werden.

Übrigens können Sie das Proxy-Icon auch verwenden, um das Dokument auf den Schreibtisch zu ziehen. Packen Sie dazu das Icon einfach mit der linken Maustaste und ziehen Sie es auf den Schreibtisch – so haben Sie das Dokument von seinem bisherigen Ablageordner (nämlich dem *Dokumente*-Ordner) auf den *Schreibtisch* bewegt. Halten Sie dabei die *alt*-Taste gedrückt, erhalten Sie auf dem Schreibtisch ein Duplikat dieser Datei, während sich die ursprüngliche Datei weiterhin im *Dokumente*-Ordner befindet.

Es gibt noch eine weitere sehr komfortable Möglichkeit, um die Ordnerstruktur vonseiten des Betriebs-systems macOS darstellen zu lassen. Navigieren Sie hierfür erneut zum *Dienstprogramme*-Ordner und holen Sie sich über den Menüpunkt *Darstellung* den Eintrag *Pfadleiste einblenden*. Sogleich erhalten Sie am unteren Rand des Ordnerfensters die Pfaddarstellung.

Pfadleiste am unteren Finder-Fensterrand.

Hier sehen Sie ebenso, dass der Ordner *Dienstprogramme* ein Unterordner des *Programme*-Ordners ist, der sich selbst wiederum direkt auf der Festplatte, also auf der *Macintosh HD*, befindet. Die *Pfadleiste* dient aber nicht nur dazu, den Pfad zu erkennen, sondern Sie können darüber ebenso auf eine höhere Ebene navigieren. Klicken Sie dazu beispielsweise die Festplatte *Macintosh HD* doppelt an, um zu diesem Eintrag zu wechseln.

> **!** Sie können an dieser Stelle auch über das Kontextmenü (also die rechte Maustaste) einige Funktionen auswählen. Klicken Sie beispielsweise in der Pfadleiste mit der rechten Maustaste auf ein Icon, erscheinen in einem Menü weitere Optionen. **Öffnen** entspricht einem Doppelklick, mit der Funktion **In übergeordnetem Ordner anzeigen** können Sie vom ausgewählten Ordner aus eine Ebene weiter nach oben navigieren.

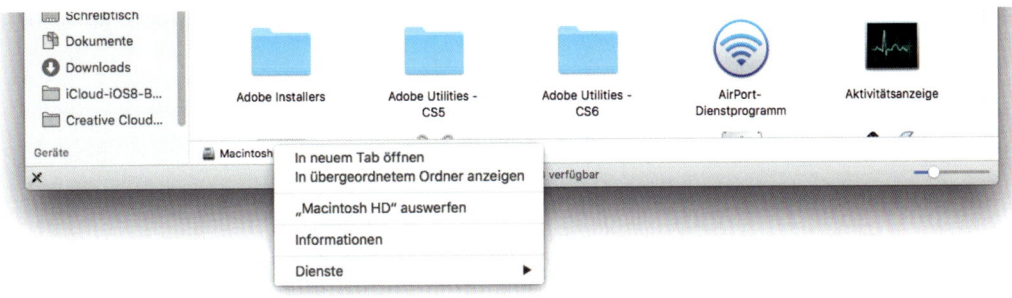

Das Kontextmenü enthält weitere Funktionen.

Damit nicht genug. Es gibt noch eine dritte Möglichkeit, diese Pfaddarstellung einzublenden. Bleiben Sie dazu gleich einmal im *Dienstprogramme*-Fenster. Zwischen dem Titel und dem Inhalt des Fensters finden Sie die *Symbolleiste*. In der Symbolleiste sind bereits einige Funktionen eingebracht, die wir uns gleich noch im Detail ansehen werden. Diese Einträge können aber um weitere nützliche Funktionen angereichert werden. Verwenden Sie hierzu den Menüpunkt *Darstellung –> Symbolleiste anpassen* und nehmen Sie das Werkzeug *Pfad*, um es in die Symbolleiste zu bewegen. Das tun Sie, indem Sie das *Pfad*-Werkzeug einfach per Drag & Drop an eine Stelle innerhalb der Symbolleiste ziehen.

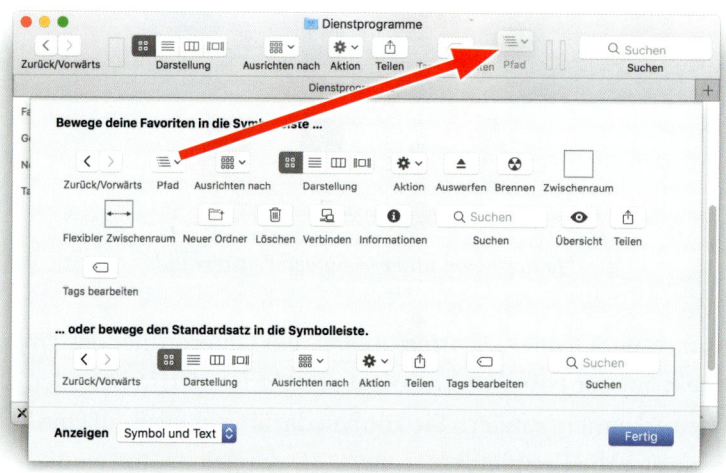

„Pfad"-Werkzeug in die Symbolleiste einbringen.

Ist die Änderung erfolgt, können Sie über *Fertig* die Modifikation der Symbolleiste abschließen. Klicken Sie nun auf das *Pfad*-Werkzeug in der Symbolleiste und Sie bekommen wieder die Bestätigung, dass der Ordner *Dienstprogramme* sich im Ordner *Programme* und dieser wiederum sich auf der *Macintosh HD* befindet. Sie haben damit ebenfalls eine sehr effektive und zeitsparende Möglichkeit gefunden, sich auf Ihrem Computer zu bewegen.

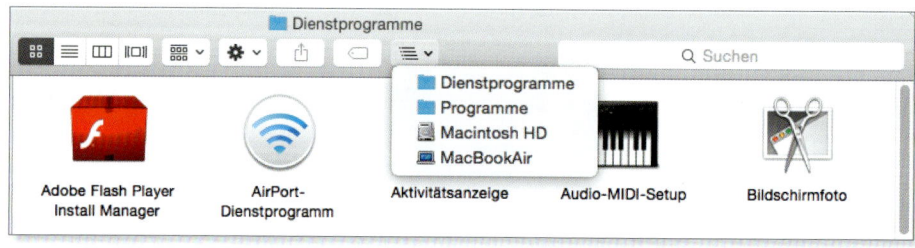

„Pfad"-Werkzeug in Aktion.

Auf Ordnerebene navigieren

Gehen Sie nun erneut in den *Programme*-Ordner. Verwenden Sie dazu das *Gehe zu*-Menü. Öffnen Sie über einen Doppelklick den *Dienstprogramme*-Ordner. Und sogleich sollten Sie erkennen, dass in der Symbolleiste des Finder-Fensters der *Zurück*-Button aktiv ist. Ähnlich wie beim Surfen im Internet steuern Sie ja verschiedene Darstellungsebenen an. Und über den *Zurück*-Button können Sie zwischen den verschiedenen Ebenen hin- und herblättern.

„Vor"- und „Zurück"-Buttons im Finder-Fenster.

> **!** Ebenso wie im Browser Safari können Sie auch beim Vorwärts- und Rückwärtsblättern im **Finder** etwas länger auf den beiden Pfeilen bleiben. So bekommen Sie ein Protokoll darüber, in welchen Ordnern Sie zuletzt tätig waren und können dann mit einem Klick mehrere Schritte überspringen.

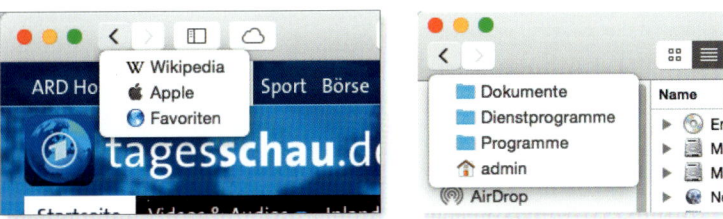

Rasch vor- und zurückblättern in Safari (links) und im Finder (rechts).

Alternativ dazu finden Sie auch im *Gehe zu*-Menü den Befehl *Zurück* bzw. *Vorwärts*. Etwas unglücklich sind die Shortcuts in der deutschen Version von macOS gelöst, denn *Zurück* ist mit der Tastenkombination *cmd* + *Ö* und Vorwärts mit der Tastenkombination *cmd* + *Ä* versehen. Es wäre schöner, hier die gleichen Tastenkombinationen zu verwenden, die wir auch von Safari kennen. Besser wäre es, man könnte die Befehlstaste und die *Pfeiltaste nach links* für das Zurückblättern bzw. die *cmd*-Taste und die *Pfeiltaste nach rechts* verwenden. Aber das Apple-Betriebssystem zeigt sich dieser Änderung gegenüber aufgeschlossen: Wir können nicht nur für den Finder, sondern für alle weiteren Programme bestehende Shortcuts modifizieren bzw. neue Shortcuts erstellen. Lassen Sie uns also die beiden Funktionen *Zurück* und *Vorwärts* kurz mit eigenen Shortcuts versehen.

1. Wechseln Sie in die *Systemeinstellungen*, rufen Sie den Eintrag *Tastatur* auf und wählen Sie dort *Kurzbefehle*.
2. Navigieren Sie im linken Bereich des Fensters zu *App-Tastaturkurzbefehle* und klicken Sie danach unterhalb der rechten Liste auf das +-Symbol.
3. Wählen Sie dort neben *Programm* statt *Alle Programme* den Eintrag *Finder*, geben Sie bei *Menü* den Menüpunkt an, den Sie modifizieren möchten, und schlussendlich bei *Tastaturkurzbefehl* den neuen Shortcut, der nun zum Einsatz kommen soll, nämlich *cmd + Pfeiltaste nach links*.
4. Schließen Sie die Aktion über *Hinzufügen* ab.

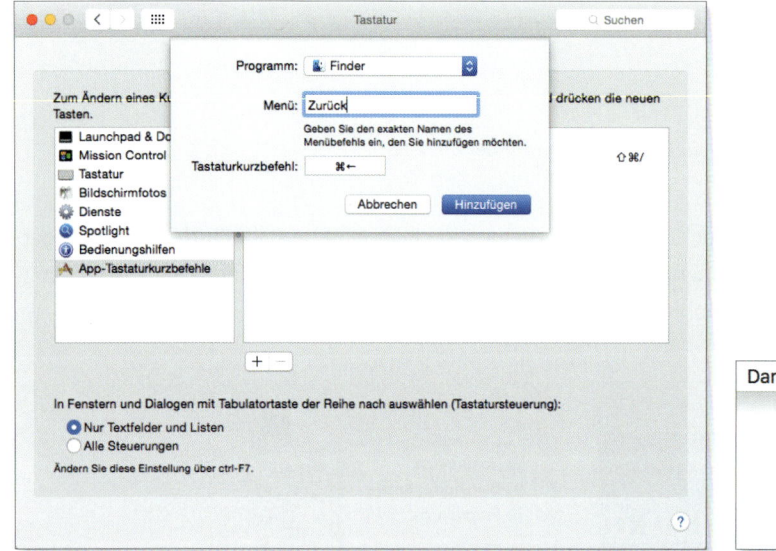

Neuer Tastaturkurzbefehl für „Zurück" im Finder.

Und ebenso können Sie dem Befehl *Vorwärts* auf gleiche Weise einen neuen Tastaturkurzbefehl zuordnen.

 Es gibt einige Menüpunkte im Finder, die drei nachfolgende Pünktchen aufweisen, wie zum Beispiel im **Apfel-Menü** der Befehl **Neustart...** oder **Ausschalten...** Möchten Sie derartige Funktionen auch mit einem Shortcut versehen, dürfen Sie beim Eintragen des Menüpunkts die drei Pünktchen ("...") nicht eingeben, sondern müssen die Tastenkombination **alt + .** (Punkt) verwenden, um diese Pünktchen darzustellen.

Des Weiteren hat Apple bereits einen sehr interessanten Tastaturkurzbefehl eingebaut, den man sehr gewinnbringend einsetzen kann. Navigieren Sie dazu wieder zum *Dienstprogramme*-Ordner. Verwenden Sie nun den Befehl *Gehe zu –> Übergeordneter Ordner* bzw. die Tastenkombination *cmd + Pfeil nach oben*. Wenn Sie den Befehl einmal ausführen, werden Sie von *Dienstprogramme* in den übergeordneten Ordner

Programme wechseln. Tun Sie es erneut, kommen Sie noch eine Ebene höher, in diesem Fall zur *Macintosh HD*, also Ihrer Festplatte, auf der sich alle Daten befinden. Und wenn Sie den Befehl noch einmal ausführen, kommen Sie zur *Computer*-Darstellung, wo Sie nicht nur Ihre *Macintosh HD*, sondern alle Laufwerke sehen können.

Sie sehen also: Der Kurzbefehl ist eine sehr effektive Möglichkeit, durch das Ablagesystem ebenenweise nach oben zu springen. Möchten Sie in die entgegengesetzte Richtung, also wieder in das Ablagesystem hinein gelangen, so verwenden Sie – anders als bei Windows – nicht die *Returntaste*, um ein Element zu öffnen, sondern die Tastenkombination *cmd + O*. Ist also beispielsweise in Ihrem *Computer*-Fenster Ihre Festplatte ausgewählt, verwenden Sie *cmd + O*, um den Eintrag zu öffnen. Sogleich erscheinen die Elemente auf der Macintosh HD, unter anderem der *Programme*-Ordner. Bevor Sie diesen nun öffnen, müssen Sie ihn markieren. Das können Sie über die Tastatur erledigen. Tippen Sie die Buchstaben *P* und *R* ein, sollte der Computer den *Programme*-Ordner markieren. Mit *cmd + O* wird er geöffnet. Um es noch einmal zu trainieren, könnten Sie ja die Buchstaben *Die* eingeben, um ganz sicher das Element *Dienstprogramme* anzuspringen und es mit *cmd + O* zu öffnen.

 Wenn Sie eine lange Liste von Dateien oder Ordnern haben, können Sie durch die Eingabe der ersten ein bis drei Buchstaben das gewünschte Element sehr sicher in der Liste auswählen. Achten Sie darauf, dass Sie die Zeichen kurz hintereinander eingeben. Möchten Sie anschließend in der Liste in alphabetischer Reihenfolge weiterspringen, verwenden Sie die **Tab**-Taste. In umgekehrter alphabetischer Reihenfolge geht es mit **Shift + Tab**-Taste.

Navigieren Sie nun zur Abwechslung einmal in Ihren *Benutzerordner*. Verwenden Sie auch hierzu das *Gehe zu*-Menü und den Eintrag *Benutzerordner*. Sie finden dort eine ganze Reihe von Ordnern, deren Bedeutung und Funktion wir uns wenig später im Detail ansehen werden. Sie möchten dort beispielsweise den *Dokumente*-Ordner öffnen, würden diesen aber gerne in einem neuen Fenster sehen. Sie haben bereits festgestellt: Immer, wenn Sie einen Doppelklick auf einen Ordner anwenden, ändert sich die Fensterdarstellung und der Inhalt des neu ausgewählten Ordners wird angezeigt. Möchten Sie aber ein zweites Fenster haben, halten Sie die *cmd*-Taste gedrückt und klicken doppelt auf das Ordnersymbol. Sofort erscheint ein weiterer Tab im aktuellen Finder-Fenster.

 Sie können Ihrem Mac mitteilen, ob Sie dabei lieber ein neues Fenster oder einen neuen Tab haben möchten. Hierzu finden Sie im Menüpunkt **Finder –> Einstellungen (cmd + ,)** im Reiter **Allgemein** die entsprechende Einstellung.

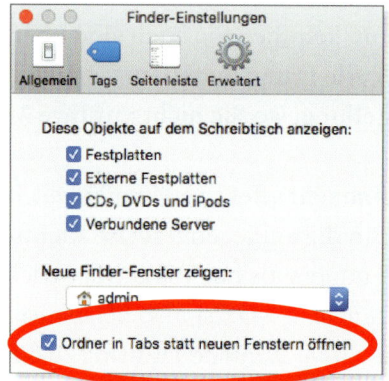

Finder-Einstellungen „Allgemein".

Dort sehen Sie die Eigenschaft *Ordner in Tabs statt neuen Fenstern öffnen*, die standardmäßig vonseiten des Betriebssystems aktiviert ist.

> Das klappt übrigens auch, wenn Sie in der **Seitenleiste** bei den Favoriten mit gedrückter **cmd**-Taste auf einen Eintrag klicken. Sie sehen dort auch wichtige Ordner wie **Dokumente**, **Downloads**, **Programme** oder **Schreibtisch**, die standardmäßig hinterlegt sind. Verwenden Sie also hier ebenfalls die **cmd**-Taste, um ein weiteres Fenster bzw. einen neuen Tab zu öffnen.

Warum kann es sinnvoll sein, mehrere Finder-Fenster oder Tabs auf Ihrem Monitor zu haben? Sie müssen vielleicht in verschiedenen Ordnern einmal die Dateiablage vergleichen oder Daten bewegen. Dann ist es sinnvoll, dass Sie zwei Fenster öffnen, diese nebeneinander auf dem Bildschirm arrangieren und so deren Inhalte vergleichen. Oder Sie öffnen ein Fenster mit zwei Tabs – in dem einen sehen Sie ständig den *Programme*-Ordner und in dem zweiten Tab Ihren Benutzerordner. So haben Sie stets raschen Zugriff auf die wichtigsten Daten.

> Über den Menüpunkt **Fenster** im Finder bekommen Sie viele Möglichkeiten, um mit mehreren Fenstern und Tabs auf Ihrem Monitor effizient zu arbeiten. Im unteren Teil des Aufklappmenüs sehen Sie eine Auflistung aller Fenster, die Sie aktuell in Ihrem Finder geöffnet haben. Darüber sehen Sie zum Beispiel die Funktion **Nächstes Fenster** mit dem Shortcut **cmd + <** (Kleiner-als-Zeichen), mit dem Sie durch die geöffneten Fenster im Finder wechseln können. Natürlich können Sie auch durch die Fenster wechseln, indem Sie sie anklicken und nach vorn holen. Nicht zu vergessen an dieser Stelle ist natürlich **Mission Control**, das Sie ja bereits kennengelernt haben.

Besonders raffiniert ist die Vorgehensweise, im Menüpunkt *Fenster* zusätzlich die *alt*-Taste zu drücken, um dann aus dem Befehl *Im Dock ablegen* die Funktion *Alle im Dock ablegen* zu erzeugen.

Menü „Fenster" des Finders.

Sie sehen, dass sich der Menüpunkt von *Im Dock ablegen* zu *Alle im Dock ablegen* ändert. Verwenden Sie zeitsparend den Tastaturbefehl *cmd + alt + M* und Sie können in einem Rutsch alle Fenster, die Sie derzeit im Finder haben, in das Dock minimieren. Übrigens erhalten minimierte Fenster im *Fenster*-Menü ein Symbol (◆) vorangestellt, sodass Sie geöffnete und minimierte Fenster voneinander unterscheiden können.

Minimierte und geöffnete Fenster im Finder.

> **!** Wenn Sie ein weiteres Finder-Fenster haben möchten, genügt auch der Tastaturbefehl **cmd + N** und sogleich wird ein neues Finder-Fenster auf Ihrem Bildschirm erscheinen. Welcher Ablageort in diesem Fenster erscheint, ist standardmäßig vom Betriebssystem voreingestellt. Sie können aber über den Menüpunkt **Finder –> Einstellungen** im Bereich **Allgemein** und dort unterhalb von **Neue Finder-Fenster zeigen** einen anderen Ort definieren, der standardmäßig aufgerufen werden soll, sobald Sie ein Finder-Fenster über den Tastenbefehl öffnen. Alternativ zu **cmd + N** können Sie auch das **Finder-Symbol** im **Dock** anklicken, um ein neues Finder-Fenster zu erhalten.

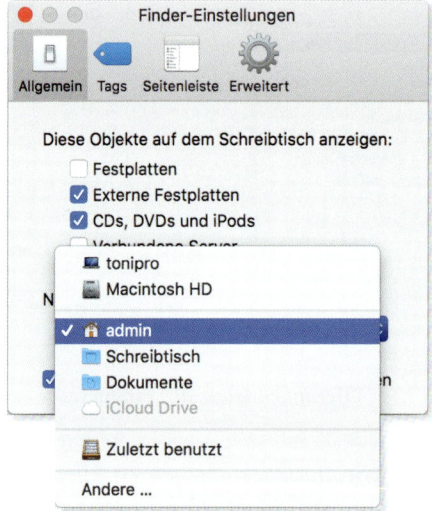

Definition eines neuen Finder-Fensters.

Und schließlich führt Ihr Betriebssystem Protokoll über all die Ordner und Ablageordner, die Sie besucht haben. Im Menüpunkt *Gehe zu –> Benutzte Ordner* finden Sie eine Auflistung der zuletzt von Ihnen verwendeten Orte.

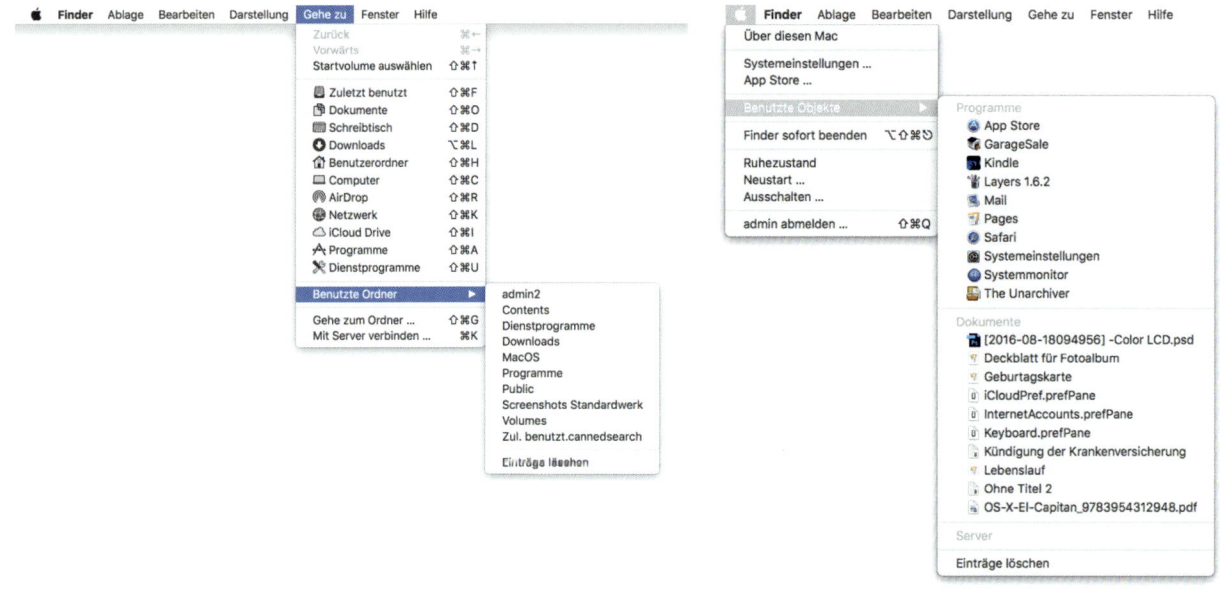

„Gehe zu –> Benutzte Ordner" (links) und „Benutzte Objekte" im Apfel-Menü (rechts).

Dort finden Sie die zehn zuletzt von Ihnen verwendeten Ordner. Via *Einträge löschen* im gleichen Menü können Sie die Liste leeren und so wieder von Neuem füllen. Aber es ist in jedem Fall so, dass bei Erreichen der Höchstgrenze immer der älteste Eintrag aus der Liste entfernt und durch einen neuen ersetzt wird.

 Im **Apfel-Menü** gibt es ebenfalls einen Eintrag namens **Benutzte Objekte**. Dieser zeigt Ihnen die zuletzt verwendeten Programme, Dokumente und auch Server an. Standardmäßig sind es auch immer zehn Einträge.

Dazu zwei interessante Tipps: Wenn Sie den Menüpunkt *Benutzte Objekte* im *Apfel-Menü* mit gedrückter *cmd*-Taste aufrufen, verändert sich die Darstellung zu *XY im Finder anzeigen*. Das heißt: Statt des Startens von Programmen und Dokumenten können Sie nun durch das Anklicken ein Finder-Fenster hervorholen, in dem das gewünschte Objekt zu sehen ist.

Zweitens: Standardmäßig werden jeweils zehn Einträge bei *Programme*, *Dokumente* und *Server* abgelegt. Dies kann selbstverständlich geändert werden. Sie wissen ja: Die Einstellungen finden Sie in den *Systemeinstellungen*. Dort sollten Sie zu *Allgemein* navigieren und im unteren Bereich des Fensters bei *Benutzte Objekte* die gewünschte Einstellung vornehmen.

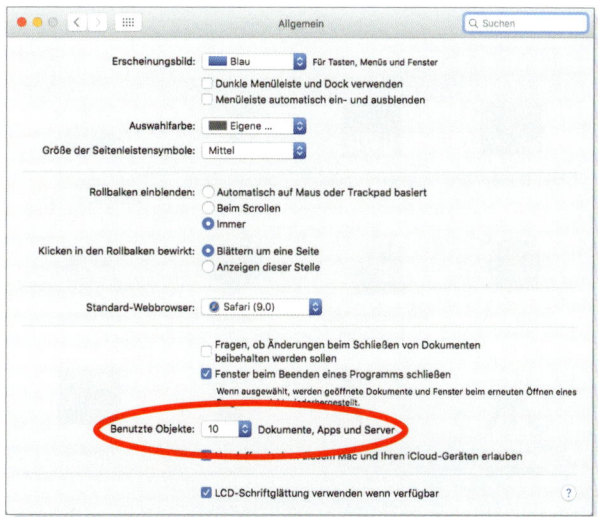

Allgemein –> Benutzte Objekte.

 Wenn Sie im Finder navigieren und viele Fenster geöffnet haben, kommt vielleicht irgendwann der Zeitpunkt, dass Sie sagen: Ich möchte rasch alle Fenster wieder schließen. Wie Sie ja bereits wissen, können Sie mit dem roten Punkt im oberen linken Eck ein Fenster schließen. Alternativ dazu verwenden Sie die Tastenkombination **cmd + W**. Wenn Sie alle Fenster auf einmal schließen wollen, kommt zusätzlich die **alt**-Taste ins Spiel. Verwenden Sie also die Tastenkombination **cmd + alt + W**, um alle Fenster des Finders auf einmal zu schließen.

 Auch viele Anwendungsprogramme, wie zum Beispiel TextEdit, Vorschau oder auch Microsoft Word, verstehen diese Tastenkombination. Haben Sie also beispielsweise mit Microsoft Word eine ganze Reihe von Dokumenten geöffnet, können Sie über **cmd + alt + W** diese in einer Aktion schließen.

Tabs im Finder

Eine äußerst nützliche Funktion, die bislang dem Webbrowser Safari vorbehalten war, ist im Finder integriert: In einem Finder-Fenster können mehrere Tabs platzsparend dargestellt werden.

Ein Tab ist eigentlich ein eigenständiges „Fenster", das unabhängig von den anderen Tabs einen ganz eigenen Inhalt sowie eine eigene Darstellungsform haben kann.

Ein Finder-Fenster beinhaltet in diesem Fall vier Tabs.

Anstatt also nun vier Fenster geöffnet zu haben, ist alles auf ein Fenster konzentriert.

 Haben Sie im Finder mehrere einzelne geöffnete Fenster, können Sie via **Fenster –> Alle Fenster zusammenführen** im Finder diese zu einem konsolidieren.

Wie aber erzeugt man einen neuen Tab statt eines neuen Fensters?

1. Wenn Sie auf ein Element der Seitenleiste mit gedrückter *cmd*-Taste klicken, wird sogleich ein neuer Tab generiert.

2. Wenn Sie auf einen Ordner doppelklicken und dabei wieder die *cmd*-Taste gedrückt halten. Alternativ verwenden Sie das *Kontextmenü* bzw. den *Aktion*-Button und wählen dort *In neuem Tab öffnen* bzw. *In neuen Tabs öffnen* (mehrere Ordner aktiviert) aus.

Über das Aktion-Menü bzw. Kontextmenü kann ein neuer Tab erzeugt werden

> **!** Wenn Sie mehrere Ordner markieren, können Sie in einem Arbeitsgang mehrere Tabs zugleich öffnen. Ein zusätzliches Halten der **alt**-Taste öffnet jeden Ordner in einem eigenen Fenster.

3. Verwenden Sie die Tastenkombination *cmd + T* oder den Menüpunkt *Ablage –> Neuer Tab*. Prüfen Sie via *Finder –> Einstellungen –> Allgemein*, welcher Inhalt (*Neue Finder-Fenster zeigen* ❶) in dem neuen Tab dargestellt wird, und ändern Sie das gegebenenfalls. Standard ist hier der Eintrag *Zuletzt benutzt*. Aber Sie können auf einen beliebigen anderen Ordner umschalten.

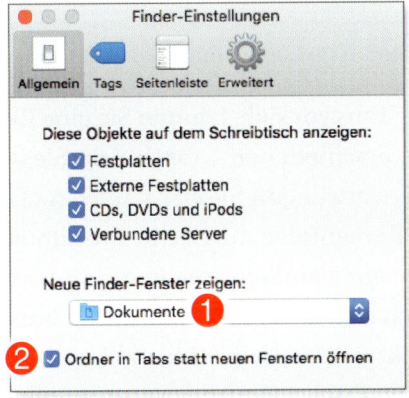

Über „Finder –> Einstellungen –> Allgemein" können generelle Grundeinstellungen festgelegt werden.

Sobald Sie die Funktion *Ordner in Tabs statt neuen Fenstern öffnen* ❷ aktiviert haben, erhalten Sie wie in 2. beschrieben einen Tab statt eines neuen Fensters.

4. Oder klicken Sie auf das Pluszeichen ganz rechts in der Tableiste, um einen neuen Tab anzuhängen. Sollten Sie die Tableiste nicht sehen, bringen Sie sie via *Darstellung → Tableiste einblenden* (*cmd + Shift + T*) zum Vorschein.

Um einen Tab zu schließen, können Sie

- den Shortcut *cmd + W* verwenden oder
- das kleine *x* antippen oder das Kontextmenü eines Tabs hervorholen.

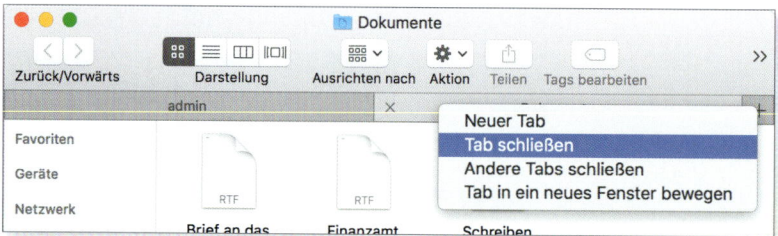

Tabs können ebenso einfach wieder geschlossen werden.

Wie Sie anhand des Bildschirmfotos sehen, ist es über das Kontextmenü auch möglich, über *Andere Tabs schließen* alle anderen wegzunehmen und nur den aktuellen Tab stehen zu lassen. Und via *Tab in ein neues Fenster bewegen* wird ein Tab wieder zu einem völlig eigenständigen Fenster.

 Um einen Tab wieder in ein Fenster umzuwandeln, können Sie diesen einfach an seinem „Namen" packen und herausziehen.

Mit Tabs arbeiten

Haben Sie ein Fenster mit mehreren Tabs vor sich, können Sie eine Reihe nützlicher Funktionen einsetzen:

a) Wechseln Sie zwischen den verschiedenen Tabs, indem Sie das Tabregister mit dem betreffenden Namen anklicken. Alternativ verwenden Sie *ctrl + Tab* bzw. *ctrl + Shift + Tab*, um von links nach rechts bzw. in umgekehrter Reihenfolge durch die Tabs im Fenster zu springen.

b) Dateien bzw. Ordner können ganz einfach von einem zum anderen Tab weitergegeben werden. Ziehen Sie das Objekt einfach auf das Tabregister und schon wird zum anderen Tab umgeschaltet und Sie können das Objekt an der Zielposition ablegen.

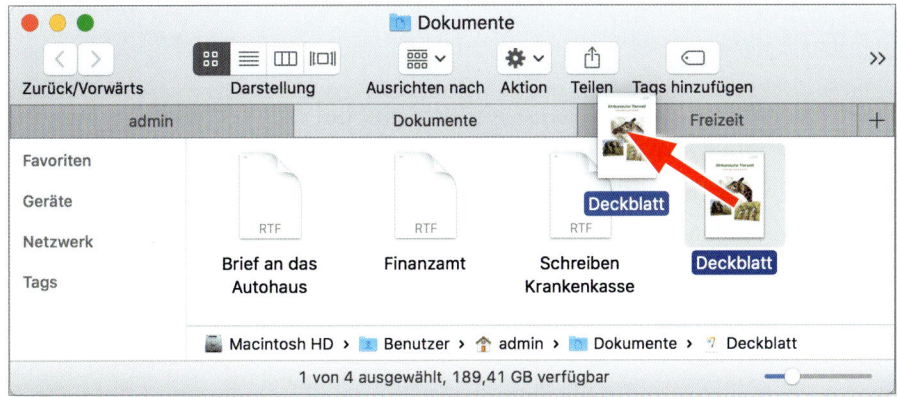

Tabs eignen sich hervorragend zum Datenaustausch.

c) Die Reihenfolge der Tabs in einem Fenster können Sie beliebig neu definieren. Ziehen Sie dazu den Tab einfach waagrecht nach rechts oder links.

Benutzerordner / Homeverzeichnis

Sie haben im *Gehe zu*-Menü ja bereits gesehen, dass es einen *Benutzerordner* gibt. Dieser Ordner enthält in der Grundeinstellung sieben sichtbare Ordner.

 Die Information können Sie übrigens immer sehr einfach der **Statusleiste** entnehmen, die Sie am unteren Rand eines **Finder**-Fensters finden. Sollte die Statusleiste nicht eingeblendet sein, können Sie dies über das **Darstellung**-Menü ändern.

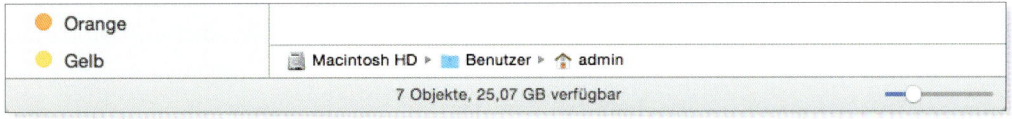

Statusleiste am unteren Rand des Finder-Fensters.

Diese von Apple in Ihrem Benutzerordner eingebrachten Unterordner erfüllen alle eine sehr wichtige Funktion. Lassen Sie uns die Funktionalität dieser Ordner kurz auflisten.

Dokumente

Der Ordner *Dokumente* ist der Standardordner, in dem Sie bei der Verwendung von Programmen wie TextEdit oder Word Ihre Dokumente ablegen. Sobald Sie also TextEdit gestartet haben und ein Dokument speichern möchten, wird Ihnen der Ordner *Dokumente* vorgeschlagen. Natürlich können Sie, wie Sie später sehen werden, auch eigene Ordner erstellen. Der *Dokumente*-Ordner ist aber der Standardordner, um Ihre Dateien zu speichern.

Schreibtisch

Wie der Name schon sagt, enthält der Ordner *Schreibtisch* alle Dateien, Ordner und Elemente, die sich auf Ihrem Desktop (Schreibtisch) befinden.

Downloads

Der Ordner *Downloads* wird verwendet, wenn Sie über Safari etwas aus dem Internet herunterladen. Aber auch das Programm Mail verwendet standardmäßig den Ordner *Downloads*. Und sollten Sie mit dem Programm Nachrichten arbeiten und mit anderen Personen Dateien austauschen, wird auch hierbei der Ordner *Downloads* benutzt. Er ist übrigens standardmäßig ebenfalls im Dock vorhanden, sodass Sie raschen Zugriff auf diesen Ordner bekommen. Im Normalfall ist er das Symbol, das links neben dem Papierkorb zu sehen ist.

Bilder

Klare Sache: Der Ordner *Bilder* kümmert sich um Ihre digitalen Fotos. Verwenden Sie beispielsweise die App Fotos auf Ihrem Computer, nutzt diese den Ordner *Bilder*, um dort alle Dateien abzulegen. Aber auch andere Programme, wie zum Beispiel das Programm *Digitale Bilder*, das die Zusammenarbeit mit einem Scanner steuert, verwendet den Ordner *Bilder*. Werden also über den Scanner Daten eingelesen, werden diese automatisch im Ordner *Bilder* abgelegt.

Die App „Fotos" ist extrem leistungsfähig. Deshalb gibt es hierfür eigene Lektüre:
„Fotos Handbuch – für High Sierra und iOS 11" (ISBN: 978-3-95431-061-6 für 19,95 Euro)

Filme

Wenn Sie mit der Software iMovie arbeiten, ist der Ordner *Filme* der Standardablageort für Ihre Filme.

Musik

Sofern Sie mit iTunes Ihre digitale Musikbibliothek erstellt haben, wird der Ordner *Musik* diese Dateien standardmäßig aufnehmen.

Öffentlich

Der Ordner *Öffentlich* kommt zum Tragen, wenn Sie sich in einem Netzwerk befinden und darüber Dateien austauschen möchten. Die Netzwerkfunktionen werden an späterer Stelle erklärt.

Sie sehen also, dass Apple bereits eine ganze Reihe von Ordnern vorbereitet hat, damit Sie strukturiert mit Ihren Informationen arbeiten können. Weil diese Ordner standardmäßig in Ihrem Homeverzeichnis eingebracht sind und von vielen Programmen verwendet werden, hat Apple auch einen Schutzmechanismus entwickelt. Wenn Sie also versuchen, einen dieser Ordner in den Papierkorb zu befördern, werden Sie mit einem Warnton daran gehindert.

Sie sehen also, dass das Apple-Betriebssystem auf diese Unterordnerstruktur innerhalb des Benutzerordners Wert legt, denn jede Beschädigung eines dieser Ordner führt unwiderruflich zu Datenverlusten. Stellen Sie sich vor, Sie könnten den Ordner *Musik* löschen: Sie würden damit Ihre komplette iTunes-Sammlung zerstören. Deshalb hat Apple einen Schutzmechanismus eingerichtet, der das Löschen dieser standardmäßigen Ordner verhindert.

 Selbstverständlich können Sie ergänzend zu den bestehenden Ordnern weitere Ordner erstellen, um darin Daten abzulegen.

Library

Anwender, die bereits seit vielen Jahren mit dem Mac arbeiten, werden sich fragen, wo denn nun der *Library*-Ordner geblieben ist. Der *Library*-Ordner enthält alle Einstellungen, die für den Betrieb des Benutzers notwendig sind. Zum Beispiel werden dort E-Mails abgelegt, Programmeinstellungen, Dashboard-Widgets etc. Wo ist er also hin? Der *Library*-Ordner existiert nach wie vor. Da dieser Ordner aber im Gegensatz zu den sieben Standardordnern von noch größerer Bedeutung ist, hat Apple ihn versteckt. Es gibt drei einfache Tricks, um den Ordner wieder zum Vorschein zu bringen.

Trick eins: Steuern Sie das *Gehe zu*-Menü des *Finders* an und halten Sie die *alt*-Taste gedrückt. Sofort wird ein Eintrag im *Gehe zu*-Menü neu erscheinen, nämlich der *Library*-Ordner.

„Gehe zu"-Menü bei gedrückter alt-Taste.

Damit wird ein neues Finder-Fenster geöffnet, in dem Sie alle Unterordner und Einstellungen des *Library*-Ordners zu Gesicht bekommen.

Trick zwei: Über das *Gehe zu*-Menü finden Sie ebenso den Eintrag *Gehe zum Ordner* (Tastaturkurzbefehl: *cmd + Shift + G*). Tippen Sie dort, wie im Bildschirmfoto zu sehen, die Tilde gefolgt von einem Schrägstrich (~/) und den Begriff *Library* ein. Die Tilde erzeugen Sie übrigens über die Tastenkombination *alt + N*. Für die Unix-Benutzer unter Ihnen: Die Tilde steht für den aktuellen Benutzerordner, und dort soll der Unterordner *Library* aufgerufen werden. Ein anschließender Klick auf den *Öffnen*-Button bringt den *Library*-Ordner zum Vorschein.

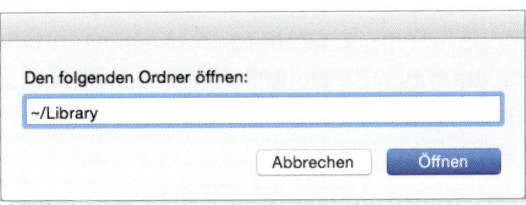

Gehe zum Ordner.

Trick drei: Navigieren Sie zu *Gehe zu –> Benutzerordner* und rufen Sie mit der Tastenkombination *cmd + J* die Darstellungsoptionen auf.

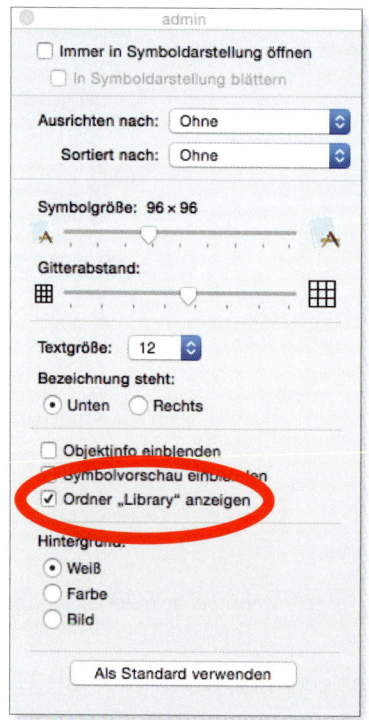

Das Häkchen bei „Ordner Library anzeigen" bringt diesen zum Vorschein.

Über den Befehl *Gehe zum Ordner* können Sie übrigens, wenn Sie das Dateisystem des Apple-Betriebssystems genauer erkunden wollen, rasch an alle Stellen des Betriebssystems gelangen, ohne den Finder zu verwenden.

Sicherlich haben Sie schon bemerkt, dass die wichtigen Unterordner Ihres Benutzerordners auch in der *Seitenleiste* zu finden sind. Unterhalb des Begriffs *Favoriten* finden Sie dort die Einträge *Zuletzt benutzt*, *iCloud Drive*, *AirDrop*, *Programme*, *Schreibtisch*, *Dokumente*, *Downloads*, *Filme*, *Musik* und *Bilder*. Die Funktion der *Seitenleiste* werden wir später noch im Detail betrachten. Fürs Erste ist es ausreichend zu wissen, dass Sie damit eine sehr einfache Möglichkeit haben, um zu den entsprechenden Ordnern zu gelangen.

Ordnerstruktur der Macintosh HD

Wie bereits erwähnt, ist auf Ihrer internen Festplatte ebenfalls eine sehr regelmäßige Ordnerstruktur zu sehen. Im Standardfall finden Sie dort mindestens vier, möglicherweise fünf oder auch sechs Ordner vor. Und diese Ordner haben – ähnlich wie die Ordnerstruktur innerhalb Ihres Benutzerordners – eine ganze klare Funktion. Lassen Sie uns diese kurz erläutern.

Macintosh HD.

System

Wie der Name bereits sagt, befindet sich hier das Betriebssystem Ihres Rechners. Der Ordner ist gegenüber versehentlichen Änderungen geschützt. Das heißt, wenn Sie diesen Ordner öffnen, sehen Sie im Finder-Fenster in der linken unteren Ecke ein durchgestrichenes Bleistiftsymbol. Und Sie werden zudem erkennen, dass innerhalb des Ordners *System* lediglich ein Unterordner zu sehen ist. Apple hat an dieser Stelle zwei Tricks eingebaut. Zum einen ist der *System*-Ordner schreibgeschützt und zum anderen wird nur das Element *Library* gezeigt. Alle anderen Elemente werden versteckt, damit der Anwender nicht aus Versehen etwas am für den Computer lebenswichtigen System zerstören kann.

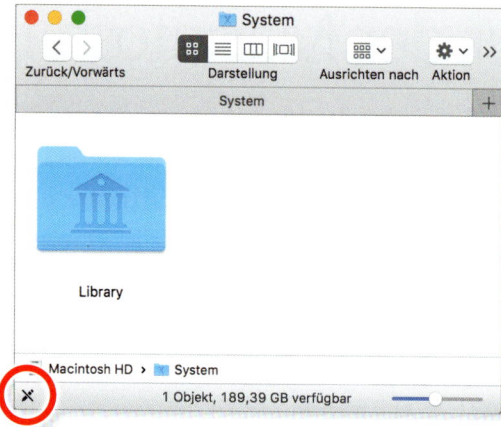

Einblick in den Ordner „System".

Der Ordner *System* enthält also alles Notwendige, damit Ihr Rechner starten und arbeiten kann. Er wird in unregelmäßigen Abständen modifiziert, nämlich durch den *App Store*. Diese Option finden Sie im *Apfel-Menü* und sie dient dazu, neue Versionen des Betriebssystems einzuspielen. Sie können darüber hinaus in den *Systemeinstellungen* bei *App Store* definieren, wie oft Ihr Computer über das Internet nach Updates suchen soll.

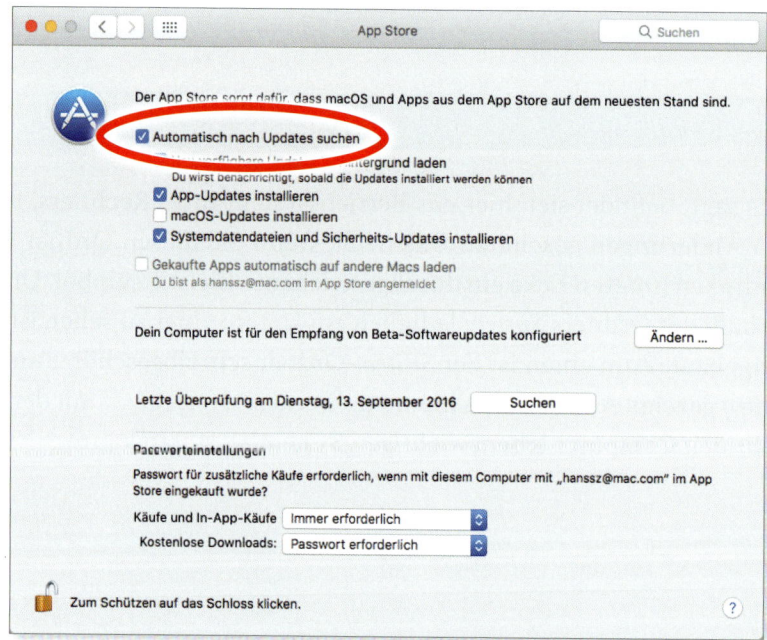

„App Store" in den Systemeinstellungen.

Dabei werden übrigens nicht nur aktuelle Komponenten für das Betriebssystem heruntergeladen, sondern auch Apple-Programme wie zum Beispiel iMovie, iTunes oder auch Numbers, Keynote und Pages werden über die Softwareaktualisierung mit neuen Funktionen versorgt.

Anders als in den den älteren Versionen von macOS werden nun zentral alle Updates über das Programm App Store ausgeführt. Somit werden über die Aktualisierung alle Programmupdates aller Apps geladen, die über den App Store bezogen wurden.

App Store zeigt alle Updates an. Wichtige Updates erfordern einen Neustart, was aber auch angezeigt wird.

Außerdem interessant ist die Funktion *Gekaufte Apps automatisch auf andere Macs laden*. Wird also an einem anderen Rechner mit der gleichen Apple-ID Software geladen, kann diese auf dem Mac automatisch ebenfalls geladen werden, sofern Sie die Funktion aktiviert haben und im Programm App Store die gleiche Apple-ID hinterlegt haben. So bleiben softwaretechnisch alle Macs immer auf dem gleichen aktuellen Stand – sehr zeitsparend.

Library

Nachdem der Ordner *System* einem enormen Schutz unterliegt, muss es einen anderen Ort geben, in dem Sie das Betriebssystem mit weiteren Funktionen anreichern können. Dazu ist der Ordner *Library* gedacht. Anwender, die über administrative Rechte verfügen, können über den Ordner *Library* auf dem Rechner zum Beispiel neue Druckertreiber, Scannertreiber, aber auch neue Software installieren, wie zum Beispiel Microsoft Office, Adobes Creative Cloud usw. Bei der Installation von zusätzlichen Komponenten wird also der Ordner *Library* mit weiteren Daten und Informationen gefüttert. Er ist für nicht administrative Benutzer mit einem Schreibschutz versehen. Das heißt, ein Anwender, der keine administrativen Befugnisse hat, darf im Ordner *Library* keine Änderungen vornehmen. Nur Administratoren haben die Möglichkeit, Komponenten zu installieren bzw. zu entfernen.

Programme

Wie der Name schon sagt, ist der Ordner *Programme* die zentrale Ablagestelle, um die Applikationen (Programme) auf Ihrem Rechner zu beherbergen. Der Ordner *Programme* kann dabei auch zusätzlich installierte Unterordner enthalten, wie zum Beispiel den Unterordner *Microsoft Office 2016*. Aber auch Apple selbst liefert Unterordner aus, wie zum Beispiel den *Dienstprogramme*-Ordner. In der Summe kann also auch hier jemand, der administrativ an dem Rechner arbeiten darf, Programme installieren, updaten oder deinstallieren. Für die normalen Anwender ohne administrative Rechte ist der Ordner *Programme* nur für den Lesezugriff freigeschaltet, das heißt, sie können standardmäßig alle Programme im Ordner starten und verwenden.

Benutzer

Der Ordner *Benutzer* enthält für jeden Anwender, der auf diesem Computer einen Account besitzt, seinen *Benutzerordner* (Homeverzeichnis).

Benutzer.

Sie sehen, ich bin in diesem Fall als Benutzer *admin* angemeldet. Das Häuschensymbol innerhalb des Benutzerordners gibt mir visuell die Rückmeldung. Außerdem gibt es noch zwei Benutzer namens *toni* und *ernst*, und für den Austausch zwischen den verschiedenen Benutzern den Ordner *Geteilt*, auf den jeder Anwender zugreifen kann, um so zwischen den Benutzeraccounts Daten auszutauschen. Und innerhalb des *Benutzer*-Ordners bekommen also alle Anwender die Unterordner, die wir vorhin besprochen haben.

Zusätzlich könnte es sein, dass auf Ihrer *Macintosh HD* noch weitere Ordner erscheinen. Einige Programme haben leider die schlechte Angewohnheit, auf dieser höchsten Ebene des Datenträgers weitere Ordner anzulegen, was eigentlich vonseiten Apples unerwünscht ist, aber von dem einen oder anderen Softwarehersteller ignoriert wird.

Sollte ein Softwarehersteller an dieser Stelle also einen Ordner einbringen, ist zu prüfen, ob dieser für die Funktion der Software notwendig ist, anderenfalls kann er auch an eine andere Stelle bewegt oder eventuell sogar gelöscht werden.

> **!** Die vier oder fünf Ordner, die Sie direkt auf der Macintosh HD sehen, sind in Wahrheit nicht alle Ordner, die das Betriebssystem benötigt, um arbeiten zu können. macOS ist vom Unterbau her eigentlich ein hochkomplexes Unix-System und enthält viele Komponenten, die Anwender auch von anderen Unix-Betriebssystemen her kennen.

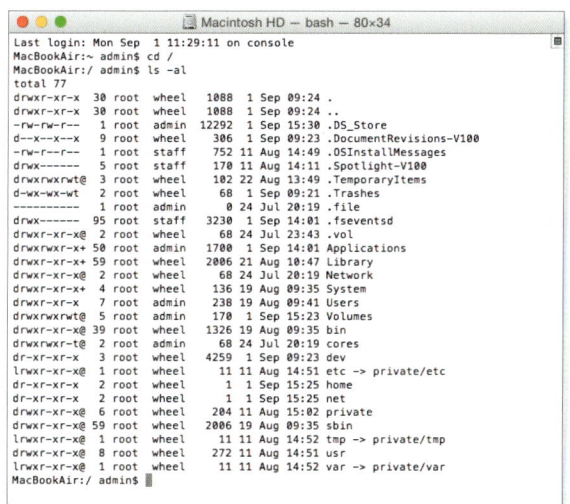

Alle Ordner der Macintosh HD.

Für erfahrene Anwender besteht selbstverständlich die Möglichkeit, über das Dienstprogramm *Terminal* und über den Befehl *cd /* und den anschließenden Befehl *ls -al* auf die Datei- und Ordnerstruktur im *Root-Verzeichnis* der Macintosh HD einen Blick zu werfen. Und dort werden versierte Unix-Anwender zahlreiche Ordner vorfinden, die auch bei anderen Unix-Systemen zum Einsatz kommen. Des Weiteren ist zu erkennen, dass die Ablagestruktur im Unix-System komplett in englischer Sprache ausgeführt wird. Was also im Finder mit dem Namen *Programme* versehen wird, entspricht dem Ordner *Applications*. Ebenso heißt der Ordner *Benutzer* eigentlich *Users*. Das heißt: Der Finder übernimmt hier automatisch die Aufgabe, die Ordnernamen zu übersetzen und für den Anwender in der jeweiligen Landessprache darzustellen.

Darstellung von Ordnerinhalten

Kommen wir noch einmal zurück zum *Benutzerordner*, in dem ja standardmäßig Unterordner für die alltägliche Arbeit zur Verfügung stehen.

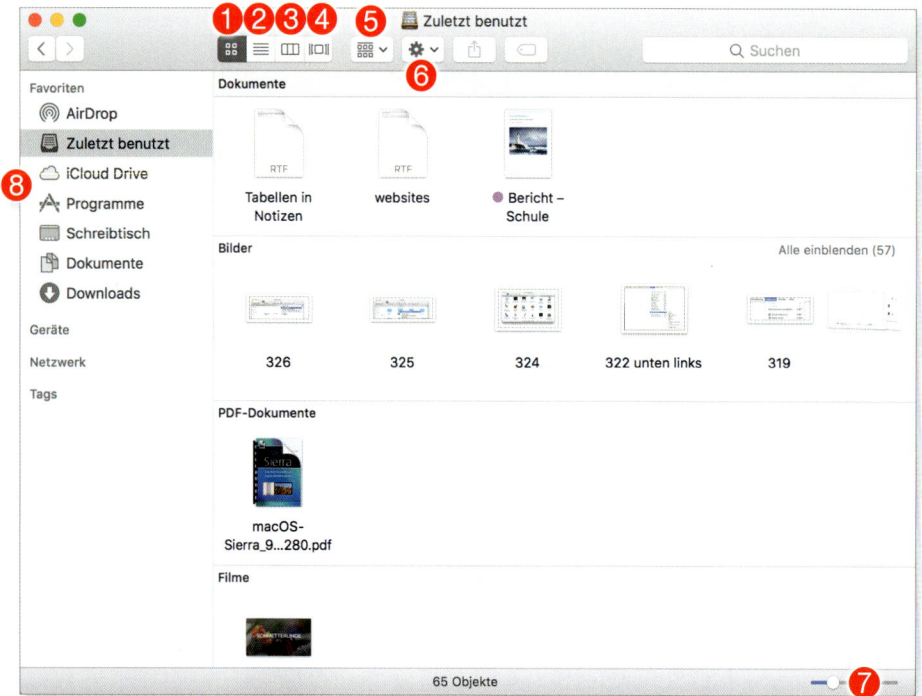

Benutzerordner in Symboldarstellung.

Die Darstellung bzw. die Ansicht der Ordner und auch deren Inhalte, also Dateien, Ordner und deren Unterordner, kann Ihren Bedürfnissen entsprechend angepasst werden. Wenn Sie das Bildschirmfoto betrachten, sehen Sie, dass das Ordnerarrangement innerhalb des Benutzerordners derzeit in der *Symboldarstellung* ❶ stattfindet. Die Symboldarstellung kann über den Schieberegler im rechten unteren Eck ❼ von der Größe her verändert werden. Sie können damit stufenlos zwischen einer sehr kleinen und einer sehr detaillierten Darstellung wechseln. Besonders interessant ist natürlich der Schieberegler für die Symbolgrößendarstellung, wenn es sich um den Inhalt von Dateien handelt.

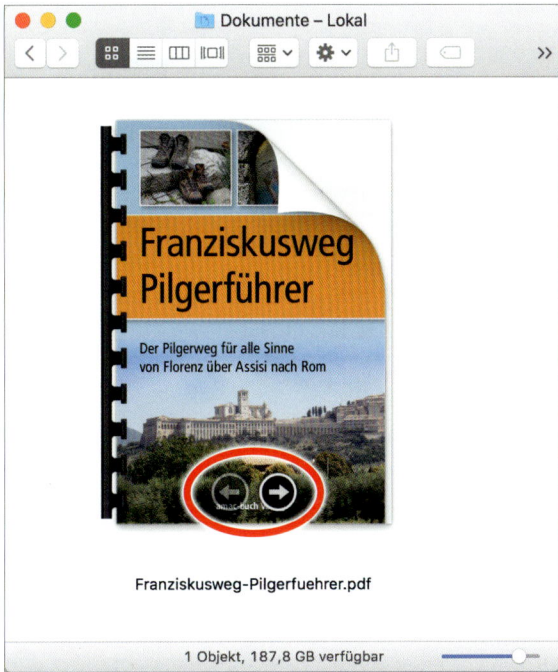

Große Symbole zeigen den Dateiinhalt an.

In dem Bildschirmfoto sehen Sie eine PDF-Datei aus dem Ordner *Downloads*. Über die Vergrößerung der Symbole bekommen Sie einen sehr guten Eindruck davon, was denn in der Datei enthalten ist. Und wenn Sie noch genauer hinsehen, erkennen Sie weiße Pfeile in einem schwarzen Kreis, mit denen Sie durch das mehrseitige PDF-Dokument blättern können.

Aber die *Symboldarstellung* ist nicht die einzige Darstellungsvariante, die Ihnen das Apple-Betriebssystem anbietet. Über die Tastenkombination *cmd + 2* gelangen Sie zur *Listendarstellung* ❷. Rechts daneben finden Sie mit *cmd + 3* die *Spaltendarstellung* ❸ und daneben noch die *Cover-Flow-Darstellung* ❹ (Kurzbefehl: *cmd + 4*).

Wollen Sie wieder zur *Symboldarstellung* zurückkehren, verwenden Sie entweder im Menüpunkt *Darstellung* den dazugehörigen Eintrag oder aber Sie drücken *cmd + 1*. Wir werden nachfolgend die einzelnen Einstellungen noch etwas genauer unter die Lupe nehmen.

Sicher haben Sie bereits das *Zahnradicon* ❻ gesehen. Dieses Zahnradsymbol ist nichts anderes als die Verwendung der rechten Maustaste. Das heißt: Die rechte Maustaste könnten Sie ja über die *Systemeinstellungen* sowohl der Maus als auch dem Trackpad zuordnen. Alternativ können Sie die Funktion der rechten Maustaste mit einem Mausklick und gedrückter *ctrl*-Taste aufrufen. Ist Ihnen das alles zu lästig, klicken Sie einfach ein Element Ihrer Wahl an und wählen danach das Zahnradsymbol aus, um so ebenfalls die Kontextfunktionen für dieses Element zu erhalten.

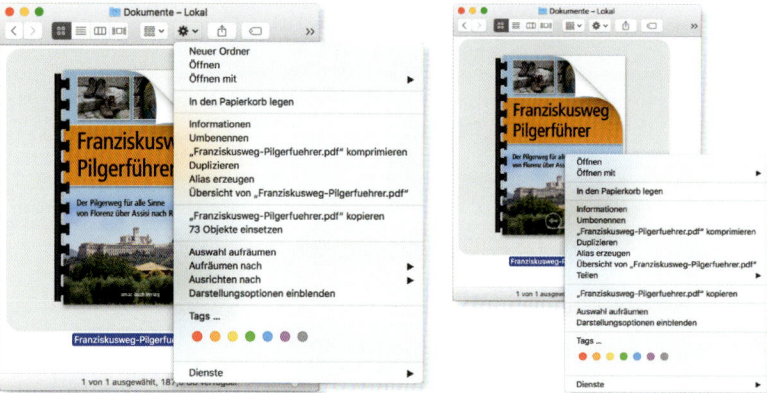

Der Aktion-Button (links) bringt ähnliche Funktionen wie die rechte Maustaste (rechts).

Wie Sie anhand der beiden Bildschirmfotos sehen, ist das Zahnradsymbol (*Aktion*) von der Funktionalität her quasi mit der rechten Maustaste identisch. In beiden Fällen wurde die Datei markiert und danach das Kontextmenü geöffnet.

Des Weiteren erscheint in der Symbolleiste rechts daneben noch das *Suchfeld* ❾, mit dem Sie eine Spotlight-Suche durchführen können. Und zu guter Letzt finden Sie in der Symbolleiste noch den Button ❺. Dieser ermöglicht es Ihnen, verschiedene Sortierkriterien anzuwenden, unabhängig davon, in welcher Darstellungsweise Sie sich aktuell befinden. Möglich sind hierbei folgende Sortierreihenfolgen:

- Name
- Art
- Programm
- Zuletzt geöffnet
- Hinzugefügt am
- Erstellungsdatum
- Änderungsdatum
- Größe
- Tags
- Ohne.

Sortierkriterien

Lassen Sie uns nun diese verschiedenen Darstellungsmethoden noch etwas genauer unter die Lupe nehmen. Am besten ist es, dazu im Bereich *Favoriten* ❽ den Eintrag *Zuletzt benutzt* zu verwenden. Wie Sie ja bereits wissen, finden Sie in Ihrem Benutzerordner eine Reihe von Unterordnern. Der Eintrag *Zuletzt benutzt* listet Ihnen Ihre Dateien auf, unabhängig davon, in welchem Unterordner sich diese befinden.

 In Wahrheit ist der Eintrag **Zuletzt benutzt** eigentlich eine Spotlight-Suche, die nichts anderes tut, als alle Dokumente, die sich innerhalb Ihres Benutzerordners befinden, unter dem Eintrag **Zuletzt benutzt** zusammengefasst darzustellen. Wie man eine derartige Spotlight-Suche erstellt und ablegt, werden wir uns später noch genauer ansehen.

Wieder zurück zu den Darstellungsvarianten: Wählen Sie im Eintrag *Zuletzt benutzt* die *Symboldarstellung (cmd + 1)* und als Sortierkriterium verwenden Sie beispielsweise die Eigenschaft *Erstellungsdatum*. Sie erhalten dann eine Darstellung ähnlich der im Bildschirmfoto.

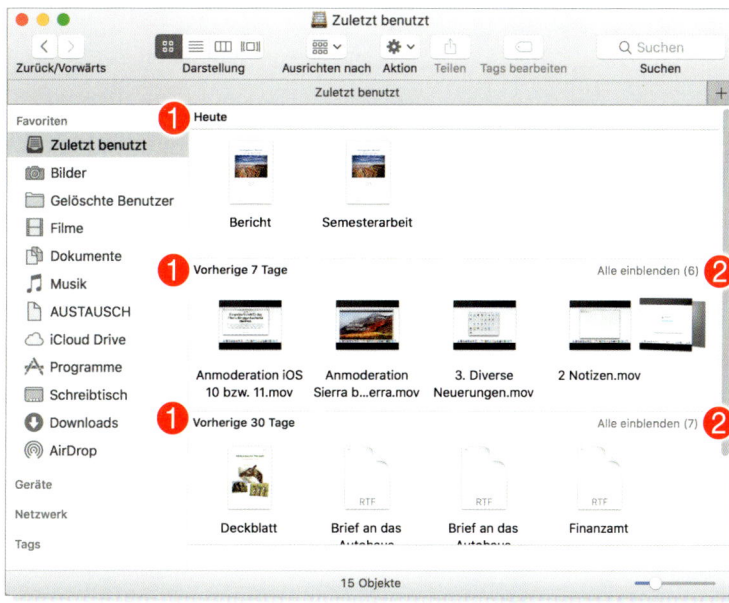

„Zuletzt benutzt" in der Symbolansicht, nach Erstellungsdatum sortiert.

Sie erhalten also die nach Datum gruppierten Dateien, unabhängig davon, wo sie sich innerhalb Ihres Benutzerordners befinden. Getrennt nach *Heute*, *Vorherige 7 Tage* etc. ❶ erscheinen die Dateien in der jeweiligen Zeile aufgelistet. Wenn Sie genau hinsehen, erkennen Sie bei allen Kategorien, dass auf der rechten Seite weitere Dateien existieren. Sie sehen in unserem Beispiel: Im Bereich *Heute* gibt es aktuell 115 Dateien, bei *Vorherige 7 Tage* hingegen 15 Dateien. Klicken Sie auf den Eintrag *Alle einblenden* ❷, werden alle Dateien untereinander gruppiert dargestellt. Möchten Sie aber die zeilenweise Anordnung haben, wechseln Sie über *Weniger einblenden* wieder zurück zur Zeilendarstellung und können nun mit zwei Fingern über das Trackpad nach links und rechts wischen, um die weiteren Dateien zum Vorschein zu bringen. Ähnlich funktioniert es natürlich auch bei den anderen Einträgen, wie beispielsweise bei *Vorherige 30 Tage*, wo derzeit 7 Dateien aufgelistet sind.

Ändern Sie das Darstellungs- und Sortierkriterium auf *Programm*, werden die Dateien nach Programmen sortiert dargestellt und aufgelistet.

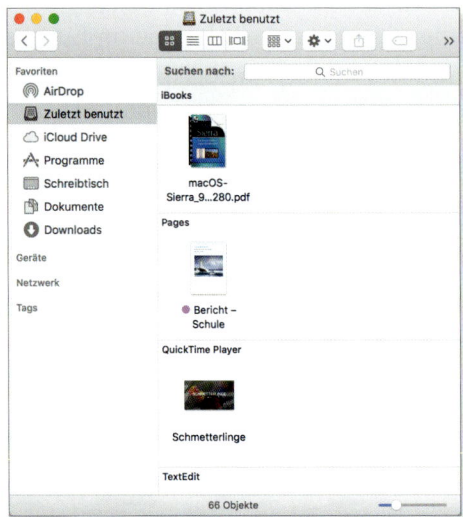

Dateien nach „Programm" sortiert.

Diese Sortierreihenfolge bleibt übrigens auch erhalten, wenn Sie die Darstellung ändern. Sie sehen anhand des Bildschirmfotos die gleiche Sortierung, diesmal aber in der Listendarstellung:

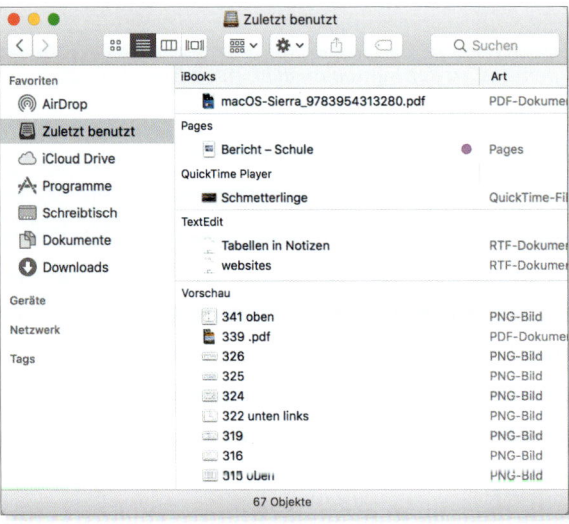

Dateien in der Listendarstellung, nach Programm sortiert.

Wir werden im nächsten Kapitel die Funktion *Übersicht* detaillierter besprechen. Aber an dieser Stelle kann ich es mir nicht verkneifen, sie schon einmal zum Einsatz zu bringen. Die Symboldarstellung hat ja im Vergleich zur Listendarstellung zumindest noch einen kleinen Einblick in die Datei gegeben. In der

Listendarstellung hingegen sind die Icons im Regelfall zu klein, um zu erkennen, was sich tatsächlich hinter der jeweiligen Datei verbirgt. Möchten Sie dennoch einen kurzen Blick in eine Datei werfen, markieren Sie sie und verwenden danach die *Leertaste*, um das *Quick-Look*-Fenster zum Vorschein zu bringen.

Wie der Name schon sagt, haben Sie damit eine einfache Möglichkeit, um rasch in eine Datei hineinzusehen, ohne die Datei tatsächlich öffnen zu müssen.

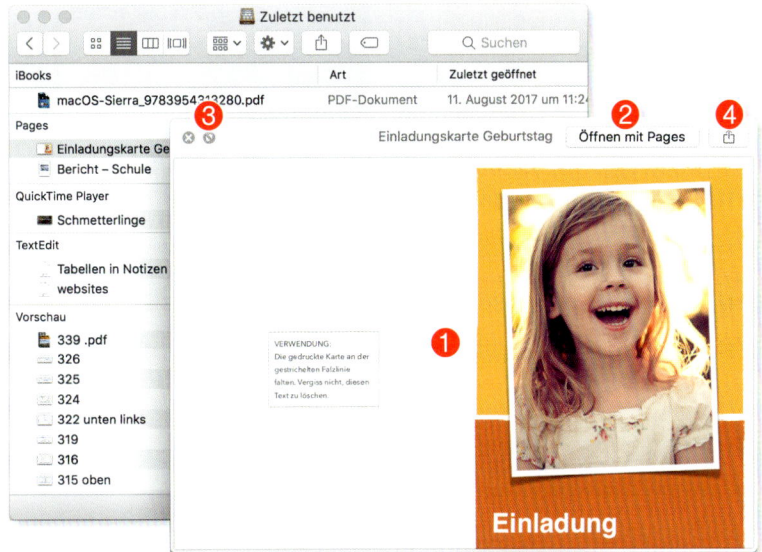

Übersicht in die Datei „Einladungskarte Geburtstag".

Sie erhalten damit ein neues Fenster ❶, das Ihnen einen Einblick in die Datei gewährt. In unserem Beispiel schauen wir in ein Pages-Dokument. Und Sie sehen im *Quick-Look*-Fenster rechts oben auch direkt die Möglichkeiten, über *Öffnen mit Pages* ❷ diese Datei nun regulär mit Pages zu öffnen oder im Vollbildmodus zu betrachten ❸. Aber zur Quick-Look-Funktionalität später mehr.

Wenn Sie das Quick-Look-Fenster wieder verschwinden lassen wollen, drücken Sie erneut die *Leertaste* oder verwenden das *x* links oben. Und im Quick-Look-Fenster steht ebenfalls das *Teilen*-Feld ❹ zur Verfügung, um die Datei per E-Mail, Nachrichten oder AirDrop rasch weitergeben zu können.

Das Quick-Look-Fenster hat ebenfalls ein „Teilen-Feld.

Bevor wir uns die einzelnen Darstellungsvarianten genauer ansehen, noch abschließend die beiden Bildschirmfotos, wie sich das Fenster darstellt, wenn nach Programmen sortiert wird, einmal in der *Spaltenansicht* und einmal in der *Cover-Flow-Ansicht*.

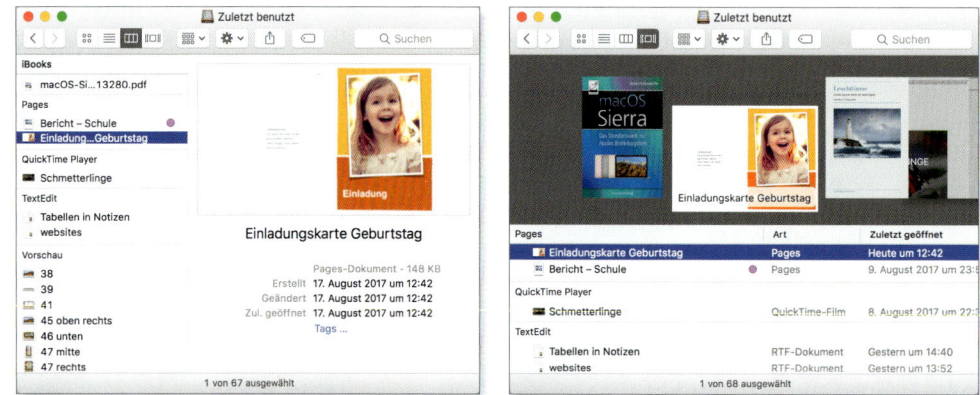

Sortiert nach Programmen in den Darstellungen „Spaltenansicht" und „Cover Flow".

Als Symbol

Wie bereits vorhin besprochen, bietet die Symboldarstellung die Eigenschaft, über den Schieberegler im rechten unteren Eck des Finder-Fensters die Größe der Icons Ihren Bedürfnissen entsprechend anzupassen. Besonders interessant ist es, wenn Sie den Regler weit nach rechts schieben, um eine besonders starke Vergrößerung der Dateiinhalte zu sehen.

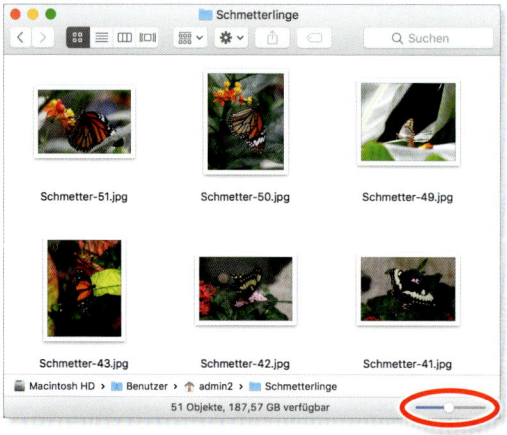

Symboldarstellung.

Wie Sie anhand des Bildschirmfotos sehen, können Sie den Inhalt vieler Dateien auf den ersten Blick erkennen. Ohne die Datei per Doppelklick öffnen oder das Quick-Look-Fenster aufrufen zu müssen, sehen Sie den Dateiinhalt und können erkennen, ob es sich um die Datei handelt, mit der Sie weiterarbeiten möchten.

Wenn Sie die Symboldarstellung nach dem Kriterium *Ohne* sortieren, kann es notwendig sein, dass Sie über den Menüpunkt *Darstellung –> Aufräumen* die Symbole in ein ordentliches Raster bringen.

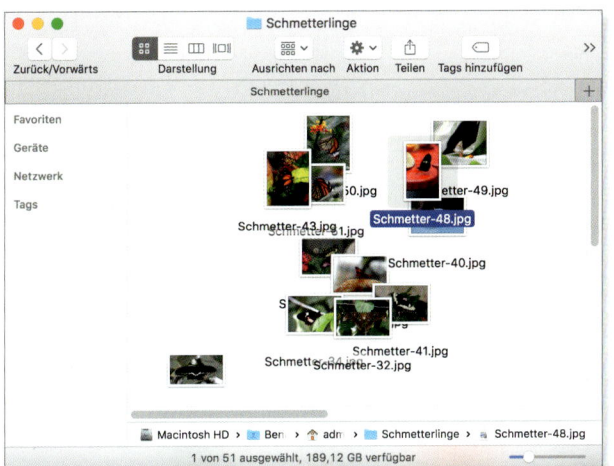 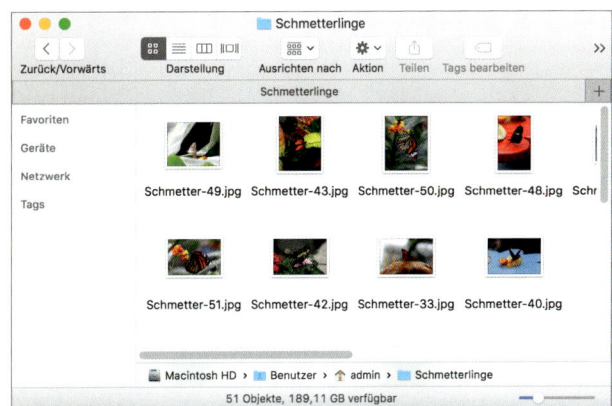

Darstellung –> Aufräumen.

> Sie können Ihrem Fenster in der Symboldarstellung noch einige periphere Eigenschaften zuordnen. Achtung: Das funktioniert nur teilweise bei **Zuletzt benutzt**. Wenn Sie hingegen in einem Ordner wie **Dokumente** die Symboldarstellung aktivieren, können Sie über den Menüpunkt **Darstellung** die **Darstellungsoptionen** einblenden oder mit **cmd + J** beispielsweise die **Symbolgröße** oder den **Gitterabstand** ändern und – was möglicherweise besonders interessant ist – im Bereich **Hintergrund** dem Fenster in Symboldarstellung eine Hintergrundfarbe oder auch ein Hintergrundbild zuordnen.

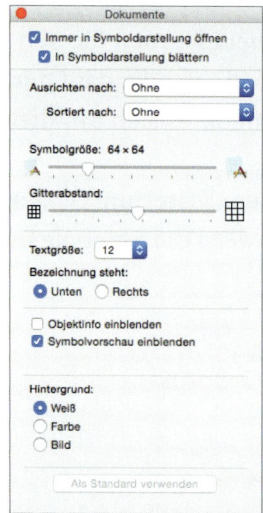

Darstellungsoptionen für die Symboldarstellung.

Als Liste

Ebenso verhält es sich in der Listendarstellung. Auch dort können Sie entscheiden, welche Daten in der Anzeige zum Vorschein kommen. Über die *Darstellungsoptionen* (*cmd* + *J*) können Sie weitere Eigenschaften wie *Änderungsdatum*, *Erstellungsdatum*, *Größe*, *Etikett* etc. ❶ in die Listendarstellung integrieren.

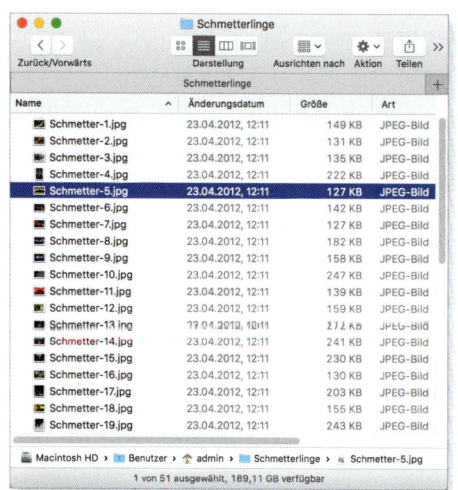
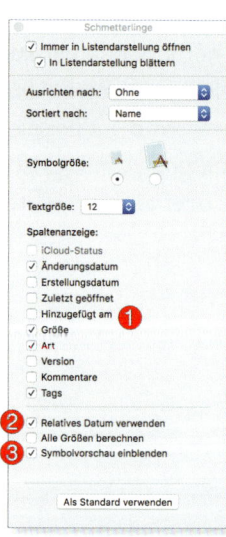

Listendarstellung ändern.

Des Weiteren steht die Funktion *Relatives Datum verwenden* ❷ zur Auswahl. Sie sehen im Bildschirmfoto weiter hinten bei *Zuletzt geöffnet* bei den Datumseinträgen Begriffe wie *Heute* oder *Gestern*. Nachdem Ihr Rechner ja weiß, welches Datum wir heute schreiben, wird er also den heute erstellten oder bearbeiteten Dateien diese Eigenschaft zuordnen, sofern Sie diese Funktion aktiviert haben. Und über *Symbolvorschau einblenden* ❸ erhalten Sie auch in der Listendarstellung ganz links miniaturisierte Voransichten der Dateiinhalte. Wenn Sie dieses Häkchen wegnehmen, werden die Standardsymbole für PDF-Dateien, Office-Dateien usw. verwendet und Sie erhalten keinen optischen Eindruck vom Dateiinhalt.

In der Listendarstellung ist die Sortierfunktionalität natürlich besonders sinnvoll. Wählen Sie bei den *Sortierfunktionen* in der Symbolleiste die Art des Sortierkriteriums aus.

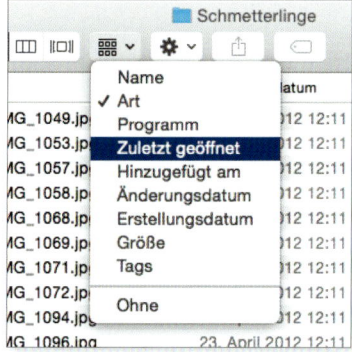

Auswahl des Sortierkriteriums.

> **!** Interessant ist die Darstellung für das Sortierkriterium **Ohne**, denn dann ändert sich die Listendarstellung und Sie erhalten neue Möglichkeiten. Bei der Einstellung **Ohne** verwandeln sich also die Spaltenköpfe der Liste so, dass sie anzeigen, nach welchem Kriterium sortiert ist. Sie sehen anhand des Pfeilsymbols Ⓐ im Bildschirmfoto, dass derzeit nach dem Begriff **Name** sortiert ist. Um nun z. B. nach **Art** zu sortieren, müssen Sie nur auf den entsprechenden Spaltenkopf klicken.

Liste nach Name sortiert.

Des Weiteren ist neben dem Begriff *Name* am rechten Ende der Spalte einen kleinen Pfeil, der nach oben zeigt Ⓐ. Damit ist gekennzeichnet, dass jetzt alphabetisch aufsteigend sortiert wird. Um die Sortierreihenfolge umzudrehen, genügt es, wenn Sie auf den Pfeil klicken. Nachdem die Listendarstellung verschiedene Spalten hat, in denen die entsprechenden Informationen angezeigt werden, kann über die *Trennlinie* Ⓑ die Breite der Spalten verändert werden. Und auch das ist möglich: Sie können die Reihenfolge der Spalten modifizieren. Klicken Sie mit der Maus zum Beispiel den Begriff *Art* Ⓒ an und ziehen Sie ihn an eine andere Stelle. Sofort werden die Spalten vertauscht und Sie haben eine neue Anordnung in Ihrer Listenansicht erreicht. Wenn Sie nun wieder ein anderes Sortierkriterium auswählen, bleibt diese Darstellung erhalten. Das heißt, wenn Sie die Darstellung der Listenansicht ändern möchten, müssen Sie zunächst auf die Sortierung *Ohne* umschalten, die Änderungen vornehmen und sie danach wirksam werden lassen.

> **!** Besonders bei Listen kann es interessant sein, relativ zügig an eine bestimmte Stelle der Liste zu springen. Wie bereits vorhin erwähnt, können Sie durch die Eingabe der ersten zwei oder drei Buchstaben eines Datei-, Programm- oder Ordnernamens ein ganz bestimmtes Element in der Liste schnell anspringen. Um schnell an den Anfang oder das Ende der Liste zu gelangen, verwenden Sie die **alt**-Taste und die **Pfeiltaste nach oben** oder **unten**.

Spaltendarstellung

Die Spaltendarstellung ist eine enorm effektive Funktion, wenn Sie durch umfangreiche Ordnerstrukturen navigieren müssen.

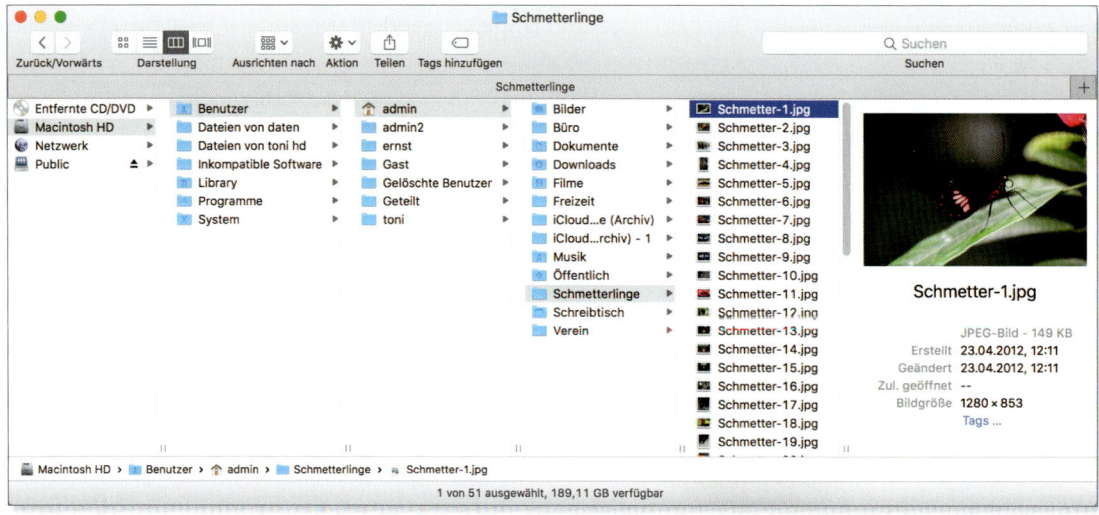

Spaltendarstellung.

Sie sehen anhand des Bildschirmfotos in der Spaltendarstellung fünf Ordner auf einen Blick. Wie Sie anhand der Struktur erkennen, befinde ich mich innerhalb der *Macintosh HD* im Benutzerordners und dort wiederum im Ordner *admin*, um unter *Schmetterlinge* die Datei *Schmetter-1.jpg* anzusehen. Und diese Datei wird in der ganz rechten Spalte auch noch als Vorschau mit einigen wesentlichen Informationen dargestellt. Sie können auf diese Vorschau doppelklicken, um die Datei zu öffnen.

Der Vorteil der Spaltendarstellung ist nun folgender: Wenn Sie an einem Ablagepunkt angekommen sind und erkennen, dass die gesuchte Datei hier nicht vorliegt – Sie hätten nämlich statt des Ordners *Downloads* den *Schreibtisch* verwenden müssen –, wählen Sie einfach in der vierten Spalte den Ordner *Schreibtisch* an. Schon haben Sie Einblick in die Daten, die sich im Ordner *Schreibtisch* befinden.

 Besonders für diejenigen Anwender, die in Netzwerkumgebungen mit Dateien auf einem Server arbeiten müssen, hat sich die Spaltendarstellung als sehr effiziente Möglichkeit herausgestellt, in den Untiefen eines Servers Dateien ausfindig zu machen.

Jede Spalte in der Spaltendarstellung hat eine bestimmte Breite. Sie können mit der Maus im unteren Berich auf die Trennlinie zwischen den Spalten fahren, um die Breite einer Spalte zu ändern. Halten Sie dabei die *alt*-Taste gedrückt, bekommen alle Spalten gleichzeitig die ausgewählte Spaltenbreite. Es kann durchaus sein, dass ab und an ein Elementname zu lang für die Breite der Spalte ist. Auch das ist kein Problem: Sobald Sie mit dem Mauszeiger auf den Eintrag fahren, erscheint nach kurzer Zeit ein gelbes Hinweisfenster, das Ihnen den kompletten Dateinamen anzeigt.

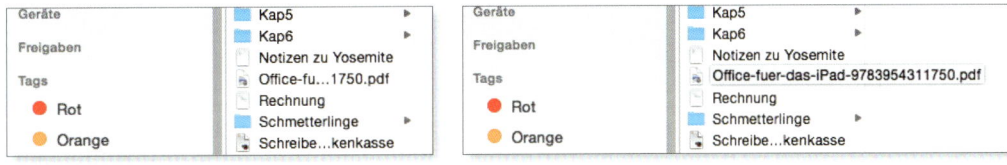

 Wenn Sie in der Spaltendarstellung effizient navigieren wollen, verwenden Sie die Pfeiltasten auf Ihrer Tastatur. Mit den Tasten **Pfeil nach links** und **Pfeil nach rechts** wechseln Sie die Spalte und mit den Tasten **Pfeil nach oben** und **Pfeil nach unten** können Sie in der jeweiligen Spalte andere Einträge auswählen.

Cover Flow

Die vierte Darstellung, die *Cover-Flow*-Darstellung, kombiniert die positiven Eigenschaften der Symboldarstellung und der Listendarstellung. Sie sehen nun, dass die *Cover-Flow*-Darstellung zweigeteilt ist. An der Trennlinie können Sie die Zweiteilung modifizieren. Im oberen Teil werden die Dateieinhalte über eine miniaturisierte Darstellung eingeblendet. Im unteren Teil des Fensters sehen Sie eine Listendarstellung, die Sie nach den verschiedenen Kriterien sortiert erscheinen lassen können. Navigieren Sie nun im unteren Teil des Fensters mit der Listendarstellung durch die Dateien, wird oben im Drehkarussell immer die dazugehörige Datei nach vorn verschoben. Oder verwenden Sie direkt das Drehkarussell und klicken Sie dort irgendeine Datei an: Sie wird nach vorne verschoben und in der Liste darunter wird die dazugehörige Datei markiert.

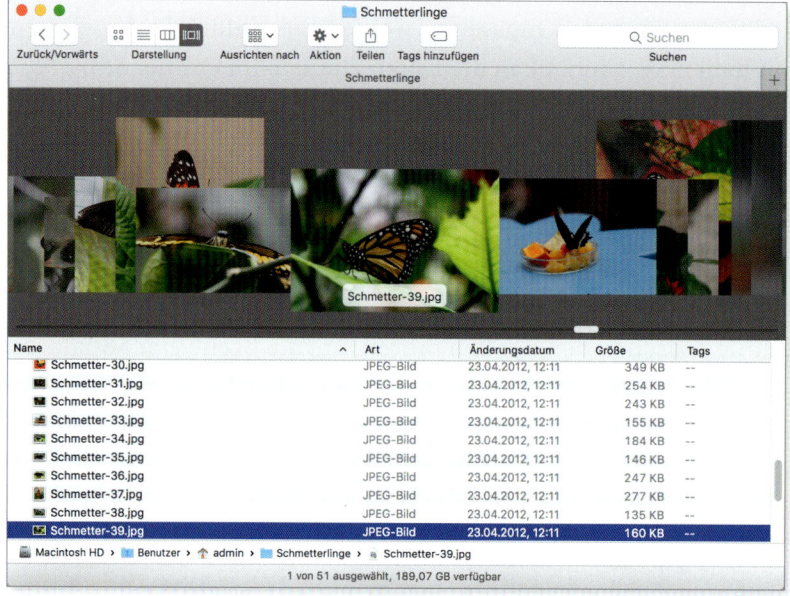

Cover-Flow-Darstellung.

 Die Cover Flow-Darstellung war zuerst im Programm iTunes sowohl in der Mac- als auch in der Windows-Version verfügbar, um durch die Plattencover der Musikstücke und Alben zu navigieren. Aber auch bei der Arbeit mit Dateien macht es ungeheuer viel Spaß, mit der Cover Flow-Darstellung durch die Dateien zu sausen.

Damit haben wir nun alle vier Darstellungsvarianten besprochen. Noch einmal die Erinnerung daran, dass Sie über den Menüpunkt *Darstellung –> Darstellungsoptionen einblenden* den vier verschiedenen Darstellungsarten noch verschiedene Parameter mit auf den Weg geben können. Dabei ist ein kleines Detail beachtenswert: Nehmen Sie hierbei bitte nicht den Favoriten *Zuletzt benutzt*, sondern verwenden Sie beispielsweise den Ordner *Dokumente*. Wenn Sie nun im Ordner *Dokumente* die Darstellungsoptionen einblenden, können Sie für diesen Ordner fixe Einstellungen vornehmen, wie die Spalten-, Symbol-, Listen- oder Cover-Flow-Darstellung für den Ordner *Dokumente* aussehen soll. Haben Sie Änderungen vorgenommen und möchten nun, dass die jeweilige Darstellung nicht nur im *Dokumente*-Ordner, sondern in allen anderen Ordnern in der gewählten Darstellungsvariante identisch aussieht, finden Sie am unteren Rand die Eigenschaft *Als Standard verwenden*.

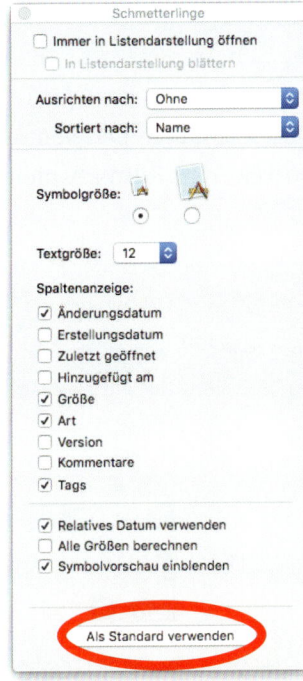 

„Als Standard verwenden" (links) und „Standard wiederherstellen" (rechts).

> **!** Damit werden die Einstellungen – hier am Beispiel der Listendarstellung – für alle anderen Fenster in der Listendarstellung übernommen. Möchten Sie zu einem späteren Zeitpunkt wieder auf die vom Betriebssystem vorgegebene Standardeinstellung zurückschalten, wählen Sie mit gedrückter **alt**-Taste den Button **Als Standard verwenden** aus. Daraufhin wird dieser umgewandelt in den Begriff **Standard wiederherstellen** und überschreibt Ihre individuellen Ansichtspräferenzen mit den Standardvarianten des Betriebssystems.

Noch eine Kleinigkeit am Rande: Sicher haben Sie in den Darstellungsoptionen den Eintrag *In Listendarstellung blättern* schon bemerkt. Das bedeutet ganz einfach, dass auch beim Öffnen von Unterordnern die Listendarstellung verwendet wird. Die gleiche Funktion gibt es ebenso in den anderen Darstellungsvarianten *Symbol*, *Cover Flow* und *Spalten*.

Vorschauspalte

Aus der Spaltenansicht eines Finder-Fensters ist Ihnen vielleicht die letzte Spalte, die Vorschauspalte, bekannt. Wenn man eine Datei markiert, wird in der Vorschauspalte der Inhalt angezeigt. Diese Vorschaufunktion gibt es auch für die anderen Darstellungsarten. Wenn Sie im Menü *Darstellung* die Funktion *Vorschau einblenden* (*cmd + Shift + P*) aktivieren, haben Sie z. B. in der Listenansicht auf der rechten Seite die Vorschauspalte. Wenn Sie nun eine Datei auswählen, wird Ihnen dort der Inhalt angezeigt. Das funktioniert nicht nur mit Bildern, sondern auch mit PDF-Dateien, Office-Dateien und sogar mit Audio- und Videodateien. In der Vorschauspalte können Sie dann direkt den Film abspielen. Bei PDFs oder Office-Dateien können Sie sogar durch die Seiten blättern.

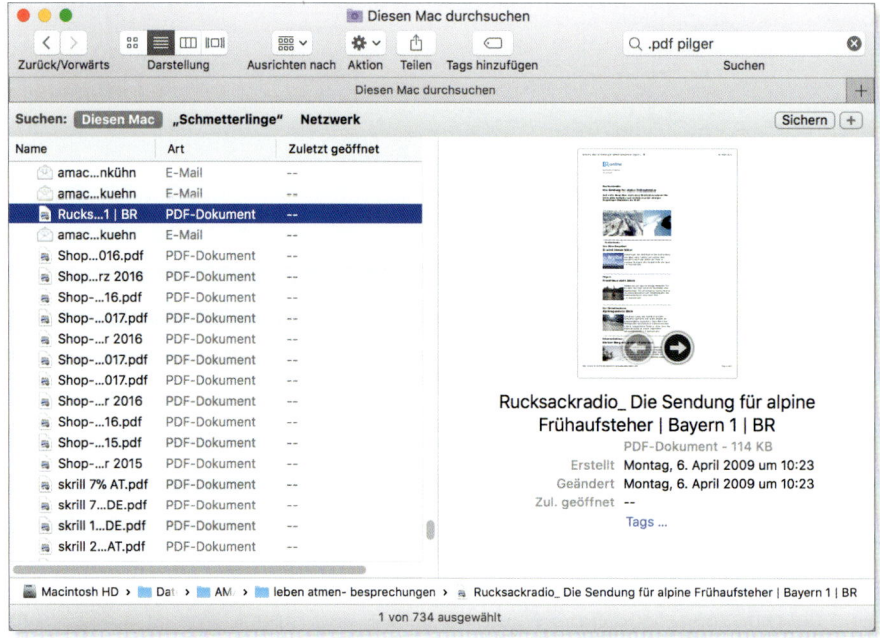

Die Vorschauspalte gibt es nun für alle Darstellungsarten des Finder-Fensters.

Sortieren nach Ordnern

Eine Neuerung von macOS ist die Sortierung nach Ordnern in der Listen-, Spalten- und Cover-Flow-Ansicht. Bei dieser Neuerung werden die Ordner alphabetisch immer am Beginn der Liste angezeigt, und alle restlichen Dateien sind darunter aufgeführt. Diese Funktion ist vielleicht den Windows-Anwendern bekannt, sie hat nun auch den Weg zum Mac gefunden.

Für die Ordnersortierung müssen Sie im *Finder* die *Einstellungen (cmd+ Komma)* öffnen. Im Bereich *Erweitert* finden Sie die Funktion dann unter der Bezeichnung *Beim Sortieren nach Namen Ordner oben behalten.*

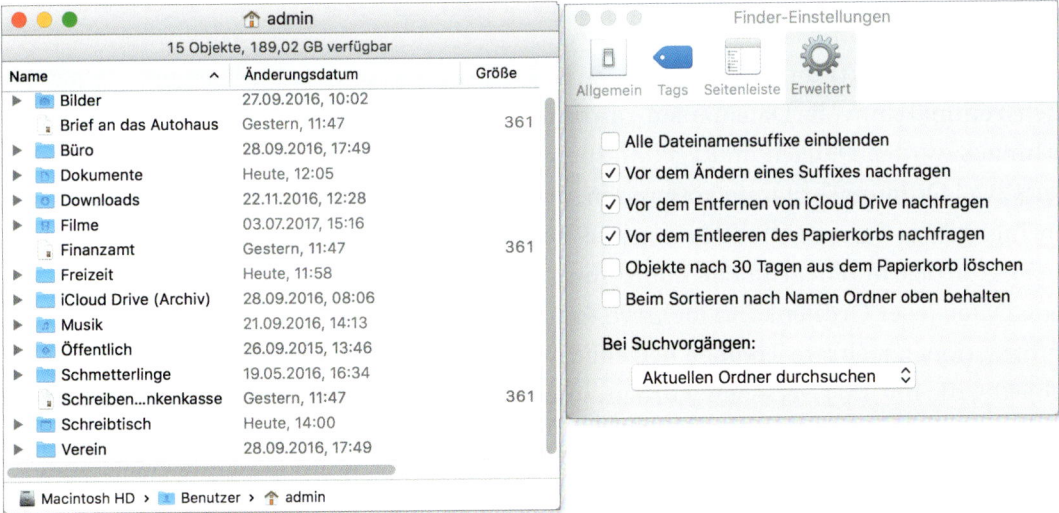

Normalerweise sind die Ordner zwischen den anderen Dateien einsortiert, ...

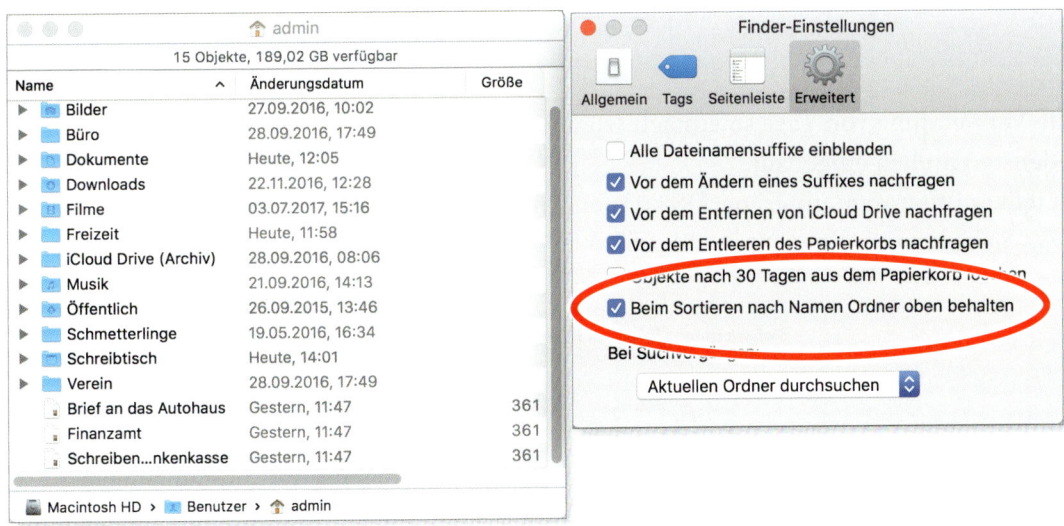

... lassen sich aber auch zusammengefasst am Anfang der Liste einordnen.

> **!** Diese Sortierung funktioniert aber nur dann, wenn Sie nach Name sortieren lassen. Sortieren Sie nach Änderungsdatum, Größe etc., dann werden die Ordner nicht gruppiert sortiert.

Tags

Mit Programmen wie TextEdit, Pages, Numbers, Keynote etc. selbst erstellte Dateien erhalten beim Ablegen zunächst einmal sinnvolle Dateinamen, um das spätere Ausfinden so einfach wie möglich zu gestalten. Darüber hinaus werden Dateien im Regelfall thematisch in bestimmte Ordner eingebracht. Damit sind also bereits zwei Ordnungskriterien vorhanden, die helfen, ein Ablagechaos zu vermeiden.

Mit den Tags gibt es nun seit OS X Mavericks ein drittes Kriterium, um Daten strukturiert verwalten zu können. Tags (farbige und begriffliche Zuordnung) verfügen über einige wesentliche Vorzüge:

- Jede Datei, jeder Ordner kann mehrere Tags erhalten. Das ist besonders dann nützlich, wenn Informationen mehrere Themen betreffen.
- Objekte, die mit Tags versehen wurden, sind meist mit ein, zwei Mausklicks erreichbar und damit sehr schnell im Zugriff.

Aber immer der Reihe nach. Wir werden uns als Erstes damit beschäftigen, wie Sie Dateien und Ordner mit Tags auszeichnen können, bevor wir dann weitere Details ansprechen.

Objekte mit Tags kennzeichnen

Damit die Verwendung von Tags so einfach wie möglich ist, hat Apple die Zuordnung von Tags an den verschiedensten Stellen eingebaut.

1. In jedem Programm unter macOS können während des Ablegens von Dateien (*Ablage –> Sichern* bzw. *Sichern unter* oder *Datei –> Speichern* bzw. *Speichern unter*) Tags zugeordnet werden.

Während der Dateiablage können Tags vergeben werden.

Dabei möchte ich auf zwei wichtige Dinge aufmerksam machen: Zum einen können hierbei gleich mehrere Tags zugeordnet werden und zum anderen kann ebenfalls an dieser Stelle eine neue Tag-Kategorie erstellt werden.

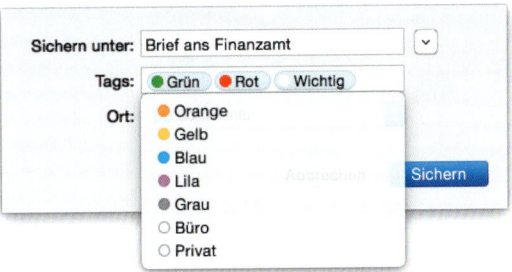

Jede Datei kann gleichzeitig mehrere Tags aufnehmen. Dazu tippen Sie einfach auf den Tag-Namen in der unteren Liste, um diesen zuzuordnen.

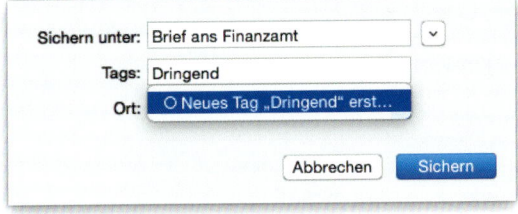

Ein neues Tag wird erstellt.

Um ein neues Tag zu erstellen, klicken Sie einfach in das Feld neben *Tags*. macOS erkennt das und schreibt *Neues Tag „xy" erstellen*. Klicken Sie darauf und schon ist eine neue Kategorie erstellt worden, die Sie nun zukünftig auch für weitere Dateien / Ordner verwenden können. Wenig später zeige ich Ihnen, wie Sie eine Tag-Kategorie mit einer Farbe versehen oder wieder löschen können.

2. Bereits bestehende Dateien können Sie einem Tag zuordnen, indem Sie die Datei in einem Finder-Fenster auf einen Tag-Eintrag der Seitenleiste ziehen. Oder aber Sie klicken ein Tag an und ziehen eine Datei auf das offene Finder-Fenster. Dabei wird der Datei das Tag zugewiesen. Wiederholen Sie den Vorgang, um dieser Datei weitere Tags zuzuordnen.

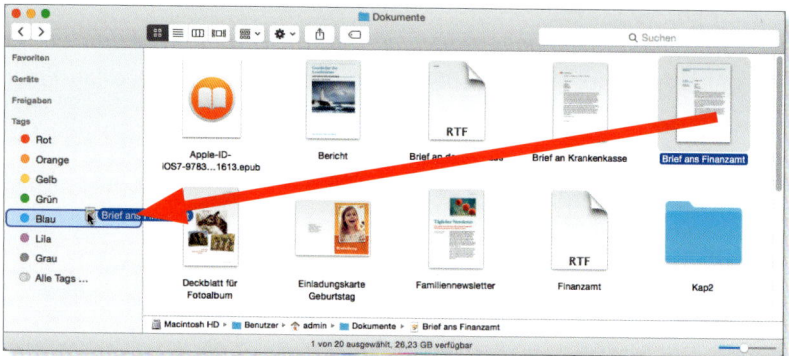

In einem Finder-Fenster werden einer Datei die Tags einfach über Drag & Drop via Seitenleiste zugeordnet.

3. Eine weitere Möglichkeit ist die Verwendung des Symbolleistenicons im Finder-Fenster. Wählen Sie zunächst die gewünschte Datei aus und klicken Sie dann das entsprechende Icon an.

> **!** Um rasch mehreren Dateien das gleiche Tag zuzuweisen, können Sie via **cmd**-Taste bzw. **Shift**-Taste eine Mehrfachauswahl treffen und diesen Objekten dann gemeinsam ein Tag zuordnen.

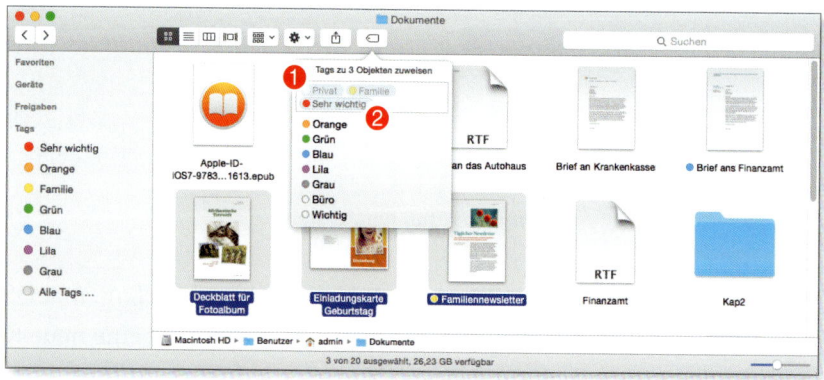

Über das Icon der Symbolleiste können ganz einfach Tags zugewiesen werden.

Achten Sie dabei darauf, dass Dateien bereits Tags haben können. Sie erkennen es daran, dass bereits vorhandene Tags hellgrau dargestellt werden ❶, wohingegen neu zugeordnete Tags dunkelgrau ❷ erscheinen. Dabei können existierende Tags nur einem Teil der Markierung zugewiesen sein.

4. Tags können zudem über das Kontextmenü zugewiesen werden. Wieder sind zuerst die Dateien zu markieren und dann kann via *Aktion*-Button in der Symbolleiste bzw. über die rechte Maustaste (bzw. *ctrl*-Taste und Maustaste) der entsprechende Dialog geholt werden.

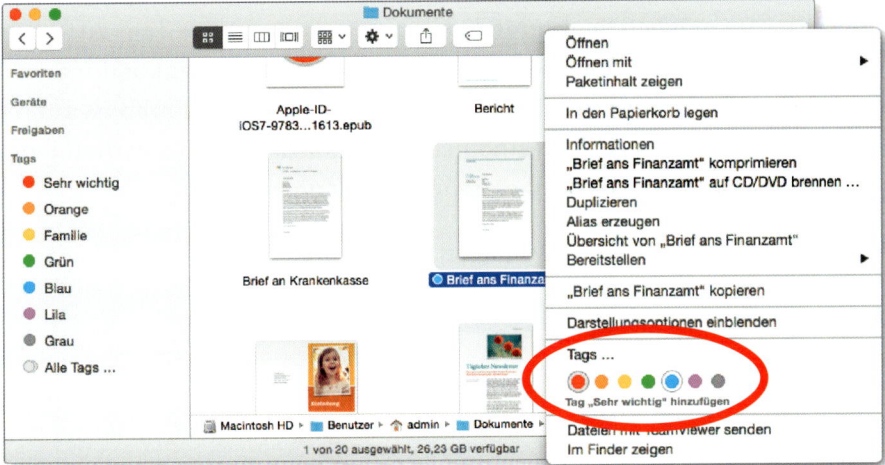

Verwenden Sie den „Aktion"-Button der Symbolleiste oder das Kontextmenü, um Tags zum Einsatz zu bringen.

> **!** Bei dieser Methode werden Sie feststellen, dass nicht alle Tag-Kategorien zur Auswahl stehen. Hierbei werden nur favorisierte Tags eingeblendet. Wir werden wenig später noch definieren, wie Tags als Favoriten deklariert werden.

5. Und schlussendlich kann über das Informationsfenster (*cmd + I*) einer Datei die Tag-Zuordnung erfolgen.

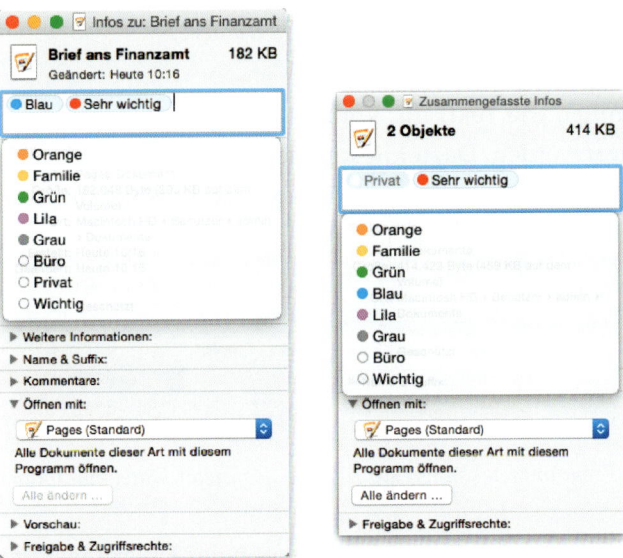

Über das Informationsfenster einer Datei können ebenfalls Tags zugewiesen werden.

Dabei ist es wiederum möglich, mehreren Dateien gemeinsam neue Tags zuzuordnen. Markieren Sie dazu die gewünschten Objekte und verwenden Sie die Tastenkombination *cmd + alt + I*, um ein gemeinsames Informationsfenster zu öffnen. Sie sehen das Ergebnis am rechten Bildschirmfoto. Wie schon vorhin gezeigt, sind hellgraue Einträge bereits vorhandene Tags bei der einen oder anderen Datei und die dunkelgrauen neue Zuordnungen.

Tags entfernen

Natürlich muss es möglich sein, Dateien bzw. Ordner wieder von Tags zu befreien. Grundsätzlich werden Tags über die *Backspace*-Taste gelöscht. Dazu ist zunächst das Tag anzuklicken, damit es markiert ist.

- Verwenden Sie das Informationsfenster (*cmd + I*) einer Datei. Dort sehen Sie direkt unterhalb des Dateinamens die zugeordneten Tags. Neben dem Löschen derselbigen können Sie zudem die Reihenfolge ändern, indem Sie die Tags per Drag & Drop verschieben.
- Über den Button *Tags bearbeiten* in der Symbolleiste des Finders kommen Sie ebenfalls an die Tags heran, um sie zu löschen.

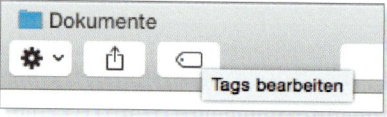

Via „Tags bearbeiten" in der Symbolleiste eines Fensters können Tags sowohl in der Reihenfolge verändert
als auch gelöscht werden.

- Bei einigen Programmen wie TextEdit, Vorschau oder Pages kann die Tag-Zuordnung direkt im Dokument modifiziert werden. Dazu klicken Sie auf das kleine Dreieck in der Titelleiste neben dem Dateinamen und schon erscheint ein Dialog, der die Tags auflistet.

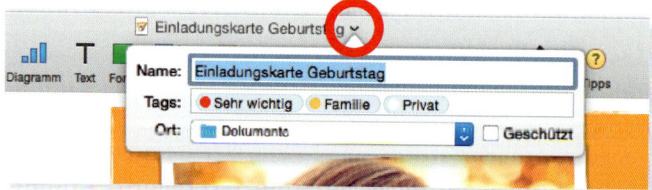

In einigen Programmen können die Tags bei geöffneter Datei manipuliert werden.

- Und für ganz findige Anwender kann das Entfernen der Favoriten-Tags über das Kontexmenü erfolgen.

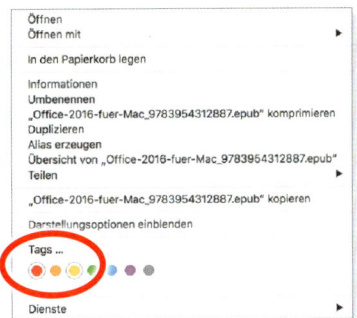 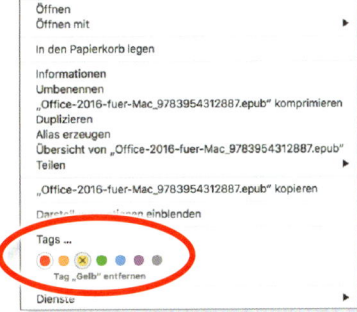

Über das Kontextmenü bzw. den „Aktion"-Button sehen Sie an den hellgrauen Kreisen, welche Tags dem Objekt zugeordnet sind (links). Diese Favoriten-Tags können hier ebenso entfernt werden (rechts).

Tag-Favoriten definieren, Tag-Kategorien ändern bzw. löschen

Via *Finder –> Einstellungen* können Sie das Fenster *Tags* zum Vorschein bringen. Darin können Sie eine ganze Reihe an Funktionen auslösen:

1. Ändern Sie hier die Farben und die Bezeichnungen der Tags. Dazu klicken Sie in der Liste auf einen Begriff, um diesen editierbar zu machen. Tippen Sie auf eine Farbe und wählen Sie eine Alternative aus.
2. Rechts daneben können Sie die Häkchen entfernen, um Tags nicht in der Seitenleiste erscheinen zu lassen.

 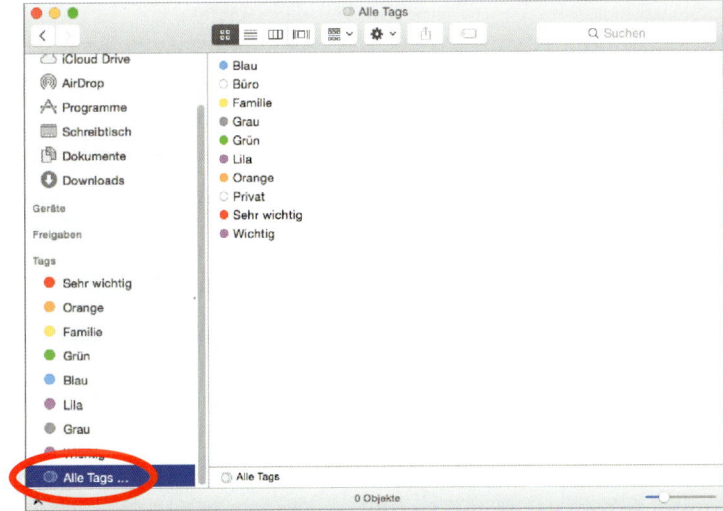

Wählen Sie aus, welche Tags in der Seitenleiste sichtbar sein sollen.

Haben Sie Tags in der Seitenleiste ausgeblendet, wird nun der Eintrag *Alle Tags ...* dargestellt, um doch auf alle Informationen Zugriff zu bekommen.

3. Wollen Sie die Reihenfolge der Tags in der Seitenleiste ändern? Ganz einfach: Ziehen Sie mit der Maus den kompletten Zeileneintrag nach oben oder unten. Fertig!

4. Sie erinnern sich an die Tag-Favoriten, die über den *Aktion*-Button bzw. das Kontextmenü zugänglich sind? Einfach per Drag & Drop können aus der Liste Einträge nach unten in die Favoriten gezogen werden. Es sind nur sechs Plätze vorhanden. Um bestehende Favoriten zu entfernen, ziehen Sie das Farbpünktchen nach oben oder unten und mit einer Animation verpufft der Eintrag und damit ist wieder Platz für einen anderen Tag-Eintrag.

5. Und auch das ist möglich: Über das Kontextmenü können Sie eine Tag-Kategorie komplett entfernen. Diese verschwindet dann sogleich aus der Liste, der Seitenleiste und alle Dateien weisen dieses Tag nicht mehr auf.

Ein Tag kann komplett vom Computer entfernt werden.

Tags im Finder nutzen

Nachdem die Tags in jedem Fenster des Finders in der Seitenleiste auftauchen, können Sie bequem mit einem Klick auf einen Tag die dazugehörigen Dateien zum Vorschein bringen. Im Hintergrund löst macOS eine Suchfunktion aus, die alle Dateien und Ordner ausfindig macht, die diesem Tag zugeordnet sind. Und das geht in Windeseile, sodass Sie nach Anklicken eines Tag-Eintrags sogleich rechts daneben alle Elemente sehen können.

Natürlich können Sie auch diskret nach Tags suchen: Tragen Sie dazu einfach den Tag-Namen in das Suchfeld ein und wählen Sie in der Liste darunter *Tags* aus.

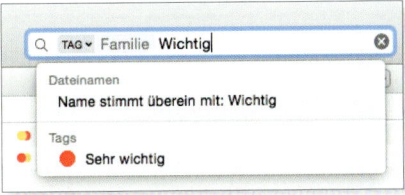

Durch die Suchkombination mit Tags finden Sie rasch gewünschte Dateien.

Über das Kontextmenü der Seitenleiste bei einem Tag-Eintrag stehen ebenso eine Reihe nützlicher Funktionen zur Verfügung.

Tag-Eigenschaften können über das Kontextmenü in der Seitenleiste geändert werden.

Und natürlich kann nach Tags sortiert werden. Wählen Sie dazu in einem Fenster den Menüpunkt *Darstellung –> Ausrichten nach –> Tags* oder verwenden Sie das Tastenkürzel *cmd + ctrl + 7*. Ebenso kann der Button in der Symbolleiste des Finders verwenden werden.

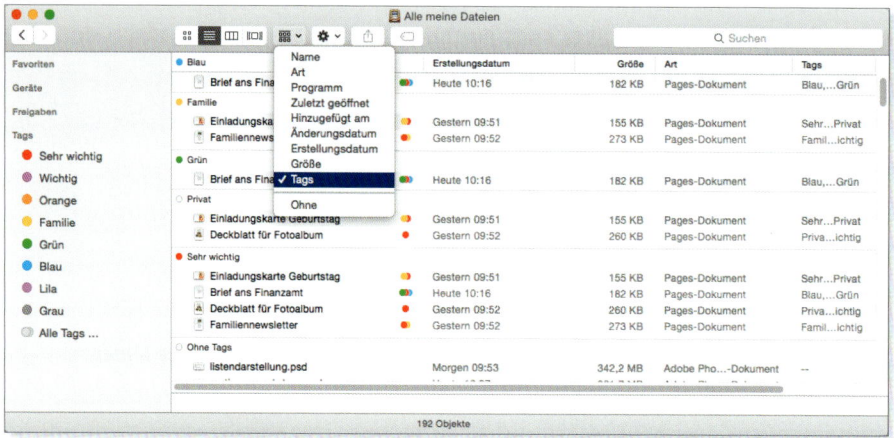

Dateien können nach Tag-Zuordnung sortiert werden.

Anhand des Bildschirmfotos ist noch einmal sehr schön zu sehen, wie vielseitig der Einsatz von Tags ist. Die Datei „Brief an das Finanzamt" ist in der Tat nur einmal vorhanden, hat aber mehrere Tags zugeordnet bekommen und erscheint deshalb mehrmals in der Liste.

Über Tags können Sie also Ihren Objekten weitere Kriterien zuordnen, um sie dann noch schneller ausfindig machen zu können.

> **!** Und zu guter Letzt noch ein wichtiger Tipp: Die Tags werden ebenso von Apples iCloud Drive respektiert. Wenn Sie also via TextEdit oder Pages etc. Dokumente bei iCloud Drive ablegen und mit Tags versehen, werden diese dann auf einem anderen Computer beim Zugriff auf die iCloud-Dokumente ebenfalls erscheinen.

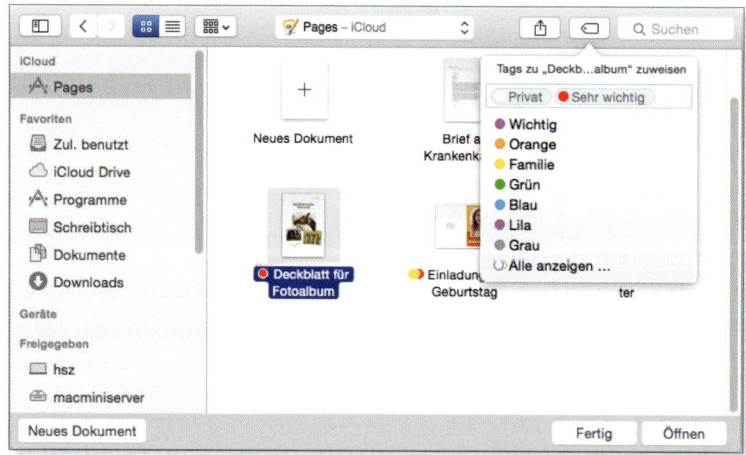

Pages greift auf Dateien von iCloud Drive zu und kann dabei ebenfalls mit Tags umgehen.

Dateien umbenennen

Das Ändern eines Dateinamens ist im Finder eine einfache Angelegenheit. Man markiert die Datei und macht dann einen zusätzlichen Mausklick auf den Namen. Dieser wird damit hervorgehoben und kann überschrieben werden. Etwas einfacher geht es, wenn Sie die Datei markieren und dann einfach die *Enter*-Taste bzw. *Return*-Taste drücken.

Wie sieht es aber nun aus, wenn Sie mehrere Dateien gleichzeitig umbenennen wollen? Nehmen wir an, Sie wollen z. B. 50 Dateien durchgehend nummerieren. Manuell würde dies eine Menge Zeit in Anspruch nehmen. Mit einer speziellen Funktion geht dies allerding in ein paar Sekunden. Sie können nämlich mehrere Dateien gleichzeitig umbenennen. Dabei können Sie entweder die Dateinamen komplett austauschen oder etwas zu den Dateinamen hinzufügen oder per Suchbegriff Teile aus dem Namen durch andere austauschen.

Zuerst müssen Sie natürlich die Dateien markieren, dessen Namen geändert werden sollen. Danach wählen Sie aus dem *Aktion-Menü* oder dem *Kontext-Menü* (rechte Maustaste) die Funktion *XYZ Objekte umbenennen*.

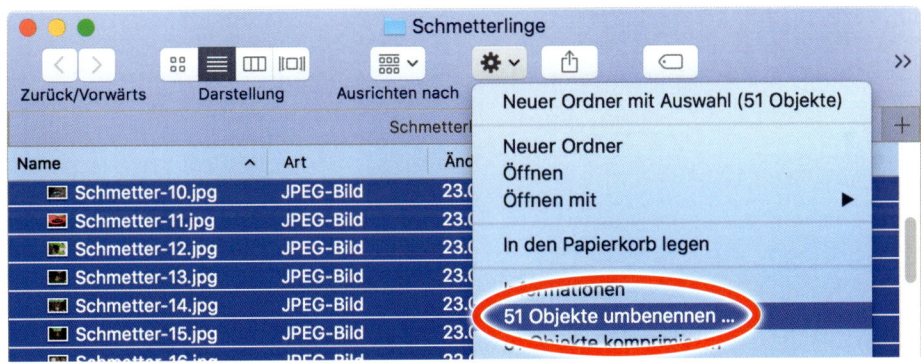

Mehrere Dateien sollen gleichzeitig umbenannt werden.

Im nächsten Schritt wählen Sie im daraufhin geöffneten Fenster aus, welche Methode für das Umbenennen verwendet werden soll. Sie haben die Auswahl zwischen *Text ersetzen*, *Text hinzufügen* und *Format*.

Mit *Text ersetzen* können Sie Teile der Dateinamen durch andere ersetzen lassen. Damit können Sie z. B. alle Umlaute oder Zwischenräume in den Dateinamen durch andere Zeichen ersetzen. Dies ist besonders wichtig, wenn Sie die Dateien im Internet verwenden wollen oder mit älteren Windows-Systemen zusammenarbeiten. Diese verstehen nämlich keine Umlaute und Sonderzeichen in den Dateinamen.

Wie die Bezeichnung *Text hinzufügen* bereits vermuten lässt, können Sie damit am Beginn oder am Ende des Dateienamens beliebigen Text hinzufügen. Links unten wird Ihnen ein Beispiel des neuen Dateinamens angezeigt. So können Sie genau festlegen, wie die Namen aussehen sollen.

Die letzte Option *Format* tauscht den kompletten Dateinamen gegen einen neuen aus. Dabei werden die Dateien durchnummeriert. Sie können noch entscheiden, mit welcher Zahl die Nummerierung beginnen soll und ob sie am Anfang oder Ende des Dateinamens steht. Sogar das Änderungsdatum mit Uhrzeit kann automatisch zum Dateinamen hinzugefügt werden.

Insgesamt gesehen ist die neue Stapelumbenennung ein sehr hilfreiches Werkzeug, um schnell und sicher die Dateinamen von mehreren Dateien umzubenennen oder zu vereinheitlichen.

Die drei Optionen für das Umbenennen von mehreren Dateien.

Kapitel 7

Clevere Funktionen in macOS

Sie haben im vorherigen Kapitel kennengelernt, dass jedes Betriebssystem mit Dateien und Ordnern umgehen können muss. Bisweilen sammeln sich auf einem Rechner doch allerlei Informationen an und es ist die Pflicht und Aufgabe eines Betriebssystems, kein Chaos aufkommen zu lassen und dem User jederzeit eine Übersicht über seine Daten auf dem Rechner zur Verfügung zu stellen.

Ein sehr schönes Beispiel ist die Applikation *Launchpad*, mit der man alle installierten Programme auf sehr einfache Weise überblicken und verwenden kann. Natürlich können auch Ordner erstellt und verwaltet werden. Mit Werkzeugen wie *Tags* oder verschiedenen Sortierfunktionen sollten die Daten auch schnell auffindbar sein. Dennoch hat sich Apple eine Reihe von weiteren sehr interessanten Funktionen ausgedacht und in das Betriebssystem integriert, damit die Arbeit noch deutlich effizienter vonstattengehen kann.

Stapel

Als wir in einem früheren Kapitel über das *Dock* gesprochen haben, konnten wir feststellen, dass das Dock in zwei Bereiche geteilt ist: Eine dünne Linie trennt sie voneinander. Im linken Bereich des Docks befinden sich die Programmicons und im rechten Bereich sind unter anderem die *Stapel* zu sehen.

Stapel „Downloads".

Standardmäßig sind dort Dokumente des eigenen Benutzerordners genauso wie der *Downloads*-Ordner für Sie bereits als *Stapel* oder *Stacks* eingebunden. Die Funktion ist relativ simpel: Durch einen Klick auf das Icon im Dock erscheint der Inhalt des Ordners. Und aus dem Inhalt kann ein weiteres Element angeklickt und damit geöffnet werden. Insbesondere der Stapel *Downloads* im Dock ist sehr sinnvoll: Sie surfen im Internet und laden dabei Dateien herunter. Falls die Grundeinstellungen von Safari nicht geändert wurden, landen diese Dateien beim Herunterladen im *Downloads*-Ordner. Mit einem einzigen Klick auf den *Downloads*-Stapel im Dock können die heruntergeladenen Dateien somit sofort geöffnet und weiterbearbeitet werden.

 Sofern Sie ein Element innerhalb des Stapels mit gedrückt gehaltener **cmd**-Taste anklicken, wird es nicht geöffnet, sondern sein Ablageort in einem Finder-Fenster dargestellt und dabei das betreffende Element markiert. Die **Leertaste** öffnet das Übersicht-Fenster.

Die beiden Ordner *Downloads* und *Dokumente* sind lediglich zwei Vorschläge, die Apple Ihnen bereits als Stapel in das Dock einbaut. Sie können jederzeit weitere Ordner als Stapel in das Dock einbinden. Eine gute Idee wäre es zum Beispiel, Ihren *Programme*-Ordner in das Dock zu ziehen. Öffnen Sie hierzu ein Finder-Fenster und navigieren Sie zur *Macintosh HD*, wo Sie den geschlossenen *Programme*-Ordner sehen. Ziehen Sie dann per Drag & Drop den *Programme*-Ordner auf die rechte Seite des Docks in den Bereich vor dem Papierkorb. Übrigens: Sie können via *cmd + +* (Plustaste) die Icons vergrößern und mit *cmd + −* diese wieder kleiner darstellen lassen.

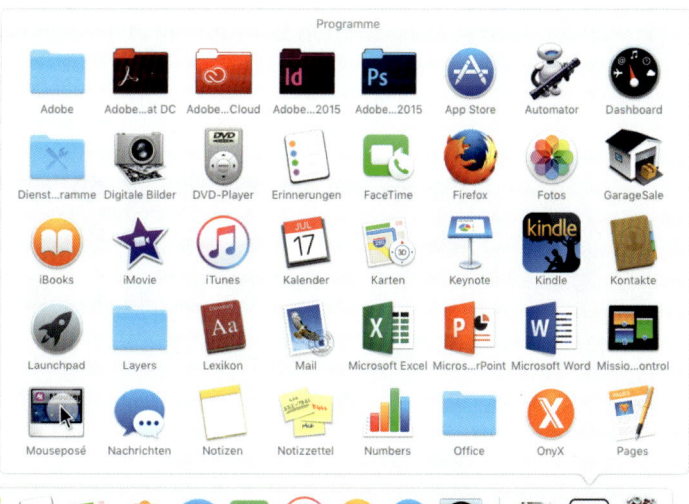

„Programme"-Ordner als Stapel im Dock.

Sobald das neue Icon in das Dock eingebracht ist, sollten Sie nicht versäumen, über die rechte Maustaste den betreffenden Stapel Ihren Bedürfnissen entsprechend anzupassen.

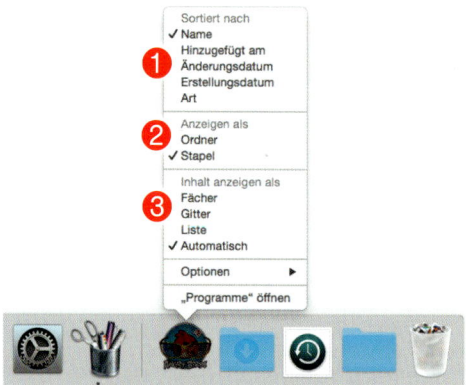

Darstellungsoptionen für Stapel.

Dabei sehen Sic, dass es drei verschiedene Einstellungsarten gibt: Im Bereich *Sortiert nach* ❶ können Sie definieren, nach welchen Kriterien die Elemente innerhalb dieses Stapels sortiert werden sollen. Des Weiteren können Sie entscheiden, ob der Stapel als regulärer *Stapel* oder als *Ordner* angezeigt werden soll ❷. Der Unterschied ist ganz einfach: Haben Sie zum Beispiel als Sortierkriterium *Name* verwendet und dann die Eigenschaft *Stapel*, wird das erste Element im Stapel als Symbol für diesen Stapel zur Verwendung kommen. Wählen Sie im Gegensatz dazu die Eigenschaft *Ordner* an, wird das Ordnersymbol für diesen Stapel verwendet. Und schlussendlich können Sie zwischen verschiedenen Darstellungen wählen ❸.

Stapel – als Fächer, Gitter oder Liste dargestellt.

Verwenden Sie die Darstellung *Automatisch*, wird zunächst der Fächer verwendet. Wird ein zehntes Element eingebracht, wird automatisch zur Gitterdarstellung umgeschaltet.

> **!** Sowohl in der Gitter- als auch in der Listendarstellung können Sie durch das Anklicken eines Unterordners innerhalb des Stapels in die weiteren Ebenen des Ordners wechseln, um dort abgelegte Elemente aufzurufen. In der Listendarstellung werden dabei die verschiedenen Ordnerebenen nebeneinander dargestellt, wohingegen in der Gitterdarstellung im linken oberen Eck ein kleiner Pfeil darauf verweist, dass Sie eine Ebene zurückblättern können.

Eine Ebene höher in der Gitterdarstellung.

Sie sehen anhand des Bildschirmfotos, dass Sie vom *Programme*-Ordner in den Unterordner *Dienstprogramme* navigieren können. Über den *kleinen Pfeil* links oben in der Gitterdarstellung kommen Sie zurück zum Ordner *Programme*. Um einen Ordner, der derzeit als Stapel im Dock angezeigt wird, wieder aus dem Dock zu entfernen, genügt es ebenso wie bei anderen Dock-Elementen, diesen Ordner einfach nach oben aus dem Dock herauszuziehen bis die Bezeichnung *Entfernen* erscheint. Sogleich verpufft das Symbol und der Stapel wird aus dem Dock entfernt.

> **!** Ich habe es in den letzten Jahren als sehr nützlich empfunden, meine komplette Festplatte in das Dock hineinzuziehen. Damit kann ich ganz rasch in alle Ordner und Unterordner navigieren, die sich auf meiner Festplatte befinden. Wenn Sie das auch möchten, rufen Sie im **Finder** über das **Gehe zu**-Menü den Eintrag **Computer** auf. Ziehen Sie dann Ihre Festplatte namens **Macintosh HD** als Stapel in das Dock. Ich empfehle Ihnen an dieser Stelle die Darstellung als **Liste**. Somit haben Sie alle Ordner und Dateien über das Stapelmenü im Überblick und können nun sehr schnell durch Ihre Ablagestruktur navigieren.

Eine Festplatte als Stapel im Dock.

Sofern Sie häufig mit Servern im Netzwerk arbeiten, sei schon einmal vorab erwähnt, bevor wir uns die Netzwerkfunktionen ansehen, dass Sie auch Server komplett als Stapel im Dock einbringen können. So erhalten Sie eine einfache Navigationslösung durch die Tiefen Ihres Servers.

Seitenleiste

Die *Seitenleiste* haben wir bereits im vorherigen Kapitel kennengelernt. Sie befindet sich im *Finder*-Fenster auf der linken Seite des Fensters.

> **!** Die **Seitenleiste** kann natürlich ebenso wie die **Symbolleiste** ein- und ausgeblendet werden. Verwenden Sie dazu den Menüpunkt **Darstellung**. Alternativ verwenden Sie die Tastenkombination **cmd + alt + T** für das Ein- und Ausblenden der Symbolleiste bzw. **cmd + alt + S** für das Ein- und Ausblenden der Seitenleiste. Ich empfehle Ihnen jedoch, die Seitenleiste und auch die Symbolleiste eingeblendet zu lassen, weil sich dort sehr zeitsparende Funktionen befinden.

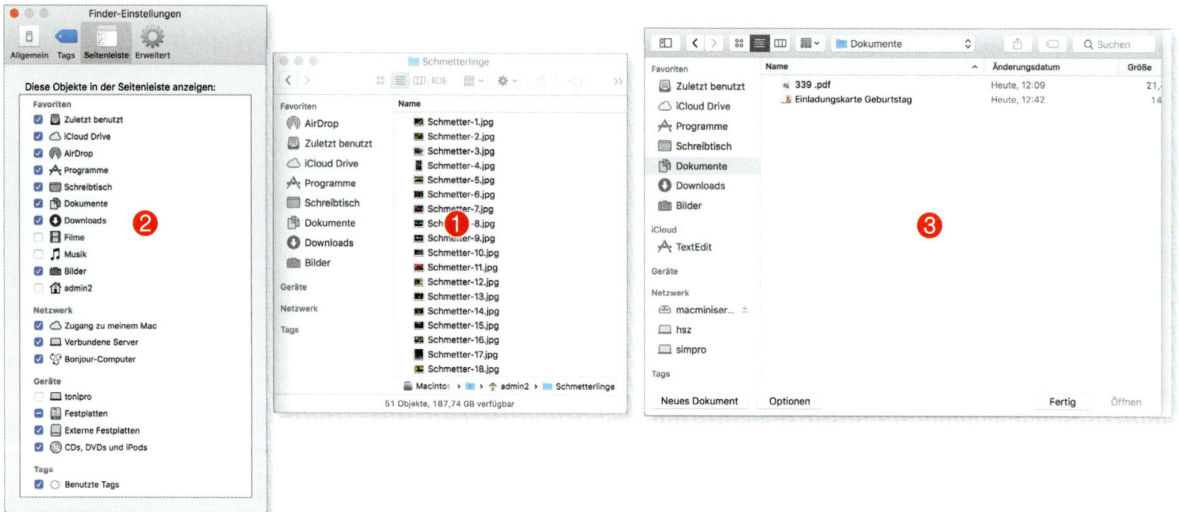

Seitenleiste – immer und überall.

In der Mitte der Bildschirmfotos sehen Sie die Seitenleiste eines Finder-Fensters ❶. Ich befinde mich aktuell im *Programme*-Ordner – und dies wird in der Seitenleiste auch dargestellt, denn im Bereich *Favo-*

riten ist der Eintrag *Programme* farbig hervorgehoben. Die Einträge, die in der Seitenleiste erscheinen, können angepasst werden. Im Dialog *Finder –> Einstellungen* ❷ können Sie in der Kategorie *Favoriten* durch das Entfernen von Häkchen Elemente aus der Seitenleiste entnehmen. Sobald Sie z. B. das Häkchen bei *Dokumente* entfernen, wird in keinem Finder-Fenster der Eintrag *Dokumente* in der Seitenleiste bei *Favoriten* mehr erscheinen. Aber das hat auch weitergehende Auswirkungen. Im rechten Teil der Bildschirmfotos sehen Sie den *Öffnen*-Dialog des Programms TextEdit. Und auch im *Öffnen*-Dialog, genauso wie im *Sichern*-Dialog von Programmen, erscheint auf der linken Seite bei Bedarf die *Seitenleiste* ❸. Und dort sehen Sie die gleichen Einträge. Hätten Sie den *Dokumente*-Ordner nun aus der Seitenleiste verbannt, wäre er durchgängig für alle *Öffnen*- und *Sichern*-Dialoge aus der Seitenleiste verschwunden. Nachdem Sie den Dokumente-Ordner aber relativ häufig benötigen, um dort Dateien abzulegen, ist es also durchaus sinnvoll, diesen Ordner in der Seitenleiste zu belassen.

Die Seitenleiste hat standardmäßig folgende Einträge, die Sie über die Finder-Einstellungen ein- oder ausblenden können:

- *Zuletzt benutzt*: Wie schon erwähnt, handelt es sich dabei um alle Dateien, die sich innerhalb Ihres Benutzerordners befinden.
- *iCloud Drive*: Dies ist der Speicherplatz von Ihrem iCloud-Zugang. Dort können Sie Dokumente bzw. Dateien ablegen und mit anderen Apple-Geräten gemeinsam nutzen.
- *AirDrop*: AirDrop ist eine Netzwerkfunktion, um einfach Dateien zwischen verschiedenen Rechnern auszutauschen, was noch näher betrachtet wird.
- *Programme*: Damit haben Sie schnellen Zugriff auf den *Programme*-Ordner auf Ihrer Festplatte *Macintosh HD*.
- *Schreibtisch*: Der Ordner *Schreibtisch* zeigt Ihnen alle Dateien und Ordner an, die sich auf Ihrem Desktop befinden.
- *Dokumente*: Der Ordner *Dokumente* ist der Ablageort, um aus Programmen heraus Dokumente ablegen zu können.
- *Downloads*: Der *Downloads*-Ordner nimmt alle Downloads aus dem Internet von Safari, aber auch von Firefox oder Mail auf.
- *Filme*: Der Ordner *Filme* ist für die Zusammenarbeit mit Videoprogrammen wie zum Beispiel *iMovie* da und befindet sich in Ihrem Benutzerordner.
- *Musik*: Der Ordner *Musik* wird von *iTunes* verwendet und ist auch innerhalb Ihres Benutzerordners zu finden.
- *Bilder*: Ebenso verhält es sich mit Bildern: Das Programm Fotos legt die Bilder in Ihren *Bilder*-Ordner ab und dieser befindet sich in Ihrem Benutzerordner.
- *admin*: An diesem Rechner bin ich derzeit als Benutzer *admin* angemeldet, deshalb heißt der Benutzerordner auch *admin*. Soll Ihr Benutzerordner also in der Seitenleiste erscheinen, können Sie diese Funktion aktivieren.

Darüber hinaus sehen Sie, dass Sie in der Seitenleiste neben den *Favoriten* auch noch *Freigaben* bzw. *Geräte* anzeigen lassen können. Beim Thema *Freigaben* geht es wieder um die Netzwerkfunktionalität, was noch besprochen werden muss. *Geräte* hingegen sind sowohl interne als auch externe Geräte, die zum Beispiel per USB-Kabel an Ihrem Computer angeschlossen sind. Es ist durchaus sinnvoll, bei *Geräte* die Häkchen angebracht zu lassen, um über die Seitenleiste relativ schnell auf Ihre externen Festplatten, Digitalkameras, Scanner oder Ähnliches zugreifen zu können.

 Vor allem auf tragbaren Macs kann die Seitenleiste unter Umständen etwas zu viel Platz einnehmen. Deshalb können Sie die einzelnen Kategorien wie **Favoriten**, Geräte etc. auch aus- und bei Bedarf erneut einblenden.

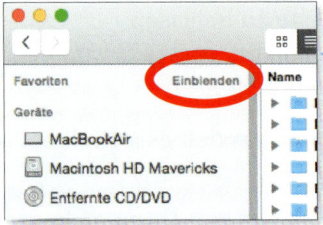

Aus- bzw. Einblenden von Bereichen.

Vielen Anwendern ist aber nicht bekannt, dass die Einträge, die sich in der Seitenleiste befinden, auch verschoben werden können. Bereits seit Lion ist es möglich, die Einträge innerhalb der Gruppe in eine andere Reihenfolge zu bringen.

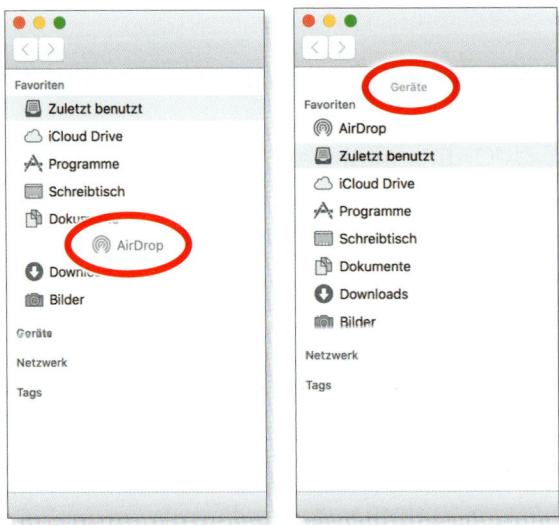

Die Seitenleiste kann vollständig modifiziert werden.

Wenn Sie nun an Ihrem Computer arbeiten, werden Sie sukzessive im Ordner *Dokumente* viele Dateien einbringen. Um die Daten strukturiert zu halten, werden Sie Unterordner anlegen und in diesen Unterordnern die Dateien ablegen. Wie das im Detail erfolgt, werden wir im nächsten Kapitel noch intensiv begutachten. Angenommen, Sie haben inzwischen einen Unterordner im Ordner *Dokumente* angelegt.

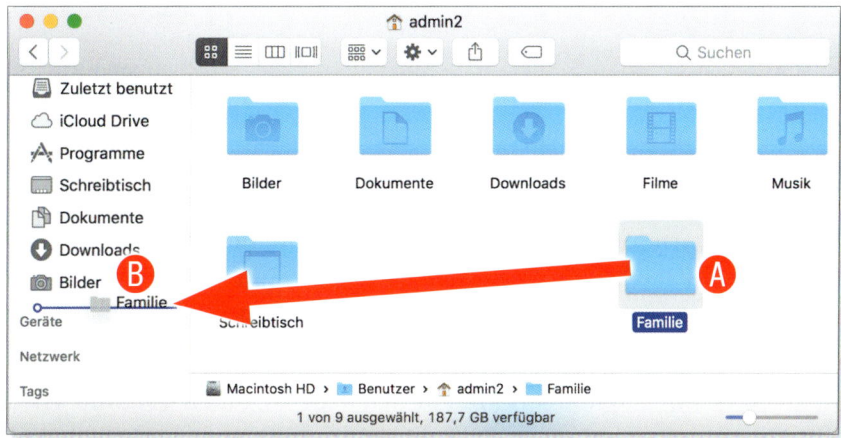

Eigener Ordner in der Seitenleiste.

Sie sehen in unserem Beispiel innerhalb des *Dokumente*-Ordners den Ordner *Briefe* und dort wiederum den Ordner *Familie* Ⓐ. Dieser Ordner wird nun sehr häufig benötigt. Deshalb wäre es eine sehr gute Idee, diesen Ordner in die Seitenleiste einzubringen Ⓑ. Und das geht sehr einfach: Markieren Sie dazu mit einem Mausklick den Ordner und verwenden Sie die Tastenkombination *cmd + ctrl + T*. Alternativ dazu verwenden Sie über den Menüpunkt *Ablage* den Eintrag *Zur Seitenleiste hinzufügen*. Und im Nu wird dieses Symbol in der Seitenleiste als letzter Eintrag bei den *Favoriten* dargestellt. Ab jetzt können Sie stets mit nur einem einzigen Klick auf das neue Element in der Seitenleiste zu dem Ordner gelangen.

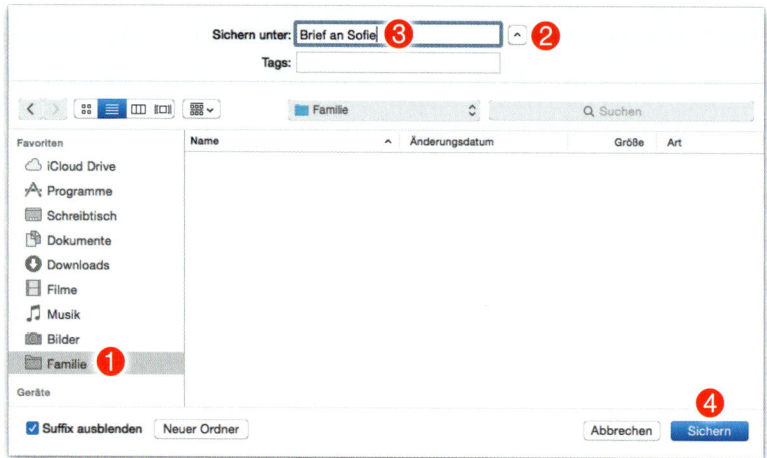

Dokument über die Seitenleiste sichern.

Wie Sie anhand des Bildschirmfotos erkennen, taucht die Seitenleiste ebenso in Pages auf, und damit ist unser Ordner, der vorher in die Seitenleiste gezogen wurde, immer sichtbar ❶. Voraussetzung hierfür ist, dass Sie im *Sichern*-Dialog des Programms die Seitenleiste eingeblendet haben. Klicken Sie hierzu auf den Pfeil bei ❷. Damit kann die Seitenleiste im *Sichern*-Dialog aus- und eingeblendet werden. Vergessen Sie nicht, der Datei noch einen Dateinamen mit auf den Weg zu geben ❸. Sind alle Daten erfolgreich eingetragen, können Sie durch einen Klick auf *Sichern* ❹ die Datei im gewählten Ordner ablegen.

 Sie können nicht nur Icons des lokalen Datenträgers in die Seitenleiste ziehen. Auch wenn Sie auf einem Server einen Ordner haben, mit dem Sie häufig arbeiten, ist es eine gute Idee, die Netzwerkverbindung zum Server aufzubauen und dann den gewünschten Ordner über die Tastenkombination **cmd + ctrl + T** in die Seitenleiste aufzunehmen. Von nun an können Sie immer mit einem Klick den gewünschten Ordner des Servers erreichen.

Wollen Sie ein Objekt wieder aus der Seitenleiste entfernen, gelingt das wie beim Dock, indem Sie das Element nach links aus der Seitenleiste herausziehen. Sogleich wird es – ähnlich wie beim Dock – durch ein akustisches Signal und eine animierte Wolke verpuffen und ist damit aus der Seitenleiste entfernt. Keine Angst – das Entfernen eines Symbols aus der Seitenleiste hat keinen Einfluss auf das Original, also den Ordner an sich. Es ist quasi nur eine Art Verknüpfung, ein Wegweiser zum Original, das Original bleibt selbstverständlich erhalten.

Symbolleiste

Ein Finder-Fenster hat neben der Seitenleiste und der Statusleiste oben noch die *Symbolleiste* direkt unterhalb des Fenstertitels. Und diese Symbolleiste bietet, wie bereits im vorherigen Kapitel gesehen, sehr viele wichtige Funktionen, wie zum Beispiel die Änderung der Darstellung, das Vor- und Zurückblättern oder die Suchfunktion. Die Symbolleiste kann Ihren eigenen Bedürfnissen entsprechend angepasst werden. Verwenden Sie hierzu den Menüpunkt *Darstellung –> Symbolleiste anpassen*, um alle Funktionen zu sehen, die in die Symbolleiste aufgenommen werden können.

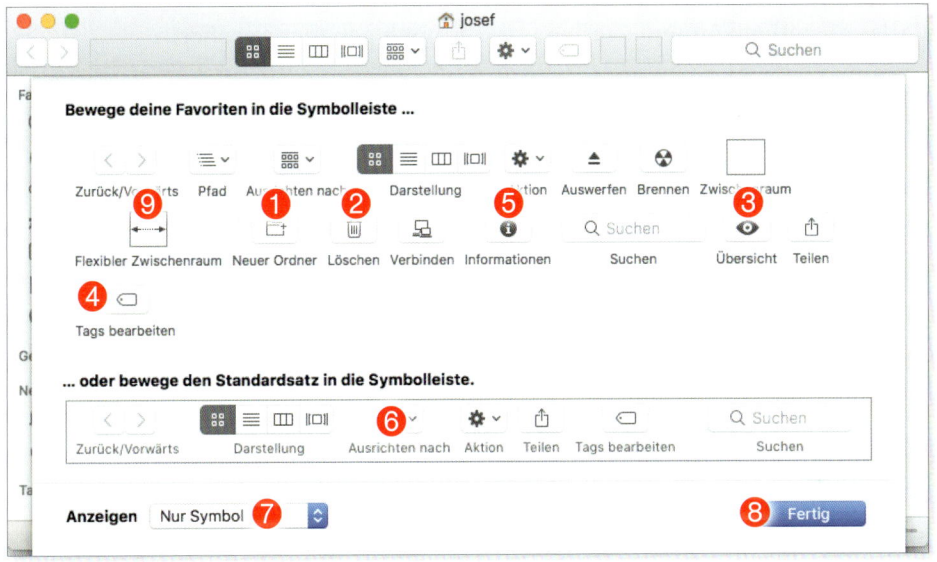

Symbolleiste anpassen.

   Neben den Standardfunktionen, die bereits in die Symbolleiste integriert sind, finden Sie darunter eine Reihe weiterer sinnvoller Funktionen. Viele Anwender ziehen folgende Funktionen zusätzlich in die Symbolleiste, um raschen Zugriff darauf zu erhalten:

Neuer Ordner ❶
Über diese Funktion können Sie mit nur einem Klick einen neuen Ordner in Ihrer Ablagestruktur erzeugen.

Löschen ❷
Markierte Elemente werden über die Funktion *Löschen* in den Papierkorb bewegt.

Übersicht ❸

Übersicht bringt Ihnen auf Knopfdruck die *Quick Look*- oder *Diaschau*-Funktion, die wir uns gleich noch genau ansehen werden.

Tags bearbeiten ❹

Die *Tags*-Funktion haben Sie im vorherigen Kapitel bereits kennengelernt. Sollten Sie damit arbeiten, ist es eine gute Idee, sie in die Symbolleiste zu integrieren.

Informationen ❺

Möchten Sie zu einem bestimmten Element weitere Detailinformationen sehen, so ist es sinnvoll, die Funktion *Informationen* in die Symbolleiste zu integrieren. Welche Informationen Sie damit erhalten und was Sie damit alles anstellen können, werden wir uns noch genauer ansehen.

> **!** Haben Sie schlussendlich Ihre Symbolleiste so verunstaltet, dass Sie selbst nicht mehr erkennen, was darin sinnvoll und notwendig ist, ziehen Sie einfach den Standardsatz nach oben, um das ursprüngliche Aussehen der Symbolleiste zu erhalten ❻.

Sinnvoll könnte es gerade für den Anfang sein, in der Leiste nicht nur die Symbole ❼, sondern zusätzlich noch die Beschriftung anzeigen zu lassen, damit Sie die Funktionen besser kennenlernen können.

Haben Sie die Symbolleiste mit den gewünschten Elementen angereichert, können Sie mit einem Klick auf *Fertig* ❽ die Änderung der Symbolleiste abschließen.

> **!** Es könnte durchaus sinnvoll sein, über die Features **Zwischenraum** ❾ bzw. **Flexibler Zwischenraum** zwischen den einzelnen Symbolen Abstände einzubauen, um sie zu gruppieren.

Möchten Sie Symbole wieder aus der Symbolleiste entfernen, funktioniert es ähnlich wie bei der Seitenleiste. Sie verwenden die *cmd*-Taste und ziehen das Icon nach oben oder unten aus der Symbolleiste heraus. Daraufhin wird das Symbol verpuffen und aus der Leiste entfernt.

So kann eine angepasste Symbolleiste aussehen.

Übersicht bzw. Quick Look

Übersicht ist schlicht und ergreifend eine sensationelle Funktion. Ich möchte es mal als großen Bruder der *Symboldarstellung* bezeichnen. Wenn Sie ein Fenster in der Symboldarstellung öffnen, dann erhalten Sie – über den Schieberegler gesteuert – eine Voransicht auf den Inhalt der Dateien. Handelt es sich dabei zum Beispiel um mehrseitige PDF-Dokumente, können Sie auch durch diese Dateien blättern. Auch Videodateien erhalten ein kleines Icon, mit dem Sie diese Dateien innerhalb der Symboldarstellung abspielen können.

Übersicht (Quick Look) kann das alles – und noch einiges mehr! Um in die Übersicht-Darstellung zu gelangen, markieren Sie eine Datei. Verwenden Sie dann entweder den Button *Übersicht* in der Symbolleiste ❶ (falls vorhanden) oder drücken Sie einfach einmal kurz die *Leertaste* auf Ihrer Tastatur. Auf einem Trackpad fahren Sie mit dem Mauszeiger über die Datei und tippen gleichzeitig mit drei Fingern. Ein erneutes Tippen mit drei Fingern schließt das Übersicht-Fenster wieder. Bei den neuen MacBooks genügt die Verwendung von Force Touch – also einem kräftigen Klick.

Sogleich wird von der Datei ein Übersicht-Fenster geöffnet. Handelt es sich um eine PDF-Datei, sehen Sie am rechten Rand die Seiten der PDF-Datei ❸. Ähnlich verhält es sich bei Präsentationsdateien (zum Beispiel Keynote- oder PowerPoint-Dateien).

Übersicht im Einsatz.

Sie sehen im Bildschirmfoto eine mehrseitige PDF-Datei. Im rechten Bereich sind die einzelnen Seiten miniaturisiert dargestellt. Über das Übersicht-Fenster kann nun sehr einfach jede Seite angesprungen und somit vergrößert dargestellt werden. Durch einen Klick auf *Öffnen mit Vorschau* ❷ wird aus Übersicht heraus die Datei direkt mit der dazugehörigen Anwendung gestartet und darin geöffnet.

Das Schöne am Übersicht-Fenster ist, dass Sie es geöffnet lassen können. Sobald Sie mit Ihrem Mauszeiger eine andere Datei anklicken, wird das Übersicht-Fenster aktualisiert.

> **!** Profis, die schon länger am Mac arbeiten, haben das Übersicht-Fenster oftmals den ganzen Tag über geöffnet, weil jedes Mal, wenn sie eine Datei anklicken, das Übersicht-Fenster sofort aktualisiert wird und den Inhalt der Datei anzeigt.

Welche Dateien kann Übersicht anzeigen?

- *Office-Dateien*: Dokumente, die mit Apples iWork (Pages, Numbers, Keynote) oder mit Microsoft Office erstellt worden sind, kann Übersicht sofort anzeigen.
- *Textdateien*: Dateien im Format *RTF* oder *TXT* können ebenso wie *HTML*-Dateien über Übersicht direkt zur Anzeige gebracht werden.
- *PDF-Dokumente*: Selbst mehrseitige PDF-Dokumente kann Übersicht als Vorschau anzeigen und Sie können problemlos durch die Seiten einer PDF-Datei navigieren.
- *Bilddateien*: Auch Bilddateien wie *GIF-*, *PNG-* oder *JPEG*-Dateien werden über Übersicht dargestellt. Sogar animierte Dateien werden in der Quick-Look-Vorschau angezeigt.
- *Sound- und Videodateien*: Auch Sound- und Videodateien kann Übersicht in den Formaten *MP3*, *MP4* oder *MOV* öffnen und abspielen.

> **!** Diese Formatliste ist nur ein kleiner Auszug dessen, was Übersicht tatsächlich zu leisten imstande ist. Dabei ist die Architektur des Apple-Betriebssystems offen, das heißt, Apple liefert selbst standardmäßig eine Reihe von Plug-Ins aus, die die Funktionalität von Übersicht zur Verfügung stellen. Aber: Sie können jederzeit über das Internet weitere, meist kostenfreie Quick-Look-Plug-Ins aufspüren und installieren und somit weitere Dateiformate für Übersicht verfügbar machen. Um die Quick-Look-Plug-Ins zu installieren, verwenden Sie den Ordner **Macintosh HD –> Library –> Quick Look**. Das heißt, jemand, der administrative Befugnisse auf Ihrem Computer hat, kann diese Plug-Ins dem Rechner zur Verfügung stellen und damit weitere Dateiformate für Übersicht freischalten.

Sicher haben Sie bei dem geöffneten Übersicht-Fenster den kleinen Doppelpfeilbutton in der linken oberen Ecke schon erkannt . Sobald Sie dieses Symbol anklicken, wird das Übersicht-Fenster bildschirmfüllend geöffnet. Um von der Vollbilddarstellung wieder zur Normalansicht zurückzukehren, drücken Sie die *esc*-Taste. Wollen Sie das Übersicht-Fenster wieder schließen, drücken Sie die *Leertaste* oder verwenden das *x* in der linken oberen Ecke des Fensters ❺. Ebenso ist die Verwendung der *esc*-Taste möglich.

> **!** Damit das Übersicht-Fenster sofort bildschirmfüllend erscheint, öffnen Sie es unter Verwendung der **alt**-Taste. Konkret bedeutet das: Sie markieren die Datei, die per Übersicht dargestellt werden soll, und verwenden nun die Tastenkombination **alt + Leertaste** oder **cmd + alt + Y** und das Übersicht-Fenster wird bildschirmfüllend dargestellt. Mit der **esc**-Taste können Sie die Vollbilddarstellung verlassen.

Und zu guter Letzt – wie weiter vorne schon besprochen – kann die Datei über das Teilen-Feld ❻ weitergegeben werden.

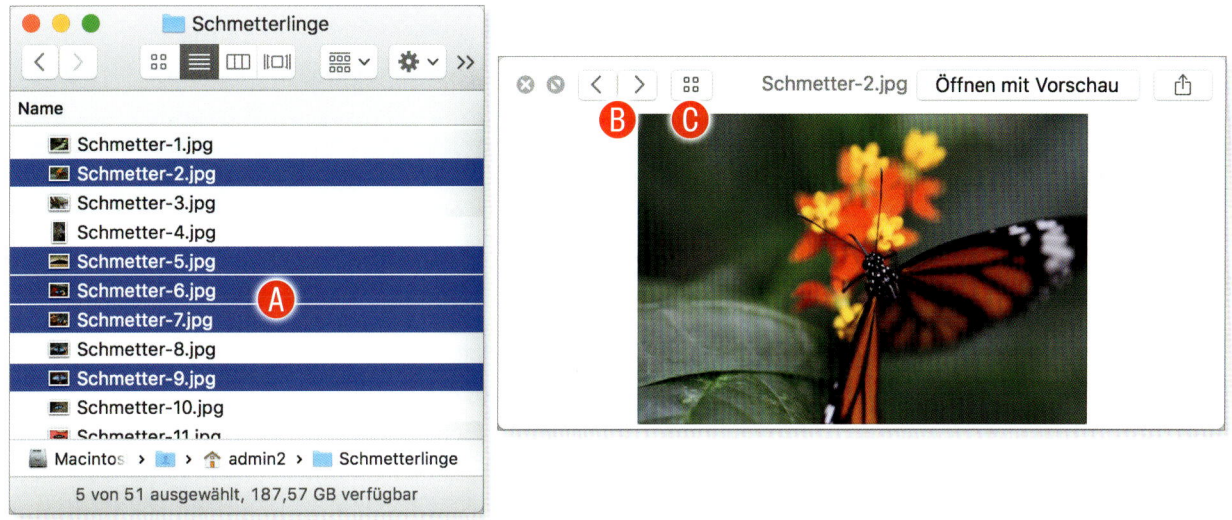

Mehrere Dateien im Übersicht-Fenster.

Und auch das ist möglich: Sie müssen nicht Datei für Datei im Übersicht-Fenster begutachten, sondern Sie können mehrere Dateien gemeinsam markieren Ⓐ. Sobald Sie dann über die Leertaste oder den Übersicht-Button das Übersicht-Fenster öffnen, wird die erste der Dateien angezeigt. Über die Navigationsbuttons Ⓑ können Sie durch die markierten Vorschauen wechseln. Möchten Sie eine Übersicht über die geöffneten Dateien haben, verwenden Sie den Button Ⓒ am oberen Rand des Übersicht-Fensters. Des Weiteren können Sie durch horizontales Wischen mit zwei Fingern auf dem Trackpad durch die Dateien blättern.

Möchten Sie es noch komfortabler haben, wäre eine *Diashow* genau das Richtige für Sie. Sie markieren wieder mehrere Dateien in Ihrem Fenster und klicken bei gedrückt gehaltener *alt*-Taste auf den Button *Übersicht* in der Symbolleiste, der daraufhin auch sein Icon verändert.

Mit gedrückter alt-Taste kann eine Diashow gestartet werden.

> **!** Die Quick-Look-Funktion funktioniert ebenfalls, wenn Sie im Netzwerk arbeiten und dabei zum Beispiel auf Server zugreifen, die mit ganz anderen Betriebssystemen arbeiten, wie zum Beispiel Windows oder Unix. Sobald Sie also Zugriff auf diese Serverressourcen haben, können Sie ebenfalls mit der **Leertaste** ein Übersicht-Fenster öffnen und so in die Dateien hineinsehen.

Wichtig an dieser Stelle ist für das Verständnis, dass das Übersicht-Fenster von den Dateiformaten eine Vorschau erzeugt, ohne dass die dazugehörigen Programme tatsächlich auf Ihrem Rechner installiert sein müssen. Das heißt: Angenommen, jemand sendet Ihnen eine Microsoft-Word-Datei zu, doch Sie haben kein Word auf Ihrem Mac installiert. Dennoch ist Übersicht in der Lage, eine Vorschau auf den Datei-inhalt zu ermöglichen. Das heißt, das Betriebssystem stellt die Quick-Look-Funktionalität zur Verfügung und nicht die auf dem Rechner installierten Programme.

Die Quick-Look-Funktionalität ist so pfiffig, dass Apple daran gedacht hat, sie an weiteren Stellen ebenso zu integrieren. Wir haben bisher das Übersicht-Fenster immer vom Finder heraus aufgerufen. Aber es gibt noch weitere sehr interessante Einsatzmöglichkeiten für Übersicht.

a) Angenommen, Sie befinden sich derzeit in einer Anwendung, beispielsweise in einem Office-Pro-gramm, und möchten nun über den Menüpunkt *Ablage* oder *Datei –> Öffnen* (*cmd + O*) eine Datei in das Programm laden.

Übersicht im „Öffnen"-Dialog von Pages.

Im Bildschirmfoto sehen Sie den *Öffnen*-Dialog anhand von Pages. Dort gibt es eine Datei namens *AppleTV*, allerdings sind Sie sich nicht sicher, ob es die Datei ist, die Sie jetzt tatsächlich benötigen und öffnen möchten. Deswegen verwenden Sie auch hier Übersicht. Das heißt, Sie markieren die Datei, drücken dann die *Leertaste* und sogleich erscheint das Übersicht-Fenster und zeigt Ihnen eine Voransicht der gewählten Datei.

b) Wenn Sie häufig mit Ihrem tragbaren Rechner unterwegs arbeiten, kann es durchaus vorkommen, dass Sie auch Dokumente an einen Drucker senden. Nachdem der Drucker außer Haus allerdings nicht angeschlossen ist, werden die Dokumente in einer *Druckerqueue* (einer Warteschlange) gesammelt. Erst wenn Sie den Drucker wieder erreichen können, werden die Dokumente an diesen übermittelt.

Deswegen kann es eine sehr nützliche Funktion sein, wenn Sie eine sehr lange Liste von anstehenden Druckaufträgen haben, dass Sie über das Übersicht-Fenster noch einmal überprüfen können, welche Dateien aktuell an den Drucker übermittelt werden. Und so können Sie vielleicht den einen oder anderen Druckauftrag, der aus Versehen doppelt an den Drucker gesendet wurde, aus dieser Druckerwarteliste entfernen, bevor unnötig viel Papier bedruckt wird.

Ein Doppelklick auf den Druckauftrag öffnet Übersicht im Drucken-Dialog.

c) *Spotlight:* Die Funktionalität von Spotlight muss definitiv noch detaillierter betrachtet werden. Aber an dieser Stelle schon einmal die Information, dass auch Spotlight mit Übersicht zusammenarbeitet. Sobald Sie im Spotlight-Fenster eine Suchanfrage eintragen, erscheinen darunter die Suchergebnisse.

Spotlight und Übersicht in Zusammenarbeit.

Wie Sie anhand des Bildschirmfotos sehen, wurde eine Suche nach dem Begriff *Franziskus* ausgeführt. In der Ergebnisliste taucht dabei auch ein PDF-Dokument namens *Franziskusweg-Pilgerfuehrer.pdf* auf. Und Sie sehen, sobald Sie den Cursor in der Spotlight-Liste auf diesen Eintrag setzen, wird nach kurzer Zeit rechts die erste Seite dieser PDF-Datei sichtbar. Ähnlich funktioniert es natürlich mit Bilddateien, E-Mails, Textdokumenten etc.

Aber die Zusammenarbeit mit Spotlight geht noch weiter. Am Ende der Spotlight-Liste erhalten Sie den Eintrag *Alle im Finder zeigen*. Damit erscheint ein Finder-Fenster, das alle Suchergebnisse auflistet. Sie sehen anhand des Bildschirmfotos: Es sind im Beispielsfall über 1300 Dateien, die den Suchbegriff enthalten. Darunter ist auch eine Reihe von E-Mails. Bevor ich nun mit einem Doppelklick eine E-Mail hervorhole und sie mit dem Programm *Mail* öffne, um zu erkennen, dass es sich doch um das falsche Dokument handelt, ist es besser, in der Liste der E-Mails einfach wieder über das Übersicht-Fenster zu arbeiten. Wählen Sie also in der Liste eine E-Mail aus und drücken Sie die *Leertaste*, um das Übersicht-Fenster zu öffnen.

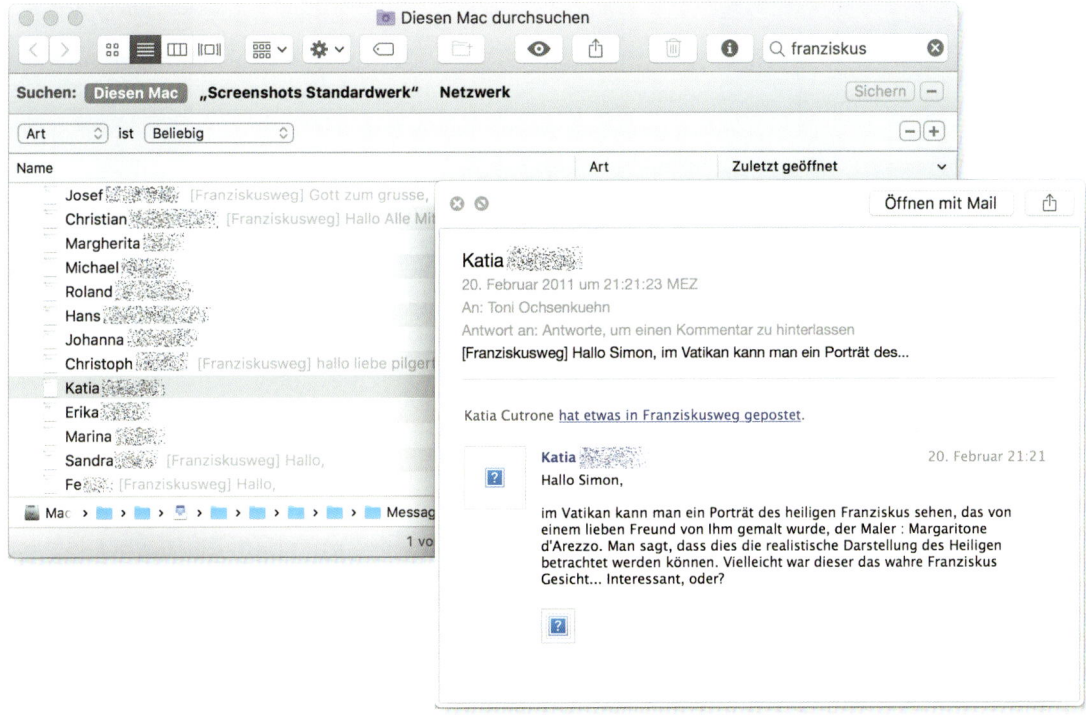

Spotlight-Suchergebnisse und Übersicht.

Und wie bereits erwähnt, können Sie ja das Übersicht-Fenster geöffnet lassen und im linken Teil einfach die nächsten Ergebnisse anklicken; sofort wird das Übersicht-Fenster aktualisiert und Sie können sehen, welche E-Mail die Informationen beinhaltet, die Sie gerade benötigen.

d) *Time Machine und Übersicht:* Ja, auch Time Machine arbeitet mit Übersicht zusammen.

Time Machine und Übersicht.

Sie sehen hier die Mac-Funktion *Time Machine.* Sie zeigt in einem Backup eine Datei, die sich *Franziskusweg-Pilgerfuehrer.pdf* nennt. Nun bin ich mir nicht sicher, ob es die richtige Datei ist, die ich aus dem Time-Machine-Backup zurückholen möchte. Ein Blick mittels Quick-Look-Funktion genügt, um zu erkennen, dass es in der Tat die vermisste Datei ist, die nun über die Funktion *Time Machine,* und zwar über den Button *Wiederherstellen* in der Fußzeile aus dem Backup in die Gegenwart zurückgerufen werden soll.

e) *Mail:* Auch das Programm Mail verwendet Übersicht um rasch Dateiattachments anzuzeigen, die Sie per E-Mail empfangen haben.

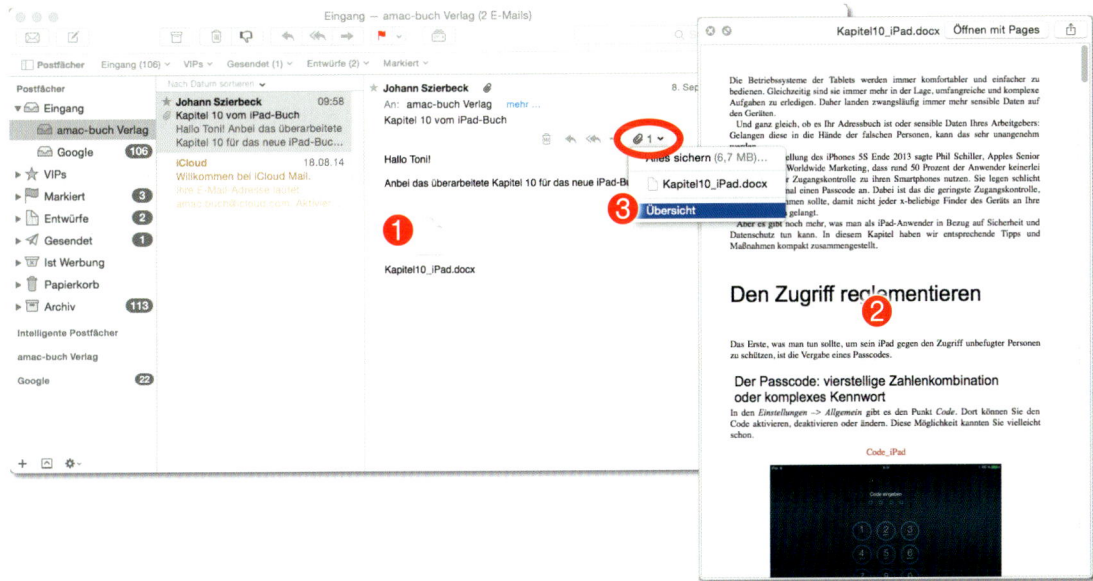

Mail und Übersicht.

Sie sehen, dass der Mail eine Word-Datei angehängt wurde ❶. Sobald Sie diesen Dateianhang markieren und die *Leertaste* verwenden, erhalten Sie das Übersicht-Fenster ❷. Des Weiteren können Sie auf *Übersicht* ❸ klicken. Der Begriff erscheint, sobald Sie in der Symbolleiste der E-Mail die Büroklammer anklicken.

Übersicht ist also eine äußerst zeitsparende Funktion, die sich an vielen Stellen des Betriebssystems eingenistet hat und Ihnen praktische Dienste leistet.

Spotlight

Spotlight ist für mich die faszinierendste Funktion in diesem Betriebssystem. Spotlight ist eine sehr effiziente Suchtechnologie, die alle Daten auf Ihrem Rechner nach allen möglichen Kriterien durchforsten und zum Vorschein bringen kann. Dabei ist die Anwendung, wie immer bei Apple, wahnsinnig einfach und die Technologie, die dahintersteckt, unheimlich komplex.

Kurz zur Entstehungsgeschichte von Spotlight: Als Apple vor etlichen Jahren eine neue Version des Betriebssystems entwickelt hat, ist den Ingenieuren aufgefallen, dass eine Suche im Internet über Google meistens deutlich schneller vonstattenging als eine Suche über die wenigen Dateien, die auf dem eigenen Rechner heimisch sind. Das konnte so nicht weitergehen! Es sollte also eine Funktion eingebaut werden, die eine effiziente Suche über die Daten des eigenen Rechners ermöglicht – und damit war Spotlight geboren. Weiterhin musste diese Suchfunktion so einfach zu bedienen sein, dass jeder Anwender in wenigen Minuten versteht, was mit dieser Suchfunktion alles getan werden kann. Deshalb platzierte Apple die Spotlight-„Suchlupe" in der rechten oberen Ecke der *Menüleiste* des Betriebssystems. Dort angeklickt, erscheint lediglich eine Eingabezeile, um die Suche auszulösen. Wir werden uns nachfolgend der Spotlight-Suche im Detail widmen und viele überraschende Ergebnisse dabei zutage fördern.

Erste Suche in Spotlight

Klicken Sie im rechten oberen Eck das *Spotlight-Symbol* an und geben Sie einen Suchbegriff ein. Bereits nach wenigen Bruchteilen einer Sekunde erscheinen darunter die *Top-Treffer*.

Spotlight-Suche mit dem Begriff „apple".

Darunter sehen Sie die Treffer nach verschiedenen Kategorien sortiert: *Programme*, *Systemeinstellungen*, *Nachrichten* etc. Darüber hinaus, das haben wir vorhin bei Übersicht schon kennengelernt, können Sie mit Ihrem Mauszeiger über ein Ergebnis fahren und sogleich wird daneben ein Übersicht-Fenster erscheinen und den Dateiinhalt zeigen.

 Des Weiteren können Sie durch Verwendung der **cmd**-Taste und Anklicken eines Eintrags in der Liste das Finder-Fenster des Ordners öffnen, in dem die gefundene Datei abgelegt ist. Diesen Pfad bekommen Sie übrigens im rechten Teil des Spotlight-Fensters ganz unten eingeblendet, wenn Sie die **cmd**-Taste drücken und einen Eintrag der Liste auswählen.

Zudem sehen Sie, dass aufgrund des Suchbegriffs *Apple* ❶ das Programm mit dem Namen *AppleScript-Editor* als Top-Treffer markiert wurde ❷. Durch Betätigung der *Returntaste* wird der Top-Treffer ausgewählt und der AppleScript-Editor kann gestartet werden. Möchten Sie einen anderen Eintrag aus der Liste anspringen, verwenden Sie natürlich die Maus oder Sie verwenden die Pfeiltasten auf Ihrer Tastatur, um nach oben oder nach unten zu navigieren.

 Wenn Sie zusätzlich die **cmd**-Taste verwenden, werden die Kategorien in der Trefferliste angesprungen. Sie können auch per Drag & Drop Elemente aus der Spotlight-Liste herausziehen, um sie zum Beispiel als E-Mail-Anhang oder für AirDrop zu verwenden.

Spotlight-Element aus Liste nehmen.

Am Ende der Liste sehen Sie übrigens das Suchergebnis einer Websuche mit der Suchmaschine Bing ❸. Das heißt: Wenn Ihr Mac eine Internetverbindung hat, wird nicht nur auf Ihrer Festplatte gesucht, sondern zeitgleich eine Suchanfrage zu Bing geschickt. Das beste Suchergebnis wird im Spotlight-Fenster aufgelistet. Das gilt aber nicht nur für eine Suchmaschine, sondern Spotlight zeigt auch Ergebnisse von Wikipedia, Yelp und allen Apple Stores (iBooks Store, iTunes Store, App Store) an.

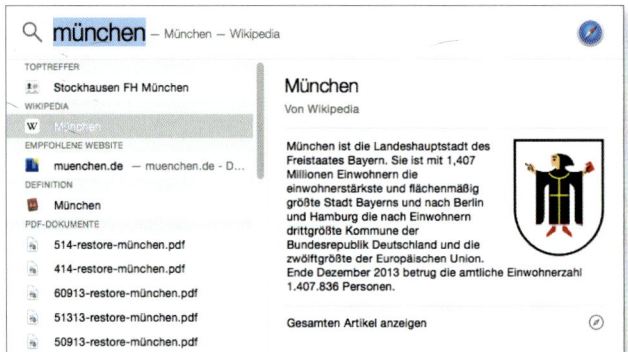

Spotlight sucht auch bei Wikipedia.

Spotlight kann aber noch viel mehr! Mit Spotlight können Sie sogar Rechenfunktionen und Umrechnungsfunktionen ausführen. Sie wollen wissen, wie viel 50 Euro aktuell in Dollar oder Pfund sind? Kein Problem! Tippen Sie in Spotlight einfach „50 €" ein. Sofort wird ihnen dahinter bzw. im Vorschaufenster der Betrag in verschiedenen Währungen angezeigt. Das funktioniert aber nicht nur mit Währungen, sondern auch mit anderen Einheiten wie z. B. Längenmaßen oder Gewichtseinheiten.

 Achten Sie bei der Eingabe darauf, die entsprechenden Abkürzungen für die Währungen bzw. Maßeinheiten einzutippen.

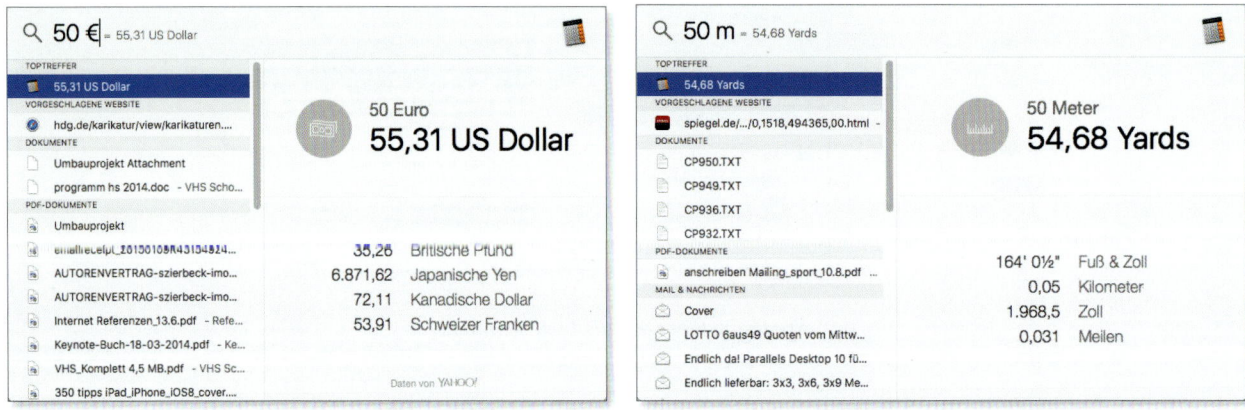

Wie viel sind 50 Euro in Dollar wert? Wie lang sind 50 Meter? Kein Problem für Spotlight.

Spotlight greift für die Umrechnung auf das Programm *Rechner* zurück. Sie können dies am kleinen Symbol rechts oben in der Ecke erkennen. Aus diesem Grund kann Spotlight auch Berechnungen durchführen, selbst wenn sie etwas umfangreicher sind.

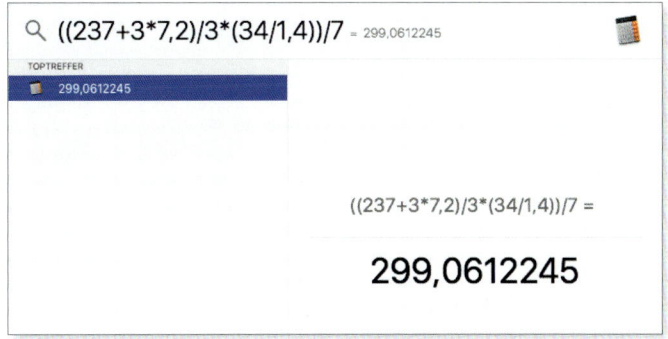

Spotlight kann auch mit komplexeren Rechnungen umgehen.

> **!** Apple arbeitet ebenso daran, Fundstellen im Internet direkt in Spotlight zu integrieren. Einige Dinge funktionieren bereits wunderbar wie z. B. „wetter in münchen", „bmw aktie" oder „ sushi restaurant". Letzteres ist sehr interessant, da die Position Ihres Computers direkten Einfluss auf die Fundstellen hat.

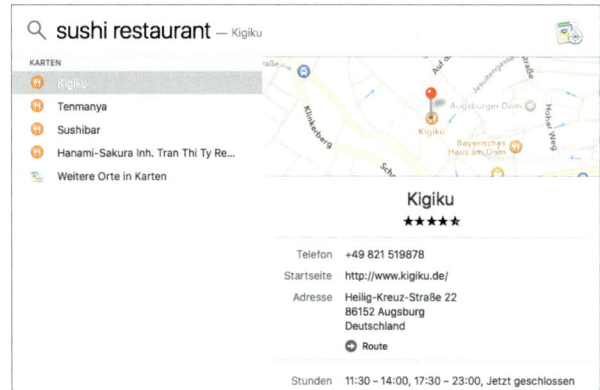

Spotlight findet Points of Interest in der Nähe oder zeigt aktuelle Informationen (Wetterdaten, Börsendaten, etc.) direkt an.

Die Suchergebnisse, die im Spotlight-Fenster angezeigt werden, können auch ohne Probleme für die Weiterverarbeitung verwendet werden. So können Sie z. B. eine gefundene Datei direkt auf das Programm Mail im Dock ziehen, um eine neue E-Mail zu generieren, die als Anhang die von Spotlight gefundene Datei hat. Die Datei kann aber auch auf ein E-Mail-Fenster im Hintergrund gezogen werden.

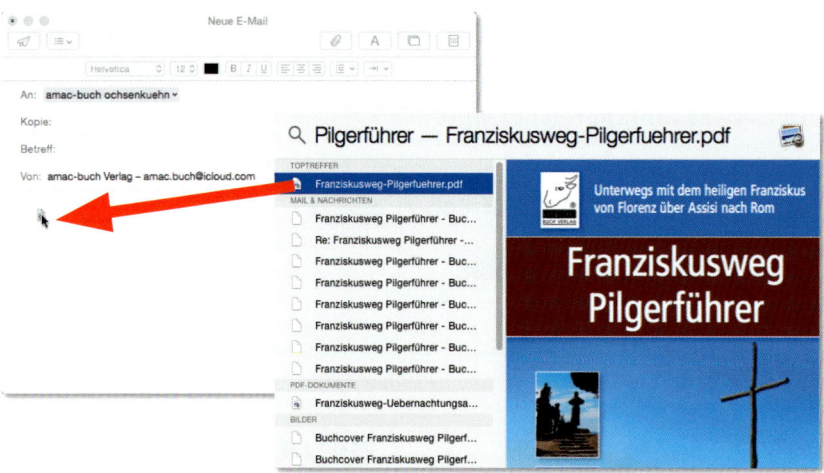

Suchergebnisse können vom Spotlight-Fenster aus weiterverwendet werden.

Wie viele Einträge hat Spotlight denn eigentlich gefunden? Sie erkennen, dass nur wenige Ergebnisse aufgelistet sind. Möchten Sie hingegen alle Fundstellen auf einen Blick einsehen, wählen Sie am Ende der Liste den Eintrag *Alle im Finder anzeigen* ❹. Daraufhin erscheint ein Finder-Fenster.

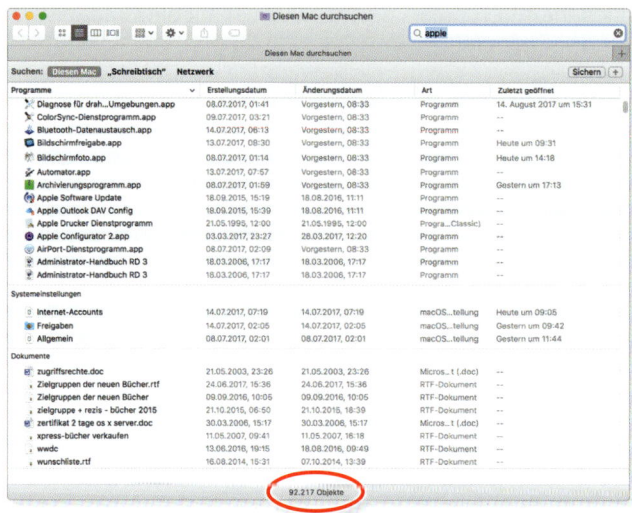

Komplette Liste der Fundstellen.

Sie sehen darüber hinaus, dass die Spotlight-Suche sehr schnell arbeitet. In Sekundenbruchteilen wurden also über 92 000 Suchtreffer ermittelt. Wollen Sie eine neue Suche starten, überschreiben Sie den alten Suchbegriff ❶, um einen neuen Suchbegriff eingeben zu können.

Nun stellt sich die interessante Frage: Was wird dabei denn eigentlich alles auf dem Rechner gefunden? Die Antwort darauf ist relativ simpel: Spotlight kann grundsätzlich drei verschiedene Arten von Informationen auf Ihrem Rechner auffinden:

- Datei- oder Ordnernamen,
- Dateiinhalte sowie
- Metadaten von Dateien.

Der erste Punkt liegt klar auf der Hand: Wenn Sie eine Datei haben, die in unserem Beispiel irgendwo in ihrem Dateinamen das Wort *Apple* in sich trägt, wird Spotlight sie unmittelbar aufspüren. Deutlich interessanter ist der zweite Aspekt, die Dateiinhalte. Angenommen, Sie sind neulich durchs Internet gesurft und haben dabei eine Website betrachtet, auf der der Begriff *Apple* irgendwo vorkam, dann landet diese Internetseite normalerweise im Zwischenspeicher (Cache) Ihres Browsers und ist eine HTML-Datei. Deshalb werden Sie auch derartige mit Safari betrachtete Internetseiten über die Spotlight-Suche finden, solange sie sich noch im Cache Ihres Browsers befinden. Es kann aber auch sein, dass Sie ein eigenes Dokument mit dem Programm Pages oder Keynote erzeugt haben, in dem der Begriff *Apple* vorkommt. Auch dieser Begriff innerhalb einer Datei ist Bestandteil des Spotlight-Ergebnisses. Welche Dateiformate liefern ihre Dateiinhalte an Spotlight weiter? Anbei eine kleine Liste, allerdings ohne Anspruch auf Vollständigkeit:

- Microsoft Office,
- Apple Pages, Keynote und Numbers,
- Kalender,
- Mail,
- iTunes,
- Fotos,
- Kontakte,
- PDF-Dateien,
- HTML-Dateien sowie
- Textdateien.

 Dabei ist diese Suchfunktion genauso wie die Quick-Look-Technologie eine offene Architektur. Das heißt, es gibt im Internet zahlreiche kostenlose Spotlight-Plug-Ins, um auch weitere Dateiformate in die Inhaltssuche für Spotlight aufzunehmen. Diese legen Sie auf Ihrer **Macintosh HD** in den Ordner **Library –> Spotlight**.

Im nachfolgenden Bildschirmfoto sehen Sie die Metadaten eines digitalen Fotos, das mit einer Canon-Kamera geschossen wurde. Als Metadaten gelten übrigens auch die Informationen, die Sie im Bereich *Allgemein* **Ⓐ** sehen, also Daten wie *Erstellungsdatum*, *Änderungsdatum* etc. Bei digitalen Fotos werden eine Reihe an weiteren Zusatzinformationen mit dem Bild abgespeichert. Diese finden sich im obigen Beispiel bei *Weitere Informationen* **Ⓑ**. Dort erkennen Sie, dass es eine *Canon EOS5D Mark II* ist, die dieses Foto geschossen hat. Darunter sehen Sie technische Daten wie die *Belichtungszeit*. All diese Dinge kann Spotlight suchen.

Metadaten eines digitalen Fotos.

Weiter können Sie als Anwender über dieses Informationsfenster selbst Kommentare eintragen, um das Dokument bei einer späteren Suche zum Vorschein zu bringen. Geben Sie unterhalb von *Kommentare*  die Begriffe ein, mit denen die Datei gefunden werden soll.

> **!** Das Informationsfenster erreichen Sie, indem Sie auf eine Datei oder einen Ordner mit der rechten Maustaste klicken und im Kontextmenü den Eintrag **Informationen** auswählen oder schlicht und ergreifend die Tastenkombination **cmd + I** drücken.

Dies führt uns nahtlos zu einer zweiten Funktion in Spotlight. Als Sie eben oben auf dem Bildschirmfoto gesehen haben, wie viele Fundstellen zu dem Begriff *Apple* verfügbar sind, ist Ihnen wahrscheinlich gleich ganz schwindlig geworden. Wie soll man bei dieser Fülle an Daten, die auf einem Rechner existieren, die richtige Information herauspicken? Nun, Sie können die Suche deutlich eleganter gestalten, wenn Sie mehrere Suchbegriffe kombinieren.

Suche mit zwei Suchbegriffen.

Und Sie sehen, wie durch die Verwendung von zwei Suchbegriffen die Ergebnisse ungemein einge-schränkt werden und lediglich noch das eine Foto, das diese Kommentarinformation enthält, über Spot-light gefunden wird. Auch hier funktioniert übrigens die Quick-Look-Funktion. Wenn Sie mit der Maus diese Fundstelle markieren, wird rechts daneben per Übersicht eine Vorschau des Fotos eingeblendet.

Damit haben Sie also gesehen, dass Sie durch die Verwendung mehrerer Suchbegriffe die Anzahl der Fundstellen dramatisch reduzieren können. Wir wollen diese Vorgehensweise noch einmal am Beispiel *Apple* anwenden. Das heißt: Ich gebe also jetzt nicht nur den Begriff *Apple* ein, sondern ich suche ein Dokument zu einer Veranstaltung, die im Juli in München stattfand, also eine Veranstaltung von *Apple* in *München* im Zeitraum *Juli*. Ich weiß noch, dass es sich um ein *Pages*-Dokument handelt, also gebe ich die vielen Suchbegriffe *Apple München Juli Pages* ein und wechsle sogleich zum Eintrag *Alle im Finder anzeigen*. Daraufhin hat sich die Anzahl der Suchergebnisse auf einen Treffer drastisch reduziert.

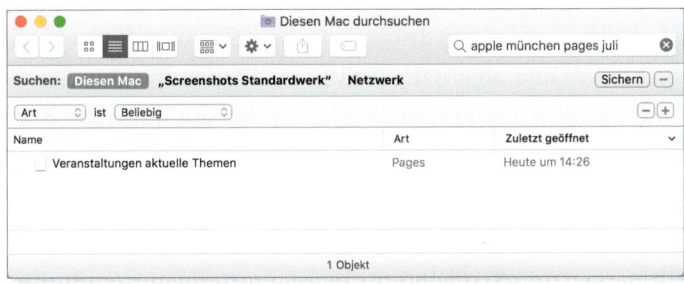

Kombination mehrerer Suchbegriffe.

Sie sehen also, dass die Verwendung mehrerer Suchbegriffe die Anzahl der Suchergebnisse erheblich einschränkt. Die Begriffe werden nämlich automatisch *logisch-UND-verknüpft*, das heißt, alle Treffer müssen diese vier Bedingungen gleichzeitig erfüllen. Und auch in der Liste der Spotlight-Fundstellen können Sie rasch mit Übersicht in die Dateiinhalte Einblick nehmen.

> Es kann auch einmal vorkommen, dass Sie nach dem einen oder dem anderen Begriff suchen möchten. Dann geben Sie diese ebenfalls in der Spotlight-Suche ein und verknüpfen die beiden Bedingungen mit einem **OR**. Schreiben Sie also beispielsweise **Apple OR München**, so erhalten Sie alle Suchtreffer, die entweder etwas mit Apple oder mit München zu tun haben.

Es gibt eine weitere sehr pfiffige und elegante Möglichkeit, wie Sie die Anzahl der Fundstellen stark eingrenzen können.

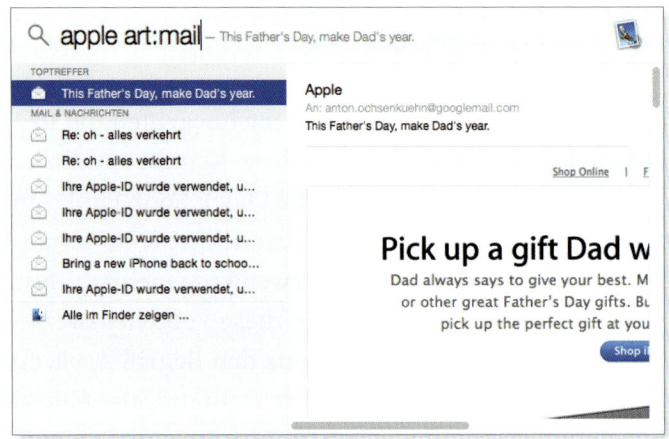

Suche nach E-Mails mit dem Begriff „apple".

Wie Sie sehen, habe ich in der Spotlight-Suchfunktion nach dem Begriff *Apple* noch den Zusatz *art:mail* hinzugefügt, um damit die Suche auf E-Mail-Informationen einzugrenzen. Es gibt einige weitere Funktionen, um die Suche auf spezielle Themen einzuschränken. Tippen Sie also den Suchbegriff und anschließend immer den Text *art* ein, gefolgt von einem Doppelpunkt und dann der Kategorie, die Sie suchen.

Beispiele für Kategorien sind:

- Bild
- Programm
- Kontakt
- Ordner

- Ereignis
- Aufgabe
- Musik
- PDF

- Lesezeichen
- Schrift
- Präsentation

Des Weiteren kann es sinnvoll sein, wenn Sie eine Suchanfrage auf das Programm Mail begrenzen wollen, dass Sie diese Suche direkt im Programm Mail starten. Dann werden nur die E-Mails verwendet und Sie haben die Suche auf dieses Programm und die dort gelagerten Informationen beschränkt.

Suche innerhalb von Mail.

> **!** Nicht nur das Programm Mail verfügt über eine integrierte Suchfunktion, auch Programme wie Kalender, Kontakte, Vorschau oder die iWork-Programme bieten integrierte Suchfunktionen. Sie müssen also hier nicht den Weg über die Spotlight-Lupe in der Menüleiste gehen, sondern können innerhalb des Programms eine Suche ausführen können.

Natürliche Fragestellung

Neben der normalen Suche nach Dateien oder Begriffen auf der Festplatte, in Dokumenten oder im Internet kann Spotlight n nun auch Fragen beantworten. Die natürliche Fragestellung hat allerdings zwei Einschränkungen: Die Frage muss sich auf eine Person oder einen Zeitpunkt oder eine Kombination von beiden beziehen. Sie können also Spotlight z. B. folgende Frage stellen: „E-Mails von Josef Müller" oder „Tabellen, die Lebensmittel enthalten, von heute ". In beiden Fällen liefert Ihnen Spotlight ein Suchergebnis, das den angegebenen Kriterien entspricht.

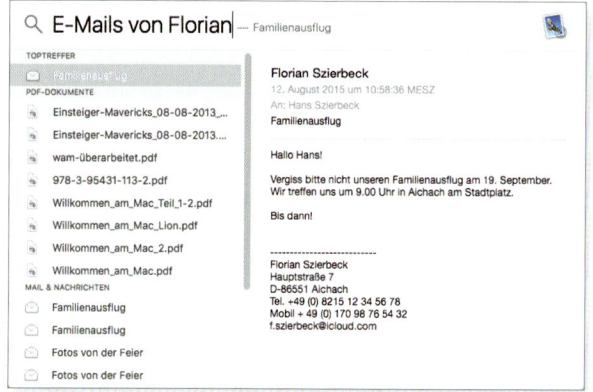

Spotlight liefert auch Ergebnisse, wenn man Fragen stellt.

Spotlight-Fenster verschieben und skalieren

Das Spotlight-Fenster kann verschoben werden, wenn man es am oberen Rand packt. Die Größe kann geändert werden, wenn man am unteren Rand zieht, sobald der Mauscursor zu einem nach unten zeigenden Pfeil wird.

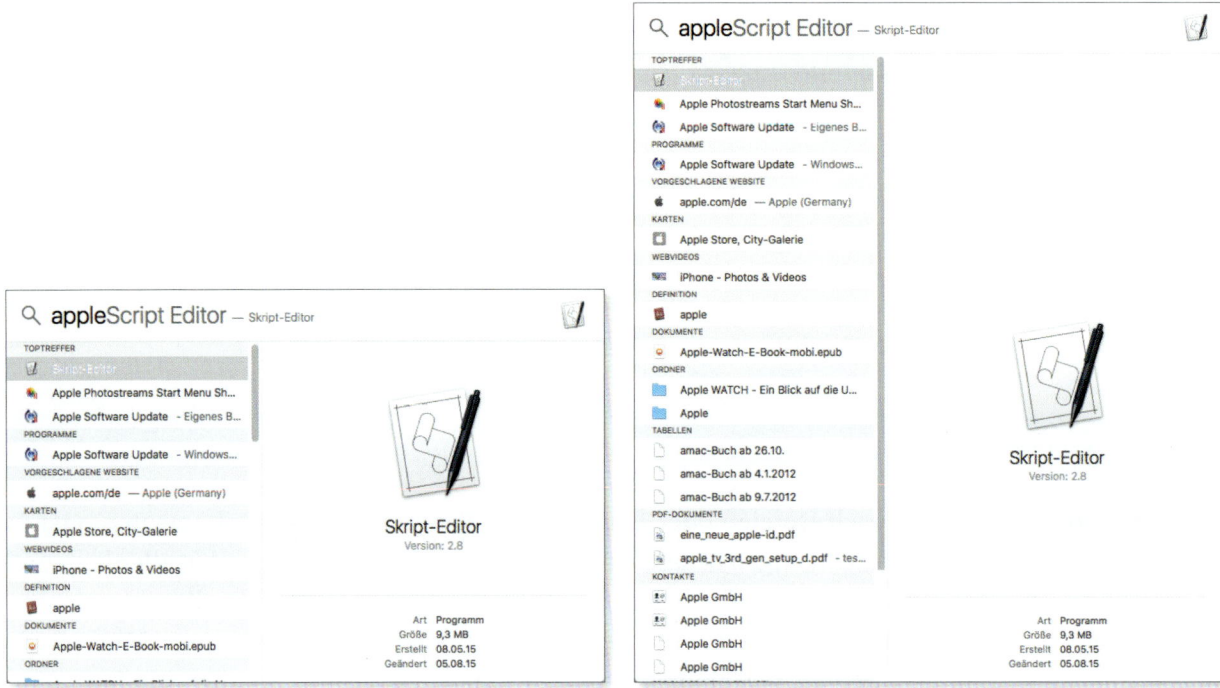

Das Spotlight-Fenster lässt sich nun in der Größe verändern.

Systemeinstellungen „Spotlight"

Wie bereits eingangs erwähnt, hat *Spotlight* den Charme, dass es sehr einfach funktioniert. Wenn Sie also nun gedacht haben, Sie müssen umfangreiche Konfigurationen vornehmen, bevor Spotlight das tut, was bis jetzt beschrieben wurde, haben Sie sich getäuscht. Spotlight ist wirklich sehr, sehr einfach zu konfigurieren. Rufen Sie dazu in den *Systemeinstellungen* den Button *Spotlight* auf, den Sie in der ersten Zeile finden.

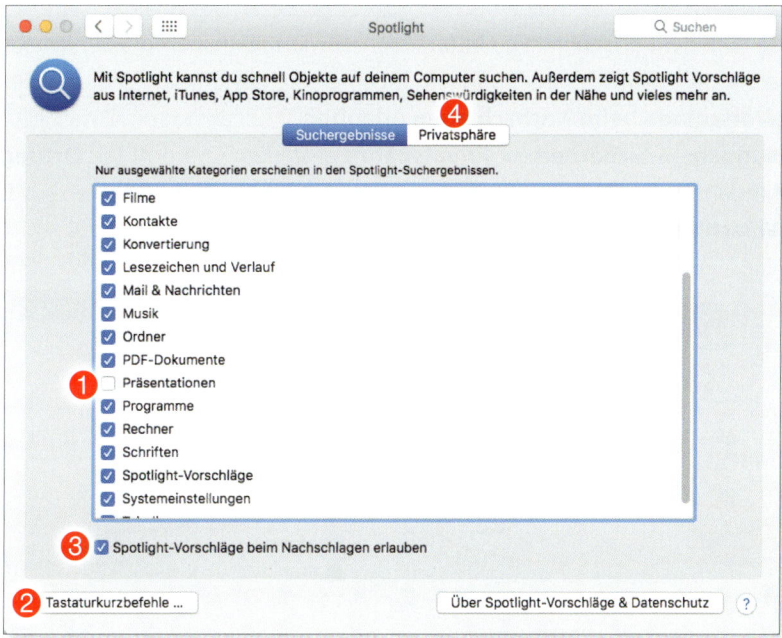

Systemeinstellungen –> Spotlight.

In diesem Fenster sind nur ganz wenige Eigenschaften modifizierbar. Zunächst einmal können Sie einstellen, welche Art von Informationen in der Spotlight-Trefferliste angezeigt werden. Wenn Sie beispielsweise das Häkchen bei *Präsentationen* ❶ entfernen, wird die Kategorie *Präsentationen* in der Spotlight-Trefferliste nicht mehr angezeigt. Das heißt aber nicht, dass auch die Präsentationen von PowerPoint oder Keynote, um die es hier geht, nicht mehr Bestandteil des *Spotlight-Index* sind. Nein, es geht nur darum, ob die Informationen in den Suchergebnissen zur Anzeige kommen oder nicht.

Wie bereits früher erwähnt, sollten Sie darauf achten, dass Sie Spotlight bequem über die Standard-Tastenkombination *cmd + Leertaste* aufrufen können. Wenn Sie statt des Spotlight-Menüs, das ja nur eine begrenzte Anzahl von Treffern anzeigt, das *Spotlight-Fenster* haben möchten, hat Apple auch hierfür bereits die Standard-Tastenkombination *cmd + alt + Leertaste* für Sie vorbereitet. Damit gelangen Sie ohne Umwege zum Spotlight-Fenster. Diese Tastenkombinationen können Sie bei *Tastaturkurzbefehle* ❷ aktivieren oder bei Bedarf ändern.

 Das Spotlight-Fenster können Sie allerdings auch im Finder über den Menüpunkt **Ablage –> Suche** bzw. **cmd + F** aufrufen.

> ! Und Spotlight kann zudem ortsabhängige Informationen wie z. B. naheliegende Restaurants, Kinos oder Sehenswürdigkeiten für Sie zum Vorschein bringen. Möchten Sie das unterbinden, so sollten Sie zuerst die Option **Spotlight-Vorschläge beim Nachschlagen erlauben** ❸ deaktivieren. Zusätzlich können Sie noch die **Systemeinstellungen –> Sicherheit –> Privatspähre** ansteuern und dort die **Ortungsdienste** anklicken. In der Liste rechts daneben wählen Sie den Eintrag **Systemdienste** aus und klicken auf **Details** und schalten **Ortsbasierte Vorschläge** aus.

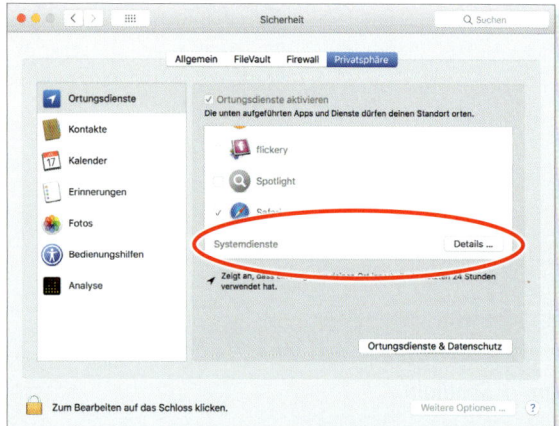 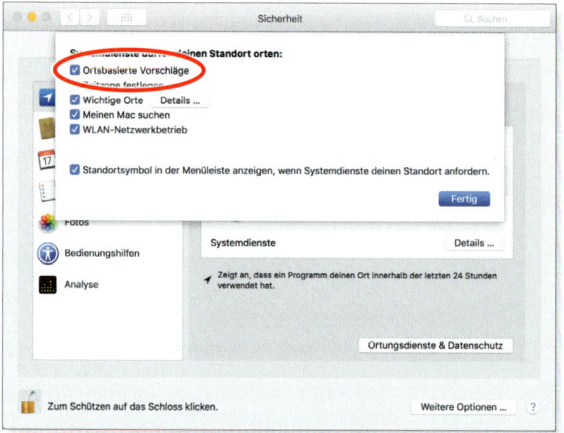

In den Sicherheitseinstelllungen kann die ortsabhängige Suche von Spotlight unterbunden werden.

Standardmäßig erstellt Spotlight einen *Index*, der alle Daten umfasst, die sich auf dem internen Datenträger Ihres Computers befinden. Möchten Sie, dass einige Ordner nicht Bestandteil des Index sind, so sollten Sie in die *Privatsphäre* hinüberschalten ❹. Im Bereich *Privatsphäre* finden Sie im unteren Teil eine kleine +-Taste, mit der Sie nun Bereiche Ihres Computers von der Spotlight-Suche ausgrenzen können.

> ! Sollten an einem Computer mehrere Personen gleichzeitig arbeiten, das heißt, jeder hat seinen Benutzer-Account, achtet Spotlight ganz genau darauf, wem die Dateien gehören. Das heißt: Wenn ich als **Peter** eine E-Mail bekomme, ist das meine E-Mail. Loggt sich zu einem späteren Zeitpunkt die Benutzerin **Silvia** an dem Rechner ein, wird sie die E-Mails, die sich in meinem Postfach befinden, nicht zu Gesicht bekommen. Der eigene Benutzerordner, der auch Bestandteil des Spotlight-Index ist, gehört dem Benutzer, der sich gerade eingeloggt hat. Sie müssen also keine Angst haben, dass Daten innerhalb Ihres Benutzerordners für andere Personen über die Spotlight-Suche zugänglich sind.

Die *Privatsphäre*-Funktion können Sie für eine weitere sehr nützliche Eigenschaft verwenden. Es könnte nämlich sinnvoll sein, den *Spotlight-Index*, der alle Datei- und Ordnernamen, die Inhalte und auch die Metadaten beherbergt, ab und an neu zu generieren. Das funktioniert, indem Sie im Bereich *Privatsphäre* über die +-Taste die *Macintosh HD* auswählen. Sogleich wird Spotlight mit einer Warnmeldung auf Sie zukommen, ob Sie die Spotlight-Suche in *Macintosh HD* wirklich verhindern möchten. Quittieren Sie diese Meldung mit *OK*.

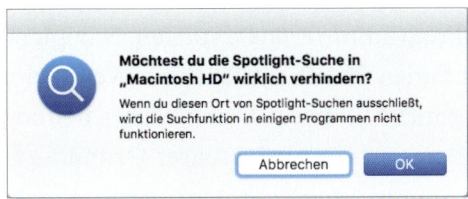

Spotlight-Suche komplett deaktivieren.

Daraufhin befindet sich Ihre komplette Festplatte innerhalb der *Privatsphäre*. Wenn Sie nun versuchen, über Spotlight eine Suche auszuführen, werden Sie sehen, dass das nicht mehr funktioniert. Klicken Sie nun in der *Privatsphäre*-Liste die Festplatte an und entfernen Sie sie mit „–" wieder aus der Privatsphäre. Daraufhin wird unterhalb der Spotlight-Suche ein Laufbalken erscheinen, der Ihnen anzeigt, dass der Spotlight-Index komplett neu generiert werden muss.

Spotlight-Index wird neu generiert.

Je nach Größe Ihres Datenträgers kann die Erstellung eines komplett neuen Indexes durchaus einige Stunden dauern.

> **!** Wenn Sie externe Datenträger an Ihren Rechner anstecken, werden diese ebenfalls mit Spotlight zusammenarbeiten. Schließen Sie also beispielsweise per USB eine externe Festplatte oder einen USB-Stick an, wird auf dem externen Datenträger ein Spotlight-Index erzeugt. Das hat für Sie den enormen Vorteil, dass Sie diesen Index sozusagen auf dem Datenträger mit sich herumtragen. Sobald Sie also den USB-Stick an einem anderen Mac verwenden, kann auch dort sofort die Spotlight-Suche über alle Daten auf dem USB-Stick stattfinden.

Wir werden gleich noch über *Time Machine* reden. Time Machine ist ja auch faktisch ein externer Datenträger, auf dem Sie eine Sicherungskopie Ihres Computers haben. Das Time-Machine-Volume enthält einen Spotlight-Index über alle Daten, die Sie jemals auf Ihrem Rechner hatten.

Für die Experten unter Ihnen sei erwähnt, wo sich dieser Spotlight-Index befindet. Sie können ihn dadurch aufstöbern, dass Sie das Programm *Terminal* starten. Navigieren Sie im Terminal in das Rootverzeichnis Ihres Datenträgers. Dort finden Sie ein unsichtbares Verzeichnis mit dem Namen *Spotlight-V100*, in dem sich der komplette Spotlight-Index dieses Datenträgers befindet. Wenn Sie nun einen externen Datenträger verwenden, wird auf diesem ein unsichtbarer Ordner erzeugt, in dem die Spotlight-Ergebnisse abgelegt werden.

```
● ● ●                    Macintosh HD — bash — 91×36
Last login: Mon Sep  8 09:21:31 on console
MacBookAir:~ admin$ cd/
-bash: cd/: No such file or directory
MacBookAir:~ admin$ cd /
MacBookAir:/ admin$ ls -al
total 93
drwxr-xr-x   31 root   wheel   1122   8 Sep 09:54 .
drwxr-xr-x   31 root   wheel   1122   8 Sep 09:54 ..
-rw-rw-r--    1 root   admin  20484   8 Sep 10:20 .DS_Store
d--x--x--x    9 root   wheel    306   8 Sep 09:21 .DocumentRevisions-V100
drwxr-xr-x+   3 root   wheel    102   8 Sep 09:54 .MobileBackups
-rw-r--r--    1 root   staff    752  11 Aug 14:49 .OSInstallMessages
drwx------    5 root   staff    170  11 Aug 14:11 .Spotlight-V100
drwxrwxrwt@   3 root   wheel    102  22 Aug 13:49 .TemporaryItems
d-wx-wx-wt    2 root   wheel     68   4 Sep 11:12 .Trashes
```

Unsichtbarer Spotlight-Ordner im Rootverzeichnis des Datenträgers.

Weitere Raffinessen im Zusammenhang mit Spotlight

Kommen wir noch einmal zu den verschiedenen Möglichkeiten zurück, Suchen in Spotlight auszuführen, denn dazu gibt es noch eine Menge mehr zu erzählen.

Ich habe in diesem Fall das Spotlight-Fenster geöffnet, um nach dem Begriff *bmw* zu suchen.

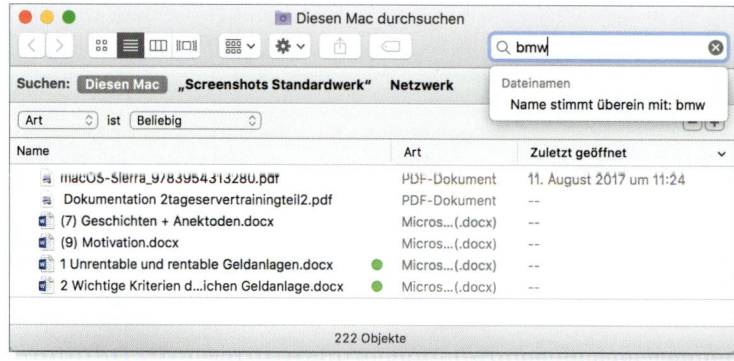

Suche nach „bmw".

Sie sehen: Als Trefferliste erscheint eine ganze Reihe von Dateien, in denen vermutlich an irgendeiner Stelle der Begriff *bmw* erwähnt wird. Möchte ich nun die Suche reduzieren, sodass lediglich Objekte gefunden werden, die auf den Namen *bmw* hören, und damit alle Objekte ausschließen, bei denen der Begriff *bmw* im Dateiinhalt oder in den Metadaten vorkommt, so bietet Apple mir die Eigenschaft *Name stimmt überein mit* an. Sobald diese ausgewählt ist, wird die Suche auf die Elemente reduziert, die tatsächlich *bmw* im Dateinamen tragen. Wurde die Suche so eingegrenzt, ändert sich das Erscheinungsbild im Suchfeld. Vor dem Begriff *bmw* steht der Eintrag *Name*. Von dort aus können Sie über den Begriff *Alles* zurückschalten, damit der Begriff *bmw* auch wieder in den Dateiinhalten gefunden werden kann.

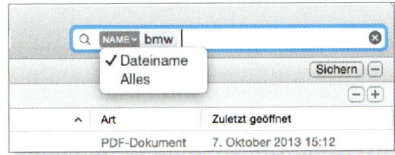

Suche nach Dateinamen bzw. überall.

Außerdem haben Sie sicher schon bemerkt, dass oberhalb der Suchliste ein Begriff namens *Art ist beliebig* Ihnen anzeigt, dass jede Art von Datei, die auf Ihrem Rechner existiert, als Suchergebnis innerhalb der Liste dienen kann. Sie können aber jederzeit neben dem Begriff *Art* Ihre Suchergebnisse auf bestimmte Arten von Dateien eingrenzen.

Hier bekommen Sie also eine sehr einfache Möglichkeit, Ihr Suchergebnis über ein Pull-down-Menü auf die Art von Informationen einzuschränken, die Sie benötigen.

Eingrenzen der Suche.

Doch damit nicht genug. Sie können nicht nur nach verschiedenen Arten von Dateien suchen, auch der Begriff *Art* selbst enthält ein Pull-down-Menü, in dem Sie nach Datumswerten, nach Name und nach weiteren Kriterien suchen können.

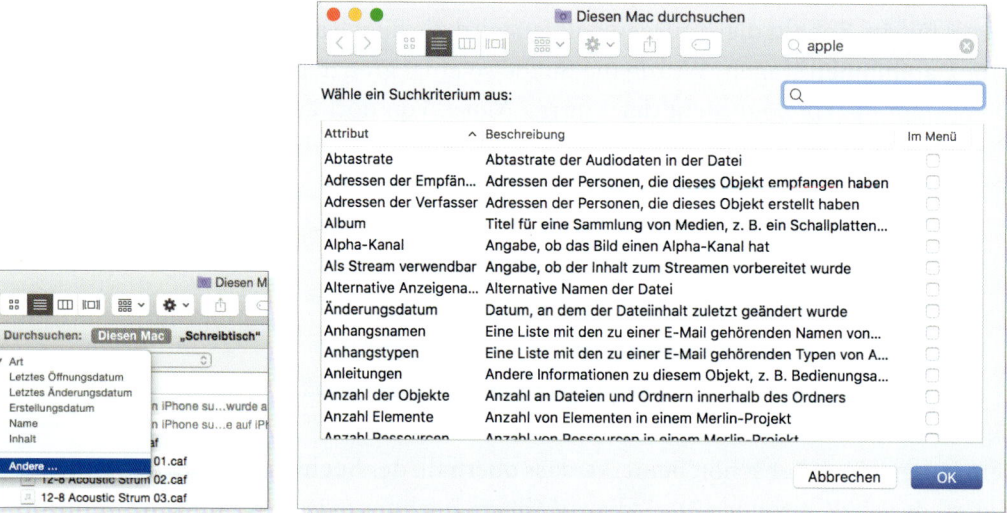

Weitere Suchkriterien über „Andere".

Wenn Sie den Eintrag *Andere* auswählen, erscheint ein weiteres Fenster, in dem Sie eine schier unglaubliche Anzahl von zusätzlichen Suchkriterien finden. Brauchen Sie beispielsweise sehr oft die Suche nach der Brennweite von Fotos, können Sie innerhalb der Suchkriterien in der Tat eine Suche danach ausführen. Daraufhin erscheinen die Begriffe *Blendenzahl* und *Brennweite* als Suchkriterien. Sobald Sie die Häkchen in der Spalte *Im Menü* anbringen, werden diese dauerhaft als potenzielle Suchkriterien hinterlegt und Sie brauchen nicht stets über den Begriff *Andere* in diese ausführliche Suchkriterienliste zu navigieren.

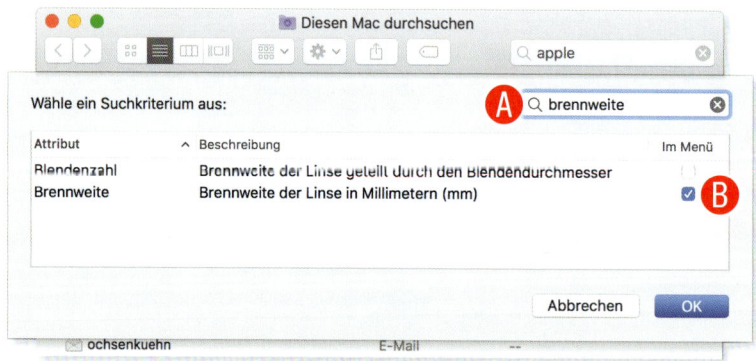

Weitere Suchkriterien ins Menü aufnehmen.

Geben Sie also rechts oben im Suchfeld **Ⓐ** den Begriff ein, den Sie aus den Suchkriterien herausfiltern möchten, und bringen Sie in der Spalte *Im Menü* **Ⓑ** das Häkchen an, um dieses Suchkriterium nachfolgend direkt im Finder-Fenster aufrufen zu können.

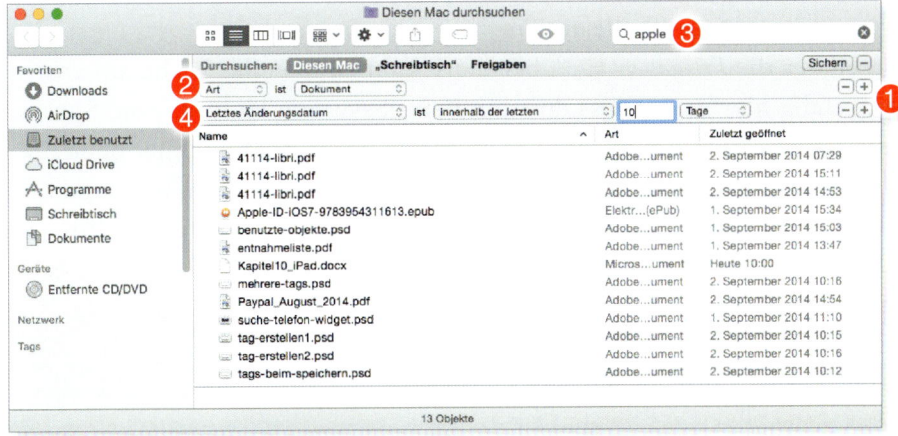

Mehrere Suchkriterien auf einmal.

Aber auch damit ist der Funktionsumfang von Spotlight noch nicht erschöpft. Sobald Sie ein erstes Suchkriterium definiert haben, zum Beispiel die Suche nach *Apple* und von der Art her sollen es *Dokumente* sein, finden Sie nach wie vor eine schier unendliche Anzahl von Informationen. Um die Suche weiter einzugrenzen, besteht die Möglichkeit, auf der rechten Seite des Suchkriteriums über den +-Button **❶** den bestehenden Suchkriterien (**❷** + **❸**) weitere Eigenschaften hinzuzufügen.

Und Sie müssen es nicht dabei belassen, lediglich zwei weitere Suchkriterien zu spezifizieren (siehe **❹**). Sie können auch nach dieser Zeile über das + noch eine weitere, dritte Zeile öffnen und dort erneut ein beliebiges Suchkriterium definieren. So wird die Suche sukzessive eingeschränkt. Sie sehen also: Die Spotlight-Suche ist sehr flexibel und passt sich Ihren Bedürfnissen und Wünschen an.

Wenn Sie genauer hinsehen, finden Sie zwischen dem Suchbegriff, den Sie in der Symbolleiste eintragen, und den Suchkriterien darunter noch eine Zeile, die mit dem Begriff *Suchen* beginnt. Daneben stehen im Normalfall drei Begriffe.

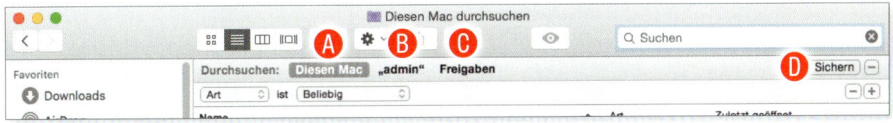

Über *Diesen Mac* **Ⓐ** durchforsten Sie Ihren Computer inklusive aller angeschlossenen Datenträger wie USB-Sticks, externe Festplatten etc.

Über – in unserem Beispiel – „admin" **B** wird der aktuelle Benutzerordner durchsucht. Warum wird hier der Benutzerordner angeboten? Ganz einfach: Wenn Sie vorher über *Gehe zu* zum Benutzerordner navigiert sind und nun mit *cmd + F* die Suchfunktion starten, wird eben der aktuell gewählte Ordner im Finder angeboten. Wären Sie hingegen vorher zum *Programme*-Ordner gewechselt und hätten dort eine Suche ausgeführt, würde an dieser Stelle der *Programme*-Ordner stehen.

Und schließlich gibt es die *Freigaben* **C**. Über diese können Sie eine Suche auf einem Netzlaufwerk durchführen. Notwendig hierfür ist, dass dort ein Betriebssystem läuft, das die Spotlight-Suche auch beantworten kann. Das heißt, ist am anderen Ende ebenfalls ein Mac-Rechner oder ein Server, der mit dem Apple-Betriebssystem läuft, wird die Spotlight-Suche auch dort ausgeführt und Sie finden auf entfernten Rechnern Dateiinhalte, Metadaten und andere Informationen aufgrund Ihrer Suchanfrage. Ist auf der anderen Seite ein Windows- oder ein Unix-System im Einsatz, beschränken sich die Suchtreffer auf Datei- und Ordnernamen.

> **!** Etwas lästig ist folgende Einstellung des Apple-Betriebssystems: Angenommen, Sie befinden sich gerade in Ihrem Benutzerordner und starten mit **cmd + F** die Suche, dann wird diese standardmäßig auf Ihrem Rechner ausgeführt. Weil Sie aber im Benutzerordner waren, wollten Sie eigentlich die Suche auch nur innerhalb dieses Ordners ausführen. Das Apple-System verwendet als Standardeinstellung jedoch immer den kompletten Computer. Wenn Sie dies ändern möchten, gehen Sie in die **Finder-Einstellungen** und dort zum Reiter **Erweitert**. Wechseln Sie beim Eintrag **Bei Suchvorgängen** von **Diesen Mac durchsuchen** auf **Aktuellen Ordner durchsuchen**.

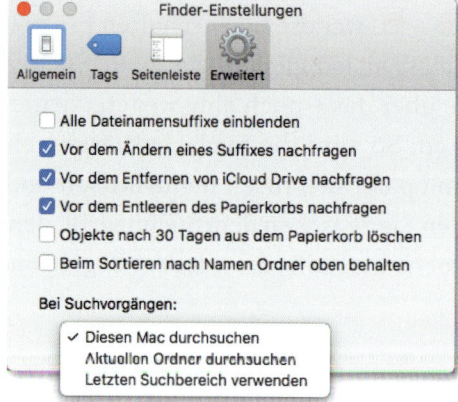

Finder-Einstellungen –> Erweitert.

Sogleich wird also, sollten Sie sich im Ordner *Dokumente* befinden, als erste Priorität der *Dokumente*-Ordner durchsucht. Sie können auf *Diesen Mac durchsuchen* umschalten, sofern Sie in Ihrem *Dokumente*-Ordner keine Treffer erzielen.

Und ein Eintrag fehlt noch: In der Zeile, in der der Begriff *Durchsuchen* steht, haben Sie ganz rechts bestimmt bereits den Begriff *Sichern* ❻ gesehen. Damit können Sie eine Suchfunktion speichern und erzeugen auf diese Weise einen *intelligenten Ordner*. Und intelligente Ordner haben es in sich!

Intelligente Ordner

Sie haben ja bereits einen intelligenten Ordner kennengelernt, und zwar in der Seitenleiste den Eintrag unterhalb der *Favoriten* mit dem Namen *Zuletzt benutzt*. Dieser Ordner ist im Prinzip nichts anderes als eine Spotlight-Suche innerhalb Ihres Benutzerordners und zeigt alle Dateien gemeinsam an, die sich innerhalb Ihres Benutzerordners befinden.

Sie können aber als Anwender auch eigene intelligente Ordner zusammenstellen, um Dateien, die Sie häufig benötigen, über eine vordefinierte Spotlight-Suche rasch im Zugriff zu haben. Angenommen, Sie möchten stets digitale Bilder, die sich in Ihrem Benutzerordner befinden und nicht älter als sieben Tage sind, in einem Ordner zusammenfassen. Das ist eine perfekte Aufgabe, um einen intelligenten Ordner zu erstellen.

Navigieren Sie zuerst zu Ihrem Benutzerordner. Über *cmd + F* starten Sie die Suchfunktion. Achten Sie darauf, dass in der Zeile *Durchsuchen* ❶ auch Ihr Benutzerordner ausgewählt ist.

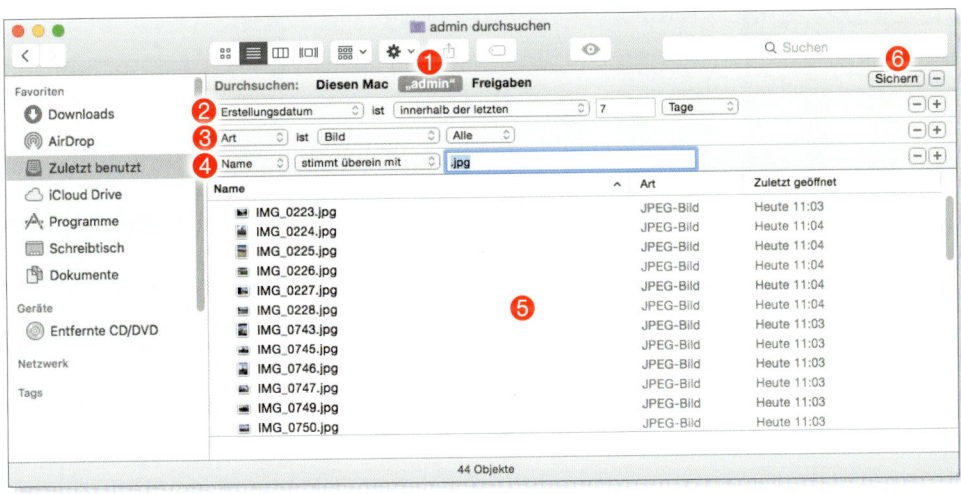

Intelligenten Ordner erstellen.

Geben Sie darunter in den nachfolgenden Zeilen die notwendigen Suchkriterien ein. Ich habe an dieser Stelle die Suche auf die Dateien reduziert, die in den letzten sieben Tagen erstellt wurden ❷. Dabei sollen aber nur Bilddateien ❸ gefunden werden. Da es aber eine Vielzahl unterschiedlicher Bildformate gibt, wurde die Suche schlussendlich in der Zeile 3 bei den Dateinamen noch auf *JPEG-Dateien* eingegrenzt ❹. Und sogleich erscheinen darunter in der Liste ❺ alle JPEG-Dateien, die diese drei Bedingungen erfüllen. Sobald ich nun auf den Button *Sichern* ❻ klicke, wird diese Suchanfrage als *intelligenter Ordner* gespeichert.

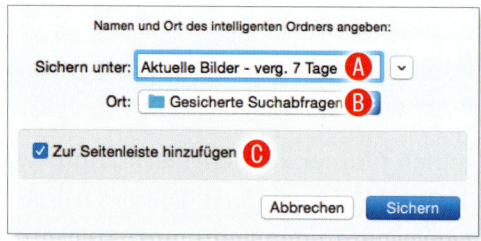

Vergeben Sie für diesen intelligenten Ordner einen sinnvollen Namen Ⓐ und überlegen Sie sich, wo Sie den Ordner speichern möchten. Die Vorgabe von Apple ist der Ort *Gesicherte Suchabfragen* Ⓑ. Wenn Sie möchten, dass dieser intelligente Ordner auch in der Seitenleiste auftaucht, belassen Sie das Häkchen bei *Zur Seitenleiste hinzufügen* Ⓒ. Quittieren Sie Ihre Eingabe nun mit *Sichern* und Sie erhalten ein neues Icon in den *Favoriten*, und zwar Ihren intelligenten Ordner.

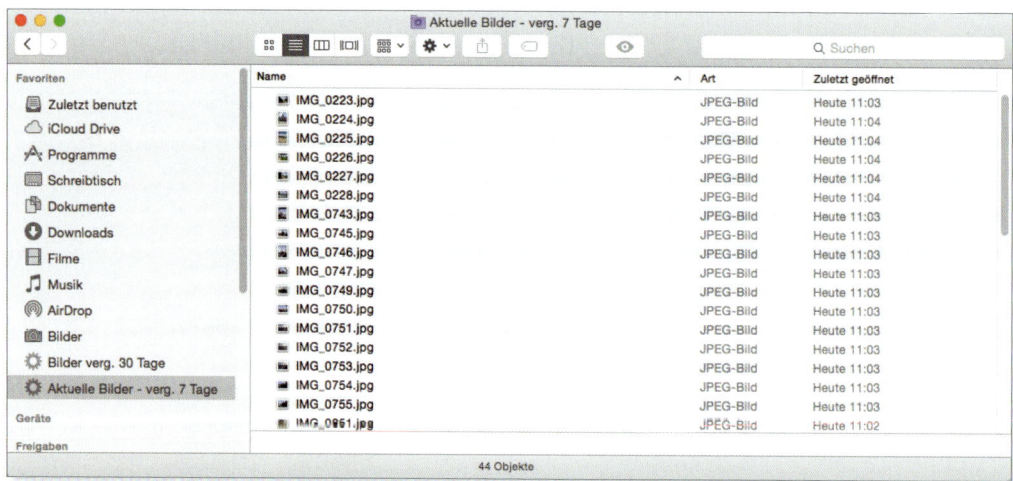

Intelligenter Ordner in der Seitenleiste.

Sie sehen anhand des Bildschirmfotos, dass sich zwei intelligente Ordner in der Seitenleiste befinden. Sie erkennen dies an dem vorangestellten Zahnradicon. Der eine intelligente Ordner sammelt die aktuellen Bilder des letzten Monats. Und das ist das Clevere an dieser Lösung: Es gibt Dateien, die innerhalb von verschiedenen intelligenten Ordnern gleichzeitig erscheinen. Denn jedes Bild, das in den letzten sieben Tagen erstellt wurde, gehört auch zur Menge der Bilder der letzten 30 Tage. Sie beginnen zu verstehen, dass Sie damit eine völlig neue Möglichkeit haben, Ihre Dateien flexibel zu verwalten und zu strukturieren. Ein und dieselbe Datei liegt an einem ganz speziellen Ort und über die intelligenten Ordner kann sie an verschiedenen Stellen im Betriebssystem eingeblendet und bearbeitet werden.

> **!** Wollen Sie einen intelligenten Ordner zu einem späteren Zeitpunkt verändern, verwenden Sie die rechte Maustaste und gehen zum Eintrag **Suchkriterien einblenden**, um diese einzusehen und gegebenenfalls zu modifizieren. Sicher haben Sie den Eintrag **Zum Dock hinzufügen** schon bemerkt. Damit erhalten Sie einen neuen Stapel mit ultraschnellem Zugriff.

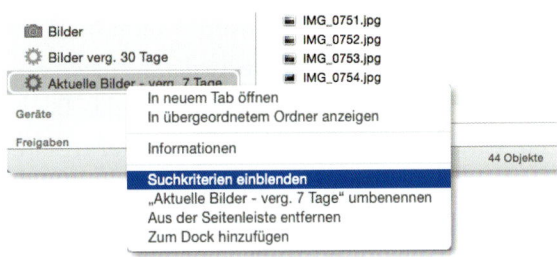

Suchkriterien eines intelligenten Ordners einblenden.

> **!** Sie können übrigens die Reihenfolge der Favoriten in der Seitenleiste per Drag & Drop Ihren Bedürfnissen entsprechend anpassen. Standardmäßig steht der Eintrag **Zuletzt benutzt** an erster Stelle, das ist aber kein Muss; Sie können den Eintrag innerhalb der Favoritenliste an eine andere Position verschieben.

Sie wissen bereits, dass intelligente Ordner auch in anderen Programmen existieren. Innerhalb von Mail können Sie via *intelligente Postfächer* ähnlich agieren. Bei iTunes heißt die Funktion *intelligente Wiedergabelisten* und Fotos nennt sie *intelligente Alben*. Um einen intelligenten Ordner zu löschen, ziehen Sie ihn aus der Seitenleiste heraus. Haben Sie den intelligenten Ordner zum Beispiel auf dem Schreibtisch liegen, kann er ganz einfach in den Papierkorb gezogen und damit entfernt werden.

Backup über Time Machine

Das Erstellen eines Backups, also einer Sicherungskopie aller Daten des Computers, war in der Zeit vor Time Machine eine bisweilen anstrengende und mühevolle Arbeit. Man musste sich eine zusätzliche Software besorgen und einen Datenträger, auf dem das Backup abgelegt werden sollte. Das Problem war weniger der externe Datenträger, sondern vielmehr die Backup-Software. Gängige Produkte waren bisweilen schwer verständlich und umständlich in der Bedienung. *Time Machine* hingegen ist Apple-like sehr einfach zu bedienen.

 Was macht Time Machine? Nun, Time Machine macht beim allerersten Durchlauf ein komplettes Backup des aktuellen Zustands Ihres Computers mit allen Daten, einschließlich des Ordners *System*, der Programme, Ihrer Benutzerdaten etc. Sind dann 60 Minuten vergangen und der externe Datenträger ist immer noch mit dem Rechner verbunden, wird jetzt überprüft, was sich an dem Rechner in der Zwischenzeit geändert hat. Und nur diese Änderungen werden erneut in das Backup überführt. Haben Sie also beispielsweise in den letzten 60 Minuten eine Datei geöffnet, überarbeitet und gespeichert, wird diese Datei auf das Backup-Medium übertragen. Und so oft Sie Änderungen an Ihrem Rechner vornehmen, werden diese automatisch via Time Machine auf Ihren Backup-Datenträger kopiert.

> **!** Neben der Verwendung eines lokalen externen Datenträgers über USB, FireWire oder Thunderbolt könnten Sie auch die **Time Capsule** von Apple erwerben. Damit ist die Time-Machine-Sicherungskopie per WLAN mit der Time Capsule möglich. Selbstverständlich ist die Datenübertragung per WLAN langsamer als über ein Kabel. Dennoch ist es eine sehr attraktive Möglichkeit, insbesondere wenn Sie tragbare Rechner Ihr Eigen nennen.

Die Time Capsule von Apple eignet sich ebenfalls für Time Machine.

Möchten Sie ein Backup Ihres Rechners erstellen, sollten Sie sich hierfür eine externe Festplatte besorgen. Die Größe der Festplatte hängt davon ab, wie groß die interne Festplatte und die Datenmenge ist, die sich auf dieser internen Festplatte befindet. Angenommen, Sie haben auf Ihrer internen Festplatte derzeit 200 Gigabyte in Verwendung, so sollten Sie mit einem externen Datenträger starten, der mindestens zwei- bis dreimal so groß ist, also in diesem Beispiel ab etwa 500 Gigabyte. Damit haben Sie einen gewissen Puffer, bis dieser Datenträger mit verschiedenen Backups vollaufen wird. Sie können danach einen neuen Datenträger erwerben, um erneut mit den Backups zu starten.

Das erste Backup starten

Wenn Sie nun einen externen Datenträger erworben haben, verbinden Sie diesen per USB-, Thunderbolt- oder FireWire-Kabel (den FireWire-Anschluss gibt es nur noch bei älteren Mac-Modellen) mit Ihrem Mac. Sofern diese externe Festplatte im korrekten Dateiformat für den Mac formatiert ist, erscheint sogleich ein Fenster, das Ihnen anbietet, diesen externen Datenträger als Backup-Volume zu verwenden.

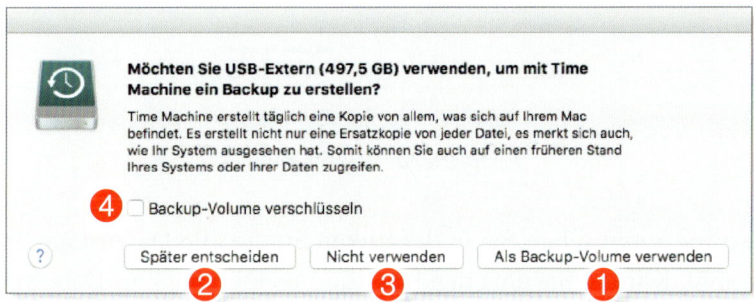

Auswahl des Backup-Volumes.

Sie sehen anhand des Bildschirmfotos, dass ein externer Datenträger mit dem Namen *USB-Extern* und einem Fassungsvermögen von knapp 500 Gigabyte angeschlossen wurde. Wollen Sie diesen Datenträger als Backup-Volume verwenden, klicken Sie auf den entsprechenden Button ❶. Möchten Sie diese Entscheidung derzeit noch nicht fällen, tippen Sie auf *Später entscheiden* ❷. Ist der Datenträger nicht für Time Machine gedacht, sondern für andere Zwecke, wählen Sie die Option *Nicht verwenden* ❸ an, um einen anderen Datenträger als Time-Machine-Backup-Datenträger zu verwenden. Sollten Sie diesen Datenträger verwenden, wäre es unter Umständen interessant, das Häkchen bei *Backup-Volume verschlüsseln* ❹ anzubringen. Denn: Alle Daten Ihres Computers werden standardmäßig unverschlüsselt auf die externe Festplatte übertragen. Gelangt die externe Festplatte in die Hände anderer Personen, können diese Ihre privaten Daten auslesen. Sie unterbinden dies, indem Sie das Backup-Volume verschlüsseln.

> **!** Es könnte aber auch sein, dass nicht automatisch die Aufforderung erscheint, einen neuen Datenträger als Backup-Volume zu verwenden. Das könnte daran liegen, dass Ihr externer Datenträger im falschen Dateiformat formatiert ist und damit nicht als Time-Machine-Backup-Medium verwendet werden kann. Ist dies der Fall und weist Sie das Betriebssystem auch darauf hin, führt Ihr Weg zunächst über das **Festplattendienstprogramm**, das Sie im Ordner **Dienstprogramme** im **Programme**-Ordner auf Ihrem Computer finden.

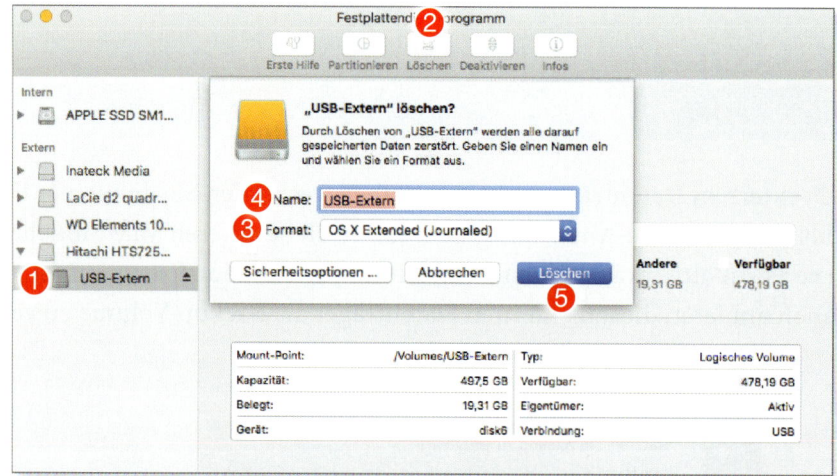

Festplattendienstprogramm.

Im Festplattendienstprogramm sehen Sie in der linken Spalte alle Datenträger, die derzeit mit Ihrem Computer verbunden sind. Klicken Sie dort den neu angesteckten Backup-Datenträger an ❶. Wechseln Sie dann oben in den Bereich *Löschen* ❷. Achten Sie darauf, dass bei *Format* ❸ nun der Eintrag *OS Extended (Journaled)* ausgewählt ist, und geben Sie dem Datenträger einen Namen ❹ (Stand Oktober 2017; bei einem späteren Update von High Sierra ist es möglich, dass auch APFS verwendet werden kann.). Sind diese Einstellungen erledigt, können Sie über den Button *Löschen* ❺ den Datenträger neu formatieren.

> ACHTUNG: Das Formatieren löscht alle Daten, die sich auf einem Datenträger befinden. Bevor Sie also formatieren, sollten Sie noch einmal überprüfen, dass Sie damit keine relevanten Daten für alle Zeiten vernichten.

Wurde der Datenträger erfolgreich formatiert, sollten Sie nun in die *Systemeinstellungen* wechseln und dort *Time Machine* auswählen.

Systemeinstellungen –> Time Machine.

Achten Sie darauf, dass im Fußbereich des Fensters das Häkchen bei *Time Machine in der Menüleiste anzeigen* Ⓐ angebracht ist. Damit haben Sie wichtige Funktionen über das Time-Machine-Menulet in der Menüleiste im Zugriff. Dann können Sie über den Button *Backup-Volume auswählen* Ⓑ den Datenträger angeben, auf dem die Sicherungskopie von Time Machine erstellt werden soll.

Backup-Volume auswählen.

Dabei erscheinen in einer Liste alle derzeit verfügbaren Datenträger, die mit Ihrem Rechner verbunden sind. Ich entscheide mich an dieser Stelle für die externe Festplatte namens *ExterneHD*, die per USB mit meinem Rechner verbunden ist. Auch hier bekomme ich erneut die Option, das Backup-Volume zu verschlüsseln. Falls Sie dies möchten, bringen Sie das Häkchen an und quittieren die Einstellungen mit *Volume verwenden*. War die Auswahl des Datenträgers erfolgreich, beginnt Time Machine mit dem Anfertigen der ersten Sicherungskopie.

 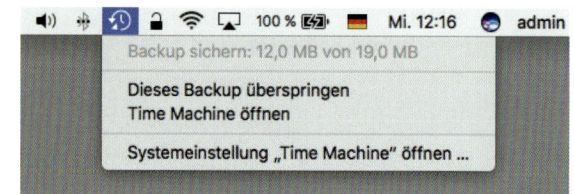

Das erste Backup wird erstellt (links). Time Machine erstellt ein weiteres Backup (rechts).

Das Backup wird dann jede Stunde erneut ausgeführt. Sie erkennen es an dem geänderten Icon in der Menüleiste. Klicken Sie darauf, wird der Backup-Fortschritt in Zahlen dargestellt. Seit Mountain Lion kann man mehrere Time-Machine-Volumes gleichzeitig auswählen, um an verschiedenen Orten Backups des Rechners zu hinterlegen.

 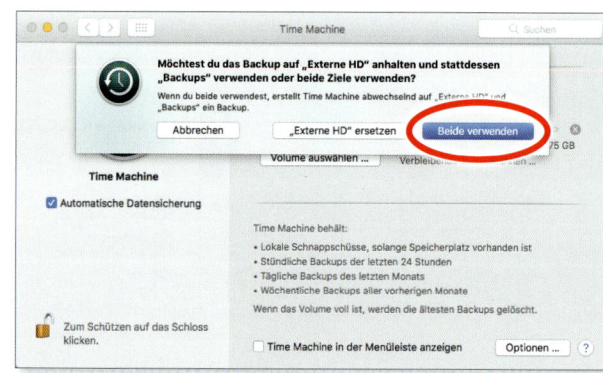

Mehrere Time-Machine-Volumes möglich.

Sobald Sie ein erstes Time-Machine-Backupvolume ausgewählt haben, können Sie erneut auf den Eintrag *Volume auswählen* klicken und erhalten dann den Bereich *Verfügbare Volumes*, in dem Sie ein weiteres Backup-Festplatten verwenden können, was zusätzlich Ihrer Sicherheit dient.

Wie bereits erwähnt, ist das erste Backup ein *Full Backup*, das heißt, alle Daten, die sich derzeit auf Ihrem Rechner befinden, müssen zum allerersten Mal auf den Sicherungsdatenträger übernommen werden. Das kann ein Weilchen dauern.

> ! Wenn Sie die Time Capsule verwenden, das Ganze also nicht drahtgebunden erledigen, sondern per WLAN, kann es durchaus sein, dass es einen halben bis einen ganzen Tag dauert, bis die Daten auf dem Time-Capsule-Datenträger in Sicherheit gebracht wurden. Ist das erste Backup durchlaufen, werden die weiteren Backups immer sehr rasch vonstattengehen, abhängig davon, wie viele Daten sich in den letzten 60 Minuten geändert haben.

Time Capsule konfigurieren

Möchten Sie – weil Sie vor allem tragbare Macs verwenden – Time Capsule einsetzen, ist auch dies rasch konfiguriert.

1. Verbinden Sie die Time Capsule mit dem Stromnetz.
2. Sollte die Time Capsule sich nicht automatisch in der Liste der Backup-Medien melden, ist zuerst das AirPort-Dienstprogramm aufzurufen.

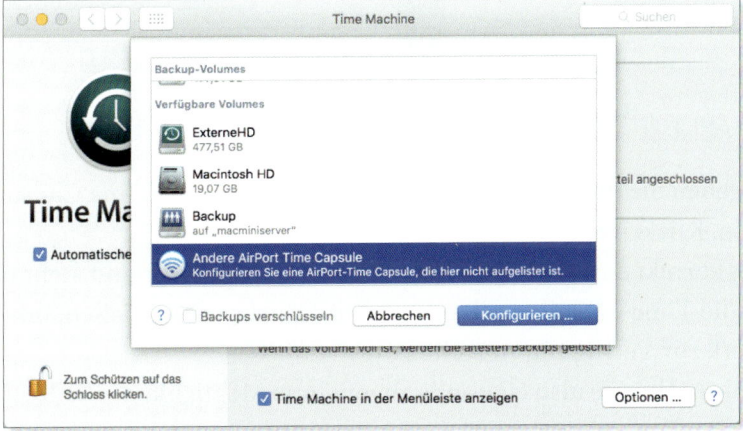

Time Capsule erscheint nicht in der Liste

> ! Haben Sie bereits einen WLAN-Router, mit dem Sie ins Internet gelangen, so ist Ihr Rechner ja derzeit damit verbunden. Die Time Capsule ist ebenfalls ein WLAN-Gerät und muss nun noch in Ihr Netzwerk integriert werden, indem es eine dazugehörige IP-Adresse bekommt. Oder aber Sie verwenden die Time Capsule wie eine AirPort-Basisstation, die ihrerseits die Internetverbindung aufbaut. Dann können Sie direkt über das WLAN-Symbol Kontakt aufnehmen und sogleich erscheint die Time Capsule in der Time-Machine-Liste.

3. Angenommen, die Time Capsule wird neben Time Machine noch den Internetzugang zur Verfügung stellen. Dann wählen Sie den entsprechenden Eintrag *Internet* aus und geben die Daten hierfür ein.

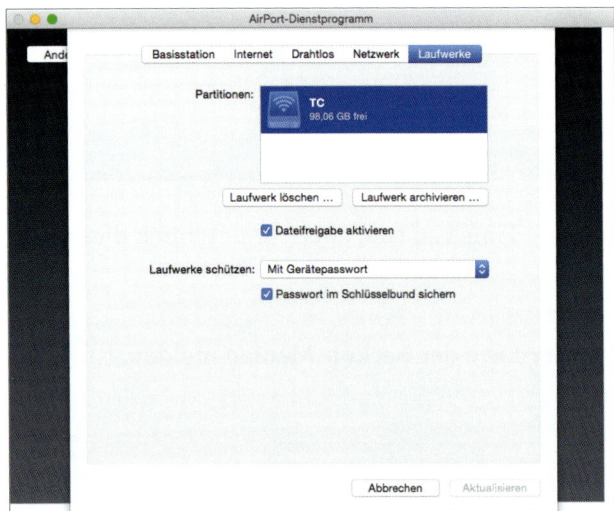 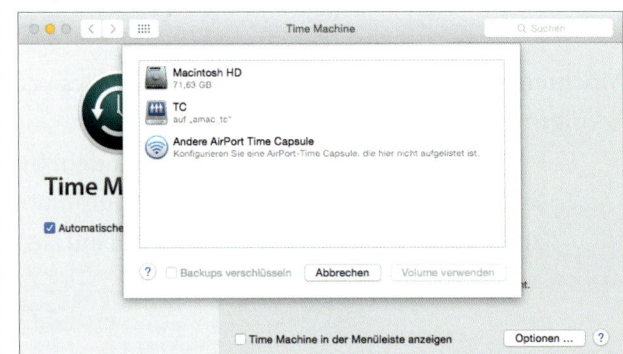

Auswahl der Time Capsule als Backup-Datenträger

Anschließend geben Sie über das AirPort-Dienstprogramm der Time Capsule einen Namen und ein Passwort ein. Klicken Sie dann auf *Aktualisieren*.

4. Haben Sie alles korrekt eingestellt, startet die Time Capsule neu und steht dann zur Verfügung. Sie können an die Time Capsule auch einen USB-Drucker anschließen, um diesen drahtlos im WLAN-Netzwerk zur Verfügung zu stellen.

Mit der Time Capsule haben Sie also eine sehr angenehme Möglichkeit, alle Rechner Ihres Büros oder zu Hause drahtlos mit Backups zu versorgen.

 Das vorhin vergebene Passwort muss an allen Rechnern eingetragen werden, damit diese ebenso ihr Backup auf die Time Capsule übertragen können.

Informationen über Backups.

Sie sehen, dass das letzte Backup um 9:54 Uhr stattgefunden hat und das nächste Backup um 10:53 Uhr ansteht. Das erste und damit älteste Backup auf diesem Datenträger ist am Vortag um 12:17 Uhr erstellt worden. Sollten Sie den Backup-Datenträger schon länger besitzen, erhalten Sie hier nicht nur die Uhrzeit, sondern auch die Datumsangabe, wann die Backups erstellt wurden.

 Wie soeben erwähnt, macht Time Machine automatisch alle 60 Minuten ein Backup. Möchten Sie zwischendurch mal eine Sicherungskopie von wichtigen Daten erstellen, ist das **Menulet** in der **Menüleiste** ein guter Anlaufpunkt. Wählen Sie dort das **Time Machine**-Icon aus und klicken Sie den Eintrag **Backup jetzt erstellen** an. Stellen Sie hierfür sicher, dass der Backup-Datenträger verfügbar ist. Sobald Backups existieren, können Sie unter Zuhilfenahme der **alt**-Taste und des Menüleistenicons die Datenintegrität des Backups überprüfen lassen.

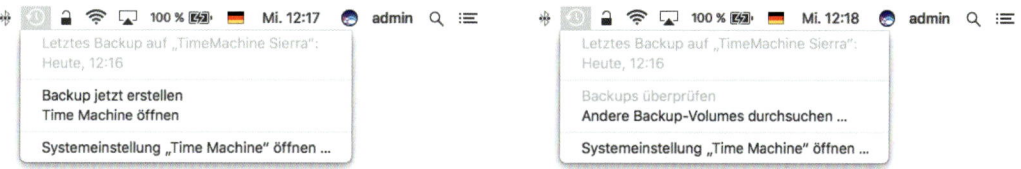

„Backup jetzt erstellen" über die Menüleiste bzw. „Backup überprüfen" via alt-Taste.

Und sogleich wird Time Machine starten, den Unterschied zum letzten Backup erkennen und die notwendigen Dateien auf den Backup-Datenträger übertragen.

 Über **Systemeinstellungen –> Time Machine** können Sie via Kontextmenü ebenfalls das sofortige Backup anstoßen oder einen Backup-Datenträger entfernen.

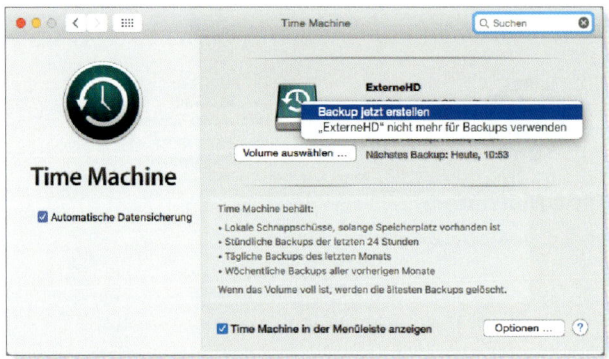

Über das Kontextmenü in den „Systemeinstellungen" stehen weitere nützliche Funktionen zur Auswahl.

Sie können im Übrigen auch die Struktur der Backups auf dem Backup-Datenträger einsehen. Wenn Sie dazu ein Finder-Fenster öffnen und dort in der Seitenleiste bei *Geräte* den Datenträger auswählen, der die Backups enthält, werden Sie dort einen Ordner finden, der den Namen *Backups.backupd* trägt. Und dort finden Sie einen Unterordner mit dem Namen Ihres Computers. Darin befinden sich wiederum Unterordner, die die jeweiligen Backups enthalten.

Und wenn Sie genau hinsehen, erkennen Sie, dass die Unterordner mit einem Zeitstempel versehen sind: das Jahr gefolgt vom Monat und Tag, gefolgt von der Uhrzeit mit Stunden-, Minuten- und Sekundenangabe. Und Sie könnten nun, wenn Sie möchten, auch auf diese Weise in die älteren Backups schauen. Sie werden dabei erkennen, dass es so aussieht, als wäre quasi ständig der komplette Rechner namens *Macintosh HD* in das Backup übertragen worden. In Wahrheit jedoch ist das ganz pfiffig gelöst: Es werden nur die geänderten Daten übertragen.

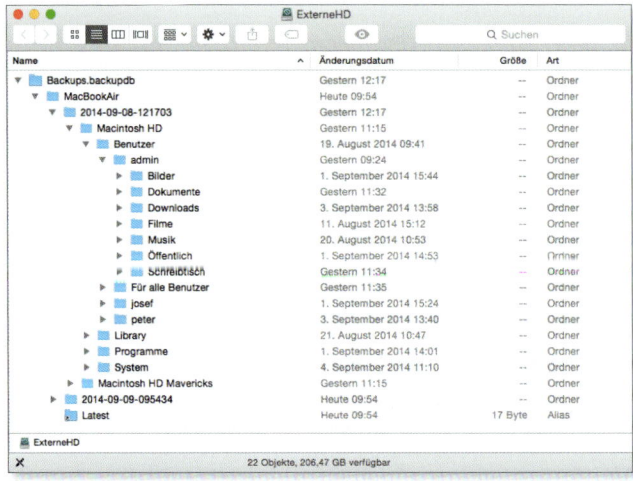

Struktur der Backups auf dem Backup-Datenträger.

Bevor wir uns Time Machine ansehen, kommen wir noch einmal ganz kurz zurück zu den *Systemeinstellungen –> Time Machine*. Sie haben dort sicher neben dem Button *Volume auswählen* den Button *Optionen* gesehen. Der Button *Optionen* bietet Ihnen die Möglichkeit, Ordner vom Backup auszuschließen ❶. Ähnlich wie vorhin bei Spotlight besprochen, können Sie also gewisse Elemente von der Sicherung ausschließen ❷, was ich Ihnen aber nicht empfehle, denn wenn Sie Ordner vom Backup ausschließen, können Sie die darin enthaltenen Daten im Falle des Datenverlusts auch nicht aus dem Backup wiederherstellen und haben sie für immer verloren.

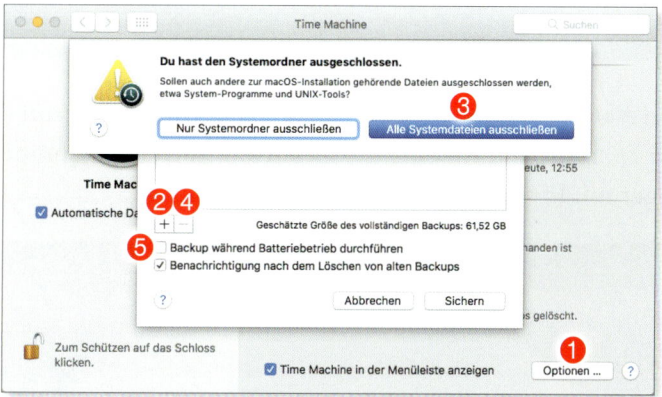

Systemdateien aus dem Backup ausschließen.

Manchmal kann es sinnvoll sein, dass man von einem Computer lediglich die Benutzerdaten in das Time-Machine-Medium überführt, weil alle anderen Elemente wie das Betriebssystem oder auch die Programme zur erneuten Installation verfügbar sind. Das spart natürlich enorm viel Platz auf dem externen Sicherungsdatenträger. Wenn Sie zum Beispiel den Ordner *System* aus dem Backup ausschließen, reagiert das Apple-Betriebssystem sofort und weist Sie darauf hin, dass der Ordner *System* nicht der einzige ist, der das Betriebssystem repräsentiert, und fragt nach, ob Sie auch die anderen Systemdateien vom Backup ausnehmen wollen. Wenn Sie nur Benutzerdaten ins Backup übernehmen wollen, ist es durchaus sinnvoll, die Eigenschaft *Alle Systemdateien ausschließen* ❸ an dieser Stelle zu aktivieren.

 Auch an dieser Stelle noch einmal der Hinweis: Externe Festplatten als Backup-Datenträger sind heutzutage sehr günstig zu erwerben. Sie erhalten beispielsweise eine 2-Terabyte-Festplatte für etwa 90 Euro (Stand: September 2017).

Es gibt aber auch Dateien bzw. Ordner, die aus dem Backup im Regelfall ausgeschlossen werden sollten. Wenn Sie beispielsweise via Parallels Desktop Windows auf dem Mac laufen lassen, sollten Sie diese virtuellen Gastsysteme ausschließen. Diese liegen im Regelfall in Ihrem Benutzerordner und dort im *Dokumente*-Ordner. Das Programm Parallels Desktop liefert einige Funktionen mit, um Backups der Gastsysteme erstellen zu können.

Natürlich können Sie nachträglich Objekte, die aus dem Backup ausgeschlossen wurden, wieder entfernen ❹. Beim nächsten Backup werden dann die Daten ebenso ins Backup übernommen. Und sofern Sie einen tragbaren Mac haben, können Sie noch definieren, ob ein Backup auch im Batteriebetrieb stattfinden soll ❺.

Time Machine in Aktion

Um Time Machine nun in Aktion zu erleben, klicken Sie in der Menüleiste auf das *Time Machine*-Symbol und wählen die Funktion *Time Machine öffnen* aus. Daraufhin startet Ihr Computer bei angeschlossenem Time-Machine-Datenträger mit Ihnen eine Zeitreise.

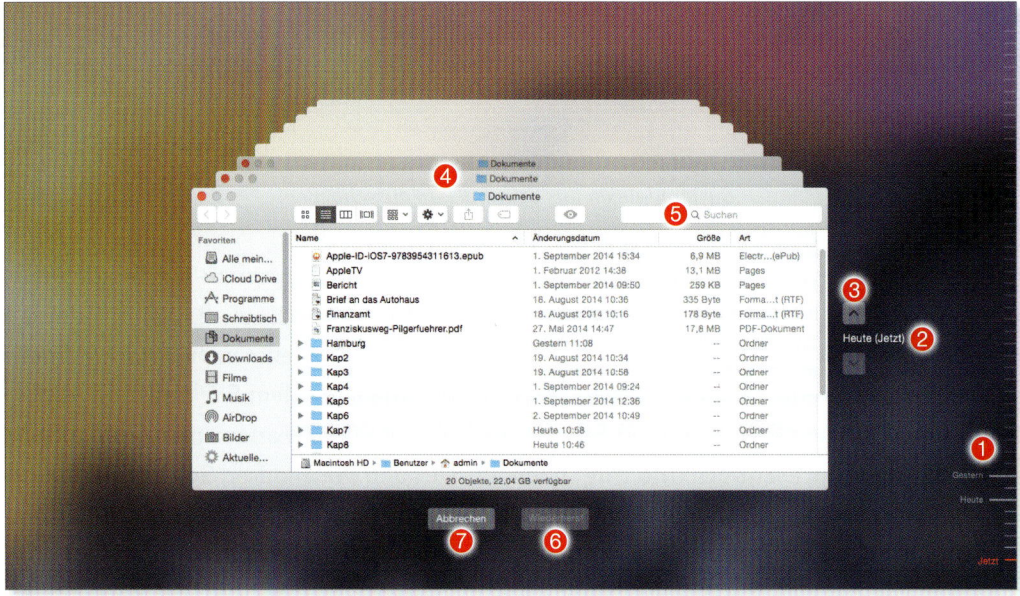

Zeitreise via Time Machine.

Wenn Sie das Bildschirmfoto ansehen, finden Sie auf diesem eine Menge verschiedener Elemente. Zunächst einmal sehen Sie auf der rechten Seite eine *Zeitleiste* ❶. Diese Zeitleiste repräsentiert die verschiedenen Backup-Bestände, sowohl lokale als auch externe Backups. Es sei dabei noch einmal erwähnt, dass alle 60 Minuten ein Backup erstellt wird, was innerhalb kürzester Zeit zu wahnsinnig vielen Backups führen würde.

Doch Time Machine ist clever und konsolidiert die Backups tage-, wochen- und monatsweise, so dass die Zeitleiste auf der rechten Seite immer übersichtlich bleibt.

Auf der rechten Seite sehen Sie in der Mitte, welchen Zustand Ihres Backups Sie derzeit betrachten ❷. Das Fenster im Vordergrund repräsentiert den heutigen (Jetzt-)Zustand. Die Fenster, die weiter hinten abgelegt sind – Sie erkennen es im Bild ❹ –, sind vorherige Zustände Ihres Datenbestands. Sie können nun über drei Arten auf die Zeitreise gehen: Entweder Sie klicken bei ❶ einen anderen Zeitpunkt an und das Fenster wird von hinten nach vorn bewegt, oder aber Sie klicken im Bereich ❹ ein dahinter liegendes Fenster an, um es nach vorn zu holen. Sie können aber auch die *Pfeile* ❸ verwenden, um in der Zeit zurückzublättern. Die Pfeile haben übrigens die Eigenschaft, dass Sie so weit in die Vergangenheit zurückgehen, bis in dem Fenster, das Sie vor sich sehen, eine erste Änderung stattgefunden hat. Das heißt: Time Machine bietet quasi einen Autopiloten, der so lange mit Ihnen in der Zeit zurückgeht, bis sich eine Änderung erkennen lässt.

Bedenken Sie bitte, dass Sie einen vollständigen Finder vor sich haben. Sie sehen also auf der linken Seite Ihres Finder-Fensters die Seitenleiste und können einfach einen anderen Ordner anklicken, um Einsicht in diesen zu nehmen. Natürlich können Sie auch über einen Doppelklick einen Ordner öffnen. Darüber hinaus steht Ihnen auch Spotlight ❺ zur Verfügung. Führen Sie also eine Spotlight-Suche aus, um zum jeweiligen Zeitpunkt alle Dateien zu finden, die Ihren Suchkriterien entsprechen. Und nicht zu vergessen: Auch Übersicht steht zur Verfügung.

Haben Sie dann die Datei oder den Ordner gefunden, die bzw. den Sie versehentlich gelöscht, überschrieben oder wie auch immer verloren haben, klicken Sie dieses Element an und holen über den Button *Wiederherstellen* ❻ das Element in die Gegenwart zurück. Durch eine schöne Animation begleitet, wird das Element aus der Vergangenheit wieder in die Gegenwart zurückgebracht. Konnten Sie Ihre Information nicht finden, können Sie über *Abbrechen* ❼ Time Machine wieder verlassen.

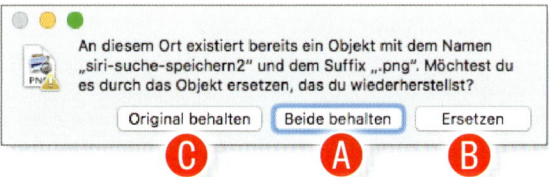

Zwei Versionen einer Datei.

Es muss ja nicht immer so sein, dass Sie über Time Machine verloren gegangene oder gelöschte Dateien wieder in die Gegenwart zurückholen wollen. Es könnte auch sein, dass Sie mit einem Programm eine Datei öfters bearbeitet haben. Nachdem Time Machine automatisch alle 60 Minuten eine Kopie dieser Datei abspeichert, haben Sie in verschiedenen Backups also auch ältere Fassungen der Datei, auf die Sie zugreifen können. Falls Sie dies tun, wird Time Machine Sie mit einem Fenster darauf hinweisen, dass es am Zielort bereits eine Datei mit dem gleichen Namen gibt. Sie können sich nun entscheiden, ob Sie beide Versionen der Datei behalten Ⓐ wollen oder die aktuelle Version durch die ältere ersetzen wollen Ⓑ bzw. die jetzige Version behalten möchten Ⓒ.

Bisweilen kann es auch sein, dass Sie eine Datei tatsächlich löschen möchten. Wenn Sie eine Datei im Zustand *Jetzt* löschen, befinden sich nach wie vor alle älteren Fassungen dieser Datei auf dem Backup-Datenträger. Das ist auch gut so, denn ein Backup ist ja dazu da, um versehentlich gelöschte oder überschriebene Elemente wieder zurückzuholen. Trotzdem kann es aber vorkommen, dass Sie eine Datei nicht nur im Zustand *Jetzt*, sondern auch in allen vergangenen Situationen, also aus allen Backups löschen möchten. Auch diese Funktion bietet Ihnen Time Machine. Starten Sie dazu Time Machine und navigieren Sie über den Finder zu dem Objekt, das aus allen Backups entfernt werden soll.

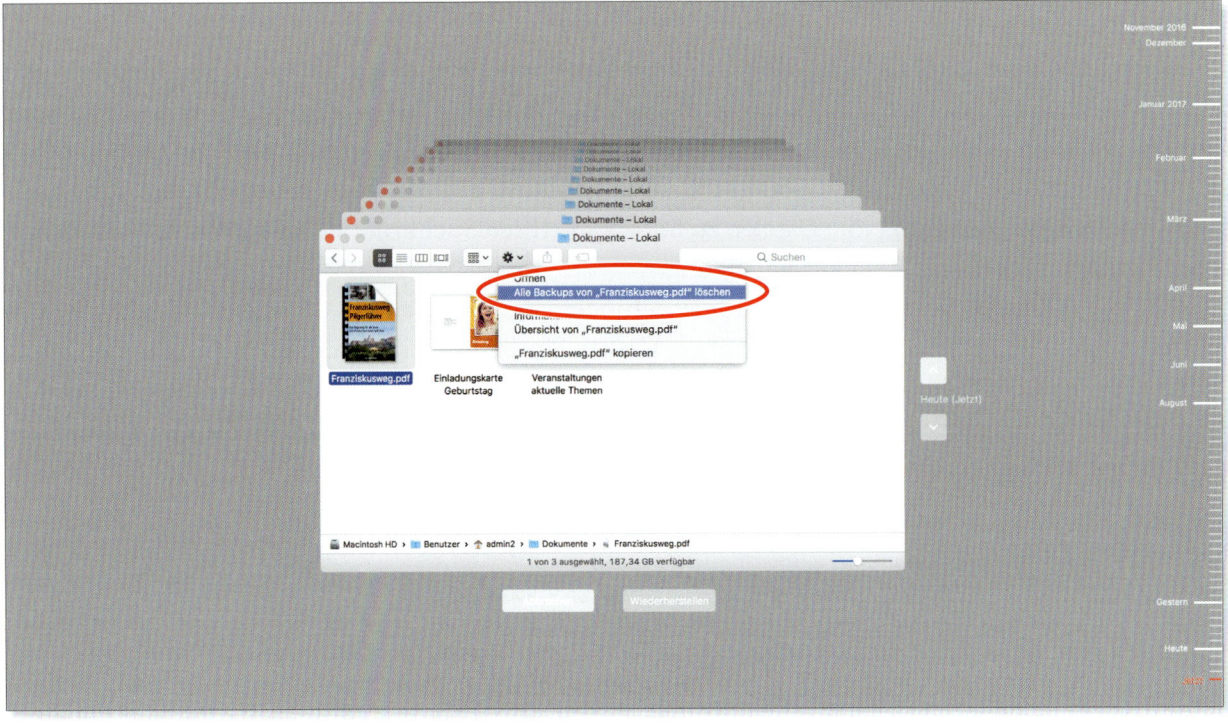

Element aus allen Backups entfernen.

Markieren Sie das Objekt und wählen Sie über den *Aktion*-Button den Eintrag *Alle Backups von ... löschen*. Sogleich beginnt Time Machine damit, alle Instanzen dieses Ordners oder dieser Datei aus sämtlichen Backups rückstandslos zu entfernen.

Sollten Sie Daten aus den Backups gelöscht haben, sind diese unwiederbringlich vernichtet. Denken Sie also vorher genau darüber nach, ob Sie die Dateien nicht doch noch irgendwann einmal gebrauchen könnten.

Ein anderes Szenario kann auch vorkommen, ich hoffe allerdings eher selten: Ihr Rechner ist defekt, Sie können mit Ihrem Computer nicht mehr arbeiten. Sie benötigen aber gerade jetzt dringend Ihre Daten. Selbstverständlich sind alle Daten in Ihrem Time-Machine-Backup. Nur können Sie darauf momentan nicht zugreifen, weil schlicht und ergreifend Ihr Rechner nicht mehr funktioniert. Der Ausweg ist ein sehr einfacher: Schließen Sie den Time-Machine-Datenträger an einen anderen Mac an. Wählen Sie dort das *Time Machine*-Symbol in der Menüleiste und halten Sie die *alt*-Taste gedrückt. Aus dem Eintrag *Backup jetzt erstellen* wird *Backups überprüfen* und aus *Time Machine öffnen* wird jetzt der Eintrag *Andere Backup-Volumes durchsuchen*.

Andere Backup-Volumes durchsuchen.

Sie können somit rasch an Ihre Daten gelangen und sie möglicherweise an einem anderen Rechner weiterbearbeiten.

 Wurde beim Erstellen des Time-Machine-Backups ein Passwort vergeben, wird dieses natürlich benötigt, um das Backup wieder einspielen zu können.

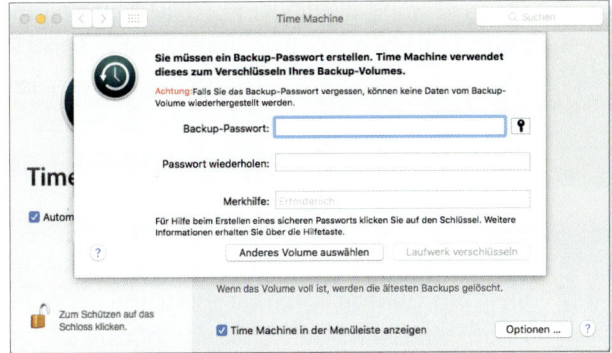

Time-Machine-Backup verschlüsseln.

Wenn Sie Ihr Time-Machine-Backup verschlüsselt ablegen möchten, müssen Sie beim Erstellen des Backups die Verschlüsselung angeben. Geben Sie bei *Backup-Passwort* und *Passwort wiederholen* jeweils das benötigte Passwort ein und vergessen Sie nicht, eine *Merkhilfe* zu hinterlegen. Klicken Sie anschließend auf *Laufwerk verschlüsseln*, um die Verschlüsselung des Backups zu starten.

Bedenken Sie bitte, dass eine Verschlüsselung Zeit in Anspruch nimmt. Ebenso können Sie jederzeit nachträglich den Backup-Datenträger wieder entschlüsseln, was aber ebenfalls bei größeren Datenmengen enorm viel Zeit benötigt.

Mittelfristig ist es natürlich notwendig, dass Ihr Rechner wieder in Gang gesetzt wird. War oder ist beispielsweise die Festplatte Ihres Computers defekt, werden Sie sich bei Ihrem Fachhändler eine neue Festplatte einbauen lassen müssen. Da Sie alle Daten auf Ihrem Time-Machine-Backup haben, können Sie das Backup natürlich auf den neuen Rechner übertragen. Zu diesem Zweck können Sie ein Betriebssystem auf dem neuen Rechner installieren. Und nach Abschluss der Installation können Sie den Time-Machine-Datenträger und den Migrationsassistenten verwenden, um die Daten auf den neuen Rechner zurückzuspielen. Weitere Informationen dazu finden Sie in Kapitel 1. Der Time-Machine-Datenträger ist also Gold wert, weil er Ihre wichtigen Daten beherbergt und diese jederzeit auf einen neuen Rechner übernommen werden können.

Sofern Sie mit sehr wichtigen und sensiblen Daten arbeiten, könnte es durchaus sinnvoll sein, dass Sie zwei Backup-Datenträger im Wechsel verwenden, also den Datenträger im Laufe einer Woche mehrmals umstecken. Time Machine ist so clever und erkennt jedes Mal den Zustand des Datenträgers im Vergleich zum aktuellen Zustand Ihres Computers und speichert jeweils die Differenz auf dem Backup-Datenträger.

Auch die größte Time-Machine-Festplatte wird einmal komplett voll sein. Sobald dies eingetreten ist, wird Ihr Computer sich bei Ihnen melden und anfragen, ob er ältere Backups aus der Reihe der Time-Machine-Backups löschen soll. Entweder Sie akzeptieren diese Entscheidung, oder – wozu ich Ihnen rate – Sie legen sich einen neuen Backup-Datenträger zu, schließen diesen an Ihren Rechner an und führen ein erneutes Komplett-Backup durch. Den vorherigen Backup-Datenträger legen Sie einfach an einer sicheren Stelle ab, damit Sie im Falle eines Falles wieder auf die älteren Daten zugreifen können. Für Firmen und Unternehmen ist es immer notwendig, alte Daten zu archivieren. Von daher ist es selbstverständlich, dass beim Überlaufen des Backups ein neuer Datenträger die Lösung der Wahl darstellt.

Sollten Sie via Boot-Camp-Assistent auf Ihrem Mac eine Windows-Partition erzeugt haben, wird Time Machine diese beim Backup außen vor lassen. Um die Windows-Partition zu sichern, benötigen Sie also entsprechende Zusatzsoftware wie zum Beispiel WinClone.

Split View

Das gleichzeitige Arbeiten mit mehreren Programmen kann unter Umständen sehr unübersichtlich werden – insbesondere dann, wenn Sie ständig zwischen zwei Programmen hin- und herwechseln müssen, wie z. B. beim Arbeiten an einem Textdokument und gleichzeitiger Recherche im Internet. macOS bietet zwar einen schnellen Programmwechsel mit der Tastenkombination *cmd + Tab* an, allerdings werden die Programme dabei nicht automatisch nebeneinander angezeigt. Mit der Funktion Split View können Sie ab sofort zwei Programmfenster automatisch nebeneinander anzeigen lassen und mit beiden gleichzeitig arbeiten.

Das Aktivieren von Split View ist recht einfach. Sie müssen dafür mit der Maus nur etwas länger auf den grünen Fensterbutton für den Vollbildmodus (links oben im Fenster) drücken. Dadurch wird das aktuelle Programm sofort im linken Teil des Monitors angezeigt, und im rechten Teil wählen Sie das zweite Programm aus, das dann den rechten Monitorbereich einnimmt. Die beiden Programme werden dabei im Vollbildmodus ausgeführt.

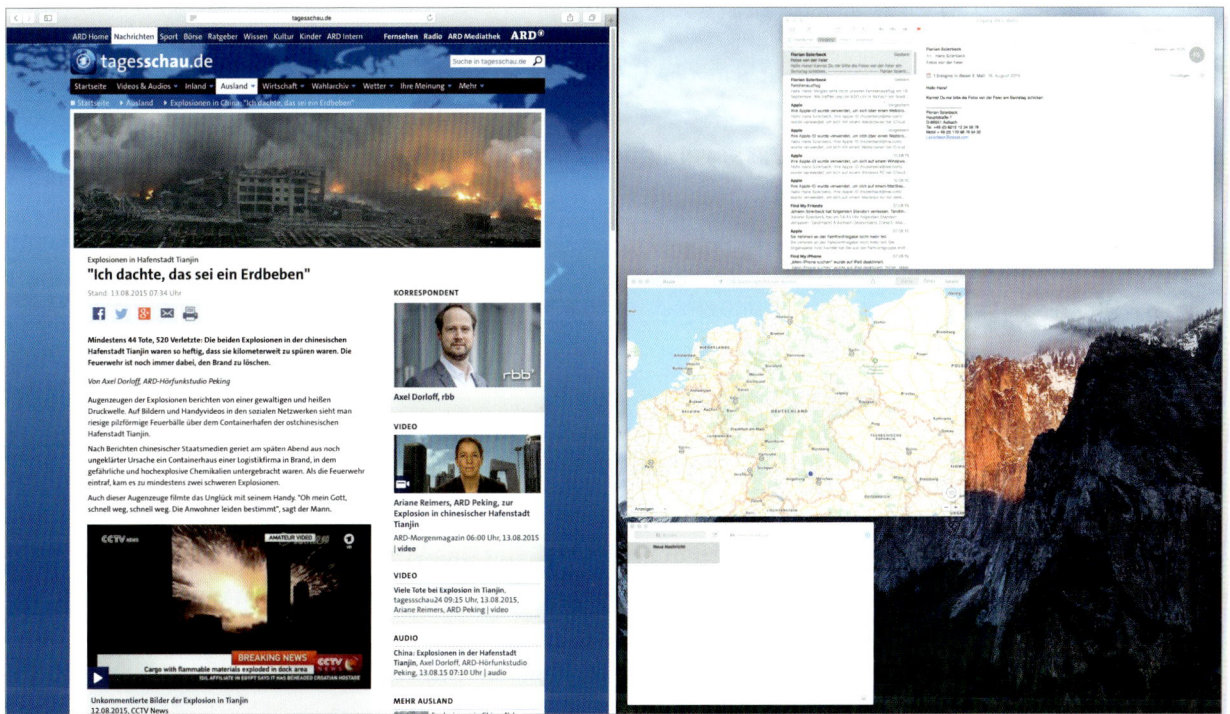

Safari ist bereits im linken Bereich anzeigt, während rechts noch das Programm festgelegt werden muss.

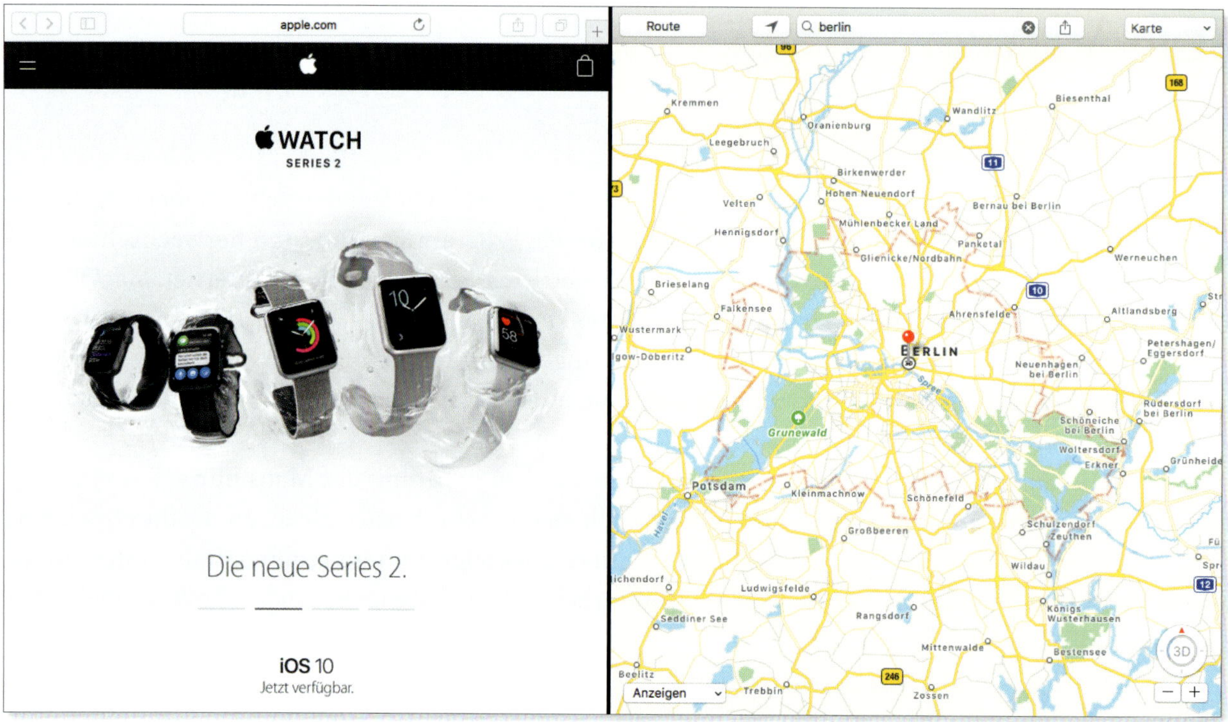

Safari und Karten arbeiten nun im Vollbildmodus und teilen sich den Monitor.

Um Split View zu beenden, müssen Sie bei einem der beiden Programmfenster erneut auf den grünen Fensterbutton für den Vollbildmodus klicken.

> **!** Nicht alle Programme unterstützen den Split-View-Modus. Grundsätzlich funktioniert dieser Modus aber in fast allen Apple-Programmen. Sogar das neue Office 2016 von Microsoft beherrscht den Split-View-Modus. Für alle anderen Apps werden sicher zeitnah Updates verfügbar sein.

Es gibt noch eine zweite Möglichkeit, den Split View-Modus zu aktivieren.

1. Bringen Sie ein Fenster in den *Vollbildmodus*.
2. Wechseln Sie zu *Mission Control* (*ctrl + Pfeil nach oben*).
3. Ziehen Sie ein anderes Fenster auf den Schreibtisch, der das Vollbildfenster enthält – oder aber ziehen Sie einen anderen Schreibtisch auf dieses Vollbildfenster, das ja einen eigenen Space belegt.

Alternativ zu dieser Methode können Sie einfach ein Fenster vom Desktop an den oberen Bildschirmrand ziehen und so einen neuen Schreibtisch erzeugen.

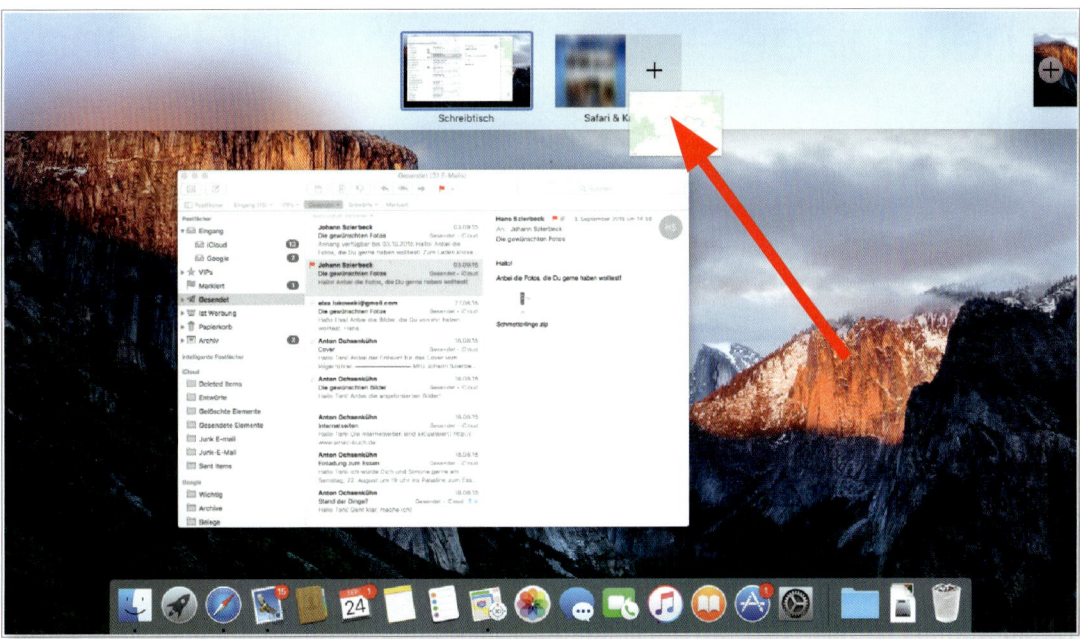

„Split View" kann ebenso über die Mission Control-Ansicht hergestellt werden.

Zwischenablage – von macOS zu iOS und umgekehrt

Eine Funktion, die mit macOS Sierra und iOS 10 auf dem Mac und iPhone/iPad dazugekommen ist, ist die gemeinsame Nutzung der Zwischenablage. Die gemeinsame Zwischenablage zu nutzen bedeutet: Wenn Sie z. B. auf dem iPhone in Safari etwas markieren und kopieren, können Sie den kopierten Bereich am Mac in Word oder TextEdit einfügen. Das funktioniert auch in die andere Richtung von Mac zum iPhone.

 Voraussetzung für die gemeinsame Zwischenablage ist die Nutzung von iCloud, die Verwendung der gleichen Apple-ID auf dem iPhone/iPad und dem Mac und ein aktiviertes **Handoff** auf dem Mac (**Systemeinstellungen –> Allgemein**) und den iOS-Geräten (**Einstellungen –> Allgemein**).

Der Datenaustausch via Zwischenablage funktioniert ganz einfach: Markieren Sie z. B. auf dem iPhone einen beliebigen Text und wählen Sie *Kopieren* aus dem *Kontextmenü*. Um auf dem iPhone etwas zu markieren, können Sie entweder einen Doppeltipp ausführen oder den Finger etwas länger auf das Display legen. Wechseln Sie nun zum Mac und öffnen Sie dort das Programm, in das Sie den kopierten Bereich einfügen wollen. Im Menü *Bearbeiten* müssen Sie jetzt nur noch die Funktion *Einfügen* bzw. *Einsetzen* wählen. Fertig!

Der markierte Bereich wird auf dem iPhone (links) in die Zwischenablage gelegt und anschließend in TextEdit auf dem Mac in ein Dokument eingefügt (rechts).

Mac mit der Apple Watch aufsperren

Wenn Sie im Besitz einer Apple Watch sind, dann können Sie diese zum Aufsperren bzw. Einloggen am Mac benutzen. Anstatt das Passwort am Mac einzutippen, reicht es aus, wenn sich Ihre Apple Watch in Reichweite des Macs befindet. Die Eingabe des Passworts wird damit überflüssig. Haben Sie die Watch nicht dabei, können Sie natürlich über das Passwort Ihren Mac jederzeit aufsperren.

Voraussetzungen

Es gibt einige Voraussetzungen, die erfüllt sein müssen, damit die Apple Watch für das Entsperren verwendet werden kann. Folgende Dinge müssen Sie haben:

- Apple Watch mit watchOS 3 und aktivierter Codesperre
- Mac-Computer mit macOS Sierra (ab Baujahr 2013)
- eine Apple-ID, die auf allen Geräten eingerichtet ist
- iCloud
- Zwei-Faktor-Authentifizierung für Ihre Apple-ID bzw. iCloud

> **!** Die Zwei-Faktor-Authentifizierung ist eine Erweiterung der zweistufigen Anmeldung. Es gibt sie erst seit iOS 9 bzw. OS X El Capitan. Sie können die Zwei-Faktor-Authentifizierung auf dem iPhone unter **Einstellungen –> iCloud** einrichten, wenn Sie dort auf Ihre Apple-ID tippen und anschließend **Passwort und Sicherheit** wählen. Natürlich geht es auch am Mac: **Systemeinstellungen –> iCloud –> Acccountdetails –> Sicherheit**. Falls Sie bereits eine ältere zweistufige Anmeldung eingerichtet haben, müssen Sie diese erst deaktivieren. Dazu rufen Sie die Internetseite **appleid.apple.com** auf, melden sich an und klicken dort im Bereich **Sicherheit** auf **Bearbeiten**. Danach können Sie die zweistufige Anmeldung deaktivieren und auf dem iPhone die Zwei-Faktor-Authentifizierung einschalten.

Sind alle Voraussetzungen erfüllt, müssen Sie auf dem Mac noch eine kleine Einstellung vornehmen. Öffnen Sie die *Systemeinstellungen* und klicken dort auf *Sicherheit*. Im Bereich *Allgemein* sollten Sie die Option *Deiner Apple Watch das Entsperren deines Mac erlauben* sehen. Falls diese Option nicht auftaucht, ist wahrscheinlich eine der Voraussetzungen nicht erfüllt, oder der Mac hat Ihre Apple Watch noch nicht gefunden. Warten Sie einfach noch ein paar Minuten.

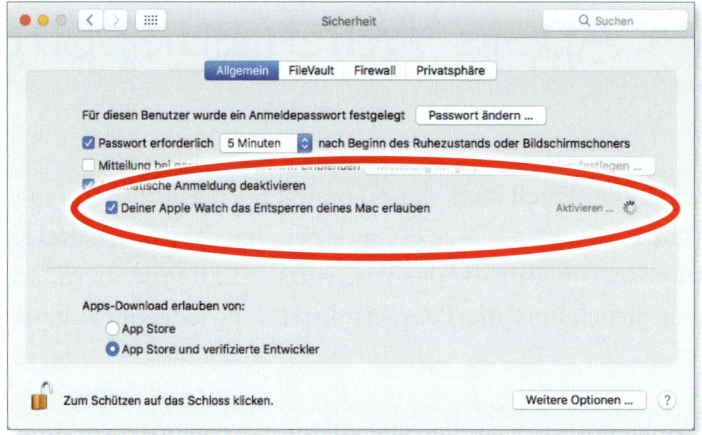

Die Apple Watch kann auch zum Entsperren des Macs verwendet werden.

Ist die Option aktiviert, läuft ab sofort alles automatisch. Wenn Sie den Mac z. B. aus dem Ruhezustand holen wollen, muss ab sofort kein Passwort mehr eingegeben werden. Die Apple Watch entsperrt den Mac und teilt Ihnen dies durch eine kleine Nachricht auf dem Display mit. Dazu muss sich die Apple Watch zwingend an Ihrem Handgelenk befinden. Ist die Watch nicht verfügbar, können Sie sich natürlich über Ihr Kennwort anmelden.

Der Mac wird mit Hilfe der Apple Watch entsperrt (links). Auf der Apple Watch wird dieser Vorgang mit einer kleinen Meldung bestätigt (rechts).

Kapitel 8

Dateien erstellen und ablegen

Ordnerstruktur

Wie Sie ja bereits wissen, befindet sich innerhalb Ihres Benutzerordners eine achtfache Ordnerstruktur, die für Sie vorbereitet wurde, um mit Dateien arbeiten zu können. Wir wollen uns nun auf den Ordner *Dokumente* konzentrieren. Der Ordner *Dokumente* kann durch weitere Unterordner gegliedert und so zu einer vernünftigen Datenablage erweitert werden.

Um einen neuen Unterordner innerhalb des Ordners *Dokumente* zu erzeugen, müssen Sie den Ordner *Dokumente* öffnen. Am einfachsten geschieht das, wenn Sie im Finder über den Menübefehl *Gehe zu –> Dokumente* den Dokumente-Ordner öffnen.

Um einen neuen Ordner zu erstellen, haben Sie grundsätzlich fünf Möglichkeiten:

1. Verwenden Sie über den Menüpunkt *Ablage* den Eintrag *Neuer Ordner*.
2. Klicken Sie im Finder-Fenster mit der rechten Maustaste auf einen leeren Bereich und verwenden Sie auch hier den Eintrag *Neuer Ordner*.
3. Über den *Aktion*-Button in der Symbolleiste des Finder-Fensters finden Sie ebenfalls den Eintrag *Neuer Ordner*.
4. Oder verwenden Sie den Tastaturkurzbefehl *cmd + Shift + N*, um einen neuen Ordner zu erzeugen.
5. Markieren Sie im Finder mehrere Dateien und erstellen Sie daraus über das Kontextmenü direkt einen neuen Ordner.

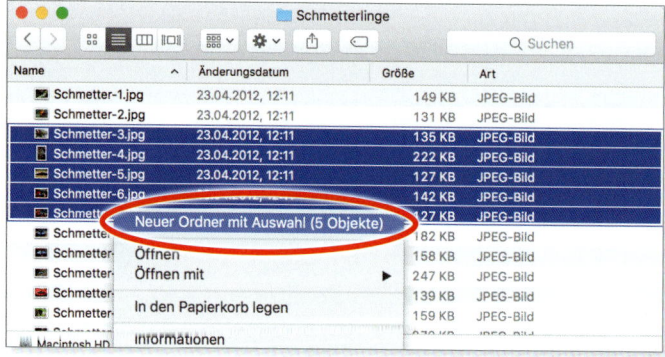

Neuer Ordner über das Kontextmenü.

Sogleich erscheint dieser dann im *Dokumente*-Ordner und sein vorläufiger Name lautet *Neuer Ordner*. Er ist farbig hinterlegt und eingerahmt, das heißt, der Ordner wartet jetzt darauf, von Ihnen einen aussagekräftigen Namen zu bekommen.

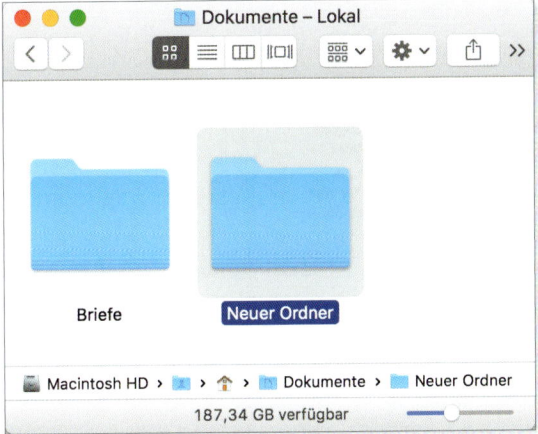

Neuer Ordner wurde erstellt.

Geben Sie hier einen maximal 255 Zeichen langen Ordnernamen an.

> **!** Der erste Buchstabe des Ordnernamens darf kein Punkt sein, worauf das Apple-System Sie auch hinweist. Des Weiteren ist in der Namensvergabe ein Doppelpunkt nicht erlaubt. Umlaute, Leerzeichen und andere Sonderzeichen hingegen sind kein Problem.

> **!** Sollten Sie diesen Ordner später auf einen USB-Stick übertragen und an einem anderen Rechner weiterverwenden, könnte es bei der Verwendung von Sonderzeichen in Datei- oder Ordnernamen zu Schwierigkeiten kommen. Auf der Mac-Plattform hingegen ist die Verwendung von Sonderzeichen in Datei- und Ordnernamen völlig problemfrei.

Wollen Sie die Namensvergabe für einen Ordner abschließen, bestätigen Sie dies mit der *Returntaste*. Mit einem erneuten Druck auf die *Returntaste* wird der Name des Ordners wieder aktiv und kann geändert werden. Alternativ dazu können Sie auch mit der Maustaste den Ordnernamen anklicken, und nach etwa zwei Sekunden wird dieser editierbar und steht für Ihre Änderungen zur Verfügung.

> **!** Wie bei allen Mac-Programmen, kann auch im Finder via **cmd + Z** der letzte Arbeitsschritt rückgängig gemacht werden. Viele Programme bieten sogar die Möglichkeit an, weitere Schritte zurückzugehen.

> **!** Wenn Sie statt der **Symboldarstellung**, **Listendarstellung** oder **Cover-Flow-** die **Spaltendarstellung** verwenden, genügt ein einfacher Klick, um den Ordner zu öffnen und darin weitere Unterordner anzulegen.

Ordnerstruktur.

So können Sie Ordner durch weitere Unterordner strukturieren, um die spätere Datenablage vorzubereiten. Wie Sie anhand unseres Bildschirmfotos sehen, ist uns hier ein Malheur passiert: Der Ordner *Bergsteigen* wurde versehentlich als Unterordner des Ordners *Radfahren* angelegt. Sie möchten aber, dass *Bergsteigen* auf der gleichen Ebene liegt wie *Radfahren*. Deshalb müssen Sie dieses Objekt nun verschieben. Das Verschieben von Objekten funktioniert so, dass Sie beispielsweise den Ordner *Bergsteigen* anklicken und mit der Maus in die Spalte links daneben ziehen. Sie sehen also, dass sich die *Spaltendarstellung* sehr gut eignet, um in der Ablagestruktur Modifikationen vorzunehmen.

 Wollen Sie ein Element (Datei oder Ordner) auf demselben Datenträger ein zweites Mal haben, halten Sie die **alt**-Taste gedrückt und das Element wird beim Ziehen mit der Maus automatisch kopiert.

Kopieren und Verschieben

Wenn Sie nun diese Ordnerstruktur mit Dateien befüllt haben und auf einem tragbaren USB-Stick mitnehmen möchten, ist auch das mit dem Apple-Betriebssystem ein ganz simpler Vorgang. Stecken Sie zu diesem Zweck Ihren USB-Stick an den Rechner an und ziehen Sie beispielsweise den Ordner *Freizeit* per Drag & Drop auf das Icon des USB-Sticks.

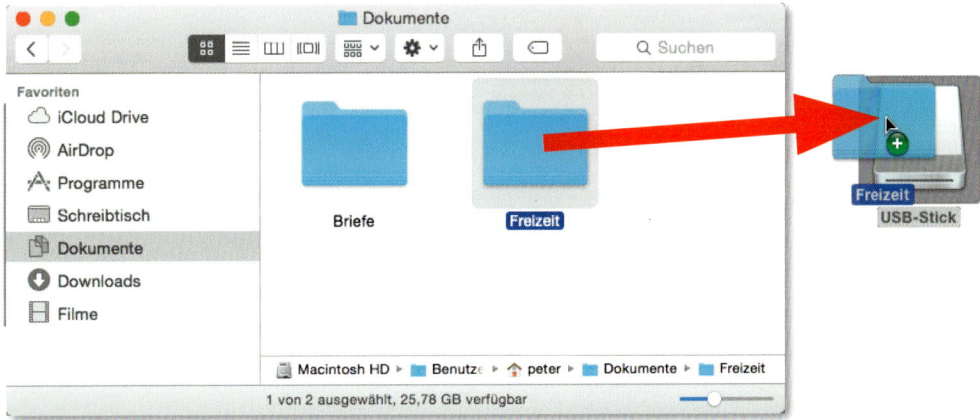

Ordner wird auf USB-Stick kopiert.

Sobald Sie von Ihrer internen Festplatte einen Ordner oder eine Datei auf einen externen Datenträger bewegen, wird standardmäßig kopiert, Sie müssen hier also nicht die *alt*-Taste zusätzlich gedrückt halten. Möchten Sie dagegen, dass das Element nicht kopiert, sondern tatsächlich von der Festplatte auf den USB-Datenträger verschoben wird, halten Sie während des Ziehens mit der Maus die *cmd*-Taste gedrückt. Sie erkennen das Verschieben daran, dass nunmehr kein weißes Plus auf grünem Hintergrund erscheint und der Ordner bzw. die Datei anschließend am Ursprungsort verschwunden ist.

> **!** Alternativ zum Ziehen mit der Maus können Sie die Kopierfunktionen ebenfalls über das **Bearbeiten**-Menü erledigen. Um eine Datei oder einen Ordner in die **Zwischenablage** zu bekommen, wählen Sie den Eintrag **Bearbeiten –> Kopieren**. Wenn Sie das Objekt an anderer Stelle einsetzen möchten, wählen Sie **Bearbeiten –> Objekt einsetzen**. Viel einfacher geht es selbstverständlich mit den Tastenkombinationen **cmd + C** für Kopieren und **cmd + V** für Einfügen.

> **!** Wer bisher mit einem Windows-System gearbeitet hat, kennt auch die Funktion des **Ausschneidens**. Diese Funktion kennt das Apple-System im Zusammenhang mit Dateien und Ordnern in der Form nicht. Möchten Sie nun eine Datei oder einen Ordner tatsächlich bewegen, verwenden Sie **cmd + C**, um das Element in die Zwischenablage zu bringen, und dann die Tastenkombination **cmd + alt + V** beim Einfügen. Damit wird das Element an der ursprünglichen Position entfernt und an der neuen eingefügt.

Aber zurück zur Aufgabe, den Ordner auf einen USB-Stick zu kopieren. Wurde diese Aktion erfolgreich abgeschlossen, beginnt der Kopiervorgang.

Kopiervorgang in Aktion.

Daraufhin zeigt Ihnen ein Dialog, wie viele Objekte gerade kopiert werden A und wie groß die insgesamt zu übertragende Datenmenge ist B. Möchten Sie den Kopiervorgang abbrechen, klicken Sie auf das kleine weiße *x* am Ende des Balkens C.

 Wir arbeiten unter macOS mit einem hochperformanten Unix-System. Deshalb ist es kein Problem, mehrere Kopiervorgänge parallel durchzuführen.

Übrigens: Gibt es an der Zielposition bereits ein Dokument gleichen Namens, fragt macOS nach, was nun geschehen soll.

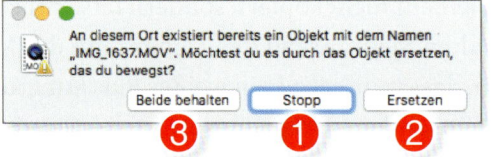

Gleichnamiges Objekt bereits an Zielposition vorhanden.

Via *Stopp* ❶ beenden Sie den Kopiervorgang. Bei *Ersetzen* wird die vorherige Datei durch die aktuelle überschrieben ❷. Und *Beide behalten* ❸ hängt der aktuellen Datei einfach eine fortlaufende Ziffer an.

Im Vergleich zu den früheren Systemen hat sich hier eine kleine, aber sehr wichtige Neuerung ergeben. Wenn Sie mehrere Dateien von einem Ort zu einem anderen kopieren, bewegen oder verschieben, sind nun bereits fertig kopierte Elemente sofort einsatzbereit.

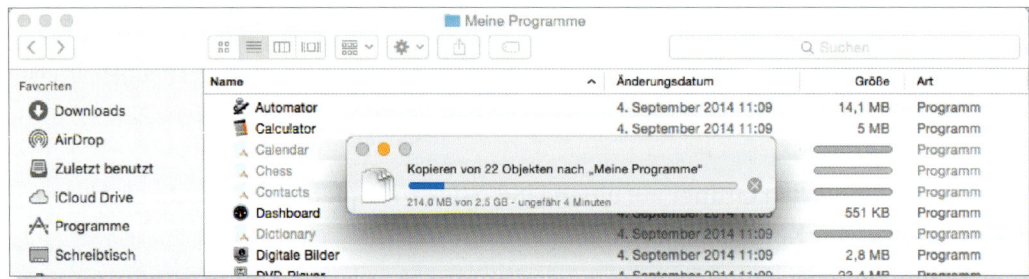

Fertig kopierte Elemente sind sofort einsatzbereit.

Man sieht an dem Beispielfoto im Finder-Fenster, dass unter anderem die Programme *Dashboard*, *Automator* und *Digitale Bilder* bereits fertig kopiert wurden und mit einem dunklen, kräftigen Icon dargestellt werden. Das heißt, sie stehen bereits zur weiteren Verwendung zur Verfügung. Bei den anderen Applikationen hingegen sieht man, dass diese noch kopiert werden. Zusätzlich zeigt in der Spalte *Größe* ein wandernder Balken den Fortschritt des Kopiervorgangs an.

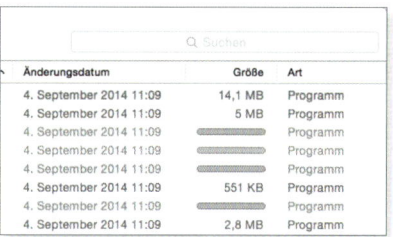

Kopierverlauf im Detail.

> **!** Über das Kontextmenü lässt sich bei gedrückter **alt**-Taste der Speicherpfad der ausgewählten Dateien kopieren, und als Text anderswo einzufügen.

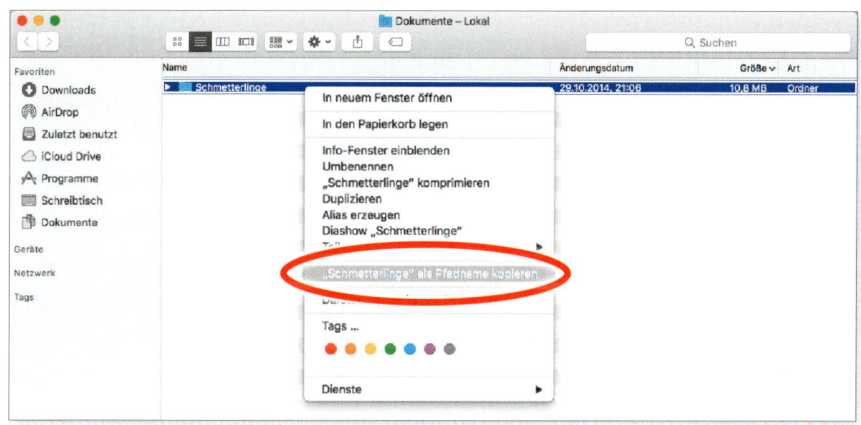

Der Speicherpfad lässt sich als Text in die Zwischenablage legen.

Beim Kopieren ist Ihnen möglicherweise schon einmal etwas scheinbar Seltsames untergekommen: Als Sie nämlich den Ordner auf das Icon des USB-Sticks gezogen hatten, pulsierte dieses kurz und öffnete daraufhin ein Fenster. Das ist eine im Betriebssystem hinterlegte Funktion. Diese Funktion nennt sich *Aufspringende Ordner und Fenster* die von Ihnen angepasst und auch ausgeschaltet werden kann. Dazu öffnen Sie die *Systemeinstellungen* und wechseln dort zu den *Bedienungshilfen*. In der linken Spalte wählen Sie dann *Maus & Trackpad* aus. Nun sehen Sie auf der rechten Seite die Funktion *Verzögerung für Aufspringen*.

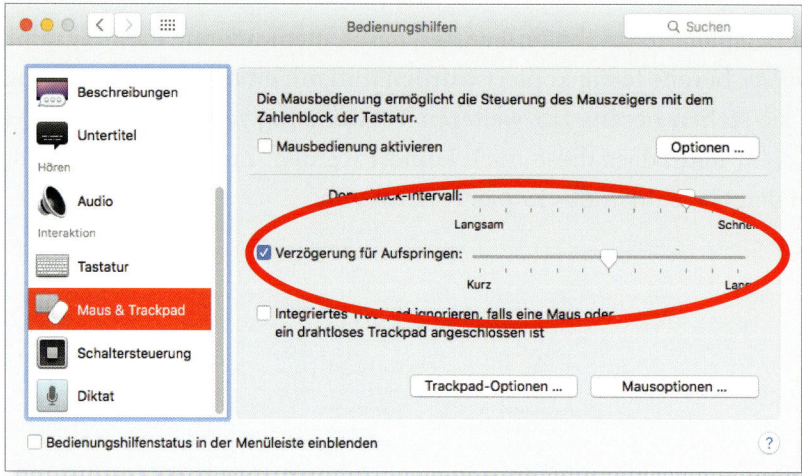

Die Einstellungen für die aufspringenden Ordner finden Sie in den „Bedienungshilfen" bei den „Systemeinstellungen".

Der Schieberegler für die Verzögerung steht standardmäßig in der Mitte. Diese Funktion ist für den Anwender, der neu am Mac ist, zu Beginn etwas gewöhnungsbedürftig; für professionelle Anwender ist sie eine hervorragende Sache, zum Beispiel das Objekt direkt auf dem USB-Stick in weitere Ordner- oder Unterordnerhierarchien einzubringen. Denn wenn Sie die Maustaste gedrückt halten, erfolgt nach dem Pulsieren das Öffnen des USB-Sticks in Form eines Fensters und die Ordner, die auf dem Datenträger vorhanden sind, werden sichtbar. Sie können nun – bei weiterhin gedrückter Maustaste – das Objekt auf den Ordner ziehen, in den es schlussendlich eingebracht werden soll. Wenn Sie auch hier kurz warten, wird der betreffende Ordner wieder kurz pulsieren und sich in einem eigenen Fenster öffnen. Sie können damit also das Objekt gleich in den richtigen Unterordner einbringen. Sollten Sie mit der Funktion auf Kriegsfuß stehen, deaktivieren Sie sie einfach.

 Noch ein Tipp für die aufspringenden Ordern: Sie können durch Drücken der Leertaste die Ordner sofort und ohne Verzögerung öffnen lassen, sofern Sie die Funktion aktiviert haben.

Sichern bzw. Speichern von Dateien

So, nun wollen wir uns daranmachen, in der Ordnerstruktur, die wir erzeugt haben, Dokumente abzulegen. Am besten benutzen wir zum Üben das im Betriebssystem mitgelieferte Programm *TextEdit*. Um das Programm TextEdit zu starten, gibt es, wie Sie bereits wissen, viele Wege. Entweder Sie benutzen das *Launchpad*, öffnen den *Programme*-Ordner, oder – was ich noch einmal in Erinnerung rufen möchte – verwenden Sie doch einfach *Spotlight*. Rufen Sie mit *cmd + Leertaste* die *Spotlight-Suche* auf und geben Sie den ersten Teil des Wortes *TextEdit* ein. Augenblicklich wird das Programm als Top-Treffer dargestellt und mit der *Returntaste* kann es gestartet werden. Geben Sie nun in TextEdit ein paar Zeilen Text ein, um sie danach in Ihrem Ordner abspeichern zu können. Um das fertige Dokument in die Ordnerstruktur einzubringen, verwenden Sie den Menüpunkt *Ablage –> Sichern*.

> **!** In den allermeisten Programmen am Mac können Sie den Tastaturkurzbefehl **cmd + S** verwenden.

Sofort erscheint der *Sichern-* oder auch *Speichern*-Dialog. Und wie Sie sehen, wird der Ordner *Dokumente* als Ablageort vorgeschlagen. Nun soll aber diese Datei nicht in den Ordner *Dokumente*, sondern in den Unterordner *Freizeit* und dort in den Ordner *Radfahren* gespeichert werden. Deshalb ist es notwendig, im *Sichern*-Dialog die *Seitenleiste* anzuzeigen. Dazu klicken Sie rechts neben dem Eingabefeld für den Dateinamen auf den *Pfeil nach unten* ❹, um den erweiterten Dialog zu Gesicht zu bekommen. Sie können übrigens auch das Fenster, das sich jetzt auftut, von der Größe her modifizieren, um ausreichend Platz zu schaffen.

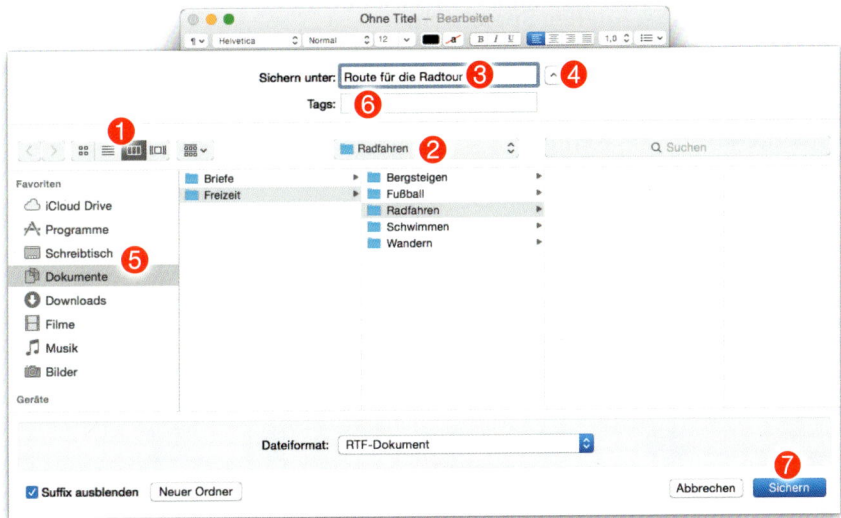

Speichern-Dialog in Spaltendarstellung inklusive Seitenleiste.

Der *Sichern-* oder *Speichern*-Dialog ist ein sehr umfangreicher Dialog, in dem Sie viele Dinge einstellen können. Sie sehen anhand des Bildschirmfotos, dass ich in der *Spaltendarstellung* arbeite. Sie können aber auch, wie aus dem Finder bekannt, die *Symboldarstellung*, *Listendarstellung* oder *Cover Flow* verwenden, um zu navigieren ❶. Außerdem habe ich mich nun zum Zielordner durchgearbeitet, das erkenne ich unterhalb des Dateinamens ❷. Hier steht also in der Tat *Radfahren* und in diesem Ordner soll die Datei abgelegt werden. Vergessen Sie niemals, bevor Sie die Datei speichern, bei ❸ der Datei einen vernünftigen Namen zu geben, damit Sie sie auch wiederfinden. Des Weiteren sehen Sie im *Sichern*-Dialog auf der linken Seite die Seitenleiste ❺ mit genau den Elementen, die auch ein Finder-Fenster aufweist. Wenn Sie den umfangreichen *Sichern*-Dialog wieder zuklappen möchten, können Sie dies mit einem Klick auf das Dreieck bei ❹ tun. Wenn Sie möchten, können Sie gleich direkt Tags vergeben ❻. Sind alle Einstellungen erfolgreich vonstattengegangen, dann klicken Sie auf *Sichern* ❼, um das Dokument an dem Bestimmungsort abzulegen.

Der *Sichern*-Dialog verfügt zudem über eine Menge von Tastaturkurzbefehlen, mit denen Sie sehr effektiv arbeiten können:

- Zum einen können Sie über *cmd* zusammen mit den Ziffern 1 bis 4 auf Ihrer Tastatur die vier verschiedenen Darstellungsvarianten aufrufen.
- Außerdem funktionieren auch die wichtigen *Gehe zu*-Befehle aus der Menüleiste, wie zum Beispiel *cmd + Shift + D* für den Schreibtisch, *cmd + Shift + O* für den *Dokumente*-Ordner etc.
- Sie können ebenso mit der Tastenkombination *cmd + Pfeiltaste nach oben* eine Ebene weiter nach oben wechseln. Das ist sinnvoll, wenn Sie in der Symbol- oder der Listendarstellung arbeiten.

Zwei weitere pfiffige Tricks für schnelles Speichern:

1. Wenn Sie bereits im Finder ein Fenster geöffnet haben, in das nun auch die zu sichernde Datei eingebracht werden soll, ziehen Sie einfach den Ordner hinüber in den *Sichern*-Dialog. Sogleich wird dieser als Zielordner verwendet

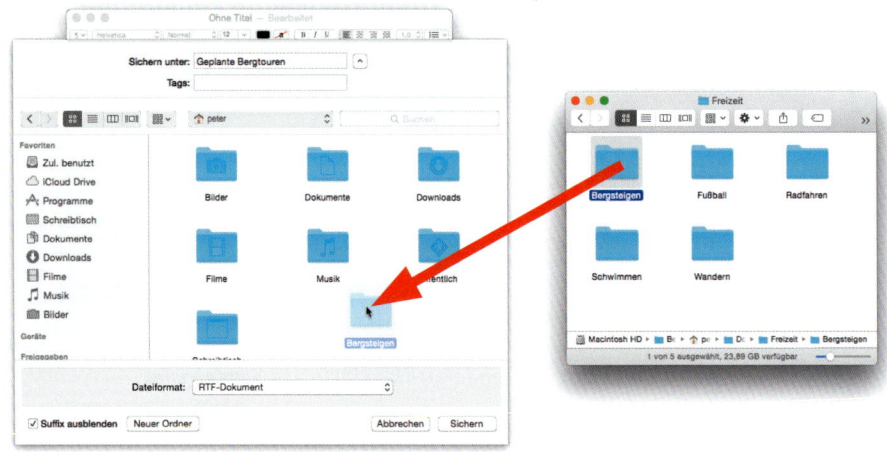

Finder-Ordner als Zielordner verwenden.

2. Natürlich können Sie auch hier weitere Ordner als Favoriten in die Seitenleiste bringen. Ziehen Sie dazu einfach den Ordner Ihrer Wahl auf den Begriff *Favoriten* der Seitenleiste.

Um nun zu überprüfen, ob das Dokument auch dort gelandet ist, wo Sie es haben möchten, gibt es wiederum mehrere Möglichkeiten:

Sie erinnern sich an das *Proxy-Icon*, das ist das kleine Symbol vor dem Titel des Fensters. Wenn Sie dort mit der *cmd*-Taste auf das Symbol klicken, wird der Pfad dargestellt und der Ablageort erscheint.

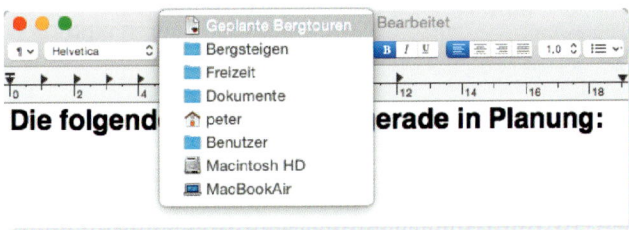

Proxy-Icon.

Natürlich können Sie auch in den *Dokumente*-Ordner gehen und dort in die Unterordner Einsicht nehmen, um zu überprüfen, ob das Dokument auch angekommen ist.

Deutlich pfiffiger ist es, den schnellsten Weg zu gehen, denn über das *Apfel-Menü* finden Sie den Eintrag *Benutzte Objekte*. Und dort finden Sie im Bereich *Dokumente* die vorhin abgelegte Datei. Um nun zum Ablageort zu gelangen, halten Sie die *cmd*-Taste gedrückt. Der Dokumentenname wird nun um den Zusatz *Im Finder anzeigen* angereichert. Klicken Sie den mit der Maus an und sogleich öffnet sich ein Finder-Fenster mit dem Ablageort des Dokuments.

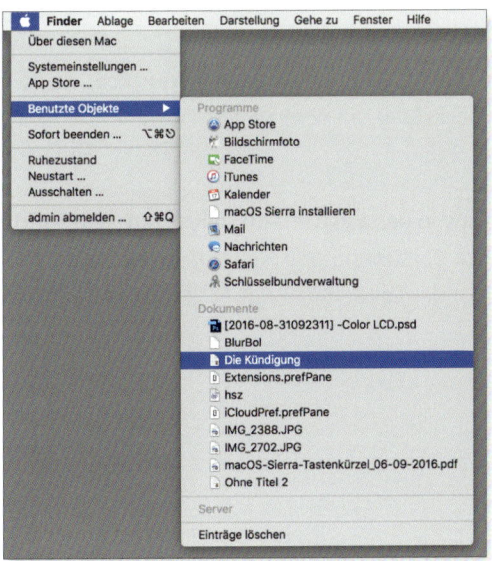

Dokument auffinden über „Benutzte Objekte" im Apfel-Menü.

Und natürlich funktioniert es auch über *Spotlight*. Sie erinnern sich: Bei Spotlight ist es nicht notwendig, dass Sie den Dateinamen angeben, Sie können ebenso einige Begriffe, die im Dokument vorkommen, verwenden, um das Dokument aufzufinden.

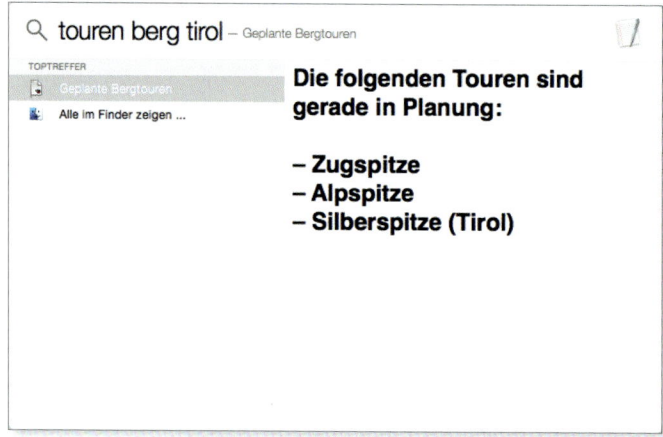

Spotlight-Suche.

Sie sehen also, dass es mannigfaltige Möglichkeiten gibt, um das Dokument wieder zum Vorschein zu bringen. Dabei haben Sie auch gleich gelernt, wie Sie ein Dokument öffnen können. Spotlight ist der eine Weg, das *Apfel-Menü* mit dem Eintrag *Benutzte Objekte* ein weiterer. Sie können aber auch schlicht und ergreifend am Ablageort einen Doppelklick auf dem Dokument ausführen, um es zu öffnen.

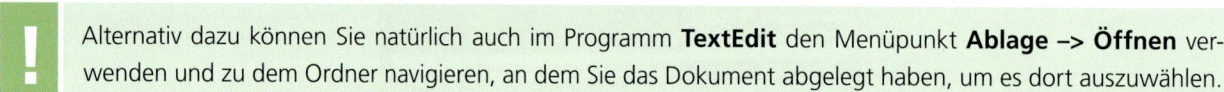

Alternativ dazu können Sie natürlich auch im Programm **TextEdit** den Menüpunkt **Ablage –> Öffnen** verwenden und zu dem Ordner navigieren, an dem Sie das Dokument abgelegt haben, um es dort auszuwählen.

Sollten Sie iCloud verwenden und in den **Systemeinstellungen –> iCloud** die Funktion **iCloud Drive** aktiviert haben, gibt es eine ganz andere Darstellung und Funktionsweise beim Öffnen und Sichern von Dateien. Lesen Sie hierzu die Informationen auf der Seite 558.

Dateierweiterung bzw. -suffix

Es stellt sich nun die Frage, woher eine Datei eigentlich weiß, mit welchem Programm sie erzeugt wurde. Oder andersherum gefragt: Wenn auf eine Datei ein Doppelklick ausgeführt wird, welches Programm wird denn dabei starten? Hier verwendet das Apple-Betriebssystem eine Technologie, die viele von Ihnen auch von Windows kennen werden: nämlich einen Namenszusatz, der jedem Dateinamen angehängt wird.

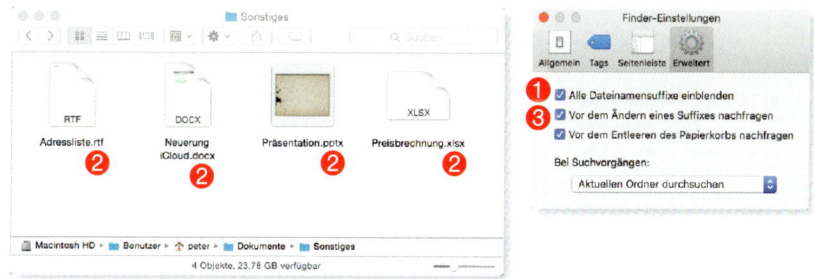

Datei inklusive Dateinamensuffix.

Es ist ein guter Rat, über den Menüpunkt *Finder* in den *Einstellungen* bei *Erweitert* das Häkchen bei *Alle Dateinamensuffixe einblenden* zu aktivieren ❶. Sobald dies geschehen ist, werden Sie bei abgespeicherten Dokumenten im Finder-Fenster den Dateinamen, danach einen Punkt und darauf folgend einen drei oder vier Zeichen langen Zusatz erkennen ❷. Über diesen Namenszusatz merkt sich die Datei, von welchem Programm sie stammt. *RTF* ist das Standardformat für Dateien aus dem Programm *TextEdit*. *PPTX* hingegen stammt von PowerPoint aus Office für den Mac. *XLSX* ist eine Microsoft-Excel-Datei für den Mac, und *DOCX* ist eine Word-Datei. Wird also auf eine Datei ein Doppelklick ausgeführt, weiß das Betriebssystem aufgrund des Namenszusatzes, welches Programm gestartet werden muss.

Noch einmal zurück zu den erweiterten *Finder-Einstellungen*. Sie sollten auch die Eigenschaft *Vor dem Ändern eines Suffixes nachfragen* ❸ aktiv belassen. Damit erscheint immer eine Warnmeldung, wenn Sie beim Umbenennen einer Datei versehentlich ein falsches Suffix zugeordnet haben.

Fehlermeldung beim Umbenennen.

Sobald die Suffixe eingeblendet sind, wird beim Umbenennen mit der *Returntaste* das Suffix nicht markiert, aber in der Hektik des Geschehens kann es durchaus vorkommen, dass Sie dieses Suffix verändern. Das Apple-Betriebssystem bewahrt Sie allerdings davor, das Suffix aus Versehen zu ändern. Denn durch die Zuordnung eines anderen Namenszusatzes kann die Datei möglicherweise unbrauchbar werden.

Außerdem können oftmals mehrere Programme die gleiche Art von Dateien bearbeiten. Ein Beispiel ist das Dateiformat *RTF*. Nicht nur das Programm *TextEdit* kann mit RTF-Dokumenten umgehen, auch das Programm Microsoft Word kann es. Jedem Suffix ist grundsätzlich nur ein Programm zugeordnet. Wenn Sie eine Datei zur Abwechslung mit einem anderen Programm öffnen möchten, klicken Sie die Datei mit der rechten Maustaste an und wählen den Eintrag *Öffnen mit*. Und sofort erscheint eine Liste aller Programme, die in der Lage sind, diese Datei weiter zu bearbeiten.

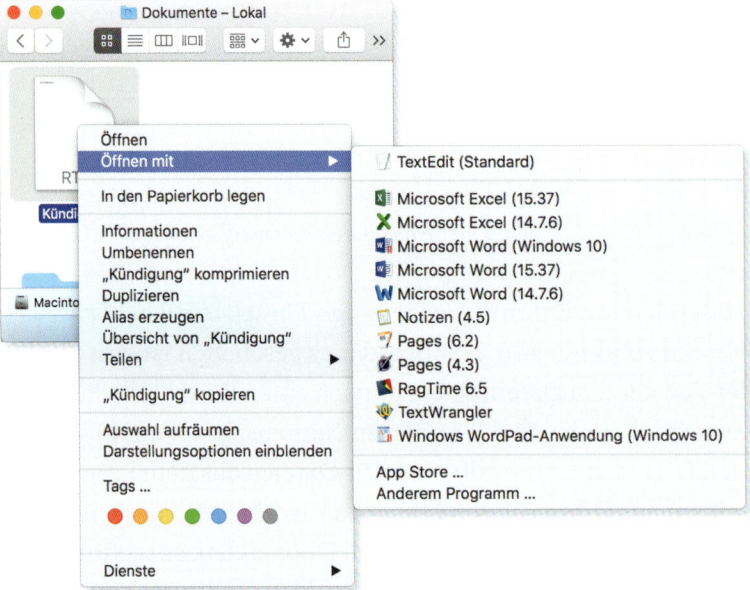

Kontextmenü zeigt die Option „Öffnen mit".

Am unteren Ende hat sich auch noch der *App Store* eingereiht. Wenn Sie diesen Eintrag anklicken, wird das Programm *App Store* gestartet und es werden Applikationen angezeigt, die das RTF-Format weiterverwenden und bearbeiten können.

Wählen Sie nun, falls im *Öffnen mit*-Dialog vorhanden, das Programm *Microsoft Word* aus, um diese RTF-Datei zu öffnen. Wenn Sie die RTF-Datei mit Word überarbeitet haben, erneut ablegen und danach wieder mit einem Doppelklick öffnen, bleibt nach wie vor TextEdit das zugewiesene Programm. Sie haben nämlich definiert, dass Sie nur ausnahmsweise ein anderes Programm zum Öffnen des Dokuments benutzen möchten.

Wollen Sie die Zuordnung dauerhaft ändern, halten Sie die **alt**-Taste gedrückt, wenn Sie mit der rechten Maustaste den Menüpunkt **Öffnen mit** aufrufen. Denn dann ändert sich dieser Eintrag in **Immer öffnen mit** und Sie haben damit dieses Dateiformat einem anderen Programm dauerhaft zugewiesen.

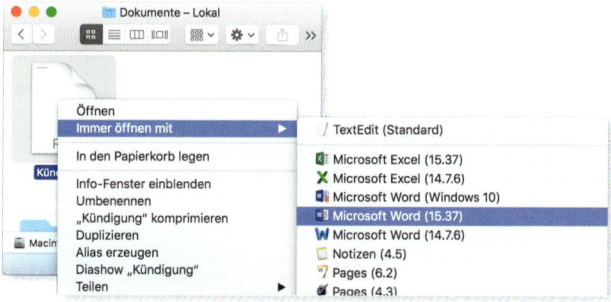

„Immer öffnen mit".

Wollen Sie noch einen Schritt weiter gehen und generell definieren, dass der Dateinamenszusatz *.rtf* permanent der Applikation Word zugewiesen wird, dann können Sie das über das Informationsfenster erledigen. Das Informationsfenster rufen Sie auf, indem Sie die Datei anklicken und es mit *cmd + I* öffnen. Klappen Sie dort den Eintrag *Öffnen mit* auf. Wählen Sie darunter die Applikation *Microsoft Word* ❶ aus und vergessen Sie nicht, über den Button *Alle ändern* ❷ diese Eigenschaft allen RTF-Dateien mitzugeben.

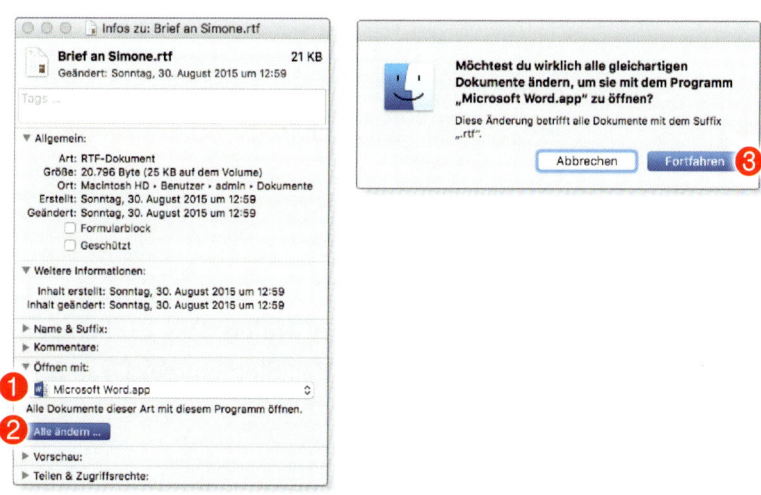

Suffix einem anderen Programm zuordnen.

Sobald das geschehen ist, wird Sie Ihr Rechner noch darauf hinweisen, dass Sie nun dieses Suffix dem Programm Microsoft Word zuordnen. Klicken Sie auf *Fortfahren* ❸, um dies zu bestätigen.

Das Apple-Betriebssystem ist auch ziemlich clever im Umgang mit Dateien, die für die aktuell installierte Programmbasis ein unbekanntes Suffix aufweisen. Erhalten Sie eine derartige Datei (beispielsweise per E-Mail oder als Download aus dem Internet) und versuchen, diese durch einen Doppelklick zu öffnen, reagiert das System mit folgender Meldung:

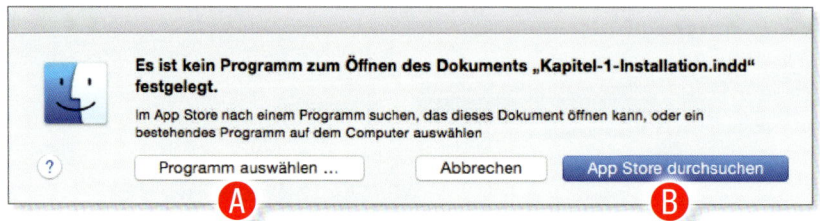

Es konnte kein zum Suffix passendes Programm gefunden werden.

Wenn Sie selbst probieren möchten, ob Sie die Datei mit einem installierten Programm öffnen können, wählen Sie *Programm auswählen* **A**. Wollen Sie die Aufgabe lieber an den *App Store* übergeben, wählen Sie *App Store durchsuchen* **B**. Sofern Sie eine Internetverbindung haben, wird nun diese Suchanfrage an den App Store übermittelt und es erscheinen Programme im App Store, die Dateien mit diesem Suffix verarbeiten können – ziemlich clever!

Papierkorb

Keine Frage, der Papierkorb ist kein Ablageort im eigentlichen Sinne. Ab und an kann es aber sein, dass Sie Dateien oder Ordner über den Papierkorb wegwerfen wollen. Das Einbringen in den Papierkorb ist eine ungeheuer einfache Geschichte: Ziehen Sie einfach das Element per Drag & Drop auf das *Papierkorb*-Symbol im Dock.

> Alternativ dazu markieren Sie das oder die gewünschten Objekte und wählen im Menüpunkt **Ablage** den Eintrag **In den Papierkorb legen** (Tastaturkurzbefehl **cmd + Backspace-Taste**). Möchten Sie die Datei umgehend löschen, also gar nicht erst in den Papierkorb bewegen, so halten Sie die **alt-Taste** gedrückt und wählen im **Ablage-Menü** den Eintrag **Sofort löschen** aus (**cmd + alt + Backspace**).

Die Elemente bleiben so lange im Papierkorb, bis Sie ihn entleeren. Es gibt aber auch einen Automatismus, der zum Entleeren des Papierkorbs führt. Wenn Sie die Finder-Einstellungen öffnen (cmd + Komma) und dort zu *Erweitert* wechseln, finden Sie die Option *Objekte nach 30 Tagen aus dem Papierkorb löschen.* Ist diese Option aktiviert, wird also der Papierkorb automatisch nach 30 Tagen entleert. Das dient dazu, den Festplattenspeicher nicht unnötig mit den Objekten im Papierkorb zu belasten.

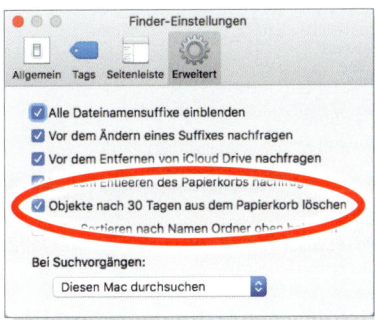

Der Papierkorb kann automatisch nach 30 Tagen entleert werden.

Um den Papierkorb manuell zu leeren, gibt es wieder mehrere Möglichkeiten. Klicken Sie mit der rechten Maustaste das *Papierkorb*-Icon im Dock an und wählen Sie den Eintrag *Papierkorb entleeren.* Oder klicken Sie den Papierkorb an, öffnen Sie das dazugehörige Fenster und wählen Sie unterhalb der Symbolleiste den Button *Entleeren* ❶. Über das Menü *Finder* finden Sie die Funktion *Papierkorb entleeren* ❷.

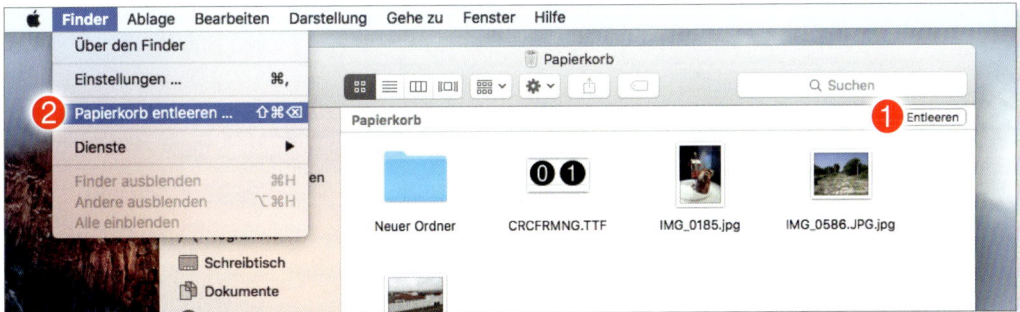

Papierkorb entleeren.

Stellen Sie sich vor, Sie haben aus Versehen eine Datei in den Papierkorb eingebracht und möchten diese nun wieder an ihren früheren Ablageort zurücklegen. Nachdem es vielleicht schon einige Tage her ist, wissen Sie schon gar nicht mehr, wo die Datei ursprünglich gelegen hatte. Aber keine Angst – das Apple-Betriebssystem hat es sich gemerkt. Um eine Datei aus dem Papierkorb an den alten Ort zurückzulegen, verwenden Sie die rechte Maustaste bzw. in der Symbolleiste über den *Aktion*-Button die Funktion *Zurücklegen.*

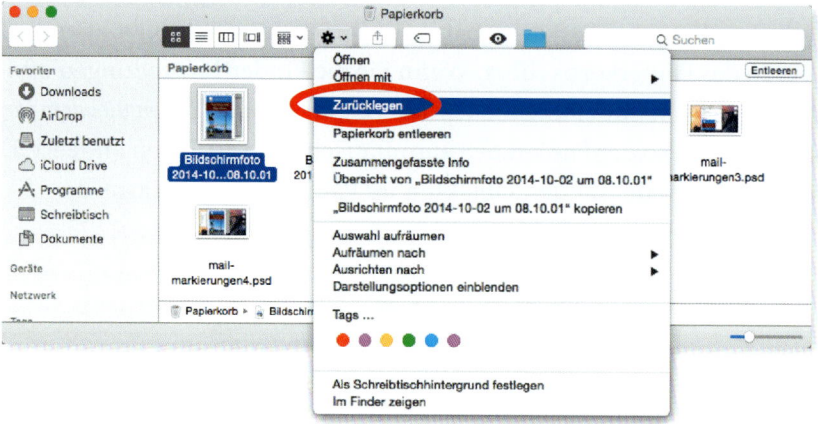

Datei aus dem Papierkorb zurücklegen.

Wenn sich viele Daten im Papierkorb befinden, möchten Sie vielleicht erst prüfen, ob Sie die Datei noch benötigen oder ob sie gelöscht werden kann. Zu diesem Zweck könnten Sie auf die Idee kommen, die Datei mit einem Doppelklick zu öffnen. Aber das funktioniert nicht.

Aber ein kleiner Tipp bringt den Inhalt der Datei dennoch zum Vorschein: Sie erinnern sich an die Funktion **Übersicht**. Klicken Sie also die Datei im Papierkorb an, um danach mit der **Leertaste** das Quick-Look-Fenster zu öffnen. Und schon sehen Sie den Dateiinhalt und können entscheiden, ob die Datei tatsächlich in den Papierkorb gehört.

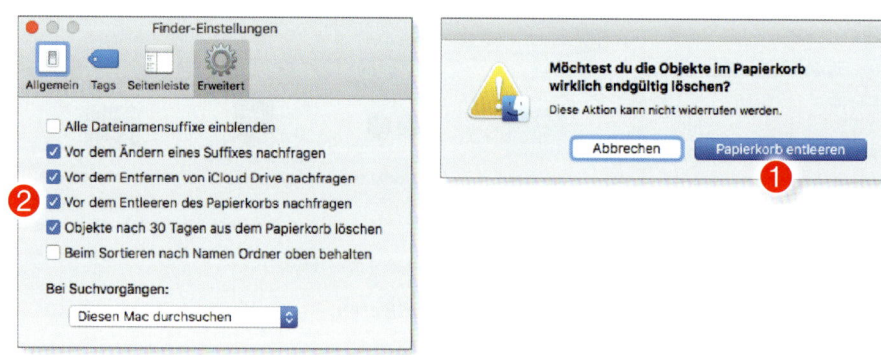

Papierkorb entleeren?

Wenn Sie Elemente im Papierkorb haben und diesen entleeren, fragt der Papierkorb noch einmal nach, ob er tatsächlich geleert werden soll ❶. Diese Nachfrage erscheint deshalb, weil in den *Finder-Einstellungen* im Reiter *Allgemein* die Funktion *Vor dem Entleeren des Papierkorbs nachfragen* ❷ standardmäßig aktiviert ist.

Wollen Sie die lästige Rückfrage ausschalten, entfernen Sie an dieser Stelle das Häkchen. Noch einfacher gelingt das Entleeren des Papierkorbs ohne Rückfrage, wenn Sie mithilfe der *alt*-Taste und der rechten Maustaste auf das *Papierkorb*-Symbol im Dock klicken und im dann erscheinenden Kontextmenü den Eintrag *Papierkorb entleeren* anklicken. Daraufhin wird der Inhalt des Papierkorbs ohne Rückfrage entleert.

Dateien und Ordner komprimieren

Wenn Sie auf Ihrem Rechner Dateien erstellt haben, wollen Sie diese anschließend unter Umständen per E-Mail versenden. Nun wissen Sie bestimmt, dass E-Mail-Postfächer limitiert sind, was die empfangbare Dateigröße anbelangt. Um die Dateigröße zu verkleinern, bietet sich der Weg des *Komprimierens* an. Diese Funktion ist integraler Bestandteil des Apple-Betriebssystems.

Navigieren Sie in einem Finder-Fenster zu einer Datei, die komprimiert werden soll. Klicken Sie diese mit der rechten Maustaste an und verwenden Sie die Funktion *xyz komprimieren*. Sogleich wird das Betriebssystem ein Duplikat erstellen und daraus eine *ZIP*-Datei erzeugen.

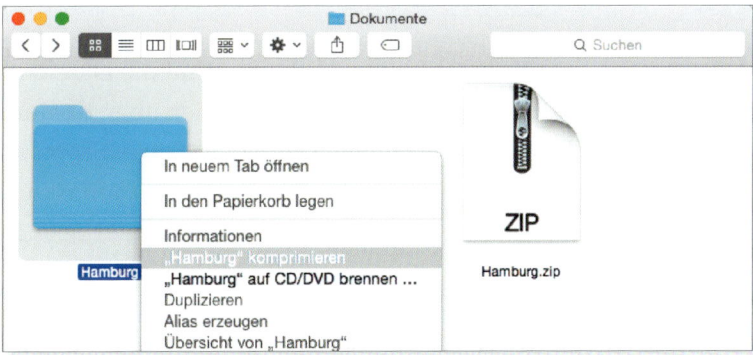

Ordner „Freizeit" wurde komprimiert.

> **!** Die **ZIP**-Komprimierung ist absolut verlustfrei. Das heißt, wenn Sie die Datei an den Empfänger senden, wird dieser sie durch einen Doppelklick wieder genau in den Zustand entpacken können, in dem sie von Ihnen aus versendet wurde. Eine **ZIP**-Komprimierung unterscheidet sich damit zum Beispiel von einer **JPEG**-Komprimierung für digitale Bilder. Diese ist verlustbehaftet und kann nicht wieder rückgängig gemacht werden.

Möchten Sie nun diese ZIP-Datei per E-Mail versenden, klicken Sie sie wieder mit der rechten Maustaste an und verwenden den Eintrag *Teilen –> Mail* ❶. Daraufhin wird das Programm Mail gestartet, ein neues E-Mail-Fenster erzeugt und die ZIP-Datei als Anhang an die E-Mail angehängt ❷.

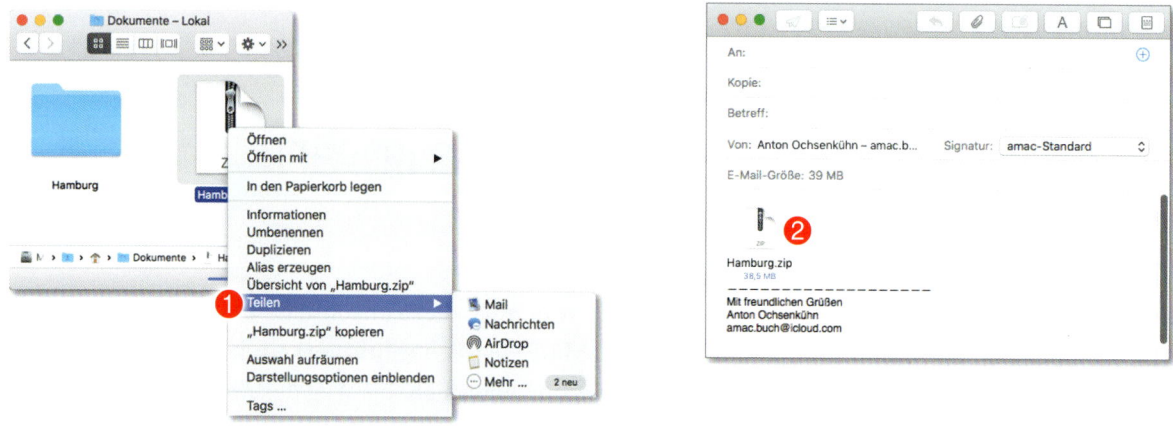

ZIP-Datei per E-Mail versenden.

Mehrere Objekte gemeinsam markieren

Kommen wir noch einmal zurück zum Komprimieren. Vielleicht sind die Dateien, die komprimiert werden sollen, auf Ihrem Computer verstreut. Sie möchten diese Dateien aber zu einem Archiv zusammenfassen, um sie als gezippte Datei per E-Mail zu versenden. Das Apple-Betriebssystem unterstützt Sie dabei, Dateien, die in verschiedenen Ordnern liegen, sehr einfach gemeinsam zu markieren.

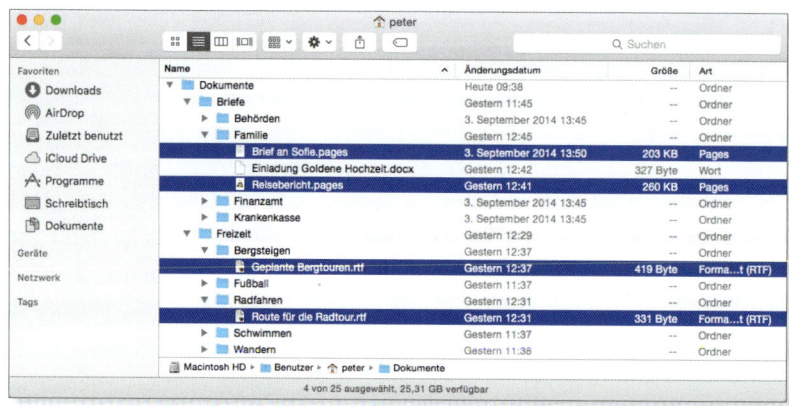

Gemeinsame Markierung über die Listendarstellung.

Sie sehen, die *Listendarstellung* ist sehr pfiffig. Denn Sie können über die aufgeklappten Dreiecke in die Unterordnerstruktur Einblick nehmen. Und damit können Sie auch Elemente markieren, die sich eigentlich auf verschiedenen Ebenen Ihres Ablagesystems befinden. Um Elemente, die nicht zusammenhängend sind, gemeinsam zu markieren, verwenden Sie die *cmd*-Taste. Halten Sie diese Taste gedrückt, während Sie die gewünschten Elemente markieren.

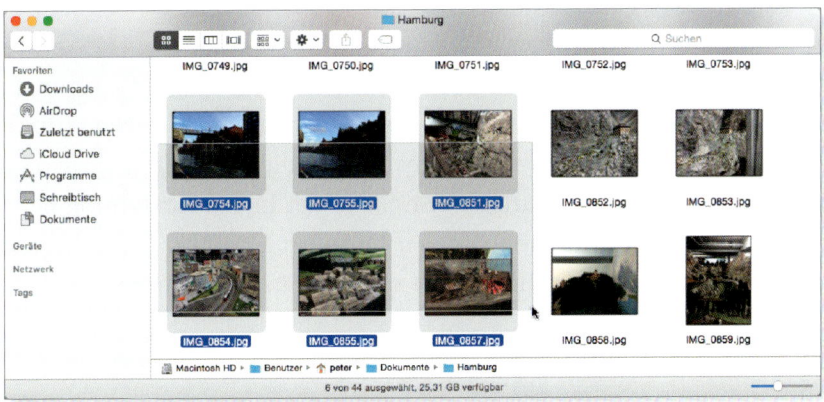

Markierung mit der Maus.

Haben Sie in einem Fenster die Elemente nahe beieinander liegen, können Sie mit der Maustaste einen Rahmen aufziehen und alle Elemente, die sich innerhalb dieses Rahmens befinden, werden in die Selektion mit aufgenommen. Wollen Sie in der Symboldarstellung nicht zusammenhängende Elemente markieren, verwenden Sie wieder die *cmd*-Taste und klicken die Elemente an.

Kommen wir noch einmal zurück zur *Listendarstellung*. Möchten Sie in der Listendarstellung eine Reihe von Dateien markieren, die sich im Fenster direkt untereinander befinden, können Sie mit der Maus in einem freien Zwischenraum, zum Beispiel zwischen *Änderungsdatum* und *Größe,* bei gedrückter Maustaste nach oben oder unten ziehen, um alle Elemente in die Markierung aufzunehmen.

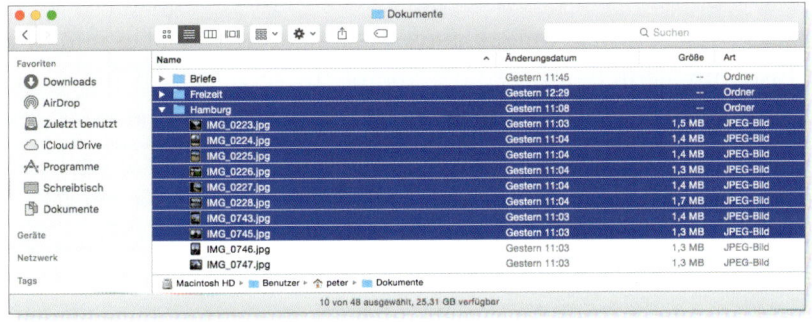

Gemeinsame Markierung in der Listendarstellung.

Ist in dieser Liste ein Element enthalten, das Sie nicht mit auswählen möchten, verwenden Sie erneut die *cmd*-Taste und klicken das betreffende Element an, um es aus der Markierung zu entfernen.

 Wollen Sie in der Listendarstellung Elemente, die untereinander sind, nicht mit der Maus, sondern mit der Tastatur markieren, klicken Sie das erste Element an, um es zu markieren, halten dann die **Shift**-Taste gedrückt und wandern mit der **Pfeiltaste nach unten** weiter, um die restlichen Elemente in die Markierung aufzunehmen.

Sie sehen, dass die Listendarstellung eine ziemlich piffige Angelegenheit ist, um Dateien in verschiedenen Ordnerebenen zu markieren und gemeinsame Aktionen auszuführen, zum Beispiel um sie zu komprimieren oder in den Papierkorb zu werfen. Deshalb an dieser Stelle noch zwei interessante Tipps im Zusammenhang mit der Listendarstellung: Wenn Sie in der Listendarstellung bei *Ausrichten nach* die Eigenschaft *Ohne* ❶ verwenden, erscheinen vor den Ordnern *Dreiecke*. Diese *Dreiecke* können Sie mit einem Mausklick aufklappen, um den Ordnerinhalt zu Gesicht zu bekommen.

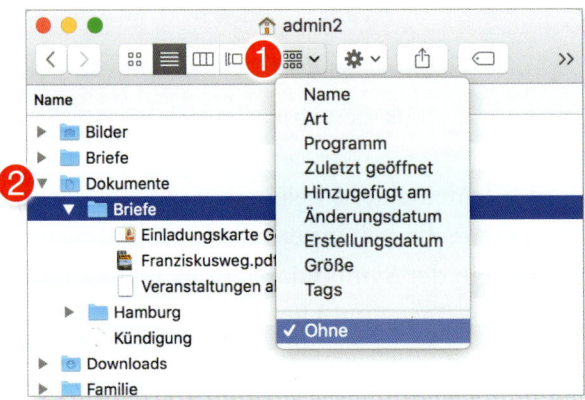

Arbeiten mit der Listendarstellung.

Klicken Sie ein *Dreieck* ❷ an, wird die nächste Ebene des Ordners eingeblendet. Um die Ebene wieder auszublenden, wird das Dreieck erneut umgeklappt. Besonders elegant ist es nun, wenn Sie das mithilfe der gedrückten *alt*-Taste tun, denn dann wird der komplette Verzeichnisbaum des Ordners dargestellt. Das heißt, alle Ordner inklusive ihrer Unterordner und Dateien kommen zum Vorschein. Um diese wieder auszublenden, verwenden Sie erneut die *alt*-Taste und klicken auf das umgeklappte Dreieck. Sofort werden alle Unterebenen wieder eingeklappt. Alternativ können Sie die Tasten *alt + Pfeiltaste nach rechts* zum Aufklappen und *alt + Pfeiltaste nach links* zum Zuklappen der Ordner verwenden.

Sie sehen, im Vergleich zu einem Windows-Computer stellt der Finder von Apple Ordner und Dateien im selben Fenster dar und ist nicht in einen Strukturbereich für die Ordner sowie die Laufwerke zweigeteilt.

Dateien auf CD/DVD brennen

Natürlich können Sie auch Dateien auf CD oder DVD brennen. Der erste Schritt dazu ist, dass Sie mit einer Markierung im Finder diejenigen Dateien auswählen, die Sie auf das optische Medium brennen möchten. Haben Sie die Dateien markiert, wählen Sie den Eintrag *Objekte auf CD/DVD brennen* aus dem Kontextmenü oder aus dem Menü *Ablage*.

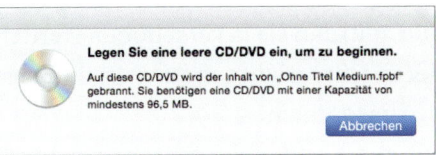

CD/DVD brennen.

Legen Sie nun einen beschreibbaren Datenträger in Ihr Laufwerk ein und schon kann der Brennvorgang gestartet werden. Vergessen Sie dabei nicht, dem Datenträger einen Namen zu geben. Je nach Datenvolumen kann der Brennvorgang einige Minuten in Anspruch nehmen.

Eine zweite Möglichkeit, um Daten zum Brennen zusammenzutragen, ist die Erstellung eines *Brennordners*. Die Funktion *Brennordner* finden Sie im Finder über das *Ablage*-Menü unter dem Begriff *Neuer Brennordner*. Dieser Ordner ist standardmäßig leer und Sie können nun per Drag & Drop alle Elemente in diesen Brennordner legen, die Sie später auf eine CD oder DVD brennen möchten.

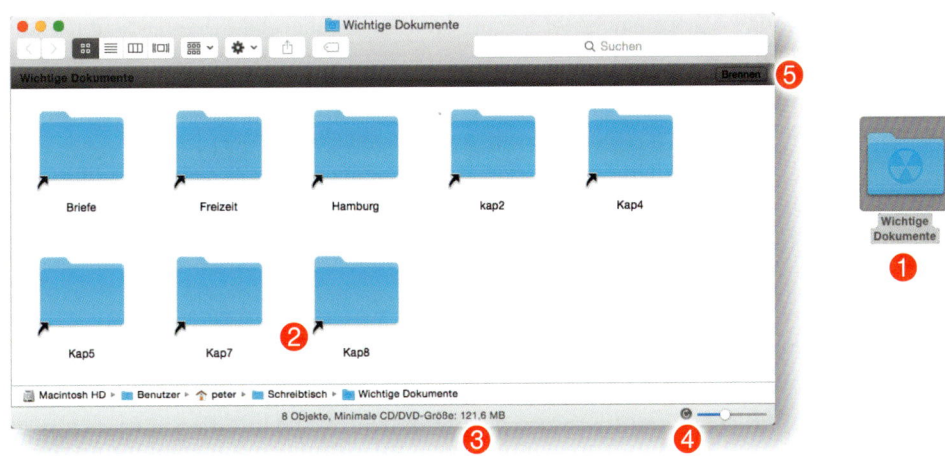

Brennordner.

Selbstverständlich können Sie dem Brennordner einen individuellen Namen geben ❶. Sobald Sie den Brennordner mit einem Doppelklick öffnen, erscheint ein ganz normales Finder-Fenster. Ziehen Sie nun per Drag & Drop die Elemente in das Fenster, die später auf den optischen Datenträger gebrannt werden sollen. Dabei werden Sie feststellen, dass am Symbol der jeweiligen Dateien ein kleiner Pfeil erkennbar wird. Diese Pfeile bedeuten, dass nicht die Originalelemente in den Brennordner transportiert wurden, sondern lediglich ein *Alias* ❷.

Ein Alias ist eine Art Wegweiser, oder, wenn Sie bisher mit Windows-Systemen gearbeitet haben, eine Verknüpfung. Dieses Alias kennt also den original Ablageort. Wenn der Brennvorgang gestartet wird, wird natürlich statt des Alias das Original verwendet. Der Vorteil liegt auf der Hand: Würden Sie die Daten tatsächlich in den Brennordner legen, würden sie ja verschoben werden und an ihrem Ursprungsort nicht mehr existieren. Auch das Duplizieren wäre nicht sehr clever, da Sie ja diese Daten dann doppelt hätten. Apple löst das Problem daher über Aliasdateien.

Beachten Sie bitte, dass Sie am unteren Rand in der Statusleiste bei ❸ die Größe der Dateien sehen, die auf den Datenträger gebrannt werden. Die Statusleiste kann im Menü *Darstellung* eingeblendet werden, falls Sie nicht sichtbar sein sollte. Falls Sie eine CD verwenden, sehen Sie, dass wir hier mit 121 Megabyte noch im grünen Bereich liegen. Sie sollten ab und an die *Aktualisierung* ❹ anklicken, damit das System nachrechnen kann, ob die Datenmenge sich durch das Hinzufügen oder Herausnehmen von Objekten geändert hat.

Um Elemente aus dem Brennordner zu entnehmen, ziehen Sie das Alias einfach in den Papierkorb. Sind alle Daten zusammengesammelt, klicken Sie auf den Button *Brennen* ❺. Daraufhin werden Sie aufgefordert, einen optischen Datenträger in Ihr Laufwerk einzulegen.

> **!** Die Qualität von optischen Datenträgern ist manchmal unbefriedigend. Das kann dazu führen, dass beispielsweise während des Brennvorgangs ein Fehler auftritt und der Rechner die CD/DVD nicht mehr hergeben will. An einem Mac hat das DVD-Laufwerk leider keine Hardware-Auswurftaste. Möchten Sie den Datenträger wieder aus dem Laufwerk entfernen, hilft ein ganz einfacher Trick: Starten Sie Ihren Computer neu, indem Sie über das **Apfel-Menü** die Funktion **Neustart** wählen. Sobald der Computer beginnt, neu zu starten, halten Sie bitte die Maustaste (oder Trackpad-Taste) gedrückt. Der Rechner wird nun versuchen, die CD oder DVD aus dem Laufwerk auszuwerfen, was in den allermeisten Fällen gelingt. Sollte das auch nicht klappen, sollten Sie mit Ihrem Händler Kontakt aufnehmen und nicht selbst am Gerät herumlaborieren.

Wenn Sie außerhalb des Brennvorgangs einmal eine Aliasdatei benötigen, können Sie diese jederzeit selbst erzeugen. Dazu klicken Sie einfach die gewünschte Datei oder den Ordner an und wählen über das Menü *Ablage* den Eintrag *Alias erzeugen* (Tastaturkurzbefehl *cmd + L*). Und dieses Alias können Sie an eine andere Stelle verschieben. Sobald das Alias doppelt angeklickt wird, wird stets das Originaldokument aufgerufen, geöffnet bzw. bearbeitet.

> **!** Besonders elegant ist die Arbeit mit Aliasdateien, wenn Sie im Netzwerk arbeiten. Sobald Sie einen Zielordner erreicht haben, den Sie öfter benötigen, ist das Erstellen einer Aliasdatei sehr nützlich. Legen Sie diese zum Beispiel auf Ihrem Schreibtisch ab. Sobald Sie nun einen Doppelklick ausführen, wird der Weg ins Netzwerk ganz automatisch beschritten und das Original geöffnet. Zwei kleine Tipps dazu: Über **cmd + R** ruft der Mac das Original zu einem Alias auf. Zum anderen können Sie ein Alias rasch erzeugen, indem Sie **cmd + alt** gedrückt halten und das Objekt per Drag & Drop ziehen.

Noch einmal zurück zum Brennen: Ist der Brennvorgang erfolgreich abgeschlossen und Sie benötigen den Brennordner nicht mehr, kann dieser auch ruhigen Gewissens im Papierkorb verschwinden. Der Brennordner enthält ja lediglich Aliasdateien, also Verbindungen zu Dateien. Wenn Sie den Brennordner löschen, werden in keinem Fall Daten von Ihrem Rechner verschwinden.

Das Informationen-Fenster

Das *Informationen*-Fenster haben wir an einigen Stellen bereits kurz kennengelernt. Aber es bietet noch eine Reihe von interessanten Details, die wir an dieser Stelle kurz besprechen möchten. Zunächst einmal wird das *Informationen*-Fenster entweder mit der rechten Maustaste und dem Eintrag *Informationen* oder über *cmd + I* bzw. über das *Ablage*-Menü aufgerufen. Möchten Sie mehrere Dateien gleichzeitig in einem gemeinsamen *Informationen*-Fenster darstellen, um zum Beispiel deren kumulierte Dateigröße zu sehen, verwenden Sie zusätzlich die *ctrl*-Taste. Verwenden Sie also *cmd + ctrl + I* und Sie erhalten ein zusammengefasstes *Informationen*-Fenster für die markierten Objekte in Ihrem Finder.

Wenn Sie das Bildschirmfoto betrachten, sehen Sie auf der linken Seite das *Informationen*-Fenster zu einer Datei ❶. Rechts daneben ist ein zusammengefasstes *Informationen*-Fenster abgebildet, das durch die zusätzliche Verwendung der *ctrl*-Taste entstanden ist ❷.

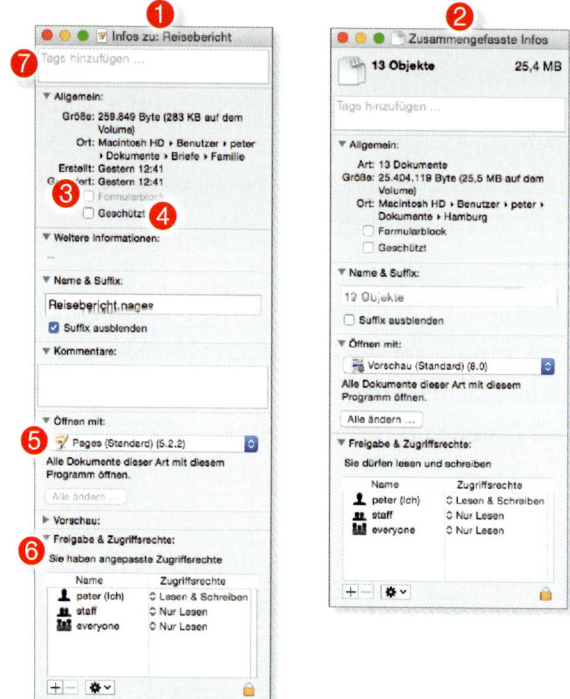

Informationen-Fenster.

Kommen wir noch einmal zurück zu den Feinheiten innerhalb des *Informationen*-Fensters. Sie sehen im Bereich *Allgemein* einige Metadaten zu der Datei, zum Beispiel wann sie erstellt und verändert wurde, wie groß sie ist etc. Darunter finden Sie zwei sehr praktische Features: die Eigenschaften *Geschützt* ❹ und *Formularblock* ❸. Zunächst zu *Geschützt*: Eine Datei, die Sie mit dieser Eigenschaft versehen und dann versehentlich in den Papierkorb befördern, wird standardmäßig nicht aus dem Papierkorb gelöscht. Es erfolgt sofort eine Rückmeldung, dass sich eine geschützte Datei im Papierkorb befindet.

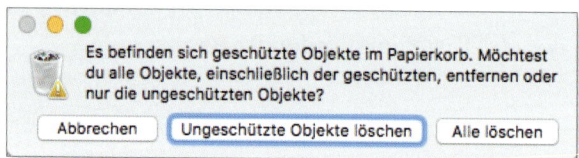

Papierkorb beinhaltet geschützte Dateien.

Über *Alle löschen* geben Sie den Auftrag, dass trotz des Schutzes der Löschvorgang stattfinden soll. Wenn Sie nur die ungeschützten Dateien löschen möchten, aktivieren Sie eben diese Funktion. Der Sinn des Schutzes ist ein ganz einfacher: Wichtige Dateien können Sie mit einem Schutz versehen, um sie nicht versehentlich zu löschen. Natürlich haben Sie über *Time Machine* eine sehr einfach zu bedienende Backup-Software, um versehentlich gelöschte Dateien zurückzuholen.

Die Eigenschaft **Formularblock** hingegen bedeutet, dass Sie aus dieser Datei eine Musterdatei machen. Um dies zu verdeutlichen: Sie haben beispielsweise mit **Pages** eine Rechnungsvorlage erstellt. In dem Augenblick, in dem Sie diese Datei zum Formularblock machen, wird bei jedem Doppelklick eine neue Version dieser Datei erstellt und der Formularblock bleibt im Original stets erhalten.

Kommen wir zurück zum *Informationen*-Fenster. Weiter unten sehen Sie die Elemente, über die wir bereits gesprochen haben, nämlich die Darstellung des Namens inklusive des Suffixes respektive der Applikation, mit der diese Datei geöffnet werden soll ❺. Am unteren Ende des *Informationen*-Fensters finden Sie zusätzlich noch *Freigabe & Zugriffsrechte* ❻. Im Regelfall werden Sie an erster Stelle aufgeführt, weil Sie der Ersteller der Datei sind, und Sie haben alle Zugriffsrechte, also *Lesen* und *Schreiben*. Das ist eine normale Vorgehensweise und sollte auch nicht geändert werden, damit Sie sich nicht selbst den Zugriff zu dieser Datei versperren. Wollen Sie der oder den Dateien noch Tags ❼ zuweisen, können Sie das ebenfalls über das *Informationen*-Fenster bewerkstelligen.

Neben den beiden **Informationen**-Fenstern für einzelne und zusammengefasste Dateien gibt es noch ein drittes **Informationen**-Fenster, das Sie mit der Tastenkombination **cmd + alt + I** aufrufen. Das ist eine Art dynamisches **Informationen**-Fenster, das heißt, jedes Mal, wenn Sie irgendwo im Finder ein Objekt anklicken, wird dieses **Informationen**-Fenster sofort automatisch aktualisiert. Auch eine sehr interessante und zeitsparende Funktion.

Und noch eine nette Veränderung kann man über das *Informationen*-Fenster erreichen: Jede Datei und jeder Ordner hat ja ein Symbol. Dieses Symbol können Sie Ihren Bedürfnissen entsprechend modifizieren. Zuständig hierfür ist erneut das *Informationen*-Fenster. Sie finden über das Internet zahlreiche kostenfreie Icons, die Sie Ihren Ordnern oder auch Dateien zuweisen können. Die Arbeitsweise ist dabei sehr einfach: Laden Sie sich Icons auf Ihren Rechner herunter. Öffnen Sie mit einem Doppelklick die Icondatei und holen Sie sie über *Bearbeiten* und *Kopieren* in die Zwischenablage. Danach klicken Sie im *Informationen*-Fenster des Objekts das Icon an und fügen es mit *cmd + V* als neues Symbol für dieses Objekt ein.

Individuelle Icons für Ordner.

 Statt Icons, die Sie über das Internet beziehen, können Sie natürlich auch selbst mit einem Zeichenprogramm Symbole entwerfen und diese ebenfalls über die Zwischenablage mittels **Bearbeiten –> Kopieren** und **Bearbeiten –> Einfügen** als Icon verwenden.

Sind Sie des individuellen Icons überdrüssig und hätten gerne wieder das Standardsymbol zurück, öffnen Sie wieder das *Informationen-Fenster* und entfernen mit der *Backspace*-Taste das individuelle Icon. Daraufhin wird wieder das Standardsymbol für dieses Objekt dargestellt.

Etwas Besonderes: Automatisches Sichern und Versionen

Wir haben ja im Laufe des Kapitels die gängige Arbeitsweise besprochen, wie man auf dem Datenträger Ordner erstellt und dort Dateien ablegt. Wenn Sie nun mit einem Programm eine Datei erzeugen und das Programm beenden bzw. das Fenster schließen, wird das Programm nachfragen, ob es die Datei, die noch nicht gesichert wurde, speichern soll.

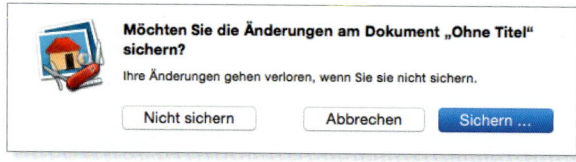

Soll das Dokument gespeichert werden?

Das ist die normale Vorgehensweise von Applikationen, die unter einem Betriebssystem wie macOS oder auch Windows Dateien erzeugen. Komplett anders hingegen verhalten sich die Programme TextEdit und Vorschau. Beide Applikationen nutzen bereits eine neue Funktion des Betriebssystems, nämlich die Funktionalität, automatisch zu speichern und zu alten Versionen der Datei zurückzukehren, also eine Art *Mini-Time-Machine*. Die Funktionalität des automatischen Speicherns sowie des Verwaltens von Versionen ist im Betriebssystem fest eingebaut. Softwarehersteller, die ihre Programme für das Betriebssystem macOS anpassen, müssen diese Funktionen in ihre Programme noch integrieren, damit auch diese in den Genuss dieser Funktionalität kommen.

Wollen wir uns das anhand des Beispiels TextEdit etwas genauer ansehen. Wenn Sie mit dem Programm TextEdit eine Datei erstellen und anschließend TextEdit beenden oder den Computer herunterfahren, werden Sie keine Hinweismeldung bekommen, dass Sie ein ungesichertes Dokument geschlossen haben. Denn im Hintergrund hat TextEdit dieses Dokument bereits automatisch für Sie abgelegt.

Resume

Sobald Sie TextEdit wieder starten, werden alle Fenster, die beim Beenden von TextEdit geöffnet waren, erneut mit den darin enthaltenen Informationen zum Vorschein gebracht (Apple nennt das Resume). Sie erkennen sofort, woher diese Funktionalität kommt: iPad und iPhone funktionieren genauso. Wenn Sie dort zum Beispiel im Notizblock eine Eingabe tätigen und dann über den Home-Button das Programm verlassen und anschließend wieder starten, können Sie an der Stelle weiterarbeiten, an der Sie das Programm verlassen haben. Genauso denkt Apple jetzt also auch vonseiten des Betriebssystems. TextEdit unterstützt das automatische Speichern und auch das Ablegen von Versionen einer Datei.

 Überprüfen Sie in den **Systemeinstellungen –> Allgemein**, ob die Eigenschaft **Fenster beim Beenden eines Programmes schließen** deaktiviert ist.

Kommen wir nun zu den verschiedenen Versionen, die eine Datei annehmen kann. Wenn Sie ein Dokument erstellen, sollten Sie, bevor Sie die Funktionalität *Versionen* verwenden, das Dokument in der Tat speichern. Wählen Sie dazu den Menüpunkt *Ablage –> Sichern* und bringen Sie das Dokument mit einem prägnanten Dateinamen in Ihr Ablagesystem ein. Anschließend können Sie an Ihrem Dokument in aller Ruhe weiterarbeiten und zusätzlichen Text erfassen. Wenn Sie weitere Änderungen vorgenommen haben, wird das Betriebssystem zusammen mit TextEdit in einem festgelegten Zeitintervall automatisch Sicherungen vornehmen. Wollen Sie dies manuell tun, wählen Sie erneut den Menüpunkt *Ablage –> Sichern*.

> Als diese Funktion noch nicht existierte, haben Sie mit der Tastenkombination **cmd + S** Ihre vorherige Fassung der Datei überschrieben und hatten damit keine Möglichkeit mehr, zu einem früheren Zustand der Datei zurückzukehren. Mit der in macOS integrierten Funktionalität **Versionen** ist dies nun eine ganz einfache Sache. Immer, wenn Sie größere Änderungen am Dokument vorgenommen haben, ist es also interessant, manuell über **cmd + S** diese abzulegen. Wenn Sie dann in den Titel Ihres TextEdit-Dokuments schauen, sehen Sie dort den Begriff **Bearbeitet**.

Gehen Sie via *Ablage* zu *Zurücksetzen auf –> Alle Versionen durchsuchen*. Sie können nun im rechten Teil des Fensters in der *Zeitleiste* eine ältere Version des Dokuments nach vorn holen.

Zugriff auf ältere Versionen eines Dokuments.

Suchen Sie also in der Zeitleiste die Fassung des Dokuments heraus, die Sie anstelle des aktuellen Dokuments verwenden möchten. Sie sehen auf Höhe der Begriffe *Fertig* und *Wiederherstellen* auf der linken Seite das aktuelle Dokument und daneben den Zeitstempel des Dokuments, das Sie gerade betrachten. Sobald Sie auf den Button *Wiederherstellen* klicken, wird die Fassung, die Sie auf der rechten Seite sehen, als die aktuelle Version des Dokuments verwendet. Mit *Fertig* dagegen verlassen Sie das Fenster ohne Änderungen.

> Wenn Sie von einer älteren Fassung lediglich Fragmente übernehmen wollen, wählen Sie diese einfach aus und holen den Text mit **cmd + C** in die Zwischenablage. Verlassen Sie die Versionsdarstellung über **Fertig** und fügen Sie den vorher kopierten Text mit **cmd + V** in das aktuelle Dokument ein. Somit können Sie also auch partielle Modifikationen vornehmen, anstatt das gesamte Dokument durch eine ältere Fassung zu ersetzen.

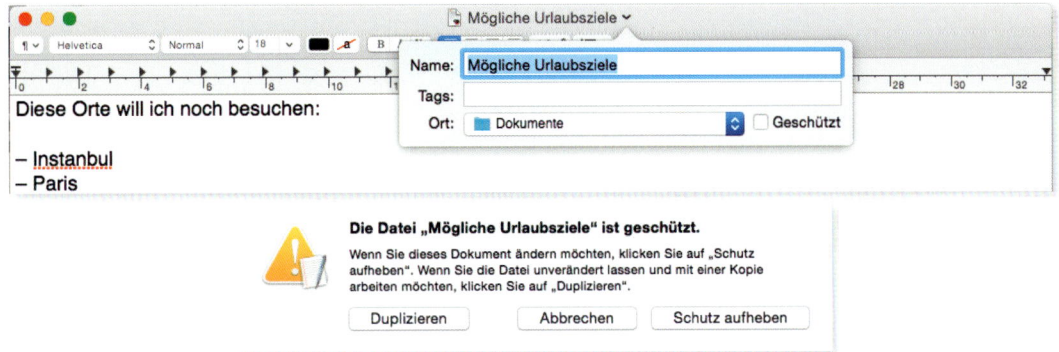

Dokumente können ebenso geschützt werden.

Sobald Sie ein Dokument verändern, taucht in der Fensterleiste neben dem Dateinamen der Begriff *Bearbeitet* auf. Wenn Sie auf diesen Begriff klicken wird ein kleines Fenster geöffnet, in dem man nicht nur den Dateinamen ändern kann, sonder auch die Funktion *Geschützt* enthält. Dieser Schutz tut genau das, was wir von dem Begriff erwarten: Das Dokument wird damit gesperrt und vor Änderungen geschützt.

Wollen Sie ein geschütztes Dokument bearbeiten, erhalten Sie eine Meldung. Klicken Sie dort auf *Schutz aufheben*, wird das Dokument wieder in den Zustand *Bearbeitet* transferiert, es werden automatisch Änderungen gesichert und diese werden an die Versionen weitergereicht. Der Button *Duplizieren* hingegen belässt das Dokument im geschützten Zustand und Sie erhalten ein Duplikat, mit dem Sie nun weiterarbeiten können. Sie erkennen übrigens geschützte Dateien daran, dass an ihrem Icon ein kleines Schlosssymbol angebracht ist.

Geschützte Dokumente im Finder.

Als professioneller Computeranwender vermissen Sie nun sicherlich im Programm TextEdit den Eintrag **Sichern unter**, mit dem Sie ein Dokument unter einem anderen Dateinamen erneut abspeichern können. Sie können über den Menüpunkt **Ablage –> Duplizieren** eine Kopie der Datei erzeugen und diese dann über **Ablage –> Sichern** an einen anderen Ablageort bringen. Oder Sie halten die **alt**-Taste gedrückt, während Sie das Menü **Ablage** öffnen; statt **Duplizieren** finden Sie nun wieder **Sichern unter** vor.

Kapitel 9

Nützliche Programme

Das Apple-Betriebssystem glänzt nicht nur dadurch, einfach und logisch bedienbar zu sein, sondern es wird auch eine ganze Fülle von sinnvollen Programmen mit dem Betriebssystem ausgeliefert.

In diesem Kapitel werden wir uns einige wesentliche Applikationen und deren Grundfunktionen ansehen.

Über den **App Store** steht Ihnen eine zentrale Funktion zur Verfügung, mit der Sie auf eine riesige Anzahl weiterer Programme für Ihren Mac zugreifen können. Der App Store wurde erstmals im Januar 2011 für das Betriebssystem Mac OS X freigegeben und die Anzahl der verfügbaren Programme wächst ständig, sodass Sie dort mit Sicherheit für alle Belange eine sinnvolle Applikation finden, die Sie mit nur wenigen Mausklicks auf Ihrem Computer installieren können.

Wie Sie Programme starten, haben wir ja bereits erwähnt: Verwenden Sie dazu das *Launchpad* oder navigieren Sie zum *Programme*-Ordner auf Ihrer Macintosh HD. Sie können aber auch die *Spotlight*-Suche verwenden, um Programme zu starten.

Sie erinnern sich: Die einfachste Art, um das Launchpad zu starten, ist die Verwendung von Gesten. Legen Sie einfach vier Finger auf das Trackpad und ziehen Sie diese zusammen. Sofort startet Launchpad.

Tabs in Programmen

Die Funktion der Tabs gibt es sowohl im Finder als auch in Safari. Da der Einsatz von Tabs eine erhebliche Erleichterung darstellt, wenn man mit mehreren Fenstern innerhalb eines Programms arbeitet, hat sich Apple dazu entschlossen, diese Funktion nun für weitere Programme zur Verfügung zu stellen. Somit können Sie also in Zukunft Tabs auch sehr leicht in Karten oder Mail anlegen und damit arbeiten.

In Karten können Sie einen neuen Tab öffnen, wenn Sie die Funktion *Neuer Tab (cmd + T)* aus dem Menü *Ablage* verwenden. In Mail hingegen ist die Funktion etwas versteckt: Sie müssen nämlich zuerst ein zweites Fenster öffnen (*Ablage –> Neues Fenster*) und anschließend aus dem Menü *Fenster* die Funktion *Alle Fenster zusammenführen* wählen. Damit werden alle geöffneten Fenster in Mail in Tabs organisiert.

> Alternativ dazu können Sie auch die Funktion **Tableiste einblenden** aus dem Menü **Darstellung** wählen. Anschließend lassen sich die geöffneten Fenster an der Tableiste auf ein anderes Fenster ziehen. Dadurch werden die Fenster ebenfalls als Tabs dargestellt. Das funktioniert so auch in den Programmen Pages, Keynote und Numbers.

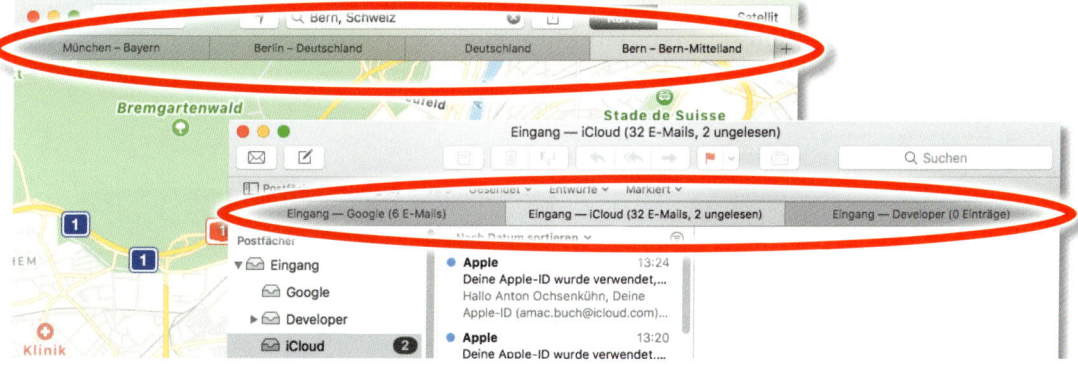

Die Apps „Karten" und „Mail" verfügen nun ebenfalls über Tabs.

Auch z. B. TextEdit unterstützt nun Tabs. Angenommen, Sie haben bereits eine Datei in TextEdit geöffnet und möchten nun eine weitere dazu holen. Soll diese nun als Tab oder als eigenes Fenster erscheinen? Die Einstellung hierzu nehmen Sie in den *Systemeinstellungen –> Dock* vor. Aktivieren Sie bei *Beim Öffnen von Dokumenten Tabs bevorzugen* die Option *Immer*, wenn zusätzliche Dateien als Tabs erscheinen sollen, hingegen *Manuell*, wenn Sie das von Fall zu Fall regeln möchten, bzw. *Nur im Vollbildmodus*, wenn die neue Datei nur dann als Tab eingebunden werden soll.

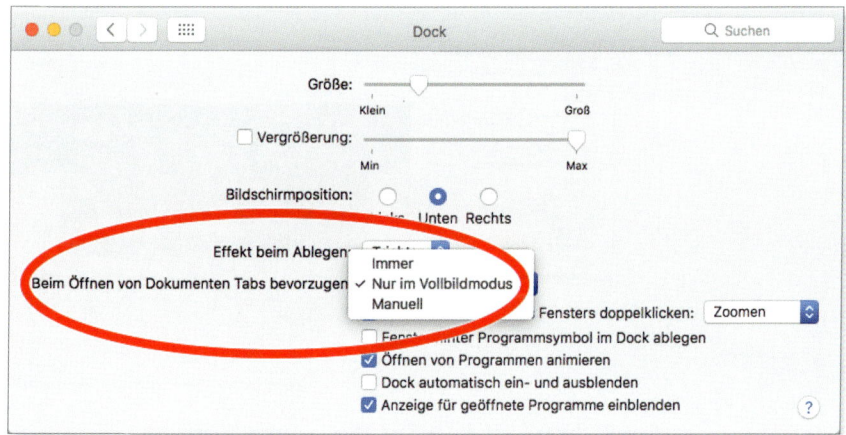

In den Dock-Einstellungen definieren Sie, ob und wann Tabs erzeugt werden sollen.

Rechner

Das auf den ersten Blick relativ langweilig erscheinende Programm *Rechner* stellt Ihnen einen Taschen-rechner zur Verfügung. Doch aufgepasst: Der Rechner kann auch in einen anderen Modus umgeschaltet werden. Sie finden diese Funktion im Menüpunkt *Darstellung*, wo Sie den Eintrag *Wissenschaftlich* aus-wählen können.

Wissenschaftlicher Rechner.

Wie Sie sehen, wird somit eine Fülle zusätzlicher Rechenoperationen verfügbar. Aber auch damit gibt sich das Programm noch nicht zufrieden. Im Menüpunkt *Umrechnen* finden Sie eine Reihe zusätzlicher, sehr sinnvoller Funktionen, um in Bereichen wie *Geschwindigkeit*, *Länge*, *Leistung*, *Temperatur* Einheiten umzurechnen.

Der Rechner kann in andere Werte umrechnen.

Sie sehen beispielsweise anhand des Bildschirmfotos die Funktion, Temperaturangaben von Celsius in Fahrenheit umzurechnen. Besonders interessant ist natürlich die Umrechnungsmethode *Währung*, denn diese ist internetbasierend. Das heißt: Der aktuelle Umrechnungskurs wird über das Internet ermittelt und so können Sie sehr zügig Geldbeträge in andere Währungen umrechnen lassen.

Lexikon

Ein genauso simpel zu bedienendes, aber sehr leistungsfähiges Programm nennt sich *Lexikon*. Im Programm Lexikon haben Sie Zugriff auf verschiedene Wissensquellen, wie zum Beispiel Wikipedia oder das *Apple-Lexikon*. Die Bedienung ist sehr einfach. Geben Sie rechts oben bei der *Suchlupe* den gewünschten Begriff ein und in der Zeile darunter den Bereich, aus dem Sie diesen Begriff erklärt haben möchten.

Lexika im Einsatz.

Können Sie sich für keinen der Bereiche entscheiden, wählen Sie den Button *Alle*, um möglichst viele Quellen anzuzapfen. Welche Quellen dies sind können im Menü *Lexikon* in den *Einstellungen* festlegen. Standardmäßig wird das Duden-Wissensnetz für deutsche Sprache verwendet.

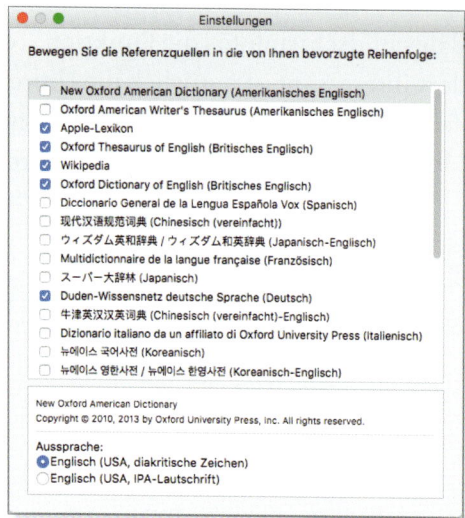

Sie können auch fremdsprachige Lexikas zum Nachschlagen verwenden und so Begriffe übersetzen lassen.

! Über das Tippen mit drei Finger auf das Trackpad oder via Force Touch können Sie in vielen Programmen direkt auf das Lexikon zugreifen. Anwender die kein Trackpad besitzen, können in den **Systemeinstellungen** bei **Tastatur –> Kurzbefehle** in der Kategorie **Dienste** ein Tastenkürzel für das Nachschlagen im Lexikon definieren.

Aufruf des Lexikons in Safari.

Karten

Das Programm *Karten* kennen sicher schon viele vom iPhone oder iPad. Dort erweist sich die App natur-gemäß als extrem wichtig. Denn Karten kann nicht nur den aktuellen Ort anzeigen, auch Routen können definiert werden, eine Stecknadel kann gesetzt werden und noch einiges mehr.

Seit OS X Mavericks gibt es die Karten-App auf den Mac. Vielleicht ist Ihr erster Kontakt zu diesem Programm indirekt gewesen. Sie haben beispielsweise ein E-Mail mit einer Adresse erhalten und über die *Data Detector*-Funktion zufällig die Karten-App entdeckt.

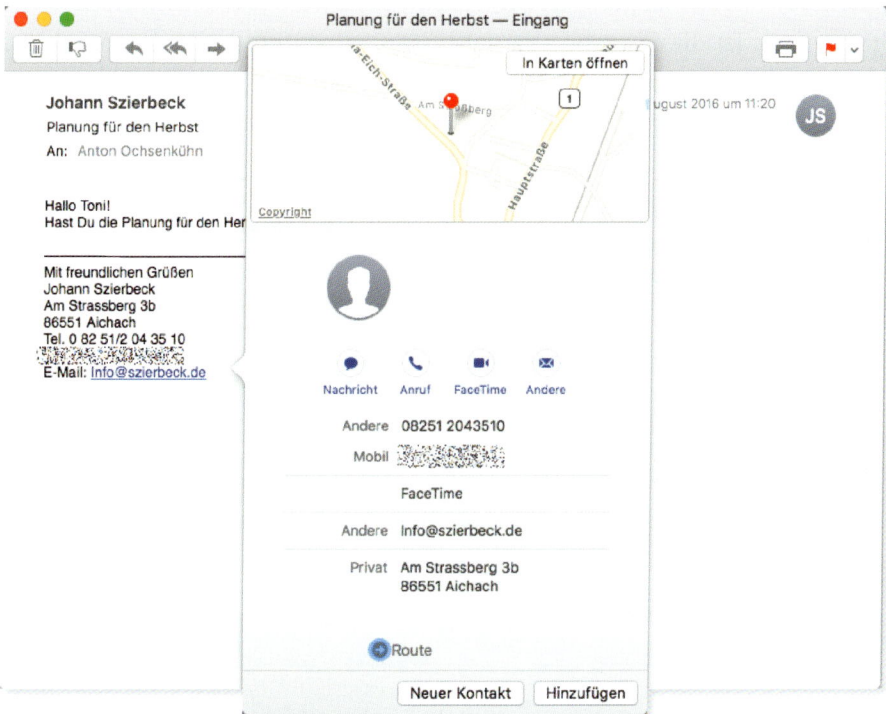

Das Programm Mail kann Karten als Mini-App einblenden.

Fahren Sie dazu im Programm Mail einfach mit der Maus über eine Adresse und klicken Sie auf den Pfeil nach unten. Natürlich bringen andere Programme ebenfalls den Luxus mit, die Karten-App zusätz-lich nutzen zu können. So können Sie beispielsweise bei einem Eintrag im Kalender den Ort anfügen, um einen Kartenausschnitt zu erhalten.

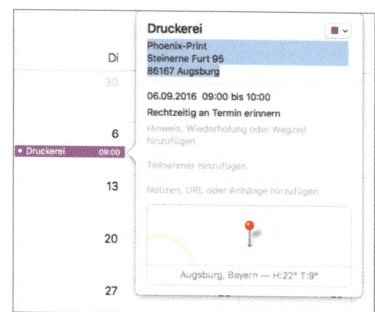

Die Kalender-App arbeitet ebenfalls mit Karten zusammen.

Wird einem Ereignis ein Ort hinzugefügt, reagiert zunächst während des Eintippens die Kontakte-App und schlägt Adressen vor. Ist die Eingabe abgeschlossen, wird unterhalb eine Mini-Kartendarstellung eingeblendet. Klickt man darauf, startet das Kartenprogramm.

Natürlich kann die Kontakte-App ebenfalls auf die Karten zugreifen.

Auch Adressen der Kontakte-App werden in Karten dargestellt. Ein Mausklick auf die Stecknadel genügt.

Die wichtigsten Funktionen

Sicher haben Sie die wichtigsten Funktionen möglicherweise schon intuitiv erkundet. Über das Suchfeld ❶ kann ein Ort inklusive Straßenname und Hausnummer eingetragen werden. Via *Return* wird der Ort sogleich darunter in der Karte dargestellt. Mit einem Finger auf der Maus oder dem Trackpad können Sie entspannt auf der Karte navigieren. Entscheiden Sie sich zwischen der Karten- und der Satellitendarstellung ❷ oder dem Wegenetz der öffentlichen Verkehrsmittel. Optional können Sie sich noch aktuelle Verkehrsinformationen einblenden lassen ❸ (*Darstellung –> Verkehr einblenden*).

Die Karte für das Wegenetz von öffentlichen Verkehrsmitteln gibt es zur Zeit (Stand: Oktober 2016 nur für wenige Städte. In Deutschland ist das aktuell Berlin.

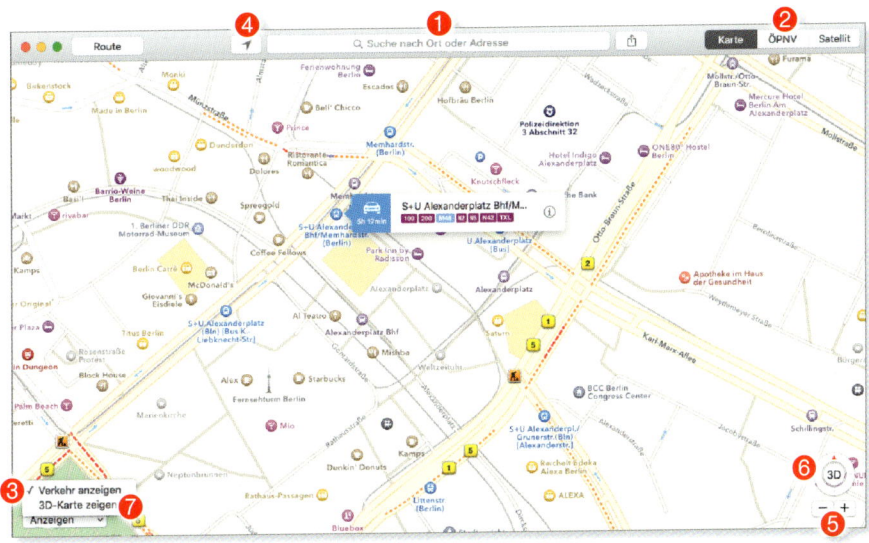

Neben den aktuellen Verkehrsinformationen (rötlich gestrichelte Linien) sehen Sie im Detail viele weitere nützliche Informationen (Beschriftungen), die Sie ebenfalls anklicken können.

Via *Darstellung –> Beschriftungen* können Sie diese ausblenden oder noch größer darstellen lassen. Sie können die Etiketten nach Anklicken von ⓘ als Fenster mit vielen Zusatzinformationen darstellen und dieses Fenster am Titel anpacken und als eigenständiges Fenster wegziehen.

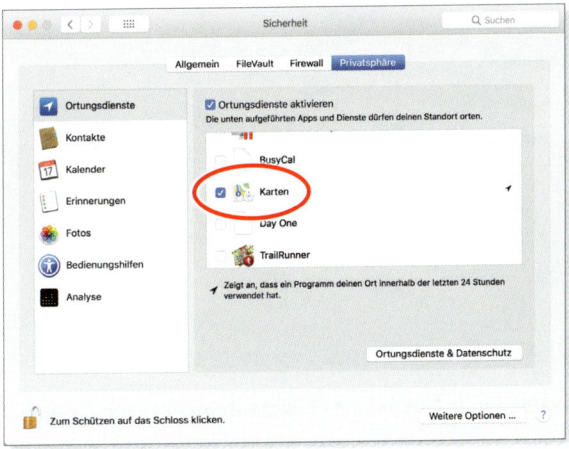

Karten darf die Ortungsdienste nutzen und kann so per WLAN Ihren aktuellen Ort anzeigen.

Haben Sie den Pfeil links neben dem Suchfeld schon entdeckt? ❹ Auch Ihr Mac kann über WLAN seine Position bestimmen (*cmd + L*). Voraussetzung hierfür ist neben einer WLAN-Verbindung, dass Sie es über *Sicherheit –> Privatsphäre* zugelassen haben, dass die App Karten die *Ortungsdienste* verwenden darf.

Über die Plus- und die Minustaste ❺ im rechten unteren Eck der Karten-App kann die Zoomstufe eingestellt werden. Intuitiver geht es entweder über das Trackpad, auf dem Sie durch das Ziehen mit zwei Fingern deutlich einfacher zoomen können. Oder Sie verwenden Sie die Shortcuts *cmd + +* und *cmd + −*.

 Über das Menü **Darstellung** kann zudem der Maßstab eingeblendet werden.

Über den Kompass ❻ kann die Kartendarstellung auch gedreht werden. Und ein ganz besonderes Schmankerl ist die 3D-Darstellung (*cmd + 0*) ❼. Leider ist diese aktuell (Oktober 2016) nur in ausgewählten Städten wie München, Berlin, Stuttgart, Karlsruhe, Mannheim, Dresden, Köln, Hannover, Bremen, Hamburg und Kiel verfügbar.

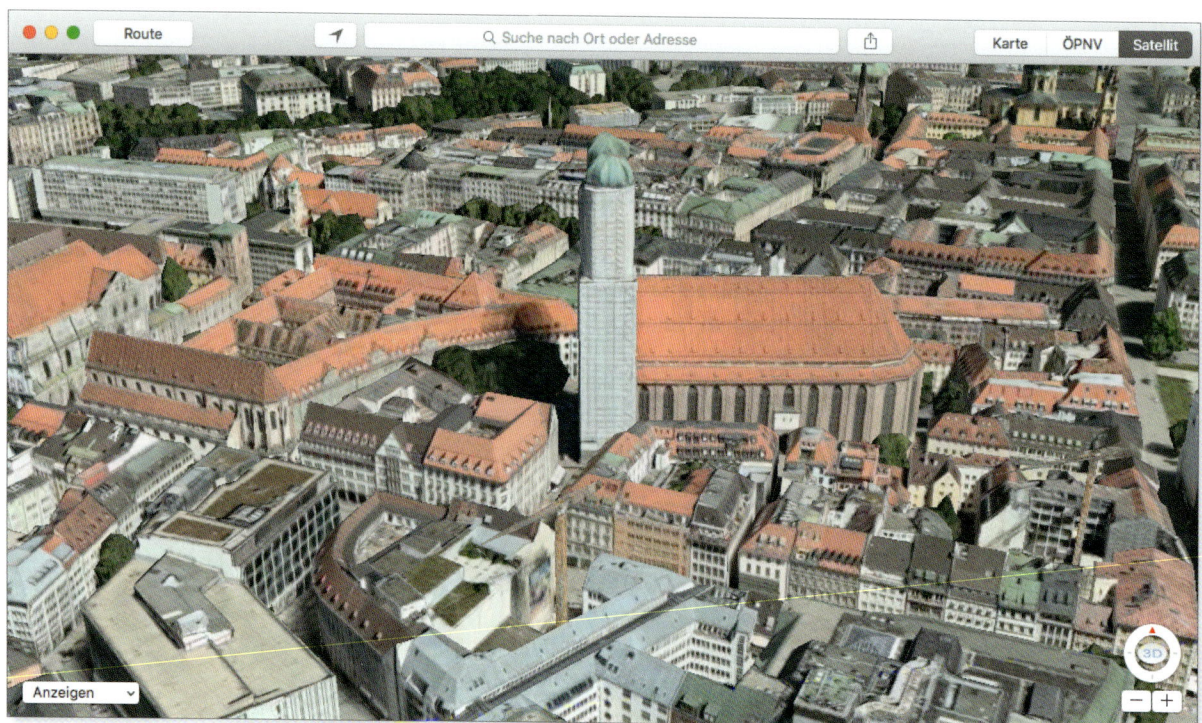

Die 3D-Darstellung zeigt einige Großstädte in einer atemberaubend realistischen Art und Weise.

Routen planen und ans iPhone oder iPad weitergeben

Besonders elegant ist die Routenplanung am Computer. Und das Tolle ist, dass diese dann mit einem Klick auf ein iPhone oder iPad übertragen werden kann. Notwendig hierfür sind

- die Verwendung der gleichen Apple-ID für die iCloud am Computer (*Systemeinstellungen –> iCloud*) und am mobilen Geräe (*Einstellungen –> iCloud*) sowie
- mindestens iOS 7 auf dem iPhone bzw. iPad.

Sind diese Voraussetzungen erfüllt, geht es ganz simpel.

1. Via *cmd + R* (*Darstellung –> Route einblenden*) den Bereich Route einblenden.
2. Start- und Endpunkt eintragen und mit *Return* bestätigen.
3. Möglicherweise schlägt das Programm mehrere Routen vor: Durch einmaliges Anklicken die präferierte Route auswählen.
4. Auf das *Teilen*-Feld klicken und iPhone oder iPad auswählen.

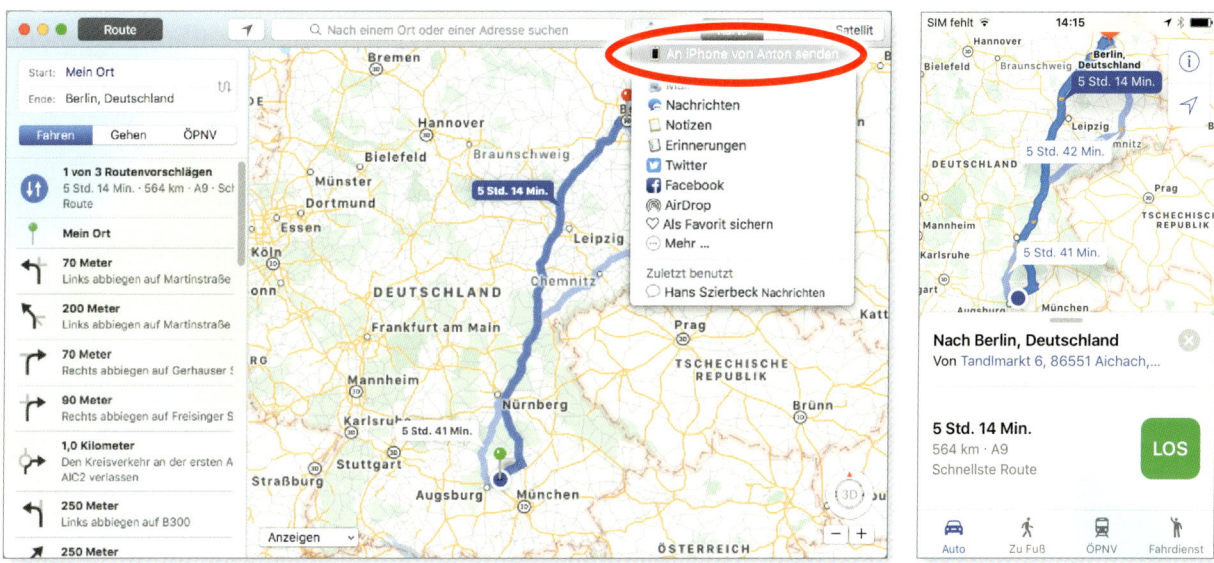

Die am Computer geplante Route wird nun versendet (links). Und erscheint sogleich auf dem iPhone oder iPad und die Reise kann losgehen (rechts).

5. Am iPhone oder iPad erhalten Sie optional einen Hinweis oder ein Banner (je nach Konfiguration der Mitteilungszentrale: *Einstellungen –> Mitteilungen –> Karten*). Wechseln Sie nun zur Karten-App, um dort die Route vorzufinden.
   Alternativ dazu können Sie im alten Stil die Route als PDF-Datei exportieren (*Ablage –> Als PDF exportieren*) oder via E-Mail versenden.

 Um einen Ort kurzfristig zu markieren, können Sie die Stecknadelfunktion verwenden. Über **Bearbeiten –>** **Stecknadel setzen** (**cmd + D**) erhalten Sie eine lilafarbene Stecknadel. Packen Sie die Stecknadel am Kopf, um sie zu verschieben, und klicken Sie auf das kleine **i**, um die Stecknadel in ein Lesezeichen umzuwandeln oder wieder zu löschen.

Öffentliche Verkehrsmittel

Eine Funktion in Karten ist die Möglichkeit das Wegenetz der öffentlichen Verkehrsmittel einzublenden und diese für die Routenplanung zu verwenden. Leider kann zur Zeit (Stand: Oktober 2016) nur bei sehr wenigen Städten diese neue Funktion genutzt werden. Mit der Zeit werden aber weitere Städte folgen. Die Stadt Berlin ist einige der wenigen Städte, deren Wegenetz mit der App Karten genutzt werden kann.

Um das Wegenetz einzublenden, müssen Sie nur auf die Schaltfläche *ÖPNV* rechts oben im Fenster klicken. Damit werden die Strecken und die entsprechenden Haltestellen der unterschiedlichen Verkehrsmittel sichtbar. Wenn Sie dann auf eine Haltestelle oder Bahnhof klicken, erhalten Sie alle Informationen über die Verkehrsmittel wie z. B. die Abfahrtszeiten, die diese Haltestelle betreffen.

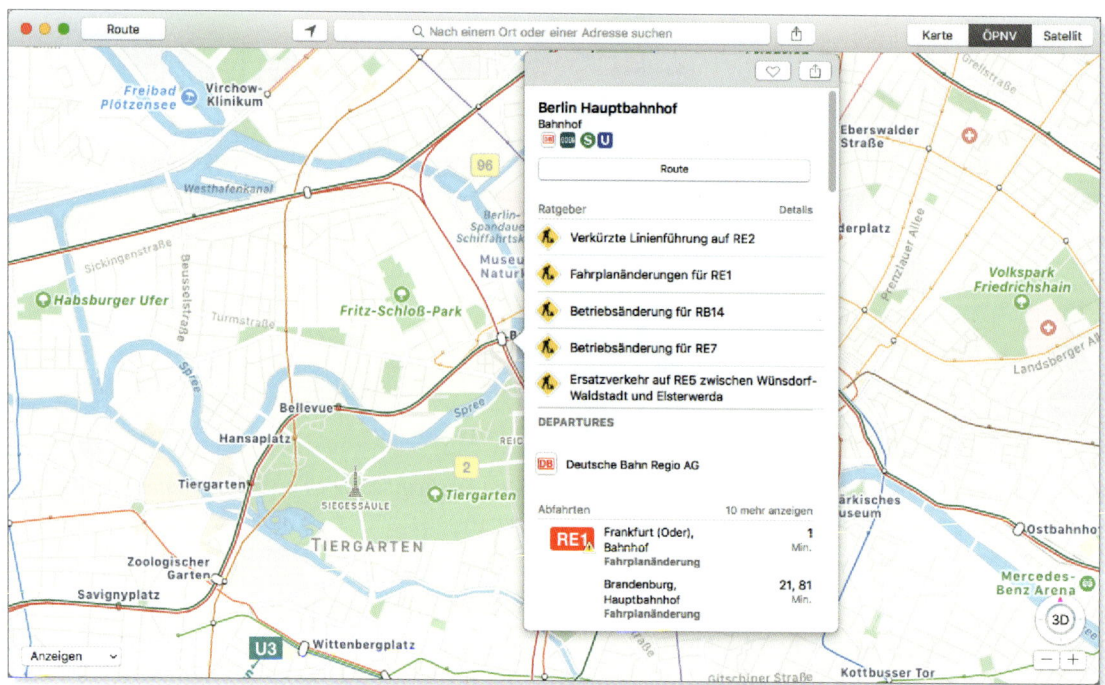

Das Wegenetz des öffentlichen Nahverkehrs in Berlin. In diesem Beispiel sehen Sie die Informationen vom Berliner Hauptbahnhof.

Sie können auch Routen unter Verwendung der öffentlichen Verkehrsmittel planen. Dazu müssen Sie nur auf die Kategorie *ÖPNV* bei der Planung der Route umschalten. Geben Sie dann Start und Zielort ein, und nach wenigen Sekunden erhalten Sie einige Routenvorschläge. Ein Doppelklick auf die Route öffnet eine Liste mit genauen Anweisungen, auf welcher Linie Sie wieviele Haltestellen fahren müssen.

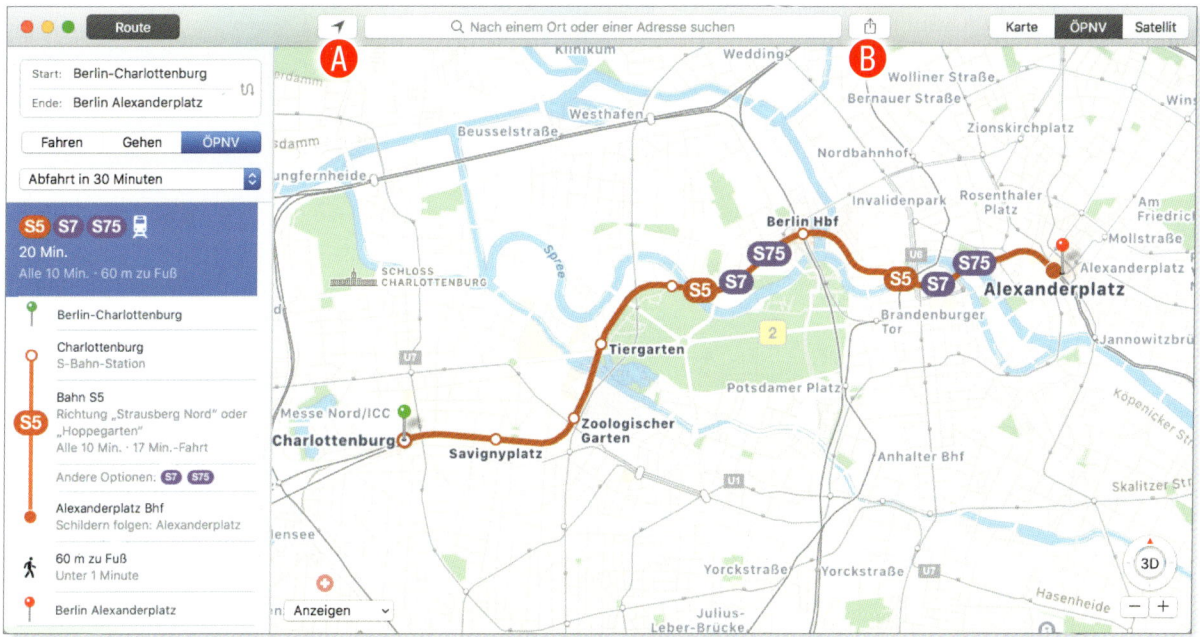

Die Routenplanung kann auch mit Hilfe der öffentlichen Verkehrsmitteln durchgeführt werden.

> **!** Damit Sie eine Route mit öffentlichen Verkehrsmitteln auch auf dem iPhone oder iPad übernehmen können, müssen Sie auf diesen Geräten mindestens iOS 9 verwenden.

> **!** Möchten Sie Ihren Standort versenden, dann aktivieren Sie zunächst die Ortungsfunktion **A** und wählen dann im **Teilen**-Menü **B** z. B. Nachrichten aus. Ihr Gegenüber erhält dann eine Karte mit der Positionsangabe, wo Sie sich mit Ihrem Computer aktuell aufhalten.

Kalender

Die Aufgabe von *Kalender* ist klar definiert: Mit Kalender können Sie Ihre Termine verwalten. Klicken Sie zudem auf den Button *Kalender*, um einen Minikalender sowie die Kalenderliste zu sehen.

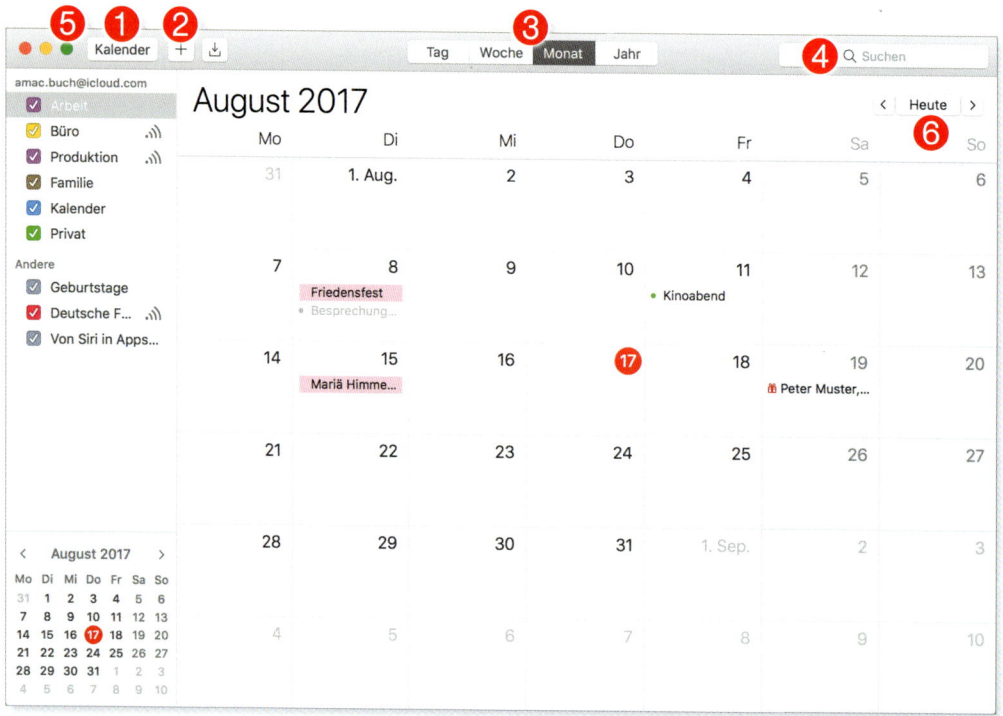

Kalender in der Wochenansicht.

Dabei können in Kalender mehrere Kalender angelegt werden, die sich farblich voneinander unterscheiden. Sie finden die Kalender links oben im Fenster bei *Kalender* ❶. Um rasch einen neuen Termin zu definieren, klicken Sie rechts daneben auf das +-Symbol ❷. Soll die Darstellung gewechselt werden, finden Sie neben der *Tagesansicht*, *Wochenansicht* und *Monatsansicht* auch eine *Jahresansicht* ❸.

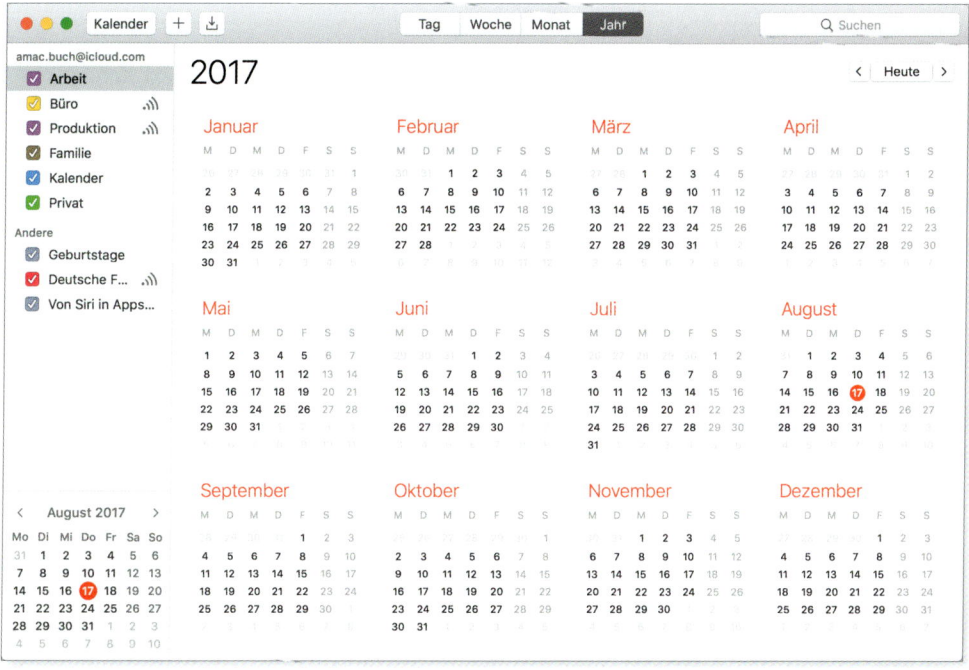

Jahresansicht in Kalender.

Und sicher haben Sie im rechten Bereich des Fensters ❹ die *Spotlight*-Suchfunktion bereits erkannt. Geben Sie hier einen beliebigen Suchbegriff ein, um nach Terminen zu suchen. Wollen Sie sich komplett auf die Arbeit in Kalender konzentrieren, können Sie in den *Vollbildmodus* ❺ schalten.

 Wenn Sie mit der Tastatur in die verschiedenen Darstellungen schalten wollen, verwenden Sie **cmd + 1** für die Tagesansicht, **cmd + 2** für die Wochenansicht, **cmd + 3** für die Monatsansicht und schließlich **cmd + 4** für die Jahresansicht. Wollen Sie schnell wieder zum heutigen Tag zurückgelangen, verwenden Sie entweder den Button **Heute** ❻ oder Sie verwenden den Menüpunkt **Darstellung –> Heute anzeigen** (Tastaturkurzbefehl **cmd + T**).

Um ein beliebiges Datum anzeigen zu lassen, finden Sie über *Darstellung –> Datum anzeigen* (*cmd + Shift + T*) die richtige Funktion. Geben Sie dort einfach ein Datum ein und schon wird der Kalender diesen Tag anzeigen.

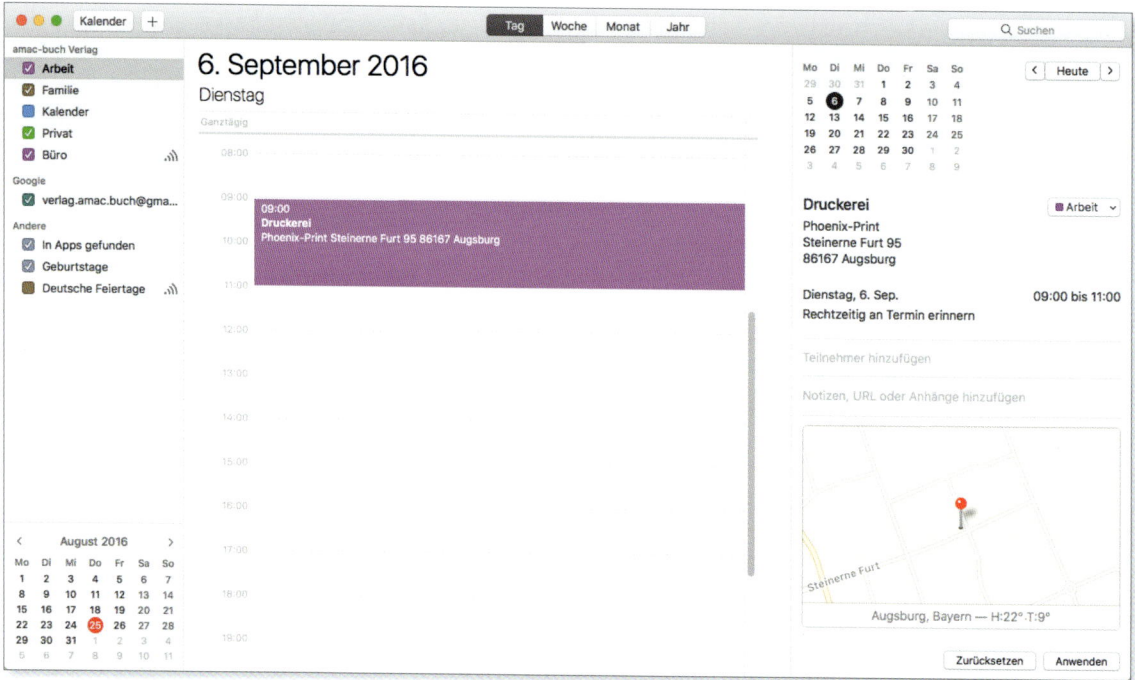

Tagesansicht in Kalender.

Die *Tagesansicht* in Kalender ist besonders interessant, denn dort sehen Sie im linken Bereich des Fensters die Termine des aktuellen Tages und im rechten Bereich die Details zu einem ausgewählten Termin. Dort kann unter anderem auch eine Karte mit dem genauen Ort des Termins eingeblendet sein. Und über den Details sehen Sie den Monat in einem Minikalender dargestellt.

> **!** Sie können sowohl in der Tages- als auch in der Wochenansicht zum Weiterblättern bequem nach rechts oder links scrollen.

Termin eintragen

Soll nun in den Kalender ein neuer Termin eingetragen werden, können Sie dies auf drei verschiedene Arten bewerkstelligen.

1. Verwenden Sie über den Menüpunkt *Ablage* den Eintrag *Neues Ereignis* (*cmd + N*).
2. Verwenden Sie das +-Icon im Titelbereich von Kalender, um eine Terminschnelleingabe vorzunehmen.

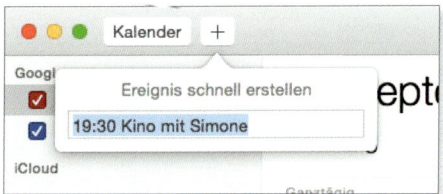

Terminschnelleingabe.

Dort geben Sie einfach Uhrzeit, Wochentag und Thema an und sogleich wird der Termin nach Bestätigung mit der *Returntaste* in der aktuellen Woche eingetragen.

3. Setzen Sie den Mauszeiger auf das Kalenderprogramm und ziehen Sie mit gedrückter Maustaste von der Start- bis zur End-Uhrzeit nach unten; dadurch wird ein neuer Termin mit dem vorläufigen Namen *Neues Ereignis* eingetragen. Dabei ist der Name des Termins sofort aktiv, das heißt, Sie können den dazugehörigen Text erfassen.

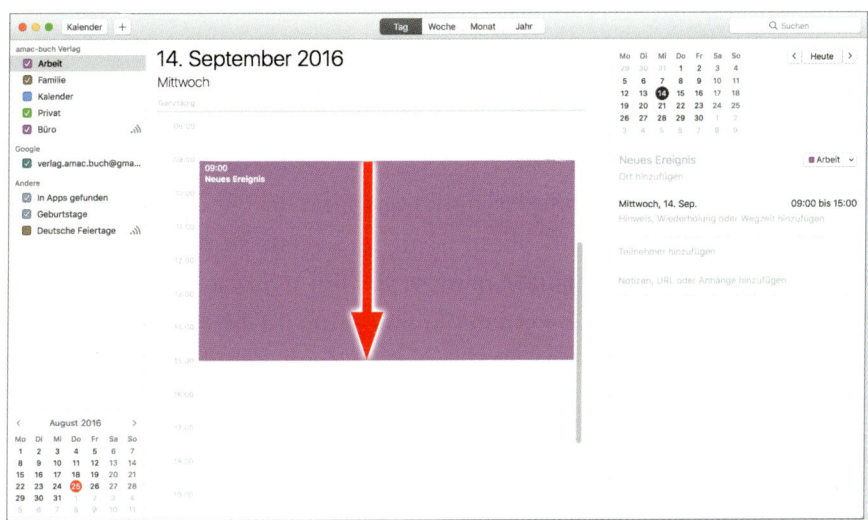

Neuer Termin im Kalender.

Ist der Termin nun fest eingetragen, können Sie sehr einfach durch Ziehen mit der Maus am unteren oder oberen Rand die Länge des Termins modifizieren. Soll der Termin als Gesamtes verschoben werden, setzen Sie den Mauszeiger auf das Farbfeld und schieben es in der Kalenderansicht auf eine andere Uhrzeit oder aber – falls Sie sich in der Wochenansicht befinden – auf einen anderen Tag.

Bei der Definition eines Termins können Sie eine Reihe von Zusatzinformationen mit eintragen. Um an die Zusatzinformationen zu kommen, sollten Sie den Termin markieren und über den Menüpunkt *Bearbeiten* den Eintrag *Ereignis bearbeiten* (*cmd + E*) hervorholen.

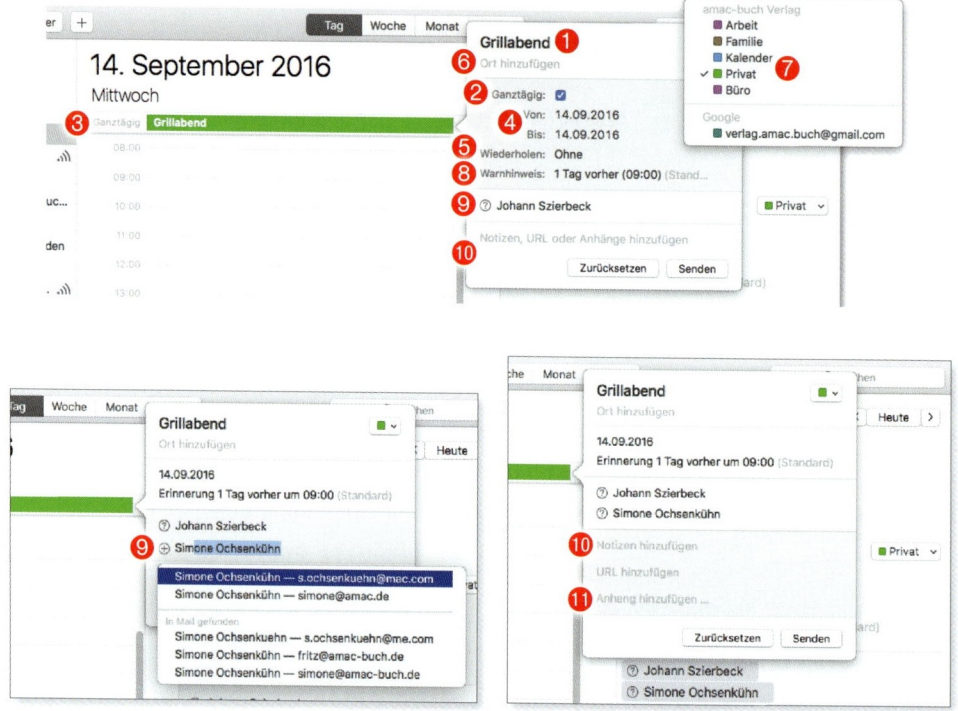

Terminparameter eintragen.

Wollen Sie die Terminbeschreibung ändern, klicken Sie auf den Text am oberen Rand ❶. Darunter sehen Sie, von wann bis wann der Termin angesetzt wurde ❹. Bringen Sie hingegen das Häkchen bei *Ganztägig* ❷ an, wird der Termin im Kalender unter *Ganztägig* ❸ angezeigt.

Soll ein Termin in bestimmten Abständen wiederholt werden, stehen Ihnen im Bereich *Wiederholen* ❺ dazu vielfältige Möglichkeiten zur Verfügung. Standardmäßig können Sie tägliche, wöchentliche, monatliche oder auch jährliche Wiederholungen einrichten. Über *Eigene* können Sie individuelle Wiederholungszyklen definieren.

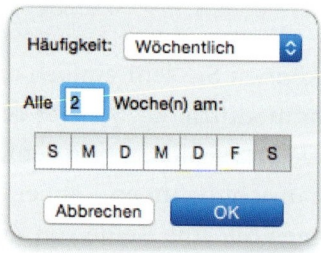

Termin wiederholen.

Wie Sie anhand des Bildschirmfotos erkennen, wurde hier eine Wiederholung alle zwei Wochen, jeweils samstags, angesetzt.

Aber wieder zurück zu weiteren Parametern: Das Programm Kalender kann verschiedene Kalender verwalten, was wir uns gleich noch genauer ansehen werden. Deswegen müssen Sie bei *Kalender* ❼ angeben, in welchem Kalender dieser Termin eingetragen werden soll. Jeder Kalender verfügt übrigens über eine eigene Farbe, das heißt, der Termin wird dann mit der entsprechenden Farbe versehen.

Möchten Sie vor Ihrem Termin daran erinnert werden, wählen Sie bei ❽ die gewünschte Erinnerung aus. Besonders beliebt sind die Hinweistypen *Nachricht*, *Nachricht mit Ton* oder auch *E-Mail*. Diese finden Sie allesamt unter *Eigene*. Bei der Option *Nachricht* erscheint – unabhängig davon, ob Kalender gestartet ist – ein Fenster auf Ihrem Bildschirm und erinnert Sie an Ihren Termin. Bei *Nachricht mit Ton* wird zusätzlich der Warnton des Systems abgespielt. Und mit *E-Mail* wird Ihnen Kalender eine E-Mail senden, um Sie an diesen Termin zu erinnern. Die letzte Eigenschaft ist besonders interessant, wenn Sie viel unterwegs sind, denn dann landet die Erinnerung per E-Mail auf Ihrem iPhone.

Bei Terminerinnerungen kann die Art der Erinnerung und der Zeitpunkt festgelegt werden.

Es können für einen Termin gleich mehrere Erinnerungshinweise eingetragen werden.

Die Standardeinstellung für Hinweise auf ganztägige Termine bzw. Geburtstage ist übrigens einen Tag zuvor 9 Uhr. Sie können dies über *Kalender –> Einstellungen –> Hinweise* ändern.

Optional ist es zudem möglich, den Ort des Termins ❻ einzutragen. Sogleich kommt die App Karten auf den Plan und findet geeignete Orte oder zeigt den Kartenausschnitt des eingetragenen Ortes an. Und nun kann die Kalender-App zusätzlich die Anreisezeit kalkulieren und dies dem Ereignis zuordnen.

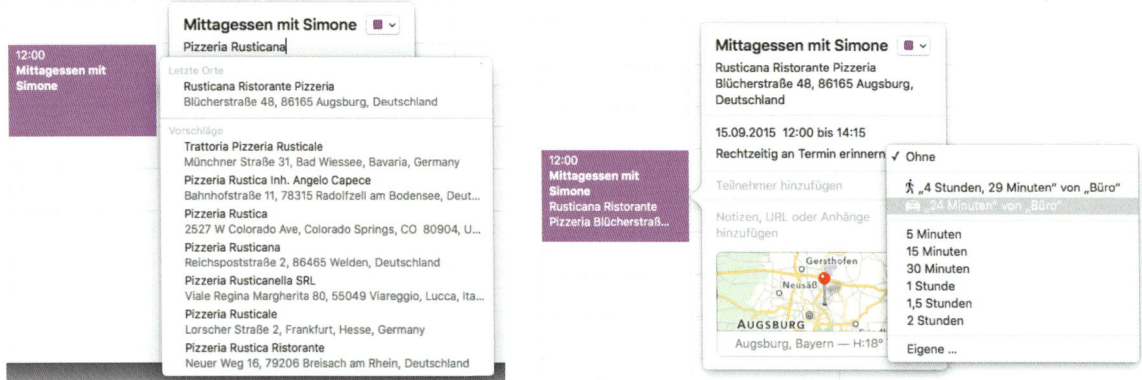

Kalender und Karten arbeiten nahtlos zusammen.

Sofern Sie beispielsweise in einer Firma arbeiten, kann es durchaus sein, dass Sie Termine mit anderen Personen teilen müssen. Dazu ist die Funktion *Teilnehmer hinzufügen* ❾ geeignet. Wenn Sie Teilnehmer hinzufügen, werden die anderen Personen per E-Mail zu Ihrem Termin eingeladen. Verwenden die Personen alle die gleiche Technologie, zum Beispiel innerhalb einer Firma Microsoft Exchange, wird die Termineinladung nicht nur per E-Mail versandt, sondern auch in der Kalenderanwendung des Empfängers eingetragen und dort angezeigt. Auch iCloud von Apple kann ähnliche Dienste ausführen.

Möchten Sie schlussendlich Ihren Termin noch mit zusätzlichen Informationen anreichern, bietet es sich an, entweder *Dateianhänge* ⓫ oder aber *Internetadressen* oder *Notizen* ❿ anzuhängen. Sie sehen also: Sie haben sehr vielfältige Möglichkeiten, einen Termin mit verschiedensten Informationen zu füttern.

Soll die Termineingabe abgeschlossen werden, klicken Sie einfach irgendwo auf die Kalender-App..

 Um einen Termin zu löschen, klicken Sie diesen einfach an und verwenden die **Backspace**- (Rückschritt-Taste). Sie können natürlich auch **Bearbeiten –> Löschen** wählen. Ebenso können Termine auch kopiert, ausgeschnitten und somit verschoben werden.

Sobald Sie viele Termine rasch editieren wollen, sollten Sie via *cmd + alt + I* das *Informationen*-Fenster hervorholen. Wenn Sie nun im Kalender einen Termin anklicken, sehen Sie dessen Informationen und können diese sofort editieren.

Nochmals kurz zurück zu den Einladungen. Natürlich können auch Sie von anderen Anwendern Einladungen erhalten. Diese kommen entweder per E-Mail oder erscheinen direkt in Kalender.

Kalender weist auf Einladungen hin.

Sie erkennen im Dock anhand des *Kalender*-Icons und auch im Titelbereich des Kalender-Fensters, dass eine Einladung eingetroffen ist. Diese kann nun einzeln angenommen oder abgelehnt werden. Jedes Mal erhält dabei auch der Absender diese Info übermittelt.

Kommt die Einladung per E-Mail Ⓐ, können Sie diese via Doppelklick auf den Anhang Ⓑ in Ihren Kalender übernehmen. Dort kann die Einladung dann angenommen oder abgelehnt werden.

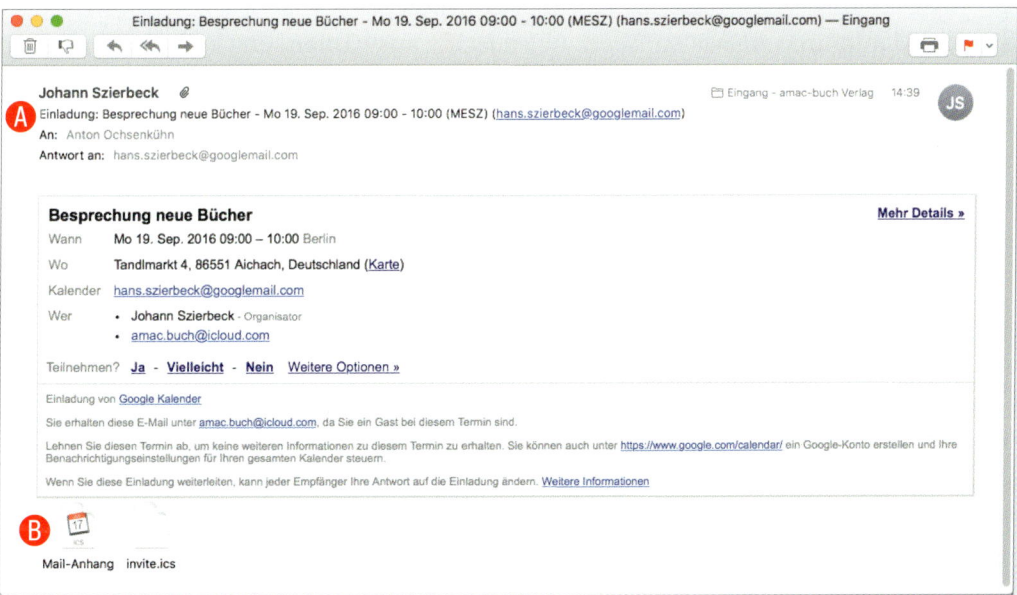

Einladung per E-Mail.

Des Weiteren erscheint die Benachrichtigung im *Kalender*-Fenstertitel.

Neuer Kalender

Wie bereits bei der Definition von Terminen erwähnt, können Termine in unterschiedliche Kalender eingebracht werden. Denn Kalender kann verschiedene Kalender gleichzeitig verwalten. Jeder Kalender wird dabei durch eine eigene Farbe dargestellt, sodass Sie die Termine der unterschiedlichen Kalender auch optisch unterscheiden können.

Neuer Kalender.

Sobald Sie den Menüpunkt *Ablage –> Neuer Kalender* ❶ auswählen, erscheinen möglicherweise darunter bereits verschiedene Kalender. In unserem Fall sind zwei Bereiche möglich, um weitere Kalender anzulegen ❷: *iCloud* und *Exchange*.

Sie erinnern sich an die Definition der **Internetaccounts**, die wir in den **Systemeinstellungen –> Internetaccounts** vorgenommen haben. Je nach Account, den Sie dort definiert haben, kann es möglich sein, dass dieser in der Lage ist, Kalender für Sie zu führen. iCloud (der Dienst von Apple) kann dies beispielsweise, aber auch jeder **Exchange-Account**.

Besonders interessant sind die internetbasierten Kalender natürlich dann, wenn Sie zusätzlich über ein iPhone oder ein iPad verfügen. Denn Sie möchten ja, dass die Termine auch auf Ihrem mobilen Gerät verfügbar sind. Exchange und iCloud können ebenso auf dem iPhone und iPad eingerichtet werden, sodass Sie alle Termine auf allen Geräten stets synchron zur Verfügung haben.

Um die verschiedenen Kalender im Kalender-Fenster zum Vorschein zu bringen, klicken Sie in der linken oberen Ecke auf den Begriff *Kalender* ❸. Sofort klappt darunter eine Liste auf, in der Sie die vorhandenen Kalender einsehen können.

Wer über sehr viele Kalender verfügt, kann diese im Kalender-Fenster ein- und ausblenden.

Ausblenden von Kalendern.

Wird nun ein neuer Termin angelegt, sollten Sie darauf achten, in welchem Kalender Sie den Termin definieren. Möchten Sie nachträglich die Beschreibung des Kalenders oder auch die Farbzuordnung ändern, bietet Kalender auch hierfür Funktionen an. Klicken Sie dazu links oben im Kalender-Fenster auf den Begriff *Kalender* und klicken Sie den Kalender, der geändert werden soll, mit der rechten Maustaste an. So gelangen Sie über den Button *Informationen* in die *Modifikation der Kalenderdaten*.

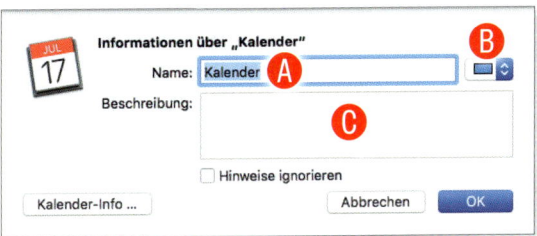

Kalenderdefinition ändern.

Tragen Sie bei *Name* Ⓐ den gewünschten Überbegriff für diesen Kalender ein. Rechts daneben können Sie die *Farbe* Ⓑ auswählen. Optional ist bei *Beschreibung* Ⓒ ein zusätzlicher Texteintrag möglich. Sind alle Einstellungen erledigt, können Sie die Eingabe über *OK* abschließen.

> **!**
>
> Möchten Sie hingegen einen Kalender anlegen, der nur lokal existiert, also nicht mit dem Internet oder anderen Geräten abgeglichen werden soll, gehen Sie wie folgt vor:
>
> 1. Blenden Sie alle Kalendergruppen aus.
> 2. Klicken Sie unterhalb der Gruppen mit der rechten Maustaste auf den hellgrauen Bereich und wählen Sie **Neuer Kalender** aus.
> 3. Nun wird der Bereich **Lokal** erzeugt und ein neuer Kalender darin angelegt.

Ein lokaler Kalender wird neu angelegt.

Zusammenarbeit mit anderen Personen

Wenn Sie mit dem Programm Kalender arbeiten, werden Sie möglicherweise Termine koordinieren müssen, die auch andere Personen betreffen. Das Programm Kalender stellt Ihnen hierfür einige sehr mächtige und interessante Funktionen zur Verfügung. Zunächst einmal sei erwähnt, dass Sie zu jedem Termin Teilnehmer einladen können. Diese Funktion finden Sie, wenn Sie auf einen Termin doppelklicken und ihn zur Bearbeitung auf dem Bildschirm sehen.

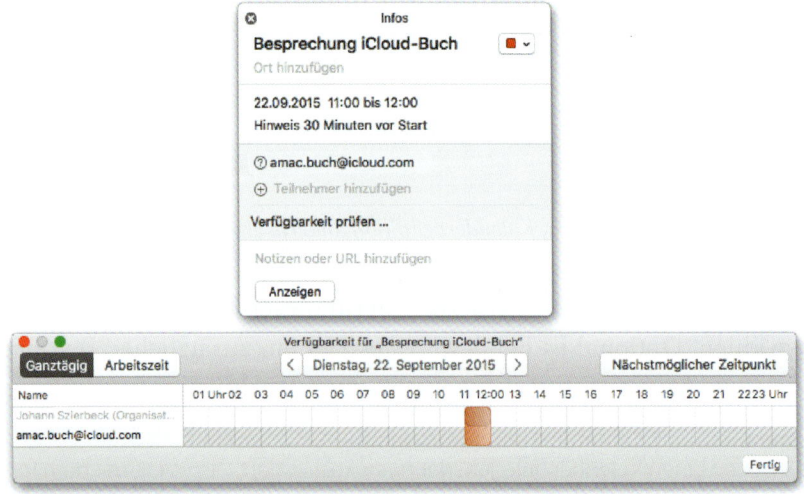

Personen einladen und Terminverfügbarkeit prüfen.

Klicken Sie nun auf *Teilnehmer hinzufügen* und tragen Sie dort die E-Mail-Adressen der betreffenden Personen ein. Haben diese auch einen iCloud-Account, können Sie über den Button *Verfügbarkeit prüfen* das Fenster *Verfügbarkeit* nach vorn bringen. Dort sehen Sie auf einen Blick, wann es einen Termin gibt, an dem alle Teilnehmer Zeit haben. Ist der Termin gefunden, klicken Sie anschließend auf *Senden*, um den Teilnehmern eine Einladung zu diesem Termin zukommen zu lassen.

Die eingeladenen Personen erhalten also in ihrem Kalender-Programm diese Einladung und können den Termin akzeptieren oder ablehnen. Wird die Einladung akzeptiert, erhalten Sie wiederum die Rückmeldung, dass die Teilnehmer zu dem Termin kommen werden. Sie erkennen dies daran, dass im Programm Kalender ein Hinweis erscheint bzw. die Information zu dem Termin eingetragen wird – dargestellt durch ein grünes Häkchen in den *Detailinformationen* zu dem Ereignis.

Teilnehmer hat die Einladung angenommen.

> **!** Das Versenden von Einladungen und die Bestätigung einer eingeladenen Person funktionieren innerhalb des Apple-Systems tadellos. Wenn Sie und Ihre Kolleginnen, Kollegen und Freunde also iCloud verwenden, arbeitet das System fehlerfrei. Ebenso tadellos ist die Funktionsweise, wenn alle beteiligten Personen über Microsoft Exchange verfügen. Voraussetzung für ein problemloses Funktionieren ist im Regelfall die Verwendung des gleichen Systems bei allen Beteiligten.

Sollen nun Termine über verschiedene Systeme hinweg zur Verfügung gestellt werden oder bestimmte Personen Ihre Termine zwar sehen, aber nicht bearbeiten können, gibt es die Möglichkeit, Termininformationen aus dem Programm Kalender freizugeben. Wenn Sie iCloud-Nutzer sind, wählen Sie in der Kalenderliste den freizugebenden Kalender an und verwenden den Menüpunkt *Bearbeiten –> Freigabeeinstellungen* oder Sie klicken mit der rechten Maustaste auf den freizugebenden Kalender.

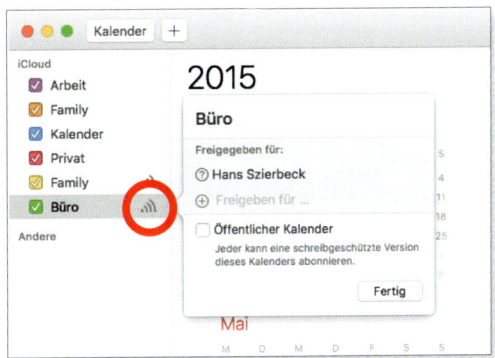

Der Kalender „Privat" wird via iCloud freigegeben.

Und wie Sie anhand des Bildschirmfotos sehen, können Sie den Kalender entweder für jedermann freigeben (*Öffentlicher Kalender*) oder bestimmte Personen einladen. Selbstverständlich wird jede Änderung, die Sie in Ihrem Kalender durchführen, sogleich zu allen eingeladenen Personen übertragen. Das funktioniert wiederum sehr gut, wenn alle Beteiligten die iCloud-Umgebung verwenden.

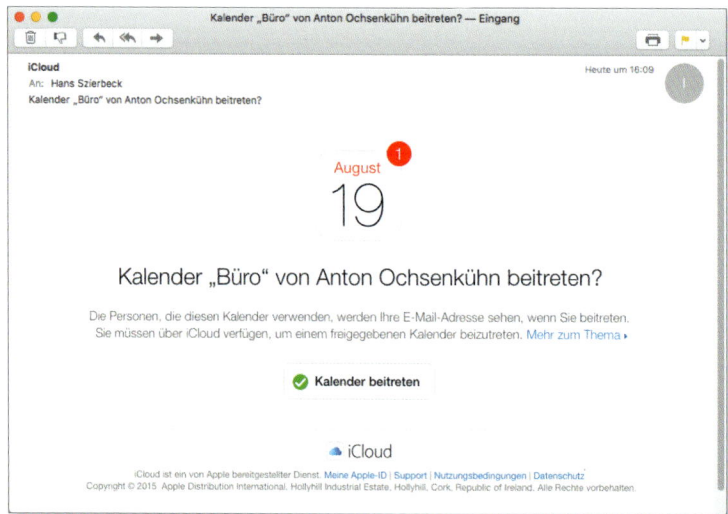

Um Termine lesen und eintragen zu können, sollten alle Anwender iCloud verwenden.

Die betreffende Person erhält nun, sofern sie iCloud noch nicht verwendet, eine E-Mail, in der sie dazu aufgerufen wird, zu iCloud zu wechseln bzw. iCloud einzusetzen, um auch lesend und schreibend auf Ihre Kalender zugreifen zu können. Hat die betreffende Person bereits iCloud im Einsatz, werden Ihre Kalender in ihrer Kalenderliste eingeblendet.

Sie sehen im Programm Kalender in der *Kalenderliste* anhand eines kleinen Icons, dass Ihr Kalender nun freigegeben ist und andere Personen die von Ihnen eingetragenen Termine und Ereignisse einsehen können.

Ein kleines Icon zeigt die Freigabe.

Um die Freigabeeinstellungen zu modifizieren, klicken Sie einfach auf das *Senden*-Symbol und sogleich erscheint das Fenster, in dem Sie die Freigabeeigenschaften ändern können. Soll ein Kalender nicht mehr freigegeben und damit anderen zur Verfügung gestellt werden, wählen Sie den Menüpunkt *Bearbeiten –> Freigabe stoppen*.

Was aber nun, wenn die betreffende Person nicht über ein Gerät oder ein System verfügt, das an iCloud angebunden ist? Nun, dann besteht die Möglichkeit, dass Sie den Kalender für jeden freigeben. Damit können andere Computersysteme, wie zum Beispiel Windows-Systeme, die Microsoft Outlook verwenden, Ihren Kalender abonnieren. Diese erhalten damit nur eine Leseberechtigung und können nicht schreibend auf Ihren Kalender zugreifen.

Die öffentliche Kalenderfreigabe erlaubt nur Leserechte.

Über das *Teilen*-Feld auf der rechten Seite können Sie den Link zu Ihrem Kalender per E-Mail verteilen. Die Anwender erhalten so eine URL und wird diese angeklickt, wird Ihr Kalender in deren Programme als Abonnement mit Leserecht eingeklinkt.

Sie können als Anwender Terminkalender, die Sie erstellt haben, nicht nur über die *Kalenderfreigabe*-Funktion an andere Personen weitergeben, sondern sie auch über die *Exportieren*-Funktion weiterreichen und per E-Mail versenden. Der Empfänger kann dann, ähnlich wie soeben gesehen, diesen Kalender als statischen Kalender in sein Kalender-Programm importieren. Der Export funktioniert über den Menüpunkt *Ablage –> Exportieren*. Sogleich erscheint ein Fenster, in dem der Ablageort und der Name dieser Kalenderdatei (.ics-Datei) definiert werden kann.

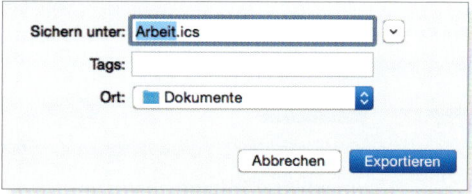

Kalender exportieren.

 Natürlich hat der so exportierte und erneut importierte Kalender den Nachteil, dass er bei Änderungen nicht mehr automatisch aktualisiert wird. Das funktioniert nur beim Veröffentlichen und Abonnieren.

Kalenderabo

Noch einfacher geht das Abonnieren, wenn Internetseiten derartige Dienste anbieten. Beispielsweise haben viele Vereine, Organisationen und Unternehmen über das Internet abonnierbare Kalender in ihrem Programm. Starten Sie beispielsweise den Safari-Browser und geben Sie über Google eine Suche ein, bei der Sie den Namen der Vereinigung und dahinter die Begriffe *Kalender* und *Abo* eintragen.

Suche nach verfügbaren Kalendern zum Abonnieren.

In wenigen Sekunden werden Sie fündig und gelangen zu einer Seite, auf der Sie beispielsweise den Spielplan der Fußball-Bundesliga als Abonnement beziehen können. Sobald Sie den dazugehörigen Hyperlink im Internet angeklickt haben, werden Sie sofort zu Kalender weitergeleitet.

Abonnement wird aufgenommen.

Wie Sie im rechten Bildschirmfoto sehen, nennt sich der abonnierte Kalender *KK- Konostart*. Rechts daneben können Sie, wie bereits erklärt, die Farbe für diesen Kalender auswählen. Darunter bei *Abonniert* sehen Sie die Internetadresse, von der die Kalenderdaten bezogen werden. Klicken Sie abschließend auf *OK* und sogleich wird dieser Kalender in Ihre Liste aufgenommen.

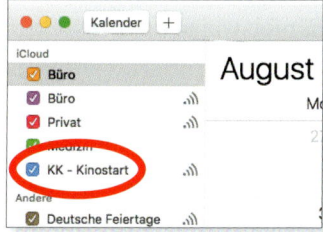

Liste der Kalender.

Das Schöne an Abonnements ist Folgendes: Wenn sich Termine ändern, werden über dieses Abonnement alle Teilnehmer automatisch informiert.

Haben Sie mehrere Kalender abonniert, sollten Sie diese Kalender auch ab und an aktualisieren, um auf dem aktuellen Stand zu bleiben. Verwenden Sie hierzu im Menüpunkt *Darstellung* den Eintrag *Kalender aktualisieren (cmd + R)*.

Einstellungen

Und zu guter Letzt werfen wir noch einen Blick auf die Grundeinstellungen von Kalender, in denen einige wesentliche Informationen grundkonfiguriert werden sollten.

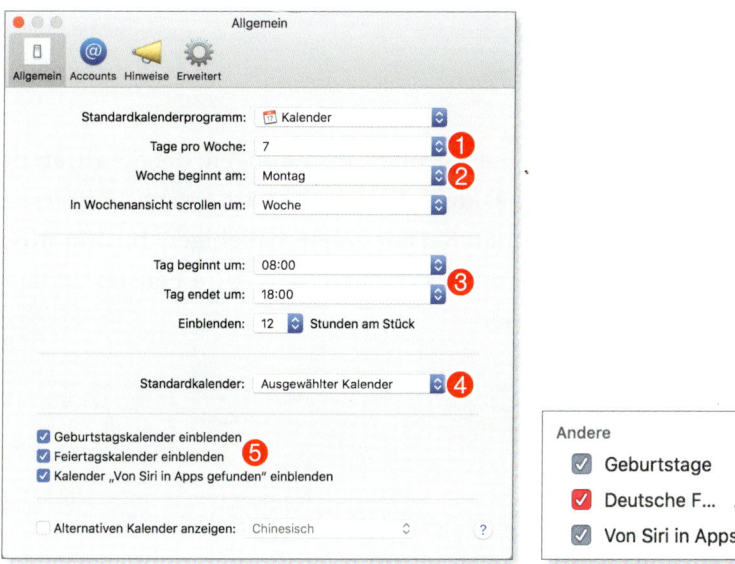

In „Kalender –> Einstellungen" finden sich nützliche Dinge (links) wie das Einblenden von Geburtstagen und Termininformationen anderer Apps – „Von Siri in Apps gefunden" (rechts).

Dort finden Sie im Reiter *Allgemein* beispielsweise die Einstellung *Tage pro Woche* ❶. Diese ist standardmäßig auf *7* eingestellt, könnte aber auch auf *5* geändert werden, sofern Sie das Programm Kalender lediglich beruflich verwenden. Darunter geben Sie an, wann Ihre Woche innerhalb von Kalender beginnen soll ❷. Manche Anwender schalten von Montag als Wochenbeginn auf Sonntag um. Darunter geben Sie an, in welchem Zeitfenster Ihre Hauptaktivitäten in Kalender liegen ❸. Und ebenso sinnvoll ist die Spezifikation eines *Standardkalenders* ❹. Wenn Sie einen neuen Termin eintragen, wird dieser, falls nichts anderes ausgewählt ist, dem Standardkalender zugeordnet. Via ❺ können Sie die in Kontakte eingetragenen Geburtstage in Kalender einblenden bzw. sich die Feiertage anzeigen lassen und seit neuestem auch die Ereignisse, die Kalender in E-Mails gefunden hat. Diese werden dann in der Kategorie *Andere* dargestellt.

Eine weitere sehr nützliche Funktion ist das Anzeigen der Kalenderwochen. Navigieren Sie hierzu zu *Kalender –> Einstellungen* (*cmd + ,*) und dort in den Bereich *Erweitert*. Aktivieren Sie die Funktion *Wochenzahlen einblenden*.

Kalenderwochen anzeigen.

Dort finden Sie noch zwei weitere sehr interessante Einstellungen, die Sie Ihren Bedürfnissen entsprechend anpassen können. Zum einen gibt es dort die Eigenschaft *Ereignisse in separaten Fenstern öffnen*. Sofern diese Funktion aktiviert wird, können Sie auf einem beliebigen Termin innerhalb des Kalender-Programms einen Doppelklick ausführen und es erscheint ein extra Fenster, in dem alle Einstellungen für diesen Termin bearbeitet werden können.

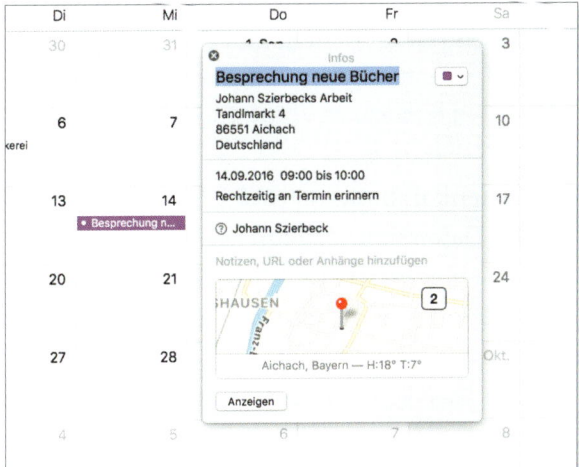

„Ereignisse in separaten Fenstern öffnen" ist aktiviert.

Damit können Sie nun auf beliebig vielen Terminen innerhalb Ihres Kalenders einen Doppelklick ausführen und Sie erhalten so für jeden Termin ein eigenes Fenster, um dort alle Parameter Ihren Bedürfnissen entsprechend anpassen zu können.

Separate Fenster für jeden einzelnen Termin.

> **!** An dieser Stelle ein sehr interessanter und sehr nützlicher Tipp, wie Sie noch effizienter mit Terminen umgehen können: Wenn Sie mit der Tastenkombination **cmd + alt + I** das **Informationen**-Fenster hervorrufen, erscheint ein frei schwebendes Fenster, das Ihnen alle Informationen zu einem Ereignis bzw. Termin zeigt. Das besonders Schöne an dem Fenster ist nun, dass es durch Anklicken eines anderen Ereignisses automatisch aktualisiert wird.

 Ändern Sie nun im **Informationen**-Fenster Einstellungen für das Ereignis, werden diese sofort auf den entsprechenden Termin angewendet. Über den Button **Zurücksetzen** am unteren Rand des Informationsfensters können Sie sehr rasch die manuellen Korrekturen wieder rückgängig machen.

Übrigens können Sie mit der Tastenkombination *cmd + E* von einem Ereignis auch ein Informationsfenster hervorholen, in dem Sie die Daten modifizieren können. Der Unterschied zwischen *cmd + E* und *cmd + alt + I* ist der, dass, sobald Sie ein weiteres Ereignis anklicken, bei Verwendung von *cmd + E* ein weiteres Fenster geöffnet wird, wohingegen bei *cmd + alt + I* das *Informationen*-Fenster erhalten bleibt und mit den Daten des jeweiligen Ereignisses aktualisiert wird.

Kommen wir noch einmal zu den *Einstellungen* zurück: Ich hatte Ihnen ja eine weitere sehr nützliche Einstellung versprochen. Diese finden Sie unter *Kalender –> Einstellungen –> Erweitert* und sie nennt sich *Ereignisse in Jahresansicht anzeigen*.

Bevor wir die *Einstellungen* verlassen, noch eine kleine, vielleicht für den einen oder anderen unter Ihnen nützliche Funktion: *Vor dem Senden von Ereignis-Änderungen fragen*. Sie haben ja bereits gesehen, dass Sie Termine mit einem Doppelklick bzw. mit *cmd + E* oder *cmd + alt + I* öffnen können, um auf die Daten eines Ereignisses Einfluss zu nehmen. Wenn Sie nun die Eigenschaft *Vor dem Senden von Ereignis-Änderungen fragen* deaktiviert haben, wird jede Änderung zu einem Termin sofort umgesetzt. Ist die Funktion hingegen aktiv geschalten, müssen Sie im Informationsfenster stets mit dem Button *Anwenden* den Eintrag bestätigen. Bleiben wir noch ein wenig in den Einstellungen für das Programm Kalender und widmen wir uns den *Hinweisen*.

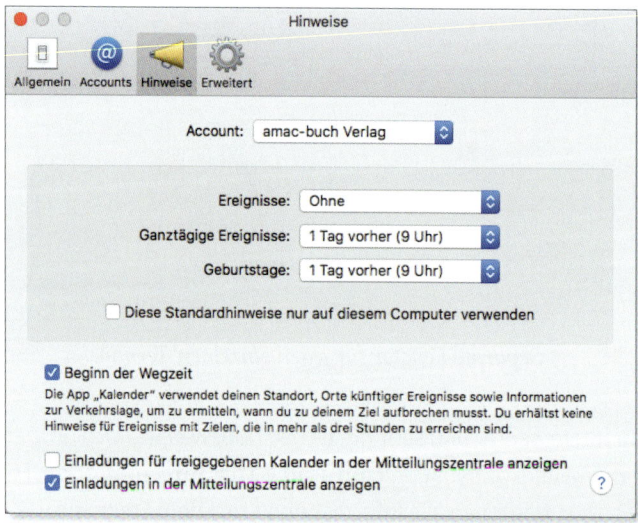

In den Kalendereinstellungen finden Sie bei „Hinweise" sehr nützliche Funktionen.

Dort sehen Sie zunächst, dass Sie für jeden *Account*, den Sie in den *Systemeinstellungen* bei *Internetaccounts* spezifiziert haben und der auch in der Lage ist, Kalenderinformationen zu synchronisieren, Einstellungen vornehmen können. In meinem Fall kann ich Einstellungen für meinen iCloud-, Google- und Facebook-Account konfigurieren.

Sie sehen beispielsweise, dass Sie im Pull-down-Menü bei *Ereignisse* ❶ bzw. bei *Ganztägige Ereignisse* und *Geburtstage* eine automatische Erinnerung aktivieren können. Wählen Sie beispielsweise bei *Ereignisse* die Eigenschaft *15 Minuten vorher*, werden Sie ab sofort an jeden Termin, den Sie in Ihrem Kalender eingetragen haben, eine Viertelstunde vorher erinnert. Ähnlich verhält es sich bei ganztägigen Ereignissen.

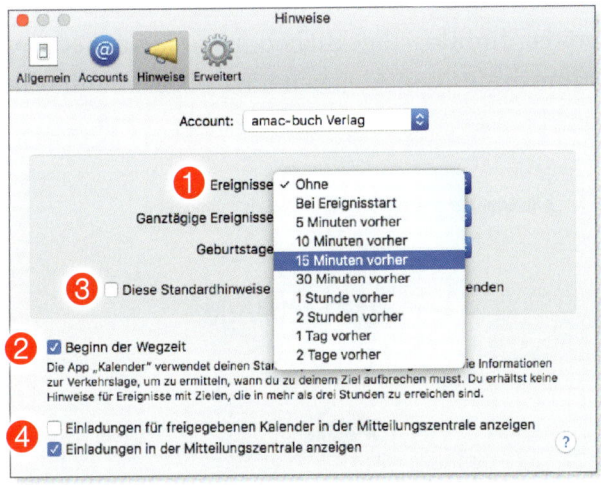

Automatische Erinnerung bei Ereignissen aktivieren.

Ähnliche Einstellungen können Sie auch für Geburtstage vornehmen, um auf keinen Fall mehr Geburtstage von Freunden, Bekannten oder Arbeitskollegen zu vergessen.

 Interessant ist auch die Option **Beginn der Wegzeit** ❷. Diese bringt einen Hinweis, wenn es Zeit ist zu einem Termin aufzubrechen, damit Sie punktlich am Zielort ankommen. Voraussetzungen dafür sind die aktivierten Ortungsdienste und der jeweilige Termin muss eine Ortsangabe besitzen.

Mit der Eigenschaft *Diese Standardhinweise nur auf diesem Computer* ❸ aktivieren Sie die Erinnerungen lediglich für diesen Rechner. Damit werden die Daten nicht per iCloud zu Ihren Mobilgeräten übertragen.

Und zu guter Letzt finden Sie unten noch zwei Einstellungen dazu, welche Informationen in der Mitteilungszentrale als Benachrichtigungen erscheinen sollen. Dort können Sie die Anzeige von Einladungen bzw. Informationen von geteilten Kalendern ein- und ausschalten ❹.

Damit haben wir die wesentlichen Einstellungen des Programms Kalender durchgesprochen.

Erinnerungen

In früheren Betriebssystemen wie *Lion* oder *Snow Leopard* waren die To-do-Funktionen im Programm *iCal*, das jetzt *Kalender* heißt, untergebracht. Es war logisch und äußerst sinnvoll von Apple, diese To-dos in eine eigene Applikation namens *Erinnerungen* auszulagern. Denn für die iOS-Geräte wie das iPhone und iPad existiert die App Erinnerungen schon länger. Verfügen Sie über einen iCloud-Account (der auch an dieser Stelle wieder wärmstens zu empfehlen ist), werden die Erinnerungseinträge zwischen Ihrem Computer und den iOS-Geräten drahtlos abgeglichen, was eine äußerst praktische Funktion darstellt. Möchten Sie einen Account zum drahtlosen Abgleich hinzufügen, dann wählen Sie einfach *Erinnerungen –> Account hinzufügen* aus.

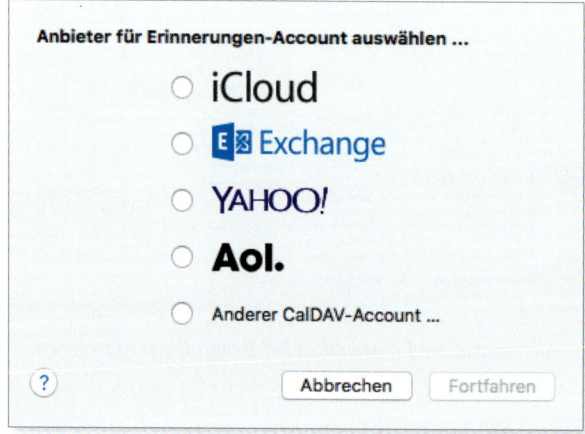

Erinnerungen können mit einer Reihe von Accounts übers Internet abgeglichen werden.

Des Weiteren nutzt das Programm Erinnerungen, in dem Sie Ihre To-dos ablegen, natürlich die *Mitteilungszentrale*, in der Benachrichtigungen erscheinen, sobald eine Aufgabe zu erledigen ist. Aber wollen wir uns erst einmal die wichtigsten Funktionen des Programms *Erinnerungen* im Detail ansehen. Fangen wir doch an der Stelle an, an der wir vorhin beim Programm Kalender aufgehört haben:

Über die Tastenkombination *cmd + T* gelangen Sie zum heutigen Tag und sehen dort alle Aufgaben, die es heute zu erledigen gilt.

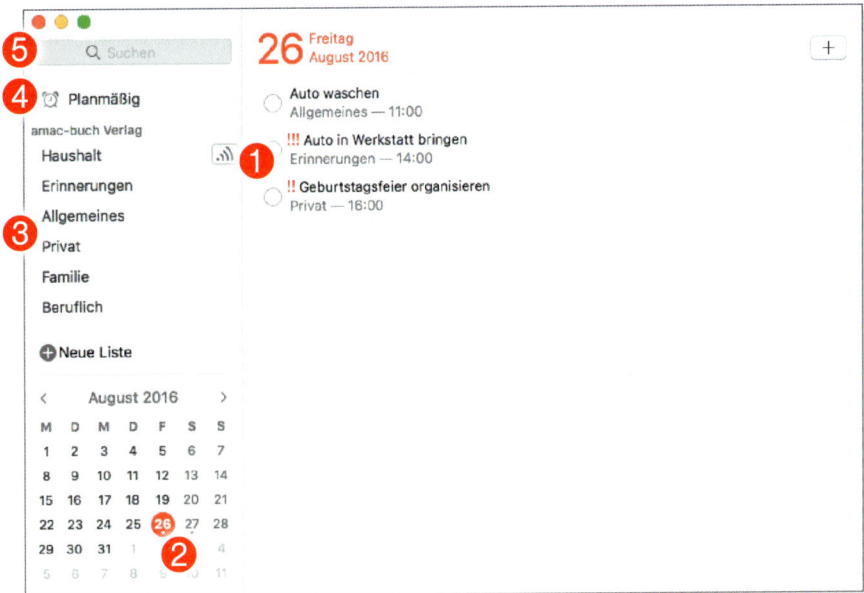

Zu erledigende Aufgaben des heutigen Tages.

In diesem Fenster können Sie eine Reihe von weiteren sinnvollen Funktionen des Programms Erinnerungen erkennen. Sie sehen, dass die Aufgaben des heutigen Tages mit unterschiedlichen Prioritäten versehen werden können ❶. Drei Ausrufezeichen bedeuten dabei die höchste Priorität, zwei Ausrufezeichen stehen für mittlere, ein Ausrufezeichen für geringe Priorität. Ist gar kein Ausrufezeichen vorhanden, ist diese Aufgabe nicht priorisiert.

Wenn Sie links im Fenster *Erinnerungen* die *Minikalender*-Darstellung eingeblendet haben (Menü *Darstellung –> Kalender einblenden*), können Sie anhand von kleinen Punkten auch erkennen, dass Sie Erinnerungen eingetragen haben, die an Termine gebunden sind ❷. Sie sehen hier am 26. und auch am 27. August jeweils ein kleines Pünktchen unterhalb des Datums, was Sie daran erinnert, dass es Aufgaben gibt, die an diesem Tag erledigt werden sollen. Bei der Erstellung von Aufgaben, die wir uns später noch ansehen werden, können Sie also festlegen, ob diese auch zeitabhängig definiert werden sollen.

Überhaupt sind Sie mit dem Programm Erinnerungen in der Lage, verschiedene To-do- oder Aufgabenlisten zu führen ❸. Sie sehen hier Listen wie *Beruflich*, *Familie* etc., die Sie in der linken Seitenleiste von der Reihenfolge beliebig anordnen können. Packen Sie dazu eine Liste mit der Maus und ziehen diese nach oben oder unten. Das heißt, Sie können Ihre Aufgaben sehr schön strukturieren. Die Seitenleiste mit den Listen und dem Minikalender kann auch ausgeblendet werden. Dazu müssen Sie die Funktion *Seitenleiste ausblenden (cmd + alt + S)* aus dem Menü *Darstellung* verwenden.

Wenn Sie die seitliche Leiste ausgeblendet haben, können Sie sehr einfach durch die verschiedenen Listen blättern, indem Sie mit Ihrem Finger von rechts nach links oder von links nach rechts auf Ihrer

Maus bzw. Ihrem Trackpad wischen. Haben Sie aktuell einen Termin ausgewählt, blättern Sie tageweise; haben Sie eine Liste aktiviert, werden die Listen durchgeblättert.

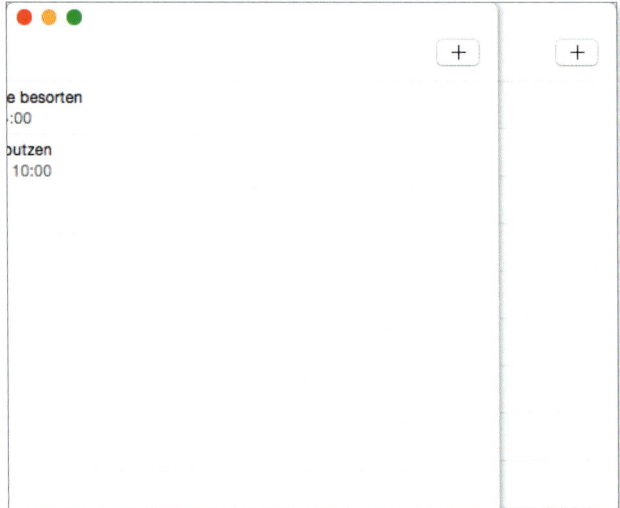

Blättern in den Listen bzw. Tagen.

Bei den Erinnerungslisten gibt es auch den Eintrag *Planmäßig* ❹. Wenn Sie diesen anklicken, erhalten Sie eine Liste mit allen eingetragenen Erinnerungen aus allen Listen. Es ist praktisch eine Übersicht über alle Einträge, egal, in welcher Liste sie stehen.

Und zu guter Letzt: Sofern Sie die seitliche Leiste eingeblendet haben (*cmd + alt + S*), finden Sie links oben auch noch eine Suchlupe, mit der Sie das komplette Programm Erinnerungen durchsuchen können ❺.

Wenn Sie nun eine neue Aufgabe oder ein neues Ereignis eintragen möchten, gibt es hierzu grundsätzlich zwei verschiedene Möglichkeiten: Entweder Sie aktivieren eine Liste, dann wird in dieser entsprechenden Liste der Eintrag vorgenommen. Oder Sie wählen im Minikalender einen Termin aus, dann wird dieser Termin auch gleich dem aktuellen Datum zugeordnet.

 Sofern Sie einen Termin auswählen und ein neues To-do eintragen, wird dieses To-do automatisch der Standardliste zugeordnet, die Sie via **Erinnerungen –> Standardliste** definieren.

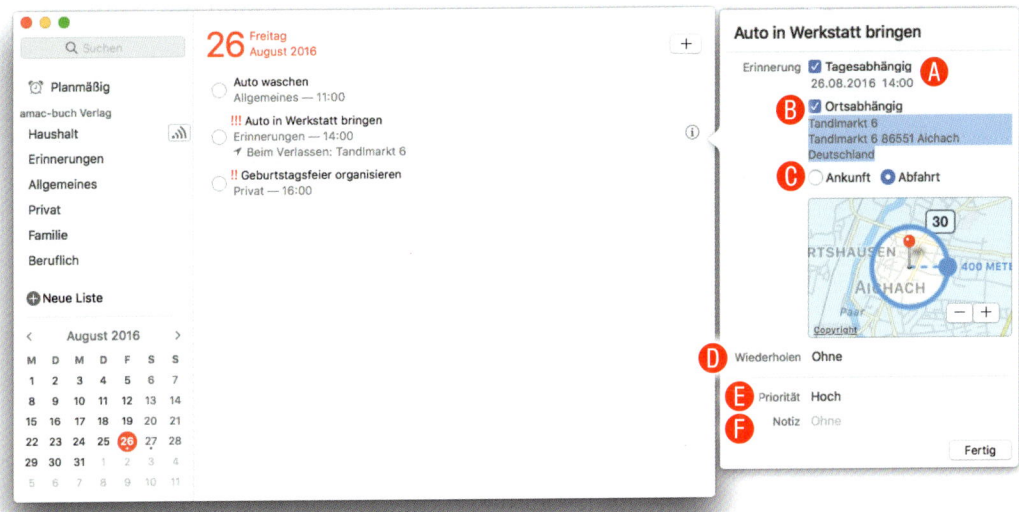

Neues To-do erstellen.

Sie erstellen also ein neues To-do, indem Sie entweder rechts oben auf die +-Taste klicken oder einfach in einer leeren Zeile den Eintrag eingeben. Tippen Sie nun den Text für Ihr To-do ein. Vergessen Sie nicht, danach rechts daneben auf den *Info*-Button zu klicken.

Über den „Info"-Button sind die weiteren Einstellungen zugänglich.

Sogleich erhalten Sie eine Fülle von Einstellungsmöglichkeiten für Ihr neues To-do. Wollen Sie, dass die Aufgabe bis zu einem bestimmten Termin erledigt wird, aktivieren Sie die Funktion *Tagesabhängig* **A** und geben darunter den Tag und auch die Uhrzeit ein. Ihr Rechner wird Sie dann über die Mitteilungszentrale benachrichtigen, um Sie an diese Aufgabe zu erinnern.

Besonders clever ist vor allem für die mobilen Apple-Geräte wie iPhone oder iPad die *ortsabhängige Aufgabendefinition* **B**. Für einen mobilen Apple-Rechner kann es durchaus interessant sein, auch hier Einstellungen vorzunehmen. Geben Sie an, an welchem Ort Sie erinnert werden möchten und ob dies bei Ankunft oder Abfahrt von diesem Ort geschehen soll **C**.

Und wie es sich für ein vernünftiges Erinnerungsprogramm gehört, können Sie bei *Wiederholen* **D** angeben, wie oft diese Aufgabe wiederholt werden muss. Denken Sie hier zum Beispiel an die Klassiker wie das Rausstellen der Mülltonne oder das Abgeben Ihrer Unterlagen beim Steuerberater, die in regelmäßigen Abständen zu erledigen sind.

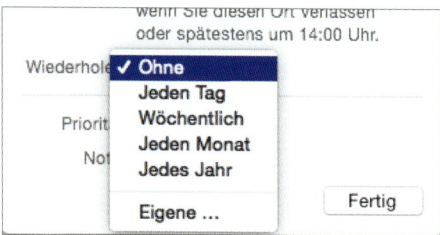

Wiederholungszyklen einstellen.

Natürlich können Sie einer Aufgabe auch eine Priorität zuordnen, wie wir es vorhin schon besprochen haben **E**. Und zu guter Letzt haben Sie die Möglichkeit, sich in den *Notizen* noch Zusatzinformationen zu einem Ereignis einzutragen **F**. Mit einem Klick auf *Fertig* bestätigen Sie alle Einstellungen.

Noch einmal zurück zu der ortsabhängigen Erinnerung. Diese Funktion ist, wie schon erwähnt, besonders beim iPhone und iPad nützlich, aber auch Ihr macOS kann ortsabhängig reagieren. Und zwar ist dies in den *Systemeinstellungen* bei *Sicherheit* und dort unter *Privatsphäre* zu regeln. Haben Sie diese Funktion grundsätzlich aktiviert, werden Sie nun in der Menüleiste auch ein Symbol vorfinden, das Ihnen mitteilt, dass das Programm Erinnerungen auch auf Ihre Ortsinformationen zugreifen kann. Dies geschieht im Übrigen über WLAN.

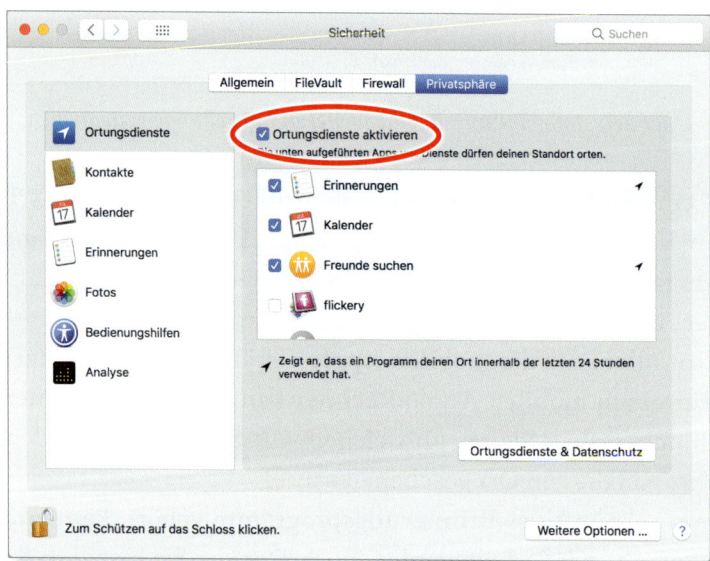

Das Programm „Erinnerungen" aktiviert die Ortungsfunktion.

Und auch das möchte an dieser Stelle noch einmal erwähnt werden: Auch in den Mitteilungen werden die Erinnerungseinträge dargestellt.

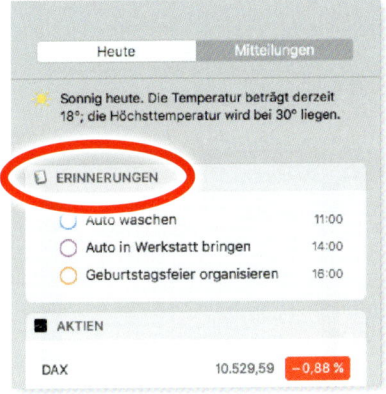

Mitteilungen zeigen Erinnerungen.

Haben Sie eine Erinnerung bzw. eine Aufgabe erledigt, können Sie diese Aufgabe abhaken. Sogleich wird in einer Animation dargestellt, wie die Aufgabe aus der aktuellen Liste verschwindet. Die erledigten Aufgaben können Sie sich anzeigen lassen, wenn Sie die Einträge etwas nach unten scrollen. Dadurch wird der Punkt *Erledigt* sichtbar. Dort müssen Sie dann auf *Anzeigen* klicken, und die bereits abgearbeiteten Punkte werden sichtbar.

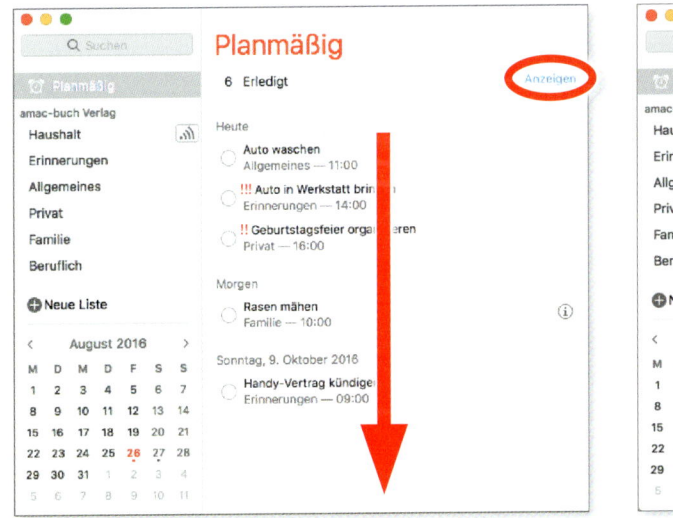
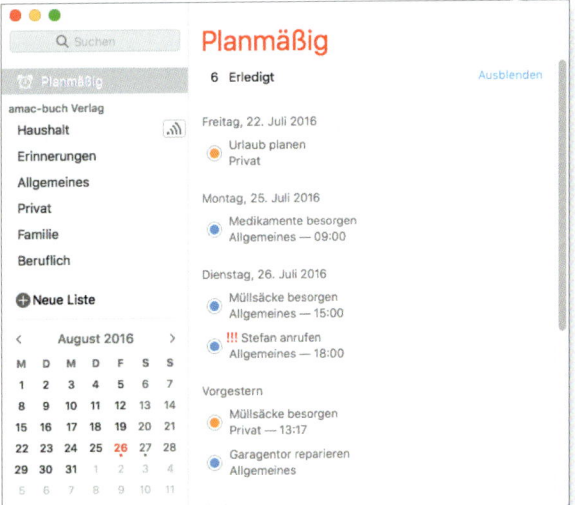

Die erledigten Aufgaben können erst eingeblendet werden, wenn man die Liste nach unten verschiebt.

Möchten Sie hingegen einen Eintrag löschen, klicken Sie neben den Text, sodass die komplette Zeile leicht hinterlegt wird, und drücken dann die *Backspace*-Taste.

 Und zu guter Letzt können Sie jede Liste als eigenes Fenster darstellen. Klicken Sie hierzu doppelt auf die Liste und schon haben Sie für jede Liste ein eigenes Fenster.

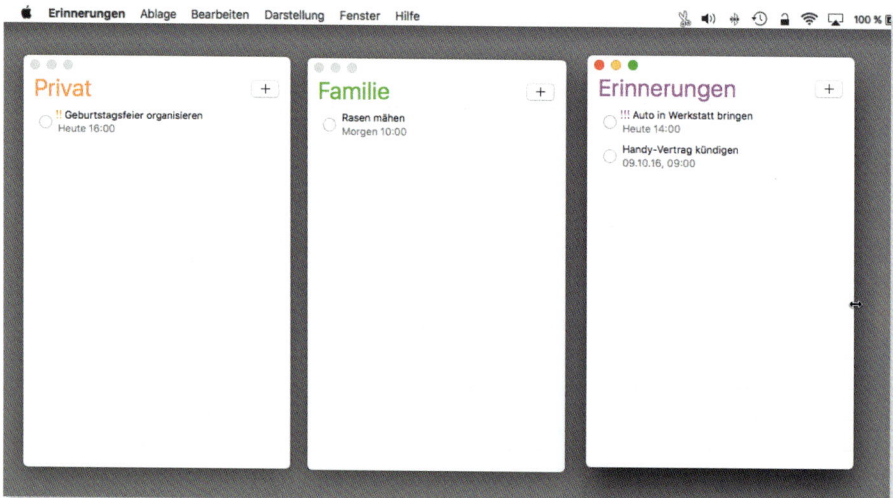

Jede Liste in einem eigenen Fenster.

Erinnerungen – nützliche Tricks

Wer beim Programm Erinnerungen genau hinsieht, erkennt Apples Detailliebe: Zeitlich terminierte Aufgaben erhalten eine rote Schrift, sobald der Zeitpunkt überschritten ist.

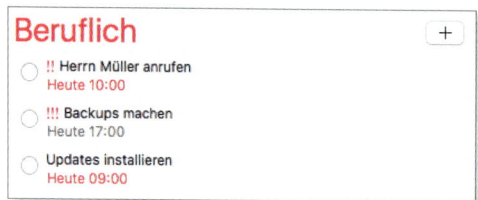

Unterschiedliche farbige Markierungen sind ein zusätzlicher Hinweis für die Dringlichkeit von Aufgaben.

Des Weiteren können Einträge ganz einfach per Drag & Drop in eine andere Liste oder auf andere Termine gezogen werden.

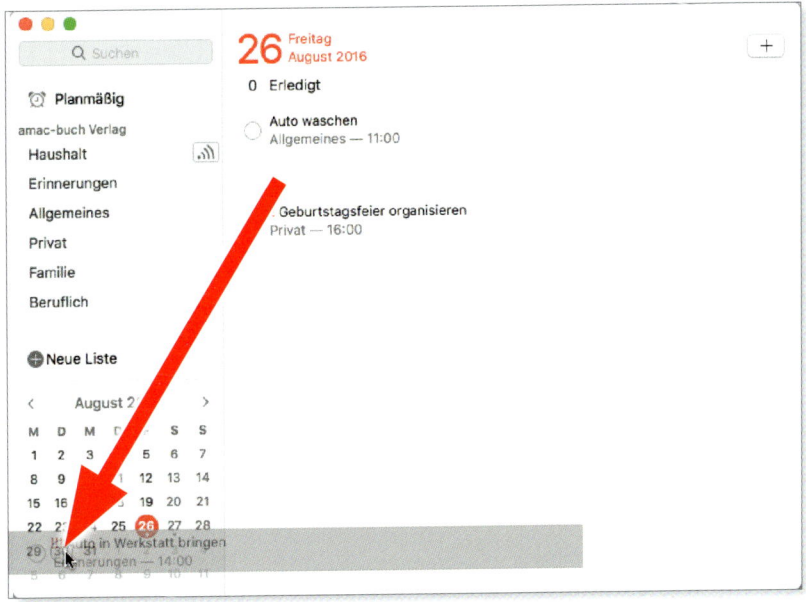

To-do-Einträge können auf den Minikalender gezogen und so neu terminiert werden.

Und auch das ist möglich: Wenn Sie sich vom Programm Erinnerungen an eine E-Mail und ihren Inhalt erinnern lassen wollen, ziehen Sie einfach die betreffende E-Mail im Programm Mail auf eine Liste in der App Erinnerungen. Schon wird ein neuer Eintrag erstellt. Diesen Eintrag können Sie nun noch zeitlich oder örtlich justieren.

Erinnerung an eine E-Mail.

Via *In Mail anzeigen* springt der Rechner direkt vom Programm Erinnerungen zum Mail-Programm und zeigt die E-Mail an.

Um gleichzeitig Einblick in verschiedene Listen zu bekommen, können diese mit der *Shift*- bzw. *cmd*-Taste gleichzeitig markiert werden.

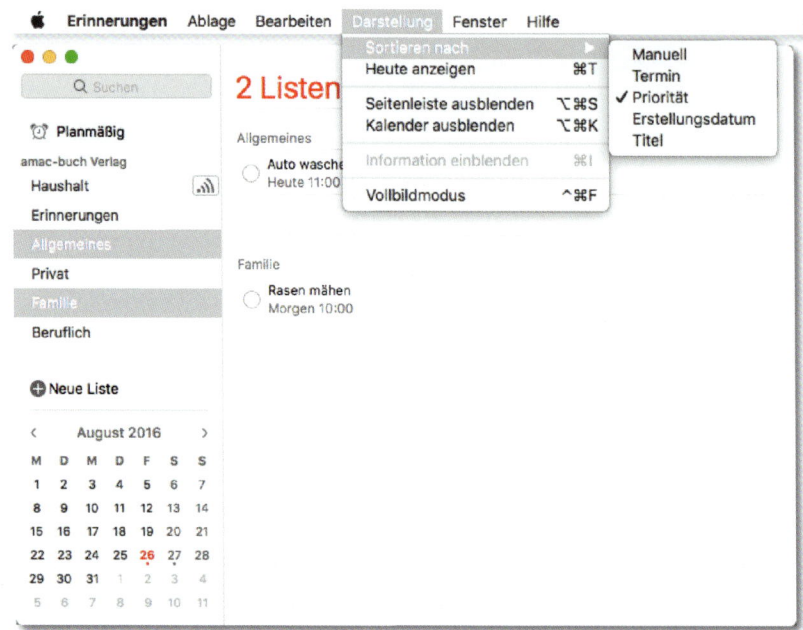

Eine gemeinsame Markierung von Listen zeigt alle To-dos in einem Fenster an. Und in jeder Liste können Sie die Einträge sortieren lassen.

Erinnerungslisten freigeben

Seit der Version OS X 10.8.2 ist eine weitere, äußerst nützliche Funktion im Programm Erinnerungen hinzugekommen: Listen können für andere Apple-IDs freigegeben werden. Anwender, die die betreffende ID am iPhone, iPad oder in macOS in den iCloud-Einstellungen eingetragen und die Synchronisation von Kalender und Erinnerungen aktiviert haben, bekommen die freigegebene Liste automatisch in deren Programm angezeigt. Zudem können die betreffenden Personen neue Einträge erstellen, bestehende ändern und auch Dinge von der Liste entfernen, das heißt, andere Anwender haben vollen Zugriff auf alle Elemente der Liste.

Über das Sende-Icon können Erinnerungslisten freigegeben werden.

Das ist besonders nützlich, wenn Sie in einer Firma oder in einem Verein bzw. innerhalb der Familie eine gemeinsame To-do-Liste pflegen wollen, denn jeder Beteiligte hat uneingeschränkte Rechte innerhalb einer freigegebenen Erinnerungsliste.

Via icloud.com stehen die Erinnerungslisten online zur Verfügung. Dort können weitere Einträge hinzugefügt oder bestehende geändert werden. Möchten Sie Freigaben wieder zurücknehmen, ist das dort ebenfalls möglich, indem Sie die betreffenden Personen entfernen. Klicken Sie abschließend auf das Sende-Icon neben der freigegebenen Liste.

Kontakte

Das Programm *Kontakte* haben wir bereits bei der Arbeit mit dem Programm *Mail* kennengelernt. Sie können vom Programm Mail aus alle Adressinformationen mit nur zwei Klicks entweder über die *Data Detector*-Funktion oder über das dazugehörige Menü in Kontakte übernehmen. Das Programm Kontakte sammelt also alle Adressinformationen auf Ihrem Computer.

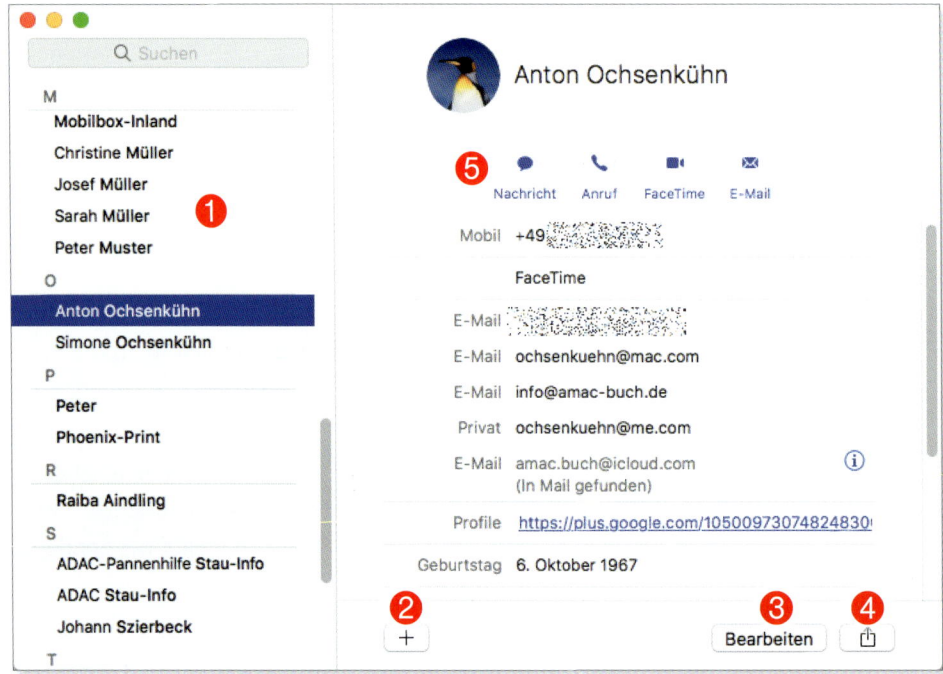

Kontakte.

Wird die App gestartet, erscheint sie in einer buchförmigen Darstellung: Sie sehen links die Kontakte aufgelistet und rechts daneben weitere Informationen über den gerade ausgewählten Kontakt. Klicken Sie in der Liste ❶ einen Eintrag an, wird auf der rechten Seite die dazugehörige Visitenkarte angezeigt.

Soll ein neuer Eintrag erfasst werden, ist das +-Icon ❷ die richtige Anlaufstelle. Soll ein bestehender Kontakt geändert werden, klicken Sie auf den Button *Bearbeiten* ❸. Die *Teilen*-Funktion ❹ ist sehr interessant: Denn damit werden die Daten der Visitenkarte, die Sie aktuell dargestellt haben, als *VCF-Datei* zum Beispiel an das Programm Mail übergeben und können so per E-Mail versendet werden.

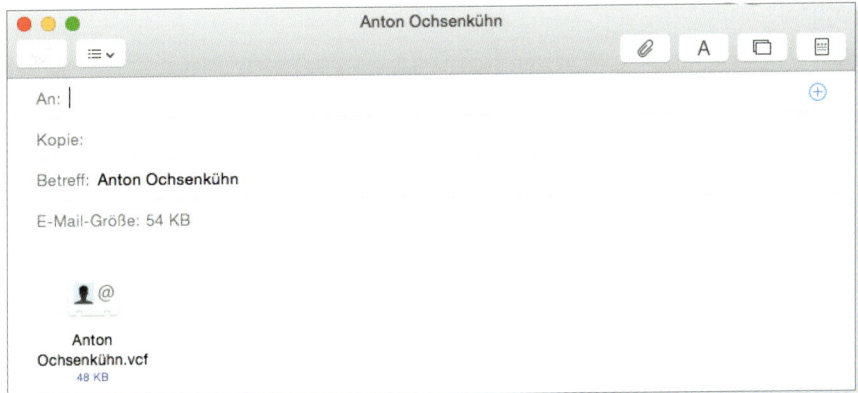

Visitenkarte per E-Mail versenden.

Damit werden die ausgewählten Adressinformationen per E-Mail transportiert. Der Empfänger dieser Visitenkartendatei kann einen Doppelklick auf dieses Icon ausführen und somit ganz einfach die Kontaktdaten in seine Kontakte importieren.

Visitenkarte importieren.

Und über die diversen Symbole ❺ können Sie direkt eine Kontaktaufnahme starten, wie z. B. via FaceTime.

 Damit Sie innerhalb der Kontakte-App auch immer rasch zu Ihrer eigenen Visitenkarte finden, sollten Sie bei Ihrer Visitenkarte über den Menüpunkt **Visitenkarte** den Eintrag **Das ist meine Visitenkarte** auswählen. Zukünftig können Sie über den Menüpunkt **Visitenkarte** den Punkt **Gehe zu meiner Visitenkarte** anklicken und gelangen so zu Ihren eigenen Adressinformationen.

Was eben im Rahmen von Kalender beim Datenabgleich zum iPhone und iPad diskutiert wurde, gilt ebenso für Kontakte. Wenn Sie Dienste wie iCloud, Google oder auch Exchange verwenden, können die Daten mit Ihren mobilen Geräten abgeglichen werden. Sie erkennen das in der Kontakte-App daran, dass Sie verschiedene Kontaktgruppen haben. Verwenden Sie hierzu den Menüpunkt *Darstellung –> Gruppen einblenden* oder ganz einfach *cmd + 1*. Sogleich erhalten Sie die *Gruppenübersicht*.

Gruppenübersicht in der Kontakte-App.

Sie sehen: Genauso wie bei *Kalender* gibt es auch Gruppen, die über das Internet abgeglichen werden, wie hier zum Beispiel der Eintrag *Facebook*.

Wie beim Programm Kalender, in dem Sie verschiedene Kalender erstellen können, können Sie im Rahmen der Kontakte-App beliebige Gruppen anlegen. Verwenden Sie dazu den Eintrag *Ablage –> Neue Gruppe*. Sie finden im oberen Bereich die Spotlight-Suchfunktion, mit der Sie Personen suchen und danach einfach per Drag & Drop auf die neue Gruppe ziehen können. Das Elegante an einer Gruppe ist, dass Sie damit in Zusammenarbeit mit Programmen wie *Pages* oder *Word* Serienbriefe erstellen oder mit *Mail* Serien-E-Mails verfassen und versenden können. Dazu müssen Sie nur die Apps Kontakte und Mail gemeinsam öffnen und nebeneinander legen. Nun können Sie per Drag & Drop Gruppen oder auch Einzelpersonen vom Kontaktefenster in die neue E-Mail übernehmen.

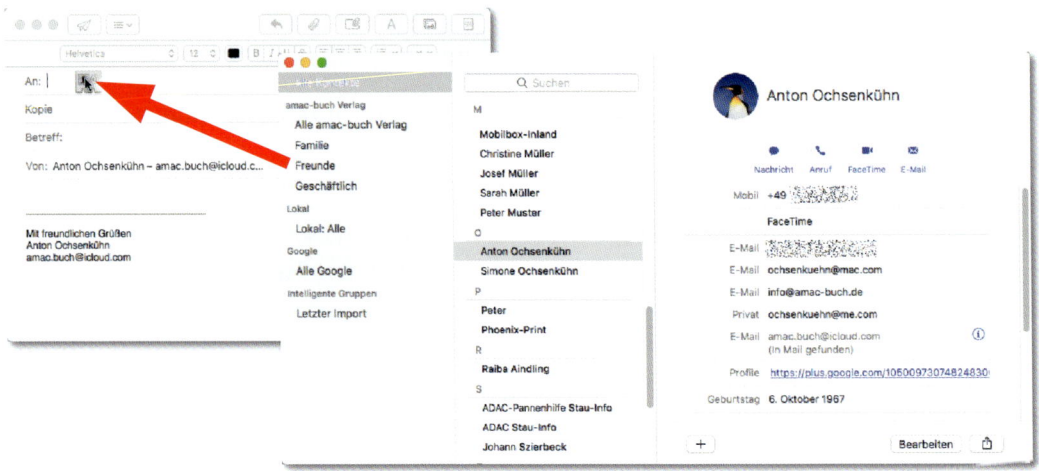

Gruppe „Freunde" erhält ein E-Mail.

Und das werden Sie sicher auch merken: Sobald Ihre Kontaktliste reichlich befüllt ist, wird das Programm Mail beim Eintippen von Namen stets mit einer Reihe von Vorschlägen auf Sie zukommen.

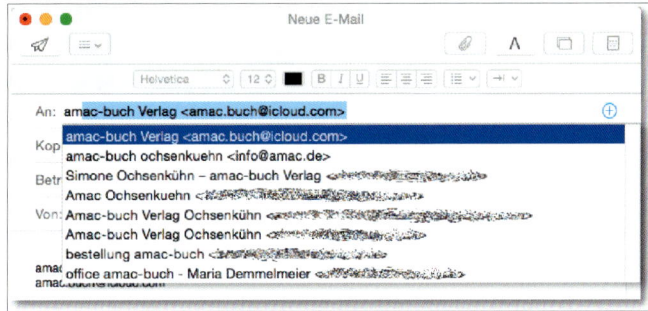

Namensvorschläge in Mail mit Kontakteinträgen.

Wie Sie anhand des Bildschirmfotos erkennen, habe ich „am" eingetippt und sogleich wird mir die Liste der möglichen Personen aus der Kontakte-App eingeblendet und ich kann einen Eintrag daraus verwenden.

Kommen wir noch einmal zurück zu der Darstellung der Visitenkarten, denn dort sind eine Reihe weiterer Zusatzfunktionen möglich. Wenn Sie einen Kontakt anklicken, sollten Sie über den Menüpunkt *Visitenkarte* definieren, ob es sich um eine Person oder um eine Firma handelt.

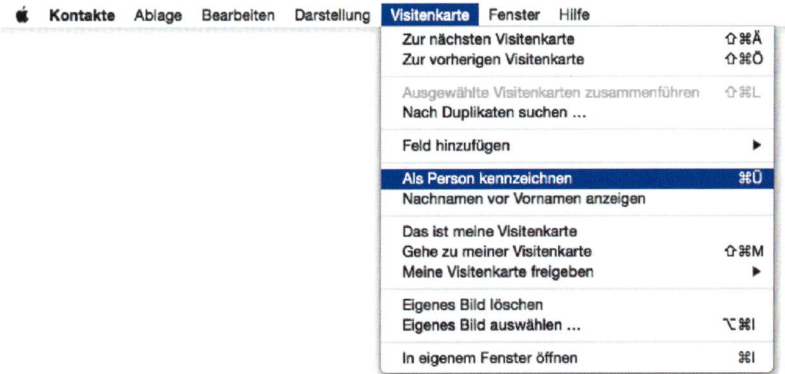

Als Person bzw. als Firma kennzeichnen.

Dabei verhält es sich so: Wird im Menüpunkt der Eintrag *Als Person kennzeichnen* dargestellt, handelt es sich bei dem Adresseintrag derzeit um eine Firma. Und wird *Als Firma kennzeichnen* dargestellt, wurde die Visitenkarte bisher einer Person zugeordnet. Jeder Eintrag in der Kontakte-App kann ein eigenes Bild oder Logo bekommen. Dazu klickt man auf den Platzhalter ❶ um in die Bearbeitung zu gelangen. Danach klicken Sie erneut auf das Bild ❷, das nun bei *Profilbild ändern* angezeigt wird. Nun können Sie das aktuelle Bild bearbeiten oder austauschen. Dabei steht Ihnen auch alle Bilder vom Programm Fotos zur Verfügung ❸.

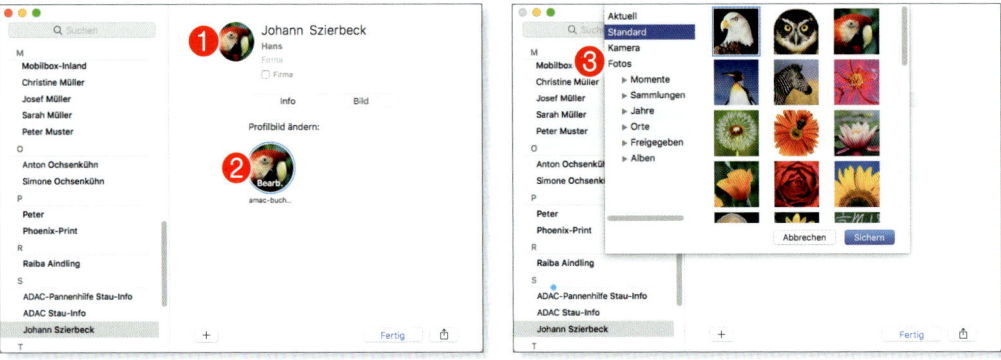

Bild für den Kontakteintrag.

Des Weiteren kann eine Visitenkarte eine Fülle von Einträgen haben. Sie können aber mit der Maus weitere Zusatzfunktionen aufrufen, wenn Sie die jeweilige *Kategorie* anklicken. Im Bildschirmfoto sehen Sie ein Stecknadel-Symbol. Sobald dieses angeklickt wird, startet die App Karten und zeigt die Adresse an.

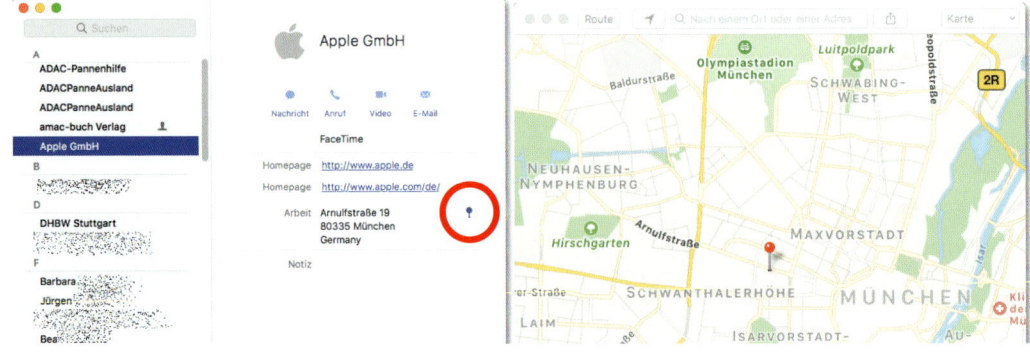

„Kontakte" kann Daten an „Karten" weitergeben.

Haben Sie hingegen eine E-Mail-Adresse oder Telefonnummer in Ihrer Visitenkarte eingetragen, können Sie auch auf diesen Eintrag klicken und sofort erhalten Sie die Möglichkeit, direkt eine E-Mail zu versenden oder via FaceTime mit der Person in Kontakt zu treten. Via *Nachricht senden* können Sie direkt eine kostenfreie iMessage erstellen und verschicken.

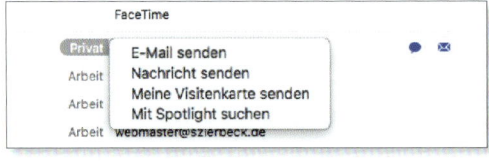

E-Mail oder Nachricht?

Wollen Sie einer Visitenkarte ein Logo, Icon oder Bild hinzufügen, ziehen Sie dieses einfach per Drag & Drop auf den Platzhalter in der Visitenkarte.

Wenn Sie Visitenkarten ausfüllen, sehen Sie, dass Apple bereits einige wichtige Felder bei der Neuanlage einer Visitenkarte bereithält, beispielsweise *Telefonnummer*, *E-Mail* oder auch *Mobiltelefon*.

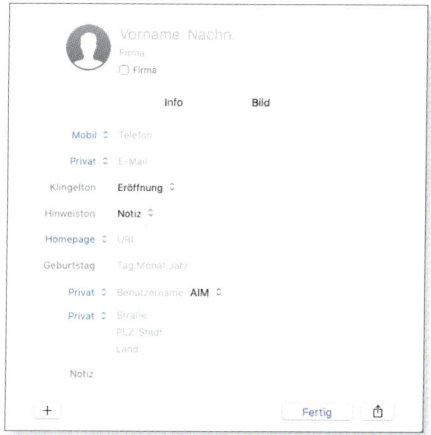

Felder einer Visitenkarte.

Sind Sie mit diesen Vorschlägen nicht zufrieden, können Sie sie über den Menüpunkt *Kontakt –> Einstellungen* (*cmd + ,*) ändern. Gehen Sie dort zu *Vorlage* und definieren Sie, wie Sie die Visitenkarte dargestellt haben möchten. Und wenn Sie schon in den Einstellungen unterwegs sind, könnten Sie noch eine Einstellung prüfen: Im Bereich *Allgemein* können Sie angeben, wo der Vorname ❶ dargestellt wird und ob nach Vornamen oder nach Nachnamen in der Listendarstellung sortiert werden soll ❷. Zusätzlich können noch in Apps gefundene Kontakte eingeblendet werden ❸.

Allgemeine Einstellungen für die Kontakte-App.

macOS und iOS: Handoff

Sofern Sie auf Ihrem mobilen Gerät mindestens iOS 8 installiert haben und mit Mac OS X Yosemite oder neuer bzw. macOS High Sierra arbeiten, können Sie sehr praktisch Inhalte an beiden Geräten ansehen und bearbeiten. Ein Beispiel: Sie schreiben am iPhone eine E-Mail und stellen fest, dass die doch länger wird als erwartet. Dann gehen Sie zu Ihrem Mac und erhalten dort links neben dem Dock ein neues Mail-Symbol. Tippen Sie dann darauf, erhalten Sie am Mac die erstellte E-Mail in dem Zustand, den sie am iPhone hat.

Das Dock zeigt links neben dem Finder an, dass am mobilen Gerät eine neue E-Mail erstellt wird. Neben dem Dock zeigt auch der Programmumschalter, wenn auf dem iOS-Gerät gerade eine App gestartet ist und Daten eingegeben werden.

Ein anderes Beispiel: Sie sehen sich am iPhone eine Karte in der Karten-App an. Gehen Sie zu Ihrem Mac und schon sehen Sie das Karten-Icon links neben dem Dock. Klicken Sie darauf, um die Karte am Mac mit genau dem Ausschnitt angezeigt zu bekommen, den Sie am iOS-Gerät ausgewählt haben.

Das geht mit Notizen, Safari, dem Kalender, Pages, Numbers, Keynote, Erinnerungen, Nachrichten und den Kontakten. Dieses Angebot wird vermutlich in Zukunft noch ausgebaut.

Und natürlich funktioniert das auch in die andere Richtung: Wenn Sie am Computer eine dieser Apps gestartet haben, können Sie nahtlos am iPhone oder iPad weiterarbeiten.

 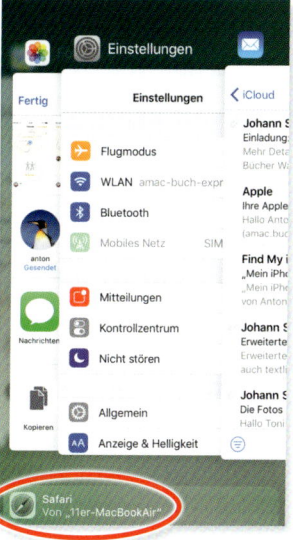

Sowohl im Sperrbildschirm als auch in der Multitasking-Übersicht erkennt man, dass am Rechner aktuell in Safari gearbeitet wird.

Um nun am iOS-Gerät weiterzuarbeiten, ziehen Sie das Icon im Sperrbildschirm einfach nach oben bzw. tippen Sie auf das entsprechende Icon der Multitasking-Leiste. Selbst die Weitergabe von Aufgaben zwischen zwei iOS-Geräten funktioniert. So können Sie eine am iPhone begonnene E-Mail direkt am iPad weiterbearbeiten. Diese Handoff genannte Funktion funktioniert allerdings nur dann, wenn an beiden Geräten gewisse Voraussetzungen geschaffen sind.

Voraussetzungen für Handoff

Die Verbindung läuft über Bluetooth. Dazu ist es aber erforderlich, dass Sie ein halbwegs aktuelles Gerät haben (iMac ab Ende 2012, MacBook Air ab Mitte 2011, MacBook Pro und MacBook Pro Retina ab März 2012, Mac mini ab Mitte 2011 und Mac Pro 2013). Bluetooth muss an beiden Geräten ebenso aktiviert sein wie WLAN. Zur Identifikation ist es außerdem unumgänglich, dass beide Geräte mit derselben Apple-ID als iCloud-Anmeldung arbeiten. Handoff wird am iPhone bzw. iPad aktiviert unter *Einstellungen –> Allgemein –> Handoff*. Am Mac schalten Sie es in den *Systemeinstellungen –> Allgemein* ein, indem Sie das Häkchen bei *Handoff zwischen diesem Mac und Ihren iCloud-Geräten erlauben* setzen.

iBooks

Vielleicht kennen Sie die App schon vom iPad oder iPhone. Seit OS X Mavericks gibt es das Programm auch für den Mac. Damit ist es möglich, E-Books in den Formaten ePub, PDF und Textbook direkt auf dem Computer zu lesen.

 Während ePub- und Textbook-Daten direkt in iBooks gelesen werden können, ist für PDF-Dateien das Programm Vorschau zuständig.

E-Books laden

Dabei stehen Ihnen mehrere Optionen zur Verfügung.

1. Wählen Sie *Ablage –> Bücher von iTunes übertragen*, sofern Sie bereits E-Books in iTunes in der Mediathek bei *Bücher* vorliegen haben.
2. Wählen Sie im *iBooks*-Fenster den Button *Store (cmd + Shift + H)* aus, um in den iBooks Store zu gelangen und dort im digitalen Buchladen nach Herzenslust stöbern zu können. Der Erwerb eines E-Books wird wieder mit Ihrer Apple-ID verknüpft. Deshalb ist es ratsam, Ihre Apple-ID-Daten vorab im Menüpunkt *Store –> Anmelden* einzutragen.

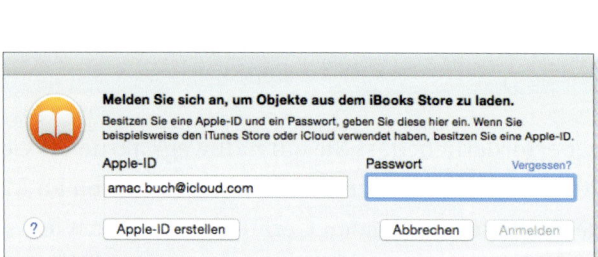
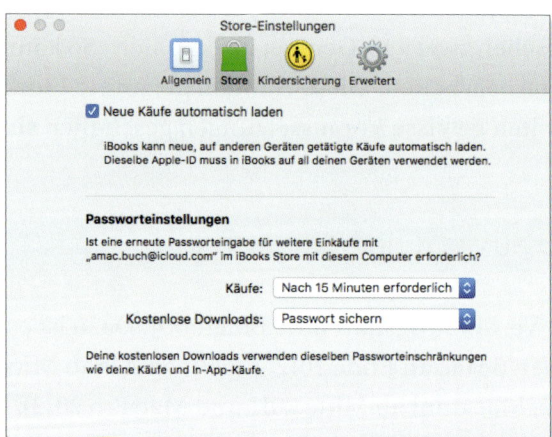

Jeder Einkauf wird Ihrer Apple-ID zugeordnet.

Damit nun in Zukunft Einkäufe vom iPad oder iPhone aus direkt auf Ihrem Computer landen, sollten Sie in den *Einstellungen –> Store* noch das Häkchen anbringen, um den automatischen Download auf den Computer zu aktivieren. Umgekehrt können die am Computer gekauften Titel automatisch auf ein iOS-Gerät geladen werden, wenn Sie dort bei *Einstellungen –> iTunes & App Store* im Bereich *Automatische Downloads* die Option *Bücher* einschalten. Und: Jedes Buch kann über den iBooks Store zunächst als Auszug geladen werden – kostenfrei. Damit können Sie die Qualität prüfen und erst dann den Titel tatsächlich käuflich erwerben. Sie erkennen die Leseproben an dem Schriftzug „Beispiel" rechts oben im Cover.

Ein E-Book wird aus dem Store heruntergeladen, was das Icon rechts oben im iBooks-Fenster zeigt.

3. Wenn Sie bereits E-Books besitzen, ziehen Sie diese einfach von einem Finder-Fenster in das *iBooks*-Fenster (*Bibliothek* – zu erreichen via *cmd + L*) und der Titel wird sogleich importiert und steht zum Lesen bereit. Alternativ dazu finden Sie im Menü *Ablage* den Eintrag *Zur Bibliothek* (*cmd + Shift + O*) hinzufügen.

Unabhängig von der gewählten Methode erhält jedes Buch, das hinzugefügt wurde, zunächst die Auszeichnung *NEU* in weißer Schrift auf blauem Grund in der rechten oberen Ecke des Buchcovers.

E-Books verwalten

Ihre Bibliothek verfügt über die Reiter *Alle Bücher*, *Sammlungen*, *Autoren*, *Kategorien* und *Liste* ❶. Je nach Ansicht können Sie nach verschiedenen Zusatzinformationen sortieren lassen ❷. Bei umfangreichen Bibliotheken kann die Suche ❸ viel Zeit sparen. Sie können dort nach allen Informationen suchen: Also nach Autoren, Buchtitel, Kategorie etc.

Sammlungen werden durch Anklicken und Drücken der Backspace-Taste wieder entfernt.

Besonders interessant sind die *Sammlungen*, denn dort können Sie nach Belieben Ihre E-Books in verschiedene Themenbereiche einsortieren. Klicken Sie links unten auf das Plus-Icon und erzeugen eine neue Sammlung. Die Sammlungen *Alle*, *Bücher* und *PDFs* sind standardmäßig schon vorgegeben und können auch nicht gelöscht werden. Per Drag & Drop ziehen Sie Bücher in die Sammlungen hinein. Dabei können mehrere Objekte gemeinsam markiert sein und so bewegt werden.

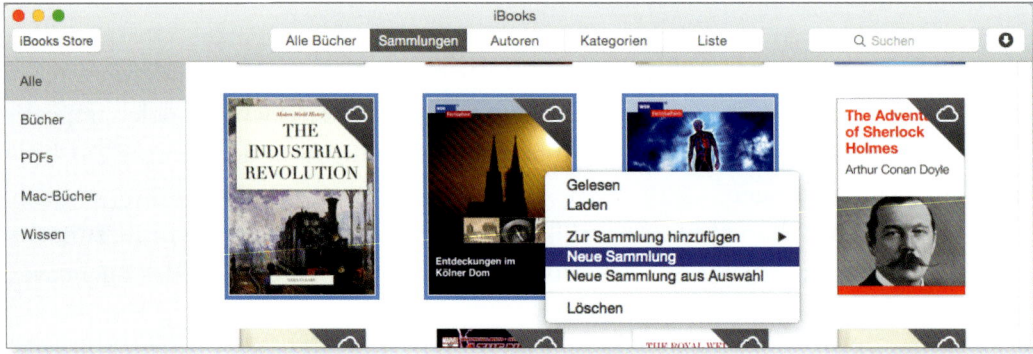

Alternativ markieren Sie mehrere E-Books, um diese über das Kontextmenü in eine neue Sammlung zu bringen.

 Beim Löschen einer Sammlung werden die darin enthaltenen Titel wieder an den ursprünglichen Ort zurückgelegt.

Zudem können die Sammlungen mit Ihrem iPhone oder iPad synchronisiert werden. Dazu muss in den iBooks-Einstellungen am Mac bzw. in *Einstellungen –> iBooks* an den mobilen Geräten die dazugehörige Funktion aktiviert werden.

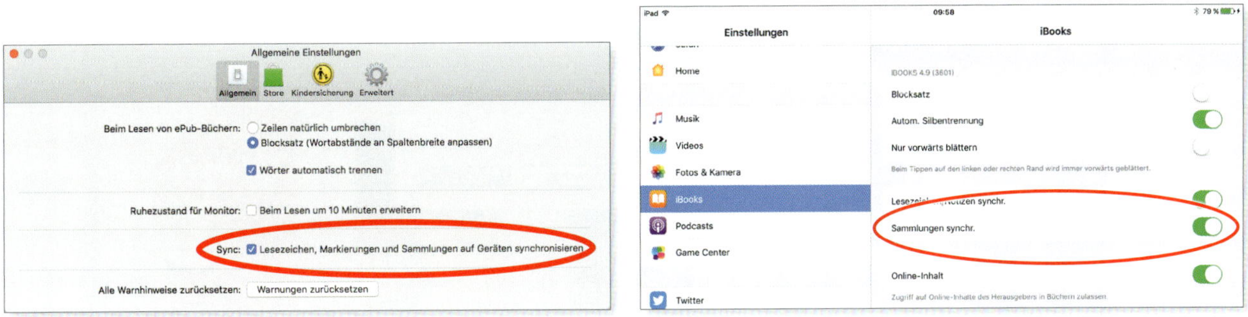

Sammlungen, Lesezeichen etc. können über die iCloud geräteübergreifend abgeglichen werden.

E-Books wieder entfernen

E-Books, die via iBooks Store erworben wurden, können nicht richtig gelöscht werden. Beim Entfernen wird lediglich die Kopie auf Ihrem Rechner gelöscht. Das Buch bleibt weiterhin bei iCloud verfügbar und kann zu jedem späteren Zeitpunkt wieder auf den Rechner geladen werden. E-Books, die bei iCloud gespeichert sind, erhalten in der rechten oberen Ecke ein kleines Wolkensymbol. Ein Mausklick auf das Wolkensymbol lädt das Buch wieder auf Ihren Rechner.

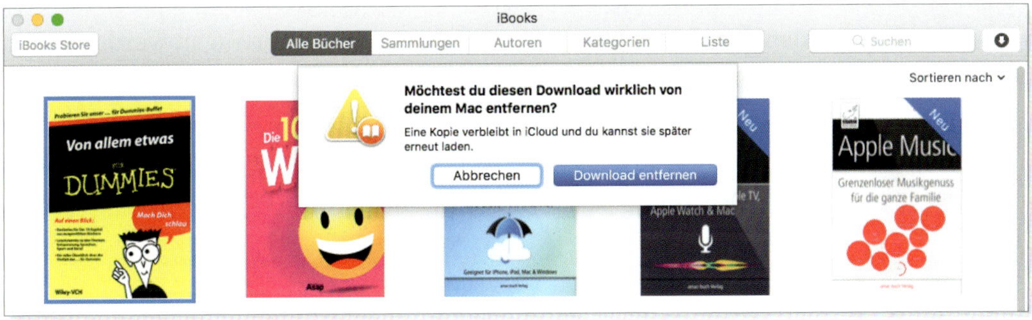

Im iBooks Store gekaufte E-Books werden beim Löschen mit der Backspace-Taste nur vom Rechner gelöscht, aber sind bei iCloud immer noch vorhanden.

E-Books, die Sie per Drag & Drop in *iBooks* geladen haben, werden über die *Backspace*-Taste aus *iBooks* entfernt und schlichtweg direkt zum Papierkorb transportiert.

Manuell hinzugefügte E-Books werden direkt in den Papierkorb befördert.

E-Books mit dem iPad oder iPhone synchronisieren

Bücher, die Sie auf dem Computer lesen, sollen möglicherweise auf ein tragbares Gerät übermittelt werden, um dort ebenfalls zur Verfügung zu stehen.

Der Datenabgleich mit einem iPhone oder iPad findet ja bekanntlicherweise in iTunes statt. Schließen Sie Ihr Gerät zum Beispiel über USB an den Computer an. Klicken Sie dann im iTunes-Fenster auf den Gerätenamen. Sogleich erscheinen im *iTunes*-Fenster in der Seitenleiste die Kategorien *Apps*, *Musik* etc. und eben auch *Bücher*. Darin finden Sie alle E-Books, die in iBooks geladen und nun zum Abgleich zur Verfügung stehen. Entscheiden Sie, ob alle oder nur bestimmte Titel übertragen werden sollen. Klicken Sie anschließend auf *Synchronisieren*, um die Übertragung zu starten.

> **!** E-Books, die Sie via iBooks Store gekauft haben, können direkt am iOS-Gerät geladen werden. Starten Sie im iPhone oder iPad die App **iBooks**. Noch nicht geladene Titel haben rechts oben im Cover ein Wolkensymbol eingeblendet.

Bücher lesen

Wie eingangs erwähnt, können ePub- und Textbook-Bücher direkt in iBooks gelesen werden. Wollen wir uns zunächst die Funktionen beim Studieren von ePub-E-Books ansehen.

ePub

ePub-Daten haben ein fließendes Layout, sodass beim Lesen zum Beispiel die Schriftart oder -größe ❶ bzw. das Aussehen ganz einfach manipuliert werden kann.

Im Bildschirmfoto sehen Sie eine ePub-Datei in der Leseansicht von iBooks. Sobald Sie übrigens auf ein Bild doppelt klicken, wird es fensterfüllend vergrößert. Via „Fertig" kommen Sie zurück zur vorherigen Darstellung.

 Mittels **cmd + +** (Pluszeichen) bzw. **cmd + −** (Minuszeichen) kann die Schriftgröße schnell geändert werden.

Sicher haben Sie zudem die Suchfunktion ❷ sowie die Lesezeichenfunktionalität ❸ schon entdeckt. Die Lesezeichen werden über die iCloud mit Ihrem iPad oder iPhone abgeglichen, sofern Sie dort die Funktion in den *Einstellungen –> Allgemein* aktiviert haben.

In der linken Ecke des Fensters können Sie die Icons für das *Inhaltsverzeichnis* ❹, für den Zugriff auf die *Markierungen und Notizen* ❺ sowie für den Weg zurück zur *Bibliothek* ❻ sehen. Alle Funktionen sind ebenso im Menü *Darstellung* zu finden. Dort kann zudem von der *Einzelseiten-* (*cmd + 1*) zur *Doppelseiten-*Darstellung (*cmd + 2*) gewechselt werden.

Sie können das Lesefenster mit dem grünen Button als Vollbild ❼ darstellen oder dem Fenster eine beliebige Größe geben. Geblättert wird auf dem Trackpad per Wischgeste, auf einer Maus ebenso durch Wischen mit einem Finger nach rechts oder links, durch Anklicken der Pfeile am rechten bzw. linken Rand oder über die *Pfeiltasten links* bzw. *rechts*.

Aber nochmals zurück zu den Markierungen und Notizen von vorhin. Wenn Sie im E-Book eine Markierung durch Ziehen mit gedrückter Maustaste erzeugen, erhalten Sie über ein Kontextmenü eine Reihe nützlicher Zusatzfunktionen.

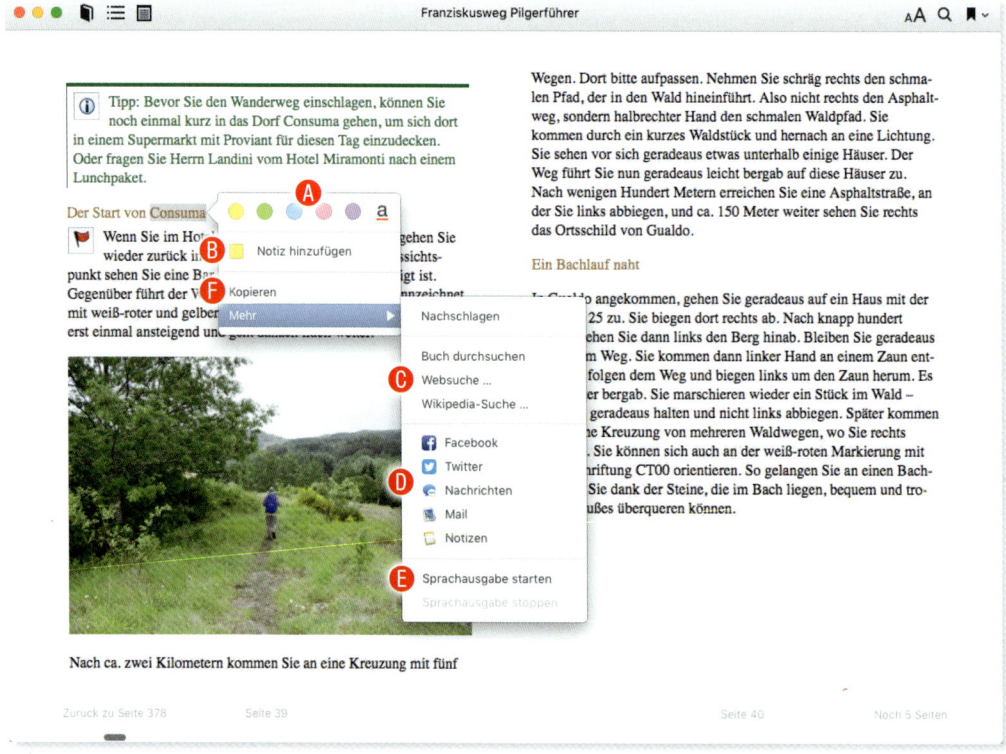

Eine Textmarkierung kann weitere Funktionen auslösen.

Der Klassiker sind die Markerfarben Ⓐ der ersten Zeile. Um die farbige Hervorhebung später wieder zu entfernen, klicken Sie erneut auf die Markierung und verwenden die Option *Löschen*. Oder notieren Sie sich eine Idee Ⓑ etc. zu einer Textpassage. Blenden Sie dazu die Spalte *Notizen* ein (*cmd + 4*) und fügen Sie die Anmerkung hinzu.

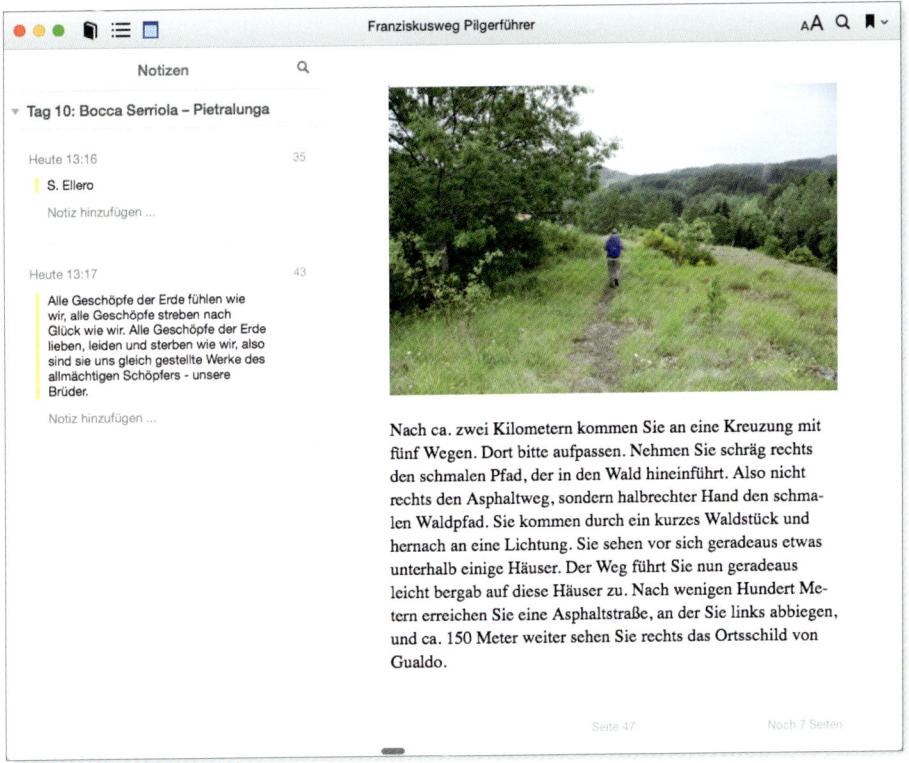

In der Zusatzspalte „Notizen" erscheinen alle Markierungen und Textpassagen mit Notizen.

Des Weiteren kann eine Wortmarkierung Grundlage einer Suche **C** sein. Oder geben Sie die Textstelle über die verschiedenen Teilenfunktionen **D** weiter. Und zu guter Letzt können Sie sich den Text auch vorlesen lassen **E**. Die Stimme hierfür wird in den *Systemeinstellungen –> Bedienungshilfen –> Sprachausgabe* festgelegt. Via *Kopieren* **F** können Sie Textelemente über die Zwischenablage in andere Apps übernehmen. Dabei werden die Passagen ordentlich wissenschaftlich zitiert.

 Werden Textelemente aus eBooks kopiert und an anderer Stelle erneut eingefügt, so wird dabei zugleich die Quelle mit angegeben.

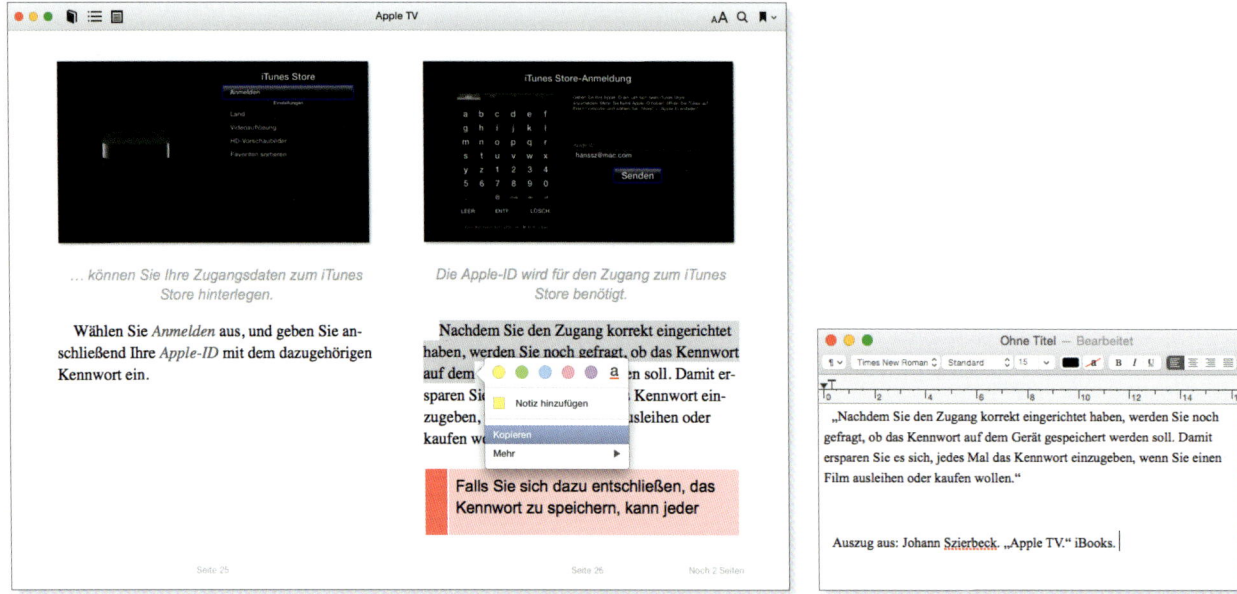

Kopierte Texte aus eBooks werden mit Quellenangaben in andere Apps übernommen.

> **!** Sie können übrigens mehrere Bücher gleichzeitig lesen. Jedes erscheint in einem eigenen Fenster.

Textbooks

Textbooks werden mit dem kostenfreien Programm iBooks Author von Apple erstellt. Das Layout ist im Vergleich zu ePub-Dateien nunmehr fix und kann dafür aber auch sehr ansprechend gestaltet sein. Textbooks können zahlreiche interaktive Elemente wie Galerien, Wiederholungsfragen, interaktive Bilder, Popovers, Scrollbalken, 3D-Objekte etc. enthalten und machen so den Lesestoff durch diese Komponenten deutlich anschaulicher. Natürlich können ebenso Audio- und Videoinformationen eingebettet werden, und Links ins Internet sind zudem möglich.

Textbooks sind also multimedial aufbereitete Bücher, was im Sach- und Fachbuchbereich von enormem Vorteil ist und sich langfristig im Schulbuchbereich niederschlagen wird.

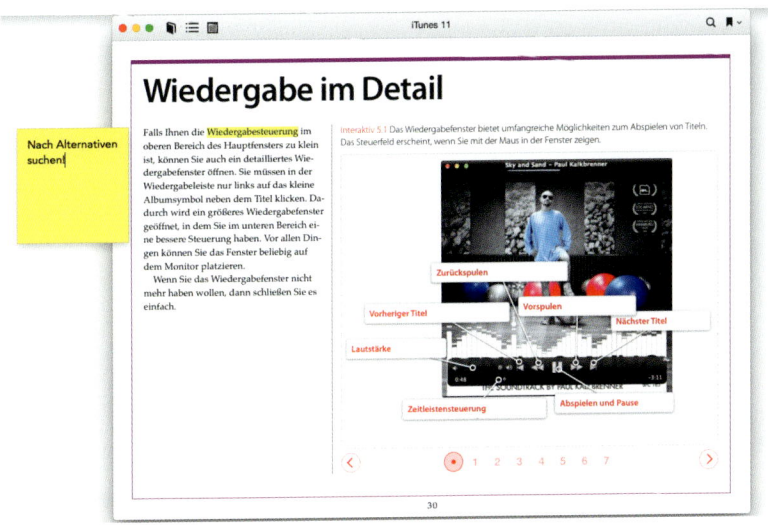

Ein Textbook wird mit iBooks gelesen.

Im Bildschirmfoto sehen Sie ein interaktives Bild mit sieben Details. Durch Anklicken einer Ziffer mit der Maus können Sie das entsprechende Detail begutachten und noch einen Zusatztext erhalten. Sie können viele interaktive Elemente ins Vollbild mit diesem Button bringen:

Dann können Sie bequem mit den *Pfeiltasten nach links* bzw. *rechts* alle Elemente des Bildes anspringen. Via *Fertig* oder der *esc*-Taste wird das Vollbild wieder geschlossen.

Natürlich können Notizen angelegt werden. Notizen fungieren hier aber als *Lernkarten*. Blenden Sie die Spalte *Notizen* ein und klicken auf *Lernen*, werden Sie gleich verstehen, was damit gemeint ist.

Mit Lernkarten können Schüler ihr Wissen testen.

Über *Karte umdrehen* ❶ erscheint die Notiz, die zu diesem Text hinterlegt wurde. Um das Wissen in zufälliger Reihenfolge abzufragen, klicken Sie auf dieses Icon ❷. Mit *Fertig* ❸ verlassen Sie die Lernkartenansicht wieder.

 Übrigens können E-Books ebenfalls verschenkt werden. Gehen Sie dazu in den iBooks Store und suchen das Buch Ihrer Wahl. Klicken Sie nun auf das kleine Dreieck neben dem Preis und wählen die Eigenschaft **Buch verschenken** aus ;-)

E-Books aus dem iBooks Store können verschenkt werden. Via „Link kopieren" erhalten Sie eine URL, die Sie weitergeben können, mit der der Empfänger wiederum direkt das Produkt anspringen kann.

Vorschau

Wie bereits im vorherigen Kapitel erwähnt, ist *Vorschau* genau wie *TextEdit* optimiert für die Zusammenarbeit mit macOS und unterstützt damit die Funktionen automatisches Sichern und Versionen. Nachdem dies bereits an anderer Stelle erklärt wurde, können wir uns nun auf die anderen Funktionen konzentrieren, die das Programm Vorschau bietet.

Das Programm *Vorschau* ist – wie der Name schon sagt – eine Applikation, mit der Sie vor allem Bilddateien ansehen können. Dabei ist *Vorschau* ein Tausendsassa. Es gibt so gut wie kein Bilddateiformat, das nicht mit dem Programm *Vorschau* geöffnet werden kann.

 Vorschau kann aber ebenso die gängigsten Office-Dokumente öffnen und darstellen, ohne dass hierfür Office-Programme installiert sein müssen.

Microsoft-Word-Datei wird mit Vorschau geöffnet.

Ziehen Sie dazu einfach die Datei auf das *Vorschau*-Icon im Dock und sofort wird *Vorschau* den Dateiinhalt präsentieren. Das klappt prima auch mit Excel-, PowerPoint- oder auch Pages-Dateien und ebenso mit anderen iWork-Programmen. Natürlich kann *Vorschau* die Dateien nicht modifizieren, aber dafür im Vollbildmodus darstellen.

Geöffnete Dateien im Programm Vorschau.

Anhand des Bildschirmfotos erkennen Sie, dass mehrere JPEG-Dateien ❶ gleichzeitig mit dem Programm Vorschau geöffnet wurden.

> **!** Wenn Sie mehrere Bilddateien auswählen und mit einem Doppelklick öffnen, werden alle zusammenhängend in einem **Vorschau**-Fenster dargestellt. Möchten Sie hingegen, dass jedes Bild einzeln in einem eigenen Fenster erscheint, sollten Sie im Programm Vorschau in den **Einstellungen** bei **Allgemein** auf die Eigenschaft **Jede Datei in einem eigenen Fenster öffnen** Ⓐ umschalten. Die Standardeinstellung ist **Dateigruppen im selben Fenster öffnen** Ⓑ. Das heißt, wenn Sie mehrere Dateien markiert haben und diese öffnen, werden sie gemeinsam in einem Vorschau-Fenster dargestellt.

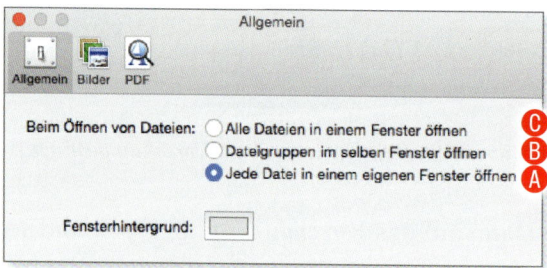

Vorschau-Einstellungen –> Allgemein.

Sie könnten aber auch die Funktion Ⓒ verwenden, nämlich *Alle Dateien in einem Fenster öffnen*. Es gibt dann ein einziges *Vorschau*-Fenster und egal, welche Datei Sie anklicken, sie wird in diesem *Vorschau*-Fenster angezeigt.

Aber kommen wir zurück zu den Funktionen von *Vorschau*. Sie haben sicherlich in der Symbolleiste bereits die vier Darstellungsvarianten ❷ erkannt. Diese sind *Miniaturen*, *Inhaltsverzeichnis*, *Hervorhebungen und*

Notizen, *Lesezeichen* und *Kontaktbogen*. Sie sehen: Wir befinden uns aktuell in der *Miniatur*-Anzeige, in der wir eine verkleinerte Darstellung aller Bilder erhalten. Möchten Sie die Seitenleiste zuklappen, um das Bild fensterfüllend dargestellt zu bekommen, schalten Sie die erste Option *Seitenleiste ausblenden* um. Haben Sie das Bild in *Vorschau* geöffnet, können Sie über die *Zoom*-Werkzeuge ❸ die Darstellung des Bildes auf Ihrem Bildschirm verändern.

> **!** Deutlich schneller und effizienter ist die Verwendung des Trackpads. Wenn Sie zwei Finger verwenden, können Sie – wie vom iPad oder iPhone bekannt – durch Auseinander- oder Zusammenziehen der Finger den Zoomfaktor ändern. Wenn Sie mit zwei Fingern in eine Richtung wischen, bewegen Sie das Bild auf Ihrem Bildschirm. Sobald ein Bild zu Ende ist, wird durch die Bewegung mit zwei Fingern das nächste Bild im Bildschirm auftauchen. Im Programm Vorschau ist die Verwendung der Gesten über das Trackpad besonders nützlich. Auch das Drehen eines Bildes mit zwei Fingern ist möglich. Sollte das alles bei Ihnen nicht klappen, prüfen Sie die **Systemeinstellungen –> Trackpad**.

Nicht vergessen werden darf, dass das Menü *Darstellung* ❹ eine Reihe von Funktionen zur Verfügung steht, um mit den Bildern, die in Vorschau geöffnet sind, zu arbeiten. Besonders zu empfehlen ist die *Diashow*, mit der Sie sich Fotos bildschirmfüllend anzeigen lassen können.

Bilder importieren

Aber damit nicht genug – das Programm *Vorschau* kann auch auf Ihr iPhone oder Ihr iPad zugreifen. Sobald Sie das iPhone oder iPad per USB-Kabel an den Rechner angeschlossen haben, erscheint im Menüpunkt *Ablage* der Eintrag *Importieren von ...* ❶.

Bildimport vom iPhone.

Sobald Sie diesen Menüpunkt angewählt haben, wird in einem zweiten Fenster in Symbol- oder Listendarstellung das Bildverzeichnis von Ihrem mobilen Gerät angezeigt und Sie können entweder alle Bilder oder eine Auswahl daraus direkt in *Vorschau* laden. Ebenso kann *Vorschau* den Zugriff auf Ihren Scanner steuern, sofern dieser beispielsweise per USB angeschlossen ist ❷. Über den Menüpunkt *Ablage –> Aus Scanner importieren* greifen Sie auf das Gerät zu, um direkt Bildinformationen mit dem Programm Vorschau einzuscannen.

 Falls an anderen Arbeitsplätzen Scanner angeschlossen sind und diese über die Netzwerkfunktionen freigegeben sind, kann das Programm Vorschau diese Scanner ebenfalls ansprechen und einen Scanvorgang starten.

 Neben der App **Vorschau** kann auch das Programm **Digitale Bilder**, das Sie in Ihrem Programme-Ordner finden, die Fotos vom iPhone oder iPad laden.

Und schlussendlich können Sie über das Programm Vorschau auch ein *Bildschirmfoto aufnehmen* ❸. Im Ordner *Programme –> Dienstprogramme* gibt es aber auch ein spezielles Programm namens *Bildschirmfoto*, das nichts anderes tut, als Screenshots zu erstellen. Sie können sich den Weg zu diesem Programm aber sparen, weil es über *Vorschau* genauso möglich ist. Entscheiden Sie sich im Rahmen des Programms Vorschau, ob Sie ein Bildschirmfoto von einem *Fenster*, vom *gesamten Bildschirm* oder nur von einer *Auswahl* erstellen möchten.

 Noch einfacher und schneller gelingen Bildschirmfotos über Tastenkombinationen. Mit **cmd + Shift + 3** erstellen Sie ein Bildschirmfoto des kompletten Monitors. Mit **cmd + Shift + 4** können Sie einen Rahmen aufziehen und damit eine Selektion zu einem Bildschirmfoto machen. Wenn Sie **cmd + Shift + 4** verwenden, mit dem Mauszeiger über ein Fenster fahren, danach die **Leertaste** drücken und mit der Maus auf das Fenster klicken, erhalten Sie ein exaktes Bildschirmfoto des Fensters. Halten Sie noch zusätzlich die **ctrl**-Taste gedrückt, wird das Bildschirmfoto nicht als Datei auf dem Schreibtisch abgelegt, sondern in die Zwischenablage befördert und kann dann via **cmd + V** in einem anderen Programm eingesetzt werden.

Bildschirmfoto mit Datumsstempel als Datei auf dem Schreibtisch.

Noch einmal zurück zum Bildimport von iPhones oder iPads: *Fotos* ist natürlich die perfekte Applikation, um dort Bilder zu laden. Denn Fotos verfügt über eine Fülle von Verwaltungs- und Bearbeitungsfunktionen für Bilder. Des Weiteren hat Apple im *Programme*-Ordner das Programm *Digitale Bilder* mitgeliefert, das ebenfalls in der Lage ist, Bildinformationen vom iPad oder auch von Scannern einzulesen.

Zudem sind die Exportformate zu nennen, über die *Vorschau* verfügt. Über den Menüpunkt *Ablage —>* *Exportieren* können Sie Bilddateiformate mit wenigen Klicks in andere Dateiformate umwandeln.

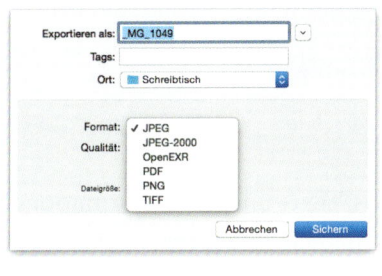 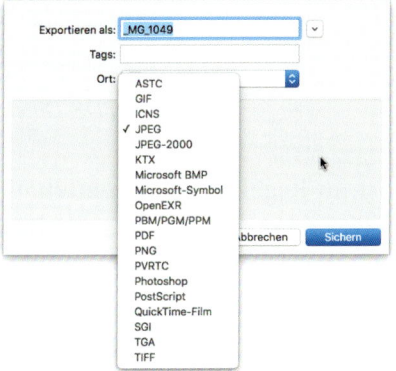

Exportieren-Dialog in Vorschau (links). Exportformate des Programms Vorschau unter Verwendung der alt-Taste 8rechts.

So können Sie beispielsweise mit dem Programm Vorschau Photoshop-Dateien öffnen (.psd) und dann über den *Export*-Dialog als JPEG- oder TIFF-Datei abspeichern. *Vorschau* eignet sich ebenso hervorragend, um Bilddateien in andere Formate zu konvertieren. Wenn Sie mit der *alt*-Taste rechts neben den Begriff *Format* klicken, erhalten Sie eine deutlich umfangreichere Export-Dateiformatliste.

PDF-Dateien

Besonders gut gelöst ist der Umgang des Programms Vorschau mit PDF-Dateien, deshalb übergibt *iBooks* das Lesen von PDF-E-Books an das Programm Vorschau.

PDF-Dateien in Vorschau.

Eine PDF-Datei ist im Regelfall eine Kombination aus Text- und Bildinformationen. Das Programm Vorschau bietet in der Symbolleiste bei ❶ einen Button, mit dem eine Werkzeugleiste eingeblendet werden kann ❷, die u. a. das *Textauswahl*-Werkzeug und Anmerkungs-Werkzeuge enthält. Damit können Sie in einer PDF-Datei eine Textmarkierung durchführen.

Aber auch Bilder können markiert werden. Ist die PDF-Datei nicht mit einem Schutzmechanismus versehen, können Sie über *Bearbeiten –> Kopieren* die markierten Elemente in die Zwischenablage befördern, um sie an anderer Stelle (zum Beispiel in Word) über *Bearbeiten –> Einsetzen* zu übernehmen.

 Wenn Sie eine individuelle Markierung auf einer PDF-Seite vornehmen wollen, halten Sie die **alt**-Taste gedrückt und ziehen einen Rahmen auf.

Des Weiteren kann eine PDF-Datei mit *Anmerkungen* versehen werden. Sie finden die Werkzeuge in der Werkzeugleiste ❷. Sie können damit einer PDF-Datei zusätzliche Informationen hinzufügen. Diese Funktion wird sehr gerne verwendet, wenn ein Dokument zum Beispiel in einer Arbeitsgruppe entsteht. So kann jeder, der an diesem Dokument mitarbeitet, über *Anmerkungen* seine Ideen, Gedanken und Änderungswünsche kundtun. Der Gag an den Anmerkungen ist, dass sie nicht den Inhalt der PDF-Datei ändern, sondern wie Post-Its auf einem Blatt Papier verwendet werden.

Jede PDF-Datei ist über Spotlight komplett nach jedem Wort durchsuchbar. Deswegen bietet Ihnen das Programm Vorschau rechts oben auch die Spotlight-Suche in der Datei an ❸.

Aber damit nicht genug – links am Fensterrand ❹ sehen Sie die miniaturisierten Seiten des Dokuments. Sie können mit dem Programm Vorschau die Reihenfolge der Seiten ganz einfach per Drag & Drop ändern oder auch von anderen PDF-Dateien Seiten übernehmen, um so eine neue Datei aus verschiedenen Elementen anderer Dateien zu erstellen.

Und ähnlich wie in *iBooks* gibt es nun im Programm Vorschau das *Textauszeichnungswerkzeug* ❺, mit dem Sie rasch wichtige Textstellen farbig markieren können.

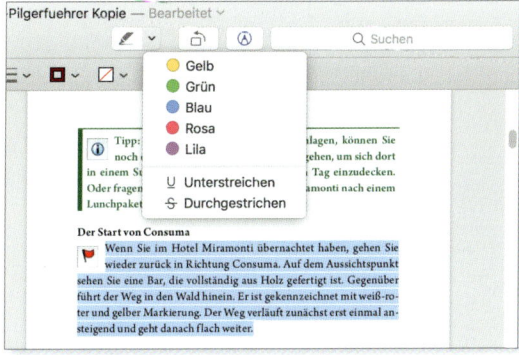

Das Textauszeichnungswerkzeug hilft, schnell Textstellen farbig zu unterlegen.

Wählen Sie anschließend im *Darstellungsmenü* den Eintrag *Hervorhebungen und Notizen*, um zu erkennen, wo in der PDF-Datei Anmerkungen eingetragen worden sind.

Alle Hervorhebungen und Notizen auf einen Blick.

Wie Sie vielleicht wissen, enthalten PDF-Dateien manchmal sehr wichtige, vertrauliche Informationen. Das können Rechnungen, Angebote, Verträge oder Ähnliches sein. Deshalb ist es sinnvoll, dass Sie PDF-Dateien bisweilen beim Abspeichern mit einem *Passwort* versehen.

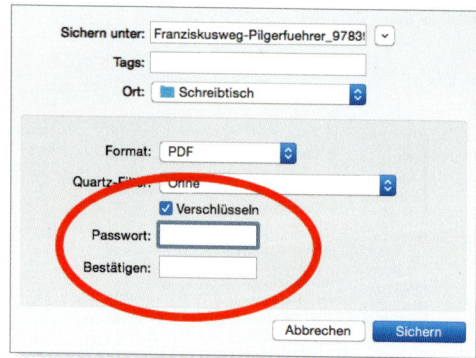

PDF-Dateien mit Verschlüsselung.

Wenn Sie den Menüpunkt *Ablage –> Sichern* verwenden, erhalten Sie neben der Eingabe des Dateinamens und des Ablageorts im unteren Bereich des Fensters die Funktion *Verschlüsseln*. Hinterlegen Sie dort ein Passwort, damit andere Personen nur bei Kenntnis des Passworts die PDF-Datei öffnen und einsehen können.

> **!** Genauso wie in vielen anderen Programmen kann auch in **Vorschau** die Symbolleiste Ihren Bedürfnissen entsprechend angepasst werden. Rufen Sie den Menüeintrag **Symbolleiste anpassen** bei **Darstellung** auf und belegen Sie die Leiste mit Ihren Lieblingsfunktionen. Besonders nützlich ist zum Beispiel die Lupenfunktion, die Sie unbedingt einmal ausprobieren sollten.

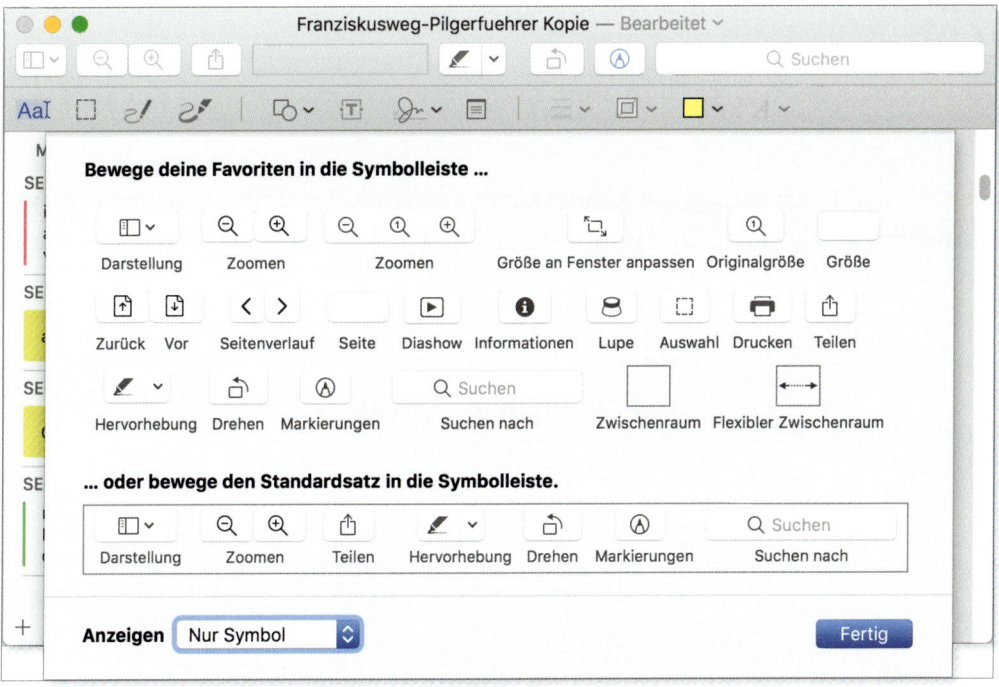

Die Symbolleiste in Vorschau kann angepasst werden.

TextEdit

TextEdit haben wir bereits im vorherigen Kapitel kurz angerissen. TextEdit ist ein nicht zu unterschätzendes Textverarbeitungsprogramm, das Apple standardmäßig mit seinem Betriebssystem mitliefert.

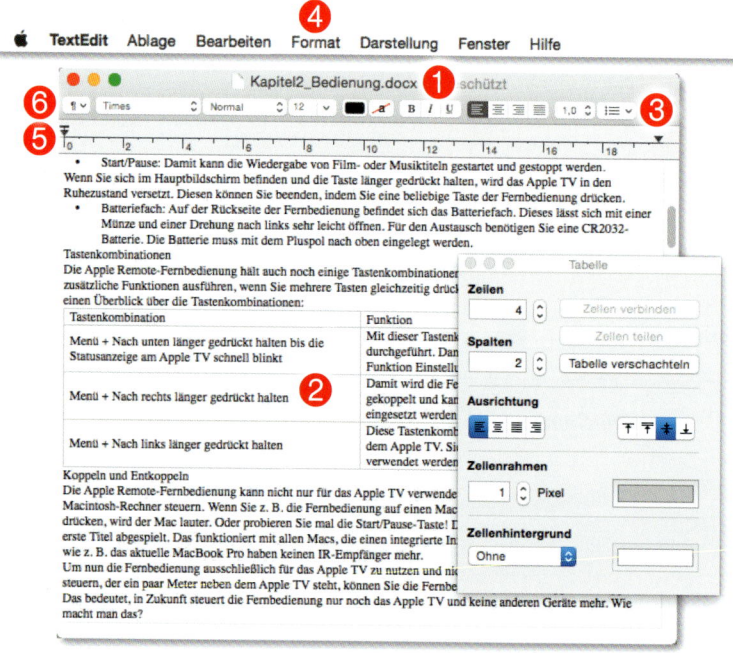

TextEdit zeigt eine geöffnete Word-Datei.

Wie Sie anhand des Bildschirmfotos erkennen, ist TextEdit sogar in der Lage, mit Word-Dokumenten umzugehen. Sie sehen anhand des Titels, dass es sich hierbei um eine Word-Datei handelt (.docx) ❶. Deshalb kann das Programm TextEdit auch Funktionen verwenden, die Sie von Microsoft Word her kennen. Sie sehen im mittleren Bereich des Dokuments eine *Tabelle* ❷. Und Sie können wie bei anderen Textverarbeitungsprogrammen ein Fenster einblenden, um die Tabelle Ihren Wünschen entsprechend zu gestalten. Wählen Sie hierfür den Menüpunkt *Format –> Tabelle* aus. Auch das Erstellen von *Listen* mit Aufzählungszeichen ❸ ist möglich. Hierfür ist der Menüpunkt *Format –> Liste* zuständig. Alle anderen Funktionen wie Tabulatoren, Einzüge etc. finden Sie im *Lineal* ❺. Und die wichtigsten Bearbeitungsfunktionen sind wie gewohnt über die Symbolleiste im Zugriff. Hier sehen Sie Formatierungen für Schriftart, Schriftgröße, Auszeichnungen wie *Fett, Kursiv, Unterstrichen* usw. ❻.

Sollten Sie noch weitergehende Funktionen benötigen, steht Ihnen natürlich auch der Menüpunkt *Format*  zur Verfügung.

> Wenn Sie in TextEdit arbeiten, haben Sie ein ganz normales Textverarbeitungsprogramm vor sich mit allen gängigen Funktionen, um Texte zu bearbeiten. Dabei markiert ein Doppelklick auf ein Wort stets das komplette Wort, wohingegen ein Dreifachklick immer einen kompletten Absatz markiert.

Natürlich können Sie in das TextEdit-Dokument ebenso Bilder integrieren. Dies geschieht auf ganz einfache Weise, indem Sie per Drag & Drop von einem Finder-Fenster oder einer Internetseite in Safari das Bild in das TextEdit-Dokument hineinziehen. TextEdit ist auch sehr vielseitig, was das Speichern der erfassten Informationen angeht. Über den Menüpunkt *Ablage –> Sichern* steht Ihnen eine Reihe von Dateiformaten zur Verfügung, in die TextEdit exportieren kann.

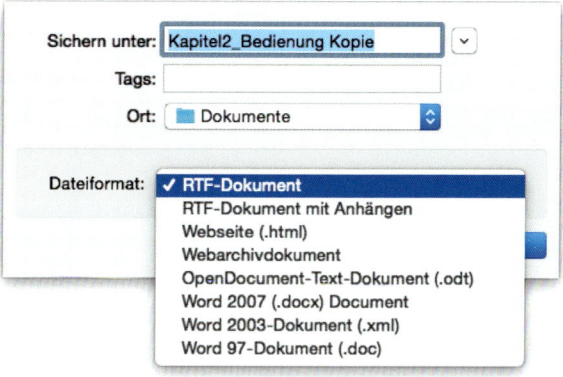

Dateiformate von TextEdit.

Ebenso verhält es sich andersherum: All die Formate, die Sie im *Sichern*-Dialog sehen, können auch von TextEdit geöffnet und bearbeitet werden. Interessant ist zum einen die Vielfalt im Bereich der *Word*-Formate, aber auch HTML-Seiten können mit dem Programm TextEdit geöffnet und überarbeitet werden.

Rechtschreibprüfung

Sicher haben Sie bereits bemerkt, dass TextEdit, wie einige andere Apple-Programme auch, eine integrierte Rechtschreibprüfung zur Verfügung stellt. Und die Rechtschreibprüfung funktioniert genauso, wie Sie es vom iPad oder iPhone gewohnt sind. Wenn Sie also einen Text eintippen, wird bei einem falsch geschriebenen Wort oder direkt darunter der Vorschlag der Rechtschreibprüfung eingeblendet.

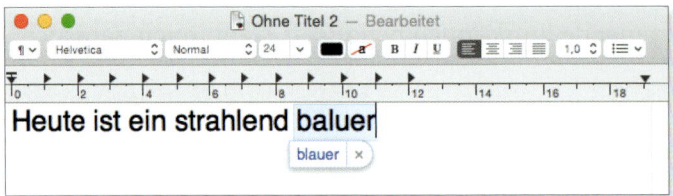

Rechtschreibprüfung.

Wie beim iPad oder iPhone akzeptieren Sie diesen Vorschlag, indem Sie nachfolgend die *Leertaste* drücken. Möchten Sie diesen Vorschlag nicht verwenden, klicken Sie auf das kleine *x*, um Ihre Schreibweise zu belassen. Möchten Sie die Rechtschreibprüfung deaktivieren, erfolgt dies in *TextEdit –> Einstellungen* durch das Entfernen des Häkchens bei *Rechtschreibung autom. korrigieren* sowie *Rechtschreibung während der Texteingabe prüfen*. Um generell für macOS die Rechtschreibprüfung zu deaktivieren, gehen Sie in die *Systemeinstellungen* zu *Tastatur* und dort zum Reiter *Text*.

Das Textverarbeitungsprogramm kann auch die Datei beispielsweise per E-Mail versenden oder auf einem Drucker ausgeben. Den Versand per E-Mail haben wir uns an diversen Stellen schon angesehen. Deshalb sei an dieser Stelle erwähnt, wie ein Druckvorgang aus einem Apple-Programm heraus stattfindet.

Drucker einrichten

Bevor Sie den Job an den Drucker übergeben, sollten Sie zunächst im Menüpunkt *Ablage –> Papierformat* die korrekten Einstellungen überprüfen.

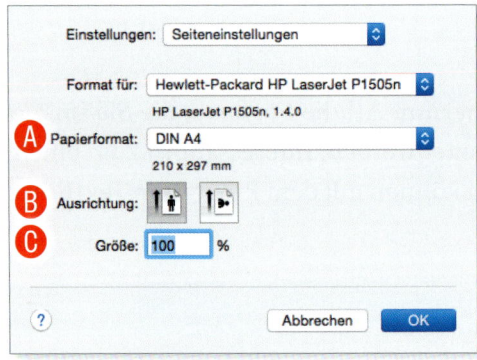

Papierformat.

Kontrollieren Sie an dieser Stelle, ob das Papierformat auf *DIN A4* Ⓐ eingestellt ist. Darüber hinaus können Sie sich entscheiden, ob Sie den Ausdruck im *Hochformat* oder im *Querformat* Ⓑ erhalten möchten. Und schlussendlich können Sie bei *Größe* Ⓒ noch einen Prozentwert eingeben, um das Dokument vergrößert oder verkleinert auszugeben. Sind alle Einstellungen erledigt, quittieren Sie sie mit *OK*.

Nun können Sie über den Befehl *Ablage –> Drucken* bzw. über den Tastaturkurzbefehl *cmd + P* den *Drucken*-Dialog aufrufen.

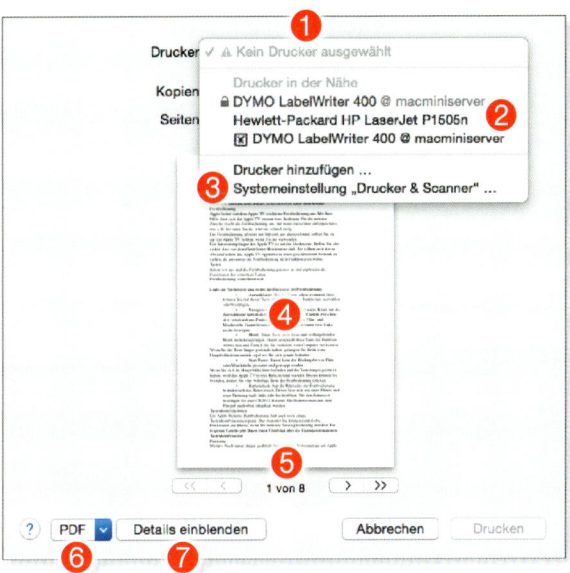

Drucken-Dialog.

Sie sehen anhand des Bildschirmfotos, dass derzeit auf dem Computer noch kein Drucker installiert ist ❶. Wenn Sie den Menüpunkt aufklappen, sehen Sie jedoch, dass ein Drucker von dem Rechner gefunden wird ❷. Wir werden diesen Drucker nun konfigurieren, um den Ausdruck starten zu können.

Drucker können entweder direkt im *Drucken*-Dialog hinzugefügt werden oder über das Spezialprogramm *Systemeinstellungen –> Drucker & Scanner* ❸, das wir uns gleich noch genauer ansehen werden. Darunter sehen Sie die Vorschau des zu druckenden Dokuments ❹. Und Sie erkennen, dass das Dokument derzeit auf acht Seiten ausgegeben wird, durch diese kann über die Pfeile navigiert werden ❺. Zusätzlich bietet der *Drucken*-Dialog noch die *Ausgabe als PDF-Datei* an ❻. Und wenn Sie weitere Details für den Druckjob definieren wollen, klicken Sie auf *Details einblenden* ❼.

Doch zunächst wollen wir den Drucker installieren, um ihn überhaupt als Ausgabegerät verwenden zu können. In unserem Fall ist hier der Drucker *HP Laserjet P1505n* in der Umgebung des Computers erkannt worden. Sobald dieser Eintrag angeklickt wird, beginnt auch schon die Installation und Konfiguration.

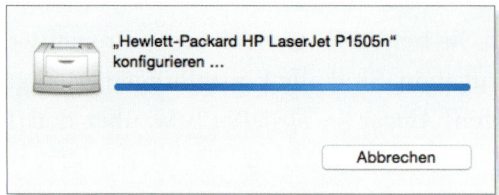

Drucker konfigurieren.

Damit der Rechner mit dem Drucker zusammenarbeiten kann, ist es notwendig, dass die *Treiber* hierfür zur Verfügung stehen. Dabei stellt Apple selbst eine Reihe von Treibern über *App Store* zur Verfügung.

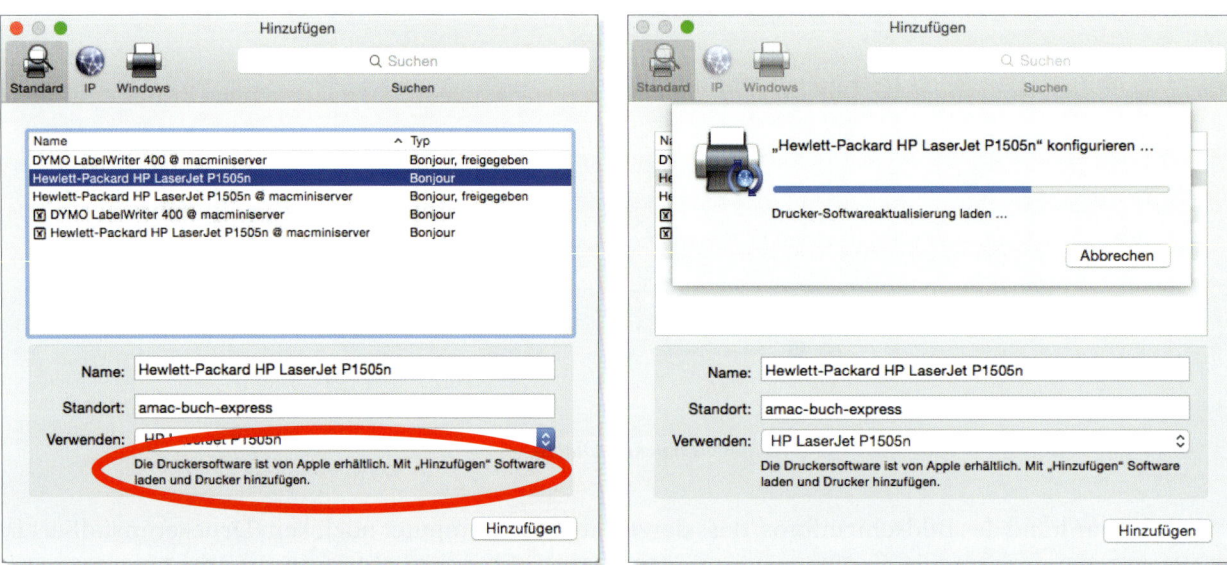

Druckertreiber von Apple verfügbar (links) und laden (rechts).

Je nach Druckermodell kann es also sein, dass der heruntergeladen wird herunterlädt und danach die Konfiguration des Druckers stattfindet. Sollte der Rechner keinen passenden Druckertreiber finden, sollten Sie den Druckertreiber installieren, der beim Kauf des Geräts mitgeliefert wurde. Dieser Treiber wird im Regelfall auf einer CD dem Gerät beigelegt, oder Sie laden ihn von der Herstellerseite aus dem Internet.

 Bedenken Sie, dass bei der Installation der Druckertreiber Dateien im Ordner **Library** auf der Festplatte **Macintosh HD** gespeichert werden müssen. Das bedeutet: Nur Anwender mit administrativen Befugnissen können Druckertreiber im Betriebssystem hinzufügen.

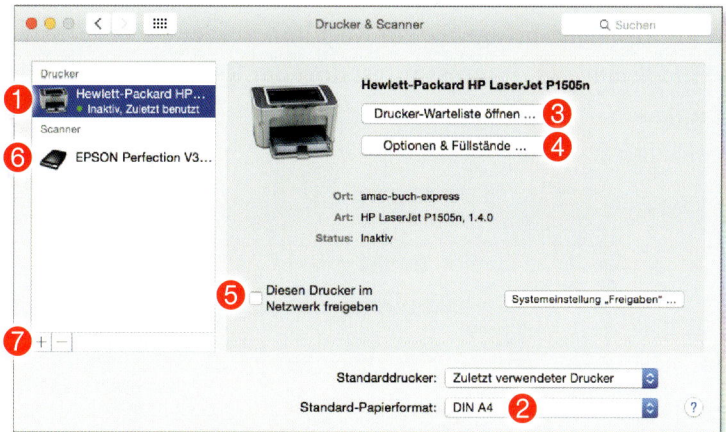

Wurde der Drucker erfolgreich installiert, erscheint er auch in den *Systemeinstellungen* in der Kategorie *Drucker & Scanner*. Dort wird links in der Liste der vorhin installierte Drucker angezeigt ❶. Damit weitere Programme bei der Auswahl des Papierformats immer gleich das korrekte Papierformat verwenden, sollten Sie im unteren Teil des Fensters diesem Drucker auch das Standardpapierformat DIN A4 ❷ zuordnen.

Möchten Sie nun sehen, welche Druckaufträge aktuell an den Drucker übermittelt wurden, klicken Sie auf *Drucker-Warteliste öffnen* ❸. Sogleich erscheint ein neues Fenster, in dem Sie alle Druckaufträge, die für diesen Drucker anstehen, übersichtlich aufgelistet bekommen. Zusätzlich erhalten Sie – abhängig vom Druckermodell – in der Titelleiste weitere Funktionen.

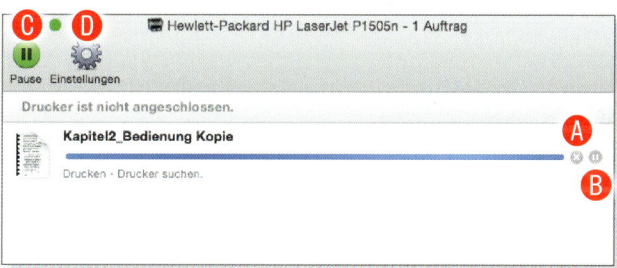

Druckerwarteliste.

Haben Sie versehentlich einen Druckauftrag losgeschickt und wurde dieser noch nicht vom Drucker abgearbeitet, können Sie diesen Auftrag über den Button *Löschen* Ⓐ aus der Warteliste entfernen. Die Funktion *Anhalten* Ⓑ hingegen bedeutet, dass dieser Druckauftrag in der Warteliste bleibt und nachfolgende Druckaufträge vorgezogen werden können. Wollen Sie die gesamte Warteliste pausieren, so wählen Sie *Pause* Ⓒ. Abhängig vom Druckermodell könnten Sie auch eine Information über die Füllstände der Kartuschen oder des Tonermaterials bekommen. Über *Einstellungen* können Sie weitere Detaileinstellungen vornehmen **D**. *Einstellungen* bringt Sie im Regelfall zu derselben Einstellung wie die *Systemeinstellungen* bei *Optionen & Füllstände* **4**. Interessant ist dort der Reiter *Allgemein*, denn dort können Sie den Namen des Druckers anpassen.

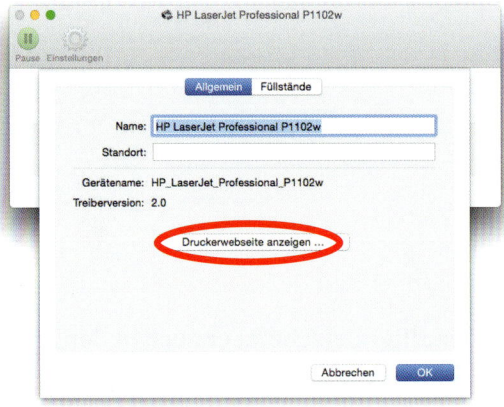

Name des Druckers ändern.

> **!** Wenn Sie einen Drucker der Firma **Hewlett Packard** verwenden, sollten Sie unbedingt einen Klick auf **Druckerwebsite anzeigen** riskieren, denn dort kann das **Hewlett Packard Druckerdienstprogramm** gestartet werden, das über eine Menge weiterer Funktionen verfügt.

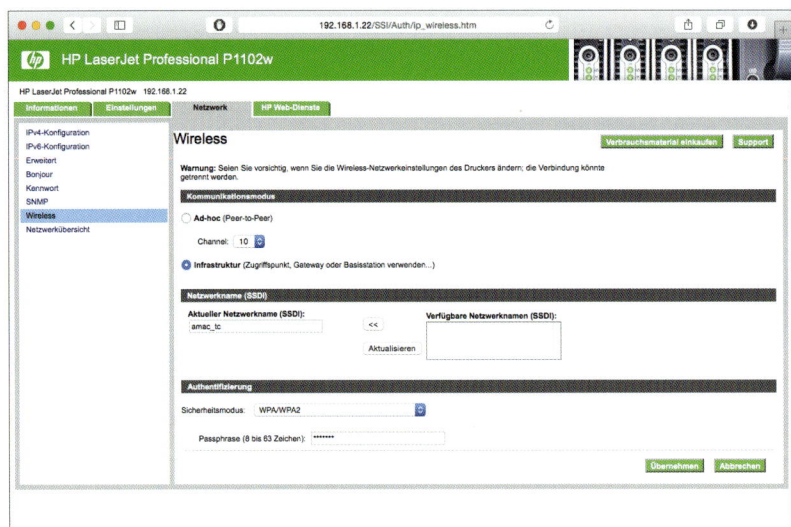

HP LaserJet Druckerdienstprogramm.

Der hier verwendete Drucker wird drahtlos, also über WLAN, angesprochen. Dazu muss über das HP LaserJet Dienstprogramm der Drucker mit der WLAN-Station verbunden werden, was Sie in diesem Bildschirmfoto sehen. Damit haben Sie eine sehr komfortable Möglichkeit, den Drucker an jedem beliebigen Standort innerhalb Ihres Hauses oder Büros aufzustellen und drahtlos vom Computer aus anzusprechen.

 Wollen Sie ausschließlich per WLAN mit einem Drucker kommunizieren, ist sinnvoll, sich für einen Drucker zu entscheiden, der zudem AirPrint unterstützt. Via AirPrint können nicht nur Mac-Rechner, sondern auch iPhones und iPads drahtlos Dokumente an den Drucker senden. Und dies ganz ohne Installation. Ein AirPrint-fähiger Drucker meldet sich sofort im **Drucken**-Menü und es sind keinerlei Einstellungen zu tätigen. Eine Liste AirPrint-Drucker erhalten Sie aktuell stets hier: **https://support.apple.com/de-de/HT201311**.

Aber kommen wir wieder zurück zu den *Systemeinstellungen –> Drucker & Scanner*. Dort sind noch drei Funktionen zu besprechen. Die Eigenschaft *Diesen Drucker im Netzwerk freigeben* ❺ bedeutet, dass Sie einen lokal angebundenen Drucker über eine Netzwerkfreigabe auch anderen Anwendern zur Verfügung stellen. Die Netzwerkfunktionen werden wir in einem eigenen Kapitel erläutern.

Nachdem die Systemeinstellung den Namen *Drucken & Scannen* trägt, können Sie damit auch Scanner verwalten. Scanner werden im Regelfall per USB-Kabel an Ihren Computer angeschlossen. Sie sehen, dass in unserem Beispiel bereits ein Scanner ❻ zur Zusammenarbeit mit dem Rechner konfiguriert wurde.

 Während beim Kauf eines Druckers nahezu alle Geräte eine Treibersoftware für den Mac mitbringen, sollten Sie vor dem Kauf eines Scanners nachfragen, ob dieser auch mit Apple-Betriebssystem macOS kompatibel ist.

Möchten Sie weitere Geräte zur Zusammenarbeit mit Ihrem Mac bringen, klicken Sie auf das +-Symbol ❼ in den *Systemeinstellungen* bei *Drucker & Scanner* und wählen dort den Eintrag *Drucker oder Scanner hinzufügen* aus. Es erscheint ein Fenster, das die entsprechenden Konfigurationsmöglichkeiten bereitstellt.

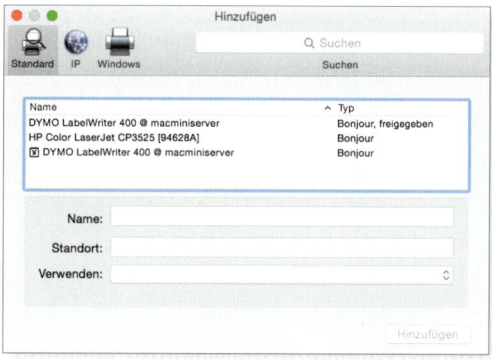

Drucker hinzufügen.

Im Bereich *Standard* des Fensters werden alle Geräte aufgelistet, die direkt mit dem Rechner verbunden sind, zum Beispiel per USB-Kabel. Ebenso erscheinen alle Geräte, die sich über ein Netzwerkprotokoll wie *Bonjour* automatisch im Netzwerk melden. Erscheint Ihr Gerät nicht in dieser Liste, können Sie versuchen, über den Button *IP* das Gerät über seine IP-Adresse ausfindig zu machen. Vorher sollten Sie natürlich die IP-Adresse des Geräts in Erfahrung bringen. Notwendig ist zusätzlich die Installation des korrekten Druckertreibers. Der Eintrag *Windows* bedeutet, dass der von einem Windows-System über das Netzwerk freigegebene Drucker Ihre Mac-Druckjobs abarbeitet.

Haben Sie nun mehrere Drucker installiert und zur Zusammenarbeit konfiguriert, sollten Sie zum Schluss noch einen Drucker als *Standarddrucker* definieren.

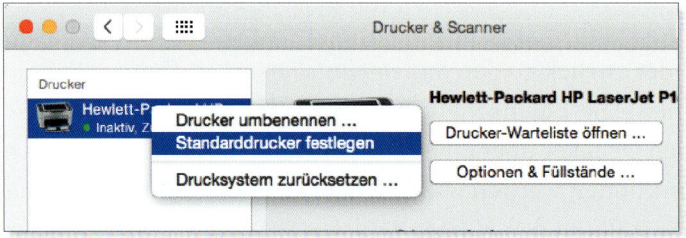

Standarddrucker festlegen.

Dazu klicken Sie den Drucker Ihrer Wahl mit der rechten Maustaste an, um das dazugehörige Kontextmenü zu öffnen, in dem Sie den betreffenden Befehl finden. Wie Sie sehen, haben Sie auch dort eine einfache Möglichkeit, den Namen des Druckers zu ändern. Vor der Funktion *Drucksystem zurücksetzen* möchte ich Sie warnen. Dabei werden alle installierten Drucker entfernt und Sie müssen jedes Gerät von Neuem konfigurieren.

Damit ist der Vorarbeit Genüge getan und wir können wieder zurückkehren zum *Drucken*-Dialog in TextEdit.

! Die **Drucken**-Dialoge in den einzelnen Applikationen unterscheiden sich teilweise in ihrem Erscheinungsbild, doch sind die wichtigsten Funktionen im **Drucken**-Dialog einer jeden Applikation verfügbar.

Klicken Sie nun auf *Details einblenden*, um weitere Informationen zugänglich zu machen.

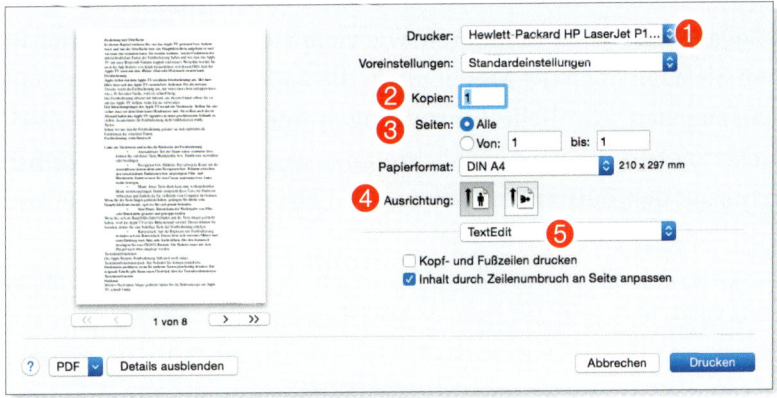

Details im Drucken-Dialog.

Überprüfen Sie im rechten Bereich des Dialogs ganz oben bei *Drucker* ❶, ob Sie den richtigen Drucker ausgewählt haben. Geben Sie darunter an, wie viele Kopien ❷ Sie drucken möchten. Sofern es der Drucker unterstützt, können Sie das beidseitige Drucken aktivieren. Möchten Sie nur bestimmte Seiten ausdrucken, legen Sie das bei ❸ fest.

Darunter erhalten Sie noch einmal alle Einstellungen, die Sie vorher bereits über das Papierformat festgelegt haben, in diesem Fall ein DIN-A4-Blatt, das im Hochformat ausgedruckt werden soll ❹. Besonders interessant ist das Pull-down-Menü, das bei dem Begriff *TextEdit* ❺ zu finden ist. Wenn Sie dieses aufklappen, erhalten Sie je nach Programm und Druckermodell weitere Funktionen wie beispielsweise *Layout*, *Papierhandhabung*, *Deckblatt* etc. Hervorzuheben sind die Einstellungen bei *Layout*.

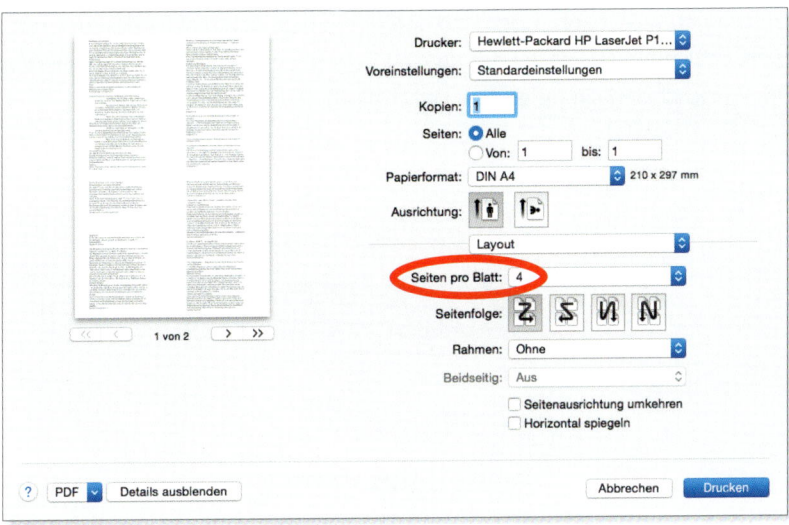

Mehrere Seiten auf ein Blatt.

Über die Funktion *Layout* können Sie definieren, wie viele Seiten auf ein DIN-A4-Blatt gedruckt werden sollen. Darunter sehen Sie auch noch die Möglichkeit, die Abfolge der Seiten zu definieren und optional einen Rahmen mit auszugeben. Ähnliche Einstellungen finden Sie auch bei *Deckblatt* und bei *Papierhandhabung*, um druckerspezifische Papierschächte anzusprechen. Sind alle Einstellungen ordentlich konfiguriert, klicken Sie auf den Button *Drucken*, um den Druckjob an den Drucker zu übermitteln.

! Sollte der Drucker nicht verfügbar sein, weil er ausgeschaltet ist oder Sie mit Ihrem tragbaren Mac nicht in der Reichweite des Druckers sind, können Sie dennoch den Druckjob in die Druckwarteliste stellen. Sogleich erhalten Sie unten im Dock ein Icon für den Drucker, das Ihnen die Anzahl der Druckjobs anzeigt und durch ein kleines Symbol auch darstellt, dass Ihr Drucker derzeit nicht erreichbar ist.

Drucker ist nicht erreichbar.

! Sobald der Drucker wieder eingeschaltet oder in Reichweite ist, werden die anstehenden Druckjobs in der Warteliste automatisch an den Drucker weitergereicht und verarbeitet. Durch Anklicken des Icons werden alle Aufträge in der Warteschlange angezeigt.

! Und auch das ist möglich: Haben Sie versehentlich einen Druckauftrag dem falschen Drucker übermittelt, müssen Sie diesen Auftrag nun nicht abbrechen und erneut mit dem richtigen Drucker starten. Sie können einfach beide Druckerwarteschlangen als Fenster auf dem Bildschirm darstellen und dann die Druckaufträge per Drag & Drop von einer Warteschlange in die andere verschieben.

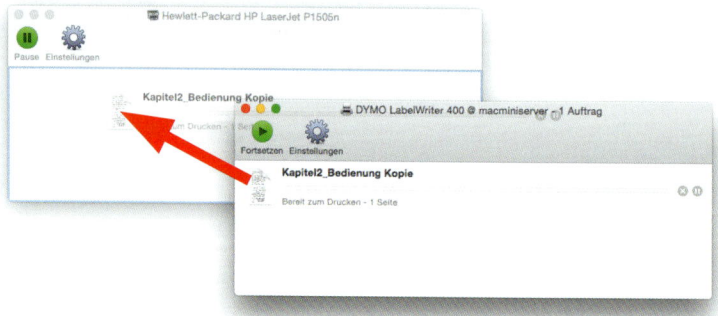

Druckaufträge in eine andere Warteschlange verschieben.

Drucken in PDF-Datei

Wir hatten es vorhin bereits kurz erwähnt: Sie können einen Druckauftrag nicht nur physikalisch an einen Drucker weiterleiten, sondern ebenso in eine PDF-Datei umwandeln. Jedes Programm unter macOS verfügt im *Drucken*-Dialog über den Button *PDF*. Diesen wollen wir nun genauer betrachten.

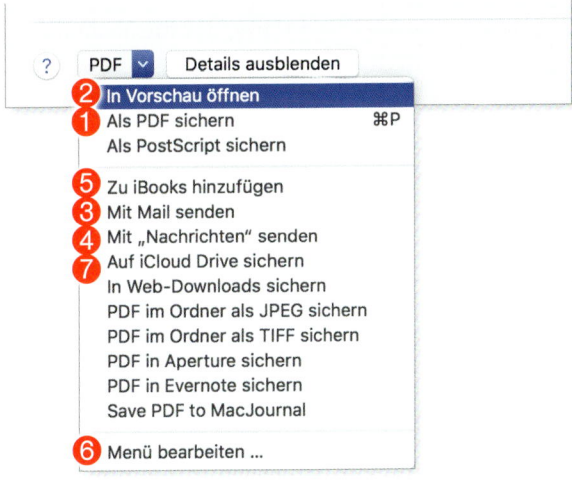

Ausgabe als PDF.

Im Bildschirmfoto sehen Sie den *Drucken*-Dialog des Programms Safari. Im Hintergrund ist derzeit eine Internetseite aufgerufen, nämlich die Seite *www.macnews.de*, und ich möchte den Inhalt der Internetseite, der sich ja ständig ändert, in ein PDF-Dokument verwandeln, um ihn so immer im Zugriff zu haben.

Über den *Drucken*-Dialog ist links unten der Button *PDF* aufzuklappen und sogleich erscheint eine Reihe sinnvoller Optionen darunter. Möchten Sie die Information, so wie sie ist, direkt in einem PDF speichern, wählen Sie *Als PDF sichern* ❶, geben einen Dateinamen sowie den Ablageort an und fertig ist die PDF-Datei. Möchten Sie vorher die PDF-Datei noch einmal im Programm Vorschau sichten, so wählen Sie den ersten Eintrag in der Liste an ❷. Vergessen Sie dann bitte nicht, im Programm Vorschau die PDF-Datei abzuspeichern. Soll die PDF-Datei direkt per E-Mail versendet werden, wählen Sie den Eintrag ❸ an, und für den Versand als iMessage die ❹. Und für professionelle Anwender besteht noch die Möglichkeit, dieses PDF-Menü ihren Bedürfnissen entsprechend anzupassen. Wählen Sie dazu *Menü bearbeiten* ❻. Besonders elegant ist der Eintrag *Zu iBooks hinzufügen* ❺. Damit kann die PDF-Datei mit nur einem Klick in *iBooks* einsortiert werden und steht damit sogleich für die Übertragung zum iPhone bzw. iPad zur Verfügung. Alternativ dazu können Sie auch *Auf iCloud Drive sichern* ❼ sichern verwenden. Damit wird das PDF automatisch zu iCloud hochgeladen und steht im iCloud Drive im Ordner *Vorschau* zur Verfügung.

Schriftsammlung

Sie haben, als Sie vorhin mit dem Programm *TextEdit* gearbeitet haben, bereits gesehen, dass ihnen mehrere Schriftarten zur Verfügung gestellt werden, um Texte zu gestalten. Das Apple-Betriebssystem enthält auch eine spezielle Applikation namens *Schriftsammlung*, die die Verwaltung der Schriftarten auf Ihrem Computer übernimmt.

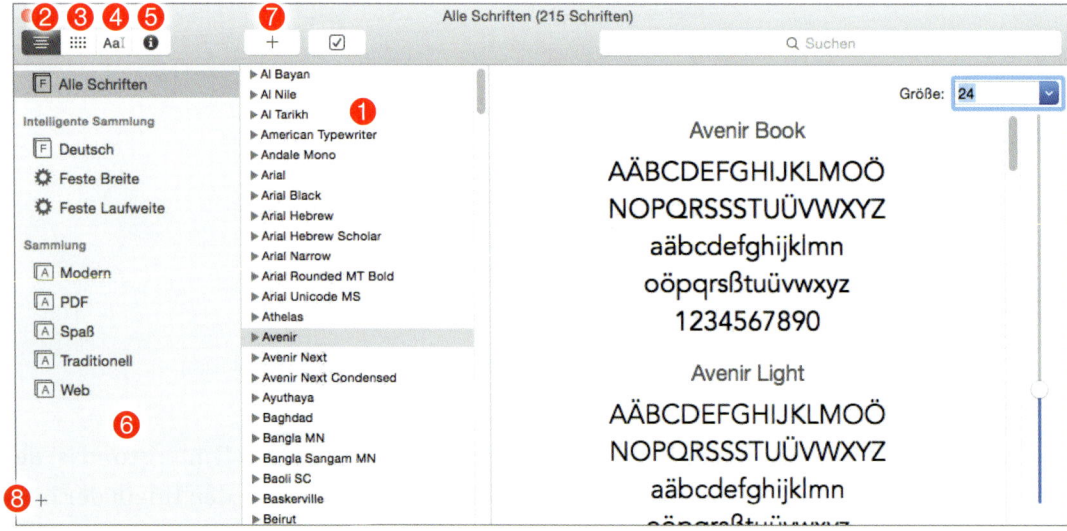

Schriftsammlung.

Das Programm finden Sie innerhalb des *Programme*-Ordners, Sie können es aber ebenso über *Launchpad* starten. Wenn Sie das Bildschirmfoto betrachten, sehen Sie die standardmäßige dreispaltige Darstellung. In der mittleren Spalte sehen Sie eine Liste der Schriften, die auf Ihrem Computer derzeit verfügbar sind ❶. Dabei verhält es sich so, dass bei der Installation von Software oftmals Schriften mitinstalliert werden. Dies ist der Fall bei den iWork-Programmen, Microsoft Office oder Adobe Creative Cloud.

Wenn Sie das Dreieck neben einer Schriftart anklicken, erhalten Sie die *Schriftschnitte*, also verschiedene Varianten einer Schriftart. Klicken Sie eine Schriftart an, erhalten Sie rechts daneben eine Vorschau der Schriftart. Diese hängt davon ab, was Sie im linken Teil des Fensters eingestellt haben. Haben Sie den ersten Button ❷ aktiviert, erhalten Sie die Eigenschaft *Vorschau-Beispiel*, also mit der Schrift dargestellte Buchstaben und Zeichen. Wenn Sie auf den zweiten Button ❸ umschalten, wird Ihnen das Repertoire der Schrift inklusive Sonderzeichen, die Sie möglicherweise benötigen, angezeigt. Sobald Sie auf ❹ wechseln, können Sie selbst einen Beispieltext eintragen, um zu sehen, wie die Schriftart mit Ihrem Text aussieht. Und für Profis ist besonders der *Informationen*-Button ❺ interessant, denn dort erhalten Sie technische Daten, um welche Art von Schrift es sich handelt, von wem die Schrift stammt usw.

Aber kommen wir wieder zurück zur dreispaltigen Darstellung. In der Spalte ganz links, die mit *Sammlung* überschrieben ist ❻, können Sie Schriftgruppen (Sammlungen) erstellen, um so Schriftarten zu einem Thema zusammenzufassen. Diese Sammlungen sind dann auch in Programmen wie TextEdit verfügbar und beschleunigen das Auffinden Ihrer Lieblingsschriften. Um eine neue Gruppe zu erstellen, klicken Sie links unterhalb der Spalte *Sammlung* auf das + ❽. Möchten Sie weitere Schriftarten der Liste hinzufügen, klicken Sie oberhalb der Spalte *Schrift* auf das +-Symbol ❼.

Kommen wir noch einmal zurück zum Erstellen einer Sammlung. Klicken Sie dazu den Button ❽ an.

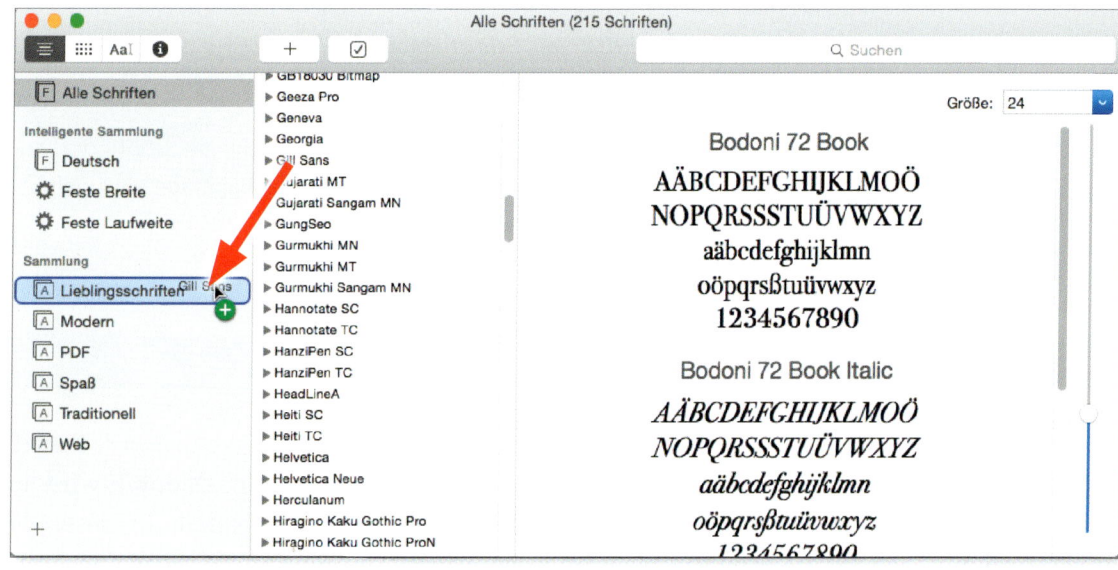

Schriften einer Sammlung hinzufügen.

Haben Sie die Sammlung erstellt und ihr einen Namen gegeben, können Sie auf den Eintrag *Alle Schriften* klicken und per Drag & Drop diejenigen Schriftarten hinzufügen, die Sie darin gruppieren möchten. Wechseln Sie dann beispielsweise zum Programm TextEdit und rufen Sie dort über den Menüpunkt *Format* oder das Tastenkürzel *cmd + T* das *Schriften*-Fenster auf. Und sogleich werden Sie auch in TextEdit die Sammlung namens *Lieblingsschriften* erkennen mit allen Schriften, die Sie über die *Schriftsammlung* vorher zusammengefasst haben.

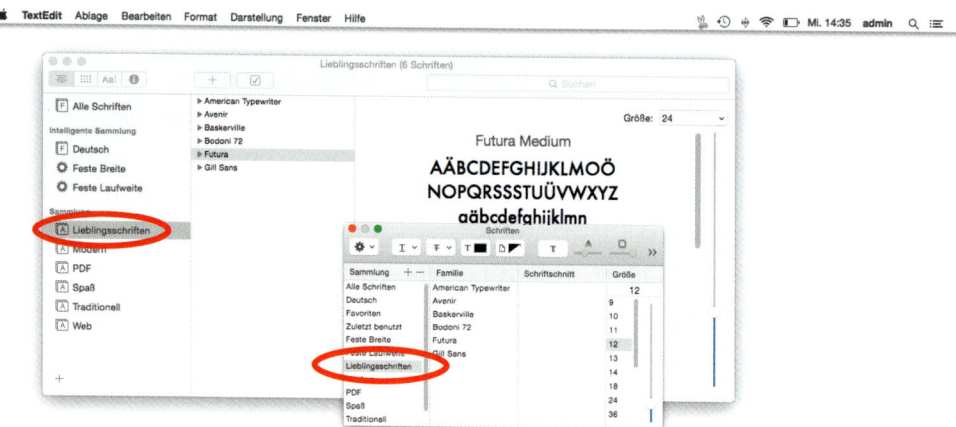

Sammlung in TextEdit und Schriftsammlung.

> **!** Bedenken Sie, dass beim Löschen einer Sammlung über die **Backspace**-Taste nicht die Schriftarten an sich gelöscht werden – Sie haben ja lediglich eine Art Gruppe erzeugt und der Gruppe Einträge hinzugefügt. Die Schriftarten bleiben selbstverständlich in der Sammlung **Alle Schriften** erhalten.

Schrift installieren

Das Installieren bzw. Hinzufügen einer neuen Schrift ist in macOS sehr einfach. Wenn Sie die Schriftdatei auf dem Rechner haben, müssen Sie sie nur einen Doppelklick darauf machen. Dadurch wird automatisch die Schriftsammlung gestartet und die neue Schrift in einem Fenster dargestellt. In diesem Fenster müssen Sie dann nur noch auf die Schaltfläche *Installieren* klicken. Die neue Schrift wird damit sofort in die Schriftsammlung aufgenommen und aktiviert.

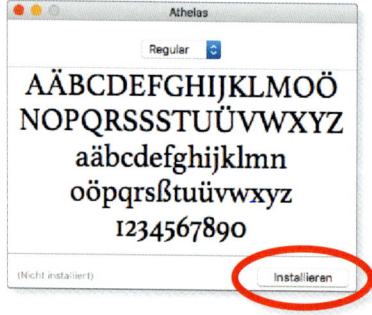

Neue Schriften lassen sich sehr schnell und einfach hinzufügen.

Tastatur- und Zeichenübersicht

Vielleicht kennen Sie das: Sie arbeiten an einem Dokument und benötigen nun ein Spezialzeichen. Sie könn-
ten jetzt über das Programm *Schriftsammlung* dieses Spezialzeichen ausfindig machen, aber wie soll dieses
Zeichen nun in Ihr Dokument kommen? Für diesen Fall hat Apple vorgesorgt und Ihnen eine Funktion zur
Verfügung gestellt. Wählen Sie hierzu in den *Systemeinstellungen –> Tastatur* den Bereich *Tastatur*.

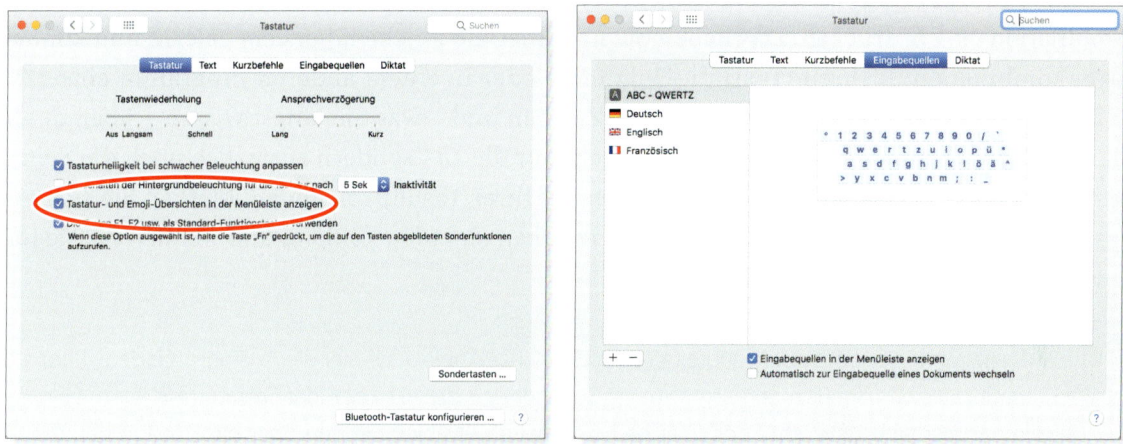

Tastatur- und Zeichenübersichten in den Systemeinstellungen.

Bringen Sie bei *Zeige Übersichten für Tastatur-, Emoji- und Symbole in der Menüleiste an* ein Häkchen an.
Und sogleich erhalten Sie in der Menüleiste ein neues Icon, über das Sie nun die *Tastaturübersicht* und
die *Emoji & Symbole* einblenden können.

Tastatur- und Zeichenübersicht.

Sobald Sie das neue Icon in der Menüleiste ❶ anklicken, erhalten Sie darunter zwei Einträge, nämlich *Emoji & Symbole einblenden* und *Tastaturübersicht einblenden*. Sofern Sie beide ausgewählt haben, bekommen Sie zwei neue Fenster. Die *Emoji & Symbole* ❷ zeigen Ihnen, in verschiedene Kategorien (*Emoji*, *Pfeile*, *Währungen*, *Aufzählungen* etc.) gegliedert, die zur Verfügung stehenden Sonderzeichen. Um ein Zeichen in ein TextEdit-Dokument zu übernehmen, klicken Sie es einfach doppelt an und es wird sofort an der Cursorposition eingefügt.

Etwas anders verhält es sich mit der *Tastaturübersicht* ❸. Sobald Sie diese gestartet haben, drücken Sie beispielsweise einmal die *alt*-Taste. Daraufhin sehen Sie, dass nun dort, wo vorher Buchstaben waren, Spezialzeichen angezeigt werden. Um beispielsweise das ©-Zeichen zu erzeugen, müssten Sie die Tastenkombination *alt* + *G* drücken. Das haben Sie nun über die Zeichenübersicht gelernt und können diese Tastenkombination in Ihrem TextEdit-Dokument oder in einem anderen Programm einsetzen. So sehen Sie, dass über *alt* + *R* beispielsweise das ®-Zeichen und – was Sie längst wissen – über *alt* + *L* das @-Zeichen erzeugt werden kann. Drücken Sie nicht nur die *alt*-, sondern zusätzlich noch die *Shift*-Taste, werden weitere Sonderzeichen angezeigt, die sich auf Ihrer Tastatur befinden. Merken Sie sich einfach die Tastenkombination, mit der Sie dieses Sonderzeichen aufrufen können, und wenden Sie sie in Ihrer Zielanwendung an.

> **!**
> Um auf bestimmte Sonderzeichen zugreifen zu können, hat Apple auch hier die Analogie mit dem iPhone bzw. iPad bemüht. Bleiben Sie dazu einfach gut eine Sekunde auf dem Zeichen der Tastatur mit Ihrem Finger, um sogleich darüber eine Liste von Sonderzeichen zu erhalten. Wählen Sie nun über die Eingabe der Ziffer das gewünschte Zeichen aus. Wollen Sie Zugriff auf weitere Sonderzeichen haben, verwenden Sie **ctrl + cmd + Leertaste**.

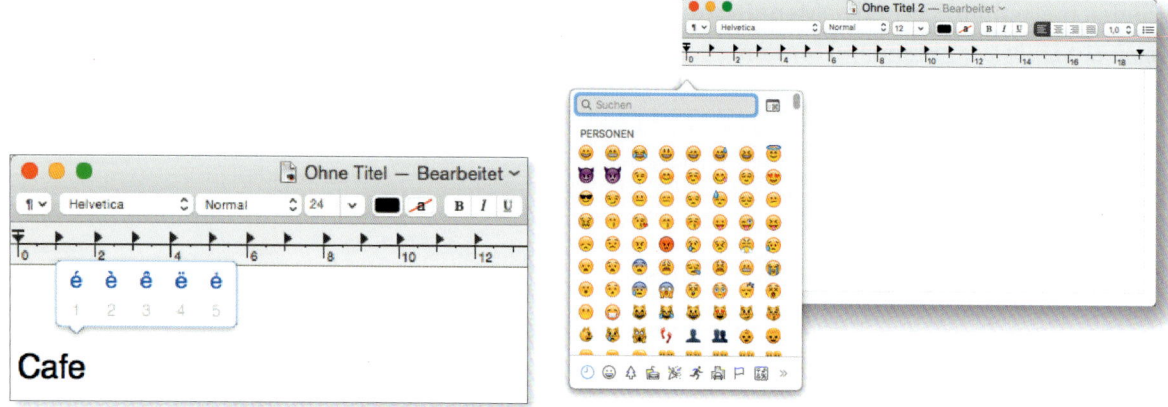

Links sehen Sie eine Zeichenliste beim Gedrückthalten eines Buchstabens und rechts den Schnellzugriff auf viele Sonderzeichen durch die Tastenkombination.

Aktivitätsanzeige, Systeminformationen und Netzwerkdienstprogramm

Sind Sie technisch interessiert oder im administrativen Bereich tätig, haben Sie mit diesen drei Programmen, die sich allesamt im *Dienstprogramme*-Ordner befinden, gute Werkzeuge parat, um die technischen Daten Ihres Computers einsehen zu können.

Aktivitätsanzeige

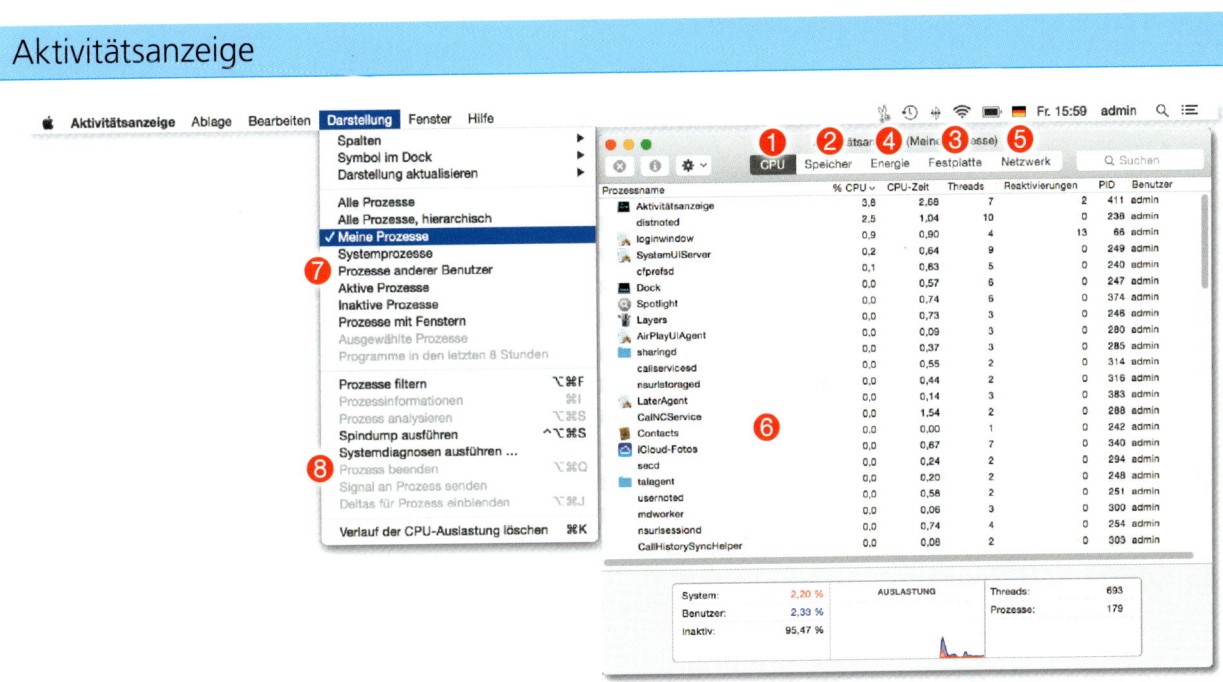

Aktivitätsanzeige.

Sie sehen anhand des Bildschirmfotos, dass die *Aktivitätsanzeige* Ihnen eine Menge Informationen über den Zustand Ihres Systems liefert. Sie haben die Wahl zwischen fünf verschiedenen Informationen, die eingeblendet werden können. Möchten Sie sehen, wie es Ihren Prozessorkernen geht, wählen Sie *CPU* ❶ aus. Und Sie sehen sowohl in Form von Zahlen als auch durch ein Diagramm dargestellt, wie stark Ihre Prozessoren aktuell gefordert sind.

Interessieren Sie sich für die Auslastung des Arbeitsspeichers, wechseln Sie zu *Speicher* ❷. Wollen Sie überprüfen, welche Apps wie viel Energie Ihres Rechnerakkus benötigen, nehmen Sie die ❹. Möchten Sie sehen, was die Festplatten gerade so tun, ist *Festplattenaktivität* ❸ die richtige Anlaufstelle. Und schließlich zeigt Ihnen ein Klick auf *Netzwerk* ❺, welche Daten von Ihrem Rechner gesendet bzw. über das Netzwerk empfangen werden.

Den Hauptteil des Fensters macht die Liste ❻ aus. Dort sehen Sie – je nachdem, was Sie bei ❼ eingestellt haben – die *Prozesse*. Entweder werden hier diejenigen Prozesse angezeigt, die Sie direkt gestartet haben, also Ihre aktiven Programme (*Meine Prozesse*), oder Sie wechseln zu *Alle Prozesse*, um zu sehen, was in der Summe derzeit alles auf Ihrem Rechner läuft. Und Sie werden staunen, wie viele Programme und Unterprogramme gestartet sind. Der Hintergrund ist, dass es sich bei macOS im Prinzip um ein Unix-Betriebssystem handelt, und Unix-Systeme teilen umfangreiche Funktionen auf sehr viele Unterprozesse auf.

Sollten Sie einmal ein Problem mit einem Programm haben, können Sie dieses in der Liste anklicken und über die Funktion *Prozess beenden* ❽ aus dem Arbeitsspeicher entfernen.

> **!** Dabei verlieren Sie natürlich alle noch nicht gespeicherten Änderungen in den vom Programm bearbeiteten Dokumenten. Allerdings nicht bei Programmen wie TextEdit, Vorschau, Pages etc., die macOS-ready sind und damit über die automatische Sicherung und die Versionsverwaltung verfügen.

> **!** Sollte ein Programm einmal hängen oder nicht mehr vernünftig reagieren, ist der Weg über die **Aktivitätsanzeige** meist zu umständlich, um das Programm gewaltsam zu beenden. Schneller und einfacher geht es, wenn Sie über das **Apfel-Menü** den Eintrag **Sofort beenden** aufrufen.

Aktive Programme können sofort beendet werden.

 Alternativ verwenden Sie die Tastenkombination **cmd + alt + esc**. Es verhält sich damit ähnlich wie unter Windows der Aufruf des **Task Managers**. Wählen Sie nun das Programm aus, das Ärger macht, und klicken Sie danach auf den Button **Sofort beenden**, um das Programm aus dem Arbeitsspeicher zu entfernen.

Aber noch einmal zurück zur *Aktivitätsanzeige*. Dort können Sie über den Menüpunkt *Darstellung* die Informationen über Ihren Prozessor, die Netzwerkaktivität usw. auch im Dock darstellen lassen. Wählen Sie hierfür beispielsweise *Darstellung –> Symbol im Dock –> Aktuelle CPU-Auslastung*. Und sogleich erscheint in Ihrem Dock ein kleines Icon, das Ihnen die Aktivität Ihrer Prozessoren anzeigt.

CPU-Auslastung im Dock.

Systeminformationen

Sind Sie weniger an der Software und mehr an der Hardware Ihres Rechners interessiert, könnte das Programm *Systeminformationen*, das sich ebenfalls im *Dienstprogramme*-Ordner befindet, für Sie von Interesse sein. Im Programm Systeminformationen erhalten Sie alle technischen Daten über die Hardwareumgebung Ihres Computers. Und Sie können auf diesem Wege rasch Informationen auslesen.

 Die **Systeminformationen** erreichen Sie am schnellsten, wenn Sie mit gedrückter **alt**-Taste das **Apfel-Menü** öffnen. Damit wird nämlich aus **Über diesen Mac** die Funktion **Systeminformationen**.

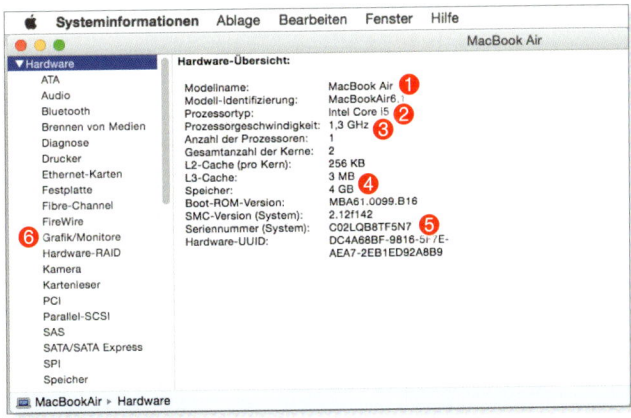

Die Systeminformationen am Beispiel eines MacBook Air.

Wie Sie anhand des Bildschirmfotos erkennen, arbeite ich derzeit an einem Computer namens *MacBook Air* ❶. Dieser ist mit einem *Intel Core i5*-Prozessor ❷ ausgestattet und läuft mit der Prozessorgeschwindigkeit *1,3 Gigahertz* ❸. Im Rechner befindet sich also ein Prozessor, der über zwei Kerne verfügt, was wir über die Aktivitätsanzeige auch sehen können. Des Weiteren sind vier Gigabyte Arbeitsspeicher eingebaut ❹. Und sollten Sie einmal ein technisches Problem haben, wird Apple Sie nach der *Seriennummer* des Geräts fragen. Diese finden Sie auch in der Übersicht ❺.

Sie sehen in der linken Spalte noch weitere Einträge, in denen Sie technische Informationen zur Hardware Ihres Computers finden. Klicken Sie zum Beispiel auf *Grafik/Monitore* ❻, so bekommen Sie die technischen Informationen über die in Ihrem Computer eingebaute Grafikkarte inklusive Arbeitsspeicher.

Aber damit nicht genug. Es gibt nämlich neben dem Bereich *Hardware* auch noch die Kategorie *Netzwerk* und darunter den Bereich *Software*. Und im Bereich *Software* ist insbesondere der Eintrag *Programme* sehr interessant.

![Systeminformationen Fenster mit Liste der installierten Programme](image)

Systeminformationen zeigt die installierten Programme.

Nach kurzer Zeit erscheint eine sehr umfangreiche Liste, in der Sie alle installierten Programme auf Ihrem Mac inklusive Versionsnummer sehen. Ebenso sehen Sie eine Spalte *Erhalten von*, die Ihnen darüber Auskunft gibt, von wem die App stammt. Diese Information kann für Unternehmen interessant sein, um eine Bestandsaufnahme der Software einzelner Computer zu erstellen. Diese Liste kann nämlich über den *Drucken*-Dialog auf einem Drucker ausgegeben oder in eine PDF-Datei geschrieben werden.

 Wenn Sie den Menüpunkt **Fenster** ansteuern, dann finden Sie darin die **Speicherverwaltung**. Alles weitere dazu finden Sie ab Seite 688.

Netzwerkdienstprogramm

Und noch ein drittes sehr nützliches Dienstprogramm namens *Netzwerkdienstprogramm* möchte ich Ihnen zeigen. Dieses finden Sie am schnellsten über eine Spotlight-Suche. Andernfalls müssen Sie dahin navigieren: *System –> Library –> CoreServices –> Applications*. Wie bereits beim Aufbau einer Internetverbindung besprochen, muss jeder Rechner, der am Internet teilnimmt, über eine *IP-Adresse* verfügen. Das Netzwerkdienstprogramm ist ein hervorragendes Werkzeug, um die Internetverbindung zu überprüfen bzw. Informationen über Ihre TCP/IP-Verbindung zu erhalten.

Eines der am häufigsten dabei zur Verwendung kommenden Werkzeuge ist das *Ping*. Mit dem Ping-Programm können Sie nachsehen, ob ein Gerät mit einer anderen IP-Adresse oder einem anderen Hostnamen verfügbar ist. Geben Sie also beispielsweise eine IP-Adresse oder einen Hostnamen ein, um zu sehen, ob eine Verbindung zu diesem Gerät existiert.

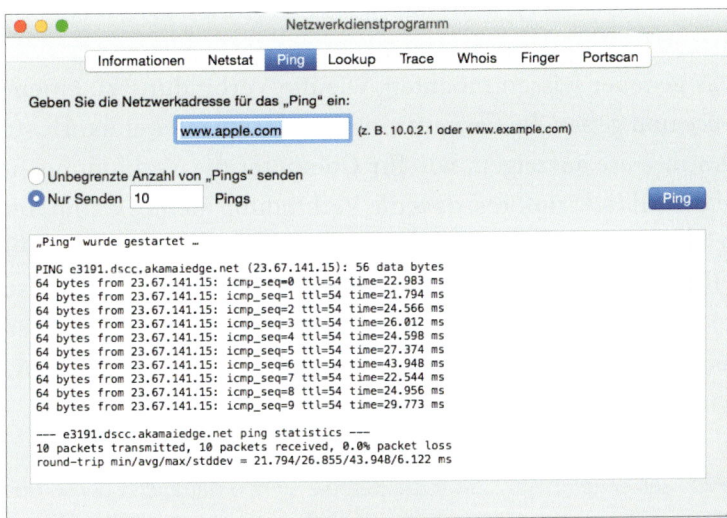

Ping im Einsatz.

Die Internetadresse apple.com wird tadellos gefunden – es werden zehn Testpakete gesendet und alle zehn Testpakete haben den Weg zu Apple erfolgreich gefunden. Das bedeutet: Die Internetverbindung funktioniert.

 Erinnern Sie sich noch an die Firewall-Einstellungen in den **Systemeinstellungen –> Sicherheit**? Dort konnten Sie den **Tarnmodus** aktivieren. Dieser verhindert, dass jemand anderes über Ping Ihren Rechner sehen kann. Denn mit dem Tarnmodus sind Sie für andere Internet- oder Netzwerkrechner absolut unsichtbar.

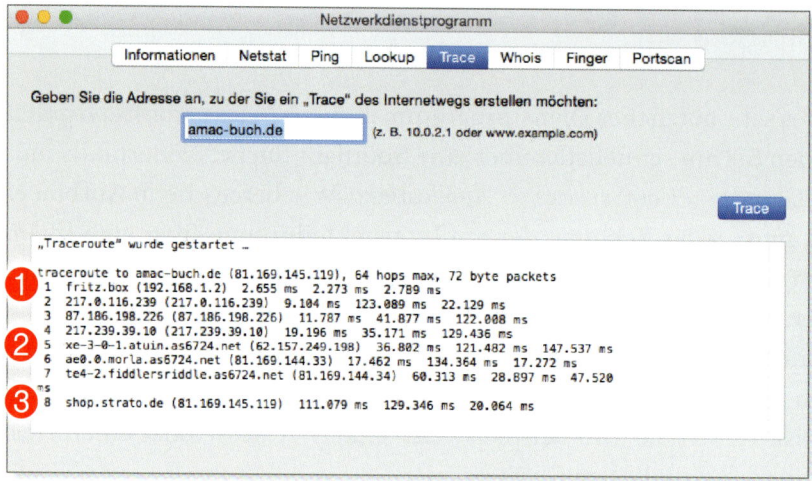

Trace zeigt die Sprungstellen bis hin zum Server amac-buch.de

Sofern Sie noch etwas genauer wissen möchten, wie die Verbindung zu einem Host aufgebaut wird, schalten Sie um auf *Trace* und geben dort erneut eine IP-Adresse oder einen Hostnamen ein. Daraufhin wird Ihnen das Programm *Trace* aufzeigen, wie Ihr Computer die Verbindung zu dem Zielrechner aufbaut. Sie sehen anhand des Bildschirmfotos, dass die Verbindung meines Computers zunächst einmal zur *FritzBox* läuft ❶. Die FritzBox ist in meinem Fall der WLAN-Router, der auch die DSL-Internetverbindung herstellt. Die FritzBox ihrerseits nimmt dann Kontakt mit dem Provider auf. Das sehen Sie im Bereich ❷. Bei ❸ sind wir nun bei Strato angelangt, die sich um die Internetadresse kümmern.

Sie beginnen zu erkennen, dass das Netzwerkdienstprogramm ein sehr leistungsfähiges Werkzeug ist, um die IP-Verbindung nach gewissen Parametern zu durchsuchen.

> **!** Für die Netzwerkexperten unter Ihnen: Sämtliche Befehle stehen natürlich ebenso über das Dienstprogramm **Terminal** zur Verfügung.

> **!** Wenn Sie nur ganz wenige Systeminformationen rasch im Zugriff haben möchten, ist der Weg über das **Apfel-Menü** genau richtig. Verwenden Sie dort den Eintrag **Über diesen Mac** und klicken Sie dann den Button **Weitere Informationen** an. Sogleich erhalten Sie in einer Visitenkarte die wichtigsten Daten Ihres Computers grafisch ansprechend dargestellt.

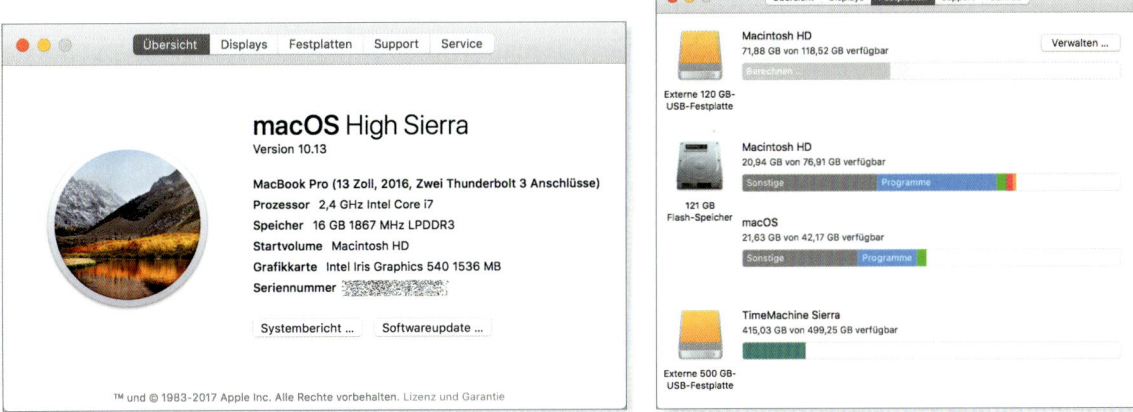

Über diesen Mac.

Interessant sind zudem noch die Buttons *Support* und *Service* in der Symbolleiste dieses Fensters.

Schlüsselbundverwaltung

Es gibt Programme, die man bereits nach kürzester Zeit nicht mehr missen möchte. Ein derartiges Programm findet sich in den *Dienstprogrammen* und hört auf den Namen *Schlüsselbundverwaltung*. Das Programm erfüllt einen einfachen, aber sehr wichtigen Zweck: Wenn Sie möchten, sammelt es Ihre Passwörter zusammen. Sie benötigen Passwörter zum Beispiel, um Ihre E-Mails oder bestimmte Internetseiten aufzurufen. All diese Passwortinformationen können in einem *Schlüsselbund* gesichert werden.

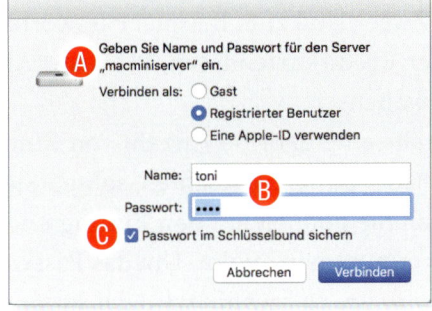

Passwort im Schlüsselbund sichern.

Anhand des Bildschirmfotos sehen Sie, dass derzeit über das Netzwerk Kontakt mit dem Server *macminiserver* Ⓐ aufgenommen wird. Um sich am Server anzumelden, sind Name und Passwort notwendig Ⓑ. Um in Zukunft die Kontaktaufnahme mit dem Server zu vereinfachen, können Sie über *Passwort im Schlüsselbund sichern* Ⓒ diese Informationen in der Schlüsselbunddatei ablegen, sodass zukünftig die Serververbindung ohne lästige Rückfrage vonstattengeht. Das Programm Schlüsselbundverwaltung liefert also bei Bedarf automatisch das Passwort an die entsprechenden Dienste aus.

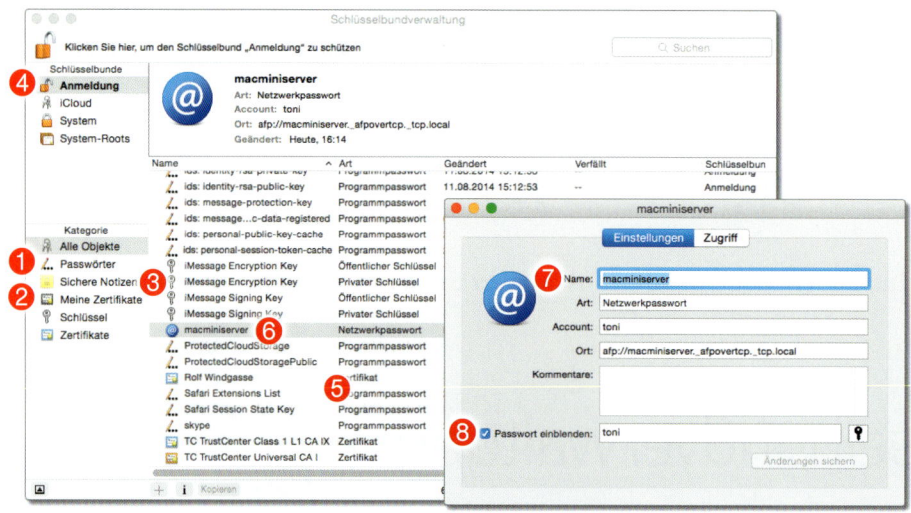

Passwort im Schlüsselbund wieder auslesen.

Die Schlüsselbundverwaltung sammelt nun all diese Passwörter ❶. Darüber hinaus können Sie aber auch Zertifikate verwalten lassen ❷. Zertifikate sind bisweilen notwendig, um gewisse Dienste über das Internet zu verwenden. Dort bekommen Sie eine Zertifikatsdatei zugesendet, die Sie hier ablegen können bzw. vom Betriebssystem automatisch hier abgelegt wird. Ebenso können Sie *Sichere Notizen* ❸ erstellen, also Notizzettel, auf denen Sie sich private Daten notieren, und diese im Schlüsselbund aufbewahren. Gängige Informationen für diesen Zweck sind zum Beispiel Passwörter, die Sie nicht im Zusammenhang mit dem Computer benötigen, oder Kreditkartendaten, PIN usw. All diese Informationen werden im *Anmeldeschlüsselbund* ❹ für Sie verwaltet.

Sie sehen im Bildschirmfoto bereits eine enorme Anzahl von Einträgen ❺. Wenn Sie nun das Passwort für diese Serververbindung wieder auslesen möchten, sollten Sie zu der Zeile navigieren ❻, an der dieser Eintrag hinterlegt ist. Klicken Sie doppelt auf den Eintrag und es erscheint das Fenster, das den Namen des Servers ❼ und den Accountnamen angibt. Um das Passwort wieder auszulesen, bringen Sie das Häkchen bei *Passwort einblenden* ❽ an. Daraufhin wird das Programm Ihr Systempasswort abfragen. Falls Sie dieses richtig eingeben, wird das Passwort eingeblendet, das für diesen Zugriff hinterlegt wurde.

 Der Schlüsselbund **Anmeldung** trägt also seinen Namen zu Recht: Sobald Sie sich an diesem Computer mit Ihrem Passwort einloggen, wird der Anmeldeschlüsselbund geöffnet. Sie erkennen dies auch am geöffneten Schlossicon bei ❹. Damit ist gewährleistet, dass das Programm Schlüsselbund allen Applikationen sofort die jeweiligen Kennwörter ausliefern kann.

Falls Sie Ihren Rechner verlassen, aber ihn nicht gleich ausschalten möchten, wäre es eine gute Idee, über den Menüpunkt *Schlüsselbundverwaltung –> Einstellungen* den *Schlüsselbundstatus* in der Menüleiste anzeigen zu lassen.

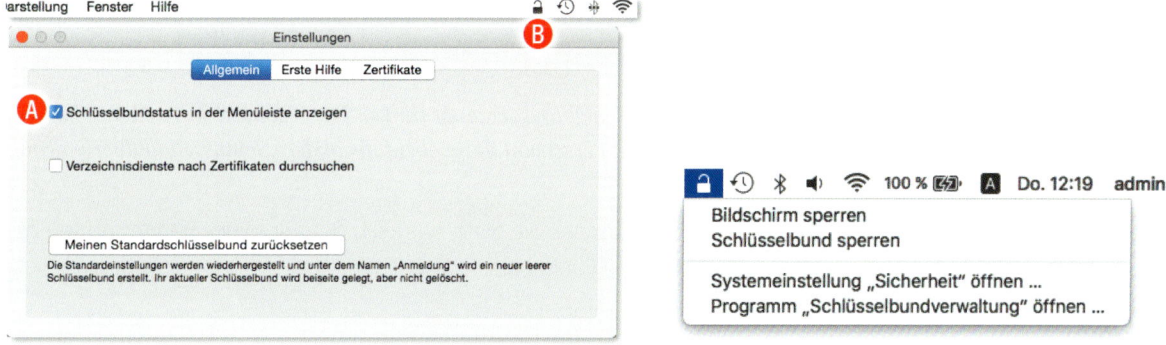

Schlüsselbundstatus in der Menüleiste.

Sobald Sie in den *Einstellungen* bei Ⓐ das Häkchen angebracht haben, erscheint in der Menüleiste Ⓑ der *Schlüsselbundstatus*. Und Sie sehen im Bildschirmfoto: Der Schlüsselbund ist derzeit geöffnet. Über das Icon in der Menüleiste (Menulet) können Sie nun über *Bildschirm sperren* den Monitor sperren, sodass eine Passworteingabe notwendig ist, um am Rechner weiterarbeiten zu können. Oder Sie sperren lediglich den Schlüsselbund, damit dieser keine Kennwörter mehr ohne Abfrage Ihres Accountpassworts herausgibt.

Die Funktion *Bildschirm sperren* ist ein sehr effektiver Schutz, wenn Sie den Rechner kurzzeitig verlassen möchten (alternativ verwenden Sie die Tastenkombination *ctrl + Shift + ⏏* bzw. *ctrl + Shift + ⏻*). Er ist in etwa mit dem vergleichbar, was Sie unter Windows mit der Tastenkombination *Windows + L* oder unter Linux mit dem Befehl *xlock* aktivieren können. Dann ist ein erneuter Zugriff nur möglich, wenn das zugehörige Passwort für diesen Benutzer eingegeben wird. Alle Applikationen, die im Hintergrund laufen, bleiben gestartet, das heißt, Sie können kurzfristig Ihre Arbeit unterbrechen, den Rechner gesichert zurücklassen und später genau dort weiterarbeiten.

Manche Anwender haben zusätzlich die Funktion eingebaut, ihre hohe Anzahl an Passwörtern auf mehrere Schlüsselbunddateien aufzuteilen. Wenn Sie möchten, können Sie über den Menüpunkt *Ablage* einen neuen Schlüsselbund erzeugen und dort Daten vom bestehenden Schlüsselbund ablegen.

Ein neuer Schlüsselbund wird via „Ablage –> Neuer Schlüsselbund „erzeugt (links). Der iCloud-Schlüsselbund hingegen wird in den „Systemeinstellungen –> iCloud" angelegt und erscheint dann ebenfalls in der „Schlüsselbundverwaltung".

> **!** Wenn Sie mehrere Schlüsselbunddateien haben, können Sie diese natürlich getrennt voneinander öffnen bzw. schließen, was manchmal eine durchaus praktische Funktion sein kann.

> **!** Es gibt Programme, die eine eigene integrierte Passwortverwaltung haben, wie zum Beispiel der Browser Firefox. Die in Firefox hinterlegten Kennwörter werden nicht an das Programm Schlüsselbundverwaltung weitergegeben. Wenn Sie eine Software benötigen, die allumfassend Ihre Kennwörter gemeinsam verwalten kann und auch auf dem iPhone und iPad läuft, sei Ihnen **1Password** empfohlen.

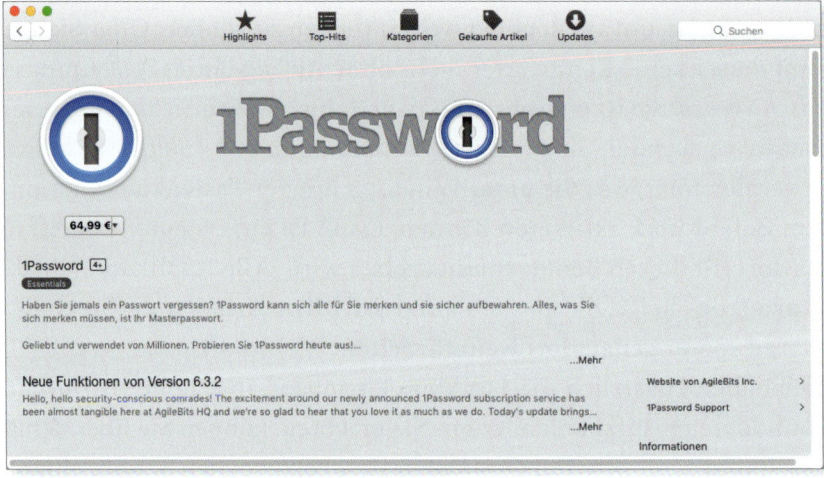

1Password kann man über den App Store erwerben.

Sie finden die Software im Internet unter der Adresse *www.agilebits.com/onepassword* oder auch im App Store.

> **!** Für professionelle Anwender: Die Schlüsselbunddatei finden Sie innerhalb des Benutzerordners in dem grundsätzlich unsichtbaren **Library**-Ordner. Wie Sie bereits wissen, können Sie über das **Gehe zu**-Menü im Finder unter Zuhilfenahme der **alt**-Taste den Library-Ordner zum Vorschein bringen. Dort finden Sie einen Ordner namens **Keychains** mit der Datei **login.keychain**. Darin enthalten sind all Ihre Kennwörter, die Sie in den Schlüsselbund eingetragen haben. Wenn Sie derzeit zum Beispiel an einem stationären Rechner arbeiten und Sie zusätzlich einen mobilen Mac kaufen, wäre es wünschenswert, die Passwörter auf diesen zu übernehmen. Dazu kopieren Sie einfach diese **login.keychain**-Datei auf den neuen Computer. Achten Sie dabei darauf, dass natürlich die Schlüsselbunddatei auf dem anderen Rechner das gleiche Passwort hat wie auf dem Rechner, an dem Sie die Datei bisher im Einsatz hatten. Alternativ können Sie den iCloud-Schlüsselbund nutzen. Dabei werden die Passwörter von Safari auf dem Mac automatisch mit iPhone und iPad abgeglichen (siehe Seite 150).

Festplattendienstprogramm

Wie der Name schon andeutet, kümmert sich das *Festplattendienstprogramm* um Datenträger, die Sie im Zusammenhang mit dem Mac verwenden möchten. Auf dem Bildschirmfoto sehen Sie einen sehr reichhaltig ausgestatteten Computer. Dieser verfügt derzeit über drei Datenträger mit unterschiedlichen Größen. Der wichtigste Datenträger ist das intern eingebaute SSD-Laufwerk ❶. Darüber hinaus sind mehrere externe Festplatten mit dem Computer verbunden ❷. Die interne SSD beinhaltet die Macintosh HD, auf der sich das Betriebssystem und alle wichtigen Daten befinden.

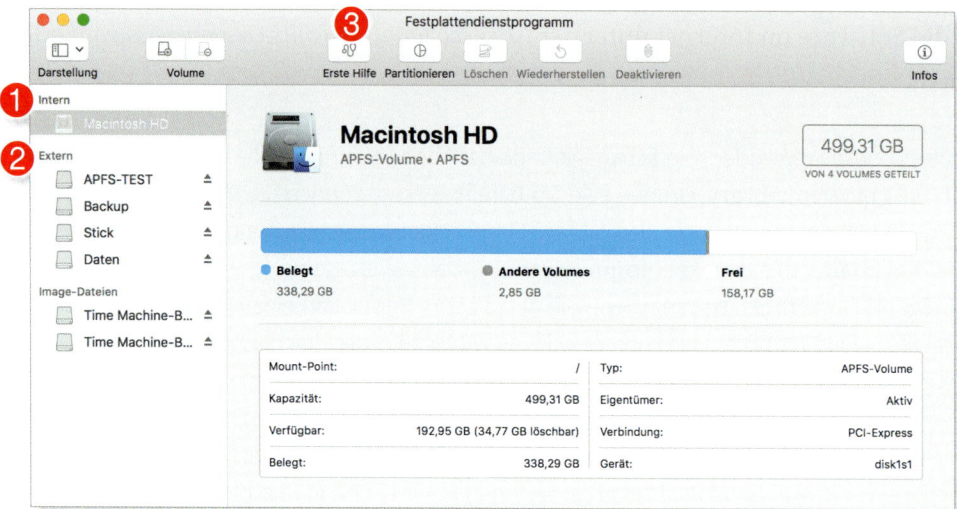

Festplattendienstprogramm.

Das Festplattendienstprogramm kann nun allerlei Funktionen mit diesen Datenträgern und deren Partitionen ausführen. Die wichtigste Funktion ist die Kategorie *Erste Hilfe* ❸. Wenn Sie die Macintosh HD auswählen, die ja das Betriebssystem enthält, können Sie diese auf Probleme wie z. B. die Zugriffsrechte auf die einzelnen Dateien überprüfen und reparieren lassen. Diese Funktionen sollten Sie ab und an ausführen, denn bei der Installation und Deinstallation von Softwarepaketen kann es bisweilen dazu kommen, dass sich an den Zugriffsrechten, also am Rechtemanagement auf dem Computer ein Fehler einschleicht.

Die „Erste Hilfe" überprüft die Partion und repariert bei Bedarf sofort.

Weiterhin prüft *Erste Hilfe* die Konsistenz Ihrer Daten auf dem Datenträger und repariert eventuell vorhandene Fehler.

Partition löschen

Zudem können Sie das Festplattendienstprogramm dazu verwenden, Partitionen zu löschen oder Datenträger in weitere Partitionen aufzuteilen. Zunächst zum Löschen von Partitionen. Klicken Sie den entsprechenden Datenträger oder die Partition an und schalten Sie zum Reiter *Löschen* um.

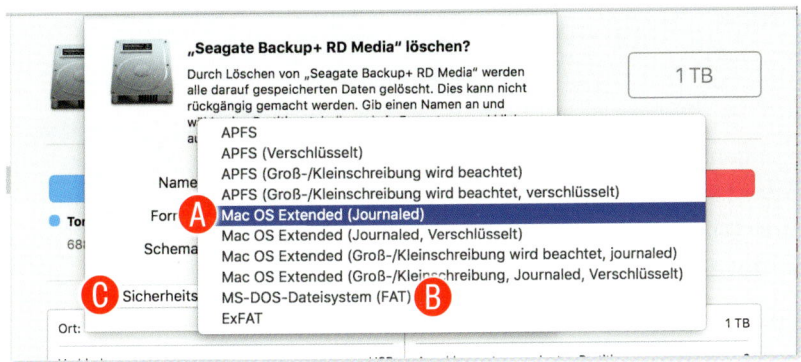

Festplatte löschen.

Im Bereich *Format* können Sie auswählen, welche Formatierung auf den Datenträger aufgebracht werden soll. *Mac OS Extended (Journaled)* Ⓐ (auch HFS+ genannt) ist die Standardformatierung für Apple-Festplatten. Im Normalfall werden Sie also diese Formatierung auswählen. *APFS* können Sie verwenden, wenn Sie ausschließlich macOS High Sierra oder neuer verwenden. Möchten Sie hingegen den Datenträger auch für die Verwendung mit Windows-Computern formatieren, können Sie das Dateiformat *MS-DOS-Dateisystem (FAT)* verwenden Ⓑ.

 Wenn Sie beispielsweise einen USB-Stick gekauft haben und diesen im Mac-Dateiformat formatieren, wird ein Windows-System mit den darauf gespeicherten Dateien nicht arbeiten können. Soll der USB-Stick also in beiden Betriebssystemwelten verwendet werden, ist die Formatierung als **FAT** erforderlich.

Wenn Sie einen Datenträger löschen möchten, können Sie zusätzlich über die *Sicherheitsoptionen* Ⓒ gewährleisten, dass keine Daten, die vorher auf diesem Datenträger vorhanden waren, wieder zum Leben erweckt werden können. Dies kann dann sinnvoll sein, wenn Sie beispielsweise eine Festplatte oder einen Computer verkaufen. Je weiter Sie den Regler nach rechts zum Begriff *Am sichersten* bewegen, umso größer ist die Wahrscheinlichkeit, dass keine Daten mehr auf diesem Datenträger wiederhergestellt werden können. Doch machen Sie sich auf eine gefühlte Ewigkeit gefasst, bis dieser Datenträger dann auch tatsächlich formatiert ist. Ein guter Kompromiss ist die erste Stufe, die in einem Durchgang den Datenträger komplett mit Nullen überschreibt.

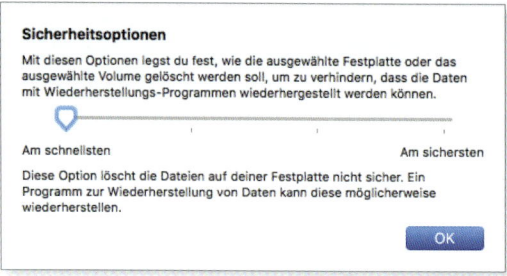

Sicherheitsoptionen.

> **!** Sind alle Einstellungen vorgenommen, klicken Sie auf **Löschen**, um den Datenträger neu zu initialisieren. Das Betriebssystem weist Sie noch einmal darauf hin, dass dieser Schritt unweigerlich zum totalen Datenverlust führen wird. Bevor der Datenträger nun neu formatiert oder partitioniert wird, möchte ich Ihnen eine Besonderheit namens **Fusion Drive** vorstellen.

Fusion Drive

Ein Fusion Drive ist eine sehr clevere Möglichkeit, eine langsame Festplatte mit einer flotten SSD zu einem gemeinsamen Laufwerk zu verbinden.

Im Festplattendienstprogramm erscheinen die beiden gemeinsam als eine Einheit (Logische Volumegruppe).

Da eine SSD ein elektronischer Flash-Speicher ist und damit vor allem in der Lesezugriffsgeschwindigkeit der regulären Festplatte deutlich überlegen ist, kombiniert ein Fusion Drive Laufwerk die Vorteile beider Systeme: Daten, die häufig benötigt werden, werden automatisch auf der SSD abgelegt. Da eine SSD von den Anschaffungskosten her die normale Festplatte deutlich übersteigt, wird diese eben als

Datenspeicher eingesetzt. Eine typische Kombination ist also z. B. eine 1 TByte große Festplatte in Kombination mit einem 128 GByte SSD-Laufwerk.

Das macOS System kümmert sich permanent darum, dass alle notwendigen und wichtigen Daten auf der schnellen SSD abgelegt werden, wohingegen seltener verwendete Daten auf der Festplatte zu liegen kommen. Das funktioniert so gut, dass Sie als Anwender hier nicht eingreifen müssen.

 Soll das Fusion Drive-Laufwerk aufgelöst werden, um zwei voneinander unabhängige Datenträger zu bekommen, dann sind dazu Unix-Kenntnisse notwendig und dabei werden alle Daten auf beiden Laufwerken gelöscht!

Wenn Sie tiefer in das technische Detail eines Fusion Drive Systems einsteigen wollen, dann sollten Sie im Terminal den Befehl *man diskutil* eingeben und den Text bei *coreStorage* studieren. Dort bekommen Sie weitere Informationen.

Festplatte löschen und partitionieren

Um eine Festplatte, und nicht eine einzelne Partition, komplett zu löschen, sollten Sie diese links in der Leiste auswählen und *Löschen* anklicken.

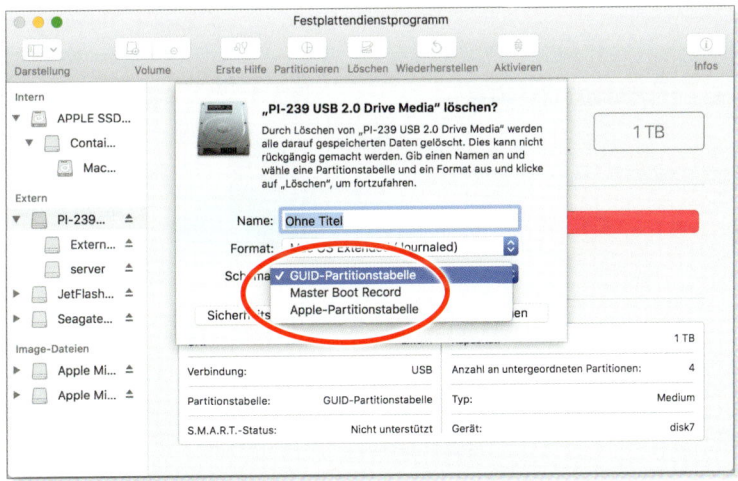

Beim Löschen einer Festplatte können Sie das sogenannte Partitionsschema auswählen.

Wählen Sie hier bei Schema im Normalfall *GUID-Partitionstabelle* aus. Damit kann von dieser Festplatte gestartet werden, sofern sich ein macOS-System darauf befindet. Es können aber auch ganz normal „nur" Daten abgelegt werden. *Master Boot Record* wäre für die Verwendung von Windows sinnvoll. Wenn Sie mit der App Boot Camp Assistent arbeiten, um Windows auf dem Mac zu installieren, dann wird dies automatisch für Sie erledigt. Und die *Apple Partitionstabelle* wäre für die Verwendung der Festplatte an Apple Computern sinnvoll. Aber damit wäre diese Festplatte nicht startfähig. Deshalb ist GUID hier in jedem Fall vorzuziehen.

Wenn Sie GUID wählen, dann ist das Format *Mac OS Extended (Journaled)* für Festplatten und APFS für SSD-Laufwerke allereste Wahl. Sobald Sie nun auf *Löschen* klicken werden alle Daten der Festplatte unwiderruflich gelöscht!

> **!** An dieser Stelle möchte ich es nicht versäumen, Sie nochmals an die Informationen aus Kapitel 1 zu erinnern: APFS-formatierte Datenträger können nur mit macOS Sierra (10.12.6) und High Sierra gelesen und beschrieben werden. Wohingegen HFS+ (also Mac OS Extended) formatierte Datenträger auch von älteren Systemen verwendet werden können.

Eine Festplatte partitionieren bedeutet, dass die physikalische Festplatte in virtuelle Festplatten unterteilt wird. Dadurch ist es z. B. möglich, auf einem Mac mit nur einer internen Festplatte, die in mehrere Partionen unterteilt ist, unterschiedliche Betriebssysteme laufen zu lassen. So kann z. B. eine Partition das aktuelle Betriebssystem enthalten, während mit einer anderen Partition ein älteres System betrieben wird oder sogar das Windows-Betriebssystem enthält.

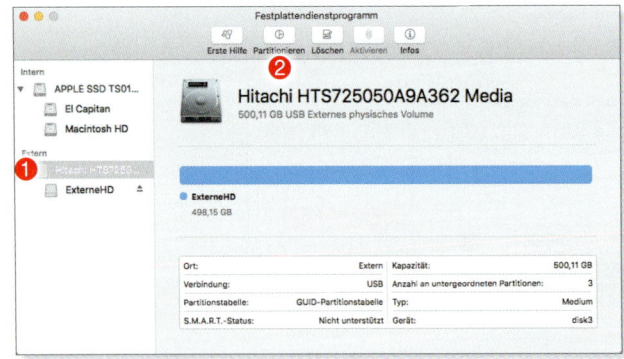 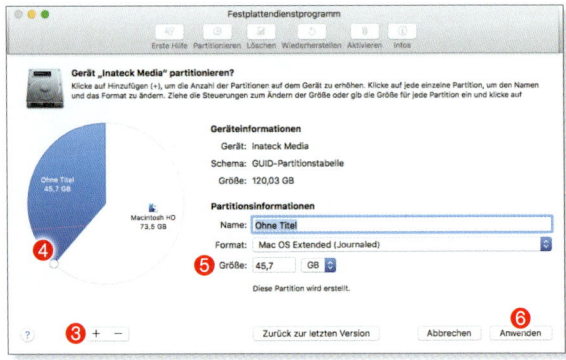

Partitionierung ändern.

Um eine Festplatte zu partitionieren sollten Sie in der linken Leiste den Datenträger ❶ auswählen, um auch die Funktion *Partitionieren* ❷ anwählen zu können. Im Regelfall bestehen die meisten Datenträger aus einer Partition. Über das kleine +-Symbol ❸ können Sie auf dem Datenträger eine weitere Partition erstellen. Zwischen beiden Partitionen finden Sie eine Trennlinie mit Punkt ❹, mit der Sie die Größe der beiden Partitionen festlegen können. Alternativ dazu geben Sie die Partitionsgröße bei den *Partitionsinformationen* ❺ ein. Dort sind neben der Größe natürlich auch der Name und das Format zu wählen.

Sind alle Einstellungen erledigt, kann über den Button *Anwenden* ❻ die Aufteilung in zwei Partitionen erfolgen.

> **!** Das Festplattendienstprogramm kann also einen Datenträger, der bereits Daten enthält, von den Partitionsgrößen her ändern. Und das im Normalfall ohne Probleme und ohne Datenverlust. Dennoch sollten Sie vor der Änderung des Partitionsschemas oder der Größenänderung von Partitionen eine Sicherungskopie aller Daten erstellen. Sicher ist sicher!

Nun stellt sich die Frage, wann es sinnvoll ist, eine Festplatte in mehrere Bereiche aufzuteilen? Nun, ein Grund könnte sein, dass Sie neben dem Apple-Betriebssystem auch Windows auf Ihrem Computer laufen lassen möchten. Dafür ist es notwendig, dass Sie eine zweite Partition erstellen, um darauf Windows zu installieren. Wie Sie wissen, arbeiten die Apple-Computer mit Intel-Prozessoren und verwenden ähnliche Hardware, wie es auch bei Windows-PCs der Fall ist. Das heißt: Windows auf dem Mac zu installieren, ist absolut problemlos. Um Windows auf den Mac zu bringen, benötigen Sie allerdings nicht das Festplattendienstprogramm. Denn Apple hat hierfür eine Spezialsoftware im *Dienstprogramme*-Ordner abgelegt, die sich um diese Aufgabe kümmert. Das ist der *Boot Camp-Assistent*. Dieser Assistent nimmt Sie Schritt für Schritt an die Hand, um Windows auf dem Mac zu installieren.

Software RAID

Eine Funktion, die es im Festplattendienstprogramm schon mal gab, aber entfernt wurde und nun wieder da ist, ist das Anlegen eines Software RAID. Dabei werden zwei oder mehrere Festplatten zu einem RAID-System zusammengefasst. RAID-Systeme zeichnen sich durch besonders hohe Leistung und Datensicherheit aus.

Für ein Software RAID benötigen Sie mindestens zwei externe Festplatten, die an Ihrem Mac angeschlossen sind. Im Festplattendienstprogramm öffnen Sie dann im Menü *Ablage* den *RAID-Assistent*. Dieser leitet Sie Schritt für Schritt durch die Installation des RAID-Systems. Zuerst müssen Sie entscheiden, welche Art von RAID Sie haben wollen. Ein *RAID 0* ist auf Geschwindigkeit ausgelegt, während das *RAID 1* für Datensicherheit sorgt.

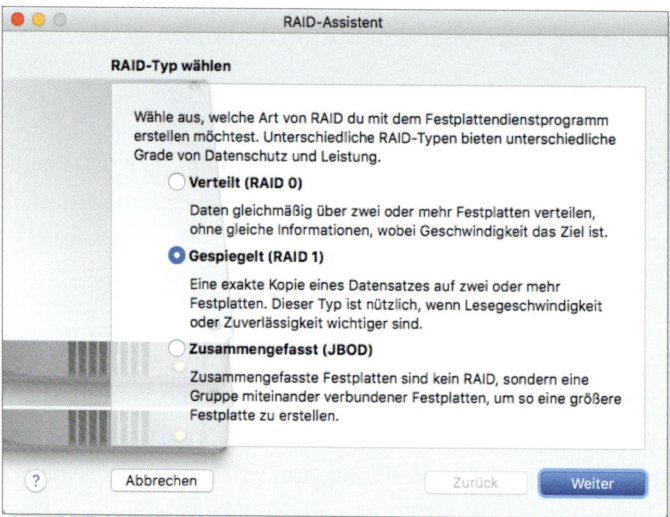

Welches RAID-System soll es sein?

Im nächsten Schritt wählen Sie die Festplatten aus, die für das RAID verwendet werden sollen. Für einen schnellen Datendurchsatz empfehlen sich USB-3- oder Thunderbolt-Festplatten. Thunderbolt-Festplatten haben den Vorteil, dass sie in einer Reihe zusammengeschaltet werden können, während für USB-3-Festplatten meistens ein Hub benötigt wird, wenn man mehrere einsetzen will.

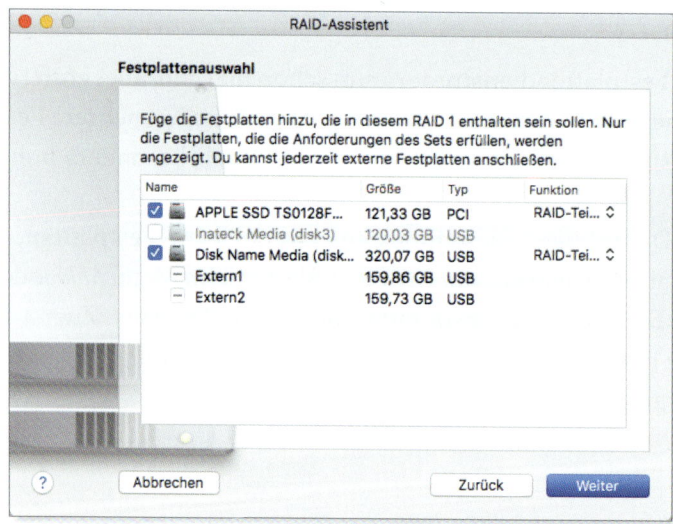

Die Festplatten für das RAID müssen hier ausgewählt werden.

Im letzten Schritt geben Sie dem RAID einen Namen und legen die Formatierungsart fest. Die *Blockgröße* sollten Sie an die Dateien anpassen, die auf dem RAID gespeichert werden. Wenn Sie z. B. überwiegend Videodateien auf dem RAID speichern, können Sie die Blockgröße erhöhen. Sind es eher viele kleine einzelne Dateien, wie man sie bei einem klassischen Fileserver hat, kann die Blockgröße kleiner gehalten werden.

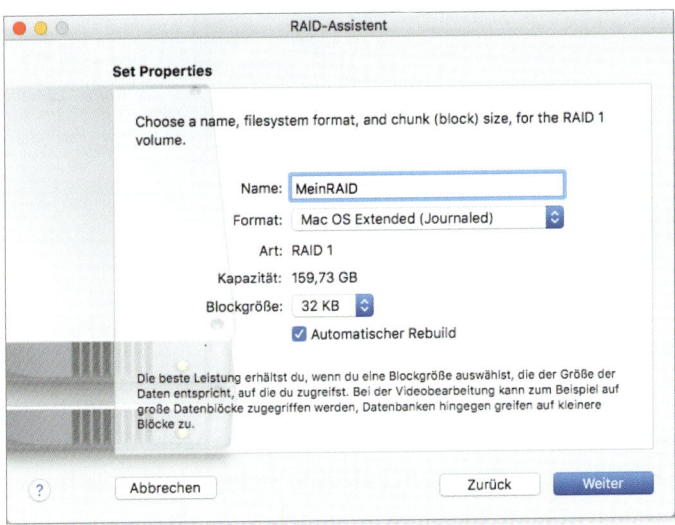

Der Name für das RAID muss noch bestimmt werden.

Haben Sie alle Einstellungen vorgenommen, wird das RAID angelegt. Nach der Fertigstellung taucht im Finder nur noch ein Festplattensymbol für das RAID auf. Dieses können Sie nun ganz normal zum Ablegen Ihrer Dateien verwenden.

Boot Camp-Assistent

Wie Sie dem Bildschirmfoto entnehmen können, rät Apple im Bereich *Wichtig* zu einer Sicherungskopie, bevor die Festplatte partitioniert wird. Diesen generellen Tipp, der bei Boot Camp gegeben wird, sollten Sie natürlich auch beherzigen, wenn Sie Festplatten zu einem anderen Zweck partitionieren.

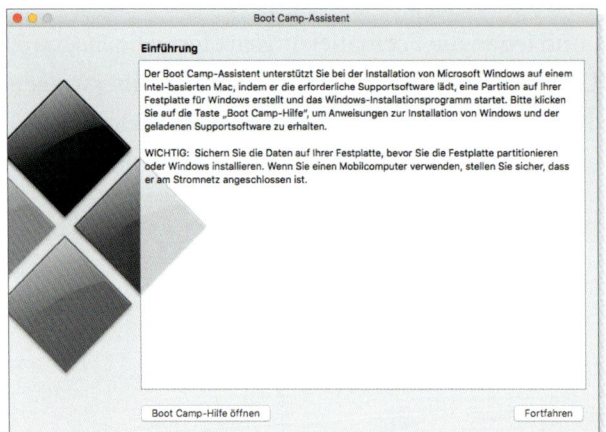 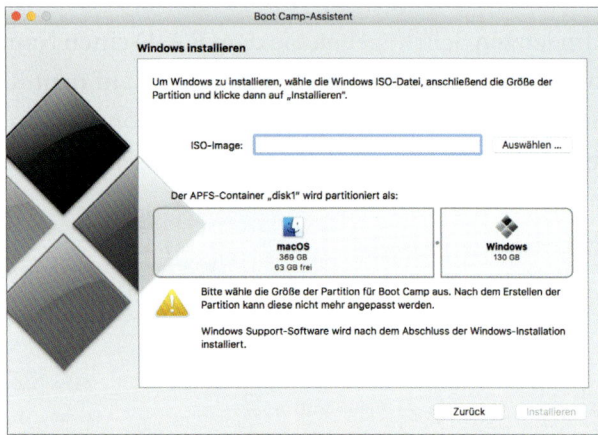

Boot Camp-Assistent.

> **!** Bevor Sie einen Datenträger partitionieren, sollten Sie stets eine Sicherungskopie Ihrer Daten anfertigen.

Normalerweise wird die Partitionierung problemlos vonstattengehen. Aber für den Fall, dass nicht alles so funktioniert wie gedacht, sollten Sie in jedem Fall eine Sicherungskopie Ihrer Daten in der Hinterhand haben. Sofern Sie mit Time Machine arbeiten, ist eine Sicherungskopie meistens nur einen Klick entfernt.

> **!** Noch ein Tipp zur Thematik Windows auf dem Mac: Mit der Funktion **Boot Camp** erhalten Sie eine komplett eigene Partition, auf der nur Ihre Windows-Umgebung existiert. Die Windows-Umgebung wird das Dateiformat **NTFS** verwenden. Auf dieses Dateiformat kann das Apple-Betriebssystem nicht schreibend, sondern nur lesend zugreifen. Das heißt, Sie müssen keine Angst haben, dass Sie vom Mac aus Ihre Windows-Partition in irgendeiner Form in Mitleidenschaft ziehen. Ebenso ist es ausgeschlossen, dass Schadsoftware, die unter Windows läuft, auf den Mac übergreifen kann, weil dieser schlicht und ergreifend ein anderes Dateiformat benutzt. Damit erklärt sich zudem, warum Time Machine kein Backup der Windows-Partition erstellen kann.

Um sich beim Start des Rechners zu entscheiden, welches Betriebssystem ausgeführt werden soll, halten Sie beim Einschalten des Rechners die *alt*-Taste gedrückt.

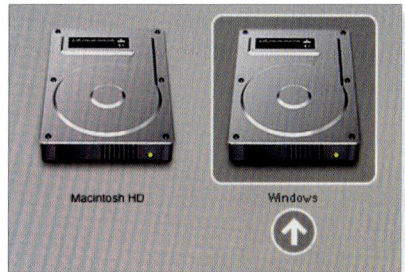

Der Bootmanager ermöglicht Ihnen die Wahl zwischen den beiden Partitionen.

> **!** Im Bootmanager können Sie die Windows-Partition auch als permanentes Startvolume festlegen. Wenn Sie die **ctrl**-Taste drücken, wird aus dem Pfeilsymbol, das unterhalb der Laufwerke erscheint, ein kreisförmiger Pfeil. Klicken Sie nun eine Partition an, wird diese als festes Startvolume definiert.

Und noch ein letzter Hinweis: Wollen Sie Windows und das Apple-Betriebssystem gleichzeitig verwenden, sollten Sie sich über Virtualisierungssoftware schlaumachen. Hierfür gibt es zwei wichtige Anbieter: Zum einen die Firma Parallels mit der Software *Parallels Desktop* und zum anderen die Firma VMware mit der Software *Fusion*. Damit können Sie Windows unter macOS laufen lassen und so komfortabel Daten austauschen.

Datenträger auswerfen

Aber wieder zurück zum Festplattendienstprogramm. Sie können damit auch externe Datenträger formatieren (löschen) oder in verschiedene Partitionen einteilen, um die Daten strukturiert abzulegen. Einen externen Datenträger erkennen Sie übrigens in der Seitenleiste daran, dass er ein *Auswurfsymbol* aufweist.

Auswurfsymbol in der Seitenleiste.

Mit einem Klick auf dieses Symbol können Sie ganz einfach dem Datenträger mitteilen, dass Sie ihn nicht weiter mit dem Apple-Betriebssystem verwenden wollen, bevor Sie ihn tatsächlich physikalisch vom Gerät abstecken.

Sie sollten niemals ein Gerät abziehen, bevor es im Betriebssystem ausgeworfen wurde.

Alternativ zum Auswurfsymbol können Sie zum Auswerfen von optischen Datenträgern wie CD/DVD, auch die Auswurftaste auf der Tastatur verwenden. Diese finden Sie rechts oben auf der Tastatur und sie weist das entsprechende Icon auf.

Die Auswurftaste.

 Wenn Sie ein Volume auswerfen wollen, auf dem sich noch weitere Partitionen befinden, wird macOS Sie darauf hinweisen.

Datenträger mit mehreren Partitionen.

Via *Alle auswerfen* werden sofort alle Partitionen entfernt und Sie können den Datenträger (USB, Thunderbolt etc.) beruhigt vom Mac abziehen. Wollen Sie es via Shortcut lösen, verwenden Sie *cmd + E*, um ein Volume zu deaktivieren, bzw. *cmd + alt + E*, um den kompletten Datenträger inklusive aller Partitionen vom Mac abzumelden.

Images

Das *Festplattendienstprogramm* hat neben der Formatierung und Partitionierung von Datenträgern noch eine zweite wichtige Aufgabe, nämlich das Arbeiten mit Images.

Images haben Sie bereits kennengelernt. Viele Softwareprodukte, die Sie über das Internet herunterladen können, wie beispielsweise Firefox oder Skype, werden als Imagedateien geliefert. Sie erkennen eine Imagedatei an der Endung *.DMG*. Durch einen Doppelklick kann solch eine Imagedatei geöffnet und ihr Inhalt zugänglich gemacht werden. Das Image verhält sich dann wie ein neues virtuelles Laufwerk.

Mit dem Festplattendienstprogramm können Sie selbst Images erstellen, um darin Daten abzulegen. Dies kann zum Beispiel interessant sein, wenn Sie häufig mit externen Datenträgern arbeiten. Gerade USB-Sticks gehen gerne spurlos verloren. Und sofern sich darauf wichtige Daten befinden, hat derjenige, der den USB-Stick findet, sofort Zugriff auf diese Daten. Sinnvoll wäre es also, auf Datenträgern wie USB-Sticks ein Disk-Image zu erstellen, das verschlüsselt ist und somit sensible Daten nicht ungehindert preisgibt. Das Erstellen eines verschlüsselten Disk-Images ist mit dem Festplattendienstprogramm sehr einfach.

1. Drücken Sie die Tastenkombination *cmd + N* oder wählen Sie aus dem Menü Ablage die Funktion *Neues Image –> Leeres Image*.

Neues Image erstellen.

Geben Sie dem Image zunächst einen *Namen* ❶ und geben Sie als *Ablageort* zum Beispiel den *USB-Stick* an ❷. Nachdem ein Image ins System als Laufwerk eingebunden (*gemountet*) wird, erscheint ein Datenträger auf dem Desktop Ihres Computers. Der Name dieses Datenträgers ist bei ❸ einzutragen. Des Weiteren können Sie die *Größe* ❹ der Disk-Image-Datei bestimmen. Voreingestellt sind 100 Megabyte, es sind aber alle anderen Größen denkbar. Wenn Sie das Pull-down-Menü aufklappen, finden Sie den Eintrag *Eigene*, womit Sie eine beliebige Größe definieren können. Wichtig ist nun, bei *Format* das Mac-Format *Mac OS Extended (Journaled)* zu verwenden ❺. Um die Daten vor fremden Blicken zu sichern, sollten Sie die 256-Bit-Verschlüsselung auswählen ❻ und anschließend gleich das Passwort für das Image. Damit haben Sie einen größtmöglichen Sicherheitsgewinn. Achten Sie darauf, dass bei *Partitionen* kein Eintrag besteht und dass als Imageformat die Eigenschaft *Beschreibbares Image* ❼ ausgewählt wurde. Sobald Sie auf *Erstellen* klicken, wird das Image erzeugt.

2. Jetzt wird das Disk-Image auf dem ausgewählten Datenträger erstellt, was je nach Größe des Images eine gewisse Zeit in Anspruch nehmen kann.

3. Ist die Aktion abgeschlossen, finden Sie auf dem USB-Stick nun Ihre Disk-Image-Datei. Sobald Sie auf die Datei doppelklicken, erscheint die Passwortabfrage, bevor das Disk-Image gemountet, also als Laufwerk in das System eingebunden wird.

Passwortabfrage beim Mounten.

Haben Sie das richtige Passwort eingegeben, erscheint in der Seitenleiste und möglicherweise auf Ihrem Schreibtisch ein neuer Datenträger namens *Image*, der aktuell noch keine Daten enthält.

 Sollte das Image-Icon nicht auf dem Schreibtisch erscheinen, können Sie das in den **Finder-Einstellungen** bei **Allgemein** noch definieren. Aktivieren Sie dazu die Eigenschaft **Externe Festplatten**.

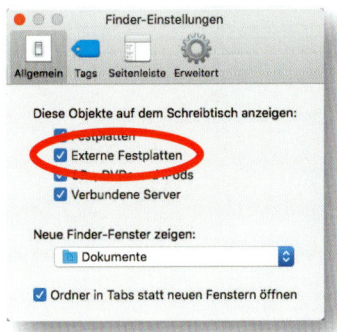 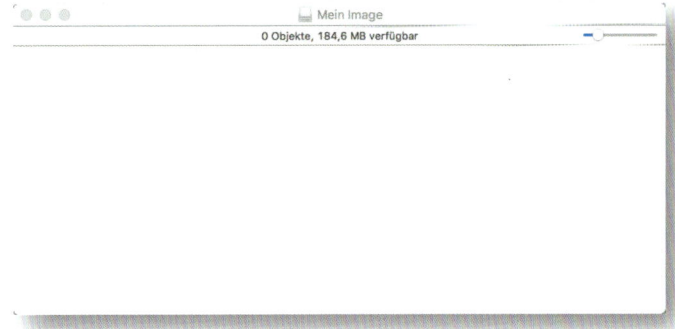 

Wenn „Externe Festplatten" aktiviert ist, erscheint das leere Disk-Image auf dem Schreibtisch

Sie können nun von Ihrem Computer per Drag & Drop Dateien in dieses Fenster hineinziehen, um sie dorthin zu kopieren. Ebenso ist es möglich, direkt aus Anwendungsprogrammen in dieses Disk-Image zu sichern. Bevor Sie nun den USB-Stick vom Computer entfernen, müssen Sie ihn noch auswerfen. Hierfür klicken Sie den USB-Stick auf Ihrem Schreibtisch an und drücken dann die Auswurftaste oben rechts auf Ihrer Tastatur.

> **!** Den USB-Stick können Sie alternativ auf den Papierkorb ziehen. Dadurch wird standardmäßig der Papierkorb zum Auswurfsymbol und Sie können den USB-Stick abziehen.

Papierkorb wird zum Auswurfsymbol.

> **!** Im Festplattendienstprogramm gibt es darüber hinaus die Funktkon **Wiederherstellen (cmd + R)** aus dem Menü **Bearbeiten**.

Wiederherstellen von Images auf Datenträgern.

Damit können Imagedateien wieder komplett auf einen Datenträger zurückgespielt werden. Das kann für Systemadmins von Interesse sein, die mehrere Rechner identisch installieren wollen. Dazu installiert und konfiguriert man einen Mac-Rechner vollständig und erstellt davon eine Imagedatei. Über *Wiederherstellen* kann diese Datei dann auf einen zweiten Rechner übertragen werden.

> **!** Soll ein externer Datenträger (USB-Stick, externe USB-Festplatte etc.) komplett verschlüsselt und nur unter macOS zur Verwendung kommen, können Sie diesen Datenträger über das Festplattendienstprogramm mit der Eigenschaft **Mac OS Extended (Journaled, Verschlüsselt)** formatieren bzw. den Datenträger nachträglich über das Kontextmenü verschlüsseln. Soll der Datenträger nur mit High Sierra oder neuer verwendet werden, können Sie ebenso **APFS (Verschlüsselt)** verwenden.

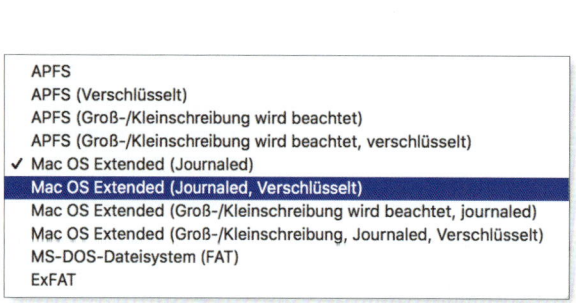

Ein Datenträger kann über das Festplattendienstprogramm bzw. über das Kontextmenü verschlüsselt werden.

Archivierungsprogramm

Immer dann, wenn Sie eine .zip-Datei entpacken, erscheint für kurze Zeit im Dock das sogenannte *Archivierungsprogramm*. Sie können die App auch ganz einfach via Spotlight oder Siri ausfindig machen. Dort finden Sie zusätzlich einige interessante *Einstellungen*.

Das Archivierungsprogramm kümmert sich um das Entpacken von .zip-Dateien.

Dabei ist es eine gute Idee, nach dem erfolgreichen Entpacken das zip-Archiv sogleich in den Papierkorb zu befördern ❶. Weiterhin könnten entpackte Dateien, die normal immer an der Stelle der .zip-Datei entpackt werden, woanders abgelegt werden ❷. Die gleichen Einstellungen gibt es auch für den Ablageort der Archiv-Datei ❸. Einmal konfiguriert, merkt sich das Archivierungsprogramm diese Einstellungen und verwendet sie automatisch.

QuickTime Player

Der *QuickTime Player* dient dazu, Filmdateien abzuspielen. Doch Sie können den QuickTime Player auch für andere Dinge verwenden. Wenn Sie in das Menü *Ablage* sehen, finden Sie dort drei interessante Einträge:

„Ablage"-Menü des QuickTime Players.

Über den Menüpunkt *Neue Video-Aufnahme* ❶ sprechen Sie Ihre integrierte Kamera an. Sofern Sie über ein MacBook oder einen iMac verfügen, haben Sie ja oberhalb Ihres Bildschirms eine eingebaute Videokamera. Über *Neue Video-Aufnahme* können Sie also jetzt einen Film mit dem QuickTime Player aufzeichnen. Möchten Sie lediglich eine Audiobotschaft aufnehmen, verwenden Sie den Eintrag *Neue Audio-Aufnahme* ❷.

Aber auch das ist möglich: Wenn Sie jemandem erklären möchten, wie er die eine oder andere Funktion auf dem Mac verwendet, wäre *Neue Bildschirmaufnahme* ❸ die richtige Funktion für Sie.

> **!** Interessant ist bei der Bildschirmaufnahme, dass im Vergleich zu früheren Betriebssystemversionen von OS X nun auch nur ein Ausschnitt des Bildschirms gefilmt werden kann. Wählen Sie also den Eintrag **Neue Bildschirmaufnahme** und klicken Sie auf den **Aufnahme**-Button. Daraufhin erscheint ein Hinweis, der Ihnen mitteilt, dass Sie für eine bildschirmfüllende Aufnahme lediglich klicken müssen. Um einen Teil des Bildschirms aufzunehmen, können Sie einen Rahmen aufziehen.

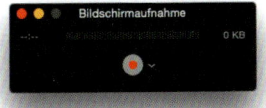

Klicken Sie, um den kompletten Bildschirm aufzuzeichnen. Einen Bildschirmausschnitt zeichnen Sie durch Bewegen des Zeigers auf. Sie beenden die Aufzeichnung durch Klicken auf die Stopptaste in der Menüleiste.

Bildschirmaufnahme.

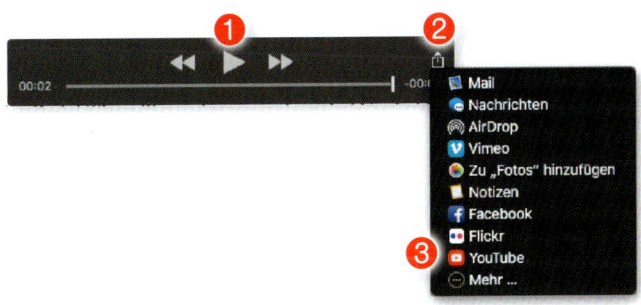

Steuerleiste des QuickTime Players.

Aber damit nicht genug – der QuickTime Player kann noch mehr! Nach Abschluss der Bildschirm- oder Videoaufnahme kann diese über die entsprechenden Steuerelemente ❶ abgespielt werden. Im rechten Bereich des Panels finden Sie ein Symbol, in dem Sie ein sehr interessantes Menü aufklappen können ❷. Ist die Videosequenz bearbeitet, können Sie sie mit zwei weiteren Klicks beispielsweise zu YouTube ❸ oder Facebook hochladen. Zuvor könnten Sie via *Bearbeiten –> Kürzen* den Film dafür noch optimieren. Mit dem QuickTime Player können Sie zwar keinen professionellen Videoschnitt erledigen – dafür hat Apple die Software *iMovie* im Portfolio –, aber für kurze Videosequenzen ist der QuickTime Player durchaus ausreichend.

 Wer öfters zum Beispiel mit seinem iPhone Filme dreht, findet im Menüpunkt **Bearbeiten** sehr nützliche Funktionen wie **Nach links** bzw. **rechts drehen** oder die Eigenschaften **Horizontal** bzw. **Vertikal spiegeln**.

macOS mit iCloud und iTunes

Wir haben es bereits an mehreren Stellen erwähnt: Sofern Sie neben einem Apple-Computer auch ein tragbares Apple-Gerät wie ein iPad oder ein iPhone Ihr Eigen nennen, möchten Sie natürlich die Daten mit Ihrem mobilen Gerät abgleichen. Dabei sind derzeit zwei Methoden denkbar, um die Daten zu synchronisieren.

iCloud

Apple bietet seit Herbst 2011 einen Cloud-Dienst mit dem Namen *iCloud* an. Dieser Dienst steht jedem iPhone-, iPad-, Mac- oder Windows-Anwender kostenlos zur Verfügung. Jeder erhält 5 GB Speicherplatz bei iCloud. Das reicht aus, um eine ganze Menge Bilder, Videos, E-Mails und Dokumente in der Cloud zu speichern. Bei Bedarf kann zusätzlicher Speicher erworben werden, der ist aber dann nicht mehr kostenlos.

Voraussetzungen

Was benötigt man für iCloud? Zuallererst natürlich die entsprechenden Geräte und die Software, die das Cloud-Computing unterstützen. An mobilen Endgeräten wären da das iPhone, das iPad und der iPod touch zu nennen, auf denen mindestens iOS 5 installiert sein muss. Was den Mac betrifft, so kann mit jedem Rechner auf dem mindestens OS X Lion 10.7.2 oder höher bzw. macOS High Sierra installiert ist, iCloud verwendet werden. Unter Windows kann jeder Rechner, der mit Windows Vista oder neuer arbeitet, den iCloud-Dienst von Apple nutzen. Jetzt benötigen Sie noch entsprechende Software. Mac-Anwender haben es da leicht, da diese Software bereits auf dem Mac installiert ist:

- Mail
- Kalender
- Erinnerungen
- Notizen
- Kontakte
- Karten
- iPhoto (ab Version 9.2) bzw. Fotos
- Safari
- iTunes (ab Version 10.5)
- TextEdit
- Schlüsselbund
- Zusätzlich können noch die Dokumente der Apple-Programme *Pages*, *Numbers* und *Keynote* mit iCloud verteilt werden.
- Mit iCloud Drive können beliebige Daten bei iCloud abgelegt und übertragen werden.

Für fast alle dieser Programme gibt es ein jeweiliges Gegenstück auf den mobilen Geräten, womit dem Datenaustausch nichts mehr im Wege steht.

Windows-Anwender können die Daten von folgenden Programmen mit der iCloud synchronisieren:
- Outlook 2007/2010/2013/2016
- iTunes für Windows ab Version 10.5
- Internet Explorer
- Google Chrome
- Firefox
- Zusätzlich können noch Bilder in der iCloud abgelegt werden und beliebige Daten bei iCloud Drive.

Welche Daten können bei iCloud abgelegt werden?

Beim Speichern von Daten gibt es Unterschiede zwischen Mac und Windows. Die Mac-Anwender haben mehr Möglichkeiten als die Windows-Nutzer. Das liegt vor allem daran, dass es die Programme des iWork-Pakets (*Keynote*, *Pages* und *Numbers*) nur für den Mac gibt.

Mac

Mit einem Mac können folgende Dinge in der iCloud abgelegt und dadurch mit anderen Geräten synchronisiert werden:
- E-Mails
- Regeln und Signaturen von Mail
- Notizen
- Kontakte
- Kalender
- Erinnerungen
- Lesezeichen, Leselisten und Tab-Fenster
- Bilder von iPhoto bzw. Fotos
- Dokumente bzw. Dateien vom iWork-Paket, TextEdit und Vorschau
- Musik von iTunes
- Schlüsselbund
- Meinen Mac suchen
- Blockierte Kontakte von FaceTime und Nachrichten
- seit OS X Yosemite jede Art von Datei mit Hilfe von iCloud Drive
- Apps die im App Store auf dem Mac erworben wurden
- WLAN-Einstellungen

Am Mac können vielerlei Dinge mit iCloud verwendet werden.

iOS-Geräte

Die iOS-Geräte wie iPhone und iPad haben noch zusätzliche Funktionen, die mit der iCloud verwendet werden können. Sie können noch folgende Dinge tun:

– Apps für iPhone und iPad herunterladen und synchronisieren
– E-Books von der iBooks-App herunterladen und synchronisieren
– Wallet nutzen
– Backups der Geräte anlegen
– Mein iPhone bzw. iPad suchen

iCloud einrichten

Apple-ID

Was Sie als Erstes benötigen, um mit iCloud zu arbeiten, ist eine Apple-ID. Mit einer Apple-ID erhalten Sie Zugang zur iCloud und damit auch den kostenlosen 5-GByte-Speicherplatz. Falls Sie keine Apple-ID haben, gibt es verschiedene Wege, um eine zu bekommen. Näheres dazu können Sie im Kapitel 1 nachlesen.

Einrichten am Mac

Wenn Sie eine gültige Apple-ID besitzen, können Sie damit beginnen, iCloud auf Ihrem Mac einzurichten. Dazu öffnen Sie die *Systemeinstellungen* aus dem *Apfel-Menü* und klicken dann auf *iCloud*.

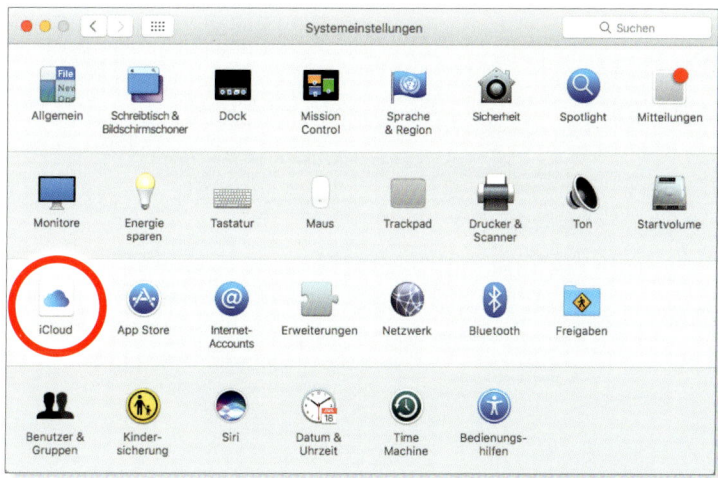

iCloud wird in den „Systemeinstellungen" eingerichtet.

Wenn Sie nun auf *iCloud* klicken, werden Sie anschließend aufgefordert, Ihre Apple-ID und das dazugehörige Passwort einzugeben. An dieser Stelle haben Sie auch die Möglichkeit, eine neue Apple-ID zu beantragen, falls Sie noch keine haben.

Ein neuer iCloud-Zugang entsteht.

Wenn Sie dann auf *Anmelden* klicken, wird per Internet eine Verbindung zu Apples iCloud-Dienst hergestellt und überprüft, ob bereits Daten bei iCloud hinterlegt sind. Ist dies der Fall, werden die Daten mit Ihrem Mac synchronisiert. Falls Sie eine neue Apple-ID auf Basis einer vorhandenen E-Mail-Adresse verwenden, sind die Einstellungen für iCloud noch grau hinterlegt und deswegen auch nicht verfügbar.

 Eine neue Apple-ID auf Basis einer vorhandenen beliebigen E-Mail-Adresse muss zuerst verifiziert werden. Beim Anlegen einer neuen Apple-ID haben Sie eine E-Mail von Apple erhalten, in der Sie aufgefordert werden, den neuen Zugang zu bestätigen. Sie müssen nur auf den entsprechenden Hyperlink in der E-Mail klicken. Die Apple-ID wird damit verifiziert und der iCloud-Zugang freigeschaltet.

Die E-Mail von Apple muss bestätigt werden, damit der Dienst freigeschaltet wird.

Wenn Sie allerdings beim Einrichten von iCloud entschieden haben, eine Gratis-E-Mail-Adresse von *icloud.com* zu benutzen, ist der iCloud-Zugang sofort freigeschaltet, und alle Funktionen sind verfügbar. Sie müssen also nicht auf die Verifizierungs-E-Mail von Apple warten.

Beim Anlegen eines iCloud-Accounts kann eine Gratis-E-Mail-Adresse von „icloud.com" benutzt werden. Der iCloud-Account wird damit sofort nach dem Einrichten aktiviert.

 Die kostenlose iCloud-E-Mail-Adresse kann auf dem Mac, iPhone oder iPad angelegt werden. Sie erhalten Sie nicht, wenn Sie über einen Internetbrowser bei icloud.com eine neue Apple-ID erstellen.

Sind nun alle Bedingungen erfüllt, ist das Portal zu iCloud geöffnet und Sie können damit beginnen, die einzelnen Funktionen zu konfigurieren. Je nach Wunsch lassen sich die verschiedenen Funktionen ein- und ausschalten. Wenn Sie z. B. die Bilder von Fotos mit iCloud synchronisieren wollen, dann müssen Sie bei der Funktion *Fotos* nur das Häkchen setzen. Der Mac beginnt dann sofort, die Bilder, die im Fotostream-Bereich von Fotos liegen, mit Ihren mobilen Endgeräten zu synchronisieren bzw. umgekehrt die Bilder der mobilen Geräte mit dem Mac.

iPad und iPhone

Wie beim Mac muss für iCloud zuerst die Apple-ID angegeben werden. Unter *Einstellungen –> Beim iPhone/ iPad anmelden* können Sie dies tun. Nach der Anmeldung beginnt das Gerät sofort mit dem Datenabgleich und aktiviert die unterschiedlichen Dienste.

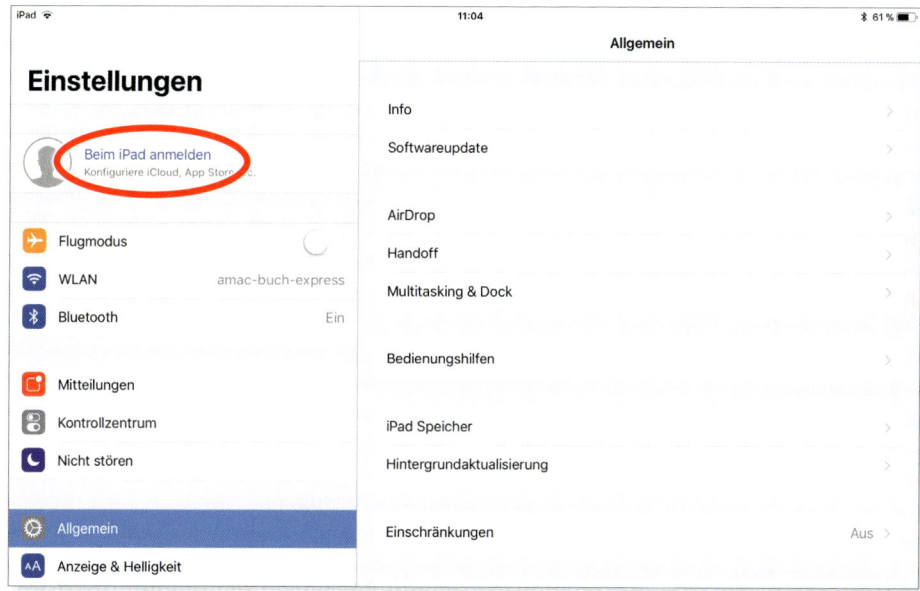

Die Apple-ID wird auch für das iPad bzw. iPhone zum Aktivieren von iCloud benötigt.

Danach müssen Sie auf den mobilen Geräten die *Push-Funktion* von iCloud aktivieren. Dadurch werden die Daten zwischen den Geräten automatisch abgeglichen, wenn die Geräte Zugang zu einem WLAN-Netz bzw. einem mobilen Internetzugang (z. B. 3G oder LTE) haben.

Falls Sie im Besitz einer Datenflatrate für iPhone oder iPad sind, dann können Sie auch das Mobilnetz für den Datenabgleich von Dokumenten und Daten, der Safari-Leseliste und den erworbenen iTunes-Sachen (Musik, Apps und Bücher) benutzen. Andernfalls können dabei eventuell zusätzliche Kosten anfallen. Aus diesem Grund kann man iCloud für die mobilen Netze deaktivieren. Der Abgleich findet so nur dann statt, wenn Sie in ein WLAN-Netz eingeloggt sind. Auf dem iPhone bzw. iPad müssen Sie dafür mehrere Einstellungen vornehmen. Für Dokumente und Daten wechseln Sie zu **Einstellungen –> Accounts & Passwörter –> iCloud –> iCloud Drive**. Schieben Sie den Regler bei **Mobile Daten verwenden** nach links, um zu verhindern, dass der Datenabgleich über das Mobilfunknetz durchgeführt wird. Die Safari-Leseliste lässt sich unter **Einstellungen –> Mobiles Netz –> Safari** für das mobile Datennetz konfigurieren. Und die Sachen für iTunes finden Sie bei **Einstellungen –> iTunes & App Store**.

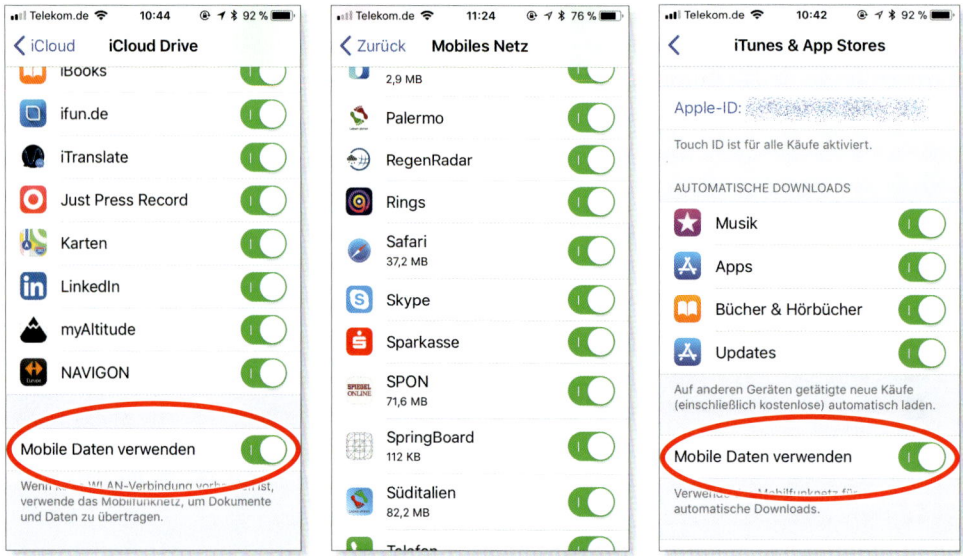

Der Datenabgleich über das Mobilfunknetz kann für „iCloud Drive" (links), die Safari-Leseliste (Mitte) und für gekaufte Sachen im iTunes Store (rechts) ausgeschaltet werden.

Die Push-Funktion für iCloud finden Sie in den Einstellungen bei *Einstellungen –> Accounts & Passwörter –> Datenabgleich*. Die Push-Funktion kann dort für die einzelnen Accounts eingestellt werden. In der Account-Übersicht ist auch iCloud aufgelistet. Jetzt müssen Sie nur noch kontrollieren, ob dort die Push-Funktion aktiviert ist. Normalerweise ist das die Grundeinstellung.

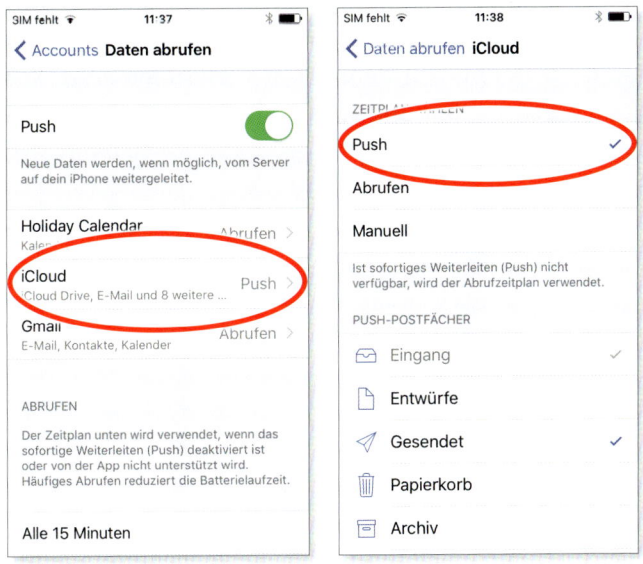

Für den iCloud-Account muss die Push-Funktion aktiviert sein.

Ist die Push-Funktion nicht aktiviert, dann tippen Sie auf den iCloud-Account. Im nächsten Screen können Sie dann die Art und Weise, wie die Daten abgeglichen werden, ändern.

Als Nächstes müssen Sie einstellen, welche Daten zwischen den Geräten synchronisiert werden sollen. Dies können Sie am iPhone bzw. iPad in den *Einstellungen* bei *iCloud* erledigen.

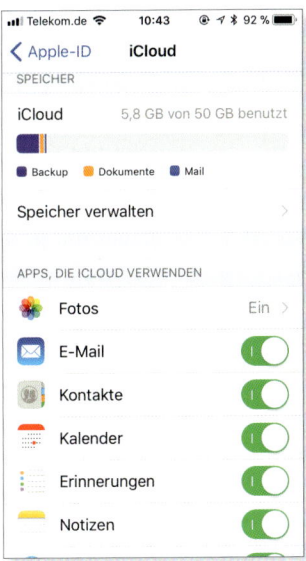

Die iCloud-Einstellungen auf dem iPhone.

Beim Ein- bzw. Ausschalten der jeweiligen Funktionen müssen Sie teilweise noch entscheiden, was mit den Daten passieren soll, die bereits auf dem Gerät vorhanden sind. Wenn Sie z. B. auf dem iPad den Abgleich der Lesezeichen eingeschaltet und synchronisiert haben und nun den Dienst deaktivieren, müssen Sie eine Entscheidung treffen. Sollen die Lesezeichen von iCloud auf dem iPad verbleiben oder gelöscht werden?

Was soll mit den Lesezeichen geschehen?

iCloud Drive

Wie Sie ja bereits wissen, erhalten Sie mit iCloud einen kostenlosen Online-Speicher in Höhe von 5 GByte. Dieser Speicher wird normalerweise für die unterschiedlichen Funktion von iCloud genutzt (Mail Drop, Backups von iPhone/iPad, E-Mail usw.). Seit OS X Yosemite und iOS 8 können Sie den iCloud-Speicher nun auch als Online-Festplatte nutzen. Das Ganze wird von Apple als iCloud Drive bezeichnet.

Wie bei anderen Cloud-Diensten (Dropbox, OwnCloud etc.) können Sie nun beliebige Dateien und Dokumente bei iCloud ablegen. Das kann entweder direkt im Finder geschehen oder beim Speichern eines Dokuments in einem Programm. Bevor wir uns iCloud Drive näher ansehen, sollten Sie zuerst diese Funktion aktivieren.

Die Aktivierung bzw. Aktualisierung von iCloud Drive machen Sie in den *Systemeinstellungen* bei *iCloud*. Setzen Sie dort den Haken bei *iCloud Drive,* um es einzuschalten. Nach erfolgreicher Aktivierung können Sie bei *Optionen* festlegen, welche Programme Ihre Daten im iCloud Drive ablegen dürfen. Diese Programme erhalten dann im Öffnen- und Speichern-Dialog einen eigenen Eintrag für iCloud Drive und zusätzlich wird bei iCloud Drive ein eigener Ordner für sie angelegt. Die Programme, die in der Liste stehen, sind derzeit ausnahmslos Apple-Programme wie z. B. TextEdit oder Pages und iMovie.

Interessant ist auch die Option *Mac-Speicher optimieren*. Damit wird der Inhalt von iCloud Drive nur dann komplett auf Ihren Rechner übertragen, wenn genügend Platz vorhanden ist. Außerdem werden automatisch ältere Dokumente zu iCloud Drive hochgeladen, wenn der Platz auf dem Rechner knapp wird.

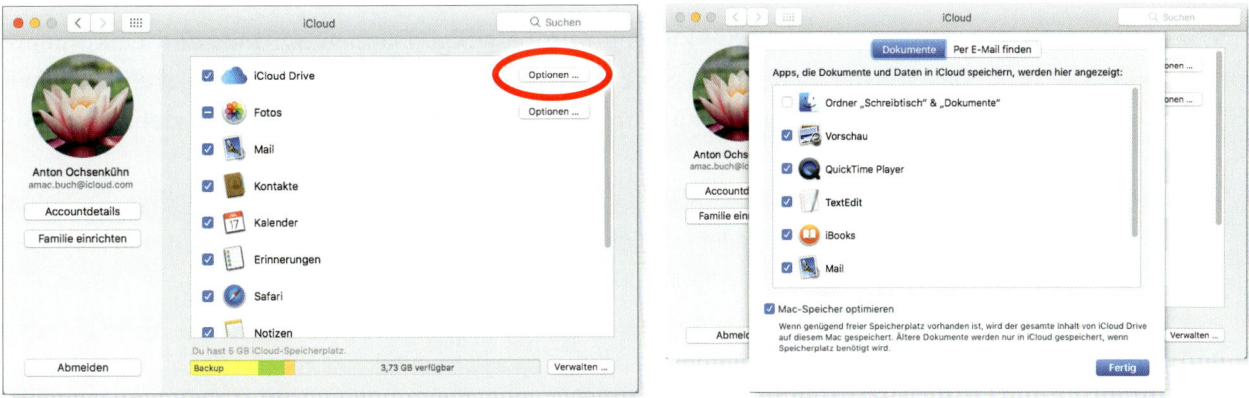

iCloud Drive ist aktiviert und kann konfiguriert werden.

iCloud Drive im Finder

Nachdem nun iCloud Drive aktiviert ist, können Sie beginnen, Dateien und Dokumente dort abzulegen. Zuerst sollten Sie sichergehen, dass iCloud Drive in der Seitenleiste im Finder-Fenster erscheint. Dazu öffnen Sie im *Finder* die *Einstellungen (cmd + ,)* und aktivieren in der Kategorie *Seitenleiste* den *iCloud Drive*. Wenn Sie dann anschließend in einem Finder-Fenster in der Seitenleiste auf iCloud Drive klicken, sehen Sie dessen Inhalt. Es kann sein, dass bereits einige Ordner der verschiedenen Programme vorhanden sind, besonders wenn Sie in der Vergangenheit schon Dokumente bei iCloud gespeichert haben.

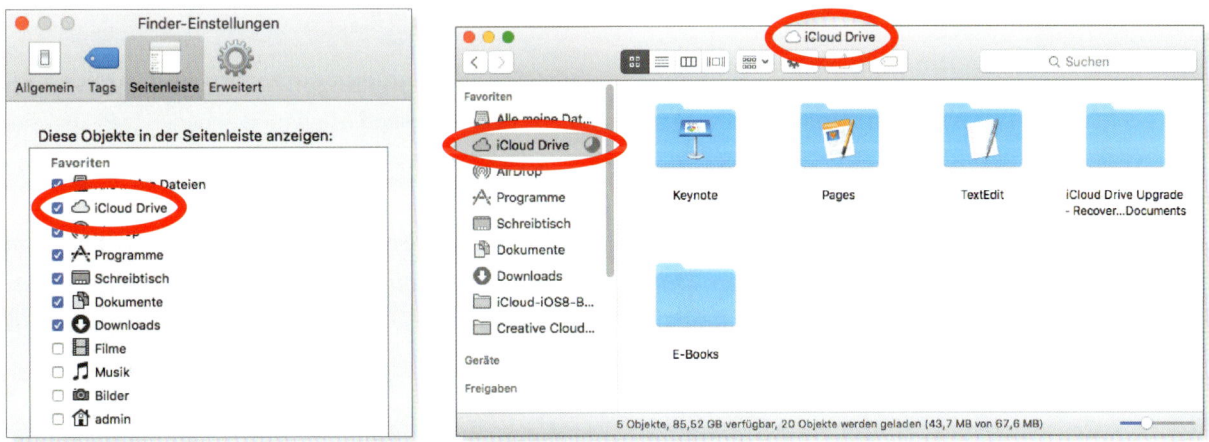

Das iCloud Drive ist in der Seitenleiste untergebracht und zeigt den Inhalt des Online-Speichers an. In diesem Fall sind bereits Ordner von diversen Programmen vorhanden, die die jeweiligen Dokumente der Programme enthalten.

Wie geht es nun weiter? Ganz einfach! Sie können nun beliebige Dateien, Ordner und Dokumente per Drag-and-Drop in das Fenster ziehen, um Sie zu iCloud Drive zu übertragen. Umgekehrt können Sie natürlich auch Dateien aus dem Fenster auf Ihre Festplatte oder den Schreibtisch ziehen, um Sie herunterzuladen.

 Wenn Sie Dateien zu iCloud Drive hochladen, sind diese natürlich auf allen Geräten verfügbar, auf denen Sie iCloud aktiviert haben und mit der gleichen Apple-ID arbeiten.

Schreibtisch und Dokumente bei iCloud Drive

Eine Funktion von iCloud Drive ist die Möglichkeit, den Schreibtisch und den Dokumentenordner automatisch zu iCloud Drive hochzuladen. Auf diese Weise wird nicht nur der Festplattenplatz des Rechners entlastet, sondern Sie haben auch auf anderen Apple-Geräten (wie iPhone oder iPad) via iCloud Drive einen Zugriff auf die jeweiligen Dateien vom Schreibtisch und vom Dokumentenordner.

Voraussetzung für die Nutzung dieser Funktion ist eine schnelle Internetverbindung und ein entsprechend großer iCloud-Speicher. Mit dem kostenlosen iCloud-Zugang erhalten Sie 5 GByte Speicher bei iCloud. Falls dieser Speicherplatz nicht ausreicht, können Sie gegen ein geringes Entgelt zusätzlichen Speicher erwerben (*https://support.apple.com/de-de/HT201238*):

- 50 GByte zusätzlich kosten 0,99 Euro pro Monat,
- 200 GByte zusätzlich kosten 2,99 Euro pro Monat und
- 2 TByte zusätzlich kostet 9,99 Euro pro Monat.

 Die Erweiterung des Speichers können Sie übrigens in den **Systemeinstellungen** bei **iCloud –> Verwalten –> Mehr Speicher kaufen** vornehmen. Dort können Sie auch die aktuellen Kosten für den benötigten Speicher einsehen.

Um nun die Dateien vom Schreibtisch und dem Ordner Dokumente zu iCloud Drive hochzuladen, müssen Sie *Systemeinstellungen –> iCloud* öffnen. Dort klicken Sie bei *iCloud Drive* auf *Optionen*. Nun müssen Sie nur noch das Häkchen bei *Ordner „Schreibtisch" & „Dokumente"* setzen: Der Mac beginnt sofort, die jeweiligen Dateien hochzuladen.

 Falls der iCloud-Speicher nicht ausreicht, um alle Dokumente hochzuladen, erhalten Sie einen Hinweis. Sie müssen dann entweder den iCloud-Speicher erweitern oder Dateien vom Schreibtisch bzw. aus dem Dokumentenordner löschen.

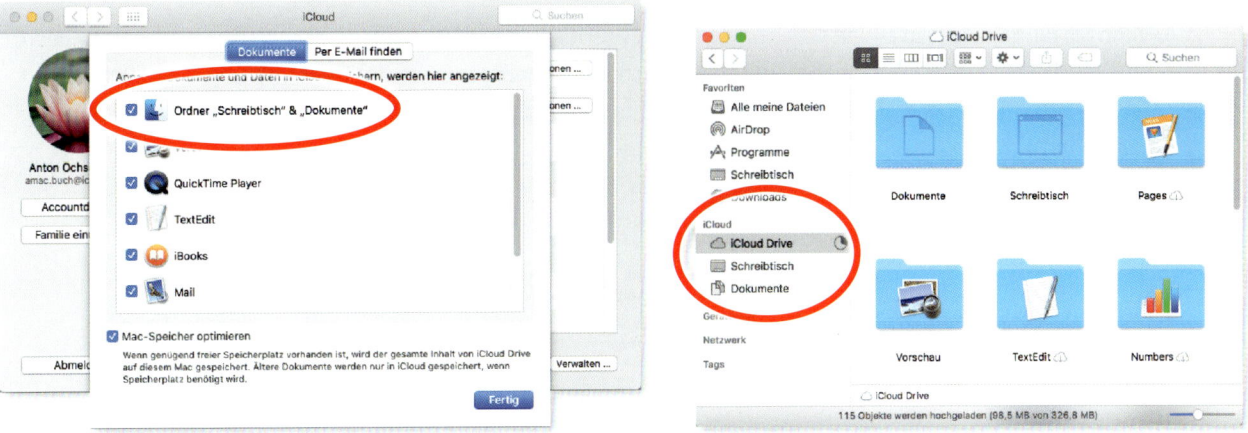

Der komplette Inhalt des Schreibtischs und des Dokumentenordners kann zu iCloud Drive hochgeladen werden.

Sobald die Dateien hochgeladen werden, erhalten Sie in der Seitenleiste des Finder-Fensters den Bereich *iCloud*, der nicht nur das *iCloud Drive* auflistet, sondern auch die beiden Ordner *Schreibtisch* und *Dokumente*. Die beiden Ordner sind nun von den *Favoriten* zu *iCloud* verschoben worden. Ab sofort wird jede Datei, die Sie z. B. auf den Schreibtisch speichern oder legen, zu iCloud hochgeladen.

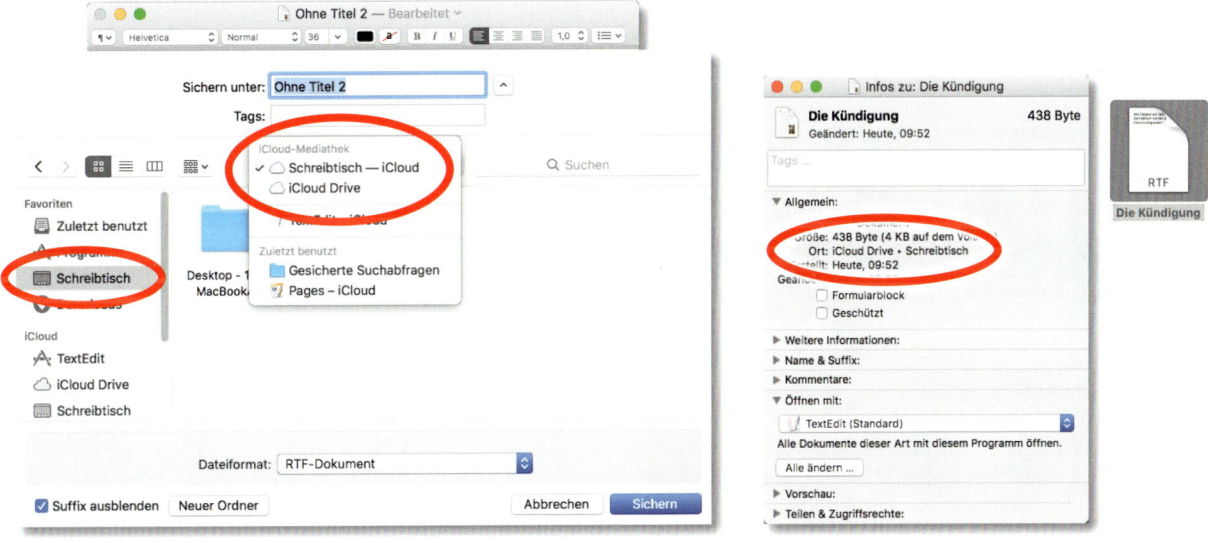

Ein Speichern auf dem „Schreibtisch" (links) bedeutet nun, dass die Datei bei iCloud Drive gesichert wird (rechts).

> **!** Wenn Sie die Funktion zu einem späteren Zeitpunkt wieder ausschalten, dann verbleiben die jeweiligen Dateien bei iCloud Drive, verschwinden aber von Ihrem Rechner. Sie müssen nach der Deaktivierung die gewünschten Dateien von iCloud Drive manuell auf Ihren Mac herunterladen, damit sie wieder auf der internen Festplatte gespeichert sind.

Nach dem Ausschalten können Sie die Dateien von iCloud Drive wieder auf den Rechner herunterladen.

iCloud Drive im Browser

iCloud Drive kann auch mit einem Internetbrowser genutzt werden. Dazu müssen Sie sich zuerst bei *icloud.com* einloggen. Danach können Sie direkt zu iCloud Drive wechseln und sehen dort alle gespeicherten Dokumente bzw. Dateien.

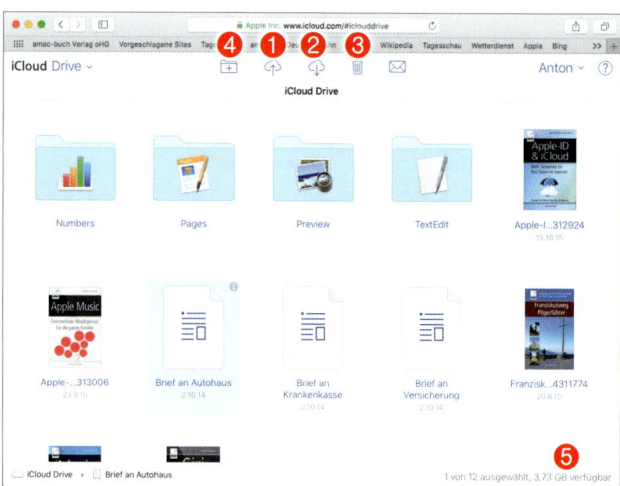

iCloud Drive gibt es auch bei „icloud.com" und zeigt alle Dateien des Online-Speichers.

Sie können nun neue Dateien hochladen oder vorhandene wieder herunterladen. Am einfachsten geht dies per Drag-and-Drop. Wenn Sie Dokumente bzw. Dateien in das Browserfenster ziehen, werden diese sofort hochgeladen. Alternativ dazu können Sie auch die Hochladen Funktion ❶ verwenden und anschließend die Dateien auswählen. Das gleiche gilt für das Herunterladen ❷. Ebenso können Sie Dateien vom iCloud Drive entfernen ❸ und sogar neue Ordner anlegen ❹. In diese können Sie dann die Dateien verschieben. Rechts unten ❺ können Sie ablesen, wie viel Speicher auf dem iCloud Drive noch verfügbar ist.

 Da iCloud Drive auch über einen Browser genutzt werden kann, ist der Zugriff nicht nur auf den Mac beschränkt. Auch andere Systeme (Windows und Linux) können über einen Internetbrowser die Dateien vom iCloud Drive herunterladen oder welche hochladen.

iCloud Drive in Programmen nutzen

Wie bereits weiter vorne erwähnt, können bestimmte Programme direkt beim Speichern oder Öffnen auf das iCloud Drive zugreifen. Zur Zeit sind dies ausschließlich Apple-Programme wie z. B. TextEdit, Pages, Numbers oder Keynote. Mit der Zeit werden auch andere Softwarehersteller bzw. Programme die Speicherung der Dokumente bei iCloud Drive nutzen.

Wenn Sie z. B. TextEdit starten, erhalten Sie bereits nach dem Start den Öffnen-Dialog. Dort können Sie dann entweder in der Seitenleiste den iCloud Drive wählen, oder aus dem Menü direkt den TextEdit-Ordner bei iCloud Drive.

 Jedes Programm, dass Zugriff auf den iCloud Drive hat, bekommt automatisch einen eigenen Ordner, in dem die jeweiligen Dokumente gespeichert werden.

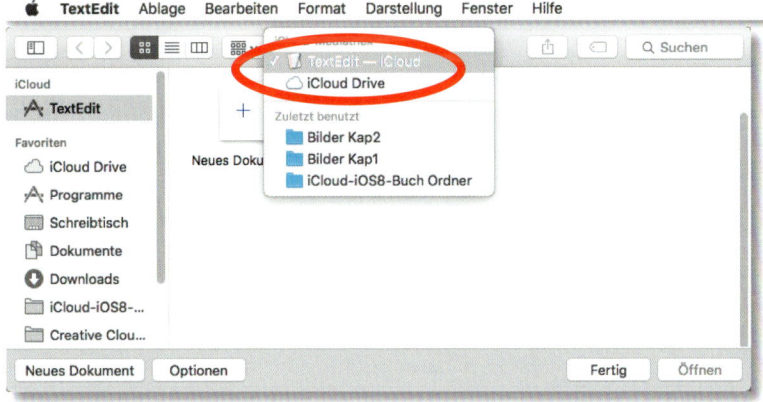

Der Öffnen-Dialog von TextEdit stellt das iCloud Drive zur Verfügung.

Das gleiche gilt auch für das Speichern von Dokumenten. Im Speichern-Fenster haben Sie auch Zugriff auf das iCloud Drive und können dort dann Ihre Dokumente bzw. Dateien ablegen.

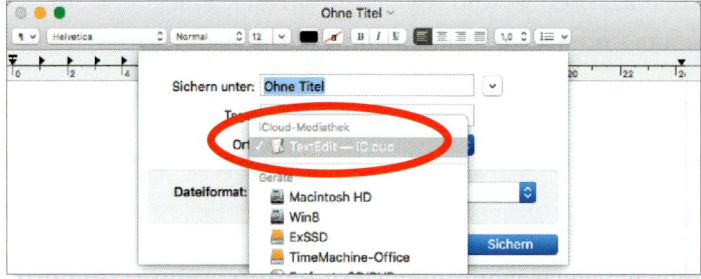

Auch der Sichern-Dialog von TextEdit enthält iCloud Drive.

iCloud Drive und Windows

Wie bereits erklärt, können Sie das iCloud Drive über jeden Internetbrowser nutzen, also auch unter Windows. Wenn Sie allerdings in Windows die iCloud-Systemsteuerung verwenden, wird es wesentlich einfacher und komfortabler für Sie. Sobald Sie nämlich *iCloud Drive* in *der iCloud-Systemsteuerung* unter Windows aktiviert haben, erhalten Sie im Windows-Explorer einen eigenen Eintrag in der Seitenleiste, genauso wie auf dem Mac. Im Windows-Explorer können Sie nun durch einfaches Kopieren und Einfügen Dateien zu iCloud Drive hoch- oder runterladen.

> **!** iCloud Drive unter Windows funktioniert erst ab der Version 4.0 der iCloud-Systemsteuerung. Diese können Sie kostenlos auf den Internetseiten von Apple herunterladen (http://www.apple.com/de/icloud/setup/pc.html).

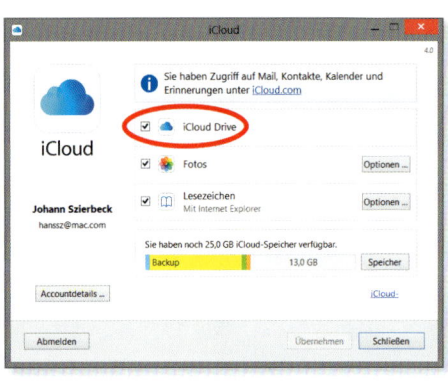 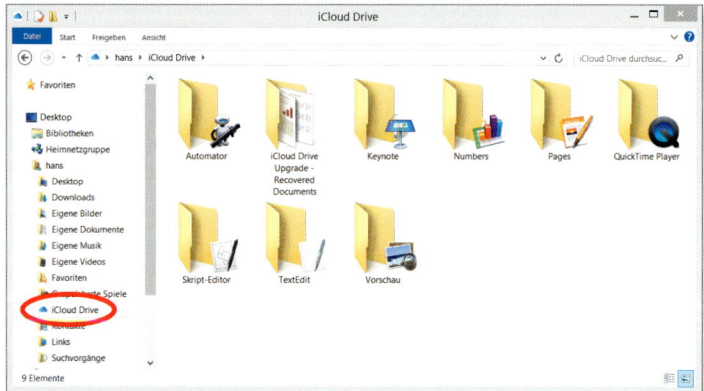

iCloud Drive in Windows.

> Wie Sie einzelne Dokumente via iCloud Drive für andere Benutzer zugänglich machen, können Sie in Kapitel 12 ab Seite 666 nachlesen.

iTunes

Nun kann aber Ihr iPhone oder Ihr iPad noch deutlich mehr Daten aufnehmen als nur Kalendereinträge, Kontakte oder E-Mails. Für alles andere verwenden Sie *iTunes* auf Ihrem Mac. Sobald Sie das iPhone oder das iPad angeschlossen haben, werden Sie es bei iTunes links in der Leiste bei *Geräte* erkennen.

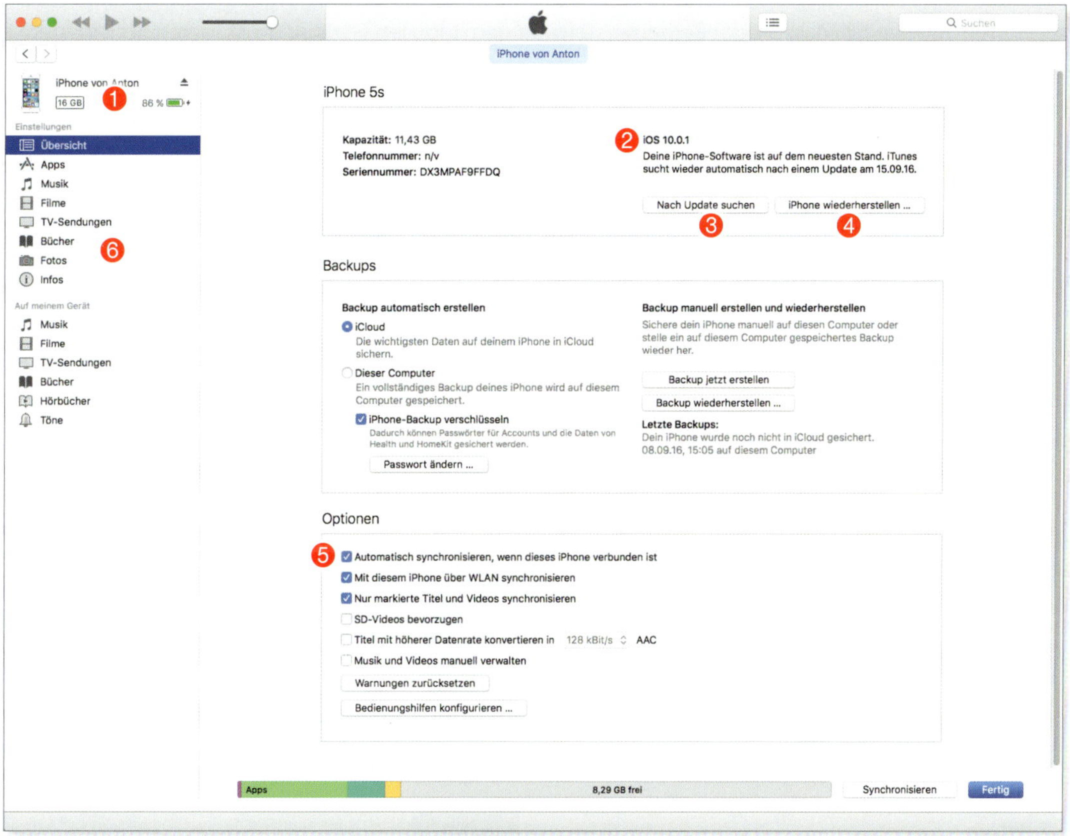

iTunes 12 mit einem iPhone.

Sie sehen anhand des Bildschirmfotos, dass hier ein iPhone ❶ per USB-Kabel mit iTunes verbunden wurde. Wenn Sie den Reiter *Übersicht* verwenden, der standardmäßig erscheint, sehen Sie im rechten Teil des Fensters zum Beispiel bei *Softwareversion* ❷, dass auf dem iPhone aktuell das Betriebssystem iOS 10 läuft. Denn iTunes ist auch die Applikation, mit der Sie Softwareupdates auf Ihr iPhone oder iPad einspielen ❸. Sollte das iPhone Probleme bereiten, haben Sie über den Button *Wiederherstellen* ❹ die Möglichkeit, das Gerät auf die Grundeinstellungen zurückzusetzen.

 Sollten Sie auf dem mobilen Apple-Gerät iOS 5 oder neuer einsetzen, können Sie ab iTunes 10.5 die Daten auch per WLAN statt per USB-Kabel abgleichen. Dazu kann am iPhone/iPad in den **Einstellungen –> Allgemein –> iTunes-WLAN-Sync** aufgerufen werden; in iTunes am Computer ist dies bei **Übersicht** einstellbar.

Da bei jedem Synchronisationsvorgang von iPhone und iTunes ein Backup eingespielt wird, bedeutet **Wiederherstellen** im Regelfall, dass Sie das Betriebssystem auf dem mobilen Gerät neu installieren und aus dem Backup die Daten wieder auf das Gerät übertragen. Der Vorgang ist also meist problemlos und schnell abzuwickeln. Eine gute Idee ist es, bei den Optionen die Eigenschaft **Automatisch synchronisieren, wenn dieses iPhone verbunden ist** ❺ zu aktivieren. Damit wird beim Anschließen des iPhones das Programm iTunes gestartet.

Und wie Sie im linken Teil des Fensters sehen ❻, können Sie eine Reihe von weiteren Informationen mit dem iPad oder iPhone abgleichen:

- *Apps:* Für das iPhone und iPad gibt es eine ganze Reihe von Apps. Sie können diese Apps entweder auf dem iPhone oder iPad unterwegs herunterladen oder auch mit iTunes laden und dann über *Synchronisieren* ❼ auf Ihr mobiles Gerät übertragen.

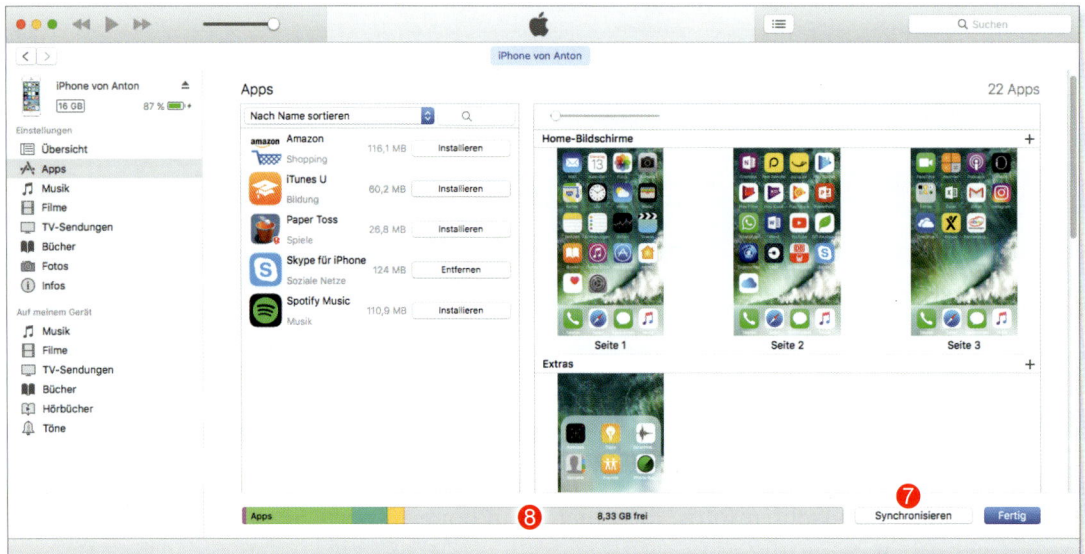

Apps mit dem iPhone abgleichen.

Wichtig ist hierbei zudem, dass im Bereich *Apps* die Kategorie *Dateifreigabe* erscheint. Dort können Sie für die installierten *Apps* auf dem iPhone bzw. iPad Dateien zur Verfügung stellen.

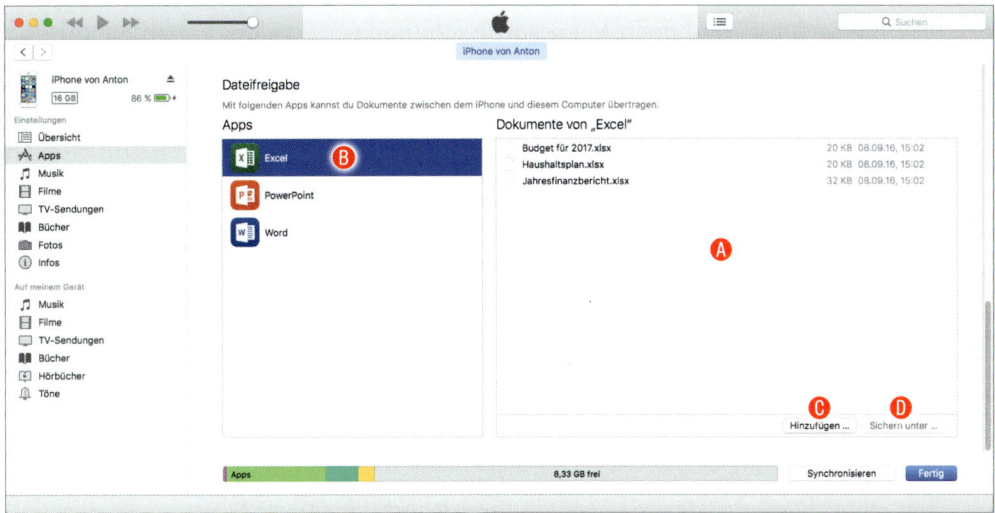

Dateifreigabe über iTunes.

Ziehen Sie einfach per Drag & Drop Dateien in den rechten Bereich **A**. Wählen Sie aber vorher in der linken Spalte die App aus, die diese Datei erhalten soll **B**. Alternativ klicken Sie auf *Hinzufügen* **C**, um Dateien vom Mac zum mobilen Gerät zu übertragen. Via *Sichern unter* **D** wird eine auf dem iPhone oder iPad erstellte Datei auf dem Mac abgelegt.

- *Musik:* iTunes ist ja die Applikation, mit der Sie Ihre digitale Musik verwalten. Definieren Sie im Reiter *Musik*, welche Songs, Interpreten, Alben etc. auf Ihr mobiles Gerät übertragen werden sollen.

- *Filme* und *TV-Sendungen:* Sie wissen, dass Sie mit der Software *iTunes* nicht nur Musik, sondern auch Filme und TV-Sendungen aus dem Internet laden können. Die auf den Computer heruntergeladenen Filmdateien können so auf das iPad oder iPhone übertragen und dort betrachtet werden.

- *Bücher:* Das iPhone oder iPad hat mit dem Programm *iBooks* eine Software, mit der Sie digitale Bücher im ePub- oder PDF-Format lesen können. Wenn Sie digitale Bücher auf Ihrem Computer erworben haben, bringen Sie diese per Drag & Drop in die *Mediathek* von iTunes ein und können sie so auf das iPhone oder iPad übertragen.

- *Töne:* In dieser Kategorie finden Sie alle Klingeltöne, die Sie im iTunes Store erworben haben bzw. auch die Töne, die Sie selbst zu iTunes hinzugefügt haben und mit dem iPhone bzw. iPad synchronisiert werden sollen.

- *Fotos:* Im Regelfall verwenden Sie das Programm *Fotos* auf Ihrem Mac. Über den Bereich *Fotos* können Sie definieren, welche Bilder aus der Applikation *Fotos* auf Ihr mobiles Gerät übertragen werden.

- *Infos:* Sofern Sie weder iCloud noch Microsoft Exchange verwenden, haben Sie mit *Infos* die Möglichkeit, Kontakt-, Kalender- und E-Mail-Informationen per Kabel auf das iPhone zu übertragen. Der Nachteil im Vergleich zu den kabellosen Techniken ist, dass Sie Ihr mobiles Gerät immer zu Ihrem Computer mit dem dafür konfigurierten iTunes bringen müssen, um den Abgleich vornehmen zu können. Denn ein iPad oder iPhone wird quasi über das USB-Kabel mit einem Computer verheiratet. Wenn Sie also länger unterwegs sind, ist es schwierig, die Daten abzugleichen. Daher ist eine drahtlose Lösung wie iCloud oder Exchange der USB-Lösung über Kabel und iTunes vorzuziehen. Aber in der Summe funktioniert die Kommunikation genauso: Sofern Sie die Infos konfiguriert haben, werden bidirektional zwischen iTunes und Computer alle oben genannten Daten hin und her übertragen. Die jeweils aktuellen Daten werden auf der anderen Seite die älteren Daten ersetzen.

Sie haben sicher schon bemerkt, dass Sie am unteren Rand des *iTunes*-Fensters ❽ den *Füllstand* Ihres iPhones oder iPads sehen. Sie können daran erkennen, wie viele Daten noch auf Ihr iPhone oder iPad passen.

Dateien mit iPad bzw. iPhone abgleichen

Wie Sie nun gesehen haben, ist zum einen der Datenabgleich über die Wolke (Exchange, iCloud) möglich oder eben über iTunes.

Wenn Sie Dateien zwischen den mobilen Geräte und Ihrem Mac bzw. Windows-Rechner abgleichen wollen, haben Sie derzeit mehrere Möglichkeiten:

1. Wie eben gesehen, finden Sie in iTunes im Reiter *Apps* bei angeschlossenem iPad oder iPhone die Dateifreigabe, um Daten bidirektional abgleichen zu können.
2. Noch einfacher geht es, wenn Sie sich vom Computer aus eine E-Mail senden, die die gewünschte Datei als Dateianhang mit im Gepäck hat. Sobald Sie am iPad bzw. iPhone die E-Mail empfangen haben, können Sie auf den Dateianhang tippen und ihn mit dem gewünschten Programm auf Ihrem mobilen Gerät weiterverwenden.

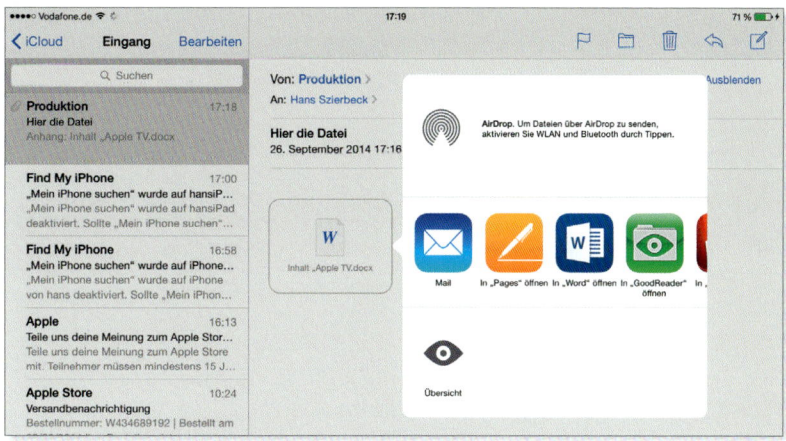

E-Mail am iPad inklusive Attachment.

Die Programme am iPad bzw. iPhone verwalten Ihre Dokumente selbsttätig und können hernach vom mobilen Gerät wieder per E-Mail versendet und so am Mac oder PC wieder weiterverwendet werden.

3. Deutlich simpler ist der Datenaustausch zwischen iPad bzw. iPhone und Computer unter Verwendung von zusätzlichen Apps. Der iTunes Store bietet sehr leistungsfähige Apps an, um direkt am iPhone oder iPad auf Dateien am Computer, im Internet oder auf Servern zugreifen zu können.

4. Sie können auch einen Cloud-Dienst wie *Dropbox* oder *OwnCloud* für den Datenaustausch verwenden.

Wenn Sie umfangreichere Informationen zum kombinierten Einsatz von iPhone, iPad, iCloud und Ihrem Mac benötigen, möchten wir Ihnen diese Fachbücher empfehlen. Diese und weitere Titel finden Sie im Internet unter www.amac-buch.de.

Kapitel 10

Benutzer

Im Gegensatz zum iPhone/iPad oder auch iPod touch können auf dem Mac-Betriebssystem mehrere Anwender gleichzeitig eingeloggt sein und den Rechner verwenden. Jeder Benutzer bekommt dabei seine eigenen Einstellungen, weil jeder Anwender einen eigenen Benutzerordner hat. Auf dem iPhone oder iPad kann jeder Benutzer alle Dinge verwenden, die auf dem Gerät installiert sind. Dort existiert derzeit noch kein Multi-User-Konzept.

Jeder Anwender kann in seinem Benutzerordner eigene Einstellungen definieren, wie sein Touchpad aussieht, wie sein Dock konfiguriert ist, welche Elemente in seinem *Dokumente*-Ordner untergebracht sind, verfügt über eine eigene Fotos- und iTunes-Bibliothek. Was den Anwendern gemein ist, sind die installierten Programme im *Programme*- bzw. *Dienstprogramme*-Ordner, und alle Anwender verwenden gleiche Komponenten wie die installierten Drucker, die Netzwerkverbindung etc.

Uns soll es nun darum gehen, neue Benutzer auf dem Rechner anzulegen und die Funktionsweise im Detail zu betrachten.

Neuer Benutzer

Lediglich Anwender mit Administratorrechten dürfen an dem Rechner neue Benutzer hinzufügen. Ein normaler Anwender – auch Standardbenutzer genannt – hat keine administrativen Befugnisse und darf deshalb auch keine neuen Benutzer konfigurieren.

Loggen Sie sich also als Administrator ein, um neue Benutzer anzulegen.

Den Administratoraccount haben Sie bereits bei der Installation des Rechners spezifiziert.

In den *Systemeinstellungen* in der Kategorie *System* finden Sie das Icon *Benutzer & Gruppen* (vierte Zeile, erstes Symbol) und Sie sehen in der linken unteren Ecke ein Schloss, das Sie nur mit administrativen Berechtigungen öffnen können.

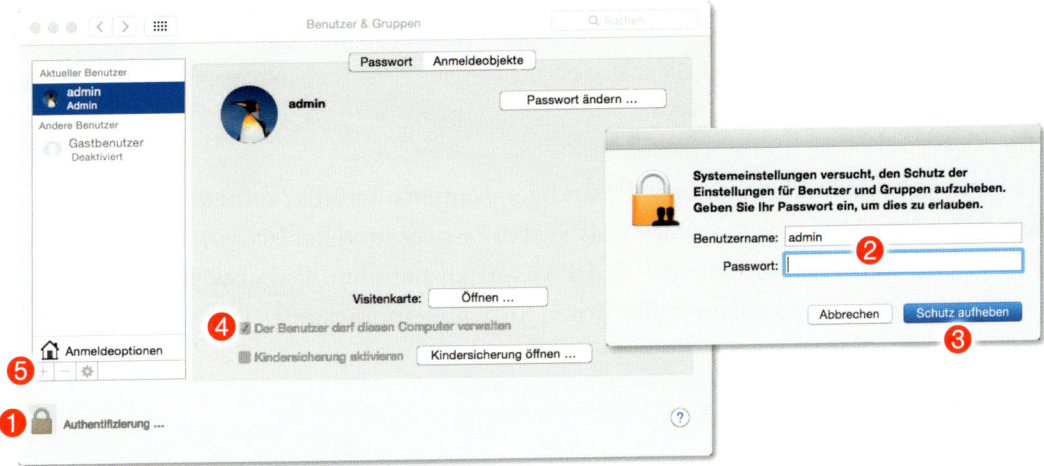

„Systemeinstellungen –> Benutzer & Gruppen" entsperren.

Nachdem also auf das *Schloss* geklickt wurde ❶, erscheint ein zusätzliches Fenster, in dem der Administrator sich mit seinem Namen und seinem Passwort authentifiziert ❷. Durch Klicken auf *Schutz aufheben* ❸ wird das Schloss geöffnet und der Administrator kann einen neuen Benutzer anlegen. Sie erkennen übrigens an der Eigenschaft *Der Benutzer darf diesen Computer verwalten* ❹ , welche Benutzer über Administratorbefugnisse verfügen. Um nun einen neuen Benutzer anzulegen, klicken Sie auf das +-Symbol ❺ im linken unteren Bereich des Fensters.

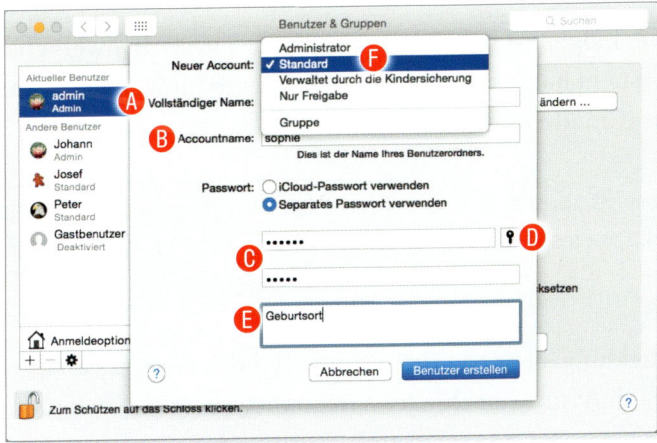

Neuer Benutzer.

Geben Sie bei *Vollständiger Name* Ⓐ den Vor- und Zunamen des Anwenders ein, bei *Accountname* Ⓑ dürfen Sie keine Sonderzeichen verwenden.

 Während der vollständige Name jederzeit nachträglich geändert werden kann, wird der Accountname tief im Betriebssystem abgelegt. Das heißt, Sie sollten bei der Vergabe eines Accountnamens einen Eintrag vornehmen, der nicht mehr geändert werden muss.

Der User kann sich später über seinen vollständigen Namen oder über seinen Accountnamen am Rechner einloggen. Zur Vergabe eines Passworts, das Sie bei *Passwort* und bei *Überprüfen* **C** eintragen, könnten Sie auch zusätzlich den *Passwortassistent* **D** in Anspruch nehmen. Dabei wird ein kleines Zusatzprogramm gestartet, der Passwortassistent, der Ihnen hilft, ein einprägsames und vernünftiges Passwort zu generieren.

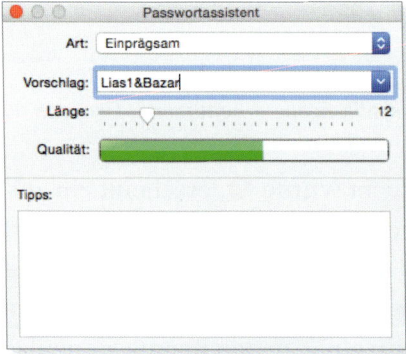

Passwortassistent.

Geben Sie dem Anwender möglichst bei **E** eine Merkhilfe: Dieser Hinweis erscheint, sobald der Anwender dreimal vergeblich versucht hat, sich mit dem Passwort einzuloggen. Alternativ zu einem neuen Passwort könnten Sie auch Ihr iCloud-Passwort verwenden.

 Nachdem Sie als Administrator den Benutzeraccount für einen anderen Anwender erstellen, müssen Sie ihm natürlich den Accountnamen sowie das Passwort mitteilen, damit er in der Lage ist, sich an diesem Rechner anzumelden.

Die schwierigste Entscheidung steht aber im oberen Teil des Fensters an **F**: Welcher Accounttyp soll denn angelegt werden? Es sind fünf verschiedene Accounttypen für den neuen Benutzer denkbar:

- *Administrator,*
- *Standard,*
- *Verwaltet durch die Kindersicherung,*
- *Nur Freigabe* sowie
- *Gruppe.*

Diese fünf Accounttypen unterscheiden sich grundsätzlich in ihren Funktionsweisen. Eine *Gruppe* ist nur dann sinnvoll, wenn Ihr Rechner im Netzwerk quasi als Server arbeitet. Nachdem eine normale Workstation das nicht tun wird, ist das Anlegen einer *Gruppe* hier eher überflüssig.

Ähnlich verhält es sich mit dem Eintrag *Nur Freigabe*. Während Sie bei *Gruppe* mehrere Mitglieder zu einer Gruppe zusammenfassen können, legt *Nur Freigabe* einen einzelnen Useraccount an, der über das Netzwerk auf Ressourcen auf diesem Mac zugreifen kann. Nachdem ein normaler Mac diese Rolle eher nicht übernimmt, werden *Nur-Freigabe*-Accounts selten definiert. Das heißt andersherum: Die ersten drei Accounts kommen in die engere Wahl, nämlich die Optionen *Administrator*, *Standard* und *Verwaltet durch die Kindersicherung*.

Lassen Sie uns zunächst den Unterschied klären zwischen einem administrativen und einem Standard-Useraccount.

Administrator

Ein Administrator darf, wie schon einmal kurz erwähnt, Programme auf dem Rechner installieren, deinstallieren und auch updaten. Das heißt, er hat Schreibzugriff auf den *Programme*-Ordner und auch auf den *Library*-Ordner. Ein normaler Anwender hingegen (*Standard*) hat im Bereich des *Programme*-Ordners lediglich Lesezugriff. Er kann zwar die Programme starten und mit ihnen arbeiten, aber er darf keine Updates einspielen.

Auch das Einspielen von Betriebssystemupdates über den App Store ist dem administrativen User vorbehalten. Selbst das Löschen von Programmen gehört eindeutig in die Kategorie administrativer Tätigkeit. Des Weiteren darf der Administrator den Ordner */Library* verändern: Dort liegen, wie bereits gesehen, Druckertreiber, aber auch für Programme notwendige Zusatzinformationen, beispielsweise */Library/Application Support*. Und wie wir jetzt gerade lernen, darf ein Administrator Benutzer anlegen, Benutzer löschen und Benutzereigenschaften modifizieren. Und ein Administrator darf sich auch den Zutritt zu anderen Userdaten verschaffen, indem er sich die Zugriffsrechte besorgt. Sie sehen also, ein Administrator hat sehr weitgehende Rechte.

Deshalb ist es zu empfehlen, dass es für jeden Rechner lediglich einen Administratoraccount gibt. Des Weiteren ist zu empfehlen, dass man selbst standardmäßig nie in einem Administratoraccount arbeitet. So verhält es sich auch an meinen Rechnern: Es gibt dort einen administrativen Account; gearbeitet wird aber an allen Rechnern in einem Standardaccount. Das bringt die Sicherheit, dass man nicht aus Versehen im *Programme*-Ordner etwas löscht, verschiebt, umbenennt oder wie auch immer. Denn stets, wenn ein Standard-User etwas *Kritisches* tut, fragt das Betriebssystem das Administratorpasswort ab, und so erkennen Sie, dass jetzt Aufmerksamkeit geboten ist.

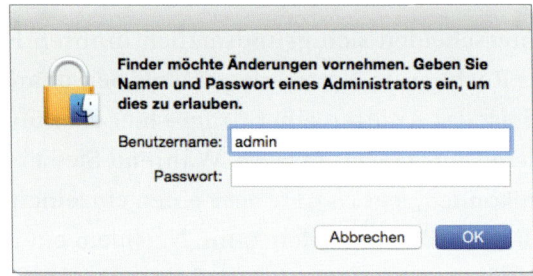

Ein Programm soll in den Papierkorb verschoben werden und dazu sind Administratorrechte notwendig.

Nehmen wir an, dass ein Programm aus dem *Programme*-Ordner in den Papierkorb entfernt werden soll. Sofern dies ein Anwender mit Standardrechten tut, wird sofort ein Fenster generiert, das nach einem Administratoraccount verlangt; nur ein Administrator mit seinem Passwort kann also derartige Eingriffe vornehmen. Zudem hat der Administrator sehr weitgehende Rechte, was die diversen Systemeinstellungen anbelangt. Folgende Systemeinstellungen sind ausschließlich für einen Administrator zugänglich:

- *Sicherheit,*
- *Netzwerk,*
- *Teilen,*
- *Datum & Uhrzeit,*
- *Startvolume,*
- *Drucker & Scanner,*
- *Energie sparen,*
- *Benutzer & Gruppen,*
- *Kindersicherung,*
- *App Store,*
- *Time Machine.*

Sie erkennen die relevanten Systemeinstellungen stets daran, dass in der linken unteren Ecke der Systemeinstellungen ein Schloss erscheint, das lediglich von Anwendern mit administrativen Rechten geöffnet werden kann.

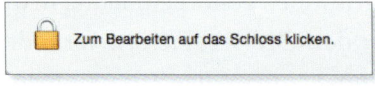

Diese Systemeinstellung ist nur für Admins zugänglich.

Standardbenutzer

Benutzer, die keine Administratoren sind, dürfen also in wichtigen Systemeinstellungen keine Modifikationen vornehmen. Ihnen stehen ausschließlich die Einstellungen zur Verfügung, die das Aussehen und das Erscheinungsbild des Betriebssystems ändern. Darüber hinaus darf der normale Benutzer

- in seinem Benutzerordner Ordner erstellen, Dateien erstellen, Ordner umbenennen, Dateien verschieben.
- im Ordner *Geteilt* Dateien ablegen, um anderen Anwendern diese zugänglich zu machen.

- die Seitenleiste, das Dock, die Symbolleiste, das Launchpad etc. seinen eigenen Bedürfnissen entsprechend anpassen.

- im Regelfall nahezu jedes Programm starten, das sich im Ordner *Programme* befindet. Lediglich im Ordner *Dienstprogramme* könnte das ein oder andere Programm dem Administrator vorbehalten sein.

Der Standard-User kann also ganz regulär am Rechner arbeiten und in gewissen Grenzen auch die Funktionalität des Computers seinen Bedürfnissen entsprechend anpassen.

Nun zurück zum Anlegen des neuen Benutzers: Sie werden also im Regelfall einen Standardbenutzer erstellen. Sobald der neue Benutzer angelegt ist, wird auch sein Benutzerordner kreiert, und ab jetzt kann der Anwender sich an diesem Rechner einloggen und beginnen, damit zu arbeiten.

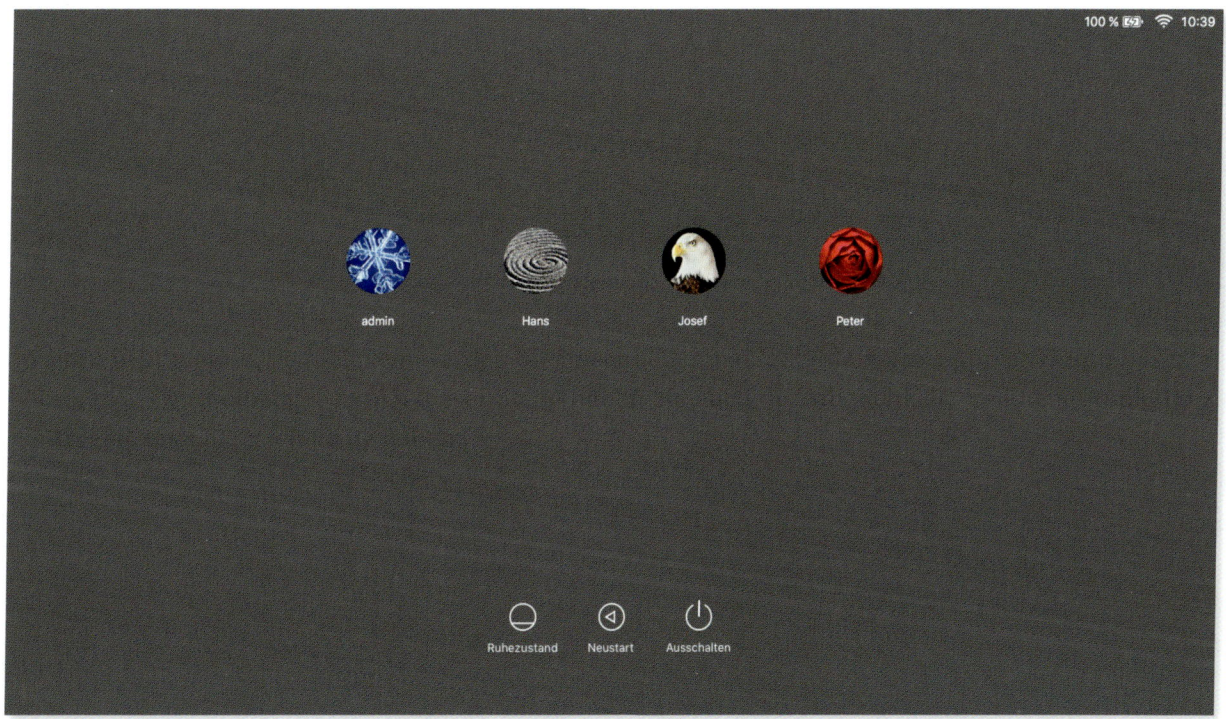

Anmeldefenster.

Wird nun der Computer neu gestartet, erscheinen im Anmeldefenster alle Useraccounts, und der neue Anwender kann sich unter Verwendung seines Passworts an seinem Rechner einloggen. Sobald Sie mehr als Ihren eigenen Account auf dem Computer haben, sollten Sie dringend in den Anmeldeoptionen bei *Benutzer & Gruppen* noch wichtige Einstellungen vornehmen.

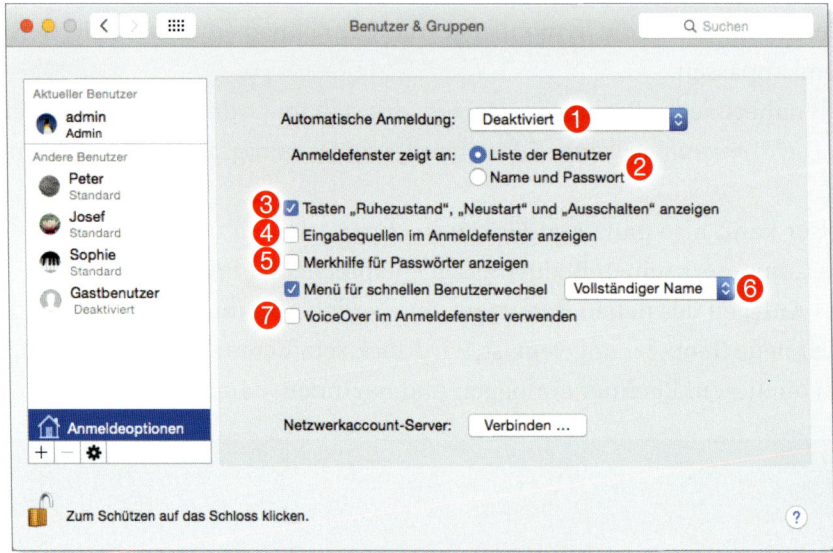

Anmeldeoptionen.

Sie sollten hier unbedingt die Eigenschaft *Automatische Anmeldung* auf *Deaktiviert* ❶ setzen, damit sich nicht, falls der Computer von einem anderen Anwender eingeschaltet wird, Ihr Account automatisch am Rechner anmeldet und so Ihre Daten schutzlos zugänglich sind. Die weiteren Einträge darunter definieren das Aussehen des Anmeldefensters. Legen Sie bei ❷ fest, ob beim Anmeldevorgang eine Liste der Benutzernamen erscheint oder ob jeder Benutzer seinen Namen und sein Passwort kennen muss, um sich einloggen zu können. Des Weiteren können Sie bei ❸ definieren, ob die Tasten *Ruhezustand* und *Ausschalten* im Anmeldefenster erscheinen, was anzuraten ist. Wenn Sie verschiedene Tastaturlayouts in der Eingabemaske haben möchten, bringen Sie das Häkchen bei *Eingabequellen im Anmeldefenster anzeigen* an ❹.

Sie haben soeben gesehen, dass Sie bei jedem Account dem Passwort eine Merkhilfe zuordnen können. Sie können diese Merkhilfe auch im Anmeldefenster einblenden ❺. Nachdem macOS ein echtes Unix-Betriebssystem und somit multitasking- und multiuserfähig ist, gibt es die Funktion des schnellen Benutzerwechsels ❻. Aktivieren Sie diesen, um ganz rasch über die Menüleiste zwischen verschiedenen Benutzeraccounts wechseln zu können. Definieren Sie dabei, ob der vollständige Name, der Kurzname oder lediglich ein Icon in der Menüleiste erscheinen soll. Bevor wir uns diese Funktion genauer anschauen, noch zur Eigenschaft *VoiceOver im Anmeldefenster verwenden* ❼: Wenn Sie diese Funktion aktivieren, beginnt Ihr Computer, mit Ihnen zu sprechen und liest Ihnen die Einträge im Anmeldefenster vor.

Kommen wir zurück zum schnellen Benutzerwechsel. Sobald diese Funktion aktiviert ist, sehen Sie in der Menüleiste Ihren Usernamen und darunter alle möglichen User, die auf diesem Rechner derzeit angelegt sind.

Schneller Benutzerwechsel in der Menüleiste

Während Sie also am Rechner eingeloggt sind, können Sie zum Anmeldefenster umschalten, sodass sich gleichzeitig ein anderer User einloggen kann. Dabei bleibt alles, was Sie in Ihrem Account tun, in Aktion. Das heißt: Wenn Sie automatisch E-Mails empfangen, werden diese E-Mails weiterhin abgerufen. Wurde ein Download aus dem Internet gestartet, wird dieser vollständig ausgeführt. Haben Sie einen Druckauftrag gestartet, wird auch dieser fortgeführt und die Daten werden an den Drucker übermittelt. Mit dem Betriebssystem haben also mehrere Leute gleichzeitig die Möglichkeit, ein und dieselbe Ressource, z. B. den Computer, zu verwenden. Und damit keiner die Daten und die Einstellungen einer anderen Person zerstören kann, sind diese durch Name und Passwort geschützt.

! Besonders schön ist auch die Animation des Benutzerwechsels gestaltet: Ein dreidimenionaler Würfel kippt den entsprechenden Monitor für den jeweiligen User nach vorn.

! Möchte ein User, der keine administrativen Rechte hat, den Rechner ausschalten, wird er einen Hinweis bekommen, dass dies nur durch einen Administrator erfolgen darf.

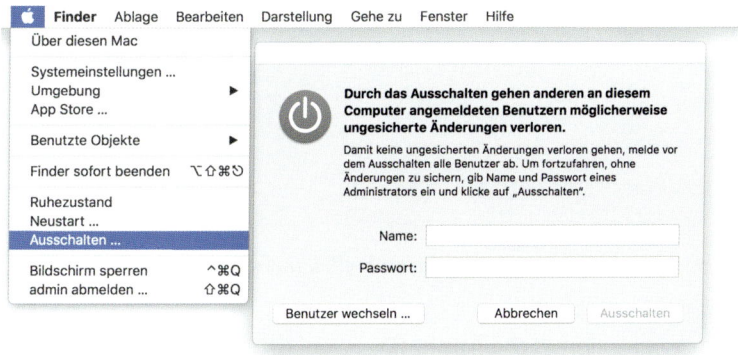

Sobald mehrere Anwender eingeloggt sind, darf nur ein Administrator ausschalten.

Solange auch andere User eingeloggt sind, könnte es ja sein, dass diese noch eigene Aktionen am Laufen haben, deshalb ist ein nicht administrativer Benutzer nicht berechtigt, diese Aktionen zu beenden. Ein administrativer Anwender gibt seine Daten bei *Name* und *Passwort* ein und kann den Rechner anschließend herunterfahren. Sollten andere Anwender Prozesse am Laufen haben, kann sich der Administrator darüber hinwegsetzen und diese Prozesse stoppen. Beim Benutzerwechsel erscheint übrigens erneut das Anmeldefenster sowie nach dem Einloggen die Möglichkeit, eine Apple-ID zu hinterlegen.

Apple-ID und iCloud

Jeder neue Benutzer kann seine Apple-ID nach dem ersten Login direkt eintragen. Damit werden zum Beispiel die iCloud-Informationen sofort für den neuen User heruntergeladen und alle Termine, Kontakte etc. sind gleich einsatzbereit. Jeder Anwender kann also hierzu seine bereits existierende ID eintragen. Er kann sich aber auch eine neue Apple-ID für seinen Account besorgen.

macOS arbeitet an vielen Stellen mit einer Apple-ID.

 Ich empfehle Ihnen hier, eine einheitliche **Apple-ID** sowohl für Ihre mobilen iOS-Geräte als auch für Ihre Macs zu verwenden. Weitere Informationen finden Sie in Kapitel 9 abSeite 552.

Im nächsten Schritt bietet Ihnen der iCloud-Dienst den Service an, die *Zwei-Faktor-Authentifizierung* zu aktivieren, den *iCloud-Schlüsselbund* zu verwenden, *Alle deine Dateien in iCloud* mit Hilfe vom iCloud Drive abzulegen und *Siri* zu starten.

Benutzerordner und Berechtigungen

Der soeben neu definierte User Peter hat sich nun erfolgreich eingeloggt und bekommt ein standardisiertes Aussehen des Betriebssystems. Sie sehen am unteren Rand das Dock ❶, so wie Apple es für einen neuen Benutzer vorbereitet hat. Ebenso erscheint dahinter ❷ das Standard-Hintergrundbild. Darüber hinaus erhält natürlich der User Peter seinen Benutzerordner mit den sieben sichtbaren Standardordnern ❸. Wenn Sie nun mit *cmd + I* zum Beispiel das *Informationen*-Fenster des *Dokumente*-Ordners hervorholen und den Bereich *Freigabe & Zugriffsrechte* begutachten ❹, so sehen Sie, dass Peter Lesen und Schreiben als Zugriffsberechtigung hat, wohingegen andere Personen keinerlei Rechte besitzen. Das ist das normale Rechtemanagement. Das heißt: Der Ordner *Dokumente* gehört ausschließlich dem Anwender Peter.

Neuer Standard-User erfolgreich eingeloggt.

Ähnlich verhält es sich, wenn der User Peter in andere Homeverzeichnisse hineinsehen möchte. Dazu kann er über die Festplatte *Macintosh HD* den Benutzerordner öffnen und sieht dort zunächst Ordner für die anderen Anwender. Öffnet er einen Ordner eines anderen Anwenders, sieht er, dass er darauf größtenteils keinen Zugriff hat.

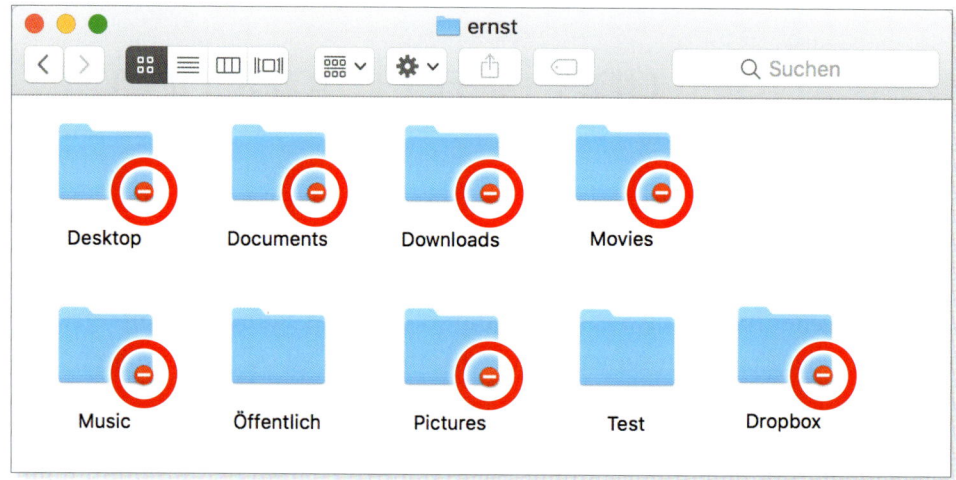

Anderer Benutzerordner.

Wie Sie sehen, erhält der Benutzer Peter bei dem Versuch, den Benutzerordner des Benutzers Ernst einzusehen, eine Menge von Einbahnstraßenschildern. So ist es bei den Ordnern *Bilder*, *Dokumente*, *Downloads*, *Filme*, *Musik*, *Schreibtisch* standardmäßig der Fall. Wohingegen der Ordner *Öffentlich* auch von anderen Usern besucht werden kann. Der Ordner *Öffentlich* ist für die Netzwerkfunktionalitäten, den Datenaustausch im Netzwerk, zugänglich, was wir im nächsten Kapitel noch ansprechen werden. Sie sehen: Der User Ernst hat zwei weitere Ordner mit eingebracht – einen Ordner *Test* und einen Ordner *Dropbox*. Und Sie sehen, dass einer der beiden Ordner für den User Hans zugänglich wäre – das ist der Ordner *Test* –, wohingegen der Ordner *Dropbox* zugesperrt ist. Jeder User, der neue Ordner in seinem Benutzerordner erstellt, kann natürlich Rechte für andere Anwender vergeben. Das funktioniert über das *Informationen*-Fenster bei *Freigabe & Zugriffsrechte*.

> **!** Wenn Sie als Anwender in Ihrem Benutzerordner Dateien, Dokumente und Ordner erstellen, ist es eine gute Idee, all diese Dinge in den **Dokumente**-Ordner zu tun, denn der **Dokumente**-Ordner ist standardmäßig für andere Anwender gesperrt. Das heißt: Alles, was Sie darin unterbringen, ist vor fremden Blicken sicher. Wenn Sie neue Ordner außerhalb des **Dokumente**-Ordners erstellen, kann es Ihnen passieren, wie hier bei dem **Test**-Ordner, dass andere Anwender dort Einblick nehmen können.

Ordner für alle Benutzer

Wenn Sie auf der Festplatte *Macintosh HD* in den Benutzerordner navigieren, erscheinen eine Reihe von Ordnern. Auffällig ist das Symbol ❶. Daran erkennen Sie, wer an dem Rechner eingeloggt ist; in diesem Fall ist es der administrative User. Dann wird aus dem Ordnersymbol dieses Häuschensymbol. Die Ordner Josef, Hans und Sopie sind eben drei andere Anwender und stellen deren Benutzerordner innerhalb des Ordners *Benutzer* dar ❷. Darüber hinaus gibt es noch den Ordner *Geteilt* ❸, über den die lokalen Anwender an diesem Rechner bedingt Daten austauschen können. Werden Anwender wieder vom Rechner gelöscht, landen sie unter Umständen im Ordner *Gelöschte Benutzer* ❹, was wir uns gleich noch genauer ansehen werden. Aber kommen wir zurück zum Ordner *Geteilt*.

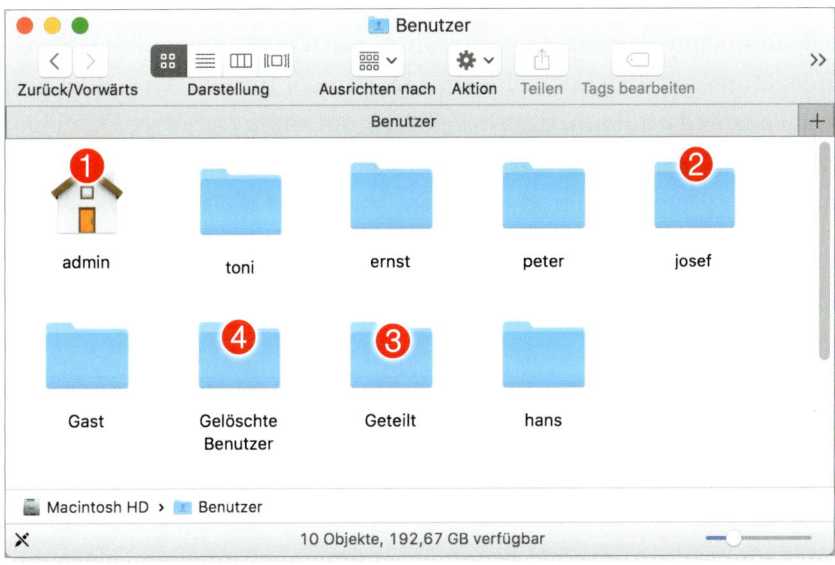

Ordner „Benutzer".

Sie haben vorhin gesehen, dass jeder Anwender innerhalb seines Benutzerordners schalten und walten kann wie er mag, aber dass für andere Anwender der Benutzerordner tabu ist. Der Ordner *Geteilt* stellt damit eine Plattform zur Verfügung, damit die Anwender Hans, Ernst, Peter und Admin an diesem Gerät miteinander Daten austauschen können. Aber Vorsicht! Die Daten, die in den Ordner *Geteilt* gelegt werden, gehören nach wie vor der Person, die sie hineingelegt hat. Das heißt, wenn der User Admin dort beispielsweise mit TextEdit eine Datei hineinspeichert, gehört diese nach wie vor dem User Admin. Josef, Hans und Ernst können sie zwar öffnen, sprich lesen, aber nicht überarbeiten.

Datei eines anderen Anwenders.

Sie sehen anhand des Bildschirmfotos, dass ein Anwender die Datei *Etwas übers Teilen* öffnen möchte, die jemand dort abgelegt hat. Sobald er beginnt, diese Datei in TextEdit zu überarbeiten, meldet das Programm, dass er nicht die entsprechenden Zugriffsrechte besitzt. Er kann maximal die Datei duplizieren **A** und dann bearbeiten. Man sieht aber auch, dass das Dokument für den Anwender gesperrt ist: TextEdit weist oben in seinem Fenster darauf hin, dass es sich hier um eine geschützte Datei handelt **B**. Das heißt also, über den Ordner *Geteilt* können Sie nur bedingt Daten austauschen. Anwender, die nicht die Datei erzeugt haben, können die Datei lesen und einsehen, aber nicht überarbeiten. Und das ist auch gut so, weil der Eigentümer der Datei alle Rechte behält.

Benutzereinstellungen

Bevor wir den Usertyp *Verwaltet durch Kindersicherung* begutachten, noch ein paar Anmerkungen, was der Standard-User ohne Erlaubnis des Administrators alles ändern darf.

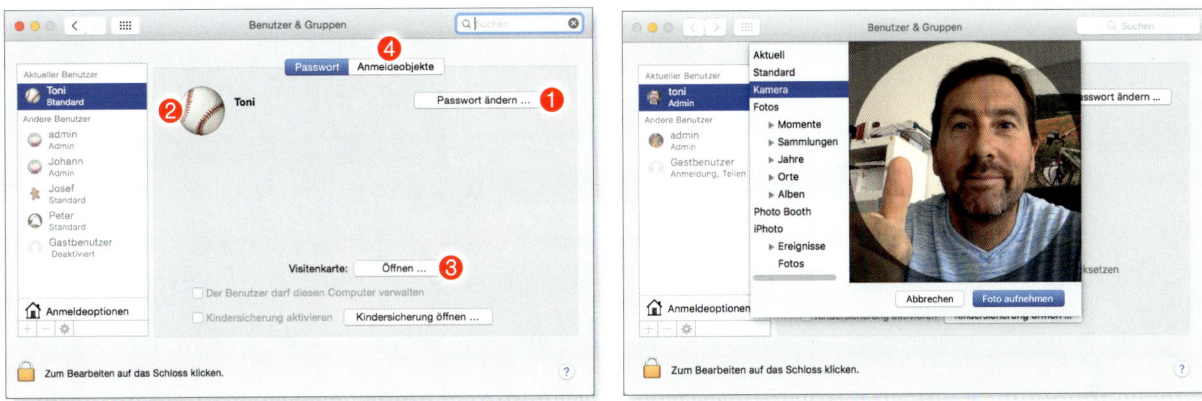

Die Einstellungen des Benutzers „Toni" im Überblick (links). Fotoschnappschuss mit der integrierten Kamera (rechts).

Wenn ein User eingeloggt ist und in die Systemeinstellungen zu *Benutzer & Gruppen* geht, kann er selbstverständlich das ihm zugewiesene Passwort ändern ❶. Wenn er möchte, kann er sich zudem ein eigenes Icon geben ❷. Wenn Sie dort hinklicken, erscheint eine Liste von vorgefertigten Symbolen. Sie können aber ebenso über *Kamera* auf die integrierte Kamera zugreifen und ein Bild von Ihnen aufnehmen.

Darüber hinaus hat der Standardbenutzer direkten Zugriff auf die Kontakte-App über den Button *Visitenkarte* ❸. Sie erinnern sich, in der Kontakte-App können Sie Ihre eigene Visitenkarte markieren. Über diesen Button wird im Programm Kontakte direkt die Visitenkarte angeklickt.

Des Weiteren kann der Standardbenutzer im Reiter *Anmeldeobjekte* ❹ Objekte definieren, die beim Einloggen automatisch gestartet werden. Es gibt drei verschiedene Möglichkeiten, wie Dinge zu Anmeldeobjekten werden.

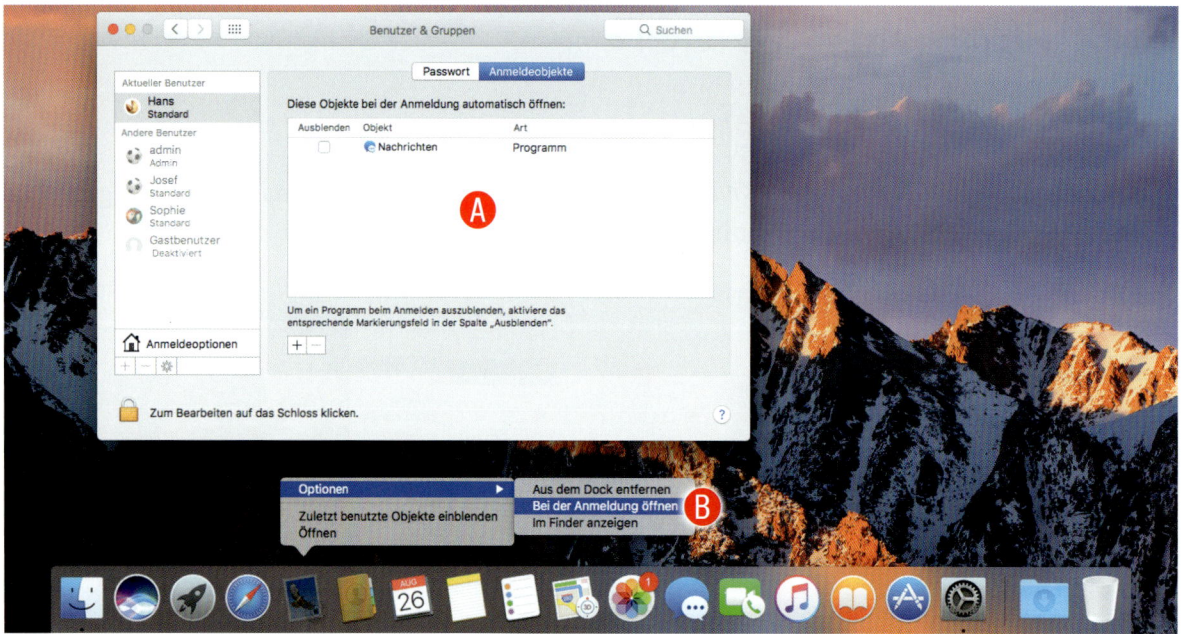

Anmeldeobjekte werden beim Neustart des Rechners automatisch gestartet.

Ein Anmeldeobjekt, das also direkt nach dem Login gestartet wird, erhalten Sie, indem Sie das dazugehörige Icon in die Liste unterhalb der Anmeldeobjekte hineinziehen **Ⓐ**. Alternativ können Sie auch Programme über das Kontextmenü des Docks über *Optionen* mit der Eigenschaft *Bei der Anmeldung öffnen* **Ⓑ** versehen. Und an dieser Stelle darf nicht vergessen werden, dass macOS ähnlich wie iPad und iPhone quasi den Zustand, an dem man sich abgemeldet hat, „einfrieren" kann. Wenn Sie über das *Apfel-Menü* die *Ausschalten*-Funktion aktivieren, meldet sich Ihr Rechner mit diesem Dialogfenster.

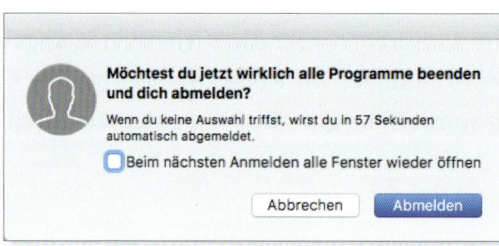

Alle Fenster wieder öffnen.

Sofern Sie das Häkchen bei *Beim nächsten Anmelden alle Fenster wieder öffnen* aktivieren, wird alles, was Sie derzeit in Bearbeitung haben, als Anmeldeobjekt deklariert. Somit wird beim nächsten Einloggen der Rechner versuchen, wieder so zu erscheinen, wie Sie ihn verlassen haben.

Apple-ID am Mac verwenden

Jeder Anwender kann seine eigene Apple-ID hinterlegen, die direkt beim ersten Einloggen angegeben werden kann. Nachträglich kann Sie über *Systemeinstellungen –> iCloud* eingetragen werden. Ein administrativer Benutzer sollte noch die Eigenschaft *Benutzer darf sein Passwort mithilfe seiner Apple-ID zurücksetzen* (*Systemeinstellungen –> Benutzer*) aktivieren, damit Option a) zugänglich ist.

Die Apple-ID kann dann an zwei Stellen direkt unter macOS zur Verwendung kommen.

a) Zum einen kann man im Anmeldefenster über die Apple-ID sein bisheriges Passwort zurücksetzen lassen.

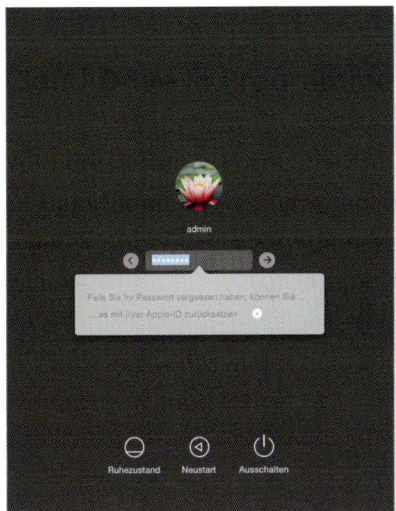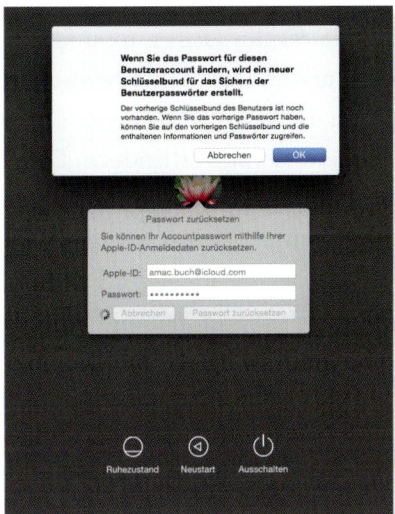

Zurücksetzen des Passworts über das Anmeldefenster mit der Apple-ID.

b) Auch der Netzwerkzugriff auf den eigenen Rechner kann über die Apple-ID erfolgen.

Netzwerkzugriff über die Apple-ID.

Kindersicherung

Aber nun zu den Dingen, die ein Administrator für einen User vordefinieren darf. Das nennt sich *Kindersicherung* und ist ebenfalls in den *Systemeinstellungen* zu finden. Ausschließlich ein administrativer User darf die Kindersicherung einstellen bzw. aktivieren.

Sie sehen in der linken Spalte die auf diesem Rechner definierten Standard-User und rechts daneben mannigfaltige Einstellungen. Grundsätzlich gibt es fünf Bereiche, die für den Standard-User reglementiert werden können. Neben den *Apps* ❶ kann auch das *Web* ❷ definiert werden. Des Weiteren sind Einschränkungen möglich, in welchen *Stores* der User einkaufen darf ❸. Außerdem können – und das ist, falls auch Kinder den Computer benutzen, wirklich eine interessante Funktion – die *Zeit* ❹ für die Nutzung des Rechners eingestellt werden. Der Bereich *Datenschutz* ❺ enthält funktionen um den Zugriff von Programmen auf die Daten des Anwenders zu verhindern. Damit kann z. B. verhindert werden, dass Apps automatisch die Adressen aus den Kontakten auslesen. Und im Bereich *Andere* ❻ verbergen sich noch diverse weitere sinnvolle Einstellungen.

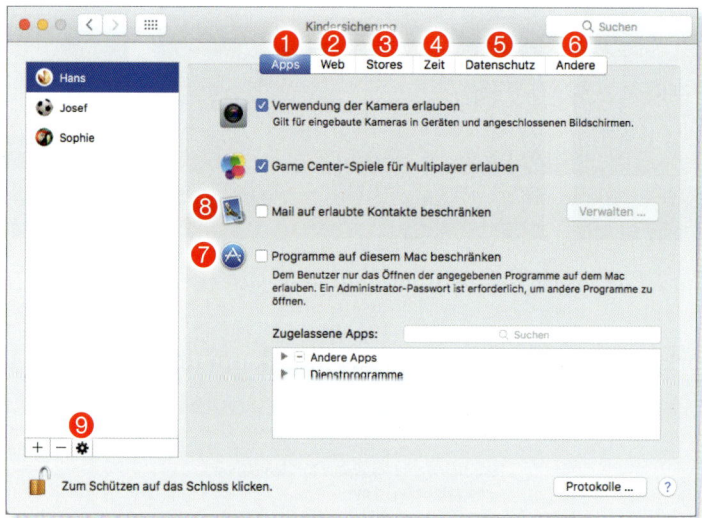

Systemeinstellungen –> Kindersicherung –> Apps.

Sie bei *Programme auf diesem Mac beschränken* ❼ exakt definieren, welche Programme der Anwender starten darf und welche nicht. Des Weiteren kann es sinnvoll sein, dass Sie dem Nutzer, besonders wenn es Kinder sind, die Nutzung von Mail beschränken. Mit *Mail auf erlaubte Kontakte beschränken* ❽ können Sie den E-Mail-Verkehr nur auf die Adressen im Programm Kontakte einschränken.

Haben Sie einmal für einen Anwender Einstellungen erstellt, können Sie über das Zahnradicon bei ❾ diese Einstellungen auf einen anderen Anwender übertragen.

 Sofern Sie als Administrator diese Rechte einstellen, sollten Sie darauf achten, dass der User nicht gleichzeitig eingeloggt ist, sonst werden die Beschränkungen nicht wirksam.

Programmzugriff verweigert.

So sieht es aus, wenn der User ein vom Admin nicht authorisiertes Programm starten will. Über *Einmal erlauben* kann ein Administrator sein Passwort eingeben und den einmaligen Zugriff gewährleisten. Via *Immer erlauben* wird das Programm nachträglich in die Liste der zugelassenen Programme aufgenommen.

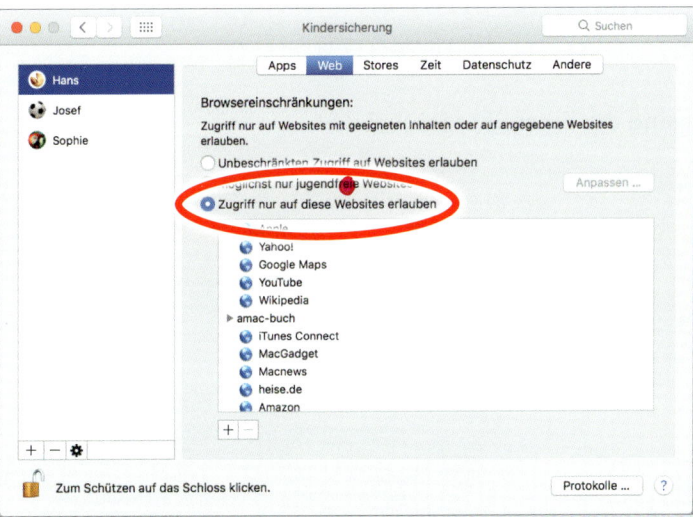

Kindersicherung –> Web.

In der Kategorie *Web* können Sie exakt definieren, auf welche Internetseiten der User zugreifen darf. Erstellen Sie am besten eine individuelle Liste unterhalb von *Zugriff nur auf diese Websites erlauben*.

Unter *Kindersicherung –> Stores* reglementieren Sie, in welchen Stores die Person einkaufen kann. Zusätzlich können Sie noch die Altersbeschränkung für Filme, TV-Sendungen und Apps einstellen. Der Anwender kann dann z. B. keine Filme ansehen bzw. kaufen, die nicht der Altersfreigabe entsprechen.

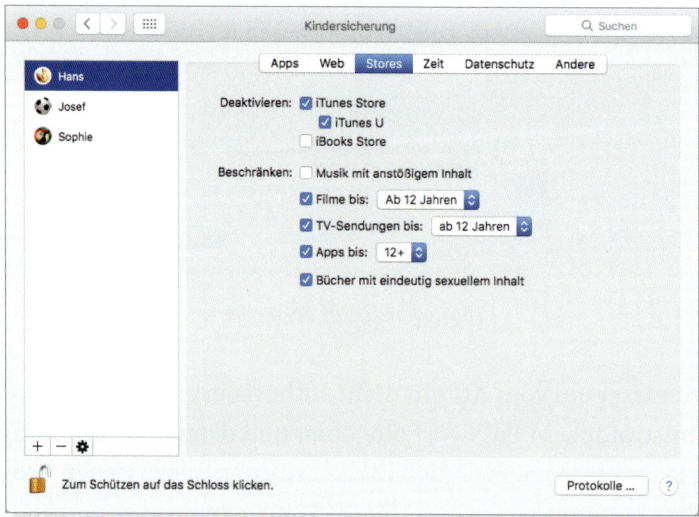

Kindersicherung –> Stores.

Besonders interessant sind die Einstellungen bei *Zeit*.

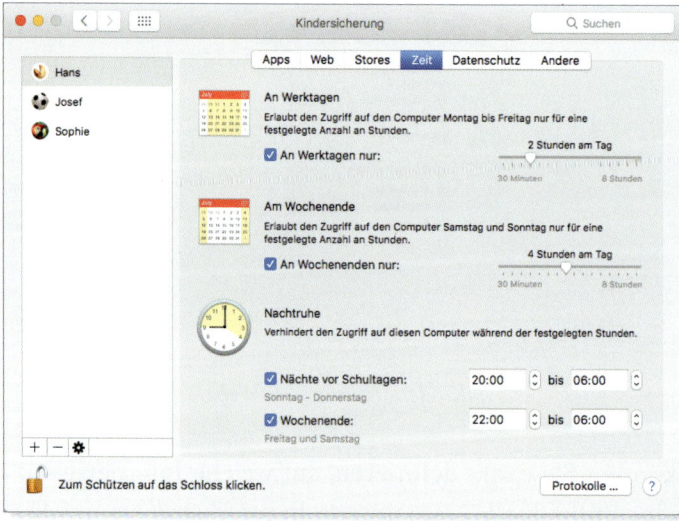

Kindersicherung –> Zeit.

Dort kann sehr exakt definiert werden, wann der User sich an diesem Rechner einloggen und wie lange er eingeloggt bleiben darf. Besonders – und daher auch der Name – für Kinder ein hervorragendes Werkzeug, um sie an die Computernutzung heranzuführen.

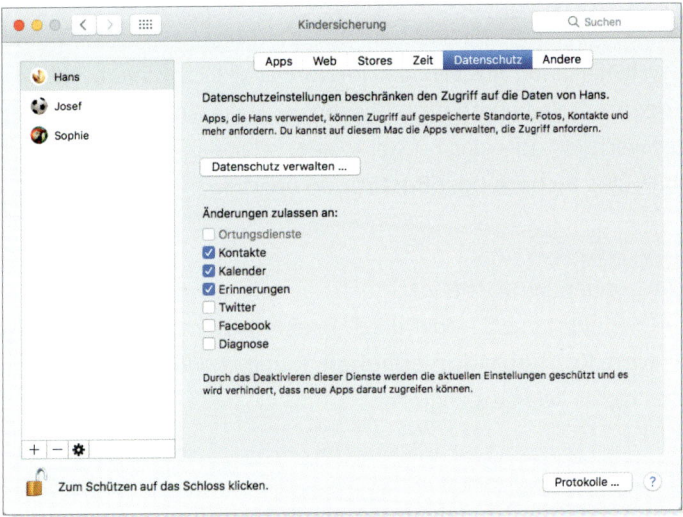

Kindersicherung –> Datenschutz

In der Kategorie *Datenschutz* können Sie einstellen, das Apps auf die Daten des Benutzers zugreifen oder ändern können. Eine App kann damit z. B. nicht mehr auf die Kontaktdaten des Anwenders zugreifen.

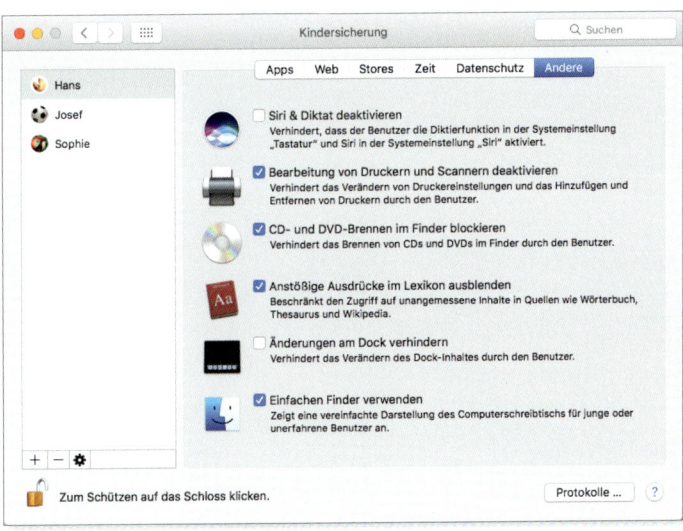

Kindersicherung –> Andere.

In der Kategorie *Andere* können Sie zum Beispiel verhindern, dass der Benutzer die Druckerverwaltung modifiziert oder Daten auf CD und DVD brennt. Eine besonders einfache Benutzeroberfläche erhält der Anwender, wenn Sie die Option *Einfachen Finder verwenden* einschalten. Damit werden, wie der Text schon sagt, junge und unerfahrene Benutzer quasi an den Computer herangeführt.

 Beim Apple-Betriebssystem müssen Einstellungen im Normalfall nicht mehr bestätigt oder quittiert werden. Das heißt: Wenn Sie bei den Kindersicherungen an irgendeiner Stelle eine Änderung vorgenommen haben und zu einem anderen Reiter wechseln oder das Fenster wieder schließen, sind damit die Einstellungen erledigt. Sie müssen nicht nochmals über **Sichern** oder **Bestätigen** übertragen werden.

Über das Zahnradicon können Sie nachträglich ganz einfach die getätigten Einstellungen via Kopieren und Einsetzen auf andere User übertragen – oder durch Deaktivieren rasch komplett beseitigen. Sehr clever ist zudem die Option **Entfernte Konfiguration erlauben**. Damit können Sie von einem anderen Mac aus auf die Kindersicherungsdaten dieses Rechners zugreifen.

Die Kindersicherung kann auch ferngesteuert werden.

Benutzer löschen

Selbstverständlich können Sie als Administrator Benutzer auch wieder von Ihrem Rechner entfernen. Um einen Benutzer zu entfernen, gehen Sie in die *Systemeinstellungen* zu *Benutzer & Gruppen*, klicken den Benutzer an und wählen darunter das – ❶ aus.

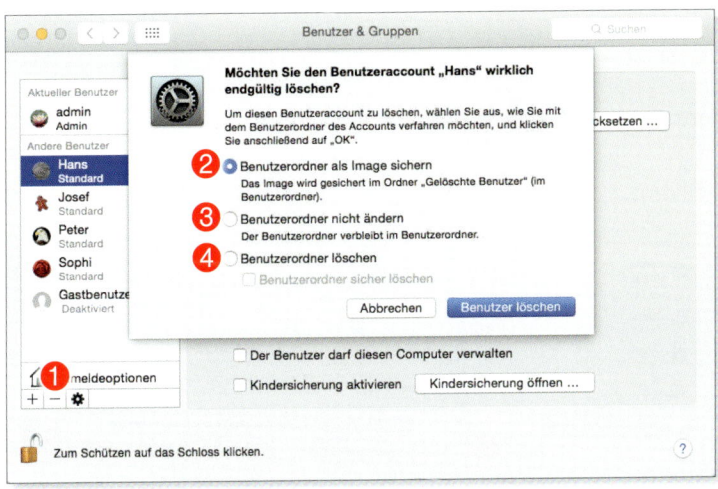

Beim Löschen eines Benutzers stehen verschiedene Optionen zur Verfügung.

Sogleich erscheinen drei Möglichkeiten, was mit dem betreffenden Benutzerordner geschehen kann. Wählen Sie aus zwischen:

1. *Benutzerordner als Image sichern* ❷
   Damit wird lediglich der Benutzer aus der Verwaltung gelöscht und seine Daten werden in eine Disk-Image-Datei *.dmg* umgewandelt und innerhalb des Benutzerordners in den Ordner *Gelöschte Benutzer* eingebracht.

2. *Benutzerordner nicht ändern* ❸
   Damit wird der Benutzer entfernt, der Benutzerordner bleibt erhalten.

3. *Benutzerordner löschen* ❹
   Damit wird nicht nur der Benutzeraccount auf dem Rechner vernichtet, sondern auch alle Daten des Benutzerordners.

Wozu kann es sinnvoll sein, nach dem Entfernen des Benutzers dessen Benutzerdaten noch auf dem Computer zu belassen? Denken Sie zum Beispiel an die Anwendung in Unternehmen. Dort verlässt ein Mitarbeiter das Unternehmen, und wie es der Zufall so will, kommt es zu einer gerichtlichen Auseinandersetzung. Für Sie kann es deswegen gut sein, den Benutzerordner der Person weiter im Zugriff zu haben, um zum Beispiel den E-Mail-Verkehr rekonstruieren zu können. Oder aber eine Person ist für eine längere Zeit nicht in der Firma, wird aber wieder zurückkehren. Dann kann es sein, dass man den Benutzerordner kurzfristig deaktiviert, um ihn später wiederherzustellen.

Gast

Ein ganz besonderer Benutzer ist übrigens der *Gastbenutzer*.

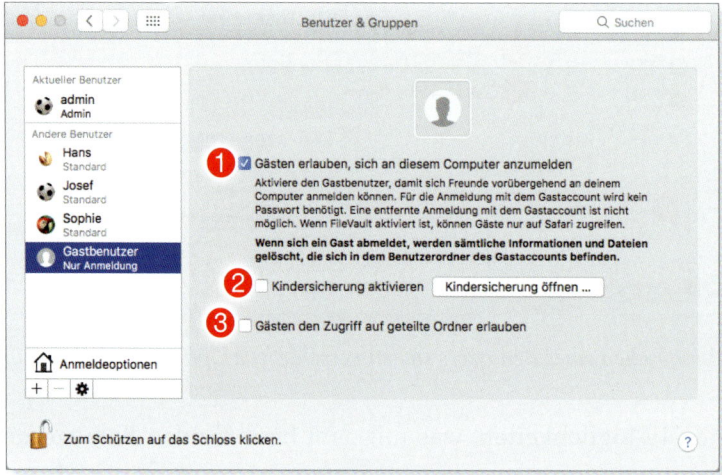

Gastbenutzer.

Ein *Gastbenutzer* braucht, um sich an dem Rechner einloggen zu können, kein Passwort. Damit der *Gastbenutzer* vernünftig funktioniert, sollten Sie die Eigenschaft *Gästen erlauben, sich an diesem Computer anzumelden* ❶ aktivieren. Damit gibt es einen neuen Account – eben den Gast-Account –, mit dem man sich ohne Passwort einloggen darf. Und Sie sehen es am darunter stehenden Text: Der *Gast*-Benutzer kann sich einloggen, mit den Programmen arbeiten und in dem Moment, in dem er sich wieder abmeldet, wird sofort sein kompletter Benutzerordner gelöscht. Das ist zum Beispiel sinnvoll, wenn Freunde oder Bekannte bei Ihnen zu Besuch sind und schnell was im Internet nachschauen wollen. Dann können sie Ihren Rechner als Gast verwenden und in dem Moment, in dem sie sich abmelden, werden alle Spuren sofort vernichtet. Sie können darüber hinaus über *Kindersicherung aktivieren* ❷ für Ihre Gäste auch nur bestimmte Applikationen freigeben.

 Unbedingt deaktivieren sollten Sie **Gästen den Zugriff auf geteilte Ordner erlauben** ❸, damit sie nicht in irgendwelchen Ordnern auf Ihrem Rechner herumwerkeln. Denn dieser Zugriff ist auch über das Netzwerk aktiv und erfordert keinerlei Passwort.

Sehr viele Hotels verwenden diese Eigenschaft für ihre Internetrechner als Surfstation in der Lobby. Jeder Hotelgast kann sich dort bequem als Gast anmelden, benötigt keinerlei Passwort, kann arbeiten, und sobald er sich abmeldet, werden alle Daten, die er in der Zwischenzeit erstellt hat, wieder vernichtet. Meist werden die Hotelgäste gebeten, die Daten sicherheitshalber extern auf einen USB-Stick zu speichern. Sie sehen also, der *Gastbenutzer* ist eine sehr einfach zu implementierende Funktion mit einem sehr hohen Nutzwert.

Verzeichnisdienste und root-User

Für professionelle Einsatzzwecke hält das Apple-Betriebssystem noch weitere Dinge bereit. Vielleicht haben Sie bereits in den Anmeldeoptionen die Eigenschaft *Netzwerkaccount-Server* bemerkt.

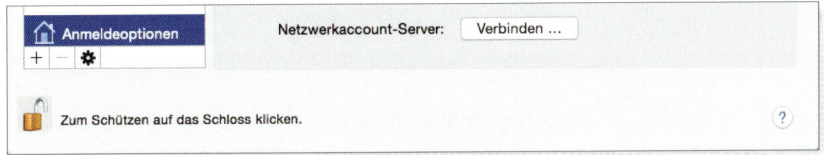

Netzwerkaccount-Server.

Sobald Sie auf den Button *Verbinden* klicken, erscheint ein neues Fenster, in dem Sie das Programm namens *Verzeichnisdienste* starten können.

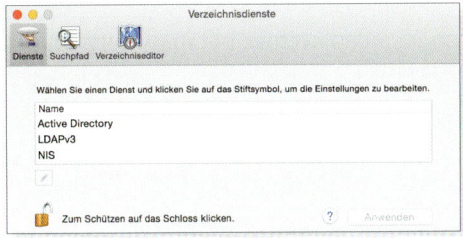

Verzeichnisdienste.

Das Programm Verzeichnisdienste ist ein unerlässliches Werkzeug, wenn Sie in einem Unternehmen mit einem Mac arbeiten wollen. Denn in einem Unternehmen werden die Anwender nicht lokal auf den Geräten verwaltet, sondern über einen zentralen Verzeichnisdienstserver. Das Apple-Betriebssystem bringt zwei Schnittstellen zu häufig verwendeten Verzeichnisdienstservern mit, nämlich das *Active Directory*, das hauptsächlich in Unternehmen eingesetzt wird, die mit Windows-Systemen arbeiten, und das *LDAPv3*, mit dem Sie Kontakt zu einem macOS-Server aufnehmen. Es werden damit also auf den Servern die Userdaten hinterlegt und mit Berechtigungen versehen. Sobald Sie Ihren Rechner über das Programm Verzeichnisdienste mit diesem zentralen Server in Kontakt bringen, können Sie sich als User anmelden, der eigentlich auf einem Server definiert ist. Sie verwenden dabei die lokalen Ressourcen des Rechners und erhalten Ihre Berechtigungen und Konfigurationen über den Verzeichnisdienst zugewiesen. Für Unix-Kenner ist ganz interessant, dass man über das Programm Verzeichnisdienste auch den *root-Benutzer* aktivieren kann.

„root-Benutzer" aktiviert.

Der *root-Benutzer* ist quasi der Chef des Administrators. Er hat noch deutlich mehr Befugnisse, kann aber natürlich auch Dinge anstellen, die den Rechner in Mitleidenschaft ziehen. Die Anwendergruppen, die von Unix-Betriebssystemen auf den Mac umsteigen, wissen, welche Eigenschaften der *root-Benutzer* hat, und können diese für ihre Zwecke einsetzen.

 Wie Sie vielleicht wissen, können Sie jeden Rechner mit macOS durch die zusätzliche Installation von Apps aus dem Mac App Store in einen macOS-Server verwandeln. Damit stehen Ihnen leistungsfähige Funktionen zur Verfügung, um im Team arbeiten zu können.

Kapitel 11

Systemeinstellungen

In den *Systemeinstellungen* können Sie Ihren Computer Ihren Bedürfnissen entsprechend konfigurieren.

 Wie bereits im vorherigen Kapitel bemerkt, können administrative Benutzer einige Einstellungen vornehmen, die dem normalen Standardbenutzer vorenthalten sind.

Dabei handelt es sich bei den Einstellungen, die nur für Administratoren zugänglichen sind, um globale Einstellungen für den Rechner, um den Zugang zum Netzwerk und Internet oder die Definition der Benutzeraccounts, die Aktualisierung des Betriebssystems etc. In diesem Kapitel werden wir nun noch die verbliebenen Systemeinstellungen kurz auflisten, die nicht bereits an anderer Stelle Erwähnung fanden. Dabei sollen zuerst die Systemeinstellungen gezeigt werden, die ein Administrator für den kompletten Rechner vornehmen kann.

Sicherheit

In den Systemeinstellungen befindet sich in der ersten Reihe das Icon *Sicherheit*. Und dort gibt es die Bereiche *Allgemein* und *FileVault*, die bisher noch nicht erwähnt wurden.

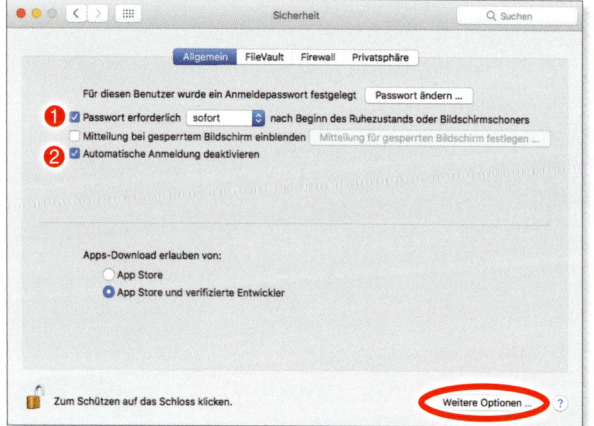
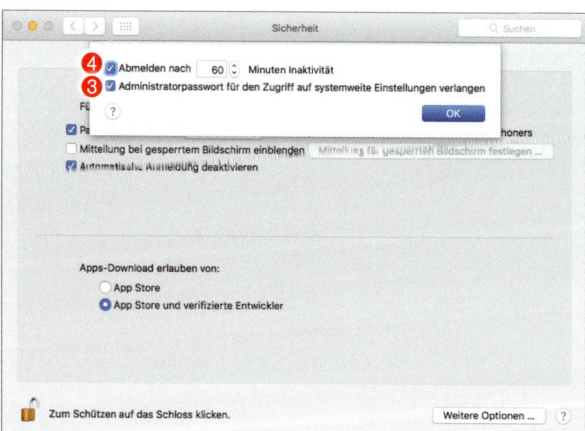

Sicherheit –> Allgemein.

Sie sollten in jedem Fall die Eigenschaft *Passwort erforderlich* ❶ mit dem Parameter *sofort* versehen. Das heißt: Wenn ein Anwender den Rechner kurzfristig in den Ruhezustand gebracht oder den Bildschirmschoner aktiviert hat und den Rechner über das Drücken einer beliebigen Taste wieder aufzuwecken versucht, soll der Computer sofort nach einem Passwort fragen. Hier wären auch Zeitintervalle wie beispielsweise fünf Sekunden, eine Minute etc. möglich, doch davon würde ich eher abraten.

 Wenn Sie am Rechner sitzen und ihn für eine Pause sperren möchten, drücken Sie einfach **ctrl + Shift + ⏏** bzw. ⏻. Über einen Tastendruck und die nachfolgende Passworteingabe steht der Rechner sogleich wieder zur Verfügung.

Außerdem – das haben wir vorhin schon in den Benutzereinstellungen gesehen – wurde die automatische Anmeldung deaktiviert. Das sollten Sie in jedem Fall an Ihrem Rechner auch vornehmen ❷.

Weitere Optionen: ❸ *Administratorpasswort für den Zugriff auf systemweite Einstellungen verlangen*. Damit werden Sie stets bei einer Änderung nach Ihrem Administratorpasswort gefragt und, wenn Sie möchten, können Sie noch das automatische Abmelden bei Inaktivität ❹ definieren.

Gatekeeper

Eine weitere wesentliche Funktion in den *Systemeinstellungen* befindet sich ebenfalls bei *Sicherheit* im Bereich *Allgemein*.

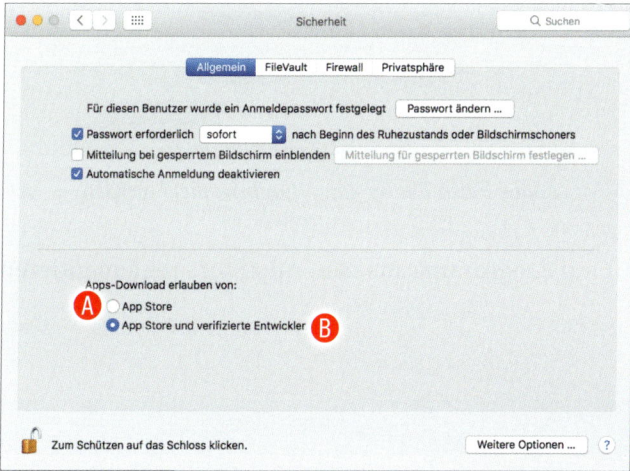

App-Sicherheitseinstellungen in den Systemeinstellungen.

Die Standardeinstellung ❸ nennt sich *App Store und verifizierte Entwickler*. Das bedeutet: Alle Anwendungen von Entwicklern, die sich bei Apple zertifiziert haben und ihre Software über den *App Store* anbieten, werden ohne jegliche Sicherheitsmeldung auf Ihrem Rechner installiert. Kommt die Software aus anderen Quellen, wird sie beispielsweise über Safari aus dem Internet geladen, ist eine Installation nicht möglich.

Adobe Flash Player lässt sich so nicht installieren (links). Firefox wird überprüft und danach gestartet (rechts).

Wollen Sie diese Software dennoch installieren, obwohl sie nicht über den *App Store* erworben wurde und in diesem Fall auch nicht von einem verifizierten Entwickler stammt, müssen Sie beim ersten Start der App die *ctrl*-Taste gedrückt halten während Sie über das Kontextmenü *Öffnen* auswählen.

Adobe Flash Player kann nun installiert werden.

Wollen Sie den Schutz nur auf Programme aus dem App Store reglementieren, verwenden Sie die Funktion *App Store* Ⓐ.

FileVault

Technologisch gesehen deutlich interessanter ist der Reiter *FileVault*. In den vorherigen Betriebssystemversionen war es so, dass man mit FileVault den Benutzerordner verschlüsseln konnte. Jeder Benutzer konnte entscheiden, ob er seinen Ordner verschlüsseln möchte. Seit El Capitan wird nunmehr der komplette Rechner verschlüsselt, inklusive der Programme, Systemordner und aller Benutzerordner. Die

Vorgehensweise ist dabei Apple-like sehr einfach. Zunächst einmal sollten Sie in den *Systemeinstellungen* bei *FileVault* festlegen, dass Sie *FileVault aktivieren* möchten.

Apple bietet Ihnen einen Wiederherstellungsschlüssel an. Das ist eine illustre Text- und Zahlenkombination, die im Falle eines Falles, sollten alle Kennwörter vergessen worden sein, ein Sicherheitsnetz darstellt, um sich an dem Rechner einloggen zu können. Sie können aber als Alternative auch Ihren iCloud-Account dafür verwenden.

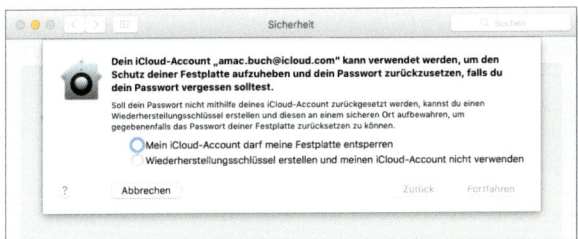 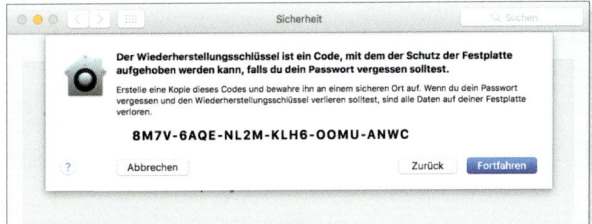

Entweder man generiert einen Wiederherstellungsschlüssel oder man verwendet den iCloud-Account.

> **!** Notieren Sie sich diesen Schlüssel bzw. drucken Sie diese Bildschirmansicht aus und verwahren Sie den Wiederherstellungsschlüssel an einem sicheren Ort.

Als zusätzliche Sicherheit, müssen alle angelegten Benutzer ein Passwort haben. Ist dies nicht der Fall, so können Sie dies im nächsten Schritt ändern. Klicken Sie dazu auf die Schaltfläche *Passwort festlegen*. Hat jeder Benutzer ein Passwort, können Sie auf *Fortfahren klicken*, um zum letzten Schritt für die Aktivierung von FileVault zu kommen.

 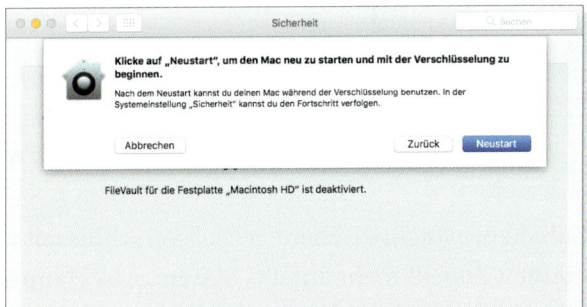

Jeder Benutzer benötigt ein Passwort (links). Ein Neustart startet die Verschlüsselung (rechts).

Die Verschlüsselung beginnt, sobald Sie den Rechner mit *Neustart* booten. Wie Sie es bereits von der Verschlüsselung bei Time Machine kennen, dauert es natürlich eine geraume Zeit, bis der komplette

Rechner verschlüsselt ist. Ihr Vorteil als Anwender gerade eines tragbaren Rechners ist jedoch enorm: Sollten Sie Ihren Rechner verlieren, sind alle Daten, die auf der Festplatte des Rechners vorhanden sind, vor fremden Blicken sicher.

Beim nächsten Neustart erscheint dann vor dem Bootvorgang sofort eine Liste aller User, die auf diesem Betriebssystem hinterlegt sind. Klicken Sie den entsprechenden Account an und geben Sie das dazugehörige Passwort ein. Erst danach wird der Startprozess fortgesetzt.

Ist der Rechner dann wieder neu gestartet, können Sie in den *Systemeinstellungen* zu *Sicherheit* gehen und dort bei *FileVault* erkennen, dass es doch relativ lange dauert, bis diese Verschlüsselung abgeschlossen ist.

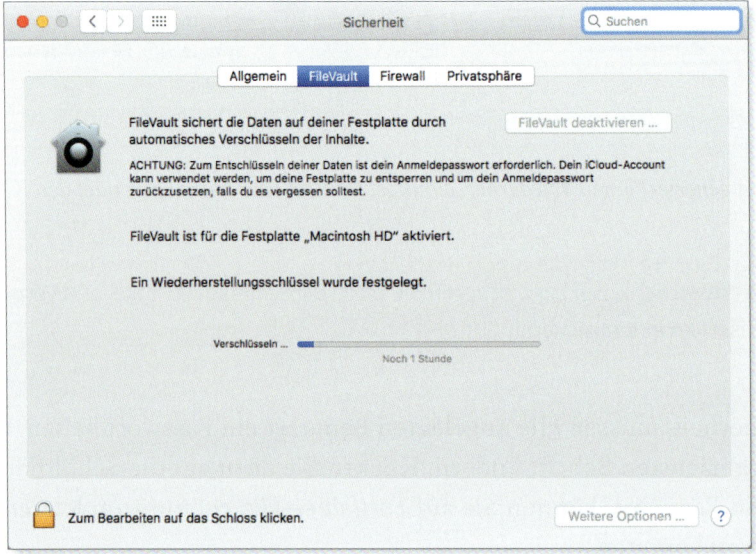

Verschlüsselung läuft.

 Sie werden in der Praxis erleichtert feststellen, dass es nicht wirklich mehrere Tage dauert, sondern dass im Regelfall abhängig von der Datenmenge, die sich auf Ihrer internen Festplatte befindet, die Verschlüsselung innerhalb weniger Stunden vollständig abgeschlossen ist.

Sobald der Rechner über *FileVault* verschlüsselt ist und ein Anwender sein Passwort vergessen hat, hat er keinen Zugriff mehr auf das System. Das Hauptpasswort versetzt den Administrator in die Lage, dem Anwender ein neues Benutzerpasswort zu geben, um erneut auf den verschlüsselten Account (FileVault) zugreifen zu können. Sie sollten also nach Abschluss der FileVault-Verschlüsselung stets ein Hauptpasswort festlegen, um keinen Benutzer aus dem Rechner auszusperren, wenn dieser einmal sein Passwort vergisst.

In den Systemeinstellungen bei *Benutzer & Gruppen* finden Sie oberhalb des Schlosses ein Zahnradicon. Sobald Sie dieses aufklappen, erscheint ein Eintrag namens *Hauptpasswort festlegen*.

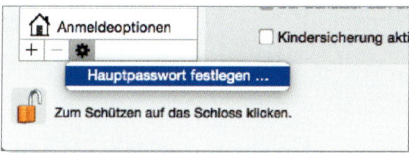

Hauptpasswort festlegen.

Wird diese Funktion angewählt, erscheint ein weiteres Fenster, in dem ein Hauptpasswort erstellt werden kann. Apple erklärt an dieser Stelle auch ganz genau, wofür das Hauptpasswort notwendig ist.

Definition Hauptpasswort.

> **!** Ist **FileVault** aktiviert, verschwindet die **Wiederherstellen-Partition**. Wie bereits an anderer Stelle erwähnt, legt macOS bei der Installation eine zweite Partition an, auf der sinnvolle Reparaturmechanismen hinterlegt werden. Ist **FileVault** und damit die Verschlüsselung Ihres Datenträgers aktiv, verschwindet diese.

Selbstverständlich kann nach erfolgreicher Aktivierung der *FileVault*-Funktionalität diese auch wieder deaktiviert werden.

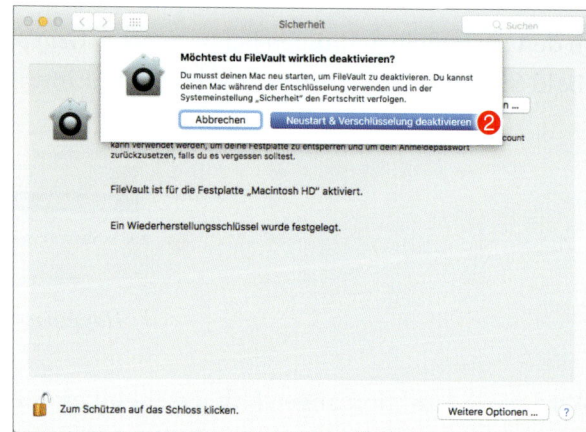

FileVault deaktivieren.

Rufen Sie dazu in den *Systemeinstellungen –> Sicherheit* den Reiter *FileVault* auf und klicken Sie auf *File-Vault deaktivieren* ❶. Anschließend erscheint eine Rückfrage des Systems, ob Sie die Verschlüsselung nun tatsächlich deaktivieren möchten. Klicken Sie auf *Neustart & Verschlüsselung deaktivieren* ❷.

Firmware-Passwort festlegen

Mit einem Benutzerkennwort können Sie verhindern, dass unberechtigte Personen sich einloggen, um Ihre Daten zu sehen. Wählen Sie *FileVault*, um alle Daten auf dem Computer zu verschlüsseln. Möchten Sie nun auch noch das Booten Ihres Macs von einem anderen Datenträger (USB-Volume etc.) unterbinden, so hilft Ihnen hier das Setzen eines Firmware-Passworts weiter.

1. Starten Sie Ihren Mac via *cmd + R* von der Wiederherstellungspartition.
2. Wählen Sie im Menüpunkt *Dienstprogramm* den Eintrag *Firmware-Passwortdienstprogramm* aus.
3. Tippen Sie nun auf *Firmware-Passwort aktivieren*, und geben Sie bei *Neues Passwort* und bei *Bestätigen* Ihr Kennwort ein. Bestätigen Sie die Eingabe mit *Passwort festlegen*.
4. Verlassen Sie nun das Firmware-Passwortdienstprogramm, und starten Sie Ihren Rechner neu.

Wenn Sie nun vom gewohnten Startlaufwerk booten, werden Sie keinen Unterschied feststellen. Erst wenn Sie von einem anderen Laufwerk oder von der Wiederherstellungspartition starten möchten, ist zunächst die Eingabe des Firmware-Passworts notwendig.

Die Eingabe des Firmware-Passworts ist nun notwendig.

Zwei wichtige Bemerkungen noch dazu:

a) Sollten Sie das Firmware-Kennwort einmal vergessen, hilft Ihnen nur der Apple autorisierte Service Partner weiter!

b) Um das Firmware-Passwort zu entfernen, müssen Sie erneut von der Wiederherstellungspartition booten, das entsprechende Dienstprogramm starten und dann das Kennwort entfernen.

Monitore

Über die *Systemeinstellungen –> Monitore* (zweite Zeile, erstes Symbol) kann die Funktion *Sync-Optionen bei Verfügbarkeit in der Menüleiste anzeigen* aktiviert werden. Damit werden AirPlay-fähige Geräte in der Umgebung aufgelistet und können genutzt werden.

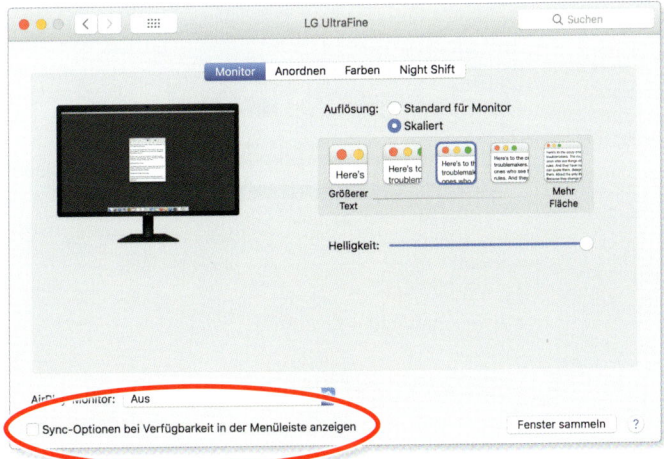

Systemeinstellungen –> Monitore.

AirPlay ist eine ganz einfache Möglichkeit, wie Sie drahtlos Ihren Computerbildschirm zum Beispiel an Ihr Apple TV übertragen. Notwendig ist hierfür natürlich, dass sich ein Apple-TV-Gerät mit WLAN in der Nähe befindet und Sie sich mit Ihrem Computer im gleichen WLAN-Netzwerk befinden. Damit gelangen dann die Daten mit der maximalen Qualität von 1080p auf Ihren HD-Fernseher, der am Apple TV angeschlossen ist. Auch die Audio-Informationen werden übertragen.

Die Funktion der Übertragung via AirPlay kennen Sie eventuell bereits vom iPhone und iPad. Auch dort ist es möglich, die Bildschirminhalte auf das Apple-TV-Gerät zu übertragen.

AirPlay auf dem Mac.

Des Weiteren kann hier die Monitorauflösung eingestellt werden. Via *Standard für Monitor* hat man stets die beste Konfiguration vorgenommen. Mittels *Skaliert* kann die Bildschirmauflösung manuell geändert werden, was beim Anschluss eines Beamers bisweilen notwendig sein kann. Zudem kann die Helligkeit des Bildschirms noch automatisch oder eben manuell eingestellt werden.

Über *Farben* können Sie dem Monitor ein Farbprofil zuordnen. Für Personen aus dem Kreativbereich eine sehr wichtige Funktion. Und schlußendlich *Night Shift* verwendet wärmere Farbtöne für Ihren Monitor. Denn Studien haben ergeben, dass blaues Licht abends den Schlaf-Wach-Rhythmus beeinflussen kann. Geben Sie hier nun an, welches Zeitintervall von Night Shift verwendet werden soll. Sie können es auch automatisieren, wenn Sie Sonnenuntergang bis Sonnenaufgang einstellen.

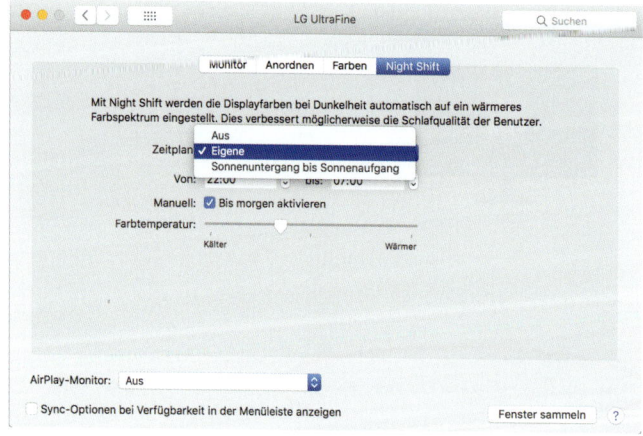

Wärmere Farbtöne vor allem abends sollen das Einschlafen erleichtern.

Sie können Night Shift jederzeit manuell aktivieren – entweder hier über die **Systemeinstellungen –> Monitore** oder noch cleverer über die **Mitteilungszentrale**.

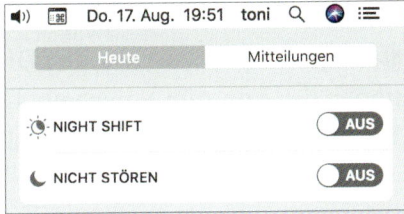

Ziehen Sie die Mitteilungen nach unten und aktivieren Sie Night Shift.

Retina Display

Verfügt Ihr Mac über ein hochauflösendes Retina Display, so können Sie im Bereich *Monitore –> Skaliert* zwischen der Darstellung *Standard*, *Größerer Text* und *Mehr Fläche* wählen.

Hochauflösende Retina Displays können ebenfalls den Bedürfnissen des Anwenders angepasst werden.

Mehrere Monitore

Werden mehrere Monitore gleichzeitig verwendet, können die Einstellungen je Display vorgenommen werden. Jeder Monitor verfügt über seine eigene Menüleiste, eigene Spaces und eine eigene Mission Control. Sie können einfach per Drag & Drop Fenster zwischen den Displays austauschen. Sofort wechselt die Menüleiste und bringt die Funktionen der App zum Vorschein. Das klappt auch, wenn Sie sich in der Mission-Control-Ansicht befinden. Einfach das Fenster auf das andere Display ziehen und schon wird die App dort eingeblendet.

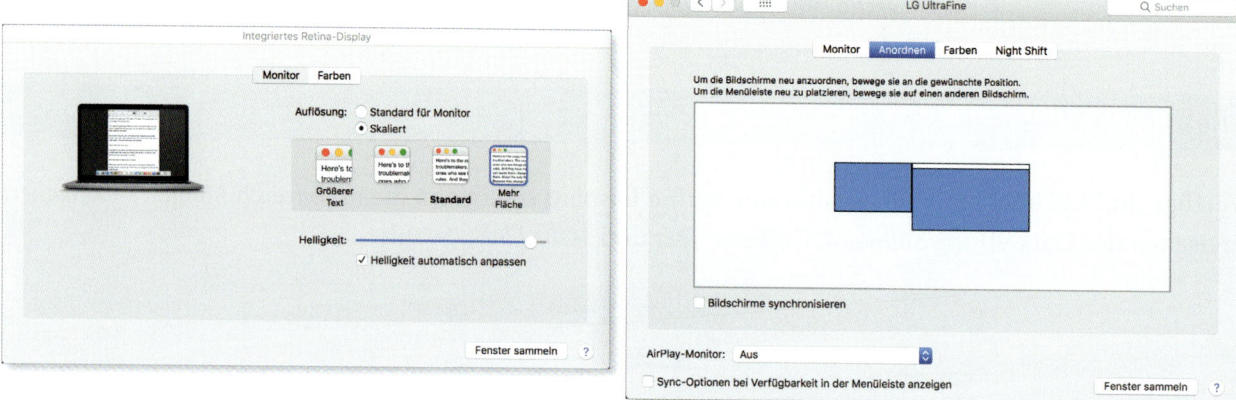

Dieser Computer verfügt über zwei Monitore.

Soll auf den beiden Displays der gleiche Inhalt dargestellt werden, klicken Sie auf *Anordnen* und dann auf *Bildschirme synchronisieren*.

 Sind Sie via AirPlay mit dem HD-Fernseher verbunden, können Sie diesen ebenfalls als eigenständiges Display nutzen.

Energie sparen (Power Nap)

Auch die Energiespareinstellungen (zweite Zeile, zweites Symbol) unterliegen der Aufsicht des Administrators. Sofern Sie einen tragbaren Rechner haben, können Sie getrennte Einstellungen für den Batterie- und für den Netzteilbetrieb einstellen. Definieren Sie, nach welcher Zeit der Monitor bzw. der Rechner in den Ruhezustand geht, und geben Sie an, bei welchen Aktivitäten dieser Ruhezustand wieder beendet wird. Besonders interessant an dieser Stelle ist die Einstellung *Zeitplan*, denn Sie können hier Zeiten hinterlegen, zu denen der Computer morgens startet bzw. sich abends automatisch abschaltet.

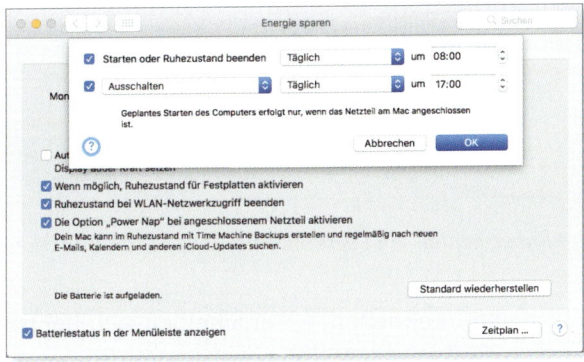

Zeitplan erstellen.

Sollten Sie abends länger arbeiten, erscheint ein Hinweisfenster, dass das Betriebssystem beabsichtigt, den Rechner in wenigen Minuten auszuschalten. Wenn Sie an dem Rechner weiterarbeiten wollen, wird natürlich der Ausschaltvorgang an dieser Stelle unterbrochen. Die Einstellungen sind besonders praktisch für Arbeitsplatzrechner, die sich zum Beispiel in Firmen befinden, um die Rechner zu bestimmten Zeitpunkten ein- und auszuschalten.

 Auch für administrative Anwender bietet die Funktion sinnvolle Möglichkeiten. Wenn die Arbeitsplatzrechner mit bestimmten Ausschaltzeiten versehen sind, kann man als Administrator am Ende der Arbeitszeit noch Dinge regeln, und die Rechner schalten sich dann von ganz allein ab.

Die Funktion *Power Nap* ist äußerst nützlich, aber nur bei neueren Macs verfügbar. Wie der Name schon sagt, wird der Rechner im Ruhezustand eine Menge Aktualisierungen vornehmen wie zum Beispiel

- Informationen über die iCloud synchronisieren,
- Time-Machine-Backups ausführen,

- Software-Updates herunterladen und installieren,
- neue E-Mails bzw. Benachrichtigungen laden etc.

Der Vorteil liegt klar auf der Hand: Sobald Sie den Rechner wieder aufklappen, haben Sie sofort den aktuellen Zustand auf Ihrem Gerät. Und das Ganze ohne Ihr Zutun.

Je nach Computermodell kann sich der Funktionsumfang unterscheiden. Allen gemeinsam hingegen ist, dass in den *Systemeinstellungen –> Energie sparen* diese Funktionen eingestellt werden können.

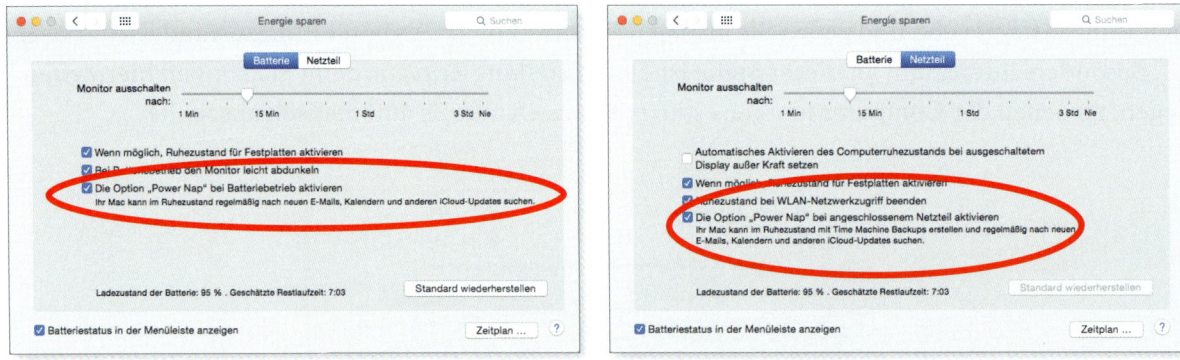

Während des Ruhezustands sind verschiedene Hintergrundfunktionen möglich.

Und wie Sie anhand der Bildschirmfotos sehen, unterscheiden sich bei tragbaren Macs die Einstellungen, abhängig davon, ob Sie den Batterie- oder den Netzteilmodus wählen. Bei den Netzteileinstellungen können trotz Power Nap noch Time-Machine-Backups durchgeführt werden.

 Sicher haben Sie schon bemerkt, dass der Batterieladezustand Ihres tragbaren Macs in der Menüleiste eingeblendet werden kann. Doch leider kann man dabei nur den prozentualen Ladezustand anzeigen lassen. Die Zeitanzeige sieht man erst, wenn man das Menü aufklappt.

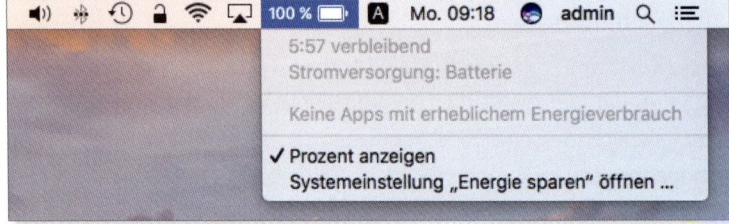

Die Anzeige mit Akkulaufzeit in Prozent und im Menü die Zeitanzeige.

Zudem kann Ihnen das Menüleistensymbol *Batteriestatus* noch besonders energieintensive Apps auflisten. An diesem Beispiel sehen Sie, dass momentan die App *Mail* besonders viel Energie verbraucht.

App Nap

Mit OS X 10.9 hat Apple eine Technologie namens App Nap eingeführt. Damit können Programme, sofern Sie aktuell nichts tun müssen, ein Nickerchen einlegen. Das schont den Prozessor und bei tragbaren Macs auch den Akku.

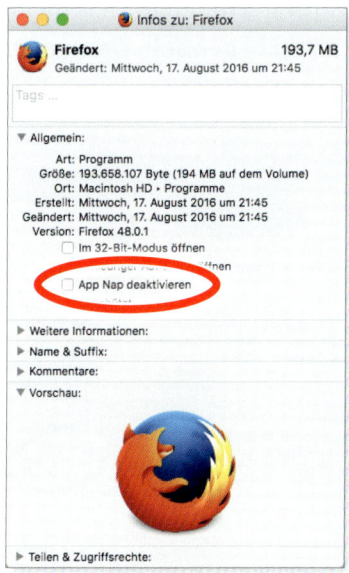

App Nap kann auch deaktiviert werden

Dazu rufen Sie das *Informationen*-Fenster einer App auf (*cmd + I*) und bringen ein Häkchen bei *App Nap deaktivieren* an. Damit darf sich die App keine Pause mehr gönnen und steht somit immer voll Power zur Verfügung.

Datum & Uhrzeit

Auch die Einstellungen, die *Datum & Uhrzeit* (vierte Zeile, viertes Symbol) anbelangen, sind einem Administrator vorbehalten. Das ist eine absolut notwendige Geschichte, wenn Ihr Computer mit einem Verzeichnisdienstserver wie Active Directory arbeiten soll. Dann muss eine Zeitsynchronisierung zwischen dem Arbeitsplatzrechner und dem Server stattfinden.

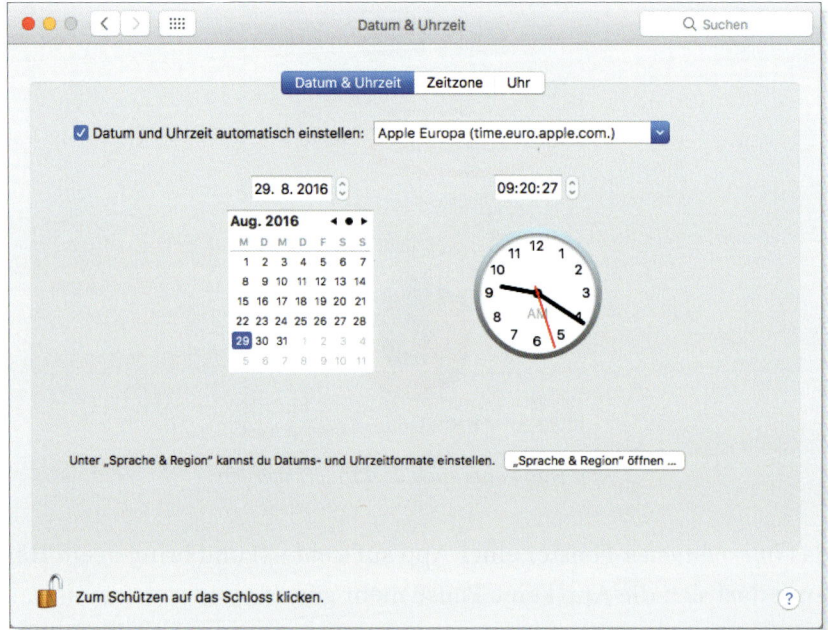

Datum & Uhrzeit.

Deshalb ist es zu empfehlen, bei *Datum & Uhrzeit* einen Timeserver zu verwenden. Sie können entweder den von Apple benutzen oder an dieser Stelle einen eigenen Timeserver eintragen, den Sie in Ihrem Netzwerk betreiben, um allen Rechnern in diesem Netzwerk das gleiche Datum und die gleiche Uhrzeit mitzuteilen. Überprüfen Sie noch im Register *Zeitzone*, ob Sie auch den richtigen Standort und die Zeitzone definiert haben.

App Store

Bereits an anderer Stelle haben wir diskutiert, dass die Softwareaktualisierung das Betriebssystem ändert, und die Änderung des Betriebssystems darf nur ein Administrator durchführen.

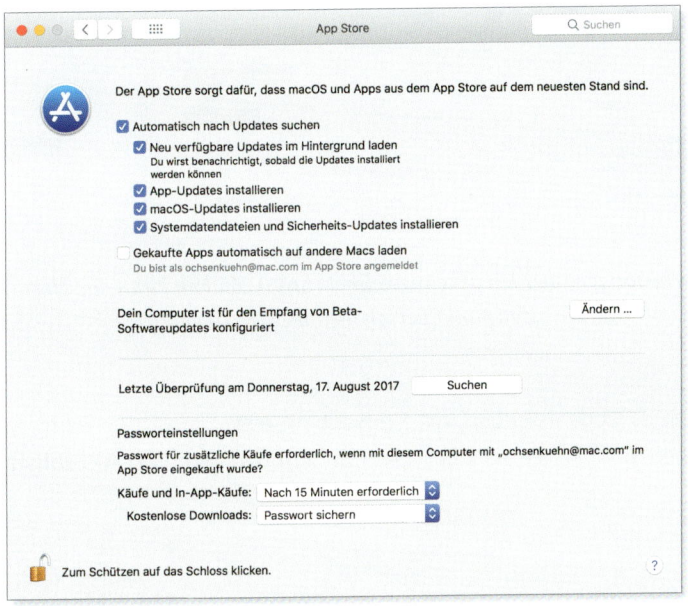

Über den App Store regeln Sie, wie macOS mit Updates umgehen soll.

Aktivieren Sie das Häkchen *Automatisch nach Updates suchen*, um stets bei einer bestehenden Internetverbindung nach Aktualisierungen Ausschau zu halten. Ebenso sind die etwas eingerückten Funktionen zu empfehlen, da mit ihnen die Installation (*App-Updates installieren* und *Systemdateien und Sicherheits-Updates installieren*) und das Herunterladen der Updates (*Neu verfügbare Updates im Hintergrund laden*) automatisch im Hintergrund durchgeführt werden kann.

Etwas vorsichtiger sollten Sie mit der Option m*acOS-Updates installieren* sein. Damit werden nämlich Updates für das Betriebssystem wie z. B. macOS 10.12.1 automatisch geladen und installiert. Systemupdates sollten Sie immer ganz bewußt installieren. Eine neue Systemversion kann nämlich vorhandene Programme unbrauchbar machen, das gilt besonders für Treibersoftware von externen Geräten (Scanner, Kartenleser, Drucker etc.). Informieren Sie sich vorher bei den diversen Software- bzw. App-Herstellen, ob das jeweilige Programm mit dem neuen System auch kompatibel ist. Erst dann sollten Sie das Systemupdate manuell aufspielen.

Gekaufte Apps automatisch auf andere Macs laden bedeutet, dass verschiedene Mac-Rechner mit macOS über das Programm *App Store* automatisch auf dem gleichen Stand gehalten werden. Wird auf einem Computer ein Programm heruntergeladen, kann dies automatisch auch auf anderen Rechnern erfolgen, die mit der gleichen Apple-ID angemeldet sind. Eine sehr zeitsparende und nützliche Funktion, die Sie verwenden sollten.

Updates, die einen Neustart benötigen, werden gekennzeichnet (links). Zudem kann das Herunterladen auf einen späteren Zeitpunkt verschoben werden (rechts).

> **!** Hin und wieder kann es Updates geben, die Sie nicht einspielen möchten. Damit diese Updates nicht länger in der Liste erscheinen, können Sie via Anklicken mit der **ctrl-Taste** und **Aktualisierung ausblenden** diese überspringen.

> **!** Sie wissen ja, dass Sie die Softwareaktualisierung ebenfalls über das **Apfel-Menü** und den Eintrag **App Store** starten können.

Bei *App Store* vergleicht Ihr Rechner den aktuellen Zustand des Betriebssystems und der Programme mit dem, was Apple im Internet anbietet. Das heißt, Sie bekommen Updates zum Betriebssystem, Sie erhalten möglicherweise Sicherheitsupdates, aber auch Updates zu iTunes, iMovie, Pages, Keynote, Numbers etc. und zu allen über den App Store geladenen Programmen.

Wenn ein Update beispielsweise das Betriebssystem aktualisiert, ist zwingend ein Neustart erforderlich, um dieses Update einzuspielen. Ein kleines Icon ⬅ bei der Liste der zu aktualisierenden Produkte zeigt Ihnen, bei welchen Produkten ein Neustart des Rechners notwendig ist.

 Im Gegensatz zu Windows gibt es hier keine Möglichkeit, Softwareinstallationen an einer zentralen Stelle wieder rückgängig zu machen. Um ein Betriebssystemupdate wieder rückgängig machen zu können, müssen Sie über die Time Machine gehen und einen alten Zustand einspielen. Wollen Sie ein installiertes Programmpaket, wie zum Beispiel den Adobe Reader, wieder von Ihrer Festplatte verbannen, müssen Sie die Deinstallationsroutine verwenden, die bei dem Adobe-Produkt dabei war.

Wollen Sie zu einem späteren Zeitpunkt prüfen, welche Updates installiert wurden, sollten Sie dazu im *Dienstprogramme*-Ordner die App *Systeminformationen* öffnen. Wählen Sie auf der linken Seite den Bereich *Software –> Installationen* aus.

MacBook Air				
► Hardware	Softwarename	^ Version	Quelle	Installationsdatum
► Netzwerk	iTunes	12.3.2	Apple	04.01.16, 10:21
▼ Software	iTunes	12,5	Apple	14.07.16, 11:45
Bedienungshilfen	iTunes	12,5	Apple	22.07.16, 09:10
Deaktivierte Software	iTunes	12,5	Apple	12.08.16, 09:16
Druckersoftware	Keynote	6,4	Apple	06.08.15, 11:22
Entwickler	Keynote	6.6.1	Apple	04.01.16, 10:08
Erweiterungen	Keynote	6.6.2	Apple	20.06.16, 11:29
Frameworks	Kindle	1.11.2	Drittanbieter	18.08.15, 14:48
Installationen				

iTunes:

Version: 12,5
Quelle: Apple
Installationsdatum: 12.08.16, 09:16

Komponenten
Profile
Programme
Protokolldateien
Schriften
Startobjekte
Sync-Dienste
Systemeinstellungen
Verwalteter Client

11er-MacBookAir ► Software ► Installationen ► iTunes

In den Systeminformationen sehen Sie auf einen Blick, welche Updates installiert wurden.

Eine nützliche Funktion in den Einstellungen des App Stores ist die Möglichkeit die Abfrage der Apple-ID einzustellen. Bei Einkäufen über den App Stores war es bisher so, dass man etwas gekauft und seine Apple-ID angegeben hat. Falls dann innerhalb der nächsten 15 Minuten ein weiterer Kauf stattfand, mußte die Apple-ID nicht nochmal eingegeben werden. Nun können Sie festlegen, ob die Apple-ID jedesmal beim Einkauf benötigt wird, oder ob das 15-Minuten-Intervall gelten soll. Ändern Sie die Einstellung bei der Option *Käufe und In-App-Käufe*. Direkt darunter kann zusätzlich die Abfrage des Apple-ID-Kennworts für kostenlose Apps eingestellt werden. Entweder ist beim Herunterladen von kostenlosen Apps das Kennwort immer erforderlich, oder Sie lassen das Kennwort speichern.

Startvolume

Startvolume auswählen.

Anhand meines Computers sehen Sie, dass dieser derzeit über verschiedene Laufwerke und verschiedene Betriebssystemversionen verfügt. Ich kann mich also über *Startvolume* entscheiden, mit welchem Betriebssystem ich beim nächsten Neustart booten möchte.

> **!** Wenn Sie den Rechner einschalten und sich dann entscheiden wollen, welches Betriebssystem starten soll, halten Sie die **alt**-Taste gedrückt, bis der Bootmanager Ihnen alle bootfähigen Laufwerke zeigt, und klicken dann das Laufwerk an, von dem gestartet werden soll.

Im Regelfall werden Sie dort nur ein Icon vorfinden, nämlich das mit dem Namen *Macintosh HD*, worauf Ihr Betriebssystem installiert ist. Bis auf die Systemeinstellungen *Netzwerk* und *Freigaben* sind damit alle für den Systemadministrator relevanten Systemeinstellungen besprochen. Diese beiden sind im nächsten Kapitel dran, wenn es um die Netzwerkfunktionalität geht. Wir besprechen nun die Systemeinstellungen, die jeder normale Anwender auch aufrufen kann. Auch hierbei wurden bereits eine Menge Einstellungen diskutiert, sodass wir uns auf die Funktionen beschränken, die noch nicht besprochen wurden.

Allgemein

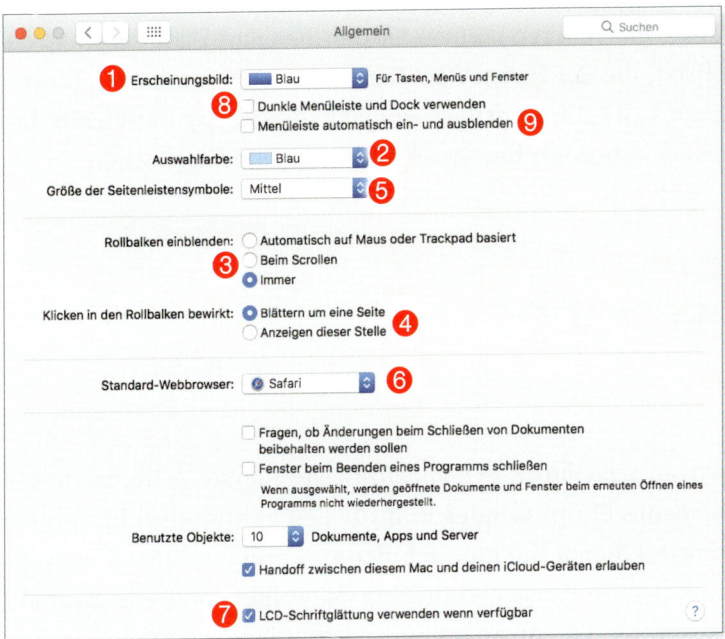

Im Bereich *Allgemein* (erste Zeile, erstes Symbol) können Sie eine Menge sinnvoller Einstellungen vornehmen, um noch zufriedener mit Ihrem Betriebssystem zu werden. Im ersten Bereich geht es um die Farbgebung. Standardmäßig verwendet Apple das Erscheinungsbild *Blau* und meint damit zum Beispiel die roten, orangen und grünen Fensterbuttons ❶: Sollten Sie diese eher in einer dezenteren Farbfassung haben wollen, schalten Sie von *Blau* auf *Graphit* um. Zusätzlich können Sie Menüleiste und das Dock in einer dunklen Farbe anzeigen lassen ❽ (siehe Seite 38) und sogar die komplette *Menüleiste automatisch ein- und ausblenden* ❾. Besonders bei Anwender, die nur über einen kleinen Bildschirm verfügen, werden diese Funktion nützlich finden. Die Menüeiste wird immer dann eingeblendet, wenn Sie den Mauszeiger an die obere Bildschirmkante bewegen. Wenn Sie einen Text an irgendeiner Stelle markieren oder auch eine Markierung in einem Finder-Fenster vornehmen, wird als Auswahlfarbe ein helles Blau verwendet ❷, was Sie hier ändern könnten.

Für viele Anwender mag es anfangs befremdlich sein, gerade wenn sie bereits mit einem Mac- oder Windows-Betriebssystem gearbeitet haben, dass die Rollbalken standardmäßig nicht eingeblendet bleiben, sondern nur bei Bedarf erscheinen. Sollte Sie diese Funktion stören, schalten Sie die Option *Immer* ❸ ein, um die Rollbalken stets zu sehen. Dann ist es natürlich auch sinnvoll, bei *Klicken in den Rollbalken bewirkt* ❹ zu definieren, ob durch Klick in den Rollbalken seitenweise geblättert oder ob an die jeweilige Stelle innerhalb eines Fensters gesprungen werden soll.

Bei *Größe der Seitenleistensymbole* ❺ können Sie sich zwischen den Größen *Klein*, *Mittel* und *Groß* entscheiden. Dies führt zur Änderung der Icongrößen im Finder in der Seitenleiste und ebenso zur Änderung der Icons im Programm Mail. Des Weiteren können Sie den *Standard-Webbrowser* ❻ definieren. Hier sind alle Internetbrowser aufgelistet, die auf Ihrem Rechner installiert sind. Und schlussendlich können Sie bei ❼ für die Darstellung auf LCD-Bildschirmen eine Schriftglättung aktivieren. Die Eigenschaft *Benutzte Objekte merken* und *Handoff* haben wir bereits an anderer Stelle besprochen.

Bildschirmschoner

In den Systemeinstellungen *Schreibtisch & Bildschirmschoner* (erste Zeile, zweites Symbol) haben wir uns bereits zu Beginn des Buches ein passendes Bild für den Schreibtischhintergrund ausgewählt. In der Kategorie *Bildschirmschoner* können Sie nun definieren, wann ein Bildschirmschoner in Kraft tritt und welcher es denn sein soll, der die Pause verschönert. Sie sollten vielleicht einmal die Eigenschaft *Mobile – Urlaub* oder *Origami* ausprobieren, um zu sehen, wie gut hier die Grafik ist.

Zudem können Sie nun auf verschiedene Bildmaterialien für Ihre Bildschirmschoner zurückgreifen. Verwenden Sie entweder die neuen *Standardsammlungen* ❶ oder wählen Sie einfach einen Bilderordner ❷ auf Ihrer Festplatte aus. Via *Foto-Mediathek* ❸ greifen Sie auf Fotos zu und können dort nun auch *iCloud-Fotos* auswählen. Dabei erscheinen innerhalb der iCloud-Fotos nicht nur Ihre Fotostreams, sondern auch diejenigen, zu denen Sie eingeladen wurden.

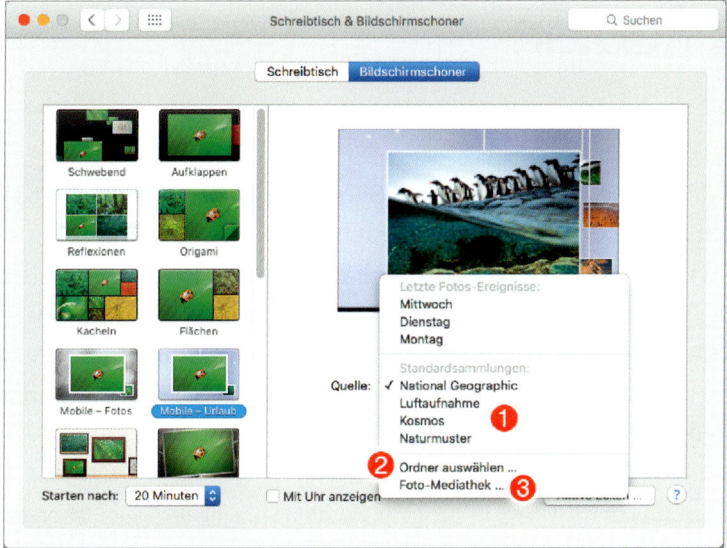

Neue und geänderte Darstellung der Bildschirmschoner.

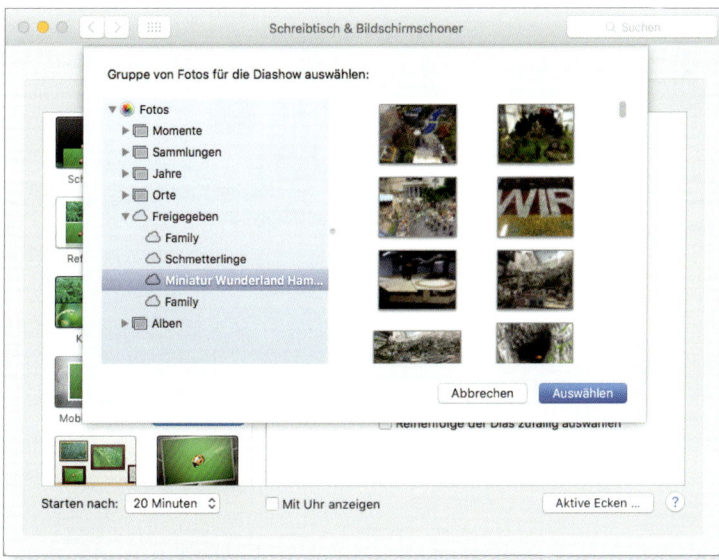

Der Bildschirmschoner kann nun vielseitig eingestellt werden.

Haben Sie in den *Systemeinstellungen –> Internetaccounts* Ihren Facebook-Zugang eingetragen, werden Sie hier zudem die dortigen Alben auswählen können. Sofern Sie weitere Alben in Fotos erzeugen und mit Inhalten befüttern, können Sie diese ebenfalls als Bildschirmschoner verwenden.

Sprache & Region

Im Bereich *Sprache & Region* (erste Zeile, fünftes Symbol) verbergen sich die Spracheinstellungen des Betriebssystems. Voreingestellt ist Ihre Landessprache. Das ist standardmäßig so festgelegt, denn das Apple-Betriebssystem wird in verschiedenen Sprachen auf ein und demselben Installationsdatenträger zur Verfügung gestellt. Das heißt, es ist ein Leichtes, das Betriebssystem auf Englisch oder Französisch umzustellen. Klicken Sie dazu auf das Pluszeichen links unten, wählen Sie die gewünschte Sprache aus und definieren Sie diese anschließend als Primärsprache. Sobald Sie sich ab- und wieder anmelden, wird Ihr Benutzeraccount in dieser Sprachumgebung arbeiten.

> **!** Es kann sein, dass damit zwar der Finder in der gewünschten Sprache erscheint, aber viele andere Anwendungsprogramme immer noch in deutscher Sprache starten. Das liegt daran, dass nicht alle Programmhersteller ihre Applikationen in verschiedenen Sprachen ausliefern.

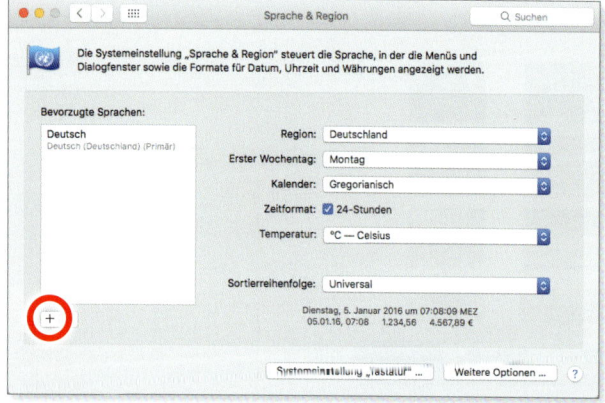 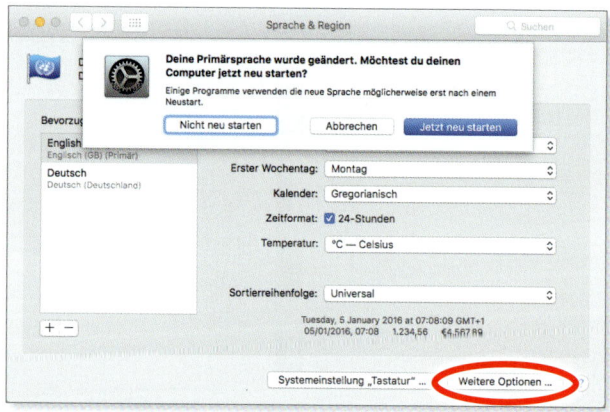

Die Systemsprache kann auch umgestellt werden.

Falls Sie Deutsch wieder als Primärsprache haben wollen, verschieben Sie sie in der Liste einfach nach oben an die erste Position. Damit wird die Sprache des Systems geändert.

Ansonsten hält die Systemeinstellung *Sprache & Region* noch Optionen für die Darstellung von Datum und Uhrzeit bereit. Klicken Sie auf *Weitere Optionen* rechts unten, und Sie können die Zusammensetzung, und damit die Schreibweise bzw. Anzeige des Datums oder der Uhrzeit ändern.

Wie soll das Datum geschrieben bzw. angezeigt werden?

Tastatur

In den Tastatureinstellungen kann man zunächst im Reiter *Tastatur* (zweite Zeile, drittes Symbol) definieren, ob die Funktionstasten – die Tasten *F1*, *F2* etc. – als Standardfunktionstasten verwendet werden oder für die alternativen Funktionen wie Lautstärkeregelung, Vor- und Zurückspulen, Helligkeit etc. Bei tragbaren Macs kann auch noch die Tastaturhelligkeit justiert werden. Deutlich interessanter ist der Eintrag *Kurzbefehle*.

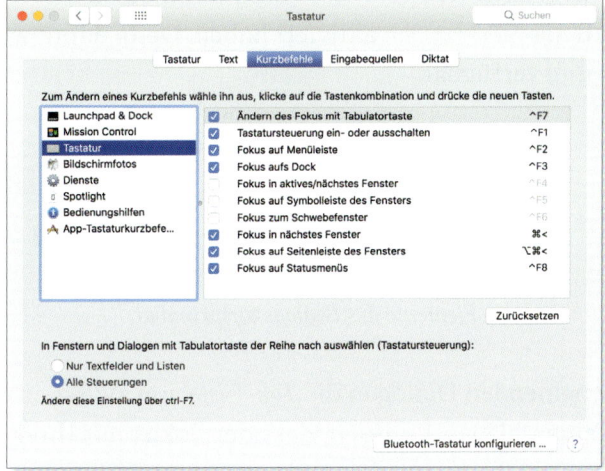

Die Kurzbefehle können vielfältig konfiguriert werden.

Wie Sie sehen, gibt es nämlich bereits eine Menge Shortcuts bei der Arbeit mit dem Betriebssystem. Den einen oder anderen Shortcut haben wir am Anfang des Buches ja schon besprochen. Was noch nicht erwähnt wurde, ist die Tastatur- und Texteingabe. Damit können Sie über die Tastenkombination *ctrl + F3* das Dock ansteuern, um dann beispielsweise mit den *Pfeiltasten nach links* oder *rechts* durch die Icons im Dock zu navigieren. Möchten Sie zur Menüleiste springen, verwenden Sie *ctrl + F2* und das Apfellogo wird hinterlegt. Mit der *Pfeiltaste nach unten* klappen Sie das *Apfel-Menü* auf. Verwenden Sie nun die *Pfeiltaste nach rechts*, werden sukzessive die Menüs *Ablage* etc. aufgeklappt. Sie sehen also, es gibt hier eine Reihe pfiffiger Shortcuts, die es zu entdecken gilt.

Wie bereits in einem früheren Kapitel gezeigt, können Sie natürlich eigene Programmkurzbefehle definieren. Das kann bisweilen eine sehr praktische und nützliche Funktion sein. Interessant ist zudem noch der untere Teil des Fensters.

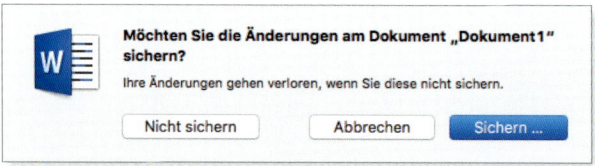

Dialog beim Schließen eines Dokuments.

Insbesondere Windows-Anwender sind es gewohnt, in jedem Dialog durch die Eingabe von Tastenkürzeln arbeiten zu können. Wenn Sie sich das Bildschirmfoto ansehen, erkennen Sie, dass der Button *Speichern* hinterlegt ist. Durch ein *Return* wird diese Option ausgewählt und damit die Datei gespeichert. Das *Abbrechen* könnte zur Not noch über die *esc*-Taste erfolgen. Aber wie soll man jetzt über die Tastatur zum Eintrag *Nicht speichern* kommen? Das geht erst dann, wenn Sie in den Systemeinstellungen bei den Kurzbefehlen die Eigenschaft *Alle Steuerungen* aktiviert haben. Denn damit werden alle Elemente, die ein Dialog enthält, auswählbar und verfügbar.

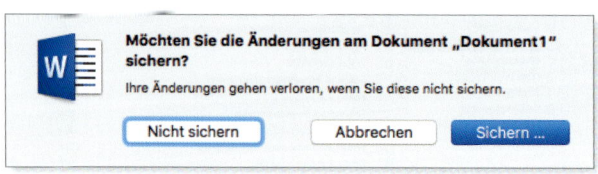

Elemente des Dialogs anspringbar.

Verwenden Sie in den erscheinenden Dialogen die *Tab-Taste*, um zwischen den einzelnen Einträgen zu wechseln. Sie sehen durch einen blauen Rahmen, dass der Fokus mit Ihrer *Tab*-Taste mitwandert. Die Eigenschaft, die Sie ausführen möchten, quittieren Sie schlussendlich mit der *Leertaste*.

Auch die Kategorie *Text* bietet einige sehr interessante und hilfreiche Funktionen.

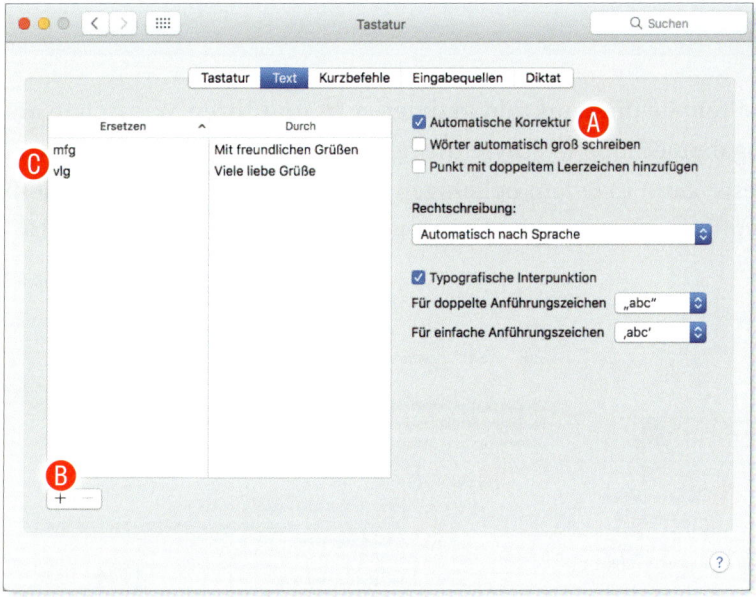

Textersetzung.

Geben Sie dort grundsätzlich für das Betriebssystem an, ob die Rechtschreibung automatisch korrigiert Ⓐ und welche Korrekturen automatisch ausgeführt werden sollen. Dies muss jedoch nicht bedeuten, dass jede Applikation diese Einstellung auch ausliest. Für viele Apple-Applikationen gilt dies aber. Sehr sinnvoll ist die automatische Textersetzung. Dort sehen Sie bereits einen zweispaltigen Bereich, wo Sie in der ersten Spalte bei *Ersetzen* Texte sehen, die dann druch die in der Spalte *Durch* angegebenen Texte substituiert werden können. Das Besondere an der Spalte ist, dass Sie hier eigene Einträge aufnehmen können. Sobald Sie unten auf das + klicken Ⓑ, können Sie bei *Ersetzen* ein Kürzel, wie zum Beispiel *mfg* Ⓒ eintragen, und dies ersetzen lassen durch *Mit freundlichen Grüßen*. Das war's! Ab jetzt können Sie in Programmen, die diese Funktion auslesen, statt des vollständigen Textes stets das Kürzel eintragen. Das Programm TextEdit kann es beispielsweise. Geben Sie also dort *mfg* gefolgt von einem Leerzeichen ein, wird sofort der vollständige Text ergänzt. Das ist eine wirklich clevere Funktion! Allerdings gibt es nur wenige Softwareprodukte, die die Funktionalität der Textersetzung vonseiten des Betriebssystems nutzen.

 Wenn Sie applikationsübergreifend immer gleiche Textpassagen eingeben möchten, empfehle ich Ihnen die Software **TypeIt4Me** oder **TextExpander**. Beide sind Shareware und stellen Ihnen die Funktionalität namens Textersetzung tatsächlich in allen Applikationen zur Verfügung, die es auf dem Mac gibt.

Diktat

Bevor Sie loslegen, sollten Sie die Funktion aktivieren ❶ und Ihren Wünschen entsprechend anpassen. Dazu sollten das Eingabemedium ❷ sowie die *Sprache* ❸ festgelegt werden. Ganz wichtig ist zudem der *Kurzbefehl* ❹. Dieser kann in jedem beliebigen Programm die Diktierfunktion aktivieren. Sie sehen anhand des Bildschirmfotos, dass hier die linke *cmd*-Taste zweimal zu drücken ist.

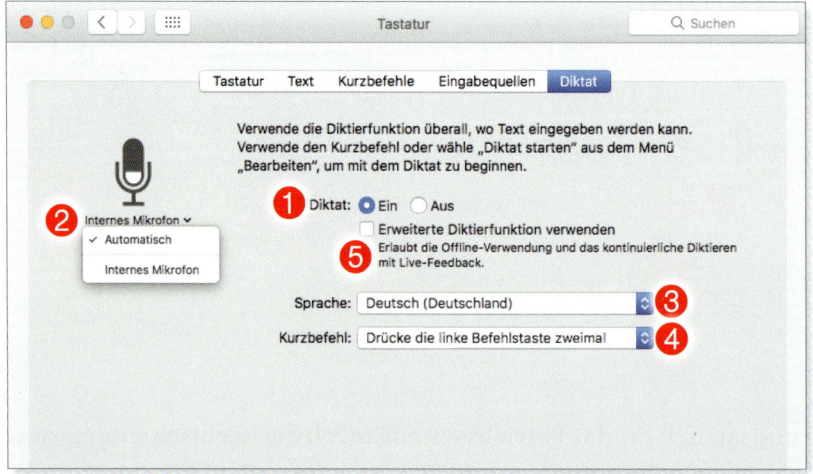

In den Systemeinstellungen bei Diktat & Sprache kann die Diktierfunktion aktiviert werden.

Nun können Sie in jedem Programm, das eine Texteingabe erlaubt, die Diktierfunktion verwenden. Starten Sie beispielsweise Mail, erstellen Sie via *cmd* + *N* eine neue E-Mail und sprechen Sie den Betreff oder auch den Mailtext. Dazu ist der vorhin eingestellte Kurzbefehl zu verwenden und schon erscheint das Mikrofon. Sobald Sie auf *Fertig* klicken, wird der gesprochene Text ins Internet übertragen und wenige Augenblicke später erscheint der getippte Text. Alternativ zum Anklicken von *Fertig* verwenden Sie einfach erneut den Kurzbefehl, um die Spracherkennung zu starten.

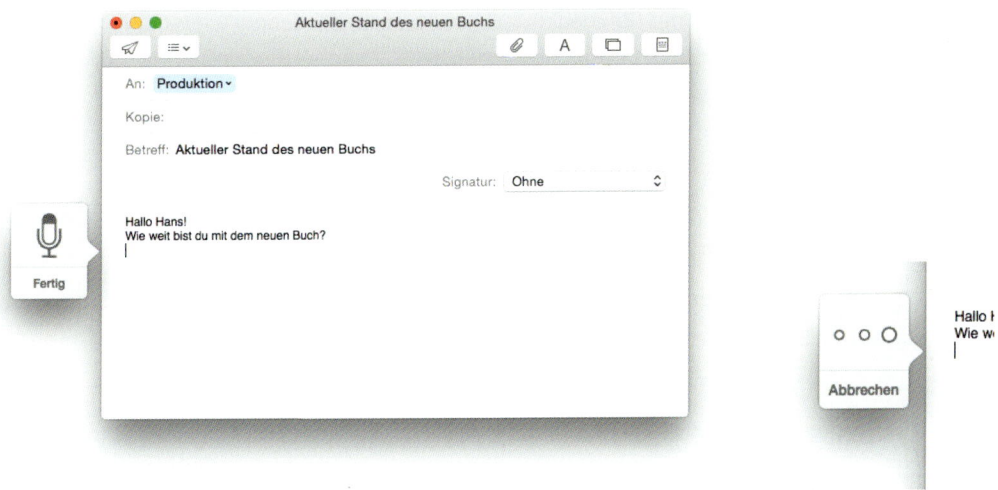

Über die Diktierfunktion ist Texteingabe wunderbar einfach (links). Ohne Internetverbindung funktioniert sie standardmäßig nicht (rechts).

Wichtig ist, mit dem Internet verbunden zu sein. Sonst können die Daten nicht übermittelt werden.

 Neben dem Text an sich können auch Satzzeichen wie Punkt, Komma, Ausrufezeichen, Semikolon, neue Zeile etc. gesprochen werden.

Erweiterte Diktierfunktion

Möchten Sie unabhängig von der Internetverbindung diese Funktion dennoch verwenden, sollten Sie die Eigenschaft *Erweiterte Diktierfunktion verwenden* ❺ aktivieren. Nach dem Download der dazu notwendigen Daten (hier 877 MByte) können Sie offline darüber verfügen. Verwenden Sie den eingestellten Kurzbefehl zum Starten; in vielen Apps können Sie dies ebenso via *Bearbeiten –> Diktat starten* bewerkstelligen.

Sprechen Sie nun einfach drauflos und Sie werden staunen, wie exakt und flott diese Funktion für Sie arbeitet.

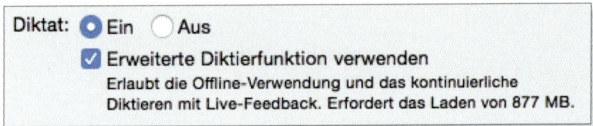

Über die erweiterte Diktierfunktion können Sie ohne Internetverbindung arbeiten.

 Sobald Sie die erweiterte Diktierfunktion deaktiviert haben, verbleibt dennoch die dafür notwendige Software auf Ihrem Computer. Wollen Sie die dafür notwendigen Dateien entfernen, so navigieren Sie zu **System/Library/Speech/Recognizers**. Darin finden Sie für jede geladene Sprache einen Ordner, den Sie mit Admin-Rechten auch löschen könnten.

Im Gegensatz zur Onlinevariante haben Sie nun auch kein Zeitlimit mehr. Die Onlinediktierfunktion ist auf 30 Sekunden begrenzt, Offline können Sie beliebig lange damit arbeiten.

Sie werden staunen, wie gut der Rechner das gesprochene Wort versteht. Mit etwas Übung sind Sie damit allemal schneller bei der Texteingabe als über das Tippen auf der Tastatur.

Sprachausgabe

Die andere Seite der Sprachfunktionalität ist die Sprachausgabe, also die Idee, dass der Computer mit Ihnen spricht und mitteilt, was auf dem Bildschirm gerade passiert, oder Ihnen Texte vorliest. Die *Sprachausgabe* finden Sie in den *Bedienungshilfen*. Standardmäßig ist als Systemstimme *Anna* hinterlegt. Sie können aber das Pull-down-Menü öffnen und über *Anpassen* ein Liste mit weiteren Stimmen bekommen.

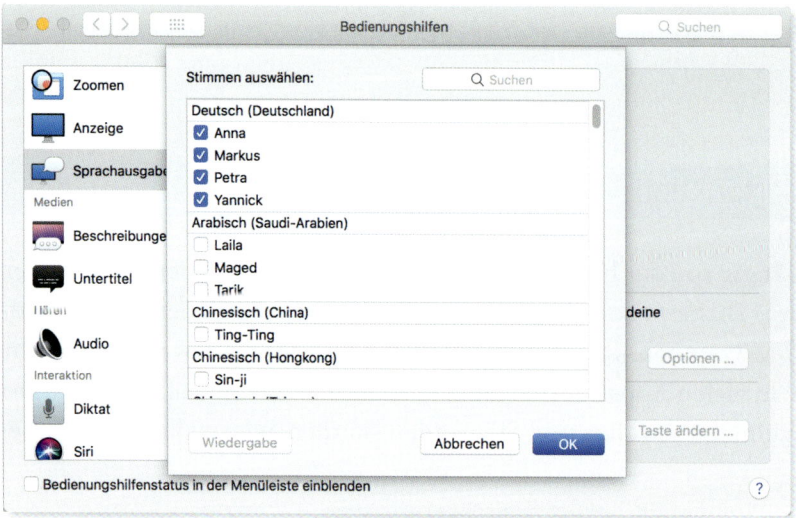

Sprachausgabe.

Darunter sind derzeit auch vier deutsche Stimmen. Wenn Sie möchten, klicken Sie diese Stimmen an und laden sie, nachdem sie nicht auf dem Rechner vorinstalliert sind, über das Internet auf Ihren Computer. Via *OK* wird sie über das Internet auf Ihren Rechner runtergeladen und steht anschließend zur Verfügung. Wenn Sie die Sprachausgabe einmal testen wollen, könnten Sie dies zum Beispiel über TextEdit tun. Schreiben Sie dazu innerhalb von TextEdit einen Text, den Sie anschließend markieren. Wählen Sie dann über die rechte Maustaste die Funktion *Sprachausgabe* und dort *Sprachausgabe starten* – schon wird Ihnen der Text in TextEdit vorgelesen.

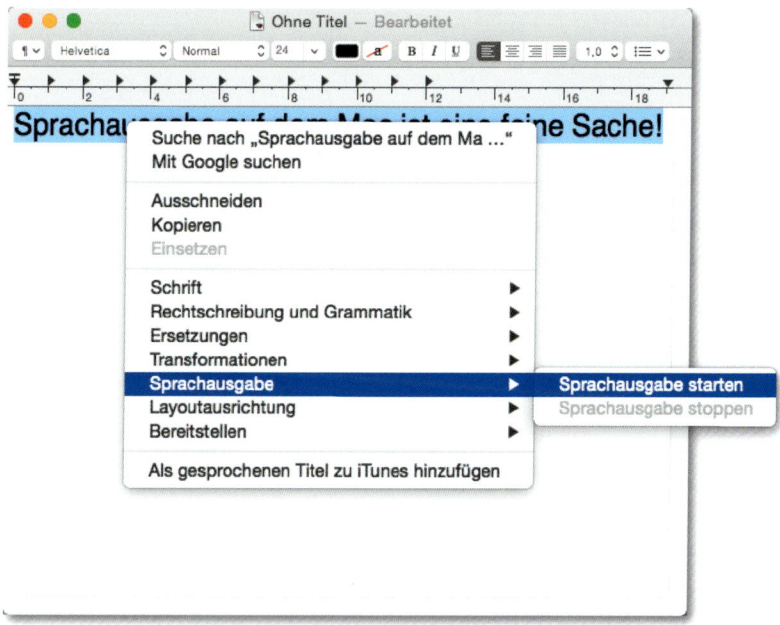

Sprachausgabe in TextEdit.

Natürlich können Sie die Sprachausgabe auch mit anderen Programmen testen. Lassen Sie sich eine E-Mail vorlesen oder auch den Text einer Internetseite. Die Sprachausgabe wird in den anderen Programmen genauso aktiviert wie in TextEdit: Sie verwenden einfach die rechte Maustaste, um die Sprachausgabe zu starten. Vorher müssen Sie natürlich einen Text markieren, damit die Sprachausgabe weiß, welchen Text sie Ihnen vorlesen soll.

Ton

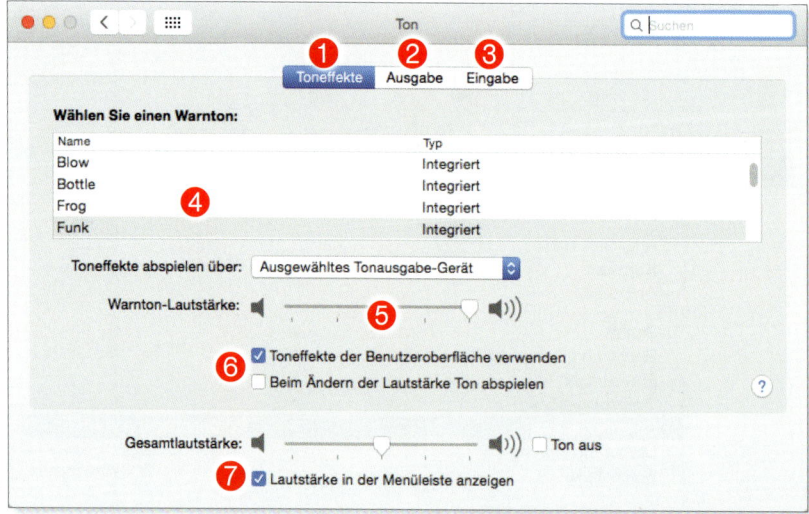

In den Systemeinstellungen *Ton* (zweite Zeile, siebtes Symbol) können Sie zunächst definieren, über welche Lautsprecher akustische Signale ausgegeben werden ❷ (*Ausgabe*). Ebenfalls geben Sie hier an, welches Gerät verwendet werden soll, um Signale in den Computer einzubringen ❸ (*Eingabe*).

> Apple-Modelle wie MacBook, MacBook Pro oder auch iMac verfügen sowohl über integrierte Lautsprecher als auch über ein integriertes Mikrofon. Im Bereich **Ausgabe** und **Eingabe** werden Sie diese internen Geräte finden. Aber nichtsdestotrotz können Sie über USB oder über Bluetooth weitere Mikrofone oder Lautsprecher anschließen und diese dann in den jeweiligen Reitern auswählen.

Am interessantesten sind die *Toneffekte* ❶. Immer, wenn Sie etwas falsch machen, spielt das Mac-System einen Warnton an. Stellen Sie in der Liste ❹ ein, welchen Warnton Sie hören möchten. Die Lautstärke des Warntons kann darunter bei *Warnton-Lautstärke* ❺ geändert werden. Zudem gibt es an der einen oder anderen Stellen auch Toneffekte, wenn Sie mit dem Betriebssystem arbeiten. Wenn Sie diese hören wollen, aktivieren Sie die dazugehörige Funktion ❻. Wie Sie bereits kennengelernt haben, ist es sehr nützlich, die Lautstärke in der Menüleiste anzeigen zu lassen ❼. Denn dann haben Sie über das Menüleistenicon Zugriff auf die Lautstärkeregelung und über die *alt*-Taste Zugriff auf die Ein- und Ausgabegeräte.

Bluetooth

Auch *Bluetooth* (dritte Zeile, sechstes Symbol) haben Sie schon kennengelernt, um beispielsweise das Magic Trackpad mit dem Rechner in Kontakt zu bringen. Auch das iPhone kann den persönlichen Hotspot, also den Internetzugang, über Bluetooth dem Computer zur Verfügung stellen. Damit Ihr Computer Bluetooth verwenden kann, sollten Sie Bluetooth auch aktivieren ❶. Nach dem Einschalten ist der Rechner für andere Bluetooth-Geräte sichtbar ❷. Daneben sehen Sie eine aktuelle Liste der mit diesem Computer gekoppelten Geräte ❸. Dabei ist derzeit die Maus verbunden, wohingegen die anderen Geräte nicht verbunden sind, weil die Kopplung noch nicht abgeschlossen wurde. Die Liste zeigt alle Bluetooth-Geräte in Reichweite an. Ist Bluetooth bei einem Gerät ausgeschaltet, erscheint es auch nicht in der Liste.

Um weitere Geräte hinzuzufügen, klicken Sie rechts auf die Schaltfläche *Verbinden* ❹. Möchten Sie ein Gerät aus der Liste entfernen, klicken Sie auf das *X* ❺ das daneben erscheint.

Wie auch bei anderen Funktionen ist es sinnvoll, den Bluetooth-Status in der Menüleiste anzeigen zu lassen ❻, denn dann haben Sie über das Menulet in der Menüleiste raschen Zugriff auf alle Bluetooth-Funktionen. Beachtenswert sind möglicherweise noch *Weitere Optionen* ❼.

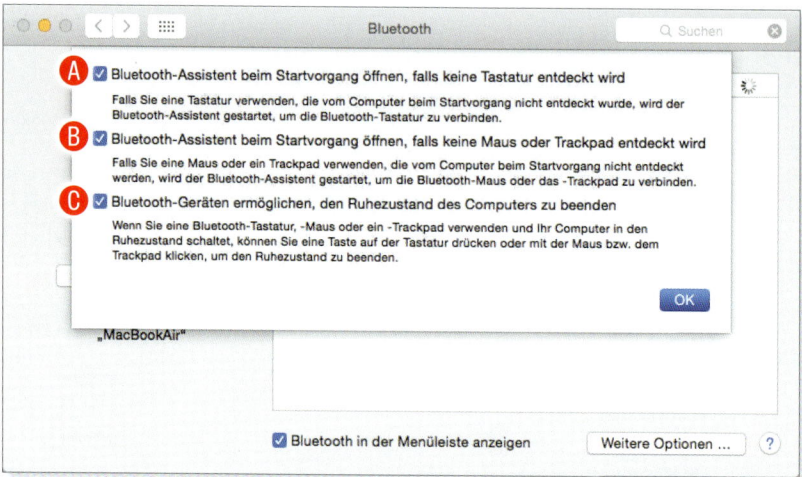

Bluetooth –> Weitere Optionen.

Wie Sie sehen, braucht das Betriebssystem zur Bedienung eine Tastatur bzw. eine Maus oder ein Trackpad. Darum sollten Sie bei **A** und **B** beide Optionen aktiv halten. Außer natürlich, Sie schließen eine Tastatur oder Maus mittels USB-Kabel an den Rechner an. Die dritte Eigenschaft *Bluetooth-Geräten ermöglichen, den Ruhezustand des Computers zu beenden* **C** ist reine Geschmackssache. Aber es ergibt durchaus Sinn: Wenn Sie Ihren Rechner in den Ruhezustand gebracht haben, können Sie ihn durch Drücken einer Maustaste oder durch Tippen auf das Trackpad wieder aufwecken. Sie kommen also aus einer Pause zurück, der Bildschirmschoner ist zu sehen und Sie drücken eine beliebige Maustaste, um den Rechner wieder zum Arbeiten zu bewegen. Also eine durchaus sinnvolle Einstellung!

Bedienungshilfen

Die Systemeinstellungen *Bedienungshilfen* (vierte Zeile, sechstes Symbol) kommen Menschen entgegen, die trotz Handicaps mit einem Computer arbeiten wollen. Apple gibt sich hierbei sehr große Mühe, viele Funktionen bereitzustellen, um auch diesen Menschen den Zugang zu moderner EDV zu ermöglichen. So kann über die *Bedienungshilfen* zum Beispiel das *VoiceOver*-Dienstprogramm gestartet werden mit einer ganzen Fülle von Einstellungen wie visuelle Effekte, Blindenschrift, Steuerung etc. So können auch externe Zusatzgeräte angeschlossen werden, um den Apple-Rechner damit zu bedienen.

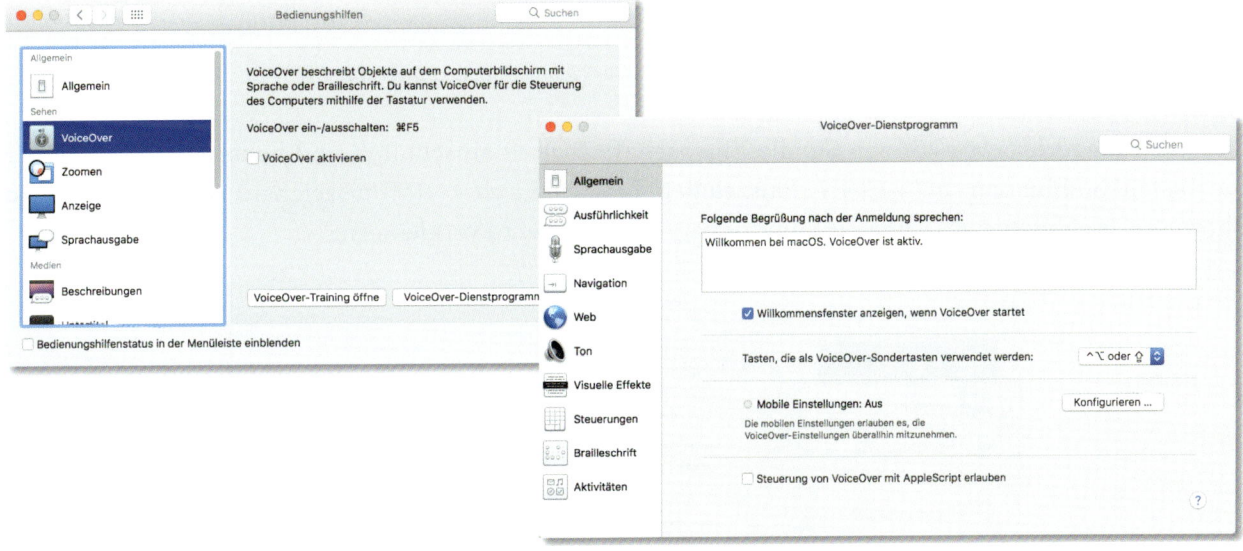

Bedienungshilfen.

Und es gibt in den Bedienungshilfen auch Funktionen, die für jedermann interessant sind (Schauen Sie dazu mal in den Bereich *Diktat* und testen einige Diktierbefehle :-)). Dazu zählt z.B. die Schüttelfunktion für den Mauscursor. Besonders wenn man einen großen Bildschirm und viele Fenster oder Programme geöffnet hat, ist manchmal der Mauscursor nicht zu sehen. Wenn Sie nun die Maus schnell hin- und herbewegen (schütteln), dann wird der Mauscursor für wenige Sekunden in vergrößert, damit Sie ihn auffinden können. Standardmäßig ist die Funktion aktiviert, Sie können sie aber bei *Anzeige –> Schüttle den Mauszeiger, um ihn zu finden* auch ausschalten.

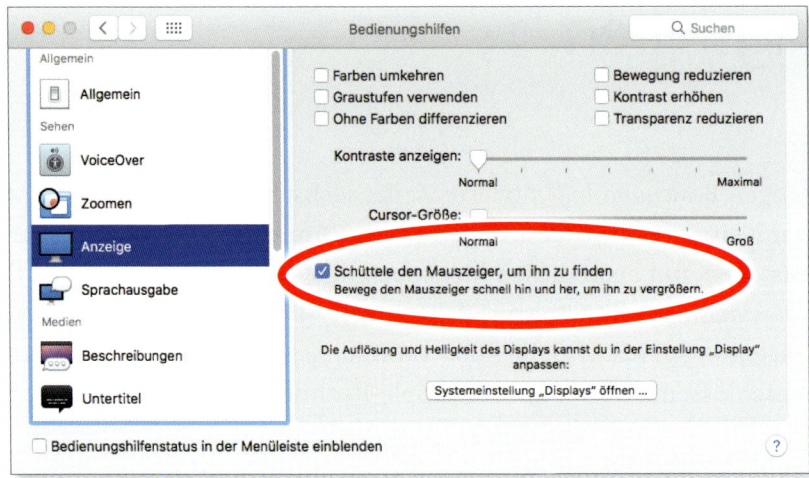

Zum Auffinden des Mauscursors gibt es eigene Funktion.

In der Kategorie *Sehen* können Sie die Eigenschaft *Zoomen* einschalten und bekommen damit über die Tastenkombination *cmd + alt + +* (Pluszeichen) bzw. *cmd + alt + −* (Minuszeichen) zwei sehr einfache Shortcuts, um die Bildschirmdarstellung zu vergrößern bzw. zu verkleinern.

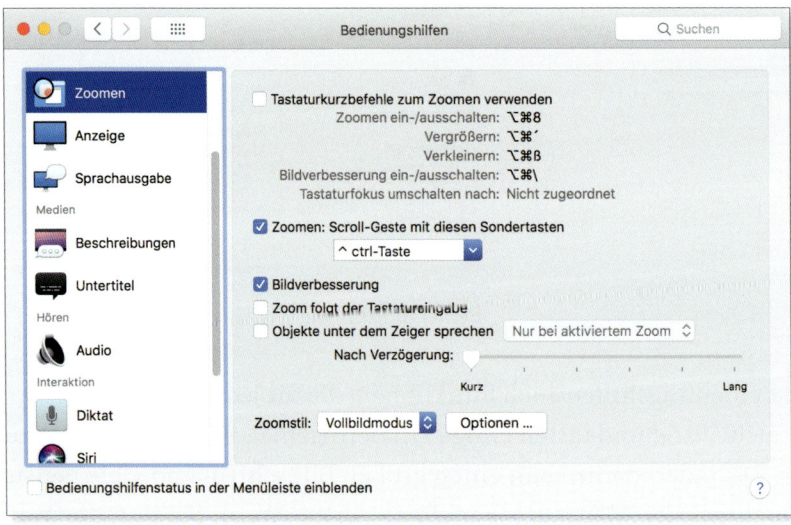

Sehen –> Zoom.

Zusätzlich kann diese Funktion ebenso im Zusammenhang mit der Maus ausgeführt werden. Im Standardfall hilft dabei die *ctrl*-Taste. Wenn Sie die *ctrl*-Taste drücken und mit der Maus nach oben scrollen, wird vergrößert; wenn Sie mit der Maus nach unten scrollen, wird verkleinert.

Erweiterungen

Mit den *Erweiterungen* (dritte Zeile, viertes Symbol) können Sie den Leistungsumfang von einigen Systemfunktionen erweitern oder auch reduzieren. Dazu zählen z. B. die *Mitteilungszentrale* oder die Funktion *Teilen*.

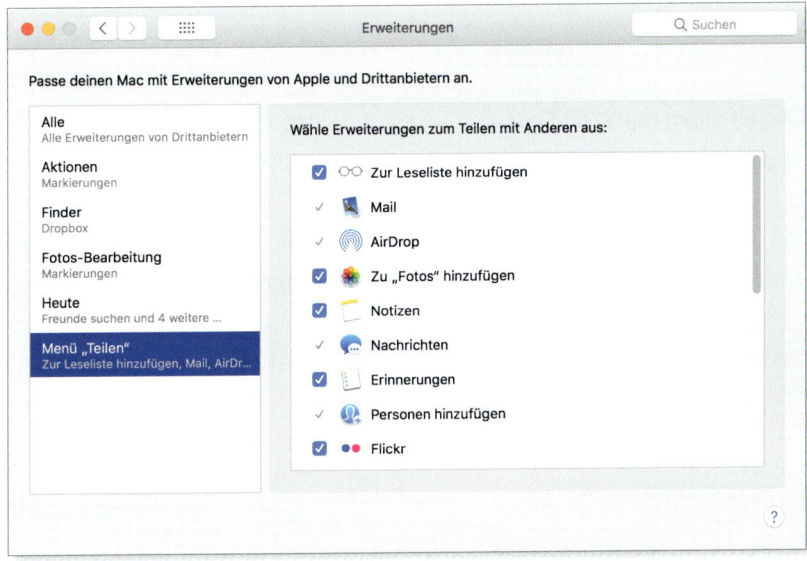

Die „Erweiterungen" in den „Systemeinstellungen".

Mit den Erweiterungen können Sie bei *Heute* die Informationen der Mitteilungszentrale editieren (siehe Seite 267) oder die die Einträge bei der Teilen-Funktion erweitern, reduzieren und die Reihenfolge ändern. Dazu öffnen Sie die *Erweiterungen* in den *Systemeinstellungen* und klicken in der linken Spalte auf *Menü „Teilen"*. Nun können Sie im rechten Bereich die jeweiligen Einträge ein- und ausschalten bzw. per Drag-and-Drop nach oben und unten schieben. Dadurch können Sie die Teilen-Funktion auf die von Ihnen am häufigsten verwendeten Dinge beschränken.

Die „Teilen"-Funktion mit vielen (links) und nur ganz wenigen (rechts) Einträgen. Über „Zuletzt benutzt" haben Sie schnellen Zugriff auf Ihre letzten Kontakte.

Auch die Kategorien der Mitteilungszentrale lassen sich in den Erweiterungen konfigurieren. Sie können einstellen, welche Kategorien in der Mitteilungszentrale verfügbar sein sollen.

> **!** Die Erweiterungen sind auch für Softwareentwickler offen. Es ist nur eine Frage der Zeit, bis es für die Erweiterungen auch Module von anderen Herstellern gibt, die dann den Funktionsumfang von macOS erweitern.

> **!** Um sehr schnell die Erweiterungen zu öffnen und zu ändern, können Sie die Funktion **Mehr** aus dem **Teilen**-Menü verwenden.

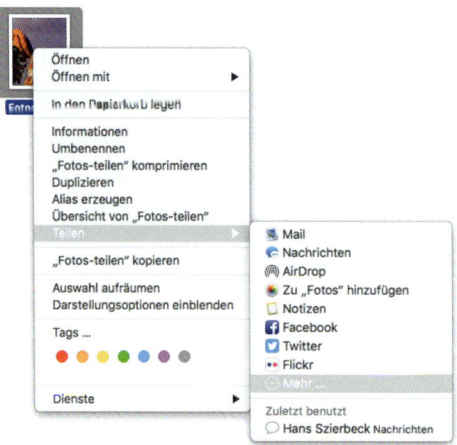

Mit „Mehr" erreichen Sie sofort die „Erweiterungen".

Systemeinstellungen anpassen

Für die Systemeinstellungen gibt es auch noch einige sehr interessante übergreifende Funktionen. Diese finden Sie, nachdem die Systemeinstellungen gestartet sind, im Menüpunkt *Einstellungen*.

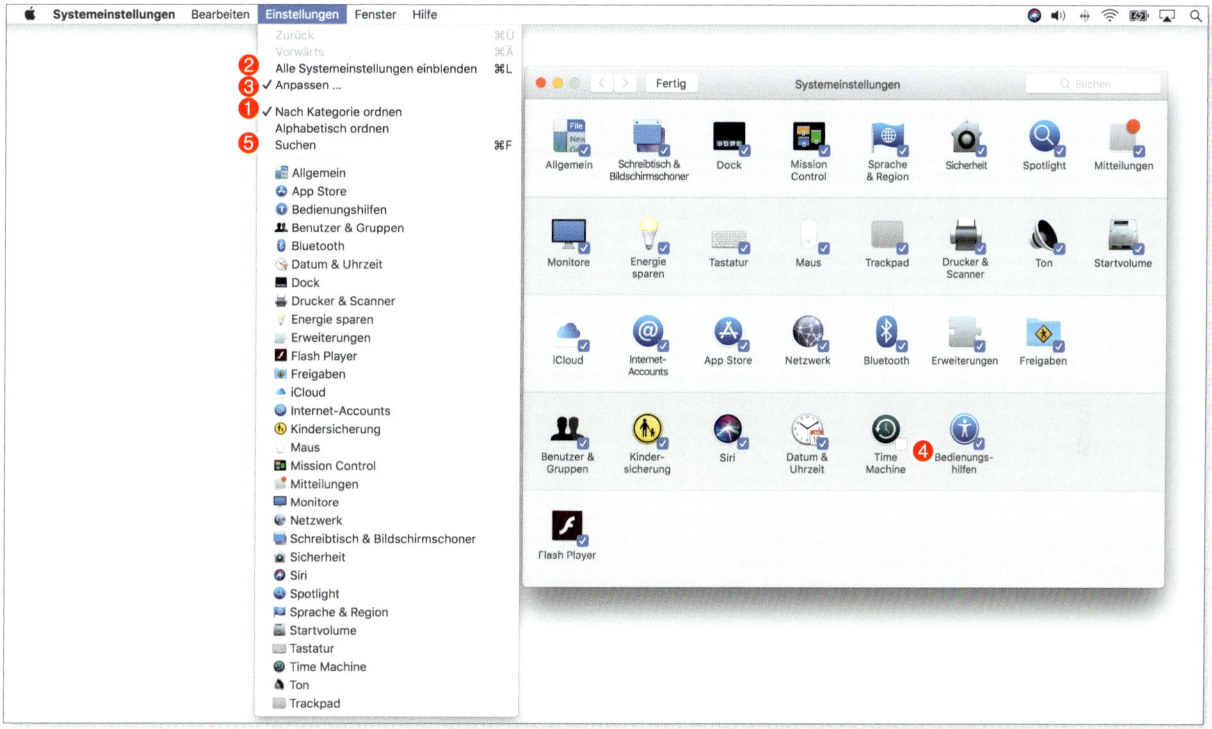

Einstellungen für Systemeinstellungen.

Die Systemeinstellungen werden standardmäßig nach Kategorien geordnet dargestellt ❶. Sie könnten aber auch alternativ auf die alphabetische Sortierung umschalten.

> ❗ Wenn Sie eine Systemeinstellung aufgerufen haben, gelangen Sie zu den anderen Systemeinstellungen, wenn Sie im Titelbereich des Fensters das Symbol ⠿ anklicken. Alternativ verwenden Sie die Tastenkombination **cmd + L**, um wieder alle Systemeinstellungen zu sehen ❷.

Für Administratoren kann es auf lokalen Maschinen durchaus interessant sein, für den Anwender über *Anpassen* ❸ Icons in den Systemeinstellungen zu verbergen. Sie sehen anhand des Bildschirmfotos, dass die beiden Icons *Startvolume* und *Time Machine* ❹ kein Häkchen mehr haben. Das heißt: Sobald die *Anpassen*-Funktionalität verlassen wird, werden diese beiden Icons nicht mehr in den Systemeinstellungen erscheinen. Und da viele Anwender diese Funktionalität nicht kennen, werden sie diese Funktionen im Regelfall auch nicht vermissen. Und zu guter Letzt sei noch erwähnt, dass Sie natürlich auch eine Such-funktion ❺ haben, um mithilfe von *Spotlight* gewünschte Features ausfindig zu machen.

Kapitel 12

Kontakt mit Netzwerkressourcen

Ein Mac möchte nicht gerne allein bleiben, und er kann ohne Hilfsmittel sofort mit weiteren Computern im Netzwerk – sei es drahtlos oder drahtgebunden per Ethernet – in Kontakt treten. Denn das Apple-Betriebssystem beherrscht alle Sprachen, die auch andere Computer sprechen, sodass es sich aus dem Stegreif mit allen anderen Computern unterhalten kann.

 Damit der Mac andere Rechner wie Window-Systeme etc. im Netzwerk sehen kann, müssen dort ebenfalls die Netzwerkfreigaben aktiviert werden. Konsultieren Sie dazu die jeweiligen Hilfeseiten der Betriebssysteme.

Zugriff auf Freigaben im Netzwerk

Bevor Sie vom Mac aus in das Netzwerk schauen und dort verfügbare Windows-, Mac- oder Unix-Rechner erkennen, sollten Sie gewährleisten, dass in der Seitenleiste auch die Freigaben erscheinen. Gehen Sie dazu im Menüpunkt *Finder* in die Einstellungen und achten Sie darauf, dass im Bereich *Freigaben* die Option *Verbundene Server* mit einem Häkchen versehen ist.

Finder-Einstellungen Seitenleiste.

Ist dies geschehen, können Sie ein neues Finder-Fenster öffnen. Verwenden Sie dazu die Tastenkombination *cmd + N* oder klicken Sie auf das Findersymbol ganz links im Dock. Anschließend sollte in der Seitenleiste ein neuer Eintrag *Freigaben* erscheinen, unter dem alle Rechner im Netz angezeigt werden. Alternativ dazu können Sie über *Gehe zu –> Netzwerk* die Darstellung erhalten, die Sie auf dem folgenden Bildschirmfoto sehen.

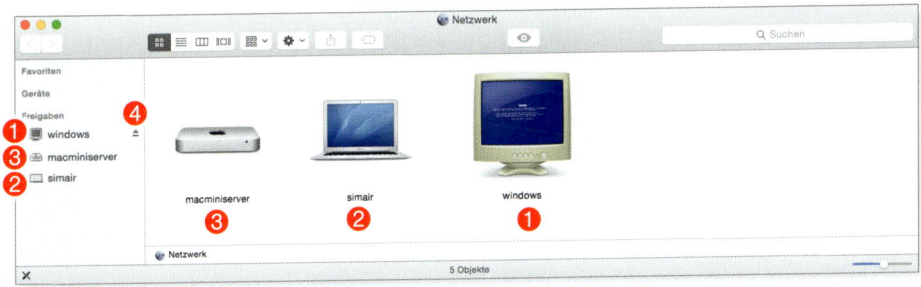

Netzwerkressourcen im Finder-Fenster.

Sie sehen anhand des Bildschirmfotos, dass sich in diesem Netzwerk mehrere Rechner zur Verfügung stellen. Zum einen ist es ein Windows-PC ❶, zum anderen ein anderer Mac-Rechner ❷ (Sie sehen anhand des Bildschirmfotos sogar, dass dieser andere Rechner ein MacBook Air ist). Das hat Apple wirklich sehr gut gelöst! Sie können also auf den ersten Blick erkennen, mit welcher Art von Computer Sie in Kontakt treten. Und drittens ❸ sehen Sie den macminiserver, einen Rechner, der mit der Apple-Server-Software arbeitet und Daten im Netzwerk zur Verfügung stellt.

Wenn Sie nun in die Seitenleiste schauen, erkennen Sie, dass an dem PC ❶ ein Auswurfsymbol ❹ erscheint. Das bedeutet: Mit diesem Rechner besteht bereits eine Verbindung, wohingegen zu den Macs noch keine Verbindung aufgebaut ist.

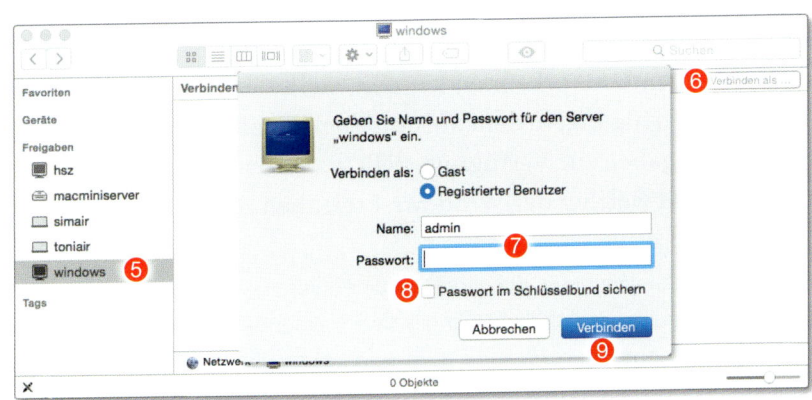

Kontaktaufnahme mit einem Windows-PC.

Um nun in Kontakt mit einem anderen Computer zu treten – egal, ob es ein Mac oder ein Windows-Rechner ist –, klicken Sie in der Seitenleiste den betreffenden Computer an ❺. Rechts daneben klicken Sie im Finder-Fenster unterhalb der Symbolleiste auf den Button *Verbinden als* ❻. Sogleich erscheint ein Fenster, in dem Sie die Daten eingeben, mit denen Sie auf den anderen Rechner zugreifen können. Wenn Sie wünschen, können Sie Ihre Zugangsdaten, also Name und Passwort ❼, in den Schlüsselbund aufnehmen ❽, sodass Sie in Zukunft ohne weitere Eingabe der Zugangsdaten direkt mit diesem Rechner in Kontakt treten können. Anschließend klicken Sie auf *Verbinden* ❾, um den Kontakt mit dem Rechner herzustellen.

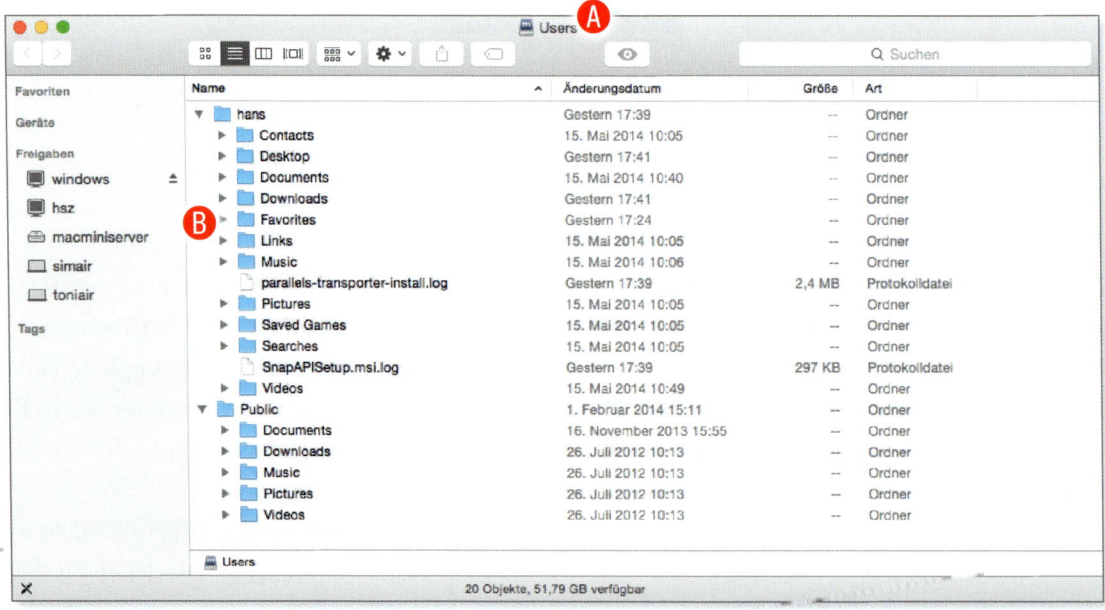

Der Mac hat Zugriff auf die Dateien des Windows-Systems.

Wie Sie anhand des Bildschirmfotos erkennen können, stellt der Windows-PC einen übergeordneten Ordner namens *Users* Ⓐ zur Verfügung, in dem Sie nun Zugriff auf die Unterordner Ⓑ haben. Wenn der Windows-Server mehrere Freigaben zur Verfügung stellt, kann dazwischen noch ein Dialog erscheinen, bei dem Sie gefragt werden, mit welcher der Windows-Freigaben Sie sich verbinden möchten.

> **!** Natürlich können Sie an einem Windows-Rechner genau definieren, welcher User in welcher Weise auf welche Daten des Windows-Systems zugreifen darf. Gängig sind hierbei Berechtigungen wie Nur-Leseberechtigung, Lese- und Schreibberechtigung oder eben keine Berechtigung.

Um die Verbindung zu trennen, klicken Sie in der Seitenleiste auf das Auswurficon neben der Freigabe. Sofern Sie über sehr viele Server in Ihrem Netzwerk verfügen, kann es in der Seitenleiste durchaus etwas unübersichtlich werden. Wird eine gewisse Anzahl von Servern überschritten, blendet sich bei Freigabe ein neuer Punkt namens *Alle* ein. Wenn Sie diesen anklicken, erhalten Sie rechts daneben im Finder-Fenster eine Übersicht aller Rechner, die sich in Ihrem Netzwerk zur Verfügung stellen.

> **!** Noch schneller und eleganter geht der Zugriff auf Netzwerkressourcen über das Menü **Gehe zu –> Mit Server verbinden**. Wenn Sie beispielsweise wissen, mit welchem Windows-Rechner Sie Kontakt aufnehmen wollen, tippen Sie dort **smb:/Name bzw. IP des Computers** ein.

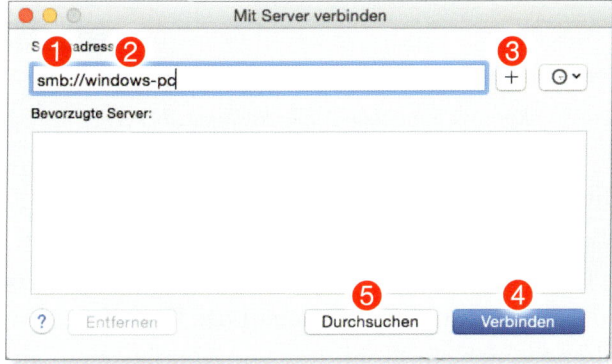

Gehe zu –> Mit Server verbinden.

Dabei steht die Abkürzung SMB ❶ für das Protokoll respektive die Sprache, mit der Windows-Rechner miteinander im Netzwerk kommunizieren. Wenn Sie den Namen des Rechners nicht wissen, können Sie alternativ auch dessen IP-Adresse eingeben ❷. Wollen Sie öfter mit diesem Server zusammenarbeiten, ist es eine gute Idee, über das Plus-Icon ❸ diesen in die Liste der bevorzugten Server aufzunehmen. Klicken Sie anschließend auf *Verbinden* ❹, um den Kontakt herzustellen. Erneut werden Sie nach Name und Passwort gefragt, bevor die Verbindung aufgebaut wird. Würden Sie an der Stelle auf *Durchsuchen* ❺ klicken, würde sich ein Finder-Fenster öffnen, in dem Sie links in der Seitenleiste die Freigaben sehen.

Wie vorhin erwähnt, ist der Mac in der Lage, mit den verschiedensten Computersystemen in Kontakt zu treten. SMB ist das Samba- oder CIFS-Protokoll, das Windows-Rechner standardmäßig verwenden. Möchten Sie hingegen mit einem Apple-Rechner in Kontakt treten, können Sie das AFP-Protokoll verwenden, wenn Sie den Namen des Rechners bei *Serveradresse* eintragen. Natürlich hat auch jeder Apple-Rechner eine IP-Adresse, wenn er sich im Netzwerk befindet. Diese könnte ersatzweise auch eingetragen werden.

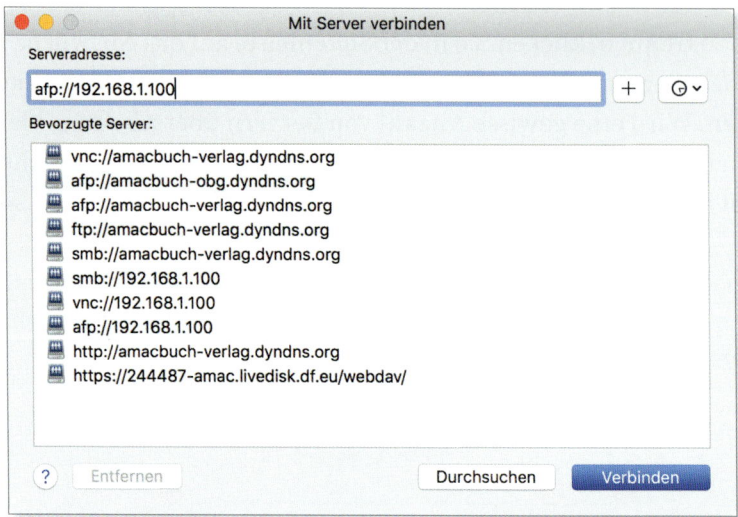

Kontakt mit einem Apple-Rechner über AFP.

Welche weiteren Protokolle können noch zum Einsatz kommen?

- *FTP:* Sie können ebenso per FTP mit einem Rechner, zum Beispiel im Internet, Kontakt aufnehmen, um von diesem Computer Dateien auf Ihren Rechner herunterzuladen. Aber Achtung! Per FTP unterstützt der Finder nur die Eigenschaft des Downloads. Wenn Sie Dateien per FTP uploaden wollen, sollten Sie sich ein Programm wie zum Beispiel *Cyberduck* besorgen.
- *WebDAV:* Um mit einem WebDAV-Server im Internet Kontakt aufzunehmen, beginnen Sie die Kontaktaufnahme mit *https://IP-Adresse* oder *http://IP-Adresse* respektive Internetadresse, über die dieser Rechner verfügt.
- *VNC:* VNC ist eine Möglichkeit, andere Computer fernzusteuern. Auch diese Funktionalität beherrscht das Apple-System. Geben Sie also bei der Serveradresse *VNC://IP-Adresse* bzw. Name des Computers ein, den Sie fernsteuern wollen.
- *NFS.* Wenn Sie mit Unix-Systemen Kontakt aufnehmen wollen, können Sie beispielsweise auch das NFS-Protokoll verwenden, wiederum gefolgt von der IP-Adresse oder dem Namen des Computers.

Sie sehen also, dass das Apple-System wirklich alle Sprachen spricht und mit jeder Art von Computer in Kontakt treten kann. Über *Gehe zu –> Mit Server verbinden* haben Sie eine sehr praktische Liste, in die Sie Server, mit denen Sie öfter Kontakt aufnehmen, einfach eintragen können.

Aber Sie erinnern sich auch noch an den Menüpunkt *Benutzte Objekte* innerhalb des *Apfel-Menüs*. Dort werden im Bereich *Server* die letzten Kontaktaufnahmen protokolliert. Sie können so auf die zehn zuletzt verwendeten Server ganz rasch über die benutzten Objekte zugreifen.

Benutzte Objekte –> Server.

Manche Anwender bevorzugen es, sich aktive Serververbindungen als Icon auf dem Desktop anzeigen zu lassen. Wenn Sie das ausprobieren möchten, wählen Sie im Menüpunkt *Finder* bei *Allgemein* den Eintrag *Verbundene Server* ❶.

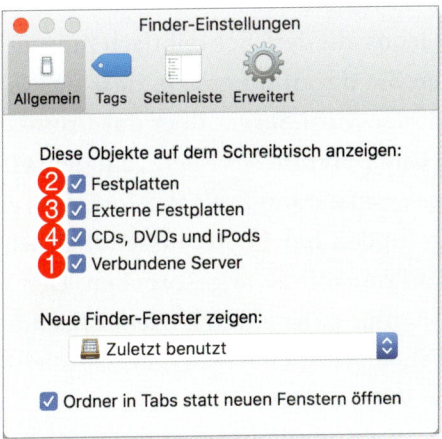

Finder-Einstellungen –> Allgemein.

Zusätzlich könnten Sie sich auch Ihre interne Festplatte ❷ oder extern angesteckte Festplatten bzw. USB-Sticks ❸ oder auch eingelegte CDs, DVDs oder Verbindungen mit iPods, die als Datenträger arbeiten ❹, auf dem Schreibtisch anzeigen lassen. Aber wieder zurück zum Server: Sobald Sie diese Eigenschaft aktiviert und nun über die Seitenleiste oder über *Gehe zu –> Mit Server verbinden* einen Kontakt hergestellt haben, erscheinen die Icons direkt auf dem Schreibtisch.

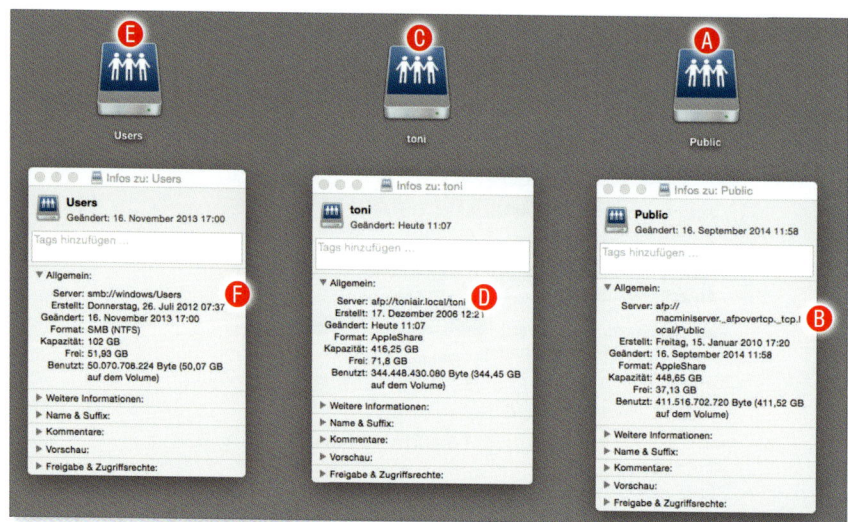

Freigaben als eigene Icons auf dem Schreibtisch.

Wie Sie anhand des Bildschirmfotos erkennen können, wurde hier auf drei Computer gleichzeitig zugegriffen, die nun ihre Freigaben als Icons auf dem Schreibtisch präsentieren. Bei **A** sehen Sie den Zugriff auf den *macminiserver*. Das können Sie daran erkennen, dass das *Informationen*-Fenster, das darunter liegt, bei *Allgemein – Server* **B** den Mac-Mini-Server über das Protokoll AFP anzeigt. Links daneben **C** ist der Kontakt mit einem anderen Computer im Netzwerk, auf dem ebenfalls macOS bzw. OS X läuft, zu erkennen. Sie sehen im *Informationen*-Fenster der Freigabe *Toni*, dass eine AFP-Verbindung zum Rechner *toniair* und zum Ordner *toni* stattgefunden hat **D**. Schlussendlich wird der Ordner *Users* **E** von einem Windows-Computer über das SMB-Protokoll **F** angesprochen. Der Vorteil der Icons auf dem Desktop ist zudem, dass Sie die Kontaktaufnahme ganz einfach wieder beenden können, indem Sie die Symbole nehmen und auf den Papierkorb ziehen. Ähnlich wie beim USB-Stick oder einer CD wird der Papierkorb zum Abwurfsymbol und trennt die Verbindung.

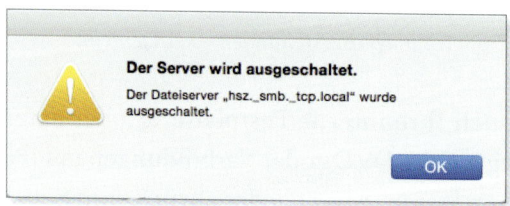

Computer ist im Netzwerk nicht mehr verfügbar.

Auch das kann passieren: Der Rechner, mit dem Sie aktuell in Kontakt stehen, verlässt das Netzwerk oder wird ausgeschaltet. Daraufhin wird natürlich die Verbindung sofort getrennt.

Bildschirmfreigabe

> Eine Besonderheit, die alle Apple-Rechner standardmäßig integriert haben, ist die Möglichkeit, per Bildschirmfreigabe auf einen anderen Mac zuzugreifen.

Bildschirmfreigabe.

Sie sehen, dass der Rechner namens *hsz* sich über *Verbinden als* Ⓐ zum Datenaustausch zur Verfügung stellt, aber ebenso über die Bildschirmfreigabe Ⓑ. Sobald Sie auf den Button *Bildschirmfreigabe* klicken, wird das gleichnamige Programm gestartet.

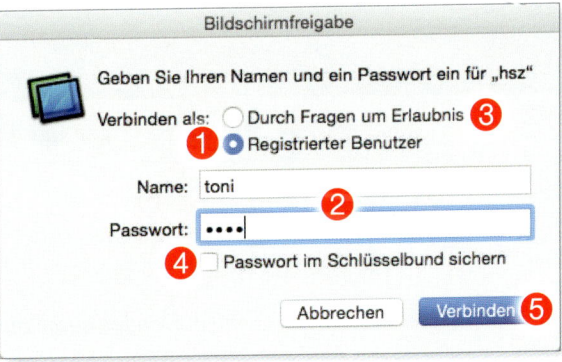

Sofern Sie am anderen Rechner als User registriert sind, der auf die Bildschirmfreigabe zugreifen darf, klicken Sie die dazugehörige Option ❶ an. Geben Sie darunter Name und Passwort ein ❷. Sollte auf dem anderen Rechner ein anderer Benutzer eingeloggt sein, können Sie durch Fragen um Erlaubnis der Bildschirmfreigabe bitten ❸. Sollten Sie die Verbindung zu diesem Gerät öfter benötigen, ist es wieder eine gute Idee, via ❹ das Passwort im Schlüsselbund zu speichern. Klicken Sie hernach auf *Verbinden* ❺, um die Bildschirmfreigabe zu aktivieren.

Standardmäßig können Sie die Bildschirmfreigabe dazu verwenden, den entfernten Rechner, den Sie jetzt auf dem Monitor sehen, zu steuern. Das heißt, Sie übernehmen mit der Maus die Kontrolle über den fremden Computer.

Sie können sogar Dateien auszutauschen. Dazu zieht man diese einfach per Drag & Drop vom entfernten Rechner auf den eigenen und schon werden die Dateien übertragen.

Über die Bildschirmfreigabe können nun bequem Dateien ausgetauscht werden.

Des Weiteren gibt es einige wichtige Funktionen im Titel des Fensters, wie zum Beispiel den Wechsel von *Steuern* zu *Beobachten* ❻ oder das Schießen eines *Bildschirmfotos* ❼ sowie den rechnerübergreifenden Austausch der Zwischenablagedaten ❽.

Computer-zu-Computer-Netzwerk

Angenommen, Sie sind mit Ihrem tragbaren Rechner unterwegs und treffen nun jemanden, der auch einen tragbaren Rechner (Mac oder Windows) dabei hat. Sie möchten nun kurzerhand Daten austauschen. Normalerweise brauchen Sie ja in irgendeiner Form eine Infrastruktur, einen WLAN- oder Wi-Fi-Router oder eine Kabelverbindung. Aber all das ist nicht in greifbarer Nähe! Sie möchten jetzt schnell und unkompliziert die beiden Rechner miteinander vernetzen, um Daten auszutauschen. Die schnellste und einfachste Möglichkeit ist, Ihr integriertes WLAN zu verwenden und ein Ad-hoc-Netzwerk aufzubauen. Dies ist mit wenigen Klicks geschehen, und anschließend kann sich Ihr Gegenüber in Ihr Netzwerk einwählen. Um ein Netzwerk aufzubauen, wählen Sie das WLAN-Icon in Ihrer Menüleiste und wählen den Eintrag *Netzwerk anlegen*. Geben Sie dann Ihrem Netzwerk einen Namen.

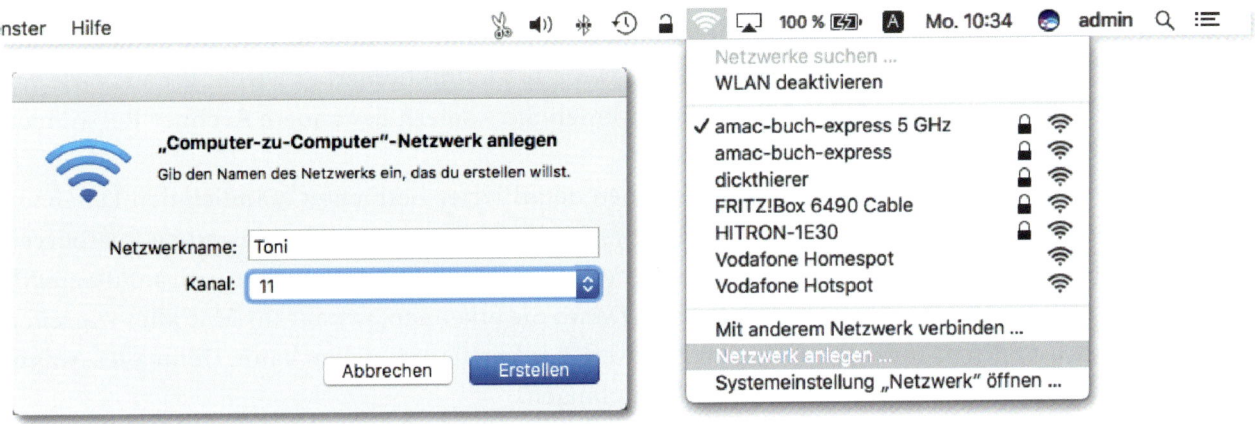

Netzwerk anlegen.

Sie verlassen das Dialogfenster, indem Sie auf *Erstellen* klicken. Sogleich ändert sich das WLAN-Icon in der Menüleiste.

Ad-hoc-WLAN-Netzwerk erstellen.

Ihr Gegenüber tut faktisch das Gleiche: Auch dort wird das WLAN-Icon in der Menüleiste aufgerufen. Als Eintrag findet sich dort nun das Netzwerk, das auf Ihrer Seite angelegt wurde.

Einem Netzwerk beitreten.

War die Verbindungsaufnahme erfolgreich, erscheint bei Ihrem Gegenüber das gleiche Symbol in der Menüleiste, das auch bei Ihnen aufgetaucht ist. Und von nun an funktioniert es wieder genauso wie vorhin beschrieben: Wenn Sie die Seitenleiste sehen, werden Sie – sofern der andere Rechner Ressourcen freigegeben hat – auf diese Daten zugreifen können.

Apropos Freigaben: Wir haben jetzt zwei Freigaben detaillierter betrachtet, nämlich den Datenaustausch und auch die Bildschirmfreigabe. Ihr Mac-System kann aber noch auf viele andere Ressourcen zugreifen, wie zum Beispiel auf freigegebene Drucker oder Scanner im Netzwerk, aber auch auf Bluetooth-Geräte, die an andere Rechner angeschlossen sind. Damit Sie erkennen, worauf Ihr Mac alles zugreifen kann, klären wir nun, was Ihr eigener Mac im Netzwerk zur Verfügung stellen kann. Denn alles, was er selbst bereitstellen kann, kann er natürlich auch empfangen.

Freigaben

In den Systemeinstellungen bei *Freigaben* können Sie einstellen und konfigurieren, wie der Mac sich im Netzwerk für andere Computer zur Verfügung stellt.

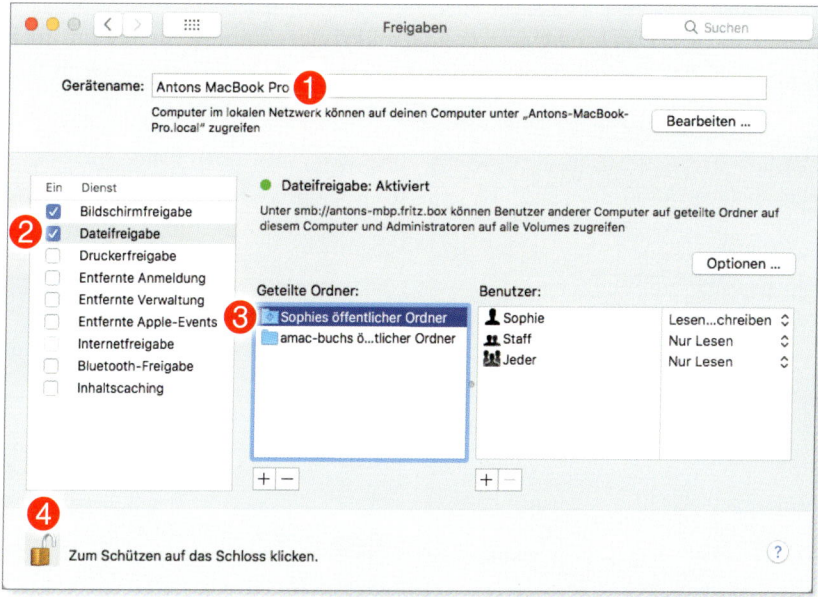

Systemeinstellungen –> Freigaben.

> **!** Aber zunächst eine Information in anderer Sache. Sie sehen im oberen Bereich des Fensters den Gerätenamen ❶. Mit diesem Namen meldet sich Ihr Rechner im Netzwerk und kann von anderen Computern kontaktiert werden. Wenn die anderen Computer ihre IP-Adresse wissen wollen, finden sie diese in den Systemeinstellungen bei **Netzwerk**.

Darunter sehen Sie eine Liste mit verschiedenen Diensten ❷, die Ihr Mac zur Verfügung stellen kann. Bei jedem Dienst, den Sie auswählen, können Sie rechts daneben die dazugehörigen Feineinstellungen vornehmen ❸. Beachten Sie bitte, dass all diese Einstellungen natürlich nur von einem Benutzer mit Administratorrechten vorgenommen werden können ❹.

DVD- oder CD-Freigabe

Besitzt Ihr Mac ein optisches Laufwerk, kann er per *CD- oder DVD-Freigabe* den eingelegten Datenträger anderen Computern im Netzwerk zur Verfügung stellen.

Sofern Sie an einem Mac arbeiten, der nicht über ein optisches Laufwerk verfügt, wie zum Beispiel das MacBook Air oder die neueren Modelle des MacBook Pros, finden Sie in der Seitenleiste im Bereich *Geräte* den Eintrag *Entfernte CD oder DVD*. Sobald Sie diesen Eintrag anklicken, erscheinen alle Rechner im Netzwerk, die die Funktion *DVD- oder CD-Freigabe* aktiviert haben. Sie sehen im Bildschirmfoto, ist es der Rechner von *hans*, der sein optisches Laufwerk zur Verfügung stellt.

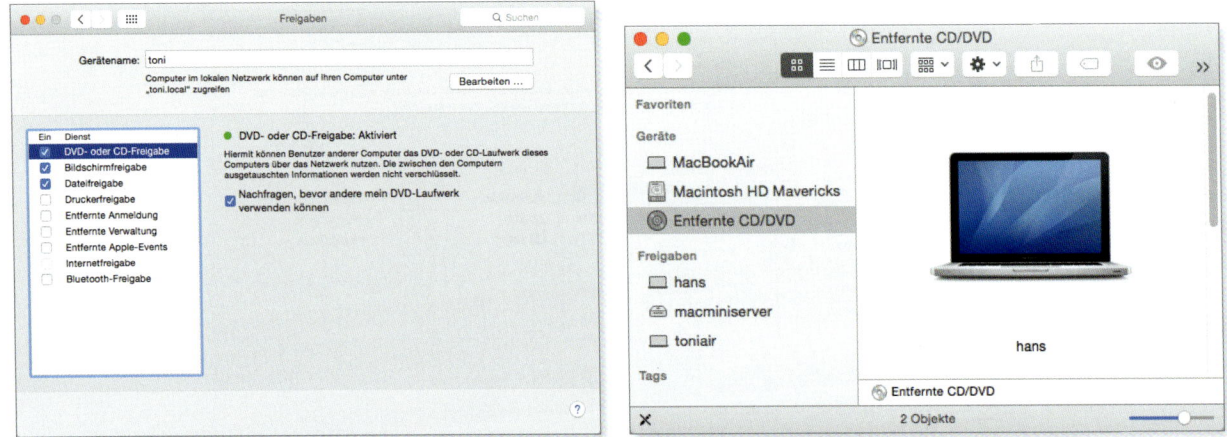

DVD- oder CD-Freigabe (links) und entfernte CD oder DVD auf einem MacBook Air (rechts).

Klicken Sie nun auf diesen Eintrag und dann rechts oben in der Ecke auf *Zugriffserlaubnis anfragen*.

Zugriffserlaubnis anfragen.

An dem Rechner, der die CD oder DVD zur Verfügung stellt, erscheint sofort ein Hinweisfenster, das die Anfrage des entfernten Rechners darstellt. Die Anfrage wird eingeblendet, weil wir bei der Freigabe den Eintrag *Nachfragen, bevor andere mein DVD-Laufwerk verwenden* aktiviert haben. Wird nun bei diesem Rechner auf *Annehmen* geklickt, wird die Freigabe erteilt.

Freigabe annehmen.

Daraufhin erscheint auf dem entfernten Rechner das CD-Symbol und der optische Datenträger kann so verwendet werden, als hätte dieser Rechner ein eigenes Laufwerk.

Verbindung mit entfernter CD erfolgreich aufgenommen.

> Die Funktion, Mac-CDs im Netzwerk zur Verfügung zu stellen, kann nicht nur ein Mac-Rechner bereitstellen, sondern auch Windows-Systeme können durch die Installation von zusätzlicher Software Mac-CDs oder -DVDs für tragbare Macs ohne Laufwerk zur Verfügung stellen.

CD- oder DVD-Sharing für Windows.

Laden Sie diese kostenlose Software von Apple (*http://support.apple.com/kb/DL113*) auf Ihren Windows-Rechner herunter, um damit optische Datenträger, die für den Mac formatiert sind und die der Windows-Rechner standardmäßig nicht verarbeiten kann, über das Netzwerk für Macs freizugeben.

Bildschirmfreigabe

Wie soeben gesehen, kann Ihr Mac via Bildschirmfreigabe einen anderen Rechner fernsteuern. Genauso können Sie umgekehrt sich selbst per Bildschirmfreigabe zur Verfügung stellen. Bringen Sie das Häkchen beim Dienst *Bildschirmfreigabe* an ❶. Definieren Sie darüber hinaus bei *Zugriffe erlauben für* ❷, welche Anwender per VNC auf den Rechner zugreifen dürfen. Besonders elegant sind die Einstellungen bei *Computereinstellungen* ❸.

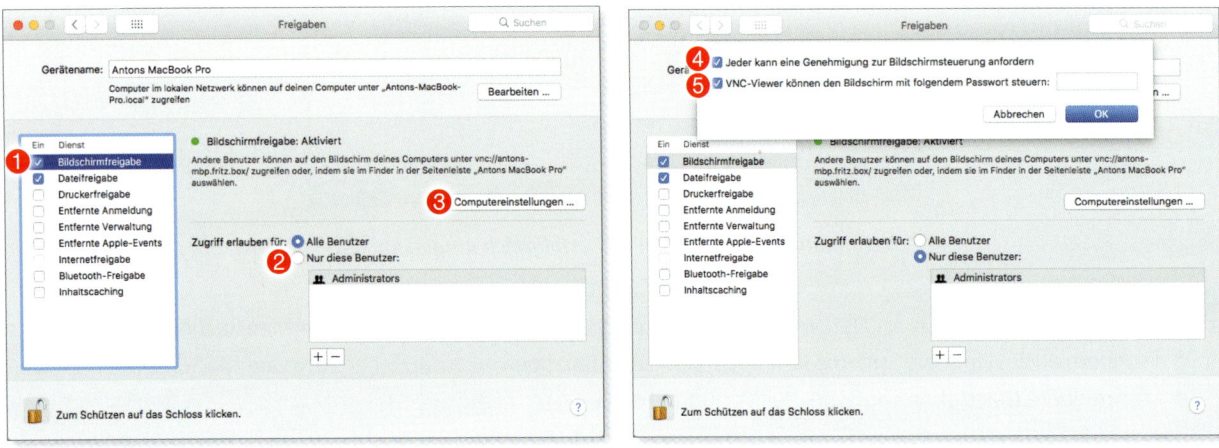

Ein Klick auf den Button öffnet ein kleines Fenster, in dem Sie zwei weitere sinnvolle Einstellungen vornehmen können. ❹ *Jeder kann eine Genehmigung zur Bildschirmsteuerung anfordern*: Ein anderer Anwender startet also, wie vorhin beschrieben, eine Anfrage und Sie können überlegen, ob Sie diese annehmen. Noch cleverer ist *VNC-Viewer können den Bildschirm mit folgendem Passwort steuern* ❺. Sobald Sie hier ein Passwort eingeben, ist die Bildschirmfreigabe nicht mehr begrenzt auf Apple-Systeme; selbst Windows- oder Unix-Rechner können dann mit einer VNC-Software auf Ihren Mac zugreifen.

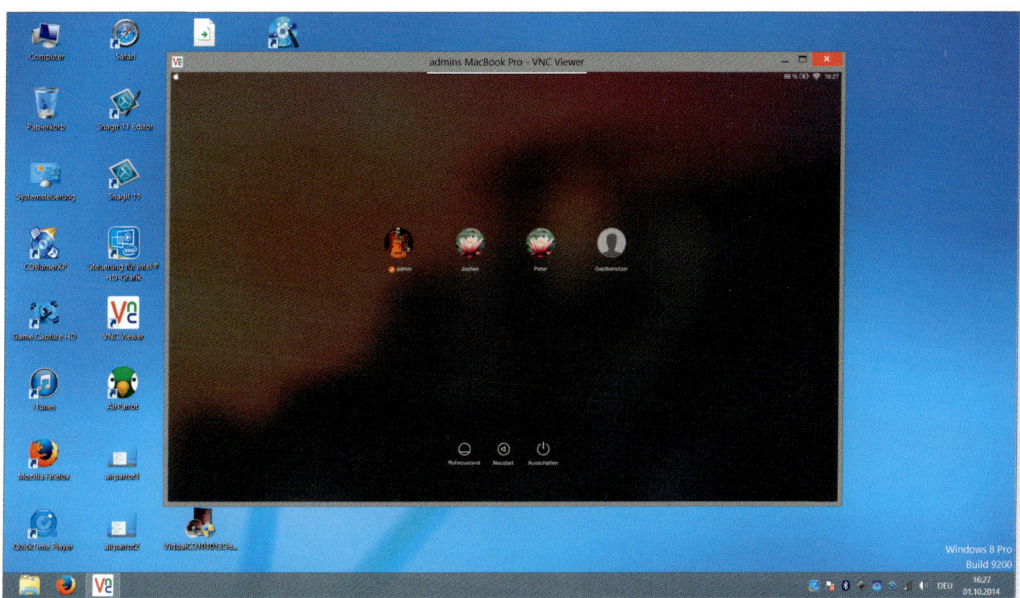

Windows 8 greift per VNC auf den Mac zu.

Wenn Sie das Bildschirmfoto genau betrachten, sehen Sie, dass nun ein Windows-8-Rechner auf die Oberfläche von macOS Zugriff nimmt.

Was Sie anhand des Screenshots nicht sehen, ist wirklich sensationell: Zur gleichen Zeit arbeitet an dem Mac-System der User Admin, was Sie auch an dem Windows-Rechner sehen. Wenn Sie sich nun ebenfalls als Admin einloggen, übernehmen Sie die Bildschirmkontrolle dieses Benutzers. Aber Sie können sich ebenso als Peter oder als Jochen einloggen und damit so arbeiten, als hätten Sie einen Mac-Rechner vor sich. Das heißt: Das macOS ist eine Art Terminal-Server. Ein VNC-Benutzer kann sich als anderer Benutzer einloggen. Leider ist es nicht möglich, dass sich verschiedene Rechner via VNC als unterschiedliche User einloggen. Aber in der Summe ist das eine superklasse Funktion, um aus der Ferne auf einen Mac zuzugreifen, unabhängig von dem User, der lokal eingeloggt ist.

Dateifreigabe

Auch Ihr Mac kann natürlich seine Daten im Netzwerk zur Verfügung stellen. Aktivieren Sie dazu den notwendigen Dienst ❶. Im Bereich *Geteilte Ordner* ❷ können Sie Ordner definieren, die freigegeben werden sollen. Sie sehen dabei, dass standardmäßig von jedem User bereits ein Ordner für die Netzwerkfreigabe aktiviert ist, und zwar ist das der Ordner *Öffentlich* eines Benutzerordners. Über das Plus-Icon darunter können Sie weitere Ordner in die Freigabeliste aufnehmen.

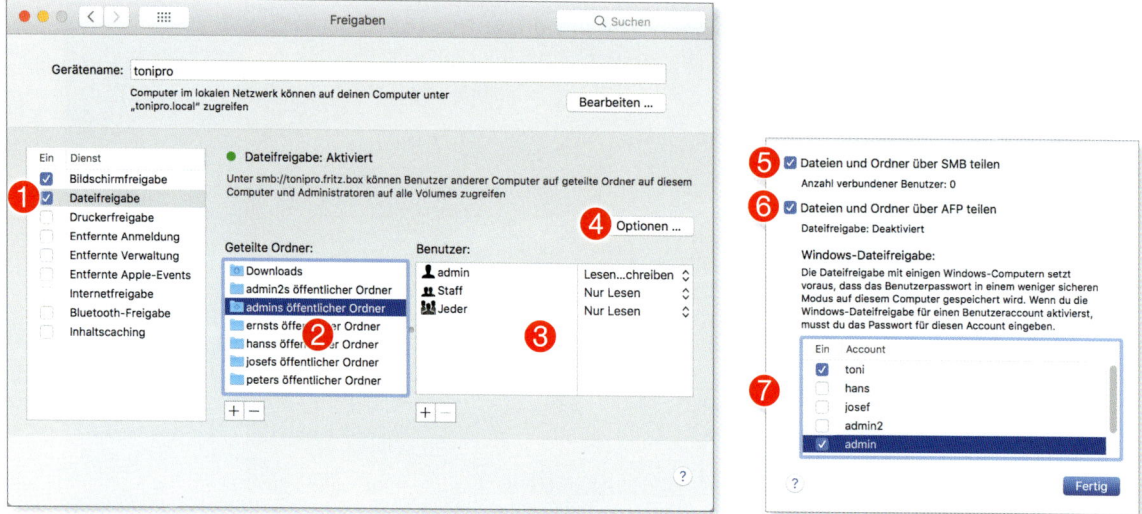

Dateifreigabe.

Damit andere Anwender auf die neuen Freigabeobjekte auch zugreifen können, geben Sie im Bereich ❸ bei *Benutzer* an, welche Benutzer welche Berechtigungen für diese Freigabe haben sollen. Sie sollten wieder nicht vergessen, auf *Optionen* ❹ zu klicken. Denn dort erscheint eine Reihe weiterer Einstellungen. Der Apple-Rechner stellt die Daten standardmäßig per AFP, also über das Apple-Protokoll, zur Verfügung, sofern Sie dies bei ❻ angeben.

 Zum Zeitpunkt der Drucklegung des Buches ist die **AFP-Freigabe** unter High Sierra mit dem Dateisystem **APFS** nicht möglich. Verwenden Sie stattdessen **SMB**.

Zusätzlich können Sie auch erlauben, dass Windows-Systeme über das SMB-Protokoll auf Ihre Daten zugreifen. Dazu müssen Sie bei *Dateien und Ordner über SMB (Windows) freigeben* ❺ das Häkchen anbringen und zusätzlich die Accounts ❼ definieren, die über einen Windows-Rechner Zugang zu den Daten erhalten sollen. Sobald Sie einen Account aktivieren, müssen Sie das Passwort nochmals eingeben. Apple erklärt in dem Text darüber, warum das notwendig ist.

Druckerfreigabe

Sofern Sie über Geräte verfügen, die keine Netzwerkfunktionalität haben, wie zum Beispiel Drucker, die per USB an einen Computer angeschlossen werden, bietet die Druckerfreigabe eine hervorragende Möglichkeit, diese Geräte anderen Mac-Rechnern über das Netzwerk zur Verfügung zu stellen.

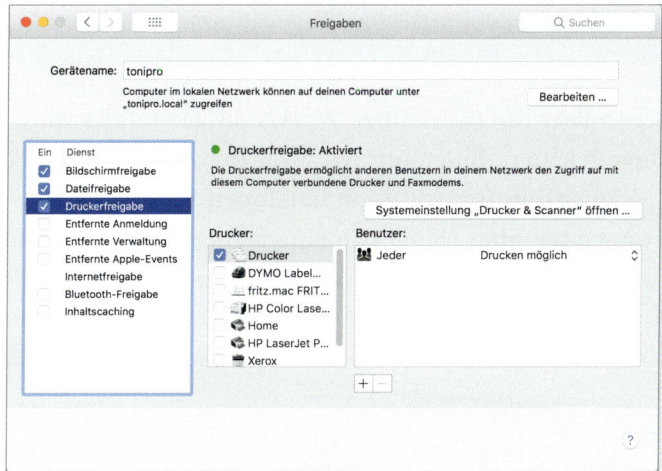

Drucker- und Scannerfreigabe.

Definieren Sie in der Spalte *Drucker*, welche Geräte Sie im Netzwerk zur Verfügung stellen wollen. In der Spalte daneben bei *Benutzer* geben Sie an, wer auf diese Geräte zugreifen darf. Wenn ein anderer Rechner im Netzwerk in die Systemeinstellungen *Drucker & Scanner* geht und dort über das Plus-Icon weitere Geräte hinzufügen will, erscheinen bei ihm nun neue Einträge, nämlich die von dem anderen Rechner freigegebenen Geräte.

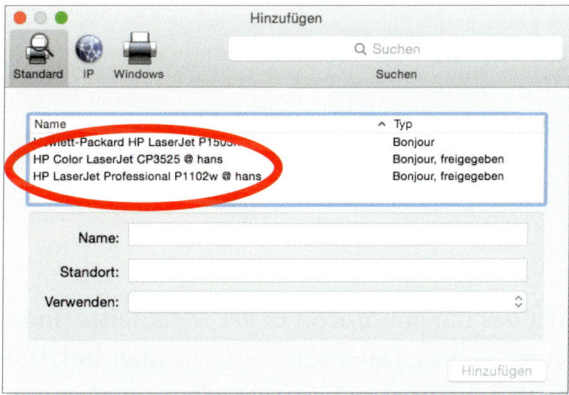

Rechner „hans" gibt zwei Drucker frei.

In diesem Fall sind es zwei Drucker, nämlich der LaserJet 1505 und der LaserJet Professional P1102w. Hinter beiden ist der Zusatz *@hans* zu sehen, was bedeutet, dass diese Geräte von diesem Rechner über das Netzwerk zur Verfügung gestellt werden. Das funktioniert natürlich nur dann, wenn der Rechner *hans* eingeschaltet ist.

Bluetooth-Freigabe

Wir haben vorhin ein Peer-to-Peer-Netzwerk über WLAN aufgebaut. Es wäre ebenso denkbar, die Verbindung über Bluetooth einzurichten. Bluetooth hat zwar den Nachteil, dass es deutlich langsamer ist, bietet aber eine gängige Möglichkeit, um von Mobiltelefonen Daten auf den Computer zu übertragen. In unserem Beispiel übertragen wir aber Daten von einem auf den anderen Mac. Dafür muss bei ❶ die Bluetooth-Freigabe aktiviert werden. Im rechten Bereich sollten Sie die Einstellungen belassen, also zum Beispiel den *Downloads*-Ordner als Empfangsordner definieren ❷. Und es ist eine gute Idee, die Eigenschaft *Beim Empfang von Objekten: Aktion erfragen* ❸ beizubehalten, damit Ihnen nicht jemand ungefragt Daten zuschickt.

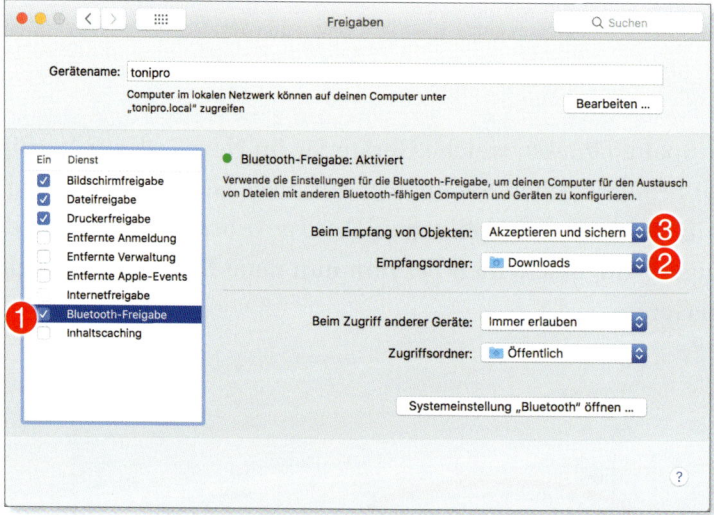

Bluetooth-Freigabe.

Wie funktioniert nun der Datenabgleich?

1. Der Absender verwendet das Bluetooth-Icon in der Menüleiste und wählt den Eintrag *Datei an Gerät senden* und bestimmt, welche Datei verschickt werden soll. Danach sucht der Sender Bluetooth-Geräte und findet den Rechner *hsz*, den die Bluetooth-Freigabe zur Verfügung stellt. Nun wird auf den Button *Senden* geklickt.

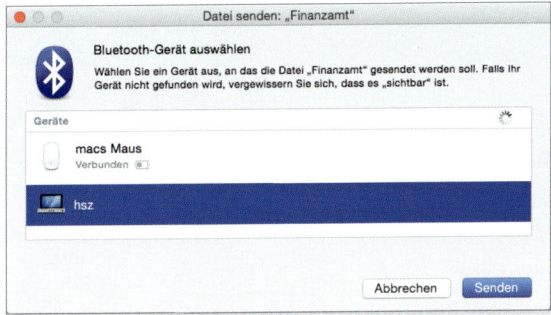

2. Als Nächstes muss die Bluetooth-Verbindung hergestellt werden. Es wird eine Anfrage an den anderen Rechner geschickt, in der um Erlaubnis zum Herstellen einer Verbindung gebeten wird.

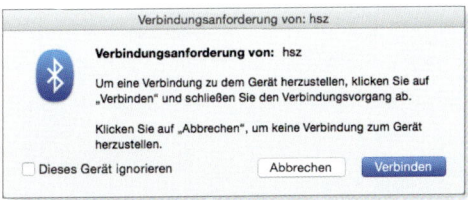

Die Übertragung kann beginnen.

3. Ist die Kopplung erfolgreich abgewickelt, werden die Daten übertragen. Der Empfänger erhält wieder eine Anfrage über die zu empfangende Datei. Soll diese akzeptiert werden, klickt der Empfänger auf *Empfangen*, und die Datenübertragung beginnt.

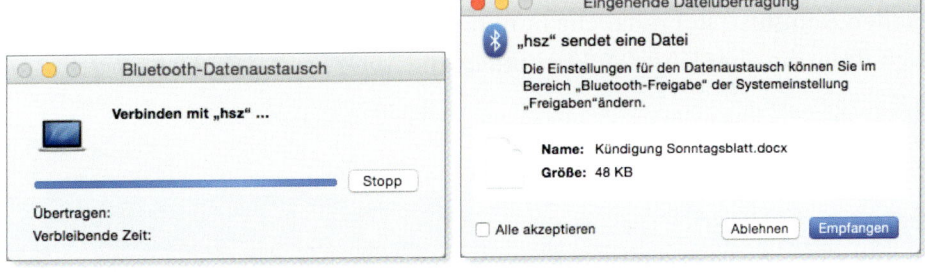

Bestätigung der Kopplung beim Sender (links) und beim Empfänger (rechts).

4. Der Sender sieht nun, wie die Datei von seinem Rechner zum Empfängerrechner übertragen wird. Ebenso stellt es sich für den Empfänger dar: Er sieht die eingehende Dateiübertragung. Nach wenigen Sekunden ist die Übertragung erfolgreich abgeschlossen, und wie in den Einstellungen definiert, liegt die empfangene Datei im *Downloads*-Ordner und kann nun weiter bearbeitet werden.

Entfernte Verwaltung

Sollten Sie Ihren Mac via *Entfernte Verwaltung* zur Verfügung stellen, werden Sie feststellen, dass automatisch die *Bildschirmfreigabe* deaktiviert wird.

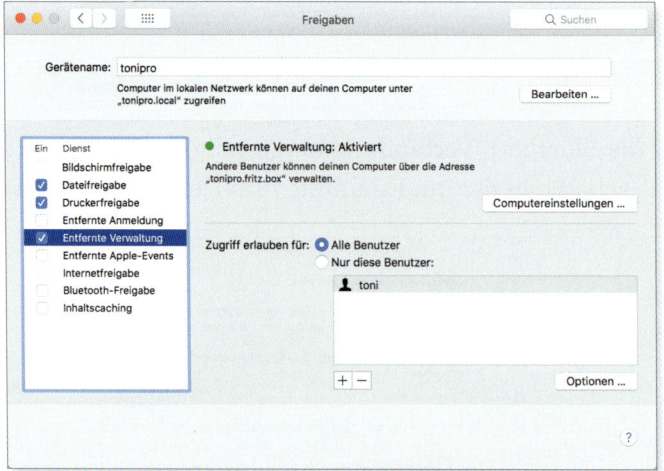

Entfernte Verwaltung.

Das liegt daran, dass es ein Spezialprogramm von Apple mit dem Namen *Apple Remote Desktop* gibt, mit dem man Clientcomputer noch umfangreicher verwalten kann, als das über die Bildschirmfreigabe möglich ist. Die *Entfernte Verwaltung* substituiert also die Bildschirmfreigabe und bietet darüber hinaus viele weitere für den Administrator nützliche Funktionen. Es würde den Rahmen dieses Buches sprengen, hier die Eigenschaften, die über *Entfernte Verwaltung* und *Apple Remote Desktop* ausgelöst werden können, zu diskutieren.

Weitere Freigabedienste

Die verbleibenden Freigabedienste sind nachrangiger Natur. So können Sie zum Beispiel über die *Internetfreigabe* eine Internetverbindung, die Ihr Rechner etabliert, einem anderen Computer zukommen lassen. Im Regelfall verwenden Sie heute aber Router oder WLAN-Router, die für viele Geräte gleichzeitig den Internetzugang ermöglichen.

Die Eigenschaft *Entfernte Apple-Events* gibt Programmen die Fähigkeit, über das Netzwerk auf Funktionen Ihres Computers zuzugreifen; jedoch gibt es kaum noch Programme, die die Technologie Apple-Events unterstützen. Deshalb ist auch eine Freigabe der entfernten Apple-Events nicht notwendig.

Für einige Anwender kann die Eigenschaft *Entfernte Anmeldung* sinnvoll sein. Sobald die *Entfernte Anmeldung* aktiviert ist, können andere Computer im Netzwerk über SSH Zugriff auf Ihren Mac nehmen. User, die sich bisher mit Unix beschäftigt haben, kennen diese Vorgehensweise.

Auch der Mac selbst kann per SSH auf andere Rechner zugreifen. Dazu kann das Programm Terminal eingesetzt werden. Im *Terminal* finden Sie den Menüpunkt *Shell* und dort den Eintrag *Neue entfernte Verbindung* ❶.

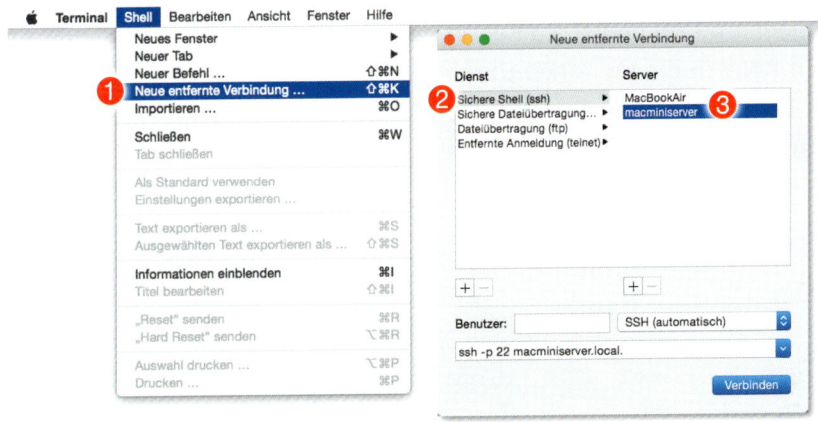

Terminal –> Neue entfernte Verbindung (SSH).

Daraufhin erscheint ein neues Fenster, in dem Sie den Eintrag *Sichere Shell (ssh)* ❷ auswählen können. Ihr Mac sucht dann im Netzwerk nach Rechnern, die sich per SSH zur Verfügung stellen, und listet diese auf ❸. Daraufhin kann der gewünschte Rechner angeklickt und via *Verbinden* die SSH-Sitzung aufgebaut werden. Natürlich ist es ebenso möglich, an einem beliebigen Computersystem eine Shell zu starten und den SSH-Befehl in der Form *SSH Leerschritt Benutzername@IP-Adresse* einzugeben.

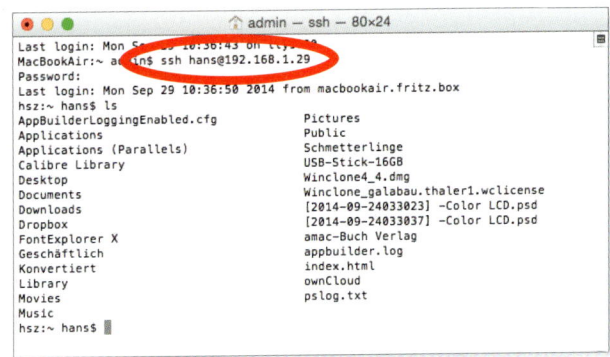

SSH-Befehl innerhalb einer Shell.

Und Sie sehen, dass sich der macOS-Rechner als ganz normaler SSH-Rechner zur Verfügung stellt. Der User hans hat erfolgreich den Kontakt aufgenommen und kann nun in sein Homeverzeichnis auf dem entfernten Rechner hineinsehen und dort navigieren. Das Apple-Betriebssystem ist also zum einen durch seine grafische Oberfläche sehr, sehr einfach zu bedienen, weist aber das Leistungspotenzial und die Vielfalt eines Unix-Systems auf und wird so an vielen Stellen in Unternehmen und auch im privaten Bereich gerne eingesetzt.

Und schlußendlich gibt es noch das *Inhaltscaching*. Wie im Text zu lesen ist, können Sie Inhalte aus dem Internet einmal geladen und auf mehreren Rechnern dann verwendet werden. Sollten Sie diese Funktion nutzen, dann ist ein Blick in die Optionen unerlässlich. Dort definieren Sie den Speicherplatz, den Sie für das Puffern der Daten auf Ihrem Computer zur Verfügung stellen möchten. Ich empfehle Ihnen, die Funktion Inhaltscaching nur auf einem Mac-Rechner zu verwenden, der zugleich als Server in einem Netzwerk agiert.

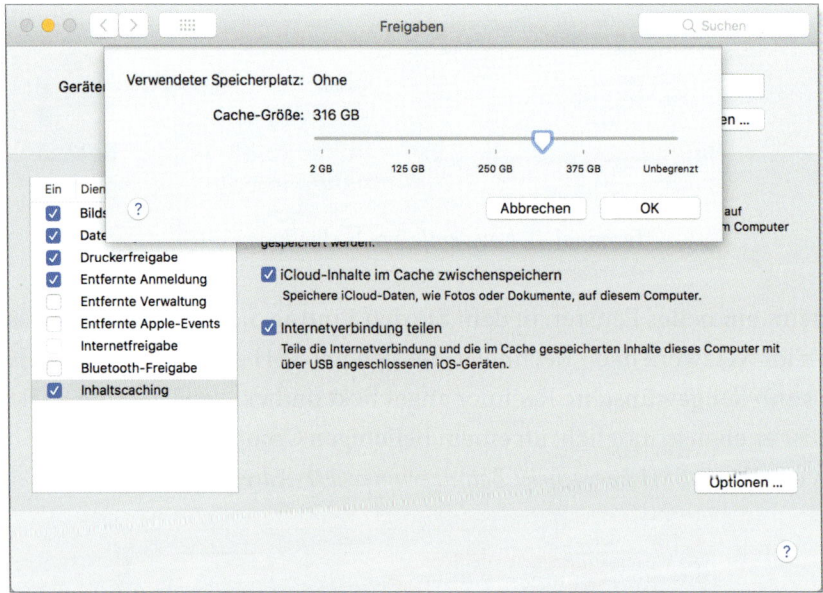

Definieren Sie für den vakanten Speicherplatz für das Caching.

Der ganz einfache Weg: AirDrop

Sie haben im Laufe des Kapitels gesehen, dass eine Kontaktaufnahme über das Netzwerk einige Einstellungen erfordert. Apple hat deswegen in das Betriebssystem eine ganz simple Funktion eingebaut, mit der man sehr schnell ohne weitere Konfiguration im Netzwerk Dateien austauschen kann. Das heißt: Für die Funktion namens *AirDrop* ist es nicht notwendig, dass Sie irgendwelche Freigaben in Ihren Systemeinstellungen vornehmen. AirDrop funktioniert Mac-like. An jedem Rechner, der an AirDrop teilnehmen soll, sollten Sie über die Seitenleiste das AirDrop-Icon anklicken.

 Damit Sie AirDrop am Mac nutzen können, muss unbedingt **Bluetooth** aktiviert sein.

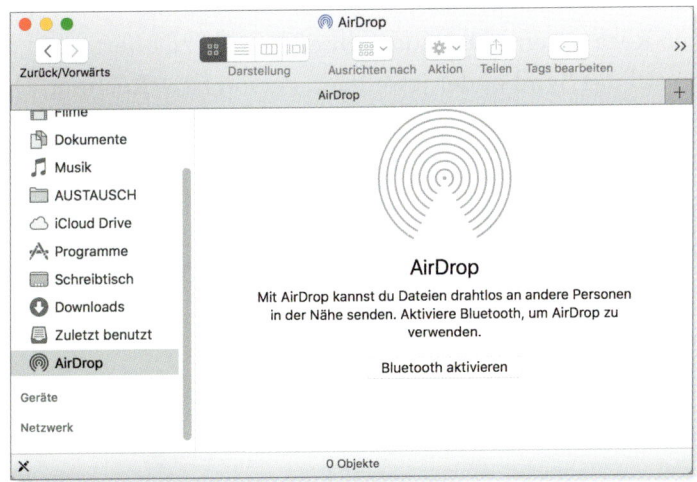

Ohne aktiviertem Bluetooth funktioniert AirDrop nicht.

Nun wird überprüft, ob AirDrop andere Rechner im Mac-Netzwerk findet, dabei müssen die anderen Rechner nicht mal AirDrop geöffnet haben. Es werden automatisch alle Rechner angezeigt, die via AirDrop Daten austauschen können.

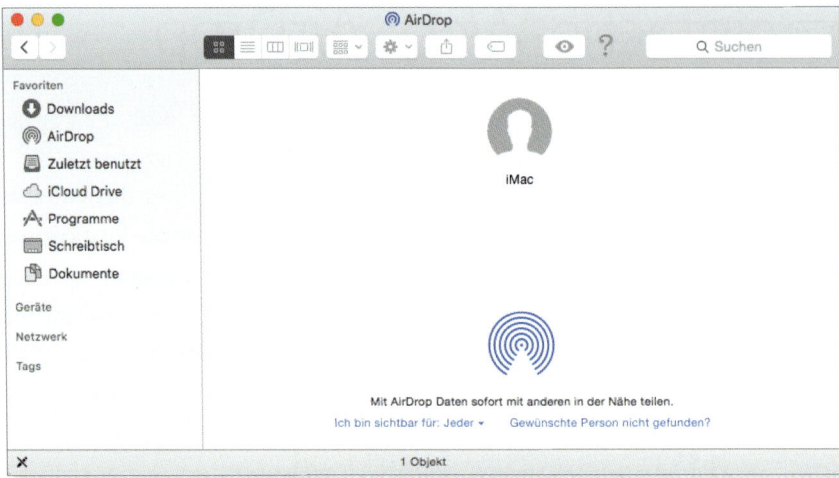

AirDrop findet einen weiteren Rechner.

Um nun auf den anderen Rechner eine Datei oder einen Ordner zu übertragen, ziehen Sie dieses Objekt einfach per Drag & Drop auf das Symbol der jeweiligen Person bzw. Rechner. Der andere Rechner empfängt die Meldung, dass eine Datei an ihn versendet werden soll. Sobald dort der Empfang bestätigt wird, beginnt die Übertragung.

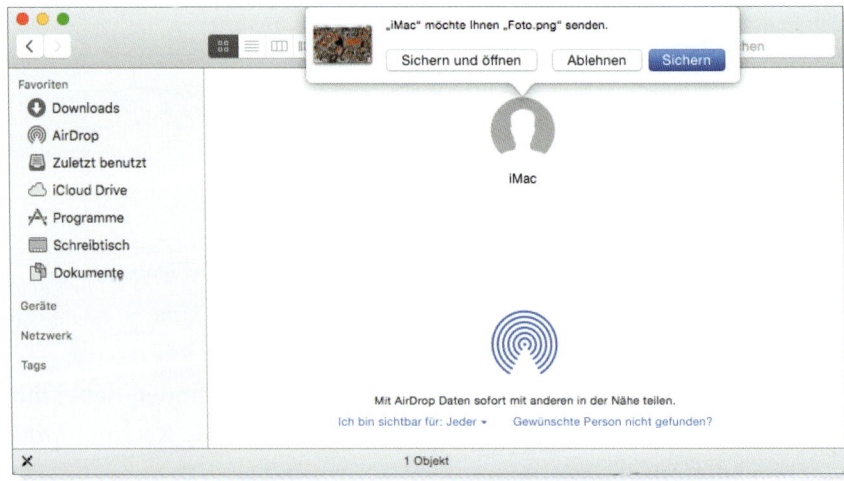

Der Empfangsrechner muss bestätigen.

Klickt die empfangende Person auf den Button *Sichern*, werden die Objekte sofort übertragen und in den *Downloads*-Ordner kopiert. Haben Sie die Funktion *Sichern und öffnen* aktiviert, werden die Elemente nach der erfolgreichen Übertragung in den *Downloads*-Ordner sofort geöffnet.

AirDrop mit iPhone und iPad

Wenn Sie im Besitz eines iPhone oder iPad mit installiertem iOS 8 oder neuer sind, dann können Sie via AirDrop auch Dateien mit diesen Geräten austauschen. Die Vorgehensweise ist genauso einfach, wie beim Kopieren zwischen zwei Macs.

Sobald auf dem iOS-Gerät WLAN und Bluetooth aktiviert sind, ist auch AirDrop verfügbar. Das iPhone bzw. iPad erscheint nun am Mac in der AirDrop-Funktion. Umgekehrt wird auch der Mac auf dem iPhone bzw. iPad für AirDrop eingeblendet.

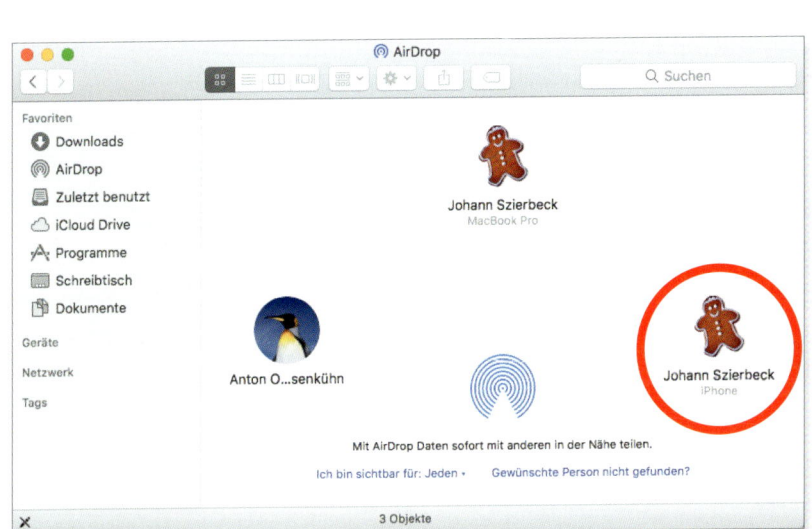

Der Mac (links) und das iPhone (rechts) sehen sich gegenseitig via AirDrop.

Die Datenübertragung funktioniert genauswo wie zwischen zwei Macs. Sie ziehen per Drag-and-Drop eine Datei auf das iPhone und dann muss nur noch der Empfang auf dem jeweiligen iPhone bestätigt werden. Einfacher geht es kaum!

AirDrop mit älteren Macs

macOS hat leider eine Beschränkung für AirDrop, die ältere Mac-Modelle betrifft. Diese erscheinen nämlich nicht automatisch im AirDrop-Fenster. Sie müssen zuvor eine kleine Funktion aktivieren. Im unteren Bereich des AirDrop-Fenster finden Sie die Frage *Gewünschte Person nicht gefunden?*. Wenn Sie auf diese Frage klicken, öffnet sich ein kleines Fenster, dass nun die Funktion *Nach älteren Macs suchen* enthält. Sobald Sie diese Funktion anklicken, erscheinen nun auch ältere Mac-Modell im AirDrop-Fenster.

AirDrop muss für ältere Mac-Modelle speziell konfiguriert werden.

> **!** Leider ist es so, dass man nicht gleichzeitig die alten und neuen Mac-Modelle im AirDrop-Fenster anzeigen kann. Sie müssen bei Bedarf zwischen den Anzeigen wechseln. Um wieder zurück zur Anzeige für die neueren Macs zu gelangen, klicken Sie im AirDrop-Fenster auf die Schaltfläche **Abbrechen** im unteren Bereich.

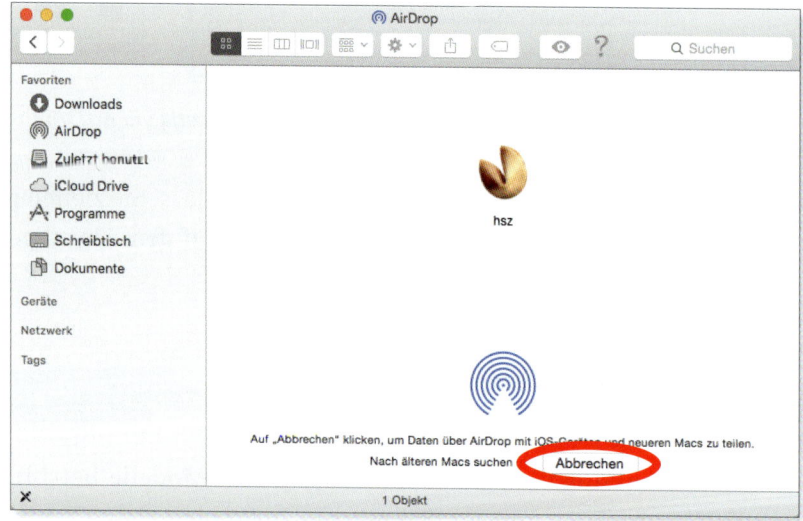

Die Anzeige für die älteren Mac-Modell kann wieder deaktiviert werden.

AirDrop beschränken

In macOS gibt es eine Beschränkung für AirDrop. Besitzer eines iPhone oder iPad kennen dies bereits, dort gibt es die Beschränkungen bereits seit iOS 7. Die Beschränkungen beziehen sich auf die Personen, mit denen Sie über AirDrop Daten austauschen wollen.

Im unteren Bereich des AirDrop-Fensters gibt es die Funktion *Ich bin sichtbar für*. Mit dieser Funktion können Sie festlegen, für welche Personen Sie via AirDrop verfügbar sein sollen.

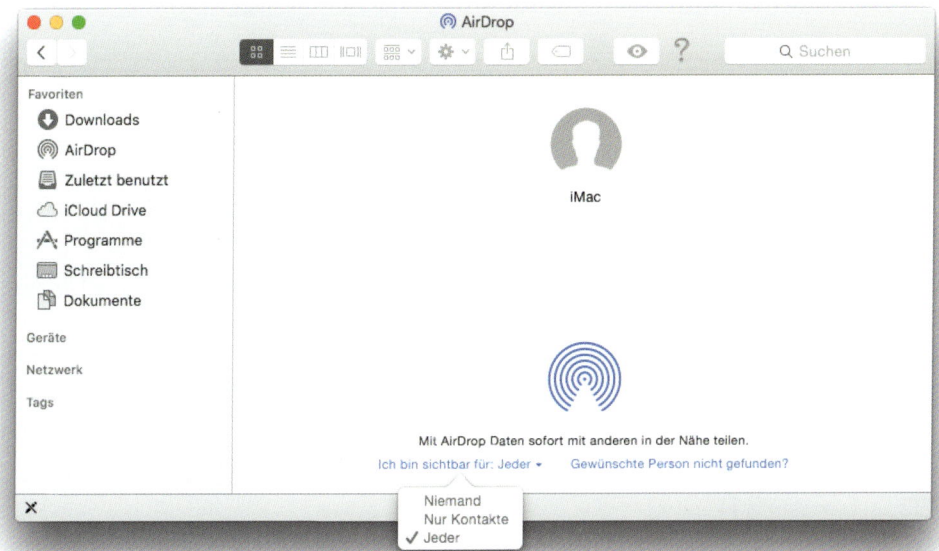

AirDrop kann auch eingeschränkt und sogar deaktiviert werden.

Die Einstellung *Jeder* macht Sie für alle Geräte in der Umgebung sichtbar. Wenn Sie allerdings *Nur Kontakte* auswählen, sind Sie nur für solche Personen sichtbar, dessen Kontaktdaten auf Ihrem Mac in der App *Kontakte* hinterlegt sind. Mit der Einstellung *Niemand* schalten Sie AirDrop quasi aus, da Sie für niemanden in der Umgebung im AirDrop-Fenster sichtbar sind.

Sie sehen also: AirDrop ist definitiv die einfachste Möglichkeit, um zwischen Mac-Rechnern peer-to-peer Dateien auszutauschen. AirDrop besticht dadurch, dass Sie keinerlei Konfigurationsaufwand haben.

 Der Nachteil der AirDrop-Technik ist, dass natürlich lediglich Mac-Rechner mit den Betriebssystemen Lion, Mountain Lion, Mavericks, Yosemite, Capitan, Sierra und High Sierra daran teilnehmen können. Und nur folgende Rechnermodelle unterstützen AirDrop: MacBook (ab Ende 2008), MacBook Air (ab Ende 2010), iMac (ab Anfang 2009), Mac mini und Mac Pro (ab Mitte 2010). Noch ältere Geräte können AirDrop leider nicht verwenden.

 Die Namen, die innerhalb von AirDrop verwendet werden, sind übrigens diejenigen, die Sie in den **Systemeinstellungen** bei **Freigaben** unter **Gerätename** definiert haben.

Dateiweitergabe via iCloud Drive

Nutzen Sie den iCloud-Service von Apple und hat Ihr Gegenüber dies ebenfalls im Einsatz, dann kann das Teilen über iCloud Drive eine sehr angenehme Zusatzfunktion sein.

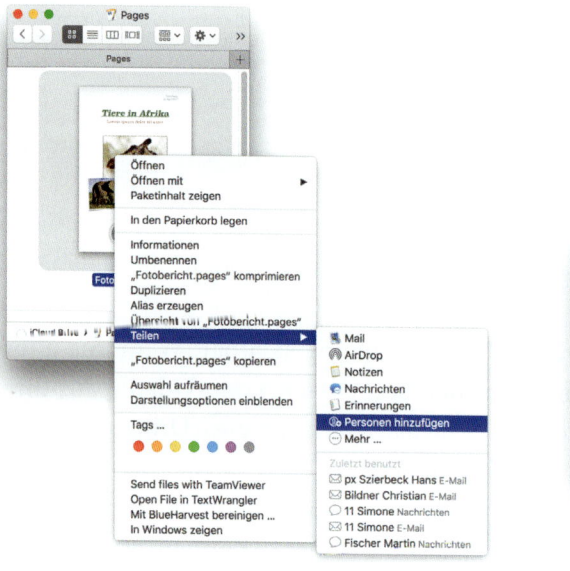

Führen Sie einen Rechtsklick bei der Datei aus, die Sie mit anderen Personen teilen wollen. Wählen Sie „Teilen –> Personen hinzufügen" (links). Anschließend definieren Sie, wie Sie die Person kontaktieren (Mail, Nachrichten, etc.) und entscheiden Sie sich zwischen „Bearbeitung erlauben" oder „Nur Lesen" im Bereich „Zugriffsrechte" (rechts).

Ihr Gegenüber wird sofort informiert und bekommt z. B. diese Information, sobald er die Datei öffnen möchte:

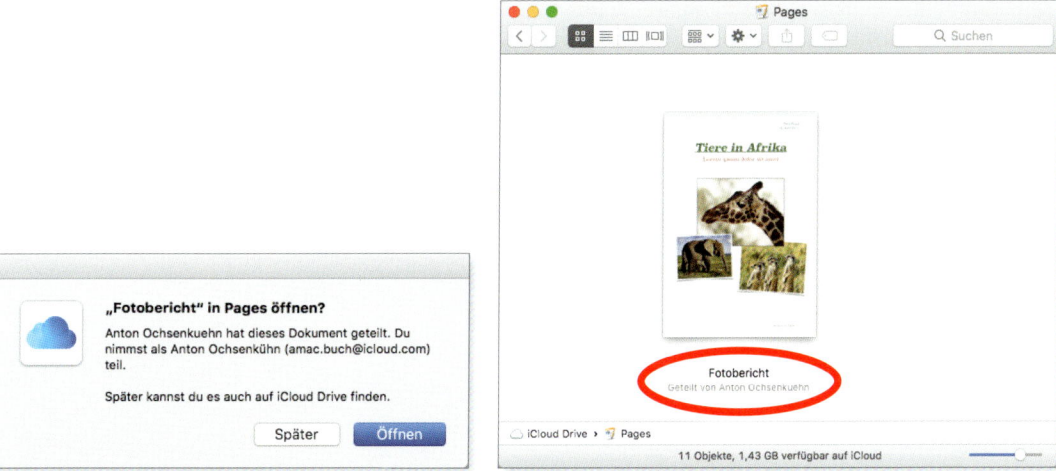

Die geteilte Datei erscheint ebenfalls im iCloud Drive. Hat Ihr Gegenüber nun die Rechte, die Datei zu bearbeiten, dann kann er Änderungen durchführen und diese werden damit in Ihrer Originaldatei direkt ausgeführt.

Sie sehen also, dass damit die Zusammenarbeit an Dokumenten einfach und problemfrei realisiert werden kann.

Und auch das ist möglich: Nachdem es sich ja um Ihre Datei handelt, können Sie jederzeit die Berechtigung entziehen bzw. ändern. Ebenso können weitere Personen zur Zusammenarbeit eingeladen werden.

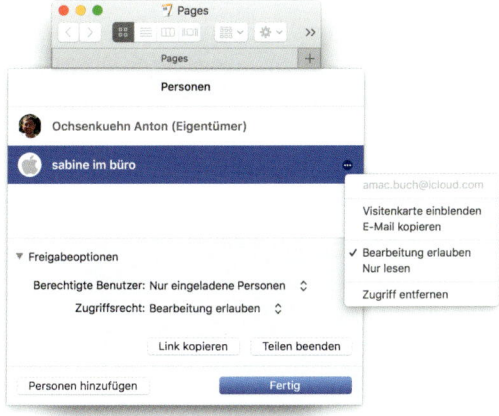

Über „Teilen –> Personen hinzufügen" stehen Ihnen nachträglich alle Optionen offen.

Kapitel 13

Troubleshooting und Fitnesstraining

Sie haben sich den Mac ja unter anderem deswegen gekauft, weil er als ein sehr zuverlässiger Helfer bekannt ist, genauso wie ein iPhone oder ein iPad. Das kann ich nur bestätigen. Funktioniert aber ausnahmsweise einmal etwas nicht so, wie Sie es erwarten, müssen Sie versuchen, den Fehler zu lokalisieren. Ich gebe Ihnen nun wesentliche Tipps und Hinweise, mit denen Sie einen Großteil der Fehler rasch beheben können.

Ein Programm reagiert nicht mehr …

… oder tut nicht mehr das, was es tun sollte. Vielleicht ist es auch eingefroren und reagiert nicht mehr auf Ihre Eingaben. Dann ist es allerhöchste Zeit, das Programm aus dem Arbeitsspeicher zu entfernen. Gehen Sie hierzu in das *Apfel-Menü* und wählen Sie den Eintrag *Sofort beenden* aus. Alternativ können Sie die Tastenkombination *cmd + alt + esc* verwenden.

Programm sofort beenden.

   Hier finden Sie eine Liste aller Programme, die Sie als Benutzer gestartet haben. Das Programm, das Ihnen Ärger verursacht, sollten Sie anklicken und via *Sofort beenden* aus dem Arbeitsspeicher entfernen. Bitte beachten Sie – darauf weist Sie das Betriebsystem auch hin –, dass dabei noch nicht gesicherte Änderungen an Dateien und Dokumenten unter Umständen verloren gehen.

Danach sollten Sie versuchen, das Programm einfach erneut zu starten. Es ist hierbei nicht notwendig, den Computer komplett neu zu booten. Im Regelfall wird das Programm danach sofort wieder problemlos arbeiten.

Tut es das nicht, haben Sie ein generelles Problem, möglicherweise aufgrund der Programmeinstellungen. Aber auch solche fehlerhaften Einstellungen können Sie rasch in den Griff bekommen.

 Sollte der gesamte Rechner nicht mehr reagieren, drücken Sie fünf Sekunden lang den Ein-/Ausschaltknopf. Daraufhin wird der Rechner ausgeschaltet. Natürlich gehen alle nicht gesicherten Dokumente verloren.

Ein Programm macht regelmäßig Ärger

Es gibt nämlich einen super simplen Trick, der Ursache auf die Schliche zu kommen.

 Sie sollten über administrative Rechte verfügen und in den **Systemeinstellungen –> Benutzer & Gruppen** einen neuen Benutzer anlegen. Ich nenne diesen Benutzer meistens **Test** und weise ihm das gleichnamige Passwort zu. Sodann logge ich mich als **Test**-Benutzer ein und starte das betreffende Programm unter dem neuen Account.

Nachdem ich nun als *Test*-Benutzer dieses Programm zum allerersten Mal starte, werden die grundlegenden Einstellungen für diese Applikation und für den *Test*-User angelegt. Arbeitet das Programm nun wunschgemäß, habe ich die absolute Sicherheit, dass bei meinem eigenen Account die Einstellungsdateien des Programms die Ursache für den Fehler sind. Arbeitet das Programm allerdings auch unter dem *Test*-Benutzer nicht wie erwartet und reagiert mit dem gleichen Fehler, liegt die Ursache beim Programm. Möglicherweise gibt es eine Aktualisierung für diese Applikation, damit sie wieder reibungslos auf dem Betriebssystem läuft.

Kommen wir aber zurück zur Annahme, dass die Applikation im Rahmen der Testbenutzerumgebung tadellos funktioniert. Dazu sollten Sie wissen, dass jedes Programm, das Sie als Anwender gestartet haben, in Ihrem Benutzerordner im unsichtbaren Ordner *Library* und dort wiederum in den Unterordnern *Preferences*, *Application Support* oder auch *Caches* Hilfsdateien ablegt, um arbeiten zu können.

> **!** Sie wissen ja bereits, dass Sie den zunächst unsichtbaren **Library**-Ordner im Benutzerordner zum Vorschein bringen, indem Sie im Finder das **Gehe zu**-Menü ansteuern und die **alt**-Taste gedrückt halten. Daraufhin erscheint darunter in der Liste der gesuchte **Library**-Ordner. Wenn Sie den User-Library-Ordner permanent sichtbar haben möchten, geben Sie im Dienstprogramm Terminal folgenden Befehl ein: **chflags nohidden ~/Library**. Das Zeichen ~ können Sie via **alt + N** erzeugen. Soll zu einem späteren Zeitpunkt der Ordner wieder unsichtbar gemacht werden, verwenden Sie **chflags hidden ~/Library**.

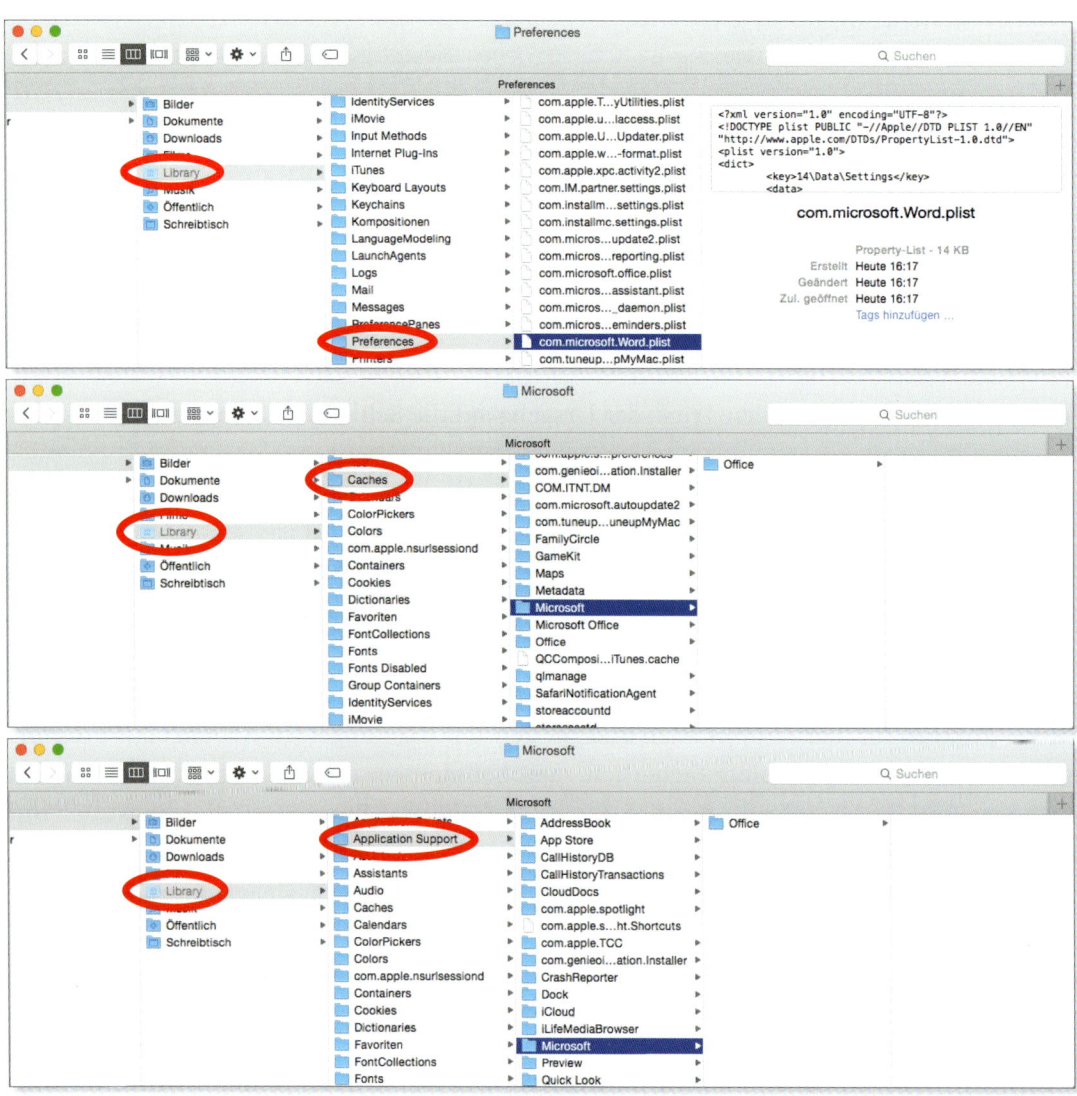

Programmgrundeinstellungen im Library-Ordner des Benutzers.

Wie Sie anhand der Bildschirmfotos sehen, legt beispielsweise Microsoft Office an drei verschiedenen Stellen Hilfsdateien ab. Sie finden also Informationen im *Preferences-*, im *Caches-* und auch im *Application Support-*Ordner. Abhängig von dem Problem, das Sie mit dem Programm haben, kann sich nun an einer dieser drei Stellen ein Fehler eingeschlichen haben. Im einfachsten Fall entfernen Sie an allen drei Stellen (in unserem Beispiel mit Microsoft Office) den *Microsoft-*Ordner.

 Dabei muss Ihnen aber bewusst sein, dass Sie hierdurch auch Programmgrundeinstellungen, die unter Umständen wertvoll sein können, zunächst einmal verlieren. Aber oftmals ist das die einzige Möglichkeit, wenn sich in diesen Einstellungen Fehler befinden.

Ich gehe dabei meist so vor, dass ich zunächst einmal aus dem *Preferences-*Ordner in diesem Fall den *Microsoft-*Ordner auf den Schreibtisch ziehe und das betreffende Programm anschließend erneut starte. Sollte das Programm danach wieder funktionieren, wurde der Fehler über das Entfernen des *Preferences-*Ordners behoben. Ist dies nicht der Fall, entferne ich als Nächstes die dazugehörigen Dateien im Ordner *Caches* und zu guter Letzt die Dateien im Ordner *Application Support*.

Meine Erfahrung zeigt, dass in fast allen Fällen falsche Voreinstellungen der Programme im *Preferences-*Ordner schuld an einem Fehlverhalten der Applikationen sind.

Der Internetzugang funktioniert nicht

Sollte dieses Problem bestehen, hat Apple standardmäßig ein Programm mitgeliefert, mit dem Sie die Netzwerkprobleme lokalisieren können. Navigieren Sie dazu zu den *Systemeinstellungen –> Netzwerk* und klicken Sie den Button *Assistent* an. Des Weiteren wählen Sie dann den Eintrag *Diagnose* aus.

Daraufhin erscheint das Programm *Netzwerkdiagnose*, das Ihnen in der linken Spalte über die Information *Netzwerkstatus* anzeigt, wo das Problem liegt. Schritt für Schritt führt Sie also die Netzwerkdiagnose durch die Einstellungen, die den Internetzugang betreffen. Sie können hier verschiedene Parameter noch einmal testen und ausprobieren, um festzustellen, warum die Internetverbindung nicht mehr funktionieren will. In den allermeisten Fällen liegt das Problem nicht am Mac und auch nicht an Ihrem Router oder WLAN-Router, sondern eine Ebene höher: Ihr Internetanbieter hat möglicherweise derzeit ein Problem bei der Bereitstellung Ihres Internetanschlusses.

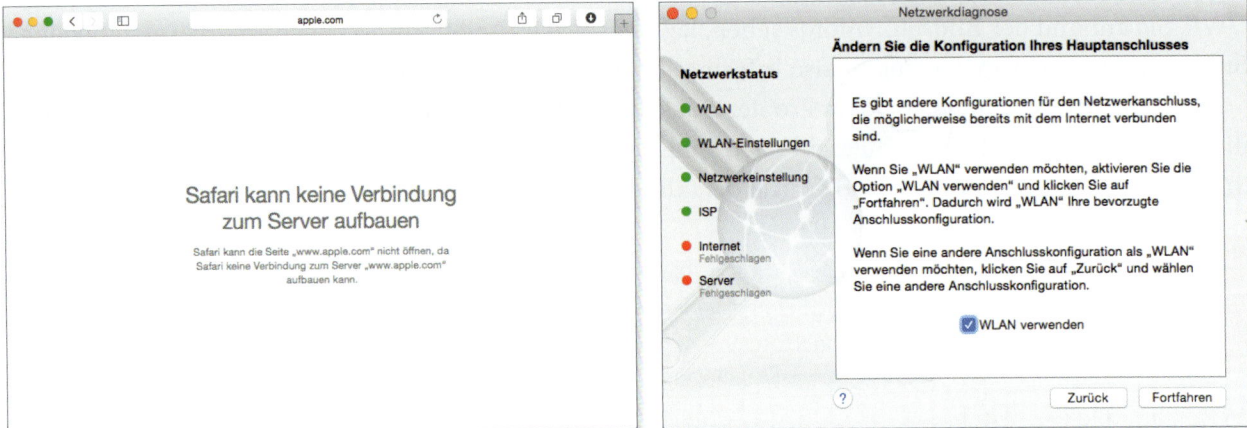

Netzwerkdiagnose.

Wie Sie anhand des Bildschirmfotos sehen, ist in meinem Fall die Verbindung mit dem Router in Ordnung. Nur ab dem Router sehen Sie, dass das Icon *Internet* rot ist. Das heißt also: Hinter dem Router wird kein Signal erkannt und damit scheitert auch der Internetzugang Ihres Rechners. Ab und an kann es vorkommen, dass der Router bzw. das DSL-Modem ein Problem verursacht. Versuchen Sie in diesem Fall, die Geräte neu zu starten, und überprüfen Sie, ob der Zugang dann wieder funktioniert. In seltenen Fällen kann es natürlich auch passieren, dass Geräte wie Router oder DSL-Modem defekt sind.

Kernel Panic

Sollten Sie den folgenden Bildschirm während der Arbeit an Ihrem Apple-Rechner zu Gesicht bekommen, haben Sie ein ernsthaftes Problem. Im Regelfall weist der Bildschirm darauf hin, dass das Betriebssystem seinen Dienst quittiert hat. In 99 Prozent der Fälle habe ich dabei folgende Erfahrung gemacht: Wenn Anwender darüber klagen, dass die *Kernel Panic* in unregelmäßigen Abständen immer wieder auf dem Bildschirm erscheint, sind die im Rechner verbauten Arbeitsspeichermodule (RAM-Module) defekt. Kontaktieren Sie in diesem Fall den Händler Ihres Vertrauens, damit er die Arbeitsspeichermodule testweise austauscht. Ich habe nur in ganz wenigen Ausnahmefällen erlebt, dass die Kernel Panic andere Ursachen als defekte Arbeitsspeichermodule hatte.

You need to restart your computer. Hold down the Power
button for several seconds or press the Restart button.

Veuillez redémarrer votre ordinateur. Maintenez la touche
de démarrage enfoncée pendant plusieurs secondes ou bien
appuyez sur le bouton de réinitialisation.

Sie müssen Ihren Computer neu starten. Halten Sie dazu
die Einschalttaste einige Sekunden gedrückt oder drücken
Sie die Neustart-Taste.

コンピュータを再起動する必要があります。パワーボタンを
数秒間押し続けるか、リセットボタンを押してください。

Wow – Kernel Panic.

Apple Hardware Test

Neben dem Arbeitsspeicher (RAM) könnten auch andere Hardwarebestandteile für Fehlfunktionen verantwortlich sein. Herausfinden können Sie das über den *Apple Hardware Test*. Dazu starten Sie Ihren Rechner neu und halten dabei die Taste *D* gedrückt.

 Entfernen Sie für den Apple Hardware Test bitte alle extern mit Ihrem Rechner verbundenen Geräte.

Apple Hardware Test.

Nach der Sprachauswahl, die Sie mit den *Pfeiltasten* und einem abschließenden Drücken der *Returntaste* hinter sich bringen, können Sie sich für den *Einfachen Test* oder den *Ausführlichen Test* entscheiden. Wird ein Fehler gefunden, gibt der Test einen Code aus. Diesen Code sollten Sie sich notieren und damit Ihren Fachhändler kontaktieren oder diese Informationen telefonisch an Apple weitergeben.

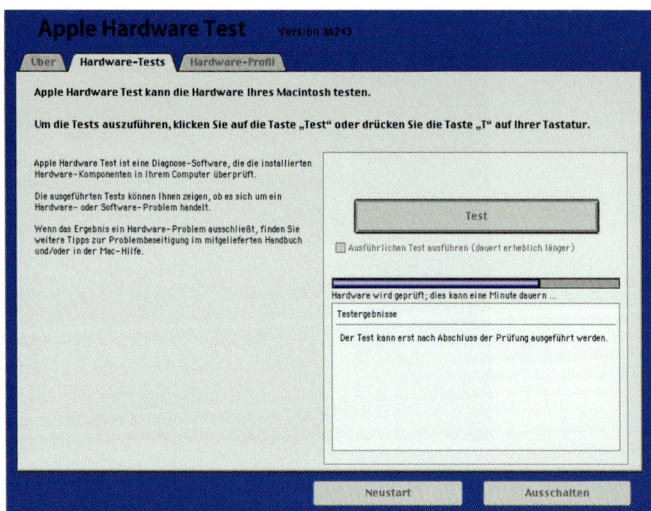

So sieht der Apple Hardware Test aus.

Neuere Macs seit Juni 2013 verwenden das *Apple Diagnose Tool*. Es ist ebenfalls mit *D* beim Booten zu aktivieren.

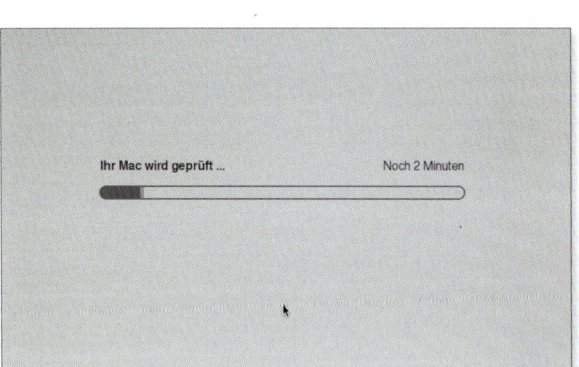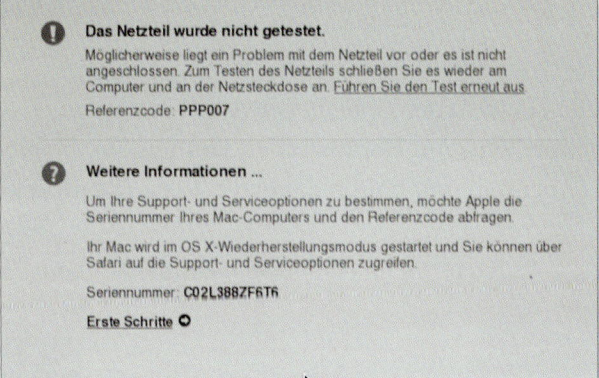

Das Apple Diagnose Tool kann Sie ebenfalls auf Hardwarefehler hinweisen.

Sofern Sie sich telefonisch mit Apple in Verbindung setzen, könnte es sein, dass Sie die *Seriennummer* Ihres Geräts angeben müssen.

Seriennummer des Rechners.

Sollte Ihr Rechner noch funktionieren, finden Sie die Seriennummer heraus, indem Sie über das *Apfel-Menü* den Eintrag *Über diesen Mac* auswählen.

 Sollte Ihr Rechner nicht mehr funktionieren, ist die Seriennummer auch irgendwo an der Hardware des Rechners aufgebracht. Bei tragbaren Rechnern finden Sie sie auf der Unterseite des Geräts, bei iMacs ist sie auf der Unterseite des Ständers.

Probleme beim Starten

Will der Rechner nach dem Einschalten nicht starten, sollten Sie die folgenden Funktionen in dieser Reihenfolge ausprobieren:

- Löschen des *Parameter-RAM*: Halten Sie direkt nach dem Einschalten die Tasten *cmd + alt + P + R* gedrückt. Tun Sie das so lange, bis der Startton ein zweites Mal ertönt.
- Setzen Sie Ihren Mac auf die Werkseinstellungen zurück. Keine Angst – dabei werden keine Daten auf Ihrer Festplatte gelöscht. Halten Sie bei tragbaren Macs auf Ihrer Tastatur im linken Bereich die Tasten *Shift + alt + ctrl* gedrückt und drücken Sie zusätzlich noch die Einschalttaste des Computers. Der Rechner muss dabei am Netzteil angeschlossen sein. Lassen Sie die Tasten gleichzeitig los und machen Sie einen Neustart. Bei stationären Macs entfernen Sie das Stromkabel für 15 Sekunden und führen dann einen Neustart aus.
- Beim Starten kann die Taste *T* gedrückt werden. Dann kann der Mac als externe Festplatte an einem anderen Mac via FireWire oder Thunderbolt verwendet werden. Alternativ stellen Sie den *Festplattenmodus* vor dem nächsten Neustart bereits in den *Systemeinstellungen* ein. Nach einem Neustart erscheint am Mac ein FireWire- bzw. Thunderbolt-Symbol. Über ein Kabel kann der Rechner dann mit einem anderen Mac verbunden werden und die Daten sind verwendbar.

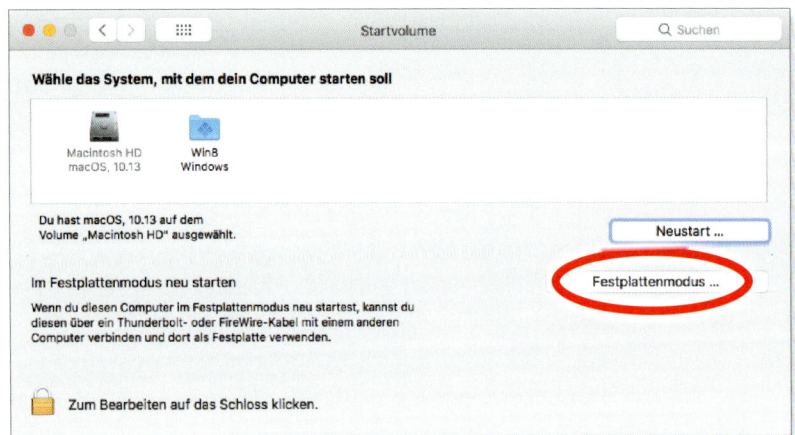 

Systemeinstellungen –> Startvolume –> Festplattenmodus.

Wiederherstellen-Partition

Sollten Sie keinen Installationsdatenträger zur Hand haben hilft Ihnen die *Wiederherstellen-Partition* weiter.

 Drücken Sie beim Starten die Tastenkombination **cmd + R**, um von der Wiederherstellen-Partionen zu booten.

Diese Partition wurde bei der Installation von macOS automatisch als unsichtbare Partition auf Ihrer Festplatte angelegt. Und in Notsituationen wie diesen ist sie Gold wert. Klicken Sie also auf das *Wiederherstellen*-Icon und starten Sie von dieser Partition.

Einige Sekunden später erscheint ein Fenster auf Ihrem Bildschirm mit der Überschrift *macOS Dienstprogramme*. Darunter sind vier Einträge sichtbar:

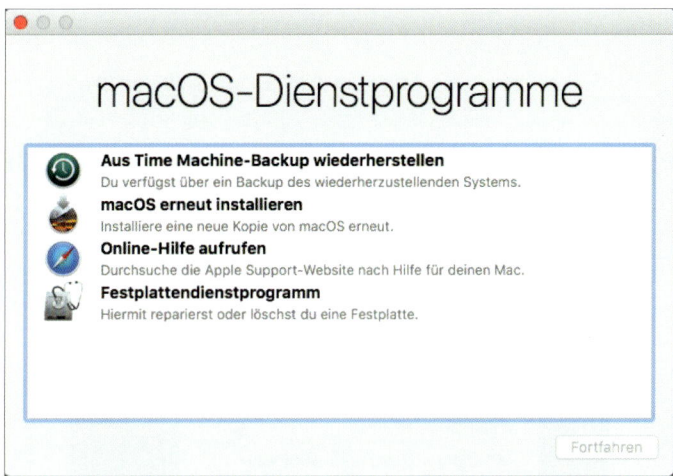

macOS Dienstprogramme.

Hier finden Sie das *Festplattendienstprogramm*, das Sie nun starten können, um die *Macintosh HD* über die Funktion *Erste Hilfe* wieder instand zu setzen. Des Weiteren können Sie, wie Sie der Liste der macOS-Dienstprogramme entnehmen, auch *macOS erneut installieren*, das heißt, das Betriebssystem neu auf Ihren Computer aufbringen. Wie Sie bereits aus dem ersten Kapitel wissen, bleiben bei einer Neuinstallation des Betriebssystems sämtliche Programme und Benutzerdaten erhalten. Es wird lediglich ein neues System angelegt.

Wollen Sie hingegen die Daten eines Time-Machine-Backups wieder auf den Computer zurückspielen, wählen Sie in der Liste den ersten Eintrag *Aus Time Machine-Backup wiederherstellen* aus. Daraufhin erscheint ein zweiter Bildschirm, der Ihnen weitere Informationen gibt und Sie dazu auffordert, den Datenträger anzuschließen, auf dem sich die Time-Machine-Backups befinden.

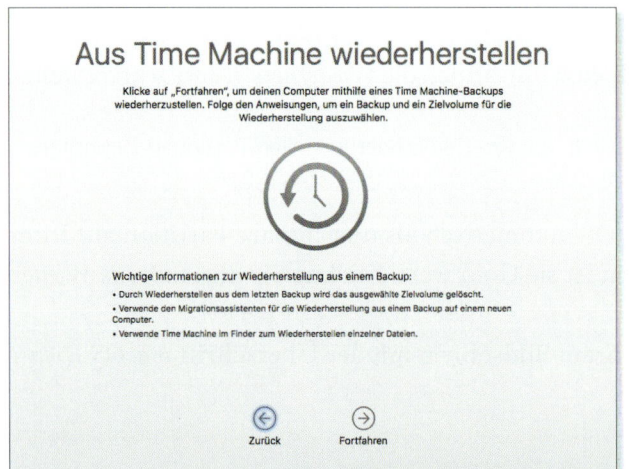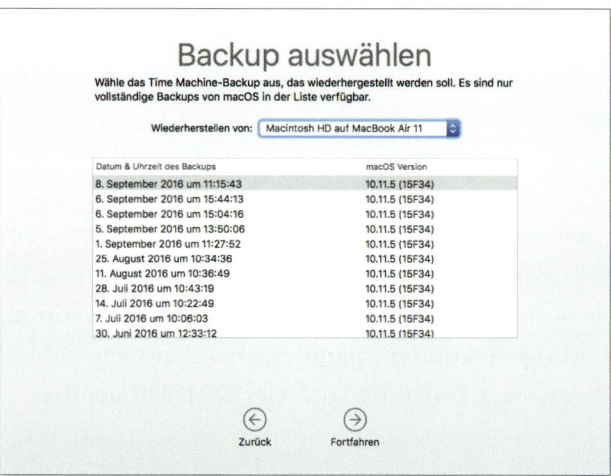

System aus Time-Machine-Backup wiederherstellen.

Klicken Sie auf *Fortfahren,* um die weiteren Schritte zum Einspielen Ihres Time-Machine-Backups zu veranlassen. Wie Sie rechts oben in der Menüleiste sehen, können Sie auf WLAN zugreifen. Damit ist auch das Einspielen von Backups einer Time Capsule möglich.

Zugriff auf WLAN-Netzwerke.

Aber noch einmal kurz zurück zum Bildschirm, auf dem Sie die macOS-Dienstprogramme sehen. Dort finden Sie auch in der Menüleiste einen Eintrag *Dienstprogramme,* der Ihnen zusätzlich weitere Hilfsmittel wie das *Terminal,* das *Netzwerkdienstprogramm* und die Funktionalität des *Firmware-Passworts* zur Verfügung stellt.

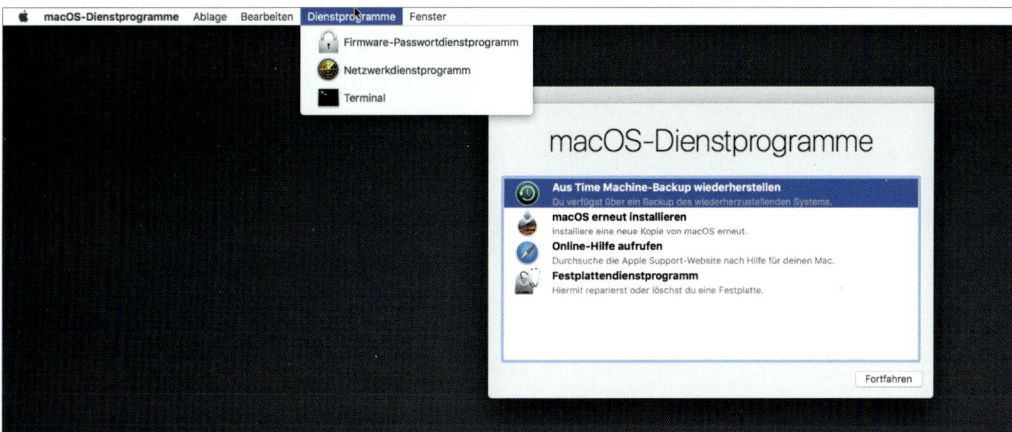

Menüpunkt „Dienstprogramme".

Konnten Sie erfreulicherweise über das Festplattendienstprogramm Ihre Macintosh HD erfolgreich reparieren, können Sie danach das Dienstprogramm mit *cmd + Q* beenden. Wenn Sie die *macOS-Dienstprogramme* ebenfalls via *cmd + Q* beenden, erscheint ein Dialog, in dem Sie sich entscheiden können, mit welchem Startvolume der Rechner neu booten soll.

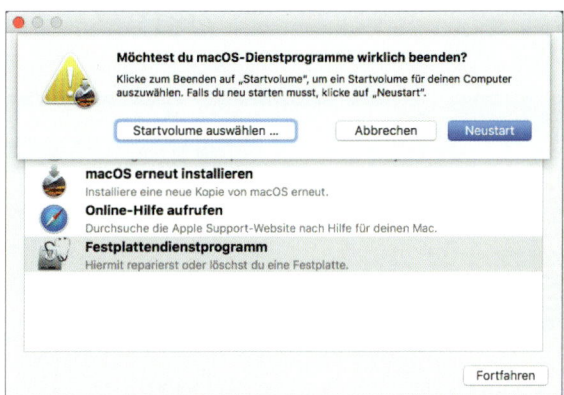

Auswahl des Startvolumes nach Beenden der Dienstprogramme.

Sie sehen also, dass Sie mit der *Wiederherstellen-Partition* eine sehr einfache und zugleich elegante Möglichkeit haben, den Rechner fremd zu booten und damit Reparaturmechanismen über das Festplattendienstprogramm zu starten.

 Sofern Sie FileVault aktiviert haben, steht diese Funktion nicht zur Verfügung.

Und auch das ist möglich: Sie können die Wiederherstellung auch über das Internet starten lassen. Drücken Sie dazu direkt nach dem Einschalten die Tastenkombination *cmd + alt + R*.

Die Wiederherstellung kann auch übers Internet initialisiert werden.

Passwort eines Benutzers via Terminal ändern

Über die *Wiederherstellen-Partition* kann man ebenso das Programm *Terminal* starten. Ist dies geschehen, tippt man den Befehl *resetpassword* ein.

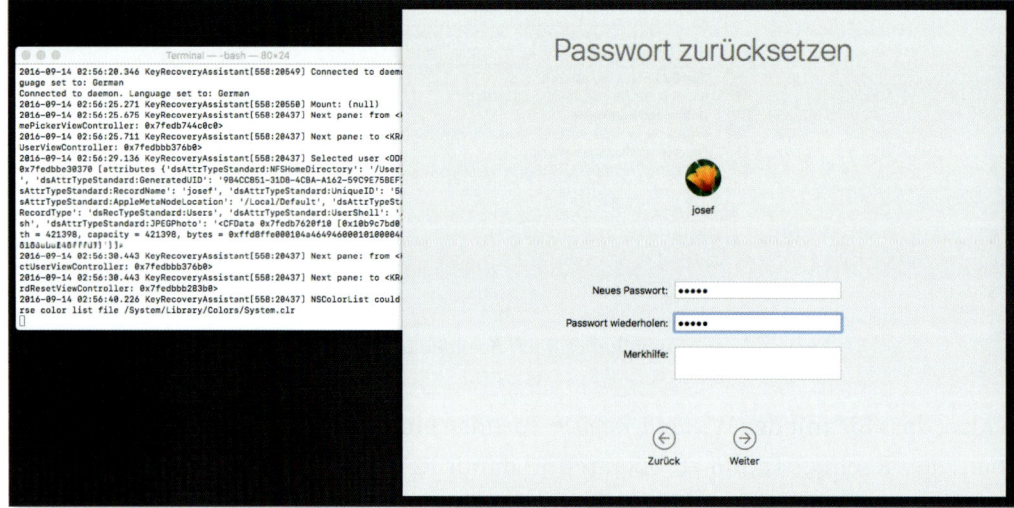

Über diese kleine App kann man das Passwort eines Users neu vergeben, ohne das bisherige Passwort zu kennen ;-).

Fitnesstraining für Ihren Mac

Damit Ihr Apple-Rechner auch immer zuverlässig seinen Dienst verrichtet, sollten Sie ab und an kleine Fitnessübungen mit ihm durchführen. Die wichtigsten Übungen habe ich nachfolgend für Sie zusammengetragen.

Sicherer Systemstart

Wenn Sie direkt nach dem Einschalten Ihres Rechners die *Shift*-Taste gedrückt halten, wird Ihr Rechner den *sicheren Systemstart* ausführen.

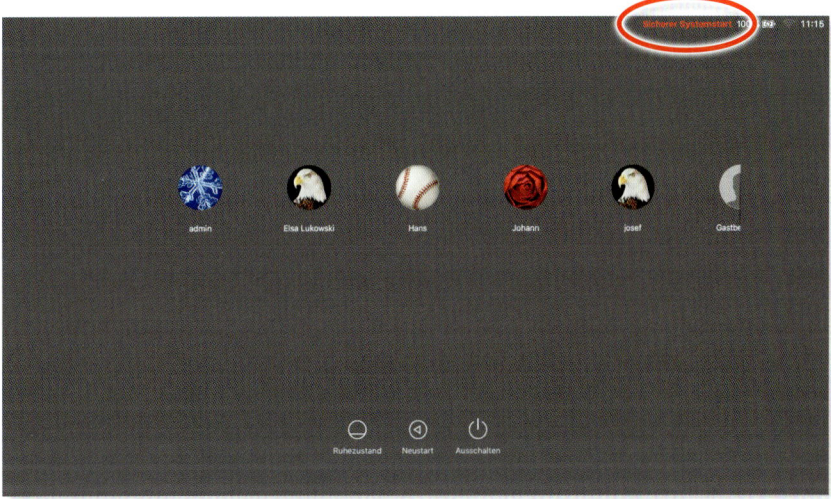

Sicherer Systemstart.

Sie erkennen den sicheren Systemstart daran, im Anmeldedialog rechts oben die Bezeichnung *Sicherer Systemstart* steht. Der sichere Systemstart bietet Ihnen eine Reihe von nützlichen Funktionen:

- *Caches:* Bei der Arbeit mit macOS werden oftmals Pufferdateien (Cachedateien) angelegt. Insbesondere bei der Verwendung und der Arbeit mit Schriften ist dies erforderlich. Der sichere Systemstart löscht nicht notwendige Caches.
- *Festplatten überprüfen:* Zudem werden die Daten auf der Festplatte hinsichtlich ihrer logischen Struktur überprüft und kleinere Fehler dabei sofort behoben.

- *Sichere Treiber:* Sollte Ihr Rechner nicht mehr starten, weil Sie etwas installiert haben, das sich mit Ihrem Betriebssystem nicht verträgt, befinden sich Treiber auf Ihrem Rechner, die den Bootvorgang unterbinden. Der sichere Systemstart verwendet nur die Apple-eigenen Treiber, die sich im Ordner *System* befinden. Das heißt, Treiber, die Sie als Administrator beispielsweise in den *Library*-Ordner eingebracht haben, werden beim Booten über den sicheren Systemstart nicht beachtet. Der sichere Systemstart muss nämlich in jedem Fall dazu führen, dass Ihr Rechner wieder startet.

Der sichere Systemstart ist vergleichbar mit dem Starten von Windows im abgesicherten Modus, den man durch Drücken der Taste *F8* bewirkt

 Nachdem der sichere Systemstart sowohl Pufferdateien entfernt als auch die Festplattenstruktur überprüft, ist es zu empfehlen, ab und an einen sicheren Systemstart durchzuführen. Sobald diese Routinen erledigt sind, erscheint das Anmeldefenster.

Es ist nun eine gute Idee, den Rechner wieder auszuschalten und anschließend regulär hochzufahren, damit Sie auch alle Softwarekomponenten zur Verfügung haben. War hingegen ein fehlerhafter Treiber die Ursache für eine Fehlfunktion, sollten Sie sich jetzt einloggen und die fehlerhaften Dateien (Treiber) von Ihrem Rechner entfernen.

App Store

Über *App Store* halten Sie Ihr Betriebssystem und die Apple-Programme stets up to date. Meist werden über die Softwareaktualisierung Zusatzfunktionen bereitgestellt oder auch kleinere Fehler in bestehenden Applikationen behoben. Es ist also durchaus eine sinnvolle Idee, ab und an die Softwareaktualisierung zu starten. Sie können dies entweder über das *Apfel-Menü* tun oder in den *Systemeinstellungen –> App Store* einen regelmäßigen Zyklus hinterlegen.

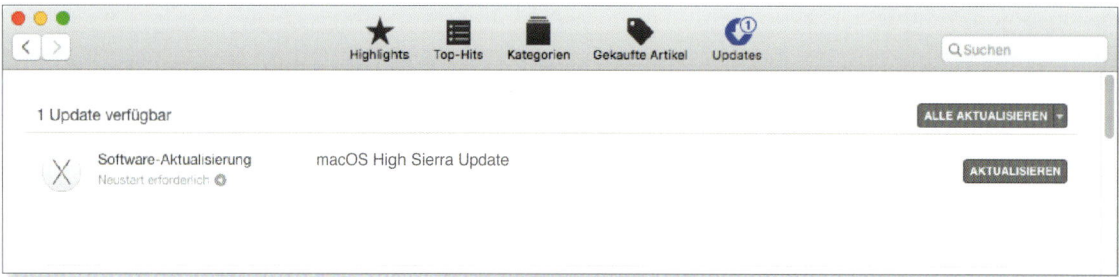

Softwareaktualisierung wird ausgeführt.

 Bei einigen Updates ist ein Neustart des Rechners nach erfolgreicher Aktualisierung notwendig. Der Rechner wird Sie aber darauf hinweisen. Die Installation wird also erst ausgeführt, wenn Sie die Funktion **Neustart** auslösen.

 Berücksichtigen Sie bitte, dass andere Softwarehersteller im Regelfall eigene Programme mitliefern, um deren Applikationen auf dem aktuellen Stand zu halten. Die Firma Microsoft beispielsweise liefert das Programm **Microsoft AutoUpdate** mit.

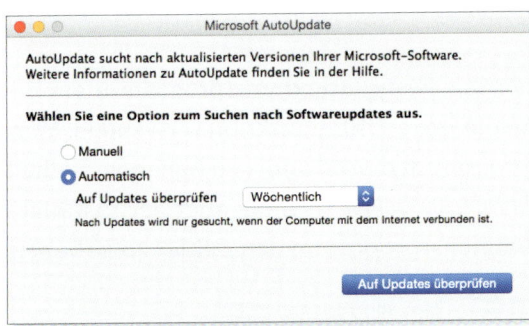

Microsoft AutoUpdate.

Dieses Programm dient dazu, die Microsoft-Produkte auf Ihrem Rechner zu aktualisieren. Andere Softwarehersteller halten es ähnlich. Um also stets auf dem aktuellen Stand zu sein, sollten Sie bisweilen auch die diversen Updater anderer Hersteller ausführen.

Festplattendienstprogramm

Das *Festplattendienstprogramm* ist ebenfalls eine gute Anlaufstelle, um routinemäßig gewisse Fitnessübungen durchzuführen. So ist die Funktion *Erste Hilfe* in regelmäßigen Abständen durchaus sinnvoll. Denn bei der Installation von Softwarepaketen kann etwas durcheinandergeraten. Sollte bei der Prüfung der Zugriffsrechte ein Hinweis erscheinen, können Sie danach gleich mit dem Reparieren der Zugriffsrechte beginnen.

Festplattendienstprogramm überprüft die Festplatte.

Des Weiteren können Sie über das Festplattendienstprogramm auch Ihren Datenträger überprüfen, wenn Sie in auswählen und dann die Erste-Hilfe-Funktion verwenden. Wird dabei ein Problem festgestellt, versucht das Festplattendienstprogramm dieses sofort zu beheben. Sollte es nicht klappen, so booten Sie – wie vorhin gezeigt – von der *Wiederherstellen-Partition* oder der Installations-DVD bzw. dem -Stick, um von dort aus über das Festplattendienstprogramm den Fehler zu beheben.

> **!** Zudem überprüft das Festplattendienstprogramm auch automatisch den S.M.A.R.T.-Status.

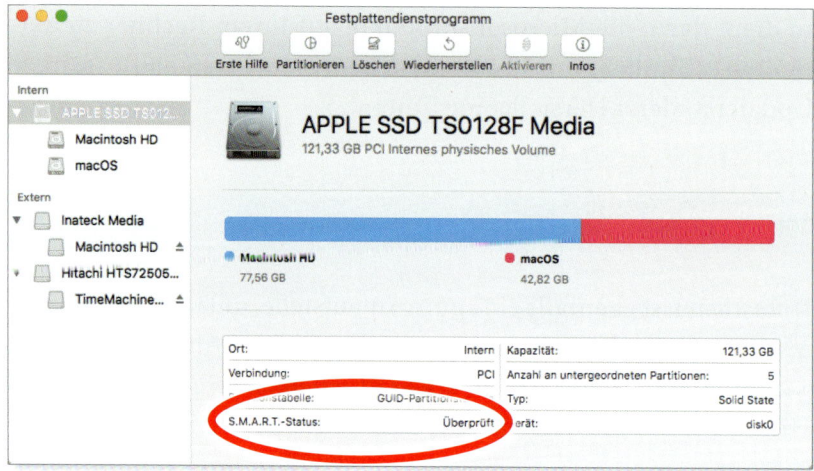

S.M.A.R.T.-Status überprüfen.

Der S.M.A.R.T.-Status gibt Ihnen Auskunft darüber, ob vonseiten der Elektronik mit Ihrer Festplatte noch alles in Ordnung ist. Erscheint dort der Eintrag *Überprüft*, sieht alles gut aus. Erhalten Sie anderweitige Meldungen, sollten Sie möglichst rasch Ihre Daten in Sicherheit bringen und die Festplatte austauschen.

Festplattenspeicher optimieren

Durch das Installieren von Programmen und das Ablegen von Videos und Bildern kann der Platz auf der Festplatte sehr schnell knapp werden. Wenn die Festplatte voll ist, müsste man normalerweise damit beginnen, die Dateien entweder auf ein externes Speichermedium auszulagern oder zu löschen. Bevor Sie dies tun, sollten Sie allerdings einige Funktionen des Betriebssystems nutzen, um Platz auf der Festplatte zu schaffen.

iCloud Drive

Zuerst sollten Sie die Dateien kontrollieren, die Sie im iCloud Drive gesichert haben. Normalerweise ist es so, dass Dateien vom iCloud Drive nicht nur bei iCloud gespeichert sind, sondern auch auf Ihrem Rechner. Auf diese Weise können Sie offline mit den jeweiligen Dateien arbeiten. Um nun etwas Platz auf der Festplatte zu schaffen, können Sie das Betriebssystem veranlassen, ältere Dokumente von iCloud Drive automatisch vom Rechner zu löschen und sie nur noch bei iCloud zu belassen. So wird Stück für Stück etwas Platz auf der Festplatte freigeschaufelt.

Die entsprechende Funktion mit dem Namen *Mac-Speicher optimieren* finden Sie in den *Systemeinstellungen* bei *iCloud –> iCloud Drive*. Öffnen Sie dort die *Optionen* und aktivieren diese Funktion. Der Rest passiert automatisch.

Der Platz auf der Festplatte kann mit Hilfe von iCloud Drive optimiert werden.

Speicherverwaltung

Eine weitere Möglichkeit, um Platz auf der Festplatte zu schaffen, ist die Nutzung der *Speicherverwaltung*. Mit dieser Funktion können Sie sozusagen eine „Optimierung" der Festplatte durchführen, da sich damit z. B. nicht mehr benötige Dateien löschen oder gekaufte Filme von iTunes vom Rechner entfernen lassen. Die *Speicherverwaltung* erscheint, wenn Sie im *Apfel-Menü* die Funktion *Über diesen Mac* öffnen und anschließend in den Bereich *Festplatten* wechseln. Dort finden Sie die Schaltfläche *Verwalten* ❶, mit der die Speicherverwaltung geöffnet wird. Oder Sie verwenden die App *Systeminformationen* (*Programme -> Dienstprogramme*) und holen die *Speicherverwaltung* über den Menüpunkt *Fenster* nach vorne.

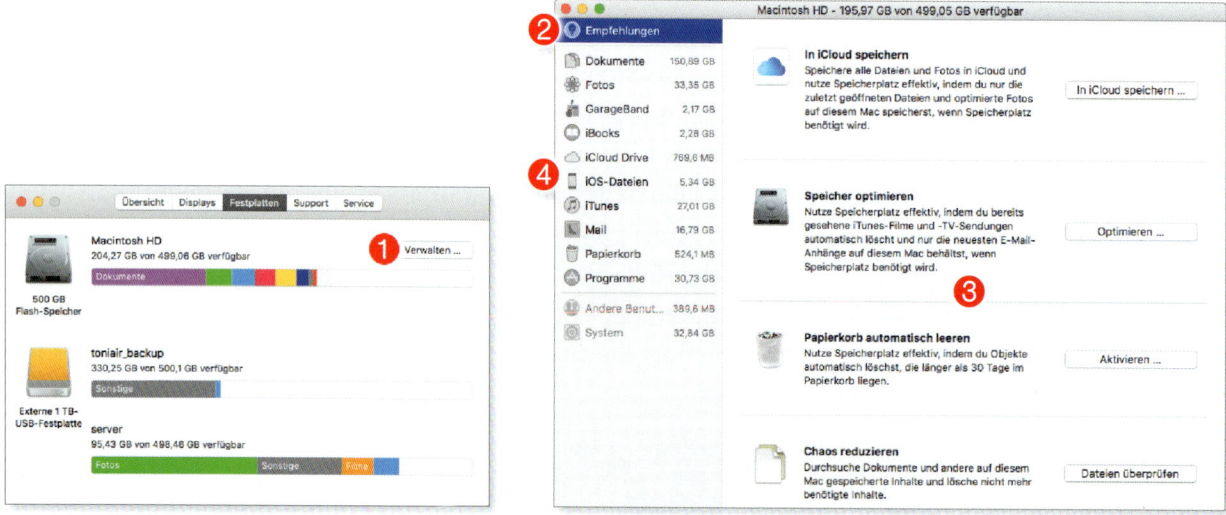

Die „Speicherverwaltung" hilft Ihnen, Platz auf der Festplatte zu schaffen.

Ist die Speicherverwaltung geöffnet, sehen Sie als erstes die *Empfehlungen* ❷. Hier erhalten Sie einige Hinweise ❸, wie Sie Platz auf der Festplatte schaffen können. So könnten Sie z. B. die gekauften Filme und TV-Sendungen in iTunes automatisch entfernen lassen. Diese benötigen besonders viel Platz auf der Festplatte. Die gekauften Filme und TV-Sendungen können ja jederzeit wieder von iTunes heruntergeladen werden. Aktivieren Sie das automatische Entleeren des Papierkorbes oder lagern Sie Dateien in das iCloud Drive aus.

In der Seitenleiste sind die wichtigsten Bereiche inklusive Speicherbelegung aufgelistet ❹. Im Bereich *Dokumente* haben Sie z. B. Einsicht in den *Download*-Ordner ❺. Dort lassen sich ältere Downloads entfernen, wenn Sie auf die jeweilige Datei zeigen und dann das *X-Symbol* ❻ anklicken. Auch der Bereich *iOS-Dateien* ist interessant: Hier finden Sie die Backups von Ihrem iPhone oder iPad, die Sie mit Hilfe von iTunes auf dem Rechner gespeichert haben. Die älteren Backups können Sie dann gezielt von der Festplatte löschen. Klicken Sie die einzelnen Bereiche durch, um nicht mehr benötigte oder veraltete Dateien und Dokumente vom Rechner zu entfernen.

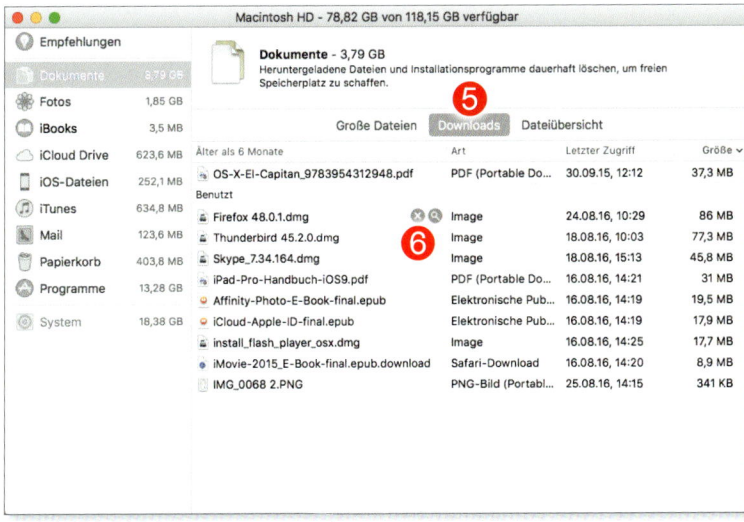

In den diversen Kategorien lassen sich gezielt Dateien vom Rechner löschen.

Übrigens zeigt Ihnen auch das Festplattendienstprogramm an, wieviel Speicherplatz Sie auf dem Datenträger freischaufeln könnten.

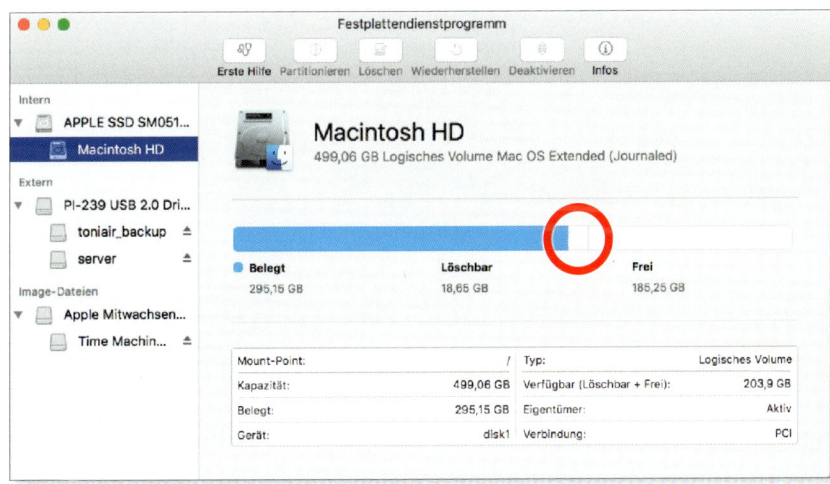

Das Festplattendienstprogramm zeigt Ihnen die aktuelle Belegung Ihres Datenträgers an.

Onyx bzw. UNIX-Wartungsskripte

Es gibt eine kostenfreie und sehr nützliche Software mit dem Namen *Onyx* (*http://www.titanium.free.fr*). Diese Software ist in der Lage, bestimmte Pufferspeicher und Logdateien zu leeren bzw. zu entfernen. Denn alles, was Sie an Ihrem Rechner tun, wird an den verschiedensten Stellen gepuffert, wie zum Beispiel heruntergeladene Internetseiten, Verbindungen zu Servern, geladene und später nicht mehr verwendete Schriften etc. Auch alle Aktionen, die auf dem Rechner durchgeführt werden, werden in Form vielfältigster Logdateien protokolliert.

 Ich habe mir angewöhnt, das Programm **Onyx** etwa alle vier Wochen auf meinem Rechner laufen zu lassen und damit alle Puffer-, Log- und Cachedateien zu leeren.

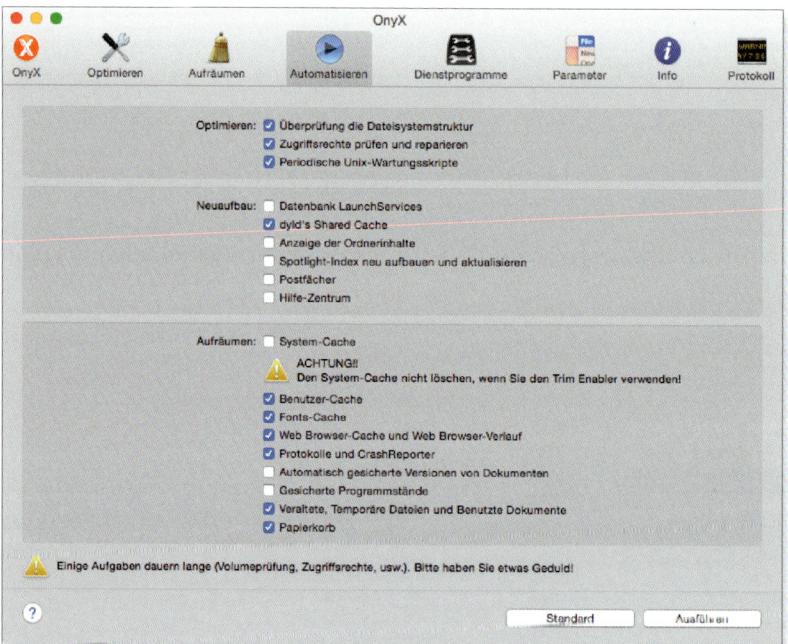

Onyx im Einsatz.

Möchten Sie hingegen die wichtigsten Wartungsskripts ohne Hilfsprogramm ausführen, so sollten Sie das Dienstprogramm *Terminal* starten und diesen Befehl eingeben: *sudo periodic daily weekly monthly*
Geben Sie anschließend noch Ihr Admin-Kennwort ein und schon werden die regelmässigen Wartungsarbeiten durchgeführt. Nach wenigen Sekunden ist im Normalfall alles erledigt. Sie erkennen es daran, dass der Cursor wieder hinter dem Eingabe-Prompt steht.

Durch die Eingabe eines Befehles werden die wichtigsten Routine-Aufgaben des UNIX-Systems automatisch abgearbeitet.

Standardreparaturfunktionen beim Booten

Noch rudimentärer sind die Reparaturmechanismen beim Start des *Single User Mode*. Schalten Sie hierfür Ihren Rechner aus. Kurz nach dem Einschalten drücken Sie nun die Tastenkombination *cmd + S*. Damit bootet Ihr Rechner im *Single User Mode*. Es erscheint eine Befehlszeile und nicht die grafische Benutzeroberfläche von macOS. Nach wenigen Sekunden können Sie in der Befehlszeile einen Befehl eingeben. Dieser lautet: *fsck_hfs –fy /dev/disk1s1* (bei Datenträgern mit HFS-Formatierung) und *fsck_apfs -ly /dev/disk1s1* für APFS-formatierte Datenträger.

Reparatur im Single User Mode.

Bitte passen Sie hier gut auf, Sie haben nämlich lediglich das englische Tastaturlayout zur Verfügung. Um das Minuszeichen einzugeben, drücken Sie auf der Tastatur *ß*, das *Y* ist mit dem *Z* vertauscht, den Schrägstrich / erhalten Sie mit dem Bindestrich –. Das Unterstreichungszeichen _ erreichen Sie via *Shift + ß*. Bei dieser Prüfroutine wird die Integrität Ihres Datenträgers überprüft. Treten hierbei Probleme auf, werden diese im Regelfall sofort beseitigt. Danach sollten Sie das Programm einfach erneut laufen lassen, um sicherzustellen, dass alle Fehler beseitigt wurden.

Die Prüfroutine über **fsck** ähnelt der Funktionalität des Festplattendienstprogramms **Erste Hilfe**.

Kann *fsck* das Problem nicht beheben, müssen Sie leider zu Sekundärsoftware greifen. Eine Software, die mir hierbei schon öfter sehr wertvolle Dienste geleistet hat, hört auf den Namen *Disk Warrior*.

Aufspielen der aktuellen Firmware

 Im Regelfall werden Firmware-Updates mit einem macOS-Update installiert. Deshalb sollten Sie im Normalfall keinen Handlungsbedarf haben.

Die *SMC-Firmware-Updates* sind Firmware-Aktualisierungen des *System Management Controllers* für Intel-basierte Macs. Der SMC ist eine Steuerung auf der Hauptplatine, die alle stromversorgungsrelevanten Funktionen Ihres Computers steuert. Dies sind unter anderem:

- Strom- und Temperaturverwaltung,
- Ruhemodus, LED, Akku bei tragbaren Macs,
- Steuerung des Lüfters, des Sensors für den Sudden Motion Sensor bei MacBooks,
- Ein- und Ausschalter.

 Der **Sudden Motion Sensor** ist ein von Apple patentiertes Verfahren, um bei plötzlichen Bewegungen eines tragbaren Apple-Rechners die Schreib- und Leseköpfe der Festplatte zu parken, damit sie vor Beschädigungen und damit vor Datenverlust geschützt ist.

Sie sollten ab und an auf der Apple-Website (*https://support.apple.com/de-de/HT201518*) überprüfen, welche Firmware- und SMC-Versionen derzeit aktuell sind, und die Angaben mit Ihrem Computer vergleichen.

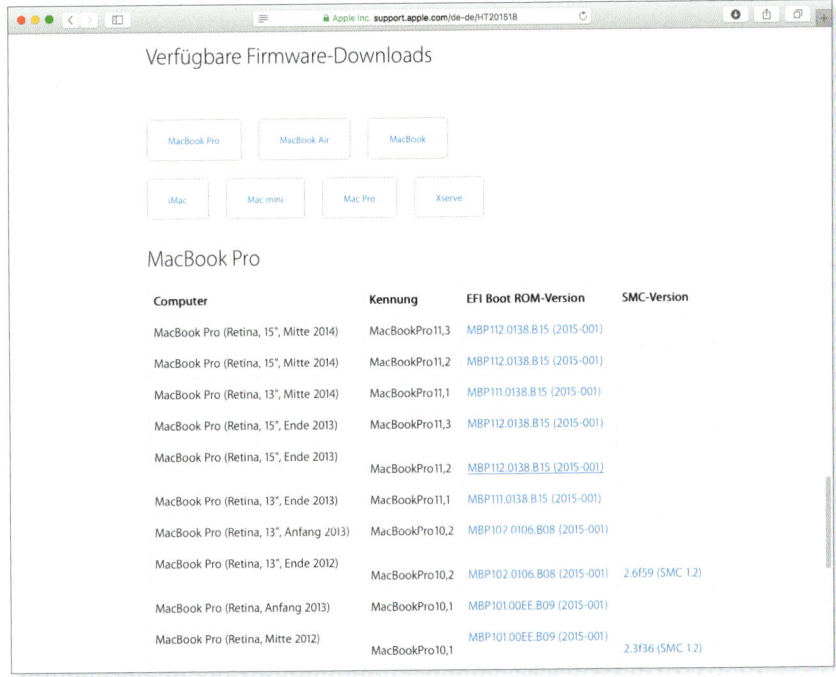

Übersicht über Firmware-Aktualisierungen.

Sie sehen anhand des Bildschirmfotos die dazu von Apple eingerichtete Internetseite. Die auf Ihrem Computer installierte Version finden Sie bei den *Dienstprogrammen* in den *Systeminformationen*.

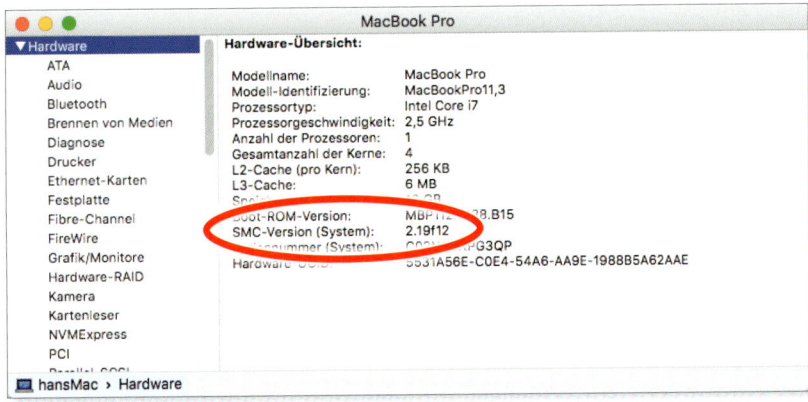

Die Systeminformationen zeigen die aktuelle SMC-Firmware an.

Erkennen Sie nun, dass über das Internet eine neue Version verfügbar ist, sollten Sie diese herunterladen und auf Ihrem Computer installieren.

Anhang

Neuinstallation des Betriebssystems

Um das Betriebssystem komplett neu auf einem Rechner zu installieren, gibt es mehrere Wege:

1. Haben Sie bereits El Capitan oder neuer auf Ihrem Computer installiert, können Sie beim Booten über die *alt*-Taste den Bootmanager hervorholen, um von der Recovery HD (Lion) bzw. Wiederherstellen (Mountain Lion/Mavericks/Yosemite/El Capitan/Sierra) zu starten. Alternativ dazu halten Sie die Tastenkombination *cmd + R* beim Rechnerstart gedrückt. Das bringt Sie ebenfalls zur Wiederherstellen-Partition. Diese enthält das *Festplattendienstprogramm*, mit dem Sie Datenträger formatieren können, um anschließend macOS High Sierra darauf neu zu installieren.

Recovery HD bzw. Wiederherstellen enthält das Festplattendienstprogramm.

2. Sie besitzen einen externen bootfähigen Datenträger für Ihren Mac. Auf diesen haben Sie nun das High Sierra-Installationsprogramm nach dem Download aus dem App Store übertragen. Starten Sie von dem externen Datenträger und verwenden Sie dort das *Festplattendienstprogramm*, um die interne HD zu formatieren und anschließend die Installation neu zu starten.

3. Haben Sie das High Sierra-Installationspaket aus dem Mac App Store geladen, so sollten Sie sich zusätzlich noch den *Install Disk Creator* besorgen. Diesen finden Sie kostenfrei im Internet unter der Adresse: *http://macdaddy.io/install-disk-creator/*. Nach erfolgreichem Download sollten Sie die App in den Programme-Ordner kopieren. Starten Sie nun den Install Disk Creator und wählen sowohl das Betriebssystem als auch den Datenträger aus. Nach wenigen Minuten ist der Vorgang abgeschlossen und Sie haben ein bootfähiges Volume erstellt, von dem Sie nun starten können.

Damit ein Datenträger auf dem Mac bootfähig ist, muss er mit dem Schema GUID formatiert sein. Wie das funktioniert, können Sie in Kapitel 5 ab Seite 531, wenn die Funktionen des **Festplattendienstprogramms** beschrieben werden, nachlesen.

 Es stellt sich allerdings generell die Frage, ob eine Neuinstallation bei einem bestehenden System sinnvoll ist. Denn das Updaten von früheren Versionen ist absolut unkompliziert. Dabei werden die Ordner **System** und **Library** ausgetauscht und so erhalten Sie ein absolut neuwertiges macOS-System. Auch das erneute Einspielen der Programme und Benutzerdaten wird durch ein Update hinfällig.

Haben Sie nun High Sierra frisch auf einem Datenträger installiert, können Sie mittels des *Migrationsassistenten* (*Programme –> Dienstprogramme*) Daten (Userdaten und Programme) von einem Time-Machine-Backup einspielen.

Der Migrationsassistent kann von einem anderen System (Mac, PC, Time-Machine-Backup) die Daten übernehmen.

Migrationsassistent

Migrationsassistent in Verbindung mit einem anderen Mac

Angenommen, Sie haben einen anderen Mac, auf dem noch ein älteres Betriebssystem läuft. Starten Sie dort im Ordner *Dienstprogramme* das Programm *Migrationsassistent* und wählen Sie im Fenster die Eigenschaft *Auf einen anderen Mac* aus. Klicken Sie dann auf *Fortfahren*.

Der Migrationsassistent ist bei beiden Rechnern gestartet. Am entfernten Mac-Rechner ist „Auf einen anderen Mac"
zu aktivieren.

Dann meldet sich der andere Mac und stellt seine Daten dem neu installierten High Sierra-Rechner zur Verfügung. Dabei werden alle Informationen aufgelistet, die über den Migrationsassistenten übertragen werden können. Sie sehen, dass sowohl sämtliche Benutzerkonten ❶ als auch Programme und Einstellungsinformationen übertragen werden können. Befinden sich zusätzlich weitere Dateien und Ordner ❷ auf Ihrem ursprünglichen Rechner, können auch diese übernommen werden.

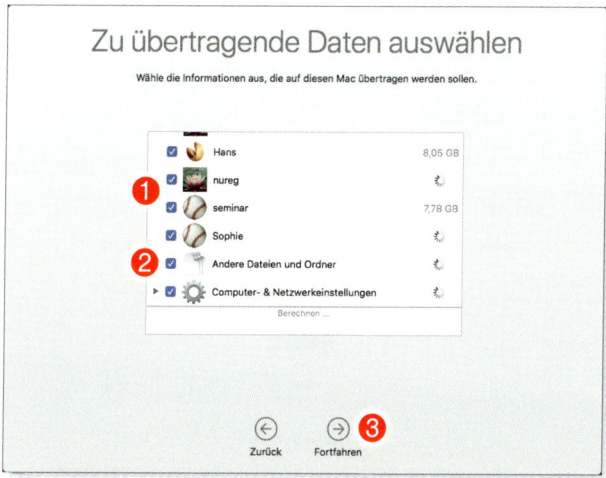

Die Daten mit dem Migrationsassistenten übertragen.

Haben Sie Ihre Selektion erfolgreich durchgeführt, klicken Sie auf *Fortfahren* ❸, um all diese Daten von dem anderen Mac auf Ihr neues System zu übernehmen.

Migrationsassistent in Verbindung mit einem Windows-PC

Um die Daten von einem Windows-Rechner auf den Mac zu übernehmen, müssen Sie dort erst das Programm *Migrationsassistent* installieren. Sie finden dieses im Internet auf der Apple-Seite (*https://support.apple.com/de-de/HT204087*). Starten Sie das Programm, um die Verbindung mit dem Mac aufzunehmen.

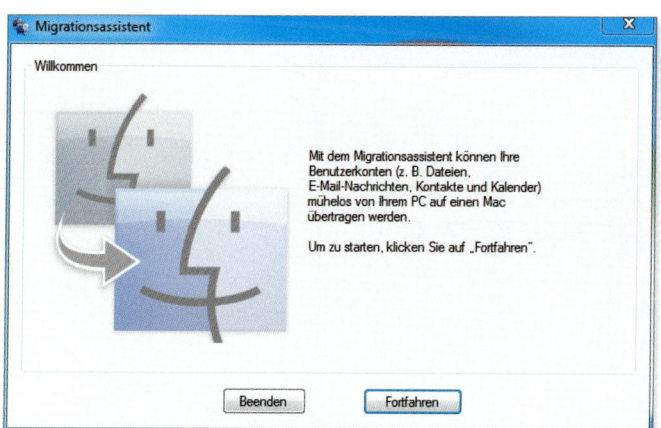 

Der Migrationsassistent unter Windows wird gestartet, und der Mac sucht ebenfalls den Kontakt.

Klicken Sie auf *Fortfahren*, um den Windows-Rechner für die Datenübertragung bereit zu machen. Im nächsten Fenster meldet sich der Migrationsassistent unter Windows und wartet darauf, dass der Mac das Programm *Migrationsassistent* aufruft.

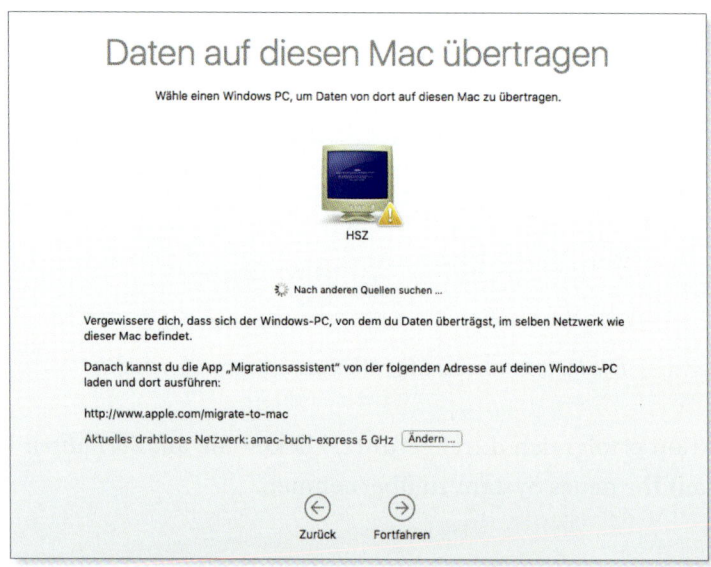

Der Windows-PC meldet sich am Mac.

Sind diese vorbereitenden Tätigkeiten auf beiden Systemen erledigt, werden Sie auf dem Mac als neue *Quelle* den Windows-PC erkennen. Klicken Sie nun auf *Fortfahren* und es wird auf beiden Bildschirmen ein Code angezeigt, den Sie auf Ihrem Windows-Rechner bestätigen müssen. Damit ist gewährleistet, dass beide Rechner eine Verbindung aufgebaut haben.

Das Kennwort muss überprüft werden.

Klicken Sie sodann auf Ihrem Windows-PC auf *Fortfahren*. Und nun funktioniert es ähnlich wie beim Mac: Ihr Windows-PC stellt seine Ressourcen zur Verfügung und Sie können entscheiden, welche Daten von Ihrem Windows-System auf den Mac übertragen werden sollen. Genauso wie beim Mac können die jeweiligen Benutzerkonten und auch andere Daten auf der Festplatte des Windows-PCs auf den Mac übernommen werden. Das Übertragen von Programmen ist hier nicht möglich.

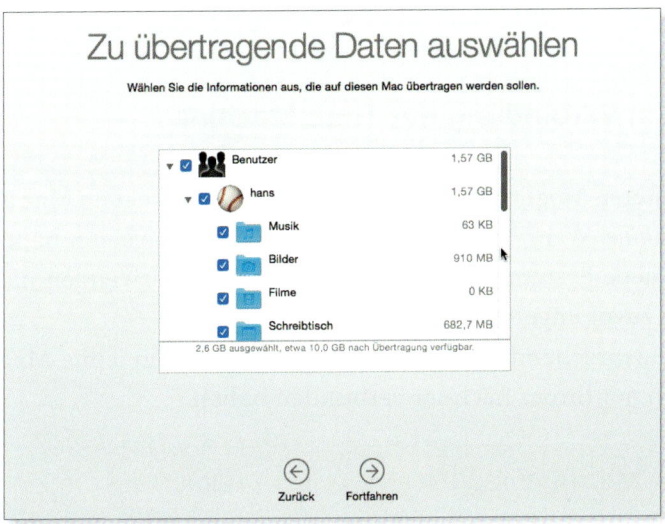

Windows stellt seine Daten per Migrationsassistent zur Verfügung.

Wählen Sie, wie schon vorhin beim Mac gezeigt, die Daten aus, die Sie übertragen möchten. Klicken Sie dann am Mac auf *Übertragen*, um die Daten des PCs auf den Mac zu kopieren. Sie sehen sowohl auf dem Windows- als auch auf dem Mac-System, welche Daten aktuell übertragen werden.

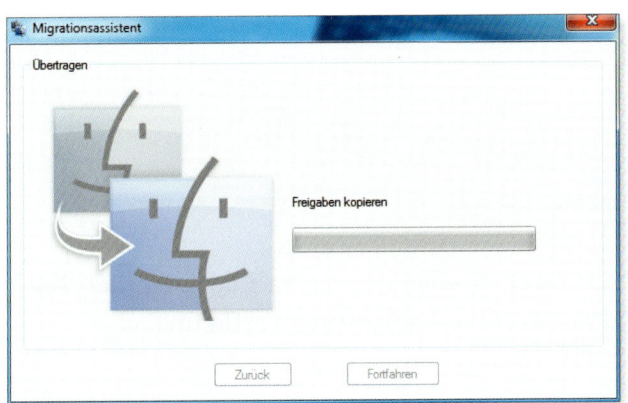

Die Übertragung war erfolgreich.

> Die Verbindung über den Migrationsassistenten kann sowohl per WLAN als auch per Ethernet stattfinden. Im Regelfall wird die Verbindung über WLAN langsamer sein als eine Ethernetverbindung. Aber grundsätzlich sind beide Möglichkeiten gegeben.

Ist die Datenübertragung abgeschlossen, meldet sich Ihr Windows-Rechner und bestätigt Ihnen dieses. Sie können nun am Mac über *Fortfahren* in der Konfiguration weitergehen.

Migrationsassistent in Verbindung mit Time Machine

Kommen wir zu einer weiteren Möglichkeit, wie Sie Daten auf Ihren neuen Mac übertragen können. Diese Funktion heißt *Time Machine*. Wenn Sie bereits mit einem Mac gearbeitet haben, können Sie die Daten vom vorherigen auf das neue System übertragen, oder aber Sie verwenden hierzu eine Time-Machine-Sicherungskopie, die Sie zuvor angefertigt haben.

Wählen Sie hier den entsprechenden Eintrag an, um danach den Time-Machine-Datenträger auszuwählen, den Sie natürlich mit Ihrem Rechner verbunden haben.

Time-Machine-Volume auswählen.

Hatten Sie bisher Time Capsule im Einsatz, können Sie nun ebenfalls auf deren Backups zugreifen. Nach Eingabe der Kennwörter stehen die dort abgelegten Time-Machine-Backups zur Verfügung.

Ihre Daten übertragen.

Und ähnlich wie vorhin können Sie nun definieren, welche Arten von Informationen vom Time-Machine-Backup auf Ihren neuen Rechner übertragen werden. Sie können zwischen Benutzerdaten, Programminformationen und allgemeinen Einstellungen sowie weiteren Daten entscheiden. Wählen Sie also die entsprechenden Eigenschaften an und quittieren Sie Ihre Auswahl mit *Übertragen*. Sie übernehmen damit die Daten aus einem Time-Machine-Backup in Ihr neu installiertes Betriebssystem.

Fazit zum Migrationsassistenten

Wenn Sie bereits einen Mac im Einsatz hatten, ist der *Migrationsassistent*, der Daten vom bisherigen Mac auf Ihr neues Betriebssystem überträgt, eine absolut perfekte Geschichte. Alle Einstellungen, die Sie an Ihrem System vorgenommen haben, werden eins zu eins auf das neue System übernommen, seien es E-Mail-Einstellungen, Dateien innerhalb Ihres Benutzerordners oder das Aussehen des Docks etc.

Wenn Sie Daten von einem Windows-Betriebssystem übernehmen, kennt auch dieses die Eigenschaft der Benutzerordner und der dortigen Unterordner. Bei der Übertragung durch den Migrationsassistenten werden Sie also die Dateien, die vorher in bestimmten Ordnern in Ihrem Windows-System lagen, nun an quasi gleicher Stelle auf Ihrem Mac finden. Auch das Windows-System kennt beispielsweise einen Schreibtisch. Und die dort abgelegten Dateien werden natürlich auf den Mac-Schreibtisch übertragen. Haben Sie unter Windows bereits mit iTunes gearbeitet und einen Musik-Ordner verwendet, wird dieser ebenfalls klaglos auf den Mac übernommen. Der Migrationsassistent ist also eine sehr elegante Möglichkeit, Daten von einem bestehenden auf ein neues System zu übernehmen.

Anhang

 Haben Sie von einem anderen Mac migriert, könnte es nach der Datenübertragung noch sinnvoll sein, in den **Systemeinstellungen –> Freigaben** den Gerätenamen des Computers anzupassen bzw. unter **Netzwerk** die IP-Adresse zu ändern, um nicht mit dem vorherigen Mac in Kollision zu geraten.

Index

Index

Index

W

Z

Raum für Ihre Notizen:

Raum für Ihre Notizen:

Raum für Ihre Notizen:

Raum für Ihre Notizen:

Raum für Ihre Notizen:

Raum für Ihre Notizen:

Raum für Ihre Notizen:

Raum für Ihre Notizen:

Bedienen Sie Ihren Mac noch effektiver mit dem Buch „macOS High Sierra Tastenkürzel"
(ISBN 978-3-95431-058-6) aus dem amac-buch Verlag für nur € 4,50.

Dieses und weitere interessante Bücher und E-Books rund um die Themen Apple, iPhone,
iPad, Apple Watch und Apple TV finden Sie unter www.amac-buch.de.